中国、ベトナム進出日系企業における異文化間コミュニケーション考察

西田ひろ子 編著

風間書房

は じ め に

　海外で暮らす日本人は年々増え続けている。地域別で最も多いのが北米の47万人であるが、アジアの国・地域に居住する日本人の数は増加の一途をたどっている（2005年が26万人、2014年が38万人；外務省、2015）。特に中国進出日系企業で駐在員を大幅に増やしていることが関係しているようだが、これからのグローバル化にアジアの国々の存在感は増していると言える。そこで、2009年から2012年にかけ、中国とベトナムに進出した日系企業で働く日本人と現地管理職の間のコミュニケーションについてデータを収集し、分析・考察した。データの収集方法は、これまで一般的であった「権力格差」「個人主義／集団主義」（Hofstede, 1980, 1983, Hofstede, G. & Hofstede, G. J., 2005; Triandis, 1990, 1995）といった、ある特定の概念についてのデータ収集ではなく、異文化の人間がコミュニケーションする現場での企業行動を取り上げ、(1)どのような状況でコミュニケーション上の擦れ違いが生じているのか、(2)相手の行動を好意的にとらえる状況はあるのか、(3)相手の行動を批判的にとらえる状況はあるのかといった側面についてデータを収集した。ここで、「コミュニケーション上の擦れ違い」とは、双方が自国で獲得した行動様式（自国で何度も繰り返し行動することによって記憶回路となり、似たような状況で素早く活性化される行動）に則ってコミュニケーションするために、自分の意図することが相手にうまく伝わらない現象を指す。本書ではこの「コミュニケーション上の擦れ違い」のことを「コミュニケーション摩擦」と呼ぶ。この種の摩擦の基盤にはそれぞれの文化環境における体験の違いがあると思われる。本書の特徴は、「権力格差」「個人主義／集団主義」といったエティック的アプローチ（すべての文化に共通する特徴に焦点を当てたアプローチ）ではなく、各文化（日本人は日本、中国人は中国など）で生活していくうちに獲得した各文

化に特有の行動に焦点を当てたアプローチである（エミック的アプローチ）。本書では、「日本人に特有の企業行動」に焦点を当て、それらの行動に中国人・ベトナム人管理職がどのように対応しているのかについてデータを収集した。つまり、中国・ベトナム進出日系企業で働く日本人と中国人・ベトナム人管理職の異文化間コミュニケーション行動についてデータを収集し、コミュニケーション摩擦について分析・考察したものである。また、コミュニケーション行動にはそれぞれの文化環境の中で獲得された記憶が重要な役割を担っているという認知科学的視点を取り入れ、質問項目の作成から分析・考察方法までを行った（落合, 1985; 酒井, 1997; 櫻井, 2002; 丸野, 1985; Greenough, Black, & Wallace, 2002; Haberlandt, 1999; LeDoux, 2002; Mandler, 1979; Neville & Bavelier, 2002; Weisler & Baker-Ward, 1987; 第 1 章参照）。

さて、これまでの調査では、「スキーマ」という概念を用いて質問紙の作成、データの収集・分析及び考察をしてきた（西田, 2002, 2007, 2008）。その際にも、記憶の神経回路網との関係性を常に議論してきた。しかし、今回の調査では「スキーマ」ではなく、「記憶の神経回路網」という言葉を用いて人間の行動を調査・分析することにした。それは、最近の脳科学・認知科学の研究成果が量的にも質的にも増加してきており（甘利, 2008; 伊藤, 1993; 酒井, 1997; 櫻井, 2002; ルドゥー, 2004; Greenough, Black, & Wallace, 2002; Haberlandt, 1999; LeDoux, 2002; Neville & Bavelier, 2002）、「スキーマ」という概念に基づいて人間のコミュニケーション行動を説明するよりも分かりやすいと思われたからである。これまで「スキーマ」は、過去の体験についての記憶の集合（Bartlett, 1932）や認知構造の構成単位であり、我々の知覚、思考、行動の種々を統制する体制化された知識の構造（落合, 1985）といったようにとらえられてきた。スキーマという概念について研究してきた学者は数多く存在する（Alba & Hasher, 1983; Augoustinos & Walker, 1995; Brewer, 1988; Brewer & Nakamura, 1984; Hummel & Biederman, 1992; Kellogg, 1995; Macrae, Milne, & Bodenhausen, 1994; Pichert & Anderson, 1977）。これに対し、「記憶の神経回路

網」はニューロンが繋がって神経回路ができ、それが連結されて神経回路網となり、人間の行動を実現させているのではないかととらえられている（甘利，2008; 伊藤，1993; 櫻井，2002; ルドゥー，2004; Greenough, Black, & Wallace, 2002; Haberlandt, 1999; LeDoux, 2002; Matlin, 1989; Neville & Bavelier, 2002など；第1章参照）。脳科学者の伊藤（1993）は、「脳の実体は複雑な神経回路網であり、『考える』ことは神経回路網の働きのあらわれでしかありえない」（p. 154）と述べている。このような「スキーマ」と「記憶の神経回路網」の大きな違いは、「スキーマ」は概念であり、「記憶の神経回路網」は実際に脳内に存在するものだという点である。スキーマ理論家であるレボワ（Le Voi, 1993）は、「スキーマ理論は、記憶についてのさまざまな事実を説明できることから、この理論がこれまでの長い伝統の中で研究されてきたさまざまな事柄についても説明できるものであると言うことができる」（p. 176）と述べており、「スキーマ」は「記憶についてのさまざまな事実を説明できる」概念であるが、それ以上のものではないと認めている。だからといって、記憶の神経回路網で人間の行動が完全に説明できるのかというと、そうとも言えない。これまでの脳科学者たちの研究から、「記憶の神経回路網が人間の行動を実現させている」という詳細なデータは未だに得られていないからである（伊藤，1993; ルドゥー，2004）。ルドゥー（2004）は、「もし学習と記憶のプロセスがなかったら、人格はたんに各人の遺伝子組成を、お粗末な形で表現したものにすぎなくなってしまうだろう」（p. 13）と述べ、さらに「遺伝子が私たちの行動のしかたに偏りを与えるにせよ、私が何をし、どんなふうにそれをおこなうかの大きな部分を決定するシステムは学習によって形成される」（同頁）と述べ、「学習＝記憶」が人間の行動に重要な役割を果たしているととらえている。しかし、伊藤（1993）が述べているように、例えば、「赤い丸いりんごがおっこちてくる」といった認識は、「丸いりんごという形の特徴」、「落ちてくるという空間の情報」、「赤いという色の情報」が大脳皮質の別々の領域で処理され、いくつかのステップに分けられて情報が処理されること

までは分かっているが、それをまとめる機構がなかなか分からないと言う（p. 126）。このように、現在の脳科学分野での研究から人間の行動と記憶の関係が完全に明らかになっているというわけではないが、「学習」が人間の行動に影響していることについては学者の間で意見が一致しているようだ（伊藤，1993; 乾・安西，2001; 虫明，2001; 澤口，1995; ルドゥー，2004; Grouws, 1992; Kellogg, 1995; Lampert, 1990; Matlin, 1989; Rubin, 1986）。ルドゥー（2004）の次のような言葉がそのことを示している：「ある特定の状況下で自分がいつもとる行動はどのようなものか。そういうことについての知識の多くは経験によって学習され、私たちは記憶を通してその情報にアクセスできる」（p. 13）。このように、人間の行動は、日々のコミュニケーションを通して記憶され、学習されて、一人の人格ある人間形成がされると考えられている。このことは、日本人は日本という社会環境の中で、また、中国人は中国、ベトナム人はベトナムという社会環境の中で周りの人々とのコミュニケーションを通し、さまざまな状況で適切な行動を獲得し、記憶し、学習していく。このために、異なった環境で学習された行動をすぐには理解できないことがあると考えられる。これは、異なった（異文化の）行動は認知できないためで、そのために感情的に対応してしまうといった異文化間コミュニケーション上の摩擦が生じることも考えられる。また、異文化間コミュニケーション上の摩擦は、相手の行動に批判的な感情だけでなく、好意的な感情が喚起されることもあるかもしれない。しかし、これまでこのような異文化間コミュニケーションにおける感情的摩擦（本書では情動摩擦と呼ぶ）についての調査は皆無に等しい。

　さて、「人間はそれぞれの環境の中で獲得した記憶に大きく影響されて行動している」という点について述べたが、これは、「異文化間コミュニケーションにはそれぞれの国で生活する間に獲得した記憶の違い、つまり記憶に基づいた行動の違いが影響している」ということに繋がってくる（西田，2002，2007，2008）。このような考え方は、これまでの人間のコミュニケーシ

ョン行動調査についての考え方と大きく異なっている：例えば、クラックホン・ストロドベック（Kluckhohn & Strodtbeck, 1961）の価値指向、さらにはホフステード（Hofstede, 1980, 1983; Hofstede, G. & Hofstede, G. J., 2005）の多国籍企業における価値観についての調査に見られるように、多種多様な文化を「権力格差」「個人主義／集団主義」「不確実性回避」「男／女性的価値」といった側面から分類するという手法がとられてきた。これは、数多くの文化を上記のような側面についてのデータを得て比較するという手法であった。しかし、例えば、日本人と中国人が実際に同じ企業で働く場合、「日本は集団主義文化に属し、中国は個人主義文化に属す」という調査結果は何を意味するであろうか？　価値観が分かっても、日本人と中国人の間にどのようなコミュニケーション上の問題があるのかという点については分からない。これが、これまでの実態であった。要するに、これまでの研究手法は、先にも述べたようにエティック的アプローチに偏りすぎていたように思われる。「文化が異なれば行動様式は異なる」ことを前提として分析を進める手法の開発がコミュニケーション研究には必要であった。

　本調査では、日本人と中国人、ベトナム人との間のコミュニケーション上の問題を、成長過程で獲得した知識の相違によるものととらえている（甘利, 2008; 櫻井, 2002; 宮下, 2004年 2 月27日 ; LeDoux, 2002; 第 1 章参照）。このため、従来の価値観に焦点を当てた研究（Hofstede, 1980, 1983; Hofstede, G. & Hofstede, G. J., 2005）や「企業への満足度、打ち込み度」などを基盤とした研究（Lincoln & Kalleberg, 1990）と違い、人間行動を脳の機能との関連からとらえ、データの収集や分析・考察を人間行動のメカニズムに立脚して行った。従来の「権力格差」「不確実性回避」といった価値指標から多種多様な文化を分類するという手法では、様々な文化を各指標に基づいて序列化することはできる。しかし、日本人が実際に中国人やベトナム人とコミュニケーションする際の問題点を明確にすることはできない。さらに、「満足度」や「打ち込み度」といった側面からの調査は、日本人と中国人、ベトナム人のこれらの側面に

関係する行動を比較検討することはできても、実際に日本人がこれらの外国人従業員とコミュニケーションする際の問題点についてのデータを得ることができない。本研究では、(1)日本人に特有な企業行動をこれまでの調査（西田，2002，2007，2008）と文献調査を基に抽出し、これらの企業行動に対して中国人、ベトナム人従業員はどのように対応していたかについてデータを得ること、(2)日本人と中国人の間で、また日本人とベトナム人の間でコミュニケーション上の擦れ違いが生じているのかを量的（コミュニケーションが困難な度合い）、質的（コミュニケーションが困難な状況のタイプ）に分析・考察していく。

　これまでに、ニシダ・ネバシ・マツモト・ブレスナハン（Nishida, Nebashi, Matsumoto, Bresnahan, 1998）は、日本人とアメリカ人の間のコミュニケーション上の問題を文化スキーマ分析手法により調査し、日本人はアメリカ人の行動を「アメリカ人スキーマ（ステレオタイプ）」を通してとらえる傾向が強いことを発見している。ここで、「スキーマ」とは、過去の体験についての記憶の集合（Bartlett, 1932）や認知構造の構成単位であり、我々の知覚、思考、行動の種々を統制する体制化された知識の構造（落合，1985）ととらえられてきたものである。「文化スキーマ分析」とは、日本や中国といったそれぞれの文化環境の中で特徴的なスキーマを見つけ出し、異なった文化の間の相違点や類似点を分析・考察する手法のことである（西田，2002，2007; Nishida, 1999）。この手法に基づいてニシダ・ハマー・ワイズマン（Nishida, Hammer, & Wiseman, 1998）は、アメリカ人と日本人のスキーマの違いについて調査している。さらに、西田（2002，2007，2008）は以下の国々で文化スキーマに基づいて調査を進めてきた：(1)平成 8 年から平成10年（1996年〜1998年）のマレーシアとフィリピン進出日系企業を対象とした調査（43社の日系企業で働く日本人とマレーシア人・フィリピン人1,352名）、[1] (2)平成11年から平成12年（1999年から2000年）の中国とアメリカ進出日系企業を対象とした認知摩擦調査（65社で働く日本人と中国人・アメリカ人1,506名）、[2] (3)平成13年から平成14年（2001年

から2002年）の中国とアメリカ進出日系企業を対象とした情動摩擦調査（46社の日系企業で働く日本人と中国人・アメリカ人311名）。[3] これらの調査を通して以下の点が明確になった（詳細は西田，2002，2007，2008を参照）：(1)なぜ異文化間コミュニケーション上の擦れ違い（コミュニケーション摩擦）が生じるかについては、文化的環境の違いにより獲得する記憶が異なるために行動の違いが生じ、これがコミュニケーション摩擦を起こしていると説明できること（この点については第１章にまとめた）。(2)異文化間コミュニケーション摩擦を文化的環境の違いにより獲得されている記憶が異なるためととらえると、摩擦には認知の側面と情動の側面とが関わっていると考えられること（第１章を参照）。(3)マレーシア、フィリピン、中国、アメリカ進出日系企業における日本人と現地管理職との間の異文化間コミュニケーションを認知摩擦と情動摩擦の観点からデータ収集・分析及び考察をすると、各文化における異文化間コミュニケーションの特徴を見出せること。各文化における異文化間コミュニケーションの特徴については、以下の点が明確になっている：①マレーシア在住日本人の中国系マレーシア人に対する回答は、他の調査対象国在住日本人と比較すると文化の相違をあまり感じていなかった（つまり、日本人は「中国系マレーシア人は日本人に近い行動様式を持っている」と感じていた）。しかし、中国系マレーシア人の日本人駐在員に対する回答は、マレー系マレーシア人とほぼ同じで、日本人の行動へ文化的相違を感じる度合い（認知摩擦の度合）は調査対象グループの中で最も高かった。このことは、同じ文化内の成員であっても、宗教や教育環境などの違う人々には異なった記憶体験があり、このために日本人のコミュニケーション行動も異なっていたと言える。これは、中国系マレーシア人は日本人に合わせた行動をとるが、マレー系マレーシア人は彼ら独自の行動をとっていたため（特に宗教的行動）、前者は日本人から「日本人に近い行動をとる」と思われていたが、後者は「日本人とは異なる行動をとる」と思われていたことを指す（これらの認知摩擦についてのデータは西田，2002を参照）。②中国系とマレー系マレーシア人の間では、

「日本人の行動には困惑する」と感じていた者の割合は低かった（これらの情動摩擦についてのデータは西田，2002を参照）。この傾向はフィリピン人も同様であった。つまり、マレーシア人、フィリピン人は認知摩擦を強く感じていたが情動摩擦はあまり感じていなかったということである（マレーシア人とフィリピン人の認知摩擦と情動摩擦については、西田，2002と2008を参照）。③中国人は5民族グループ（中国系マレーシア人、マレー系マレーシア人、フィリピン人、中国人、アメリカ人）の中で最も認知摩擦の度合いが低く、情動摩擦の度合いが高いという結果が得られた（西田，2008）。この結果から言えることは、中国人は日本人に対し認知的違いを感じるよりも感情的に行動してしまう者が多いと説明できる。④これに対し、中国駐在日本人は5駐在員グループ（前述の5民族グループに対応する日本人駐在員グループを指す）の中で認知摩擦と情動摩擦の度合いが共に高いという結果が得られた（西田，2008）。このことから、中国駐在日本人は認知的違いを感じると同時に「困惑する」という状態に陥っていたと言える。つまり、調査対象となった5民族グループの中で、「現地管理職の扱いが大変だ」ととらえて最も困惑していたのが中国駐在日本人であったということができる。

　さて、上述のような調査結果を受け、中国進出日系企業で働く中国人と日本人との間のコミュニケーションの実態をさらに調査・分析することが必要だと思われた。これを受け、2009年から2012年に再度中国進出日系企業で働く中国人と日本人の間のコミュニケーション調査を実施する機会を得た。[4]この調査では、「日本人に特有の企業行動」に焦点を当て、それらの行動に中国人管理職がどのように対応しているのかについてデータを収集した。つまり、中国進出日系企業で働く日本人と中国人管理職の間の異文化間コミュニケーション行動についてデータを収集し、どのような状況でコミュニケーション摩擦が生じているかについて分析・考察したということである（調査対象となった「日本人に特有の企業行動」については第4章を参照のこと）。

　ところで、本調査は、中国だけでなく、ベトナム進出日系企業においても

調査を実施した。[5] これは、両国の社会的環境が似ているために（中国もベトナムも一党独裁制の社会主義共和国）、(1)これらの国へ進出した日系企業で働く日本人は同じようなコミュニケーション上の問題を抱えていたか、(2)社会主義的環境で働く日本人は、これまで調査した民主主義的環境（アメリカ、マレーシア、フィリピン）で働く日本人とは異なったコミュニケーション行動を獲得していたかについて考察するためである。つまり、環境的要因（社会主義体制）が人間のコミュニケーション行動に及ぼす影響について考察するために、中国一国だけでなくベトナムでも調査を実施したということである。言い換えると、コミュニケーション行動にはそれぞれの文化環境の中で獲得された記憶が重要な役割を担っているという認知科学的視点をさらに深く考察するために、同じような社会環境におけるコミュニケーション行動を調査したのである（LeDoux, 2002; Mandler, 1979; Weisler & Baker-Ward, 1987, 他多数：詳細は第1章参照）。また、ベトナムも調査対象としたのは、ベトナムが中国一極集中リスク回避の候補地として有力視され始め、2007年1月のWTOへの正式加盟によりさらに期待が高まっていたということも理由の一つである。ベトナムは安価な労働力の確保という点で日本企業にとっては魅力的な投資先のようだ。事実、当時のジェトロの『在アジア日系製造業の経営実態〜ASEAN・インド編』（2006）によると、「アジア各国日系製造業の今後1〜2年の事業展開の方向性」として第1位にインドが、第2位にベトナムが挙げられていた。しかし、ベトナム関係の調査は、進出に向けての実態調査が大半を占め（新宅, 2006年8月）、日本人とベトナム人の間にどのような行動上の相違があるのかといった側面からの研究は皆無に等しかった。このため、ベトナム進出日系企業における日本人と現地管理職の間の異文化間コミュニケーションについてのデータを収集し、分析・考察することは、ベトナムに進出する日系企業にとっても、また日本人にとってもベトナム人を理解する一助になると思われた。

　認知摩擦調査における中国での協力企業は67社、回答者は日本人194名、

中国人407名、また、ベトナムでの協力企業は38社、日本人127名、ベトナム人270名であった。さらに、情動摩擦調査では、中国での協力企業は53社、回答者は日本人82名、中国人194名、また、ベトナムでの協力企業は32社、日本人70名、ベトナム人143名であった。これらをまとめると、協力企業総数は190社、回答者総数は1,487名（日本人473名、現地管理職1,014名）であった（詳細は第2章参照）。

さて、本調査は中国では広州と上海、ベトナムではハノイとホーチミンで調査を実施することとした。これらの都市を調査対象地区とした理由は以下の通りである。

中国における調査地域を広州と上海とした理由

柴生田（2009）によると、中国進出日系企業の進出先は3地域に大別できるという：(1)大連を中心とした環渤海地域、(2)広州・香港・マカオをつなぐ珠江デルタ地域、(3)上海を中心にした江蘇省、浙江省を含む長江デルタ地域である。大連は早くから日系企業の進出が盛んだったが、1990年代前半になると進出先は珠江デルタ地域に広がり、1990年代後半に入ると、珠江デルタと長江デルタ地域が主な進出先になったようだ（柴生田, 2009; 戴, 2010）。2001年までは日系企業の60％以上が珠江デルタ地域に集中していたのに対し、2001年以降は上海を含む長江デルタ地域に進出したと言われている（戴, 2010）。珠江デルタ地域を代表する広州と長江デルタ地域を代表する上海が中国においても重要な役割を担っていることは他の数値からもうかがえる。日本の対中国投資の実行額からみると、江蘇省は全中国投資額の23％の第1位となっていたが、上海市は22％の第2位、次いで広州を省都とする広東省は11％の第3位となっていた（21世紀中国総研, 2012）。上海は、(1)2011年まで中国の34省都（23省、5自治区、4直轄市、2特別行政区）の中で地域生産総額は第1位となっていた（中国国家統計局, 2012）。また、(2)中国最大都市で

あり、1970年代後半からは日本企業の進出に伴い、日本人駐在員とその家族や、留学生、研究者、政府関係者など様々な日本人が住んでおり、中国最大の日本人コミュニティを形成していた（小島・馬，1999）。さらに、(3)長期滞在している日本人の数が約5万6千人に達し、アメリカのロサンジェルス（約4万3千人）を凌ぎ、海外長期滞在日本人数が最も多い都市になっている（外務省，2012）。これらを考慮して、上海を調査実施都市に選んだ。広州は、(1)中国の国内総生産額で第3位になっており（中国国家統計局，2012）、(2)香港、マカオ、台湾及びベトナムなどの地域と近く、東アジアの人とモノの「交流拠点」になっていた（関，2006）。また、(3)ホンダ、日産、トヨタ及び韓国の現代という世界的な自動車メーカーが集まって「自動車産業の集積地」にもなっていた（関，2006）。これらを勘案して、広州を調査実施都市とした。

ベトナムにおける調査地域をハノイとホーチミンとした理由

　ベトナムではハノイとホーチミンで調査を実施したが、これは両市がベトナムを代表する都市だからである：日本商工会議所（2012）によると、2011年までにベトナム日本商工会に登録した日系企業はホーチミンとハノイに集中しているという：日系企業は、ホーチミンの日系企業550社が最も多く、ハノイの435社が次でいる（残りは中部地域の中心都市であるダナンの50社）。ベトナムに進出している日系企業の業種分布からみると、1990年代半ばから始まった第1次投資ブームに伴い、食品、家電、自動車関連などの製造業企業はベトナム南部にあるホーチミンとその周辺に進出している。2000年代に入り、ベトナム政府がハノイを中心とする北部の産業インフラの整備に努め、北部が第2次投資ブームの焦点になることにより、日本の大型製造業は北部のハノイとその周辺に進出した（関，2012）。このような実態を踏まえ、ベトナムでの調査地域はハノイとホーチミンとした。

　さて、本書は、7部構成になっている：第1部では、異文化間コミュニケ

ーションという分野について説明し、調査手法について述べ、本調査におけ
る調査項目に触れた。第2部は、中国とベトナムに進出している日系企業の
歴史的変遷についてまとめた。第3部では、認知摩擦調査の概要を述べ、調
査結果をまとめた。ついで、第4部では情動摩擦の調査結果について述べた。
さらに、第5部と第6部は認知・情動摩擦の他に調査した「イメージ」と
「言語」の側面について分析・考察した。最後の第7部は、中国・ベトナム
進出日系企業で働く日本人、中国人、ベトナム人から得た「後任者へのアド
バイス」を分析し、まとめた。

　本調査は、平成21年度から平成23年度の日本学術振興会科学研究費補助金
基盤研究(A)(2)、（代表者：西田ひろ子、研究課題番号21252006)[5] により調査が可
能になった（調査は延長申請が認められ平成24年まで実施）。また、本書は、独立
行政法人日本学術振興会平成27年度科学研究費助成事業（科学研究費補助金・
研究成果公開促進費）（学術図書・課題番号15HP5163）の交付を受けたものである。
記して感謝の意を表したい。

　最後に、本調査に協力してくださった中国・ベトナム進出日系企業で働く
方々に、調査員一同心からお礼を申し上げたい。インタビュー調査は、日々
職場で行動を共にしている中国人・ベトナム人、そして日本人の方々の貴重
な時間を使わせていただかなければならない、手間と時間がかかるものであ
る。現地での異文化間コミュニケーションの実態を分析・考察できたのも、
このような多くの方々にご協力いただいたお蔭である。本書が、これからの
海外進出日系企業で働く多くの方々の現場でのコミュニケーションに少しで
も役立つことができれば、また、異文化間コミュニケーションを学ぶ方々に
一つの新たな手法（認知科学的アプローチ）として興味を抱いて実際に調査・
研究の基盤にしていただくことができれば、調査員一同にとって望外の喜び
ある。

調査代表者　西田ひろ子

注

[1] 「在外日本人と現地住民との間の対人コミュニケーション摩擦研究—フィリピンとマレーシア進出日系企業への派遣社員およびその家族を中心に」平成8年度～平成10年度文部省科学研究費補助金（国際学術研究）による研究（代表者：西田ひろ子、課題番号08041070）。

[2] 「在外日本人と現地住民との間の対人コミュニケーション摩擦研究：中国、米国進出日系企業への派遣社員とその家族を中心に」平成11年度～平成12年度日本学術振興会科学研究費補助金基盤研究(A)(2)による研究（代表者：西田ひろ子、研究課題番号11691092）。

[3] 「在外日本人と現地住民との間の対人コミュニケーション摩擦研究：中国、米国進出日系企業への派遣社員と現地従業員の間のコミュニケーション困難度調査を中心に」平成13年度～平成14年度日本学術振興会科学研究費補助金基盤研究(A)(2)) による研究（代表者：西田ひろ子、研究課題番号13371003）。

[4] 本調査は、以下の文部科学省からの助成金によって実施した：「中国、ベトナム駐在日本人と現地従業員の間の対人コミュニケーション摩擦研究」平成21年度～平成23年度日本学術振興会科学研究費補助金基盤研究(A)(2)、（代表者：西田ひろ子、研究課題番号21252006）。

[5] 「中国、ベトナム駐在日本人と現地従業員の間の対人コミュニケーション摩擦研究」。

[6] 『中国、ベトナム進出日系企業における異文化間コミュニケーション考察』平成27年度日本学術振興会科学研究費補助金研究成果公開促進費（学術図書・課題番号15HP5163）。

邦文参考文献

甘利俊一（2008）『神経回路網モデルとコネクショニズム』東京大学出版会。

伊藤正男（1993）『脳と心を考える』紀伊國屋書店。

乾　敏郎・安西祐一郎編（2001）『認知科学の新展開3　運動と言語』岩波書店。

落合正行（1985）「なにが発達するか？」東　洋、大山　正監修、波多野誼余夫編『認知心理学講座4：学習と発達』（pp. 173-182）東京大学出版会。

外務省（2015年8月20日）「海外在留邦人数調査統計」
　　http://www.mofa.go.jp/mofaj/files/000086464.pdf より取得。

外務省（2012年11月7日）「最近のベトナム情勢と日越関係（概要）」
　　http://www.mofa.go.jp/mofaj/area/vietnam/kankei.html より取得。

小島　勝・馬　洪林編（1999）『上海の日本人社会：戦前の文化・宗教・教育』龍谷

大学仏教文化研究所。

酒井邦嘉（1997）『心にいどむ認知脳科学』岩波書店。

櫻井芳雄（2002）『考える細胞ニューロン』講談社。

澤口俊之（1995）「意識とは何か」宮下保司・下条信輔編『脳から心へ－高次機能の解明に挑む』（pp. 126-135）岩波書店。

柴生田敦夫（2009）『日本企業の対中投資－調査・分析と中国の実際』三和書籍。

ジェトロ（2006）『在アジア日系製造業の経営実態～ASEAN・インド編』ジェトロ。

関　満博（1999）『アジア新時代の日本企業－中国異展開する雄飛型企業』中公新書。

中国国家統計局（2012）『中国統計年鑑2012』中国統計出版社。

戴　暁芙（2010）「中国における多国籍企業の投資と経営」板垣博編『中国における日・韓・台企業の経営比較』（pp. 28-48）ミネルヴァ書房。

新宅純二郎（2006年8月）「東アジアにおける製造業ネットワークの形成と日本企業のポジショニング」『21COE, University of Tokyo MMRC Discussion Paper No. 92』、東京大学COEものづくり経営研究センター。

西田ひろ子（2000a）『人間の行動原理に基づいた異文化間コミュニケーション』創元社。

西田ひろ子（2000b）「脳と人間のコミュニケーション行動との関係」西田ひろ子編『異文化間コミュニケーション入門』創元社。

西田ひろ子編（2002）『マレーシア、フィリピン進出日系企業における異文化間コミュニケーション摩擦』多賀出版。

西田ひろ子編（2007）『米国、中国進出日系企業における異文化間コミュニケーション摩擦』風間書房。

西田ひろ子編（2008）『グローバル社会における異文化間コミュニケーション』風間書房。

21世紀中国総研（2007）『中国進出企業一覧　非上場会社編2007-2008年版』蒼蒼社。

21世紀中国総研（2012）『中国進出企業一覧　上場会社編2012-2013年版』蒼蒼社。

日本商工会議所（2012）「海外情報レポート　2012年も続く日系企業の進出（ベトナム）」http://www.jcci.or.jp/news/2012/0120212606.html より、2012年1月20日取得。

日本貿易振興機構（JETRO）（2011）「上海市概況」https://www.jetro.go.jp/world/asia/cn/.../overview_shanghai_201111.pdf より、2014年11月20日取得。

丸野俊一（1985）「先行知識と学習」東　洋、大山　正監修、波多野誼余夫編『認知

心理学講座 4 : 学習と発達』（pp. 183-200）東京大学出版会。

宮下保司（2004年 2 月27日）「想像力、自在な記憶に源」『公開シンポジウム「未知へ
の探求——脳科学最前線」脳の謎　科学が迫る』朝日新聞社、p. A、12版。

虫明　元（2001）「問題解決とその神経機構」乾俊郎・安西祐一郎編『コミュニケー
ションと思考』（pp. 203-233）岩波書店。

ルドゥー・J.（2004）『シナプスが人格をつくる：脳科学から自己の総体へ』（森憲作
監修、谷垣暁美訳）みすず書房。

英文参考文献

Alba, J. W., & Hasher, L. (1983). Is memory schematic? *Psychological Bulletin, 93*, 203-231.

Augoustinos, M., & Walker, I. (1995). *Social cognition: An integrated introduction.* London: Sage.

Bartlett, F. C. (1932). *Remembering.* Cambridge, UK: Cambridge University Press.

Brewer, M. B. (1988). A dual process model of impression formation. In T. K. Srull & R. S. Wyer, Jr. (Eds.), *Advances in social cognition* (Vol. 1). Hillsdale, NJ : Erlbaum.

Brewer, W. F., & Nakamura, G. V. (1984). The nature and functions of Schemas. In R. S. Wyer & T. K. Srull (Eds.), *Handbook of social cognition* (Vol. 1). Hillsdale, NJ: Erlbaum.

Fiske, S. T., & Neuberg, S. L. (1990). A continuum of impression formation, from category-based to individuating processes: Influences of information and motivation on attention and interpretation. In M. P. Zanna (Ed.), *Advances in experimental social psychology* (Vol. 23, pp. 1-74). New York: Academic Press.

Fiske, S. T., & Taylor, S. E. (1984). *Social cognition.* Reading, MA: Addison-Wesley.

Forgas, J. P. (1985). Person prototypes and cultural salience: The role of cognitive and cultural factors in impression formation. *British Journal of Social Psychology, 24*, 3-17.

Greenough, W. T., Black, J. E., & Wallace, C. S. (2002). Experience and brain development. In M. H. Johnson, Y. Munakata, & R. O. Gilmore (Eds.), *Brain development and cognition: A reader* (2nd ed., pp. 186-216). Blackwell.

Grouws, D. S. (1992). *Handbook of research on mathematics teaching and learning.* Macmillan.

Haberlandt, K. (1999). *Human memory: Exploration and application*. Needham Heights, MA: Allyn & Bacon.

Hofstede, G. (1980). *Culture's consequences: International differences in work-related values*. Beverly Hills, CA: Sage.

Hofstede, G. (1983). Dimension of national cultures in fifty countries and three regions. In J. B. Deregowski, S. Dziurawiec, & R. C. Annis (Eds.), *Expiscations in cross-cultural psychology*. Lisse, Netherlands: Swets and Zeitlinger.

Hofstede, G., & Hofstede, G. J. (2005). *Cultures and organizations: Software of the mind*. Revised and expanded 2nd ed. New York: McGraw-Hill.

Hummel, J. E., & Biederman, I. (1992). Dynamic binding in a neural network for shape recognition. *Psychological Review, 99*, 480–517.

Kellogg, R. (1995). *Cognitive psychology*. Thousand Oaks, CA: Sage.

Kluckhohn, F. R., & Strodtbeck, F. L. (1961). *Variations in value orientations*. Evanston, IL: Row, Peterson.

Lampert, M. (1990). When the problem is not the question and the solution is not the answer: Mathematical knowing and teaching. *American Educational Research Journal, 27*, 29–63.

LeDoux, J. (2002). *Synaptic self: How our brains become who we are*. New York: Penguin Books.

Lincoln, J. R., & Kalleberg, A. L. (1990). *Culture, control and commitment: A study of work organization and work attitudes in the United States and Japan*. Cambridge: Cambridge University Press.

Mandler, J. M. (1979). Categorical and schematic organization in memory. In C. R. Puff (Ed.), *Memory organization and structure*. New York: Academic Press.

Matlin, M. W. (1989). *Cognition*. Chicago: Holt, Rinehart and Winston.

Macrae, C. N., Milne, A. B., & Bodenhausen, G. V. (1994). Stereotypes as energy saving devices : A peek inside the cognitive toolbox. *Journal of Personality and Social Psychology, 66*, 37–47

Neville, H. J., & Bavelier, D. (2002). Specificity and plasticity in neurocognitive development in humans. In M. H. Johnson, Y. Munakata, & R. O. GIlmore (Eds.), *Brain development and cognition: A reader* (2nd ed., pp. 251–271). Oxford: Blackwell.

Nishida, H., Hammer, M., & Wiseman, R. (1998) Cognitive differences between Japanese and Americans in their perceptions of difficult social situations. *Journal of Cross-Cultural Psychology, 29*, 499–524.

Nishida, H., Nebashi, R., Matsumoto, Y., & Bresnahan, M. J. (1998). The influence of host culture schemas on the schema modification processes: Investigation of three different groups: Americans, Japanese in Japan, and Japanese in the U.S. Paper presented at the annual conference of National Communication Association, New York.

Nishida, H. (1985). Japanese intercultural communication competence and cross-cultural adjustment. *International Journal of Intercultural Relations, 9*, 247–269.

Nishida, H. (1999). A cognitive approach to intercultural communication based on schema theory. *International Journal of Intercultural Relations, 23*(5), 753–777.

Pichert, J. W., & Anderson, R. C. (1977). Taking different perspectives on a story. *Journal of Educational Psychology, 69*, 309–315.

Rosser, R. (1994). *Cognitive development: Psychological and biological perspectives.* Boston: Allyn and Bacon.

Rubin, D. C. (1986). *Autobiographical memory.* Cambridge University Press.

Triandis, H. C. (1990). Cross-cultural studies of individualism and collectivism. In J. J. Berman (Ed.), *Nebraska symposium on motivation 1989.* Lincoln, NE: University of Nebraska Press.

Triandis, H. C. (1995). *Individualism & collectivism.* Boulder, CO: Westview.

Weisler, S. E., & Baker-Ward, L. (1987). *Cognitive science: An introduction.* Cambridge, MA: The M.I.T. Press.

目　　次

はじめに……………………………………………………………………i

第1部　調査の基盤となる考え方、調査方法、調査項目 …………1
第1章　異文化間コミュニケーションとは……………………………3
第2章　調査概要……………………………………………………25
第3章　異文化間コミュニケーション調査：認知摩擦・情動摩擦のデータ収集法………………………………………………………43
第4章　調査に用いた質問項目……………………………………63

第2部　中国の日系企業とベトナムの日系企業………………85
第5章　中国の日系企業……………………………………………87
第6章　ベトナムの日系企業………………………………………129

第3部　認知摩擦調査概要と調査結果…………………………155
第7章　中国における認知摩擦調査概要：協力企業数、回答者数、データの信頼性・妥当性検証…………………………………157
第8章　ベトナムにおける認知摩擦調査概要：協力企業数、回答者数、データの信頼性・妥当性検証…………………………………179
第9章　中国進出日系企業で働く中国人と日本人の認知傾向…………195
第10章　中国進出日系企業で働く中国人と日本人の間の認知摩擦……213
第11章　ベトナム進出日系企業で働くベトナム人と日本人の間の認知傾向………………………………………………………229
第12章　ベトナム進出日系企業で働くベトナム人と日本人の間の認知摩擦………………………………………………………247

第4部　情動摩擦調査結果 ……………………………………………… 267

第13章　中国・ベトナム進出日系企業における情動摩擦調査概要 …… 269

第14章　中国進出日系企業で働く中国人が感じていた情動摩擦 ……… 279

第15章　中国進出日系企業で働く日本人が感じていた情動摩擦 ……… 303

第16章　ベトナム進出日系企業で働くベトナム人が感じていた情動摩
擦 …………………………………………………………………… 325

第17章　ベトナム進出日系企業で働く日本人が感じていた情動摩擦 …… 345

第18章　認知摩擦と情動摩擦のまとめ ………………………………… 363

第5部　イメージ調査結果 ……………………………………………… 383

第19章　中国進出日系企業における中国人の日本人に対するイメージ
…………………………………………………………………… 385

第20章　中国進出日系企業における日本人の中国人に対するイメージ
…………………………………………………………………… 399

第21章　ベトナム進出日系企業におけるベトナム人の日本人に対する
イメージ ………………………………………………………… 407

第22章　ベトナム進出日系企業における日本人のベトナム人に対する
イメージ ………………………………………………………… 421

第6部　言語調査結果 …………………………………………………… 429

第23章　中国における日本語教育 ……………………………………… 431

第24章　ベトナムにおける日本語教育 ………………………………… 443

第25章　中国進出日系企業における言語について（日本語を中心に） …… 463

第26章　ベトナム進出日系企業における言語について（日本語を中心に）
…………………………………………………………………… 479

目　次　　　　　iii

第7部　「後任者へのアドバイス」についての調査結果⋯⋯⋯495

第27章　中国進出日系企業における日本人・中国人後任者へのアドバ
イス⋯⋯⋯⋯⋯⋯⋯⋯⋯⋯⋯⋯⋯⋯⋯⋯⋯⋯⋯⋯⋯⋯⋯497

第28章　ベトナム進出日系企業における日本人後任者へのアドバイス
⋯⋯⋯⋯⋯⋯⋯⋯⋯⋯⋯⋯⋯⋯⋯⋯⋯⋯⋯⋯⋯⋯⋯⋯⋯517

第29章　ベトナム進出日系企業におけるベトナム人後任者へのアドバ
イス⋯⋯⋯⋯⋯⋯⋯⋯⋯⋯⋯⋯⋯⋯⋯⋯⋯⋯⋯⋯⋯⋯⋯527

おわりに⋯⋯⋯⋯⋯⋯⋯⋯⋯⋯⋯⋯⋯⋯⋯⋯⋯⋯⋯⋯⋯⋯⋯⋯541

付録Ⅰ　中国における認知摩擦調査の信頼性検証（スピアマン順位相関係
数）資料⋯⋯⋯⋯⋯⋯⋯⋯⋯⋯⋯⋯⋯⋯⋯⋯⋯⋯⋯⋯⋯551

付録Ⅱ　ベトナムにおける認知摩擦調査の信頼性検証（スピアマン順位相
関係数）資料⋯⋯⋯⋯⋯⋯⋯⋯⋯⋯⋯⋯⋯⋯⋯⋯⋯⋯699

第1部　調査の基盤となる考え方、調査方法、調査項目

第1章　異文化間コミュニケーションとは

西田ひろ子

「今日どうしても仕事があるが、奥さんとディナーの約束があるという場合、日本人は奥さんとのディナーをあきらめて仕事をすると思う。しかし、こちらの人（アメリカ人）はまずディナーに行って、夜十時頃とかに会社に来て仕事をするということを平気でできる人間が多い」や「会議前に『今日は息子とテニスをする約束があるから三時には帰りたい』と言って、まだ会議中なのに『帰るから』と言って帰ってしまう」（在米日本人；2001年～2002年度中国・アメリカ進出日系企業調査[1]より）といったアメリカ人の行動に驚く日本人。また、アジアの人たちからは、「フィリピン人は家族を非常に重視しているため欠勤することがある。日本人はこのようなフィリピン人を（仕事をしないと）軽蔑しているようだ」といった声（フィリピン人；1996年～1998年度マレーシア・フィリピン進出日系企業調査[2]より）や、「マレーシアでは家族の絆が基盤になっているため、もしも家族に何か問題が生じたら仕事にも影響することは当たり前である」（マレーシア人：同調査）といった声が現地管理職からあがっている。さらに、「中国では5時以降の残業は夫婦共稼ぎの中国人には難しい。しかし、一旦、家に帰り夕食を作って、家族で食事をした後に再度会社に来て残りの仕事をする」（在中日本人；2001年～2002年度中国・アメリカ進出日系企業調査[3]より）といった仕事の仕方に日本人は対応していくことも必要だ。

　本書は、中国・ベトナム進出日系企業で働く日本人と現地管理職の間の行動様式や考え方の違いによって、双方が（あるいは一方が）何らかの認知摩擦や情動摩擦を感じていないかについてデータを収集し分析・考察したものである。具体的には、(1)同じ文化圏の同胞たちと働く場合と違った行動様式や

考え方に遭遇しているか、(2)日本人及び現地管理職は行動様式・考え方の違いからストレス（困惑）を感じていないかについてデータを収集した。また、(3)なぜ行動様式・考え方の違いが生まれ、ストレス（困惑）などの感情が喚起されるのかについて、認知科学、脳科学の研究を通して考察した。さらに(4)日本人と現地管理職が互いに相手に対して持っているイメージとはどのようなものか、(5)職場における言語（日本語を中心に）は日本人と現地管理職の間のコミュニケーションにどのような影響を与えているのかについてもデータを収集し、分析・考察した。なお、現地管理職とは中国、ベトナム進出日系企業で働く中国人・ベトナム人の幹部、管理職、中間管理職を指す。本調査ではこれらの管理職のみを対象としたが、これは日本人駐在員とのコミュニケーションの頻度が他の従業員よりも高いからである。

　さて、「異文化間コミュニケーション」という言葉は人類学者のE. T. ホールによって初めて用いられたと言われている（Hall, 1959）。ホールはアメリカの海外派遣協会で派遣者のための訓練に従事するかたわら、異文化間の時間のとらえ方、対人空間のとらえ方の相違点について研究を進め、1959年に『沈黙の言葉（The Silent Language)』を出版した。この著作の中でホールは、政治や経済（マクロレベルの教授内容）では扱われない「時間」や「対人空間」といった「ミクロレベルの教授内容」のことを「異文化間コミュニケーション（intercultural communication)」という用語を用いて説明している。ホールによって紹介された異文化間コミュニケーションは、その後、アメリカのさまざまな大学の学部・大学院で教育・研究分野として発展してきた（Hall, 1966, 1976/1981）。特に学生用の教科書としてポーターとサモーバー（Porter & Samovar, 1976）によって執筆された『異文化間コミュニケーション（Intercultural Communication: A Reader)』は、多くの大学・大学院で使われた。その教科書の中で、異文化間コミュニケーションは「メッセージの送り手と受け手が異なった文化背景を持っている場合に起こるもの」(p.4) ととらえられている。また、プローサー（Prosser, 1978）も、初期の教科書『文化

の対話——異文化間コミュニケーション入門（*The Cultural Dialogue: An Introduction to Intercultural Communication*）』の中で、「[異文化間コミュニケーションとは] 異なった文化集団に属す者の間に起こる対人コミュニケーション」（p. xi）としている。それは「個人の所属する文化集団の特質 [考え方や行動様式] に大きく影響されるコミュニケーション」（西田，2000，p. 13）ということができよう。

　さて、本書はこれまでの異文化間コミュニケーション学を基盤にしながら、新しいアプローチを取り入れて調査を実施し、その結果をまとめたものである。ここで、新しいアプローチとは、認知科学及び脳科学の知見を取り入れたもので、これまでの異文化間コミュニケーション学で用いられてきたアプローチとは少々異なっている（西田，2000）。これまでのアプローチは、(1)偏見やステレオタイプ、カルチャー・ショックなどの文化背景の異なる人々に対する心理的反応研究（Allport, 1954; Furnham & Bochner, 1982; J. T. Gullahorn & J. E. Gullahorn, 1963; Turner & Giles, 1981）、(2)異文化に長期滞在するビジネスマン、留学生などの異文化適応に関する研究（Gudykunst, Wiseman, & Hammer, 1977; Klineberg & Hull, 1979; Pool, 1965）、(3)文化によって価値観はどのように異なっているかなどの価値観研究（Gudykunst et al., 1996; Hofstede, 1980, 1983, 1991; Kluckhohn & Strodtbeck, 1961; Triandis, 1990, 1995）、(4)言語や非言語（顔の表情やジェスチャー）の相違から生じる問題についての研究（Nishida, 1985; Ruben & Kealey, 1979）などである。ところで、異文化間コミュニケーションを個人が所属する文化集団に大きく影響されるコミュニケーションと考えると、所属文化における物事のとらえ方や考え方、さらには感情的反応などの違いが研究対象となってくる。意見の言い方や表現の仕方、態度などが文化によって違っており、このためにコミュニケーション上の離齬が生じてしまうというとらえ方である。離齬は、表面化するものから無意識のうちに生じてしまうものまでさまざまだと考えられるが、このような離齬を本書では摩擦と呼ぶ。「摩擦」は「人々の間に起こる不一致や不和」と説明さ

れているが（新村，1998，p.2504）、本書における「摩擦」は、(1)「齟齬」で表される「[人々の間に生じる考え方やとらえ方の] くいちがい、不一致」（新村，1998，p.1411）ととらえ、(2)この「齟齬」によって感情的な反応が呼び起こされたものととらえる。前者は考え方やとらえ方の食い違いであることから認知摩擦を生じ、後者は考え方やとらえ方の違いから感情的な反応が呼び起こされる情動摩擦が生じていると考えられる。このような2側面を包含する摩擦を理解しようとすると、認知科学・脳科学の研究は重要なヒントを与えてくれる。本章では、認知科学・脳科学の研究をどのように異文化間コミュニケーション摩擦の解明に取り入れるのかについて考察していくことにする。

Ⅰ．異文化間コミュニケーション摩擦とは何か

　前述のように、『広辞苑』（新村，1998）によると、「摩擦」は「人々の間に起こる不一致や不和」（p.2504）と説明されている。本書では、自分の期待通りに異文化の相手が行動してくれないためにコミュニケーションがうまくいかなくなることを、「異文化間コミュニケーション摩擦」と呼ぶ。異文化間コミュニケーション摩擦の例として、先にも挙げたアメリカ進出日系企業で働く日本人からの回答がある：「今日どうしても仕事があるが、奥さんとディナーの約束があるという場合、日本人は奥さんとのディナーをあきらめて仕事をするが、アメリカ人はまずディナーに行って、夜十時頃とかに会社に来て仕事をするということを平気でできる人間が多い」や「会議前に『今日は息子とテニスをする約束があるから三時には帰りたい』と言って、まだ会議中なのに『帰るから』と言って帰ってしまう」。これらの場合、日本人は「文化の違い」を強く感じているが、アメリカ人は日本人のようには感じていないと思われる。それは、アメリカ人はいつも通りに行動しているからである。「本来なら家族との約束を破棄して、仕事をすべきだ」と思っている

のは日本人側だけである。ここで、「日本人は奥さんとのディナーをあきら
めて仕事をする」や「日本人はたとえ息子とテニスをする約束があっても会
議中に帰ることはしない」という日本人が感じていた文化的行き違いを、本
書では「認知摩擦」と呼ぶ。また、上記の日本人からの回答の中に「十時頃
とかに会社に来て仕事をするということを平気でできる」や「まだ会議中な
のに『帰るから』と言って帰ってしまう」といったように少々感情的にアメ
リカ人の行動をとらえている場合を「情動摩擦」と呼ぶ。つまり、「日本人
とは違う」と思った場合は「認知摩擦」、「そのような行動・考え方には困惑
する」と思った場合は「情動摩擦」である。異文化間コミュニケーション摩
擦は、認知摩擦だけの場合と、認知摩擦が情動摩擦を呼び起こす場合がある
と考えられる。

認知摩擦とは何か、情動摩擦とは何か

　なぜ認知摩擦と情動摩擦に分けてデータを収集し、分析・考察するのかと
いう疑問が湧くかもしれない。認知摩擦と情動摩擦についてのデータを得る
ことは、人間関係をスムーズに行っていくための基礎データとなり、各企業
におけるトレーニングの開発などに結びついてくると思われる。しかし、本
調査は、企業のためにだけ行ったわけではない。認知科学や脳科学を基盤と
して異文化間のコミュニケーションをとらえることにより、日本人が海外の
人々から理解されていない状況やストレスを抱えながら働いている状況を明
らかにし、グローバル化に対応できる日本人について分析・考察するという
目的をもって実施されたものである。言い換えれば、日本人が異文化の人々
とコミュニケーションする際の基礎知識とは何かを、認知科学・脳科学の研
究成果を基盤にしながら明らかにしていくために実施した調査である。
　ところで「認知摩擦」で使われている「認知」とは何だろうか。「認知科
学」という分野で、この概念がどのようにとらえられているのかを見てみよ
う。D. A. ノーマン（D. A. Norman）は、1980年に東京で開催された「認知科

学に関する日米シンポジウム」の席上で、認知科学とは「人間、動物、機械をふくめたすべての知的構造物の認知、すなわち知能・思考・言語を研究する分野」（大山・東，1984，p.2）と定義している。また、スティリング他（Stillings, Weisler, Chase, Feinstein, Garfield, & Rissland, 1995）も同様の観点から、認知科学は、「知覚すること」、「考えること」、「記憶すること」、「言語を理解すること」、「学習すること」などの現象を研究する学問分野と説明しており、「認知」とは知覚、思考、記憶、言語理解、学習といった人間の行動の基盤となるものであるととらえている。つまり、先の「奥さんとディナー」や「息子とテニス」の例でアメリカ人が考えている「家族」と「仕事」についての考え方と日本人が考えているそれらとはとらえ方が異なるために認知上の行き違いが生じたと思われる。なぜ仕事のとらえ方が異なるかというと、アメリカという環境で生活してきた（日々物事を学習してきた）アメリカ人と、日本という環境で生活してきた（日々物事を学習してきた）日本人が獲得している常識的な行動（常識として記憶されている行動）が異なるために、考え方や行動が異なってしまうと考えられる。このような認知的な違いから生じてしまう摩擦を本書では認知摩擦と呼ぶ。

　認知摩擦に対し、異文化間コミュニケーションには感情的な摩擦があると考えられる。例えば、上述の日本人の回答に表れていたように、アメリカ人が家族との約束を優先して行動することに対して、「奥さんと夕食を食べた後、十時頃とかに会社に来て仕事をするということを平気でできる」や「息子とテニスの約束があるといって、まだ会議中なのに『帰るから』と言って帰ってしまう」といった表現には「日本人はそのように行動しない」や「日本人なら仕事が最優先なのに、アメリカ人は仕事より家族を優先する」という困惑が表現されている。これらは日本人側が感じていた感情的反応である。この種の感情的反応を本書では情動摩擦と呼ぶ。「感情」と「情動」は、同じように用いられることもあるようだが（ルドゥー，2004，p.315）、厳密には以下のように異なった概念として考えた方がよさそうだ：脳科学者の伊藤

（1993）は、「私たちの喜怒哀楽の感情の根底には、動物一般の刺激に対する情動発現と同じ脳機構が働いているものと思われる」（p.62）と述べ、「感情」は喜怒哀楽を表すものであるが、「情動」は脳の機能との関係から説明されるものととらえている。この点については、山鳥（1994）も「体験としての情動すなわち情動の意味づけや、細かい表情など陰影ある情動表現は大脳皮質のはたらきに負っており、大脳のはたらきがあってはじめてヒトに固有の複雑で多様な情動が経験され、知覚され、表現される」（p.62）と述べている。異文化間コミュニケーションにおける情動とは「好き」「嫌い」といった異文化に対する感情を指すとしているのは、コミュニケーション学者のグディカンスト・ワイズマン・ハマー（Gudykunst, Wiseman, & Hammer, 1977）である。また、認知科学者のルドゥー（2004）は認知と比較しながら情動を以下のように説明している。

　　認知科学が設計する種類の心は巧みにチェスをすることができるだろう。ズルをするようにプログラムすることも可能だろう。だが、［認知という機能しかない場合］ズルをしても罪悪感に悩むことはないし、愛情や怒りや恐怖に気をそらされることもない。競争心にかられることも、うらやましがることも、同情することもない。心が脳を通して私たちを私たちたらしめている仕組みを理解したいなら、思考［認知］を担当する部分だけでなく心を丸ごと［情動とモーティベーションも］理解しなくてはならない。（p.36）

ルドゥーはこの説明の中で、「チェスをすること」は認知の機能であり、「ズルをして罪悪感に悩む」や「うらやましがる」などは情動の機能であるとしている。つまり、ルドゥーが言いたいことは、人間として行動するためには情動（とモーティベーション）の機能を理解することが重要だということである。なお、本研究では認知と情動に焦点を当てて調査を実施し、モーティベーションは扱わない。

　本書では、情動のデータとして先にアメリカ人に対する情動摩擦の例（「仕

事より奥さんとのディナーを優先する」「息子とのテニスを優先する」）を挙げたが、異文化の人々の行動に対する困惑は、アジア圏へ赴任した日本人の間でも見かけることができた。例えば、現地管理職の昇給に対する強い行動に驚くと共に困惑している日本人の姿があった：中国人とベトナム人の昇給を要求する行動に「人数的にも多いし、要求の仕方がすごい。経営状況をもっと知ってから言って欲しい」（在中国日本人）、「団体（課全体）で昇給を迫られた」（在中国日本人）、「ケースによるが、横並びを期待するので誰かの給与が上がれば自分も上がると思っている。交渉が通らないと『やめる』と脅しをかけてくる」（在ベトナム日本人）、「相手によって交渉の仕方が違うが、例えば新入社員の場合、資格試験の勉強をしたいので、これだけの額の給与がほしいと言ってきたりする。額に不満だと突然翌日辞めたりすることがある」（在ベトナム日本人）といったように、日本では体験したことのない昇給に対する強い行動に日本人は驚いていた。これは、日本人は過去に「昇給を要求される」といった体験がない上に、「昇給などを上司に交渉すべきではない」と考える者が多いからだと思われる。日本人は給与額についてあからさまに要求することを避けてきた。この感覚が海外では通じない。通じないどころか、日本では体験しなかったような昇給への要求に対応しなければならない。そうした環境に置かれた時の日本人の困惑が「情動摩擦」である。これまで体験してこなかった考え方や行動に対する感情的な高ぶりによる行き違いである。

　「感情的な高ぶり」と言うと、相手の行動に批判的なものだけを想像すると思われるが、調査を通して「感情的高ぶり」には批判的なものだけではなく、好意的なものもあることが判明している。例えば、品質・事務管理について、日本人の現地管理職に対する感情的反応は批判的なものが多かったが、現地管理職からの日本人に対する回答は好意的だった。日本人からは「品質の信頼、品質レベルは重要だが問題を問題として認識しない。自分がいいと思えばよい。客観性に欠ける」（在中国日本人）、「意図・指示が伝わらない。

センスの違い。例えば、整理整頓や身だしなみ、掃除、片付けなど。工場で決まった所に決まった物を置くことができない。不要な物は捨てましょう、と言ってもできない。物はまっすぐ置きましょう、と言ってもできないなど」（在ベトナム日本人）といった異文化の相手の行動に対しては批判的回答が多かった。これに対し、現地管理職側からの回答は好意的であった：「学ぶべきだと思う。日本人は仕事をする時に結構真面目で、細かい。これは私たち中国人よりよくできていると思う」（中国人）、「やり過ぎだと思ったこともあるが、やはり学ぶべきだ」（中国人）、「順序正しく、細かく仕事をするのは日本人の尊敬すべき行動だ」（ベトナム人）、「学ぶべきだ。以前、みんなで工場を掃除しなければいけなかった時、（なぜ掃除などしなければならないのかと）不満だった。でも、今は順調に掃除ができるようになり、そのおかげで、工場を綺麗にする意識を身につけることができた」（ベトナム人）。このように、品質・事務管理についての日本人の行動に対しては現地管理職からの反応は概ね好意的だった。

　日本人は現地管理職の行動に対して批判的であったのに対し、現地管理職は日本人の行動に好意的であったということが調査を通して明らかになったが、これは、日本人と現地管理職の互いの行動に対する感情的反応に違いがあったということである。本書では日本人と現地管理職の間に生じていた感情的行き違いの中で、相手に対して批判的なものを「情動摩擦」と呼び、相手に対して好意的なものを「好意的情動の喚起」としていく。

なぜ摩擦が生じるのか

　なぜ摩擦が生じるのだろうか。これは、各文化内で暮らすことによって獲得している過去の体験（つまり記憶）の違いだと考えられる。認知科学者のマンドラー（1991）や脳科学者の伊藤（1993）によると、記憶とはある出来事を過去の似たような文脈で起きたものとして思い出した時に生じるもので、「体験により得た情報」（伊藤, 1993, p.62）だと言う。また、認知科学者のル

ドゥー（2004）は、「一生を通じて人格にある種の一貫性がもたらされるのには、学習と、それによってシナプスが生み出した結果である記憶とが主要な役割を果たしている」（p. 13）とし、人間の行動や考え方の主な基盤は記憶にあるとしている。ここで、「シナプス」とは脳内の神経細胞の間の接合部のことで、さまざまなことを学ぶ際にこのシナプスを通して神経細胞の間で情報伝達が行われるとされている（伊藤，1993; 櫻井，2002; 松村，1995; 虫明，2001; ルドゥー，2004; Greenough, Black, & Wallace, 2002; Haberlandt, 1999; LeDoux, 2002; Neville & Bavelier, 2002）。

　さらにルドゥー（2004）によると、見たり、聞いたりした体験の一つひとつがまとまって記憶の神経回路として脳内に貯蔵され、それらの回路が複雑にからみあって記憶の神経回路網となり、ひとつの行動を出現させるという。また、櫻井（2002）によると、人間が実際に行動する際には膨大な回路網の中からその行動の出現に必要な回路のみを選んでいるという（p. 84）。このような脳科学者や認知科学者の研究成果を通して、「なぜ日本人は情動摩擦を感じていたか」という点を記憶の神経回路網の観点からとらえてみると以下のようになる：日本人が日本国内で周りの人々とコミュニケーションすることによって獲得した記憶（つまり記憶の神経回路網）は、周りの人々との間に亀裂などを起こさずに適切に行動するための基礎知識である。同様に、中国人やベトナム人が獲得した記憶の神経回路網は、中国・ベトナム国内で周りの人々との間に亀裂などを起こさずに適切に行動するための基礎知識である。つまり、日本人、中国人、ベトナム人などが「当たり前」として持っている記憶（記憶の神経回路網）は、各文化内では適切な行動の基盤になっていると考えられる。これが異文化の相手とのコミュニケーションになると「行き違い」を生じさせてしまうのではないかと思われる。様々な物事のとらえ方（「残業」「品質管理」「家族より仕事を優先」など）は認知摩擦を生じ、その認知摩擦に対する感情的反応は情動摩擦を生じてしまうと考えられる。情動摩擦は認知摩擦とは異なり、異文化間コミュニケーションの現場での感情的な

行き違いを指すが、人間の行動や思考を理解するためには、認知と情動の両方の側面を理解することが重要である。脳科学や認知科学の学者の多くが、行動は認知と情動の影響を受け、その結果とし現れるものととらえており、（伊藤，1993; 乾・安西，2001; 小野，2012; 澤口，1995; 松村，1995; 虫明，2001; 山鳥，1994; ルドゥー，2004)、異文化間コミュニケーション摩擦にもこれら認知と情動が深く関係していると考えられるからである。人間の行動に記憶が影響していることについて、伊藤（1993）は次のように述べている：

> …時を追ってことが進行するためにはその手順をコードした何かが必要であり、これを作り、貯え、取り出してくるメカニズムがなければならない。運動選手の演ずるこみいった一連の動作をコードした「運動プログラム」や、状況を予見し、動物の行動を時々刻々支配している「行動プログラム」が脳の中にあることは必至である。(p. 158)

II．なぜ認知摩擦、情動摩擦についてのデータを得ようとしているのか

「なぜ認知摩擦、情動摩擦についてのデータを得ようとしているのか」について簡単に説明してきたが、本節では本調査結果を一例として取り上げながら見ていくことにする。調査の中で「中国人部下に対し、仕事の報告・連絡・相談を要求する」という日本人の行動に文化の相違を感じるかどうかについて尋ねたところ、中国人の46.9％が「文化の相違を常に感じる」、29.5％が「文化の相違を時々感じる」と回答しており、実に76.4％が文化の相違を感じていた。また、この点について、ベトナムでも同様の質問をしたところ、中国と同じような回答を得た。ベトナム人の44.7％が「文化の相違を常に感じる」、31.8％が「文化の相違を時々感じる」と回答しており、76.5％が文化の相違を感じていた。このような回答結果から日本人が何をしなければならないかが明確になってくる。日本式の「ほうれんそう」を中

国・ベトナム進出日系企業における企業行動として定着させたいと思うなら、中国人・ベトナム人従業員に一からその知識を獲得させなければならないということである。これは、中国人・ベトナム人はこの種の記憶の回路を獲得していない（中国・ベトナムにはこのような行動様式がない）ために、まずは「ほうれんそう」といった認知記憶を獲得させることが必要になってくると思われるからである。このことに関して言えば、日本人上司が日本人部下に教える場合と現地管理職部下に教える場合とでは様々な違いがあると思われる。例えば、日本人の部下の場合、学んできた教育内容は日本人上司とほぼ同じである。しかし、海外の場合、教育内容が日本と異なる文化が多い。日本人の場合、折れ線グラフや棒グラフなどはデータを渡されれば作成することができると思われる。しかし、グラフの作成法について全く学んでない国では、部下からいくら経っても連絡がないので見に行ったら、「作成方法が分からない」と言われたことがあるという。認知摩擦や情動摩擦についてのデータを得るということは、「日本人が現地管理職の行動を日本的にとらえていたら摩擦が生じる」や「日本的な認知の仕方、情動の仕方は異文化の相手に伝わらない」という知識を得るためのものである。同時に、調査対象となった現地管理職の人たちにも「日本人には現地のやり方はそのまま伝わらない」「日本人はこのように考えている」ということを伝えることにもなる。さらに、実際のコミュニケーションの現場では、日本人に対する「好意的情動」が活性化される場面も多々見つかっており、この側面についてのデータ収集も必要になっている。

Ⅲ．認知摩擦と情動摩擦調査で用いた質問項目

認知摩擦調査で用いた質問項目

　今回の調査における日本人および現地従業員は、管理職を中心に調査を行った。これは、製造業の一般従業員は日本人と全く接触がない者が多数を占

めていたからである。しかし、非製造業の場合は一般従業員であっても日本人と接触する職種（例えば、経理）があるということが判明したため、日本人と接触のある少数の一般従業員にも質問紙及びインタビュー調査を実施した。本調査は、2009年7月から2013年9月までの4年間に中国の広州と上海、ベトナムのハノイとホーチミンに進出している日系企業を訪問し、質問紙による調査（認知摩擦調査）とインタビューによる調査（情動摩擦調査）を実施した。認知摩擦調査とは、生まれ育った環境の違い（本調査では日本人と中国人、ベトナム人）によって「物事のとらえ方（例えば、品質管理の仕方など）の相違」が生じているかどうかを調査したものである。「中国人・ベトナム人管理職が、日本人は行動様式が違う」と思った場合や「日本人が、中国人・ベトナム人管理職は行動様式が違う」と思った場合は認知摩擦が生じていると考えられる。また、「日本人（中国人／ベトナム人）とは違う」と思った上に「自分たちとは違う行動様式には困惑する」と思った場合は情動摩擦が生じていると考えられる。認知摩擦を感じても、「文化が違うのだから違いはあって当たり前」や「違っていても別に何とも思わない」といった場合は「認知摩擦」だけが生じていて、情動摩擦は生じていないと考えられる。

　はたして人間は、文化が異なる人々と共に働く際に「認知摩擦」を感じているのだろうか。もしも感じている場合、どのような認知摩擦が生じているのだろうか。この点についてのデータを得るため、37の異なった行動様式を示して以下の2つの質問をした。

認知摩擦調査

問1. 社内でどの程度見かける日本人の、中国人／ベトナム人管理職の行動ですか？

全く 見かけない	見かけるのは 30%未満	見かけるのは 50%程	見かけるのは 60−70%	見かけるのは 80%以上	わからない
1	2	3	4	5	9

16 第1部 調査の基盤となる考え方、調査方法、調査項目

問2. あなたは（日本人の／中国人の／ベトナム人の）その行動に文化の相違を感じていますか？

全く 感じない	あまり 感じない	どちらとも 言えない	時々 感じる	常に 感じる	体験した ことがない
1	2	3	4	5	9

　問1の「文化の相違についての問」は、1996年から3年間実施したマレーシア・フィリピン進出日系企業調査（西田，2002）と1999年から4年間実施した中国・アメリカ進出日系企業調査（西田，2007）で用いられたものを本調査でも使用した：「あなたは（日本人の／中国人の／ベトナム人の）その行動に文化の相違を感じていますか」という問に対して、「1. 全く感じない」〜「5. 常に感じる」という5つの選択肢から最も適切なものを選んでもらった。なお、体験したことがない場合は、「9. 体験したことがない」を選択できるようにした。また、問2は認知摩擦の度合（異文化の相手の行動にどの程度気づいているのか）を調べるために今回の調査から用いられたものである：「社内で見かける日本人／中国人／ベトナム人管理職の行動ですか」という問に対して、「1. 全く見かけない」「2. 見かけるのは30％未満」「3. 見かけるのは50％程」「4. 見かけるのは60−70％」「5. 見かけるのは80％以上」という選択肢から選んでもらった。なお、どのように回答してよいかわからない場合は、「9. わからない」を選択できるようにした。

　質問に用いた行動様式については、上述の1996年から実施してきたマレーシア、フィリピン、中国、アメリカ調査で用いた質問項目に、新たに文献調査を実施して、日本人・現地管理職が実際に体験しているとされる相手文化の行動様式37項目を抽出した（例えば、「この会社の中国人／ベトナム人管理職は自分の職務範囲外の職務は行わない」など、詳細は表1-1参照）。なお、表1-1は日本人用の質問紙で、中国人／ベトナム人管理職の行動について尋ねた際の問である。中国人／ベトナム人管理職用の質問紙では、同じ状況における日本人の行動について尋ねた（詳細は第3章を参照）。

　認知摩擦調査は協力企業に質問紙を送付し、各企業内で回答者をランダム

第1章　異文化間コミュニケーションとは

表 1-1　中国人・ベトナム人管理職の行動についての質問内容（日本人用）

1．中国人・ベトナム人管理職は、有給休暇をすべて消化する。休める権利はすべて使う。

2．中国人・ベトナム人管理職は、工場での品質管理やオフィスでの事務管理は徹底して行わない。

3．中国人・ベトナム人管理職は、上司からの指示が「良くない方策」だと思ったらはっきりと自分の意見を言う。

4．中国人・ベトナム人管理職は、上司から指示されたことについて、途中で何度も上司に報告したり、相談したりしない。出来上がるまで自分のやり方で仕事をし、完成させた後に上司に見せる。

5．中国人・ベトナム人管理職は、部下の仕事がうまくいった際は必ず褒める。

5-1．仕事がうまくいった際、中国人・ベトナム人管理職は日本人から褒められることを期待する。

6．中国人・ベトナム人管理職は、日本人上司の評価の内容に納得できない場合には、評価内容についての説明を求める。

7．中国人・ベトナム人管理職は、会社の規則があっても、どのような行動をとるかは自分で判断する。会社の規則に従わない場合がある。

8．中国人・ベトナム人管理職は、仕事の詳細についてわからない点があっても、わかるまで尋ねることはしない。

9．中国人・ベトナム人管理職は、上司との関係をよくするために、高額な品物を用意して上司に渡すという行動をする。

10．中国人・ベトナム人の間では、管理職には個室が与えられるべきだと考えており、そのように要求してくる。

11．中国人・ベトナム人管理職は、物事を決定するのにあまり時間がかからないトップダウン（上位下達）方式を好む。

12．中国人・ベトナム人管理職は、能力型（成果主義）で昇進し、年功序列が昇進に影響することはない。

13．中国人・ベトナム人管理職は、給与の額に不満があれば上司と交渉する。

14．中国人・ベトナム人管理職は各自が自分の分担の仕事をこなす。たとえ、自分の部署の他の中国人・ベトナム人が仕事をしていても、仕事が終われば家に帰る。チームワークの感覚がない。

15．中国人・ベトナム人管理職は、残業を上司から頼まれても、私的な先約があれば仕事の方を断る。

16．中国人・ベトナム人管理職は自分の職務範囲外の業務は行わない。

17．この会社の中国人・ベトナム人管理職は、家族と過ごす予定があれば、休日出勤を頼まれても仕事の方を断る。

18．中国人・ベトナム人管理職は、日本人上司には目上の者として接する。

19．中国人・ベトナム人管理職は仕事の始業時間や会議を遅れて始めることが多い。

20．中国人・ベトナム人管理職は仕事の納期を守らない。

18　第1部　調査の基盤となる考え方、調査方法、調査項目

21．中国人・ベトナム人管理職は男性従業員と女性従業員を平等に扱う。
22．終業後、中国人・ベトナム人管理職は日本人と夕食を食べたり、酒を飲みに行ったりしない。
23．中国人・ベトナム人管理職は会議を議論の場ととらえ、最も良い結果を導き出すために、さまざまな意見を言い合う。反対意見も飛び交う。
24．中国人・ベトナム人管理職は日本人上司へ反対意見を言う。
25．中国人・ベトナム人管理職は、1対1になれる個室で部下を叱責する。周りに人々がいる場所で叱責することは避ける。
25-1．中国人・ベトナム人管理職は、日本人から人前で叱責されることを嫌う。
26．中国人・ベトナム人部下には日本人部下よりも仕事内容を明確に指示する必要がある。
27．中国人・ベトナム人管理職は、現在より良い給与、地位が得られる会社があったり、自分の専門知識を深められる会社があれば転職する。
28．中国人・ベトナム人管理職は、能力給を受け取る。年功序列が給与に影響することはない。
29．中国人・ベトナム人管理職は、妻が出産した時や子どもが入院した時などには早退、欠勤する。
30．中国人・ベトナム人管理職は配置転換、人事異動を嫌う。
31．問題が発生した場合、中国人・ベトナム人管理職は何が原因で問題が発生したかよりも、誰に責任があるかを明確にしようとする。
32．中国人・ベトナム人は、良くない結果や問題が生じた場合は報告せず、良い結果だけを報告する。
33．中国人・ベトナム人管理職は、業務上の問題点（製品の質が落ちたなど）について、徹底的に問題点の解明をしない。
34．この会社の中国人とは中国語で／ベトナム人とはベトナム語で意思疎通をはかる。
35．中国人・ベトナム人は、自主的に仕事を探して自ら積極的に仕事をしない。
36．中国人・ベトナム人管理職は、日本人と日本語で意思疎通をはかる。
37．この会社の中国人・ベトナム人管理職は、日本人と仕事や会社についての情報を共有することを要求する。

に選び質問紙を渡してもらった。さらに協力企業には回答済み質問紙を集めてもらい、日本の調査代表者に一括して返送してもらった。個々の回答者には回答済みの質問紙を入れる封筒を渡し、封をしたものを担当者へ渡すように依頼したが、これは、日本人及び現地管理職たちに本音を書いてもらうためであった。匿名での回答だったこともあり、本音の回答が収集できたものと思われる。回収率は90％以上であった（回収率については各章を参照）。

情動摩擦調査で用いた選択肢

　情動摩擦調査は、認知摩擦の質問紙による調査とは違って、調査員が現地に赴き37項目について一人ひとりにインタビューした。5つの選択肢を用いて感情的側面についてのデータを得たのちに、なぜそのように感じているかについて自由に回答してもらった。情動摩擦調査では、「あなたはその中国人／ベトナム人／日本人の行動に対応するのは困難だと感じていますか？」と尋ね、日本人には相手の中国人／ベトナム人の行動について、また、中国人／ベトナム人には日本人の行動について、「1. 困難を感じる」「2. どちらともいえない（困難だとも困難でないとも言えない）」「3. 困難を感じない」「4. 自分たちが学ぶべき」「5. 体験したことがない」という5つの選択肢の中から最も自分の感情に近いものを選択してもらった。この後、なぜそのように感じたのかについて自由に回答してもらった。回答はテープに収め、帰国後にテープの内容をエクセルに書き出した。これを2人の調査員が内容分析した。2人の内容分析結果が異なっていた場合は、話し合いの上で最終的な内容分析結果を確定した。こうして得られたものが情動摩擦のデータである。情動摩擦調査では、選択肢から自分の感情に近いものを選択してもらったが、これは自由回答の際に自分の感情を正しく把握して回答してもらうためでもあった。本調査で用いた選択肢は、1996年から1998年のマレーシア・フィリピン調査（西田，2002）と1999年から2002年までのアメリカ・中国調査（西田，2007）で使用したものを修正して用いた。1996年から2002年までの調査では、「困難を感じる」「どちらともいえない」「困難を感じない」「自分たちが学ぶべき」という4つの選択肢であったが、今回の調査では「（異文化の相手の行動を）体験したことがない」を加え、5つの選択肢を用意した。

注

[1] 「在外日本人と現地住民との間の対人コミュニケーション摩擦研究：中国、米国進

出日系企業への派遣社員と現地従業員の間のコミュニケーション困難度調査を中心に」
平成13年度～平成14年度日本学術振興会科学研究費補助金基盤研究(A)(2)) による研究
（代表者：西田ひろ子、研究課題番号13371003）。
[2]「在外日本人と現地住民との間の対人コミュニケーション摩擦研究―フィリピンと
マレーシア進出日系企業への派遣社員およびその家族を中心に」平成 8 年度～平成10
年度文部省科学研究費補助金（国際学術研究）による研究（代表者：西田ひろ子、課
題番号08041070）。
[3] 平成13年度～平成14年度日本学術振興会科学研究費補助金「中国、米国進出日系企
業のコミュニケーション困難度を中心に」。

邦文参考文献

伊藤正男（1993）『脳と心を考える』紀伊國屋書店。

乾　敏郎・安西祐一郎編（2001）『認知科学の新展開 3　運動と言語』岩波書店。

大山　正・東　洋（1984）「心理学と認知研究」大山　正・東　洋編『認知心理学講
　　座 1 －認知と心理学』東京大学出版会。

小野武年（2012）『脳と情動：ニューロンから行動まで』朝倉書店。

「ベトナムの工業戦略策定支援：インテグラル型製造業のパートナーになるために」
　　『途上国の産業発展と日本のかかわり』（pp.11-25）東京大学　ものづくり経営研
　　究センター（MMRC）・政策研究大学大学院大学　アジアの開発経験と他地域へ
　　の運用可能性（GRIPS）　21世紀 COE プログラム合同中韓報告シンポジウムまと
　　め。

櫻井芳雄（2002）『考える細胞ニューロン』講談社。

澤口俊之（1995）「意義とは何か」宮下保司・下條信輔編『能から心へ―高次機能の
　　解明に挑む』（pp.126-135）岩波書店。

新村　出編（1998）『広辞苑第五版』「摩擦」（p.2504）岩波書店。

西田ひろ子（2000）『人間の行動原理に基づいた異文化間コミュニケーション』創元社。

西田ひろ子編（2002）『マレーシア、フィリピン進出日系企業における異文化間コミ
　　ュニケーション摩擦』多賀出版。

西田ひろ子編（2007）『米国、中国進出日系企業における異文化間コミュニケーショ
　　ン摩擦』風間書房。

西田ひろ子編（2008）『グローバル社会における異文化間コミュニケーション』風間
　　書房。

松村道一（1995）『ニューロサイエンス入門』サイエンス社。

マンドラー、G.（1991）『認知心理学の展望』（大村彰道・馬場久志・秋田喜代美訳）紀伊國屋書店。

虫明　元（2001）「問題解決とその神経機構」乾　俊郎・安西祐一郎編『コミュニケーションと思考』（pp. 203-233）岩波書店。

山鳥　重（1994）「情動の神経心理学」伊藤正男・安西祐一郎・川人光男・市川伸一・中島秀之・橋田浩一編『岩波講座　認知科学　情動』（pp. 35-69）岩波書店。

ルドゥー、J.（2004）『シナプスが人格をつくる：脳細胞から自己の総体へ』（森憲作監修、谷垣暁美訳）みすず書房。

英文参考文献

Allport, G. W. (1954). *The nature of prejudice.* Cambridge, MA: Addison-Wesley.

Furhham, A., & Bochner, S. (1982). Social difficulty in a foreign culture: An empirical analysis of culture shock. In S. Bochner (Ed.), *Cultures in contact: Studies in cross-cultural interaction.* Oxford: Pergamon Press.

Greenough, W. T., Black, J. E., & Wallace, C. S. (2002). Experience and brain development. In M. H. Johnson, Y. Munakata, & R. O. Gilmore (Eds.), *Brain development and cognition: A reader* (2nd ed., pp. 186-216). Blackwell.

Gudykunst, W. B., Matsumoto, Y., Ting-Toomey, S., Nishida, T., Kim, K., & Heyman, S. (1996). The influence of cultural individualism-collectivism, self construals, and individual values on communication styles across cultures. *Human Communication Research, 22* (4), 510-543.

Gudykunst, W. B., Wiseman, R. L., & Hammer, M. R. (1977). Determinants of sojourner's attitudinal satisfaction: A path model. In B. Ruben (Ed.), *Communication yearbook 1.* New Brunswick, NJ: Transaction Press.

Gullahorn, J. T., & Gullahorn, J. E. (1963). An extension of the U-curve hypothesis. *Journal of Social Issues, 19* (3), 33-47.

Haberlandt, K. (1999). *Human memory: Exploration and application.* Needham Heights, MA: Allyn & Bacon.

Hall, E. T. (1959). *The silent language.* Greenwich, CT: A Fawcett Premier Book.

Hall, E. T. (1966). *The hidden dimension.* New York: A Doubleday Anchor Book.

Hall, E. T. (1976/1981). *Beyond culture.* New York: Anchor Press/Doubleday.

Hofstede, G. (1980). *Culture's consequences: International differences in work-related values.* Beverly Hills, CA: Sage.

22   第1部　調査の基盤となる考え方、調査方法、調査項目

Hofstede, G. (1983). Dimension of national cultures in fifty countries and three regions. In J. B. Deregowski, S. Diziurawiec, & R. C. Annis (Eds.), *Expiscations in cross-cultural psychology*. Lisse, Netherlands: Swets and Zeitlinger.

Hofstede, G. (1991). *Cultures and organizations: Software of the mind*. London: McGraw-Hill.

Klineberg, O., & Hull, W. F. (1979). *At a foreign university: An international study of adaptation and coping*. New York: Praeger.

Kluckhohn, F. R., & Strodtbeck, F. L. (1961). *Variations in value orientations*. Evanston, IL: Row, Peterson.

LeDoux, J. (2002). *Synaptic self: How our brains become who we are*. Viking.

Mandler, G. (1985) *Cognitive psychology: An essay in cognitive science*. Lawrence Erlbaum Associates.

Mischel, W. (1993). *Introduction to personality*. Fort Worth: Harcourt, Brace, Jovanovich.

Neville, H. J., & Bavelier, D. (2002). Specificity and plasticity in neurocognitive development in humans. In M. H. Johnson, Y. Munakata, & R. O. Gilmore (Eds.), *Brain development and cognition: A reader* (2nd ed., pp. 251-271). Blackwell.

Nishida, H. (1985). Japanese intercultural communication competence and cross-cultural adjustment. *International Journal of Intercultural Relations, 9*, 247-269.

Pool, I. (1965). Effects of cross-national contact on national and international images. In H. C. Kelman (Ed.), *International behavior*. New York: Holt, Rinehart & Winston.

Porter, R. E., & Samovar, L. A. (1976). Communicating interculturally. In L. A. Samovar, & R. E. Porter (Eds.), *Intercultural communication: A reader* (2nd ed.). Belmont, CA: Wadsworth.

Prosser, M. H. (1978). *The cultural dialogue: An introduction to intercultural communication*. Boston: Houghton Mifflin.

Ruben, B. D., & Kealey, D. J. (1979). Behavioral assessment of communication competency and the prediction of cross cultural adaptation. *International Journal of Intercultural Relations, 3*, 15-48.

Stillings, N. A., Weisler, S. E., Chase, C. H., Feinstein, M. H., Garfield, J. L., & Rissland, E. L. (1995). *Cognitive science: An introduction* (2nd ed.). Cambridge,

MA: The MIT Press.

Triandis, H. C. (1990). Cross-cultural studies of individualism and collectivism. In J. J. Berman (Ed.), *Nebraska symposium on motivation 1989*. Lincoln, NE: University of Nebraska Press.

Triandis, H. C. (1995). *Individualism & collectivism*. Boulder, CO: Westview.

Turner, J. C., & Giles, H. (1981). *Intergroup behavior*. Chicago: The University of Chicago Press.

第2章　調査概要

西田ひろ子

　文化背景が異なる人々の間のコミュニケーションでは、物事のとらえ方が異なるために生じる認知摩擦と感情的な行き違いから生じる情動摩擦が、同じ文化内よりも多く生じると考えられる。本書では、中国・ベトナム進出日系企業で、日本人と現地管理職はどのような状況で認知摩擦や情動摩擦を体験していたのかについて、調査結果をまとめていく。認知摩擦についての調査とは、生まれ育った環境の違いによって「物事のとらえ方・考え方が違うことによる行動様式（例えば、品質管理の仕方など）の相違」が生じているかどうかのデータを得るものである。また情動摩擦は、「感情的な行き違い」が実際に生じているかどうかについてのデータを得るための調査である。文化が違うことを「考え方が異なることは当たり前」「自分たちと行動が異なることは気にならない」ととらえる人もいるかもしれない。しかし、「相手の考え方・行動には困惑している」「相手の考え方・行動に対応することは困難だ」といった情動的高ぶり（情動摩擦）を日本人あるいは現地管理職は体験していないだろうか。本章では、「物事のとらえ方・考え方が違うことによる行動様式の相違」が実際に生じていたかどうかについて調べた「認知摩擦調査」と感情的な行き違いが実際に生じていたかどうかについて調べた「情動摩擦調査」について、それぞれの調査内容をまとめていく。

認知摩擦調査のデータ収集法

　認知摩擦調査では、中国とベトナム進出日系企業を訪問して協力企業を募った。この際、「企業の規模」を統一するため、調査対象は大企業に限定した。[1] 協力に応じてくれた企業には調査内容について説明した後、質問紙を

渡し調査を依頼するという方法をとった。質問紙の回収は各企業に依頼し、回収済質問紙を調査代表者の所属大学に郵送してもらった。この際、各回答者の回答済み質問紙（無記名）は各自封筒に入れ、封をしたあとに企業側に渡してもらうという方法をとった。匿名で質問紙に記入してもらうことにより、回答者である日本人と現地管理職から本音が聞けるのではないかと思われた。質問紙の配付及び回収は2009年12月から2011年3月にかけて行われた。返送されてきた質問紙の回答結果はSPSS（統計分析用ソフト）に入力し、認知摩擦の分析用データとした。

情動摩擦調査のデータ収集法

認知摩擦調査の協力企業の中で情動摩擦調査への協力に応じてくれた企業を訪問し、インタビュー調査を実施した。調査員が37項目について、一人ひとりにインタビューして回答を得た。日本人駐在員には日本人の調査員が、現地管理職には中国人／ベトナム人の調査員がインタビューを実施した。

インタビューでは、回答者が日頃最もよく接する現地管理職／日本人の職場での37の行動について、(1)自分の感情的反応を、5つの選択肢（「1. 困難を感じる」、「2. どちらとも言えない」、「3. 困難を感じない」、「4. 自分たちが学ぶべきと感じる」、現地管理職／日本人の行動について体験がない場合は「9. 体験したことがない」）の中から選んでもらい、(2)その理由を自由に述べてもらった。各企業では、インタビューのための個室を用意してもらい、回答者のプライバシーに配慮しながらインタビューした。この際、回答者の匿名性を保つことの理解を得た上で、企業と回答者の許可を得たのち録音した。テープに収められた回答は、帰国後に内容をエクセルに書き出した。現地管理職の回答は中国語／ベトナム語でエクセルに書き出された後、日本語に翻訳された。この際、高い日本語能力を有する複数の中国人／ベトナム人留学生（大学院生）が翻訳作業に従事した。このようにしてエクセルに書き出された日本人と中国人／ベトナム人の回答は、それぞれ2人の調査員（日本人）によ

って内容分析された。2人の内容分析結果が異なっていた場合は話し合いの上、最終的な内容分析結果を確定した。こうして得られたものが情動摩擦のデータである。情動摩擦調査は2011年4月から2013年3月にかけて行われた（文部科学省からの助成期間は2012年3月までであったが、1年延長し2013年3月までとした）。

　同じ企業内で「認知摩擦」と「情動摩擦」について調査を実施したが、これは、先に、情動摩擦は「物事のとらえ方が異なることによる感情的な行き違い」と説明したように、情動摩擦の基盤には認知摩擦があると考えられるからである。このため、認知摩擦が生じている環境で情動摩擦データを収集する必要があった。

言語調査のデータ収集法

　言語調査では質問紙を通して、以下の3種類のデータを得た：(1)職場では何語で話すかについて、「あなたは職場の日本人／中国人／ベトナム人と何語で話をしていますか」という問を用意し、①日本語、②中国語／ベトナム語、③英語、④日本語と中国語／ベトナム語、⑤日本語と英語、⑥「通訳を通して話す」、⑦「その他」の中から選択してもらった。また、(2)職場で使う外国語のレベルについて、「あなたは日本語／中国語／ベトナム語で以下のことができますか」という問を用意し、「1．できない」〜「5．できる」の中から選択してもらった：「日本語／中国語／ベトナム語であいさつなどの簡単なこと」「日本語／中国語／ベトナム語で、日本人／中国人／ベトナム人と会話すること」「日本語／中国語／ベトナム語で、電話で話をすること」「日本語／中国語／ベトナム語で、議論すること」「日本人／中国人／ベトナム人の話す日本語／中国語／ベトナム語を理解すること」「日本語／中国語／ベトナム語で書かれた書類などを理解すること」「日本語／中国語／ベトナム語で、簡単な手紙を書くこと」「日本語／中国語／ベトナム語で、仕事の結果を正式なレポートにまとめること」、(3)回答者（現地管理職のみ）

の日本語能力と学習状況について尋ねた：「日本語能力試験は何級か」について、1級、2級、3級、4級、「受けていない」の中から選んでもらった、「日本語の学習をしているか」について「している」「していない」「していたが、今も覚えている」「していたが、今は忘れた」から選択してもらった、さらに「どのような学習をしているか（複数回答可）」「いつから日本語を学習しているか」について尋ねた。

イメージ調査のデータ収集法

現地管理職は、「日本人と共に働く前と働いた後に日本人についてのイメージがどのように変わったか」、同様に、日本人は、「現地管理職と共に働く前と何年か働いた後に現地管理職についてのイメージがどのように変わったか」について分析・考察した：(1)「あなたは日本人についてどのようなイメージをもっていましたか？　そのイメージをお書きください」（日本人回答者へは現地管理職について尋ねた）。(2)そのイメージは、日本人（日本人回答者への問では現地管理職）に対して、「批判的か」、「批判的でも好意的でもない（中立）か」、「好意的か」を選択してもらった。(3)「日本人と共に働く以前、あなたは日本人についてどのようなイメージをもっていましたか？　そのイメージをお書きください」（日本人回答者へは現地管理職について尋ねた）。(4)そのイメージは、日本人（日本人回答者への問では現地管理職）に対して、「批判的か」、「批判的でも好意的でもない（中立）か」、「好意的か」を選択してもらった。

イメージ調査を通して、認知摩擦や情動摩擦とは異なったデータを得ることができる。これは中国・ベトナム進出日系企業という環境で働く際、認知や情動といったさまざまな情報が入ってくる中で、職場で働く異文化の相手を一つのイメージとしてとらえた時、日本人はどのようにとらえられているのかについて考察していくことができる。

第 2 章　調査概要　　29

質問紙と翻訳作業

　質問紙は、回答者の属性（年齢、性別など）と以下の調査用の問で構成され
ていた：認知摩擦調査、情動摩擦調査、言語調査、イメージ調査。

　1．属性は、年齢、性別、教育（高卒、大卒など）、業種（電気・電子製品な
どの製造業、貿易などの非製造業）、従業員数、職位、現在の会社の勤務年数、
（現地管理職には）民族（中国人は「漢族」か「その他の民族」か、ベトナム人には
「キン族」か「その他の民族」か）について尋ねた。

　2．認知摩擦調査では、これまでの日本人の企業行動調査（西田，2002，
2007，2008）に新たな文献調査を加え、日本人の企業行動37項目とそれらの
行動に対応する中国人とベトナム人の企業行動37項目を抽出した（詳細は第
4章を参照）。これらの行動について、認知摩擦調査では 2 種類の質問をし
た：(1)日本人回答者には中国人／ベトナム人の行動について、また中国人／
ベトナム人回答者には日本人の行動について、「文化の違いを感じるか」（「1．
全く感じない」～「5．常に感じる」）を尋ねた。さらに、(2)これらの企業行動
を社内で見かける行動かどうかを確認するため（質問項目の妥当性確認のため）、
日本人回答者に対しては、中国人／ベトナム人の行動について、また中国人
／ベトナム人回答者に対しては、日本人の行動について、「社内でどの程度
見かけるか」（「1．全く見かけない」～「5．見かけるのは80％以上」）を尋ねた。

　3．情動摩擦調査では、認知摩擦調査で用いた37項目の日本人の企業行動
とそれに対応する中国人／ベトナム人の行動を使って、「（相手の行動に対応す
ることを）困難だと感じているか（「1．困難を感じる」「2．どちらとも言えない
（困難を感じるとも困難を感じないとも言えない）」「3．困難を感じない」「4．自分
たちが学ぶべき行動だと感じる」「9．体験したことがない」）」を尋ねた。なお、
情動摩擦調査では、当初（1996年～1999年）のマレーシア・フィリピン調査で
は 3 段階尺度（「1．困難を感じる」「2．どちらとも言えない」「3．困難を感じな
い」）を用いてインタビューを実施していたが、回答者から「日本人の企業
行動は自分たちが学ぶべき行動だと感じる」という意見が多数寄せられたこ

とから、「学ぶべき行動だと感じる」を加えた選択肢方式に変更したという経緯がある（西田，2002，2007，2008）。本調査でも「学ぶべき」を含む選択肢方式を採用している。

　4．言語調査では以下の3種類の問を用意した：⑴職場では何語で話すかについて、「あなたは職場の日本人／中国人／ベトナム人と何語で話をしていますか」という問を設けた、⑵職場で使う外国語のレベルについて、「あなたは日本語／中国語／ベトナム語で以下のことができますか」という問を用意し、「1．できない」〜「5．できる」の中から選択してもらった、⑶回答者（現地管理職のみ）の日本語能力と学習状況について尋ねた。

　5．イメージ調査用質問項目として以下の問を設けた：⑴「日本人／現地管理職と共に働く前、日本人／現地管理職にどのようなイメージをもっていたか？」について、批判的、中立、好意的かを選択してもらった。その後、そのイメージを書いてもらった。⑵「現在、日本人／現地管理職にどのようなイメージをもっているか」を尋ね、批判的、中立、好意的かを選択してもらった。その後、そのイメージを書いてもらった。

　本研究では中国とベトナムのデータを比較検討する目的もあったため、基本的には同じ質問紙を中国人には中国語に翻訳したものを、ベトナム人にはベトナム語に翻訳したものを用いた。民族など中国人用・ベトナム人用で異なる質問項目もあったため、先ず質問紙を日本語で用意した後に、中国語とベトナム語に翻訳した。さらに、再翻訳の方法に則り、最初の翻訳に携わらなかった者に中国語に翻訳された質問紙は日本語に、またベトナム語に翻訳されたものは日本語に翻訳してもらった。日本語に再翻訳された質問紙は、元の日本語の質問紙と比較検討し、誤ってとらえてしまうと考えられる部分を修正した。こうして出来上がったのが、中国調査では日本人用（日本語）と中国人用（中国語）質問紙、ベトナム調査では日本人用（日本語）とベトナム人用（ベトナム語）質問紙であった。

第 2 章　調査概要　　　31

表 2-1　本調査協力企業・回答者総数

	日本人				現地管理職			
	中国		ベトナム		中国		ベトナム	
認知摩擦	33社	194名	19社	127名	34社	407名	19社	270名
情動摩擦	25社	82名	17社	70名	28社	194名	15社	143名
各国合計	58社	276名	36社	197名	62社	601名	34社	413名
日本人・現地管理職合計	94社		473名		96社		1,014名	
総合計	190社				1,487名			

協力企業、回答者など

　認知摩擦調査では、中国での協力企業は延べ67社、回答者は日本人194名、中国人407名、また、ベトナムでの協力企業は延べ38社、日本人127名、ベトナム人270名であった。さらに、情動摩擦調査では、中国での協力企業は延べ53社、回答者は日本人82名、中国人194名、また、ベトナムでの協力企業は延べ32社、日本人70名、ベトナム人143名であった。これらをまとめると、協力企業総数は延べ190社、回答者総数は1,487名（日本人473名、現地管理職1,014名）であった（表2-1参照）。

　本調査の協力企業・回答者については、認知摩擦と情動摩擦に分けてまとめていくことにする。

Ⅰ．認知摩擦調査

　認知摩擦調査は、生まれ育った環境の違い（日本、中国、ベトナム）によって「物事のとらえ方の相違」が生じているかどうかを調査したものである。日本人が相手の行動や考え方に対して「日本人とは違う」と思った場合は「認知摩擦」である。この側面については、(1)「相手の行動・考え方に文化の違いを感じるか」（「1．全く感じない」～「5．常に感じる」）と、(2)「相手の

行動・考え方を社内でどの程度見かけるか」(「1. 全く見かけない」〜「5. 見かけるのは80%以上」) を尋ねた。「見かけるか」は、「常に見かける」を100%とした場合、どの程度見かけるかについて尋ねたものである。

この認知摩擦調査は、調査地域 (中国は広州と上海、ベトナムはハノイとホーチミン) が異なることや協力企業の業種が多岐に渡っていたことが回答結果に影響を及ぼすことが考えられた。そのため、回答者の回答をまとめて「日本人」「中国人」「ベトナム人」とする前に、地域間、業種間、また企業間の回答結果に統計的な相関があるかどうかを分析し確認した。

I-1. 中国進出日系企業における認知摩擦調査

中国での調査協力企業は延べ67社で、日本人194名、中国人407名の協力を得た。広州では延べ37社、日本人109名、中国人215名の、上海では延べ30社、日本人85名、中国人192名の協力を得た (表2-2参照)。ところで、協力企業数が全部で延べ67社という点や、業種が多岐にわたっている点、広州と上海の二地域でデータを収集した点などから、「日本人」「中国人」とまとめて分析していくことができるかを確認する必要があった。このために、企業間、業種間、地域間の回答傾向に大きな違いがないかを以下のように確認した：
⑴まず、広州進出企業と上海進出企業に分けて、業種別の企業数・回答者数

表2-2　認知摩擦調査：中国における地域別企業数・回答者数

地域	日本人			中国人		
	製造業	非製造業	合計	製造業	非製造業	合計
広州	12社 83名	6社 26名	18社 109名	12社 143名	7社 72名	19社 215名
上海	5社 25名	10社 60名	15社 85名	5社 59名	10社 133名	15社 192名
合計	17社 108名	16社 86名	33社 194名	17社 202名	17社 205名	34社 407名

第 2 章　調査概要　　　　33

表 2-3　認知摩擦調査：中国における業種別企業数・回答者数

業種	日本人		中国人	
	企業数（社）	回答者数（名）	企業数（社）	回答者数（名）
電気・電子製品	8	39	8	91
鉄鋼・非鉄金属	4	19	4	34
輸送機械	4	44	4	62
化学工業	1	6	1	22
貿易	9	60	9	136
建設業	1	5	1	10
運輸	2	11	2	30
銀行・金融	1	5	1	10
非製造業その他	3	5	4	12
合計	33	194	34	407

を確かめた（表 2-2 参照）、(2)次に、広州進出企業の、例えば、「貿易」とい
う業種で働く日本人の回答をまとめて「全貿易（広州・日本人）」とし、「貿
易」の各企業で働く日本人との順位相関係数を求めた。相関があることを確
かめてから、「全貿易（広州・日本人）」としてまとめた。中国人についても
「全貿易（広州・中国人）」としてまとめられるかを分析した。上海進出企業
についても同様の分析を行い、「全貿易（上海・日本人）」、「全貿易（上海・中
国人）」としてまとめた。(3)同様の手法で、表 2-3 に挙げた「電気・電子製
品」から「非製造業その他」までの業種で働く日本人と中国人の回答につい
て、順位相関係数を求め相関があるかを確認した。(4)このようにしてまとめ
られた「日本人」と「中国人」について、広州進出企業と上海進出企業との
間に相関があるかどうかを確かめた（詳細は第 7 章を参照）。

　本調査の協力企業は、製造業と非製造業がほぼ半々であった（表 2-2 参照）。
これは、中国へ進出している日系企業の動向を反映しているのだろうか。柴
生田（2009）によると、従来日系企業の対中投資を業種別に見ると、製造業

が圧倒的に多いという。その中でも、電気機械器具（家電製品）、輸送機械器具（自動車）、一般機械器具が多いという（戴．2010）。しかし、2000年代後半に入り、従来対中投資を牽引してきた製造業が伸び悩みを見せているのに対し、卸・小売、金融、不動産業といった非製造業が目立って増加したようだ：21世紀中国総研が2005年に調査した企業のうち、63.8％が製造業、非製造業は34.4％だったのに対し、2007年の調査では、製造業が62.0％、非製造業が39.5％となっていたという（21世紀中国総研．2005，2007）。このような調査結果を勘案すると。本調査における非製造業の割合が高いのも近年の日系企業の中国進出を反映していたと考えられる。

　さて、日本人194名の職位だが、管理職が全体の84.0％を占めた。ここで「管理職」とは「他の監督者または管理者を部下としている者」と「一般管理職を直接管理している者」を指す。日本人の中で最も多かったのが「他の監督者または管理者を部下としている者」で44.8％だった。性別を見てみると、男性が186名（95.9％）、女性が6名（3.1％）と男性が圧倒的に多かった（無回答が2名）。平均年齢は、44.6歳（$SD=8.08$）。男性は45.0歳（$SD=7.85$）、女性は33.2歳（$SD=7.36$）だった。これに対し、中国人回答者407名の間では管理職が215名（52.8％）で、「他の監督者または管理者を部下としている者」は19.9％。日本人と比較すると企業の中枢で働く者の割合は低かった（詳細は第7章参照）。また、中国人回答者の性別は、男性が215名（52.8％）、女性190名（46.7％）（無回答2名）。平均年齢は、33.8歳（$SD=6.68$）、男性は35.1歳（$SD=7.04$）、女性は32.3歳（$SD=5.91$）だった。

I-2.　ベトナム進出日系企業における認知摩擦調査

　ベトナムでの認知摩擦調査は、中国での調査と同様に、ベトナム進出日系企業において日本人とベトナム人の間に「物事のとらえ方の相違」が生じているかどうかを調査したものである。つまり日本人とベトナム人の間に認知上の行き違いが生じていたかどうかを調査したものである。

第 2 章　調査概要　　　35

表 2-4　認知摩擦調査：ベトナムにおける地域別企業数・回答者数

地域	日本人			ベトナム人		
	製造業	非製造業	合計	製造業	非製造業	合計
ハノイ	6社 54名	3社 9名	9社 63名	6社 75名	3社 63名	9社 138名
ホーチミン	8社 56名	2社 8名	10社 64名	8社 103名	2社 29名	10社 132名
合計	14社 110名	5社 17名	19社 127名	14社 178名	5社 92名	19社 270名

　ベトナムでの調査協力企業は延べ38社、日本人は127名、ベトナム人は270名であった（表2-4参照）。そのうち、ハノイにおける企業は延べ18社で、日本人が63名、ベトナム人が138名。ホーチミンでの企業は延べ20社、日本人64名、ベトナム人132名であった。さて、「日本人」「ベトナム人」とまとめて分析していくために、企業間、業種間、地域間の回答に相関があるかを、中国調査と同様に、以下のように確認した：(1)まず、ハノイ進出企業とホーチミン進出企業にわけて、業種別の企業数・回答者数を確かめた（表2-4参照）、(2)次に、ハノイ進出企業の、例えば、「電気・電子製品」という業種で働く日本人の回答をまとめて「全電気・電子製品（ハノイ・日本人）」とし、「電気・電子製品」の各企業で働く日本人との順位相関係数を求めた。相関があることを確かめてから、「全電気・電子製品（ハノイ・日本人）」としてまとめた。ベトナム人についても「全電気・電子製品（ハノイ・ベトナム人）」としてまとめられるかを分析した。ホーチミン進出企業についても同様の分析を行い、「全電気・電子製品（ホーチミン・日本人）」、「全電気・電子製品（ホーチミン・ベトナム人）」としてまとめた。(3)同様の手法で、表2-5に挙げた「電気・電子製品」から「非製造業その他」までの業種で働く日本人とベトナム人の回答について、順位相関係数を求め相関があるかを確認した。(4)このようにしてまとめられた「日本人」と「ベトナム人」について、ハノイ

表 2-5　認知摩擦調査：ベトナムにおける業種別企業数・回答者数

	日本人		ベトナム人	
	企業数（社）	回答者数（名）	企業数（社）	回答者数（名）
電気・電子製品	8	67	8	108
鉄鋼・非鉄金属	1	6	1	10
石油・ガス	1	11	1	23
化学工業	2	15	2	27
製造業その他	2	10	2	10
貿易	1	3	1	20
運輸	1	2	1	21
銀行・金融	2	10	2	13
非製造業その他	1	3	1	38
合計	19	127	19	270

進出企業とホーチミン進出企業との間に相関があるかどうかを確かめた（詳細は第 8 章を参照）。

　本調査の協力企業は、製造業が全体の四分の三、非製造業が残りの四分の一であった（表 2-5参照）。これは、ベトナムへ進出している日系企業の動向を反映しているのだろうか。帝国データバンクの調査（2012年 2 月 1 日）によると、2012年 1 月末時点でベトナムに進出している日系企業は約1,500社で、業種別では製造業が全体の47.0％、卸売業が20.7％と製造業中心となっていたことから、概ね当時の状況を反映していたと考えられる。

　さて、「日本人」としてまとめられた127名の85.9％が管理職だったが、最も多かったのが「他の監督者または管理者を部下としている者」で59.1％、「一般従業員を直接管理している者」が26.8％であった。なお、日本人回答者のうち、男性が123名（96.9％）、女性が 4 名（3.1％）と、男性が圧倒的に多かった。また、平均年齢は44.0歳（$SD = 8.59$）だった。また、ベトナム人回答者270名のうち管理職は55.2％で、最も多かったのが「他の監督者また

第2章　調査概要　　　37

は管理者を部下としている者」で31.9%、次いで「一般従業員を直接管理している者」23.3%だった。ベトナム人回答者のうち、149名（55.2%）が男性、119名（44.1%）が女性であった（無回答2名）。平均年齢は全体では33.2歳（$SD=7.41$）、男性は35.0歳（$SD=8.07$）、女性は30.9歳（$SD=5.67$）だった。

Ⅱ．情動摩擦調査

　情動摩擦調査は「物事のとらえ方が異なることによる感情的な行き違い」が生じているかどうかを調査したものである。

Ⅱ-1．中国進出日系企業における情動摩擦調査

　中国における情動摩擦調査への協力企業は延べ53社、回答者総数は276名（日本人82名、中国人194名）であった。地域別に見ると、広州では延べ26社、日本人39名、中国人72名、上海では延べ27社、日本人43名、中国人122名であった（表2-6参照）。また、回答者を業種別に見ると、日本人は「貿易」の23名、次いで「電気・電子製品」の22名と多く、中国人は「輸送機械・機器」の51名、「貿易」の40名が多かった（表2-7参照）。

　情動摩擦調査の日本人回答者82名のうち95.1%は管理職であった（詳細は第9章参照）。最も多かったのが「他の監督者または管理者を部下としている者」で67.1%、次いで「一般従業員を直接管理している者」28.0%であった。

表2-6　情動摩擦調査：中国における地域別企業数・回答者数

地域	日本人				中国人			
	製造業		非製造業		製造業		非製造業	
広州	7社	25名	5社	14名	7社	36名	7社	36名
上海	4社	21名	9社	22名	5社	52名	9社	70名
合計	11社	46名	14社	36名	12社	88名	16社	106名
総合計	25社		82名		28社		194名	

表 2-7　情動摩擦調査：中国における業種別回答者数・企業数

	日本人		中国人	
	回答者数（名）	企業数（社）	回答者数（名）	企業数（社）
電気・電子製品	22	6	30	6
輸送機械・機器	18	3	51	3
鉄鋼・非鉄金属	3	1	4	2
化学工業	3	1	3	1
貿易	23	9	40	9
小売業	0	0	4	1
建設業	3	1	6	1
運輸	7	2	38	2
銀行・金融	2	1	4	1
その他の非製造業	1	1	13	2
無回答	0	0	1	0
合計	82	25	194	28

また、日本人のうち男性は80名（97.6％）、女性2名（2.4％）で、平均年齢は45.8歳（$SD=8.33$）だった。また、中国人回答者194名の56.7％が管理職だった（詳細は第9章参照）。最も多かったのは、「一般従業員を直接管理している者」で33.5％、次いで、「他の監督者または管理者を部下としている者」が23.2％だった。中国人回答者のうち男性が103名（53.1％）、女性が91名（46.9％）で、男性が若干多いもののほぼ半々であった。平均年齢は33.6歳（$SD=7.07$）、そのうち、男性は34.9歳（$SD=8.11$）で、女性は32.2歳（$SD=5.36$）であった。

Ⅱ-2．ベトナム進出日系企業における情動摩擦調査

　ベトナム進出日系企業における情動摩擦調査は、日本人とベトナム人の間に「物事のとらえ方が異なることによる感情的な行き違い」が生じているか

第2章　調査概要　　　　　　　　　　　　　　39

どうかを調査したものである。

　協力企業数は延べ32社、回答者総数は213名であった。ハノイでの協力企業は延べ18社、日本人31名、ベトナム人69名、ホーチミンでは延べ14社、日本人39名、ベトナム人74名であった（表2-8参照）。業種別に見ると、製造業は32社のうち21社と多数を占めた。なかでも多かったのが電気・電子製品で10社、次いで化学工業の4社だった（表2-9参照）。

表2-8　情動摩擦調査：ベトナム地域別回答者数・企業数

地域	日本人		ベトナム人	
	製造業	非製造業	製造業	非製造業
ハノイ	23名　5社	8名　4社	40名　5社	29名　4社
ホーチミン	33名　6社	6名　2社	67名　5社	7名　1社
合計	56名　11社	14名　6社	107名　10社	36名　5社
総合計	70名　17社		143名　15社	

表2-9　情動摩擦調査：ベトナムにおける業種別回答者数・企業数

	日本人		ベトナム人	
	企業数（社）	回答者数（名）	企業数（社）	回答者数（名）
電気・電子製品	5	34	5	66
鉄鋼・非鉄金属	1	4	1	10
石油・ガス	1	3	1	9
化学工業	2	7	2	13
製造業その他	2	8	1	
貿易	1	3	1	6
建設業	1	2	1	9
運輸	1	3	1	7
銀行・金融	2	5	1	8
非製造業その他	1	1	1	6
合計	17	70	15	143

ベトナム進出日系企業で働く日本人70名のうち90.0％が管理職であった（詳細は第9章参照）。最も多かったのが「他の監督者または管理者を部下としている者」で64.3％、次いで「一般従業員を直接管理している者」が25.7％であった。日本人回答者の中では、男性が67名（95.7％）と大半を占めた。なお、女性は3名（4.3％）であった。平均年齢は全体では45.3歳（$SD=8.20$）、男性は45.3歳（$SD=8.07$）、女性は45.0歳（$SD=13.08$）だった。また、ベトナム人回答者143名のうち、管理職は51.8％であった。最も多かったのが「他の監督者または管理者を部下としている者」で27.3％、次いで「一般従業員を直接管理している者」24.5％であった。ベトナム人回答者の中で、男性は73名（51.0％）、女性が70名（49.0％）であった。平均年齢は32.8歳（$SD=5.42$）、そのうち、男性は33.8歳（$SD=6.17$）で、女性は31.6歳（$SD=4.27$）であった。

注

[1] 「大企業」は法的に定義されているわけではなく、中小企業基本法第二条で定義された「中小企業」に該当しない企業を「大企業」とみなすのが一般的である。本研究では、以下を「大企業」の定義とし、日本にこのような本社を持つ企業を調査対象とした：(1)資本金の額、又は出資の総額が3億円を越え、かつ常時使用する従業員数が300人を越える製造業、建設業、運輸業に属す事業を営む企業。(2)資本金の額、又は出資の総額が5000万円を越え、かつ常時使用する従業員の数が100人を越える非製造業（サービス業）に属す事業を営む企業。なお「小売業」「卸売業」の業種からは協力を得られなかったため、調査対象企業に含まれていない。マレーシア・フィリピンにおける初期の予備調査（1996年～1999年まで）において、大企業と中小企業の違いが鮮明になったため、本研究では、大企業のみを調査対象とした。中小企業では、用地の買収や従業員の確保など、進出国の政府が特別な法的対応をしてくれるかが重要な案件であることが多かった。一方、大企業はこの種の問題を抱えておらず、日本人と現地管理職の間のコミュニケーション上の問題について関心が高かった。

邦文参考文献

柴生田敦夫（2009）『日本企業の対中投資―調査・分析と中国の実際』三和書籍。

戴　暁芙（2010）「中国における多国籍企業の投資と経営」板垣　博編『中国におけ
　　る日・韓・台企業の経営比較』（pp. 28-48）ミネルヴァ書房。

帝国データバンク産業調査部（2012年2月1日）「特別企画：ベトナム進出企業の実
　　態調査」http://www.tdb.co.jp/　より取得。

中国国家統計局（2012）『中国統計年鑑2012』中国統計出版社。

21世紀中国総研編（2005）『中国進出企業一覧　上場会社編　2005－2006年版』蒼蒼社。

21世紀中国総研編（2007）『中国進出企業一覧　上場会社編　2007－2008年版』蒼蒼社。

21世紀中国総研編（2012）『中国進出企業一覧　上場会社篇　2012－2013年版』蒼蒼社。

第3章　異文化間コミュニケーション調査：
認知摩擦・情動摩擦のデータ収集法

西田ひろ子

Ⅰ．認知摩擦・情動摩擦のデータ収集法

Ⅰ-1．データ収集法の基盤は記憶の神経回路網

　本調査のデータ収集法は、記憶の神経回路網（以後記憶回路網とする）の観点から考え出されたものである（甘利，2008; 伊藤，1993; 櫻井，2002; Greenough, Black, & Wallace, 2002; Haberlandt, 1999; Neville & Bavelier, 2002）。このデータ収集法について話す前に、先ず、記憶とは何かという側面から見ていくことにしよう。認知科学者や脳科学者によると、記憶とは意図的にある出来事を思いだしたり、偶然に思い出したり、またある出来事を過去の似たような文脈で起きたものとして思い出したりした時に生じるもので（マンドラー，1991, p.160）、見て覚える、聞いて覚える式の記憶がある（伊藤，1993, p.62）という。また、認知科学者のルドゥー（2004）は、「一生を通じて人格にある種の一貫性がもたらされるのには、学習と、それによってシナプスが生み出した結果である記憶とが主要な役割を果たしている」（p.13）とし、人間の行動の主な基盤は記憶にあると考えている。また、伊藤（1993）も「記憶は私たちの神経機能の基礎である。個人の意味体験の連続性は記憶により支えられており記憶の障害は人格の拠り所の消失につながる」（p.64）ととらえている。この他にも人間の行動や思考に記憶が重要な役割を果たしていることを主唱する脳科学者や認知科学者は多い（伊藤，1993; 櫻井，2002; 津本・村上・小幡・吉岡・川合，2001; 松村，1995; 虫明，2001; ルドゥー，2004; Greenough, Black,

44 第1部 調査の基盤となる考え方、調査方法、調査項目

& Wallace, 2002; Groeger, 1997; Haberlandt, 1999; LeDoux, 2002; Neville & Baverlier, 2002)。もしも、人間の行動に記憶が関係しているのなら、日本人と中国人・ベトナム人の間のコミュニケーション上の問題の解明にはそれぞれの文化的な行動についての記憶のデータを得る必要がある。この場合の記憶とは、個々人の個人的な行動についての記憶ではなく、日本社会特有の行動についての記憶であり、同様に中国社会、ベトナム社会に特有な行動についての記憶である。

Ⅰ-2. 記憶回路網とは何か

　記憶の基盤である記憶回路網とは何だろうか。ルドゥー（2004）によると、記憶回路網とはシナプス接続によって関係づけられた一つのグループのニューロンのことで、見ること、聞くこと、危険を察知し対応することなどの機能を果たすものだという（p.51）。要するに、記憶回路とは、見たり、聞いたりした体験の一つひとつが記憶の回路として脳内に貯蔵されたものと考えることができる。記憶回路網はそれらの回路が複雑にからみあったもので、人が一つの行動を出現させる際には、膨大な回路網の中からその行動の出現に必要な回路のみを選んでいるという（櫻井，2002，p.84）。そして、「ニューロンと回路網の変化が記憶を作り、その記憶がまたニューロンと回路網をさらに変化させる」（p.112）という。これにより、体験が記憶となると考えられている。

　では、「データ収集法は、記憶回路網の観点から考え出された」とはどういうことだろうか。これは、ある一つの記憶を取り出すと、この記憶に関係した記憶が芋づる式に活性化される（Forgas, 1985; Augoustinos & Walker, 1995）という記憶回路網の特質をデータ収集法に用いたということである。祖母のことを思いだすと、祖母と一緒に住んでいた祖父や叔父、叔母、さらには祖母の家の周りの情景を思い出すといったように、次々と祖母に関連ある事柄が思い出されるということや、単独では思い出せない事柄が関連ある

事柄を思い出すことによって思い出すことができる（Turner, 1994）、という記憶回路網の特質をデータ収集法に用いたということである。本研究では、これまでの日本人の企業行動調査（西田, 2002, 2007, 2008）及び文献調査から日本人特有の行動を抽出し（例えば、「品質・事務管理」「ほうれんそう（報告・連絡・相談）」など；詳細は第4章を参照）、「この会社の日本人は中国人／ベトナム人に、工場での品質管理やオフィスでの事務管理は細かい側面についても徹底して行うことを求める」や「この会社の日本人は中国人／ベトナム人部下に対し、仕事の途中で何度も報告したり、相談したり、上司の意見を聞きながら仕事を完成するよう要求する」といった質問項目を作成した。これらの質問は、日系企業で働く中国人・ベトナム人の記憶回路網にある「日本人の品質・事務管理行動」や「日本人の報告・連絡・相談行動」についての記憶を活性化するものと考えられる。この種の質問項目を提示し、(1)「見たことがあるか」、(2)「その行動に文化の相違を感じるか」、(3)「（その行動に対応することは）困難だと感じるか、あるいは（その行動は）自分たちが学ぶべきだと感じるか」という3種類の質問に回答してもらった。同様に日本人回答者に対しては、「現地管理職は、工場での品質管理やオフィスでの事務管理は徹底して行わない」や「現地管理職は、上司から指示されたことについて、途中で何度も報告したり、相談したりしない」という質問項目を作成した。日本人も現地管理職と同様に、質問項目を提示した後に3種類の質問に回答してもらった。

　現地管理職用及び日本人用質問項目は、1996年～1998年度マレーシア・フィリピン進出日系企業調査[1]と1999年～2002年度中国・アメリカ進出日系企業調査[2]で用いた質問項目と回答結果を基盤に、さらに新たに1年に及ぶ文献調査を実施して作成した。「見たことがあるか」と「その行動に文化の相違を感じるか」は、認知摩擦についての問であり、「（その行動に対応することは）困難だと感じるか、あるいは（その行動は）自分たちが学ぶべきだと感じるか」は情動摩擦についての問である。認知摩擦と情動摩擦は次節の認知記

憶と情動記憶と深く関係している。

Ⅰ-3. 認知記憶と情動記憶についてのデータ収集法

Ⅰ-3-1. 認知記憶

　認知記憶とは見て覚える、聞いて覚える式の記憶を指していると考えられている。通常、記憶というとこの認知記憶を指すという（伊藤, 1993; 酒井, 1997）。[3] さらに、酒井（1997）は、認知記憶とは知識をたくわえて、実際に行動したり考えたりする際に参照するものだとしている（p. 49）。この認知記憶は、以下のような機能をもっているものだとされている（松村, 1995）：(1)覚えるべき情報を脳内に入力すること（記銘）、(2)情報を保ち続けること（保持）、(3)その情報を必要なときに引き出すこと（再起）。これらの点については人間に共通しているものであるため、中国人、ベトナム人、日本人の間で異なってはいない。異なっているのは、認知記憶として学習する内容である。これは過去に日本人と接触のない中国人・ベトナム人は、どのように日本人の考え方や行動について記憶できるかということに関係してくる。この点については、以下のように考えられている（伊藤, 1993; Cohen, Kiss, & Le Voi, 1993; Manstead & Hewstone, 1995; Turner, 1994）：中国・ベトナム進出日系企業で日本人と何回となくコミュニケーションするうちに、そのような状況でのコミュニケーション行動に必要な知識が記憶回路として貯蔵される。同じような状況でさらにコミュニケーションを繰り返すうちに、当該記憶回路の組織化が進み、その記憶回路は活性化されやすくなる。このように、何度も体験することにより記憶回路として形成されたものが認知記憶とされている。

　さて、人間は、何度となく体験する状況について以下のような記憶を貯蔵するという（Cohen et al., 1993; Manstead & Hewstone, 1995）：(1)どのような状況か（状況についての記憶）、(2)その状況では、どのようなことが、どのような順序で起こるのか（行動の順序についての記憶）、(3)その状況では、自分はどのような立場で行動しているのか（自己の立場についての記憶）、(4)相手はどの

第3章　異文化間コミュニケーション調査：認知摩擦・情動摩擦のデータ収集法　　47

ような立場で行動しているのか（相手の立場についての記憶）といった記憶回路が形成されるという。このような認知記憶の特質を基盤にして、日本人の行動（中国人・ベトナム人用）と中国人、ベトナム人の行動（在中国日本人と在ベトナム日本人用）の各々37の質問項目を作成した。

　　中国人・ベトナム人用質問項目例：「この会社の日本人は、自分の仕事が終わっても、同じ部署の誰かが仕事をしていれば手伝うことを求める」

これは「日本的チームワーク」について中国人とベトナム人に尋ねた際の質問項目であるが、これには上述の4要素が以下のように含まれている。

1．状況についての記憶：中国・ベトナム進出日系企業において、中国人・ベトナム人の仕事が終了した時

2．行動の順序についての記憶：同じ部署の誰かが仕事をしていると、手伝うよう日本人上司から求められる

3．自己の立場についての記憶：（中国人・ベトナム人の立場）自分は、日本人上司の部下

4．相手の立場についての記憶：相手は日本人の上司

このような質問項目を与えられた中国人・ベトナム人の回答者には、以下の問に回答してもらった：⑴「会社内でどの程度見かける日本人の行動か」、⑵「文化の相違を感じるか」。これら2種類の質問は認知記憶についての問である。

　なお、日本人回答者には、「中国人／ベトナム人管理職は各自が自分の分担の仕事をこなす。たとえ、自分の部署の他の中国人／ベトナム人が仕事をしていても、仕事が終われば家に帰る」という質問項目を作成し、「見かけるか」「文化の相違を感じるか」について回答してもらった。中国人とベトナム人からは日本人の行動についての認知記憶を持っているかどうかを、日本人からは中国人あるいはベトナム人の行動についての認知記憶を持っているかどうかのデータを得た。

もしも、日系企業で働く中国人、ベトナム人、さらに日本人が体験を通して認知記憶を獲得していれば、見かける度合は高く、「文化の相違を感じるか」という問に回答できるであろうと考えられた。また、これらの「見かけるか」と「文化の相違を感じるか」という問は、質問項目の内容が実際に存在する行動かどうかを判断する妥当性にも関係してくる。例えば、「この会社の日本人は、自分の仕事が終わっても、同じ部署の誰かが仕事をしていれば手伝うことを求める」という質問項目を読んで、「見かけるか」という問に多くの中国人・ベトナム人回答者が「見かけることはない」と回答すれば、当該質問項目で挙げられた行動は、実際には見かけられておらず、このため記憶回路網も形成されていないということを意味する。

Ⅰ-3-2. 情動記憶

「情動」とは、喜び、怒り、悲しみ、驚きといった感情的側面を指す (Lazarus, 1991; Leventhal, 1979, 1980, 1984; Mandler, 1984; Shaver, Schwartz, Kirson, & O'Conor, 1987)。認知心理学者のマンドラー (Mandler, 1984) は著書の中で、情動には二つの見方があると述べている。一つは、恐れ、喜び、怒りといった基本的情動からなるという見方、二つ目は認知的、生理的な側面が関係した見方だという。つまり、情動は人間が考えたり、行動したりする際に重要な役割を担っており、認知的機能とも相互作用しているという見方である。シェイバー他 (Shaver, Schwartz, Kirson, & O'Conor, 1987) は、135の情動語を類似性に基づいて被験者に分類させ、六つの基本的な情動を見出している。(1)愛：下位情動 (以後省略) には情愛、あこがれなど、(2)喜び：気持ちよさ、熱意、満足など、(3)怒り：いらだち、激怒など、(4)悲しみ：苦しみ、失望など、(5)恐れ：恐怖、神経質など、(6)驚き。また、「情動記憶」についてレベンソルとシェアー (Leventhal & Scherer, 1987) は、「ある状況における情動的高まりとして獲得され、情動的体験として記憶されるもの」(p.10) と説明している。さらに、情動記憶は、「感情的に強い印象があり何度も想起され

ることによっても、結果としてくり返し体験した場合と同様の強化が生じ、［記憶回路として］固定される」（乾・安西，2001，p.176）と指摘されているように、一度の体験でも記憶として獲得されるようだ。これは「感情的に強い印象があり何度も想起される」と乾・安西が指摘しているように、一度の体験でも感情的に強い印象がある出来事は何度も思い出すために、たった一度の体験でも記憶回路が形成されるようだ。例えば、「給与の額について直接上司と交渉しない」という日本では当たり前の行動が、当たり前ではない文化がある。このような場合、日本人は驚き、「現地従業員は給与の額を互いにオープンに話すので、自分の方が仕事ができるのになぜこの額なんだという文句が出る」（在ベトナム日本人）、「全員が全員の給料の額を知っているから。だれを昇給すると決めると、いろんなことを言ってくるのは困る」（在中国日本人）といった体験が記憶されることになる。この種の感情的体験は、一度だけのものでも記憶回路が形成されると考えられる。それは、この記憶が日本人同士で夕食を食べる時などに話題になるなど、日本人にとっては何度も思い出すことが影響していると考えられる。この記憶は、何度も同じ体験を繰り返さないと記憶回路を形成できない認知記憶と大きく異なっている。また、認知科学者のルドゥー（2004）は、著書『シナプスが人格をつくる』の中で「情動には哺乳類の進化史を通して保存されてきた比較的原始的な回路がかかわっている」（p.315）と述べており、認知科学者や脳科学者の多くが情動は認知とは異なった解剖学的基盤を持っていると考えている（小野，2012; 小早川，2013; ルドゥー，2004）。この解剖学的基盤について、小野（1994）は、情動の発現については大脳辺縁系の扁桃体が主要な役割を果たしていることが最近分かってきたと述べている。また、小早川（2013）やルドゥー（2004）も、情動には扁桃体が重要な役割を担っていること、さらに認知をつかさどっている脳の部位とは解剖学的に異なっていることを指摘している。

　脳科学者や認知科学者たちの議論をまとめると（伊藤，1993; 小野，2012; 小早川，2013; ルドゥー，2004）、情動記憶とは扁桃体や視床下部といった系統発

生学的には古い大脳の部位が関係するもので、感情が生じると、感情が生み出された状況や行動（認知記憶）と関連づけられて、情動記憶の回路が作られるという。この点については伊藤（1993）も、「扁桃体が生物学的価値判断のためのデータを最終的に集め、それに基づいて視床下部が価値判断を下しているようである。この過程でメモリーとの照合が行われると考える必要がある」（p.148）と述べている。生物学的価値判断とは、人間にとってその情動情報が有益か（報酬性）か有害（嫌悪性）かを判断することであり、この判断過程で認知記憶（「メモリー」と説明されているもの）との照合が行われるようだ。このような情動記憶の特質から以下のような問を作成し、中国人・ベトナム人が日本人に対して感じている情動についてのデータを収集した。同様に、日本人が中国人・ベトナム人に対して感じている情動についてのデータを収集した。本調査では、中国人・ベトナム人管理職には、「この会社の日本人は、自分の仕事が終わっても、同じ部署の誰かが仕事をしていれば手伝うことを求める」といった全部で37の質問項目を与えた後、「そのような行動を困難だと感じるか、あるいはその行動を学ぶべきだと感じるか」について回答してもらった。これは、前述の認知記憶とは異なり、情動記憶についてのデータを得るためのものである。同様に、日本人に対しては「現地管理職は各自が自分の分担の仕事をこなす。たとえ、自分の部署の他の中国人／ベトナム人が仕事をしていても、仕事が終われば家に帰る」といった全部で37の質問項目を与えた後、「そのような行動を困難だと感じるか、あるいはその行動を学ぶべきだと感じるか」について回答してもらった。

Ⅰ-3-3. 認知記憶と情動記憶への文化の影響

　解剖学的にみると、認知記憶の初期の段階には海馬が、永続的な記憶には大脳の皮質が重要な役割を果たしているという（伊藤，1993，p.64）。先に述べたように、認知記憶は解剖学的には情動記憶とは異なった部位が関係しているが、実際には、両者が互いに関わりながら行動を起こしているという

第3章　異文化間コミュニケーション調査：認知摩擦・情動摩擦のデータ収集法　51

(小野，1994; ルドゥー，2004)。扁桃体や視床下部といった系統発生学的には古い大脳の部位が関係して感情が生じると、感情が生み出された状況や行動（認知記憶）と関連づけられて、情動記憶の回路が作られるという（伊藤，1993; ルドゥー，2004）。情動記憶には「感動がさわやかな笑いに表現される文化もあれば、感動が涙に転化する文化もある」（山鳥，1994，p. 45）といったように、文化の影響が際立つ側面でもある。しかし、このような文化の影響は情動記憶だけに限ったものではない。認知記憶にも文化の影響がある。例えば、日本人のビジネスパーソンは、会議や接待の際に「上座、下座」に配慮する。「会議や接待」といった状況によって、「上座、下座への配慮」といった、その場で適切な行動の記憶回路が活性化されるのである。これは、上司や部下といった立場についての記憶回路の活性化によって、相手に対してどのように行動すべきかの詳細が決定される。しかし、家族とレストランに行った際には、この種の行動の記憶回路は活性化されない。それは、状況行動についての記憶回路が前述のものと異なるからである。また、一連の状況（日本国内で接待）、行動（上座、下座を考えて行動）、立場（相手は得意先の幹部など）の記憶回路網に「感情的記憶回路」が付設されており（得意先の接待時には緊張するなど）、これが一緒に活性化されると考えられている（伊藤，1993; ルドゥー，2004）。この点について、情動の専門家である脳科学者の小野（1993）は、人間や動物は、外界からの情報を過去の経験や記憶と照合し、それらが自分に快感、満足感などをもたらすのか、あるいは不快感、危険などをもたらすのかを素早く判断し（情動による照合）、外界の状況に応じた臨機応変の行動を起こす（p.284）、と述べている。このように、情動記憶は認知記憶と深く関係しながら最終判断（行動）に結びついてくると言える。このことは、質問項目を作成する際の基盤となっている以下の認知記憶の事柄と情動記憶が密接に関係していることを意味する：(1)状況についての記憶、(2)(異文化の相手の) 行動の順序についての記憶、(3)自己の立場についての記憶、(4)相手の立場についての記憶。

本調査の情動記憶についての問は、中国・ベトナム進出日系企業で働く中国人・ベトナム人、日本人が相手と実際にコミュニケーションすることによって記憶回路として形成された情動体験をデータとして収集するものである。情動記憶についてのデータは中国人・ベトナム人と日本人の間でどのような感情が湧き起こっていたのかを知るためのものである。

Ⅱ．認知摩擦と情動摩擦データ収集のための質問紙

質問紙は各回答者の認知記憶と情動記憶を収集する目的で作成されたが、調査対象となった質問項目は、1996年から2002年まで実施したマレーシア、フィリピン、中国、アメリカにおける調査で用いられた質問項目と、調査から得られた回答結果さらに、その後実施した文献調査に基づいて作られた。例えば、「日本人は品質・事務管理を徹底して行う」（熊沢，1989; 島田，1993）という質問項目は、1996年から2002年の調査に用いられ（西田，2002，2007，2008）、現地管理職から「日本人は現地管理職に、工場での品質管理やオフィスでの事務管理は細かい側面についても徹底して行うことを求める」という回答を、また、日本人からは「現地管理職は、工場での品質管理やオフィスでの事務管理を徹底して行わない」という回答を得た。これらの回答とその後に実施した文献調査を基に、本調査では、中国人とベトナム人用質問項目として、「日本人は中国人／ベトナム人に、工場での品質管理やオフィスでの事務管理は細かい側面についても徹底して行うことを求める」が、また日本人用として、「中国人／ベトナム人管理職は、工場での品質管理やオフィスでの事務管理は徹底して行わない」が作られた。このような質問項目について回答者には、(1)「会社内でどの程度見かける日本人の行動か（中国人／ベトナム人の行動か）」（認知記憶）、(2)「その行動に文化の相違を感じるか」（認知記憶）、(3)「その行動に対応することは困難だと感じるか、あるいはその行動を学ぶべきだと感じるか」（情動記憶）の三点について次節で説明する

第3章　異文化間コミュニケーション調査：認知摩擦・情動摩擦のデータ収集法　53

尺度及び選択肢を用いて尋ねた。

Ⅱ-1. 「会社内でどの程度見かける日本人の行動か」（認知記憶）

　この問は、異文化の行動についての記憶回路を獲得しているかどうかを確認するためのもので、以下の五つの選択肢の中から最も適切なものを選択してもらった。

全く 見かけない	見かけるのは 30％未満	見かけるのは 50％程	見かけるのは 60−70％	見かけるのは 80％以上
1	2	3	4	5

　選択肢として「30％未満」や「80％以上」とパーセントで回答してもらったのは、「あまり見かけない」「やや見かける」といった選択肢だと、訳した場合に細かな違いが分からなくなるという翻訳者からの指摘があったからである。なお、この場合の「30％」や「80％」というのは、異文化の相手の当該行動をほぼ毎日見ている場合を100％として回答してもらった。なお、わからない場合は、「9．わからない」を選択してもらった。

Ⅱ-2. 「文化の相違を感じるか」（認知記憶）

　人が文化の違いを感じるのは、ある状況における自文化の行動と異文化の行動についての記憶回路網を持っているからである。自文化の行動しか分からない場合（自文化の記憶回路網しか持っていない場合）は、文化の相違を感じることができない。例えば、日本では報告、連絡、相談が頻繁に行われる。しかし、この種の慣行について認識していない（日本式報告・連絡・相談についての記憶回路を持っていない）中国人は、これまで中国で行っていたように行動してしまう。日本人の上司から密に報告・連絡・相談するようにと言われていても、「先斬後奏（とりあえず処理をしておいて後で報告する）」（園田,1998,p.148）といった自文化のやり方に終始してしまい、日本式のやり方を学ぶ機会を逸してしまう。この行動を認識したばかりの者（深い理解までいた

っていない者）は「報告・連絡・相談は苦痛だ」や「無意味だ」（園田，1998）
といった情動反応を起こしてしまうようだ。この種の情動反応を起こしてし
まう中国人、言い換えると、日本式報告・連絡・相談に馴染んでいない中国
人は、少なくともこの行動を認識はしている（この行動についての記憶回路を
持っている）。それでなければ「苦痛」や「無意味」という感情は湧いてこな
いからである。このことから、「少なくともこの行動を認識している者（こ
の行動についての記憶回路を持っている者）」は、「文化の相違を感じるか」（認知
記憶）という問にも、「その日本式行動に対応することは困難か」（情動記憶）
という問にも回答することができると思われる。また、日本式報告・連絡・
相談行動を理解している者は、「文化の相違は感じるが（認知記憶）、この日
本式行動に対応することを困難だとは思わない（情動記憶）」といったように
回答する者もいるのではないかと思われる。要するに、文化の相違を感じて
いるか否かは、困難かどうかという回答とは異なった記憶回路が関係してい
ると言える。これは前者が認知記憶、後者が情動記憶についての問だという
ことが影響しているからだと思われる（伊藤，1993; ルドゥー，2004）。

　「文化の相違を感じるか」については下記のような5段階尺度を用いた。

全く 感じない	あまり 感じない	どちらとも 言えない	時々 感じる	常に 感じる
1	2	3	4	5

なお、企業によっては存在しない制度・行動（配置転換、人事異動など）に対
しては「9．体験したことがない」という選択肢を用意した。

Ⅱ-3.「その行動を困難だと感じるか、あるいはその行動を学ぶべきだと感じるか」（情動記憶）

　「その行動を困難だと感じるか、あるいはその行動を学ぶべきだと感じる
か」という問は、中国・ベトナム進出日系企業で働く中国人・ベトナム人と
日本人が、相手の行動に対してどのような感情をもっているかについてのデ

ータを収集するためのものである。前述の二つの問（「どの程度見かけるか」と「文化の相違を感じるか」）（認知記憶）とは異なり、情動記憶についてのデータ収集のために設定されたものである。中国人／ベトナム人には「あなたはその日本人の行動に対応することを困難だと感じていますか？」と、また日本人には「あなたはその中国人／ベトナム人の行動に対応することを困難だと感じていますか？」と尋ねたのちに、以下の選択肢の中から最も適切なものを選択してもらった。

困難を 感じる	どちらとも 言えない	困難を 感じない	自分たちが 学ぶべき	体験した ことがない
1	2	3	4	9

Ⅲ.「スキーマ」から「記憶回路網」へ

　記憶回路とは、見たり、聞いたりした体験の一つひとつがまとまって記憶の回路として脳内に貯蔵されたもので、記憶回路網はそれらの回路が複雑にからみあったものであると脳科学の分野では説明されている（伊藤，1993; 酒井，1997; 櫻井，2002; ルドゥー，2004）。一つの行動を出現させる際には、膨大な回路網の中からその行動の出現に必要な回路のみを選んでいると考えることができるという。このような記憶回路網についての考え方は、社会科学の分野でスキーマ理論を標榜する学者たちの以下のような見解と一致している：バートレット（Bartlett, 1932）は人間の行動や思考は過去の経験に強く支配されたものであるとし、過去の反応や過去の経験の記憶の集合体を「スキーマ」と呼んだ。また、マンドラー（Mandler, 1979）はスキーマを「物理的な物、あるいは場面、出来事についての過去の体験から構築されたもので、物事はどのようなものかとか物事はどのような順序で起こるのかといった（通常無意識の）期待感からできあがっている」（p. 263）と説明している。これまでの「スキーマ」という概念は、脳の機能が明確になっていなかった時

代に人間の行動・思考の基盤は何であるかを説明するために必要な概念であったと言える。この点について、社会科学者のレボワ（Le Voi, 1993）は、「スキーマ理論は、記憶についてのさまざまな事実を説明できることから、この理論がこれまでの長い伝統の中で研究されてきたさまざまな事柄についても説明できる」（p.176）として、人間の記憶システム、ひいては人間行動を解説する重要な理論として位置づけている。つまり、これまで人間の行動・思考のさまざまな側面を社会科学的に（対人関係や対人コミュニケーション行動などについて）説明する概念がなかったために、「スキーマ」という概念を使ってきたと考えられる（スキーマ理論の詳細は、Nishida, 1999を参照）。しかし、前述のように最近の脳科学や認知科学の進展から、人間の行動には記憶回路網が深く関わっていることが明らかになってきた。このため、「スキーマ」という概念ではなく「記憶回路網」という概念に基づいて研究を進めることが重要だと考えられる。なお、「大脳についてはよくわかっていない。わかっているのは小脳についてだけである」と伊藤（1993）は述べており、大脳の記憶回路網がどのような構造になっていて、どういう機能をもっているのかといったことは、脳科学的には未だに明らかになっていないことは多くの脳科学者の一致する意見である（甘利, 2008; 小早川, 2013; 外山, 2013）。しかし、甘利（2008）は「細胞レベルの情報処理がいくらわかっても、脳全体のシステムとしての情報処理はわからない」（p.3）として、「単純化した形の神経回路網の動作原理を探求していけば、そこから脳の情報原理の本質がかえってすっきりした形で見えてくるかもしれない」（p.3）と考え、「神経回路網モデル」を提唱している。甘利の考え方は本研究で用いている「記憶回路網」という概念に共通する考え方であり、「神経回路網モデル」という脳科学の分野で用いている概念を「記憶回路網」という用語を用いて異文化間コミュニケーションの分野に適用したものであると言える。

　最後に、スキーマ理論と記憶回路網という概念を用いて人間のコミュニケーション行動を説明する際に、何が違うかについて述べておきたい。スキー

マ理論は以下の8つのタイプのスキーマから人間の行動は成り立っていると考えている（Nishida, 1999）：(1)事実／概念スキーマ（「日本の首都は東京」といった事実や「三角形」などの概念に関する知識）（Chi, 1981; Smith, 1989）、(2)ヒトスキーマ（さまざまな人についての情報を含むスキーマ）（Cantor & Mischel, 1979; Taylor & Crocker, 1981）、(3)自己スキーマ（自分自身について認知的に一般化された情報）（Augoustinos & Walker, 1995; Markus, 1980）、(4)役割スキーマ（ある社会におけるある特定の地位の人に期待される行動や規範についての知識構造）（Augoustinos & Walker, 1995, p. 39）、(5)状況スキーマ（よく遭遇する状況について、どのような状況か、どのような人が含まれるか、どのような行動をするかなどの一般化された情報）（Turner, 1994）、(6)手続きスキーマ（よく遭遇する状況において、一般的にどのような順序で出来事が流れていくかについての情報を含む知識）（Turner, 1994）、(7)方略スキーマ（推理、推論、類推、分類など、問題解決のためのさまざまな方略についての知識）（Turner, 1994）、(8)情動スキーマ（愛、喜び、怒り、悲しみ、恐れ、驚きといった感情についてのスキーマ）（Beck, 1976; Beck, Rush, Shaw, & Emery, 1979; Leventhal, 1979, 1980, 1984; Lazarus, 1991）。このようなスキーマ理論では、8タイプのスキーマの中の7タイプが人間の認知の側面を扱っており、情動を説明するものは情動スキーマだけである。これに対し、記憶回路網という概念で人間行動を説明する場合、人間のコミュニケーション行動は、学習によって獲得された認知と情動の記憶回路網が主要な役割を果たしているととらえている（ルドゥー, 2004）。さらに、ミッチェル（Mischel, 1974）によると、人間の認知と情動（さらに動機）が分かれば、ある特定の状況でどのように行動するかが予測できるとしている。要するに、スキーマ理論と記憶回路網の概念による人間行動のとらえ方の大きな違いは、スキーマ理論は人間の認知の側面を重視しているのに対し、記憶回路網の場合は認知と情動の両方に主眼を置いているということであろう。

　社会科学者にとって重要なのは、このような記憶回路網という概念をどのように調査方法に反映し、さらにデータの分析や考察に反映していくかとい

うことである。これまでの調査はスキーマ理論から派生した文化スキーマ理論（西田，2000）に基づいて調査・分析を行ってきた（西田，2002，2007，2008）。スキーマ理論は脳の機能を社会科学的に説明したものであるため、記憶回路網のさまざまな説明と共通する部分も多数存在する。このことは社会科学者のレボワ（Le Voi, 1993）の下記の言葉からも明らかである。

　　　この理論［スキーマ理論］と現象との間には密接な関係がある。また、スキーマ理論は、記憶についてのさまざまな事実を説明できることから、この理論がこれまでの長い伝統の中で研究されてきたさまざまな事柄についても説明できるものであると言える。(p.176)

　しかし、本研究では、これまでのスキーマ理論ではなく、多くの脳科学や認知科学の分野の研究から明らかになってきた記憶回路網に基づいて質問紙を作成し、調査を実施した。[4] これは、レボワ（Le Voi, 1993）が述べていた「スキーマ理論は、記憶についてのさまざまな事実を説明できる」と考えなくても、脳の機能についての研究成果を社会科学に直接応用することを考える時期に来ていると思うからである。

注

[1]「在外日本人と現地住民との間の対人コミュニケーション摩擦研究―フィリピンとマレーシア進出日系企業への派遣社員およびその家族を中心に」平成8年度～平成10年度文部省科学研究費補助金（国際学術研究）による研究（代表者：西田ひろ子、課題番号08041070）

[2]「1999年～2002年度中国・アメリカ進出日系企業調査」は、以下の二つの調査を指す：(1)「在外日本人と現地住民との間の対人コミュニケーション摩擦研究：中国、米国進出日系企業への派遣社員とその家族を中心に」平成11年度～平成12年度日本学術振興会科学研究費補助金基盤研究(A)(2)による研究（代表者：西田ひろ子、研究課題番号11691092）、(2)「在外日本人と現地住民との間の対人コミュニケーション摩擦研究：中国、米国進出日系企業への派遣社員と現地従業員の間のコミュニケーション困難度調査を中心に」平成13年度～平成14年度日本学術振興会科学研究費補助金基盤研究(A)(2)による研究（代表者：西田ひろ子、研究課題番号13371003）。

³ 脳に貯蔵される神経回路網のほとんどは（遺伝子の影響を受ける側面を除き）経験によって確立されるという。また、修正が可能であるという（Groeger, 1997; Haberlandt, 1999; Rosser, 1994; Rugg, 1997; 伊藤，1993; 久保田，1995; 松村，1995; 虫明，2001; ルドゥー，2004など）。それは経験によって記憶の神経回路網が構築され、経験によって関係する神経回路網に変化が起こるからだという。

⁴ 本研究は以下の補助金により調査を実施した：「中国、ベトナム駐在日本人と現地従業員の間の対人コミュニケーション摩擦研究」平成21年度〜平成23年度日本学術振興会科学研究費補助金基盤研究A ⑵、代表者：西田ひろ子、研究課題番号 21252006。

邦文参考文献

甘利俊一（2008）『神経回路網モデルとコネクショニズム』東京大学出版会。

伊藤正男（1993）『脳と心を考える』紀伊國屋書店。

乾　敏郎・安西祐一郎編（2001）『認知科学の新展開4　イメージと認知』岩波書店・

小野武年（1994）「生物学的意味の価値評価と認知」伊藤正男・安西祐一郎・川人光男・市川伸一・中島秀之・橋田浩一編　『岩波講座認知科学　情動』（pp. 71-108）岩波書店。

小野武年（2012）『脳と情動：ニューロンから行動まで』朝倉書店。

熊沢　誠（1989）『日本的経営の明暗』筑摩書房。

久保田　競（1995）「認知行動と前頭葉」宮下保司・下条信輔編『脳から心へ：高次機能の解明に挑む』（pp. 118-125）岩波書店。

小早川令子（2013）「匂いに対する多様な情動・行動を制御する神経メカニズム」NPO法人脳の世紀推進会議編『脳を知る・創る・守る・育む』（pp. 63-86）クバプロ。

酒井邦嘉（1997）『心にいどむ認知脳科学』岩波書店。

櫻井芳雄（2002）『考える細胞ニューロン』講談社。

島田晴雄（1988）『ヒューマンウエアの経済学：アメリカのなかの日本企業』岩波書店。

園田茂人（1998）『証言・日中合弁』大修館書店。

津本忠治・村上富士夫・小幡邦彦・吉岡　亨・川合述史編（2001）『神経回路形成と機能発達』共立出版。

外山敬介（2013）「脳科学研究これまでの二十年：脳の世紀二十年」。NPO法人脳の世紀推進会議編『脳を知る・創る・守る・育む』（pp. 13-32）クバプロ。

西田ひろ子（2000）『人間の行動原理に基づいた異文化間コミュニケーション』創元社。

西田ひろ子編（2002）『マレーシア、フィリピン進出日系企業における異文化間コミ

ュニケーション摩擦』多賀出版。

西田ひろ子編（2007）『米国、中国進出日系企業における異文化間コミュニケーション摩擦』風間書房。

西田ひろ子編（2008）『グローバル社会における異文化間コミュニケーション』風間書房。

松村道一（1995）『ニューロサイエンス入門』サイエンス社。

マンドラー、G.（1991）『認知心理学の展望』（大村彰道・馬場久志・秋田喜代美訳）紀伊國屋書店。

虫明　元（2001）「問題解決とその神経機構」乾　俊郎・安西祐一郎編『コミュニケーションと思考』（pp. 203-233）岩波書店。

ルドゥー、J.（2004）『シナプスが人格をつくる：脳細胞から自己の総体へ』（森　憲作監修、谷垣暁美訳）みすず書房。

山鳥　重（1994）「情動の神経心理学」伊藤正男・安西祐一郎・川人光男・市川伸一・中島秀之・橋田浩一編『岩波講座　認知科学　情動』（pp. 35-69）岩波書店。

英文参考文献

Augoustinos, M., & Walker, I. (1995). *Social cognition: An integrated introduction.* London: Sage.

Bartlett, F. C. (1932). *Remembering.* Cambridge, UK: Cambridge University Press.

Beck, A. T. (1976). *Cognitive therapy and the emotional disorders.* New York: International Universities Press.

Beck, A. T., Rush, A. J., Shaw, B. F., & Emery, G. (1979). *Cognitive therapy of depression.* New York: Guilford.

Cantor, N., & Mischel, W. (1979). Prototypes in person perception. In L. Berkowitz (Ed.), *Advances in experimental social psychology* (Vol. 12, pp. 3-52). New York: Academic Press.

Chi, M. T. H. (1981). Knowledge development and memory performance. In M. P. Friedman, J. P. Das, & N. O'conner (Eds.), *Intelligence and learning* (pp. 221-229). New York: Plenum Press.

Cohen, G., Kiss, G., & Le Voi, M. (1993). Memory: Current issues (2nd ed.), Philadelphia, PA: Open University Press.

Forgas, J. P. (1985). Person prototypes and cultural salience: The role of cognitive and cultural Factors in impression formation. *British Journal of Social Psychol-*

ogy, 24, 3-17.

Greenough, W. T., Black, J. E., & Wallace, C. S. (2002). Experience and brain development. In M. H. Johnson, Y. Munakata, & R. O. Gilmore (Eds.), *Brain development and cognition: A reader* (2nd ed., pp. 186-216). Blackwell.

Groeger, J. A. (1997). *Memory and remembering: Everyday memory in context.* London, UK: Longman.

Haberlandt, K. (1999). *Human memory: Exploration and application.* Needham Heights, MA: Allyn and Bacon.

Lazarus, R. S. (1991). Progress on a cognitive-motivational-relational theory of emotion. *American Psychologist, 46*, 819-834.

LeDoux, J. (2002). *Synaptic self: How our brains become who we are.* Viking.

Leventhal, H. (1979). A perceptual-motor processing model of emotion. In P. Pilner, K. Blankstein, & I. M. Spigel (Eds.), *Perception of emotion in self and others* (Vol. 5, pp. 1-46). New York: Plenum.

Leventhal, H. (1980). Toward a comprehensive theory of emotion. In L. Berkowitz (Ed.), *Advances in experimental social psychology* (Vol. 13, pp. 139-207). New York: Academic Press.

Leventhal, H. (1984). A perceptual-motor theory of emotion. In L. Berkowitz (Ed.), *Advance in experimental social psychology* (Vol. 17, pp. 117-182). New York: Academic Press.

Leventhal, H., & Scherer, K. (1987). The relationship of emotion to cognition: A functional approach to a semantic controversy. *Cognition and Emotion, 1*, 3-28.

Le Voi, M. (1993). Overview. In G. Cohen, G. Kiss, & M. Le Voi (Eds.), *Memory: Current issues* (2nd ed., pp. 175-178). Philadelphia, PA: Open University Press.

Mandler, J. M. (1979). Categorical and schematic organization in memory. In C. R. Puff (Ed.), *Memory organization and structure* (pp. 259-299). New York: Academic Press.

Mandler, J. M. (1984). *Stories, scripts, and scenes: Aspects of schema theory.* Hillsdale, NJ: Lawrence Erlbaum.

Manstead, A. S. R., & Hewstone, M. (1995). *The Blackwell encyclopedia of social psychology.* Cambridge, MA: Blackwell.

Markus, H. (1980). The self in thought and memory. In D. M. Wegner, & R. R. Vallacher (Eds.), *The self in social psychology.* New York: Oxford University Press.

Mischel, T. (1974). *Understanding other persons.* Oxford: Basil Blackwell.

Neville, H. J., & Bavelier, D. (2002). Specificity and Plasticity in Neurocognitive Development in Humans. In M. H. Johnson, Y. Munakata, & R. O. Gilmore (Eds.), *Brain development and cognition: A reader* (2nd ed., pp. 251-271). Blackwell.

Nishida, H. (1999). A cognitive approach to intercultural communication based on schema theory. *International Journal of Intercultural Relations, 23* (5), 753-777.

Rosser, R. (1994). *Cognitive Development: Psychological and biological perspectives.* Boston: Allyn and Bacon.

Rugg, M. D. (Ed.) (1997). *Cognitive neuroscience.* Hove East Sussex, UK: Psychology Press.

Shaver, P., Schwartz, J., Kirson, D., & O'Conor, C. (1987). Emotion knowledge: Further exploration of a prototype approach. *Journal of Personality and Social Psychology, 52,* 1061-1086.

Smith, E. E. (1989). Concepts and induction. In M. I. Posner (Ed.), *Foundations of cognitive science.* Cambridge, MA: The MIT press.

Taylor, S. E., & Crocker, J. (1981). Schematic bases of social information processing. In E. T. Higgins, C. P. Herman, & M. P. Zanna (Eds.), *Social cognition: The Ontario symposium* (Vol. 1, pp. 89-134). Hillsdale, NJ: Lawrence Erlbaum.

Turner, R. M. (1994). *Adaptive reasoning for real-world problems: A schema-based approach.* Hillsdale, NJ: Lawrence Erlbaum.

第4章　調査に用いた質問項目

西田ひろ子

　質問項目は、認知摩擦調査用（「見かけるか」、「文化の相違を感じるか」）と情動摩擦調査用（「そのような行動に対応することを困難だと感じるか、あるいはその行動を学ぶべきだと感じるか」）に共通の37項目を用意した。中国人、ベトナム人用質問項目は日本人の行動について、日本人用質問項目は中国人、ベトナム人の行動について尋ねた。

　さて、調査に用いた質問項目は、これまでに実施した文献調査と以下の調査結果を基に作成した[1]：(1)1996年から3年間実施したフィリピン・マレーシア調査（認知摩擦と情動摩擦）、(2)1999年から2年間実施した中国・アメリカ調査（認知摩擦と情動摩擦）、さらに(3)2001年から2年間実施した情動摩擦に焦点を当てた中国・アメリカ調査。「日本人とは違う」と思った場合は「認知摩擦」、「そのような行動には困惑する」「（対応するのは）困難だと感じる」あるいは「自分たちが学ぶべき行動だ」といったような感情的反応は「情動摩擦」である。情動摩擦調査は、質問紙による認知摩擦調査とは違って、調査員が現地に赴き、一人ひとりにインタビューし、回答を得た。「あなたは異文化の相手の行動に対応することに困難を感じていますか？」と、日本人には現地管理職の行動について、また、現地管理職には日本人の行動について尋ねた。この際、以下の選択肢を用いて、相手の行動に対してどのように感じているかを表す数値（「1」～「4」）を選んでもらった：「1．困難を感じる」「2．どちらとも言えない（困難だとも困難ではないとも言えない）」「3．困難を感じない」「4．自分たちが学ぶべき」。なお、当該行動を体験したことがない場合は「9．体験した事がない」を選んでもらった。その後に、なぜそのように感じているのかについて自由に回答してもらった。

64 　　　　第1部　調査の基盤となる考え方、調査方法、調査項目

　さて本章では、本調査で用いた37の質問項目がどのように作成されたのか
について述べていくことにする。

　これまでの一連の調査（マレーシア、フィリピン、中国、アメリカ進出日系企業
で働く日本人と現地管理職の間の情動摩擦調査）を通して、どのように本調査の
質問項目が作成されたかをまとめると以下のようになる。

1．1996年～1997年に文献調査を通して日本人及び現地管理職の行動の中で
　　特徴的な側面を抽出した（例えば、「有給休暇のとらえ方」、「品質・事務管理」
　　など）。

2．1996年から2002年までのマレーシア、フィリピン、中国、アメリカへの
　　進出日系企業調査で用いた質問項目は、「有給休暇のとらえ方」といった
　　ように、どのような状況かがわかる表現のみを提示し（具体的な行動は提示
　　せずに）情動摩擦についてデータを得た。

3．本調査では、1996年～2002年まで実施した日系企業で働く現地管理職
　　（マレーシア人、フィリピン人、中国人、アメリカ人）の日本人の行動に対する
　　情動摩擦調査結果を基に、具体的な行動を抽出し本調査の質問項目として
　　用いた。これは、1996年～2002年の調査から、現地日系企業で働く現地管
　　理職の日本人駐在員の行動に対する反応（「困難を感じる」～「自分たちが学
　　ぶべき」の選択と自由回答）には同じような傾向が認められたからである（西
　　田，2002，2007，2008）。

4．同様に、1996年～2002年まで実施した在馬日本人、在比日本人、在中日
　　本人、在米日本人の現地管理職の行動に対する情動摩擦調査結果を基に、
　　具体的な行動を抽出し本調査の質問項目として用いた。これは、1996年～
　　2002年の調査から、現地日系企業で働く日本人駐在員の現地管理職の行動
　　に対する反応（「困難を感じる」～「自分たちが学ぶべき」の選択と自由回答）
　　には同じような傾向が認められたからである（西田，2002，2007，2008）。

　ここでは、例として「有給休暇」についての質問項目作成法を挙げること
にする。「有給休暇」を調査項目として取り上げたのは、アメリカ、中国、

マレーシア、フィリピンなどの国と比較すると日本人の有給休暇取得率はかなり低いと言われているからである（週刊観光経済新聞、2009年5月2日; 東洋経済統計月報編集部、2011年12月24−31日; Harris interactive, 2014; Philippine Industry Yearbook of Labor Statistics, 2010）。1996年1年間に企業が付与した有給休暇日数（繰越日数は除く）は、日本人1人平均17.4日だが、取得した日数は9.4日で、取得率は54.1%となっている（厚生労働省, 1996）。しかし、同省（2013）の「平成25年就労条件総合調査」によれば、1年間に企業が付与した年次有給休暇日数（繰越日数を除く）は、労働者1人当たり平均18.3日だが、そのうち実際に取得した日数は8.6日、取得率は47.1%と1996年よりも減っている。年次有給休暇の取得率の推移は、1996年から2004年まで一貫して減少し、その後増加傾向となったが、2013年には再び2.2%の減少となった（厚生労働省, 2013）。なぜ日本人は有給休暇をとらないのだろうか。経済産業省・国土交通省・(財)自由時間デザイン協会の調査（2002年6月）によると、理由の第1位が「休みの間仕事を引き継いでくれる人がいない」、第2位が「仕事の量が多すぎて、休んでいる余裕がない」、そして第3位が「病気や不意の事態に備えて、残しておきたい」だった。このような意識を持つ日本人の有給休暇についての行動を現地管理職はどのように見ていたのだろうか。一例としてアメリカでの調査結果を取り上げる。

「有給休暇」についての回答

アメリカ人の回答（1999年〜2002年調査：74名）

「対応するのが困難だ」（9.6%）

・日本人は与えられている休暇をすべて消化しない。そのことに対し、自分は困難を感じている。人間は仕事だけする動物ではない。休暇をとって、リラックスすることも重要だ。

「どちらとも言えない」（6.8%）

・日本人は長期休暇をとることをよく思わない傾向がある。長期休暇をとる

アメリカ人を羨ましいと思っているのか、日本人の慣習なのかわからないので、「どちらとも言えない」とした。

・日本人は休暇がとれるのに休暇をとらない。仕事に時間を費やしすぎて、自分や家族の生活に十分な時間を使っていない。

「困難ではない」(68.5%)

「学ぶべき」(1.4%)

「体験したことがない」(13.7%)

在米日本人の回答(1999年〜2002年調査：56名)

「対応するのが困難だ」(10.7%)

・仕事の流れとは関係なく休みをとる。日本人としては仕事優先で考えるので、できない考え方。融通がきかないという意味で困難を感じる。

「どちらとも言えない」(14.3%)

・彼らは一週間とか長期で休むので若干「どうかなって思う」ことがある。

・いつでも休んでいいという土壌は日本人が学ぶべき。仕事の面で考えると、ここまでしなければいけないという時に休むというのは悪い。

「困難ではない」(39.3%)

・アメリカ人は休みというと家族で行動する。日本人だとゴルフに行ったりと家族でバラバラに行動する。

「学ぶべき」(35.7%)

・日本人が学ぶべきだと思う。4年間アメリカにいるが、ほとんど休みをとったことがない。アメリカ人は忙しくても休みはとっている。

・アメリカ人は休暇は基本的にすべて使い切る。日本人はまず有給休暇をとらない。日本人は働くことが美徳だと思っている。

「体験したことがない」(0%)

このような1996年から2002年までのマレーシア、フィリピン、中国、アメ

リカ進出日系企業調査から得た回答結果を基に、本調査用の「有給休暇」についての項目を作成した：「日本人は有給休暇をすべて消化しない。有給休暇の権利を放棄する」（中国人・ベトナム人回答者用）、「中国人・ベトナム人管理職は、有給休暇をすべて消化する。休める権利はすべて使う」（日本人回答者用）。以下に全37項目について、「初期調査」（1996年から2002年までの調査）で用いた質問項目と本調査用に作成した項目をまとめていく。なお、各項目の横に項目を作成する際に用いた主要文献を挙げておく（文献は邦文、次いで英文という順序）。

1．「有給休暇」（経済産業省・国土交通省・（財）自由時間デザイン協会，2002年
　　6月; 厚生労働省，1996; 中村，1994; 西田，2002，2007，2008）
　　初期調査　現地管理職用：日本人の有給休暇の使い方
　　　　　　　日本人用：現地管理職の有給休暇の使い方
　　本調査　　中国人・ベトナム人用：日本人は、有給休暇をすべて消化しな
　　　　　　　い。有給休暇の権利を放棄する。
　　　　　　　日本人用：中国人・ベトナム人管理職は、有給休暇をすべて消
　　　　　　　化する。休める権利はすべて使う。

2．「品質・事務管理」（熊沢，1989; 園田，1998; 西田，2002，2007，2008）
　　初期調査　現地管理職用：日本人の品質・事務管理の仕方
　　　　　　　日本人用：現地管理職の品質・事務管理の仕方
　　本調査　　中国人・ベトナム人用：日本人は中国人・ベトナム人に、工場
　　　　　　　での品質管理やオフィスでの事務管理は徹底して行うことを求
　　　　　　　める。
　　　　　　　日本人用：中国人・ベトナム人管理職は、工場での品質管理や
　　　　　　　オフィスでの事務管理を徹底して行わない。

3．「反対意見の言い方（自分の意見を言わない）」（猪原，1989; 西田，2002，
　　2007，2008; 秀島，1992; マハティール，1983）

初期調査　現地管理職用：日本人の反対意見の言い方

日本人用：現地管理職の反対意見の言い方

本調査　中国人・ベトナム人用：この会社の日本人は、上司からの指示がたとえ良くない方策だと思っても自分の意見は言わない。

日本人用：中国人・ベトナム人管理職は、上司からの指示が良くない方策だと思ったらはっきりと自分の意見を言う。

4. 「報告・連絡・相談」（西田, 2002, 2007, 2008; 日本在外企業協会, 1993; Hofstede, 1980, 1983）

初期調査　現地管理職用：仕事の進捗状況について日本人上司からしばしば報告を求められること

日本人用：仕事の進捗状況について、しばしば日本人上司に報告することについての現地管理職の反応

本調査　中国人・ベトナム人用：日本人は中国人・ベトナム人に対し、仕事の途中で何度も報告したり、日本人上司の意見を聞きながら仕事を完成するよう要求する。

日本人用：中国人・ベトナム人管理職は、上司から指示されたことについて、途中で何度も上司に報告したり、相談したりしない。出来上がるまで自分のやり方で仕事をし、完成させた後に上司に見せる。

5. 「褒め方」（園田, 2001; 西田, 2002, 2007, 2008; 日本在外企業協会, 1990, 1993; Abdullah, 1992; Abdullah, Singh, & Beng, 1992）

初期調査　現地管理職用：仕事がうまくいった際の日本人上司の褒め方

日本人用：現地管理職部下が仕事をうまく遂行した際の褒め方

本調査　中国人・ベトナム人用：日本人は現地管理職部下が仕事をうまく遂行しても褒めない。

日本人用：中国人・ベトナム人管理職は仕事がうまく遂行できた際には上司から褒められることを期待する。

6．「評価の仕方」（西田，2002，2007，2008；日本在外企業協会，1990，1993；Abdullah, 1992; Abdullah, Singh, & Beng, 1992）

初期調査 現地管理職用：日本人上司のあなたの仕事に対する評価の仕方

日本人用：現地管理職部下が行った仕事に対する評価の仕方

本調査 中国人・ベトナム人用：この会社の日本人は、現地管理職部下が仕事の評価内容に納得できず説明を求めても、うまく説明してくれない。

日本人用：現地管理職は、評価の内容に納得できない場合には説明を求めてくる。

7．「規則の守り方」（安西，1998；西田，2002，2007，2008；Andres, 1985; The Developers, 1981）

初期調査 現地管理職用：現地管理職が会社の規則や手続きを守ることについての日本人の反応

日本人用：現地管理職の規則や手続きの守り方

本調査 中国人・ベトナム人用：日本人は現地管理職に対し、たとえ些細な事柄であっても、会社の規則に従うよう求める。

日本人用：現地管理職は、会社の規則があっても、どのような行動をとるかは自分で判断する。会社の規則に従わない場合がある。

8．「仕事内容の理解」（安西，1998；西田，2002，2007，2008）

初期調査 現地管理職用：仕事内容をよく理解できないときの日本人の対応

日本人用：現地管理職の仕事内容を理解できない際の行動

本調査 中国人・ベトナム人用：日本人は現地管理職部下に対し、仕事内容についてわかるまで尋ねるよう求める。

日本人用：現地管理職は、仕事の詳細についてわからない点があっても、わかるまで尋ねてこない。

70 　　　　　第1部　調査の基盤となる考え方、調査方法、調査項目

9．「上司への贈り物」（西田，2002，2007，2008; Takezawa & Whitehill, 1981）

　　初期調査　　現地管理職用：質問項目として取り上げなかった。

　　　　　　　　日本人用：質問項目として取り上げなかった。

　　本調査　　　中国人・ベトナム人用：現地管理職は日本人上司と良好な関係
　　　　　　　　を保つために高額な品物を渡そうとするが、快く受け取ってく
　　　　　　　　れない。

　　　　　　　　日本人用：現地管理職は、上司との関係をよくするために、高
　　　　　　　　額な品物を用意して上司に渡すという行動をする。

10．「管理職用個室」（西田，2002，2007，2008; 吉原，1988）

　　初期調査　　現地管理職用：上司も部下も同じ部屋で仕事をすること

　　　　　　　　日本人用：上司も部下も同じ部屋で仕事をすることに対する、
　　　　　　　　現地管理職の反応

　　本調査　　　中国人・ベトナム人用：この会社では、上司も部下も同じ部屋
　　　　　　　　で仕事をする。管理職用個室というものはない。

　　　　　　　　日本人用：現地管理職は個室が与えられるべきだと考えており、
　　　　　　　　そのように要求してくる。

11．「トップダウン／ボトムアップ」（中川，1992; 西田，2002，2007，2008; 吉原，
　　1988）

　　初期調査　　現地管理職用：物事を決定する為に日本人が要する時間

　　　　　　　　日本人用：「日本人が物事を決定する為に要する時間」に対す
　　　　　　　　る現地管理職の反応

　　本調査　　　中国人・ベトナム人用：日本人は多くの人の賛同を得てから物
　　　　　　　　事を決定する。この為、物事の決定まで時間がかかる。

　　　　　　　　日本人用：現地管理職は、物事を決定するのに時間がかからな
　　　　　　　　いトップダウン（上位下達）方式を好む。

12．「昇進制度」（大下，1997; 佐久間，1998; 西田，2002，2007，2008; 馬，2001; 宮
　　坂，1994）

第4章　調査に用いた質問項目　　　71

初期調査　現地管理職用：昇進制度

　　　　　　日本人用：昇進制度

本調査　　中国人・ベトナム人用：この会社では、能力も加味されるが、基本的には年功序列型で昇進する。

　　　　　　日本人用：この会社の現地管理職は、能力型（成果主義）で昇進し、年功序列が昇進に大きく影響することはない。

13.「昇給要求」（石田, 1985; 猪原, 1989; 熊谷, 1994; 園田, 2001; 富田, 1988; 西田, 2002, 2007, 2008; 日本在外企業協会, 1990; Abdullah, Singh, & Beng, 1992）

初期調査　現地管理職用：現地管理職の昇給を要求する行動についての日本人の反応

　　　　　　日本人用：現地管理職が昇給を要求する行動について

本調査　　中国人・ベトナム人用：現地管理職が給与の額について交渉しても、日本人上司は交渉にのってくれない。

　　　　　　日本人用：現地管理職は、給与の額に不満があれば上司と交渉する。

14.「チームワーク」（島田, 1988; 日本在外企業協会, 1990, 1997; 西田, 2002, 2007, 2008; Andres, 1985; Kawatani & Abdullah, 1996）

初期調査　現地管理職用：「チームの一員」として働くこと

　　　　　　日本人用：現地管理職の「チームワーク」のとらえ方

本調査　　中国人・ベトナム人用：この会社の日本人は現地管理職に、職務範囲以外の事柄でも仕事を行うことを求める。

　　　　　　日本人用：現地管理職は各自が自分の分担の仕事をこなす。たとえ自分の部署の他の現地従業員が仕事をしていても、仕事が終われば家に帰る。チームワークの感覚がない。

15.「残業」（朝日新聞社, 1997年1月1日; 佐護・安, 1993; 中村, 1994; 西田, 2002, 2007, 2008; 労働省, 1992; 労務行政研究所, 1992）

初期調査　現地管理職用：残業すること

72 第1部 調査の基盤となる考え方、調査方法、調査項目

日本人用：残業することに対する現地管理職の反応

本調査　中国人・ベトナム人用：日本人は現地管理職に、たとえ私的な先約があっても、残業することを求める。

日本人用：現地管理職は、残業を上司から頼まれても、私的な先約があれば仕事の方を断る。

16. 「職務範囲」（今岡，1988; 岩田，1977; 奥田，1982; 島田，1988; 西田，2002，2007，2008; 日本在外企業協会，1997; Cole, 1979; Kumazawa, 1989; Piore & Sabel, 1984）

初期調査　現地管理職用：日本人上司の、部下の仕事範囲／責任範囲のとらえ方

日本人用：現地管理職の仕事範囲／責任範囲のとらえ方

本調査　中国人・ベトナム人用：日本人は現地管理職に、職務範囲以外の事柄でも仕事を行うことを求める。

日本人用：現地管理職は自分の職務範囲外の業務は行わない。

17. 「休日出勤」（朝日新聞社，1997年1月1日; 佐護・安，1993; 西田，2002，2007，2008; 労務行政研究所，1992）

初期調査　現地管理職用：休日出勤すること

日本人用：休日出勤することに対する現地管理職の反応

本調査　中国人・ベトナム人用：日本人は、現地管理職が家族と過ごす予定があっても休日出勤することを求める。

日本人用：現地管理職は家族と過ごす予定があれば、休日出勤を頼まれても仕事の方を断わる。

18. 「礼儀」（アゴンシルリョ，1977; 西田，2002，2007，2008; 秀島，1992; Abdullah, Singh, & Beng, 1992）

初期調査　現地管理職用：日本人の現地管理職に対する礼儀作法

日本人用：現地管理職の日本人に対する礼儀作法

本調査　中国人・ベトナム人用：日本人上司は、現地管理職の部下に対

し礼儀正しく接する。

日本人用：現地管理職は、日本人上司に対し礼儀正しく接する。

19.「時間の守り方」(猪原，1989; 中川，1992; 西田，2002，2007，2008; マハティール，1983; The Developers, 1981)

初期調査　現地管理職用：日本人の時間の守り方

日本人用：現地管理職の時間の守り方

本調査　中国人・ベトナム人用：日本人は現地管理職に、仕事の始業時間や会議が始まる前には必ず到着することを求める。

日本人用：現地管理職は仕事の始業時間や会議を遅れて始める。

20.「納期の守り方」(安西，1998; 猪原，1989; 中村，1994; 西田，2002，2007，2008; マハティール，1983)

初期調査　現地管理職用：日本人の時間の守り方

日本人用：現地管理職の時間の守り方

本調査　中国人・ベトナム人用：日本人は現地管理職部下に、常に仕事の納期を守るよう求める。

日本人用：現地管理職は仕事の納期を守らない。

21.「男女の扱い方」(今田・園田，1995; 西田，2002，2007，2008; Hofstede, 1980)

初期調査　現地管理職用：日本人の男性・女性従業員の扱い方

日本人用：現地管理職の男性・女性従業員の扱い方

本調査　中国人・ベトナム人用：この会社では、男性従業員と女性従業員の給与、昇進などに差がある。

日本人用：現地管理職は男性従業員と女性従業員を平等に扱う。

22.「終業後のつきあい」(園田，1998; 中村，1997; 西田，2002，2007，2008; 日本在外企業協会，1990; ホルンスタイナー，1995; Abdullah, 1992)

初期調査　現地管理職用：仕事が終わった後の日本人とのつきあい

日本人用：仕事が終わった後の現地管理職とのつきあい

本調査　中国人・ベトナム人用：終業後、日本人は現地管理職と夕食を

74 第1部 調査の基盤となる考え方、調査方法、調査項目

食べたり、酒を飲みに行ったりしない。

日本人用：終業後、現地管理職は日本人と夕食を食べたり、酒
を飲みに行ったりしない。

23.「会議での議論の仕方」(園田，1998; 西田，2002，2007，2008; 日本在外企業
協会，1993)

初期調査　現地管理職用：日本人の会議での議論、話し合いの仕方

　　　　　日本人用：現地管理職の会議での議論、話し合いの仕方

本調査　　中国人・ベトナム人用：日本人にとって会議は議論の場ではな
く、承認の場である。日本人は会議中に議論をしない。

日本人用：現地管理職は会議を議論の場ととらえ、最も良い結
論を導き出すために、さまざまな意見を言い合う。

24.「反対意見の言い方（人間関係に影響しない言い方）」(猪原，1989; 西田，
2002，2007，2008; 秀島，1992; マハティール，1983)

初期調査　現地管理職用：日本人の意見に反対したときの日本人の反応

　　　　　日本人用：現地管理職の日本人に対する反対意見の言い方

本調査　　中国人・ベトナム人用：面と向かって反対意見を言うと、その
後の人間関係が悪くなるため、日本人上司に対して反対意見を
言うことは避ける。

日本人用：現地管理職は日本人上司へ反対意見をはっきりと言
う。

25.「叱責の仕方」(猪原，1989; 園田，2001; 西田，2002，2007，2008; マハティール，
1983; Abdullah, 1992)

初期調査　現地管理職用：現地管理職が仕事で失敗をしたときの、日本人
上司の叱り方

日本人用：部下が仕事で失敗をしたときの、現地管理職の叱り
方

本調査　　中国人・ベトナム人用：日本人上司は、周りに人がいる所で現

地管理職部下を叱責する。

日本人用：現地管理職は、1対1になれる個室で部下を叱責する。周りに人がいる場所で叱責することは避ける。

26. 「指示の仕方」（猪原，1989; 西田，2002，2007，2008; 日本在外企業協会，1997; マハティール，1983）

初期調査　現地管理職用：日本人上司の仕事内容についての指示の仕方

日本人用：仕事内容について、現地管理職への指示の与え方

本調査　中国人・ベトナム人用：日本人上司からの指示内容は曖昧でわかりにくい。

日本人用：現地管理職部下には日本人部下よりも仕事内容を明確に指示する必要がある。

27. 「転職の仕方」（伊藤，1988; 富田，1988; 西田，2002，2007，2008; 日本在外企業協会，1990，1997; The Developers, 1981）

初期調査　現地管理職用：現地管理職の転職に対する日本人の反応

日本人用：現地管理職の転職の仕方

本調査　中国人・ベトナム人用：日本人は中国人が転職することを理解しない。

日本人用：現地管理職は、現在より良い給与、地位が得られる会社があったり、自分の専門知識を深められる会社があれば転職する。

28. 「給与制度」（佐久間，1998; 西田，2002，2007，2008; 日本在外企業協会，1997; 日本リサーチ総合研究所，1997）

初期調査　現地管理職用：年功序列に基づく給与制度

日本人用：年功序列に基づく給与制度に対する現地管理職の反応

本調査　中国人・ベトナム人用：この会社では、能力も加味されるが、基本的には年功序列型給与を受け取る。

76　　第1部　調査の基盤となる考え方、調査方法、調査項目

　　　　　日本人用：現地管理職は、能力給を受け取る。年功序列が給与
　　　　　に影響することはない。

29.「早退・欠勤の仕方」（労働省，1984；西田，2002，2007，2008；Circuit Group，
　　1982；The Developers, 1981；Lincoln & Kalleberg, 1990；Sengoku, 1985）

　　初期調査　現地管理職用：早退や欠勤する現地管理職に対する日本人の反
　　　　　　　応
　　　　　　　日本人用：現地管理職の早退や欠勤の仕方

　　本調査　　中国人・ベトナム人用：日本人は、現地管理職が妻の出産や子
　　　　　　　どもの入院の際などに早退、欠勤することを理解しない。
　　　　　　　日本人用：現地管理職は、妻が出産した時や子どもが入院した
　　　　　　　時などには早退、欠勤する。

30.「配置転換・人事異動」（今岡，1988；西田，2002，2007，2008；日本在外企業
　　協会，1997；労働省政策調査部，1990）

　　初期調査　現地管理職用：現地管理職の配置転換や人事異動
　　　　　　　日本人用：配置転換や人事異動に対する現地管理職の反応

　　本調査　　中国人・ベトナム人用：この会社には、配置転換、人事異動が
　　　　　　　ある。新たに働く部署は、会社の都合で決定され、たとえその
　　　　　　　決定に不満があっても現地管理職は決定に従わなければならな
　　　　　　　い。
　　　　　　　日本人用：現地管理職は配置転換、人事異動を嫌う。

31.「（原因についての）問題追及姿勢」（島田，1988；園田，1998；西田，2002，
　　2007，2008；日本在外企業協会，1993；秀島，1992；マハティール，1983）

　　初期調査　現地管理職用：仕事上の問題点を追求する日本人の姿勢
　　　　　　　日本人用：仕事上の問題点を追求する現地管理職の姿勢

　　本調査　　中国人・ベトナム人用：日本人は、問題が発生した場合、誰に
　　　　　　　責任があるかを追求するよりも、何が原因で問題が発生したか
　　　　　　　を明確にしようとする。

日本人用：問題が発生した場合、現地管理職は何が原因で問題が発生したかよりも、誰に責任があるかを明確にしようとする。

32.「上司への報告の仕方（良くない報告内容を含める）」（安西，1998；西田，2002，2007，2008；日本在外企業協会，1993；藤野，1990；Takezawa & Whitehill，1976）

初期調査　現地管理職用：仕事の進捗状況について日本人上司からしばしば報告を求められること

日本人用：仕事の進捗状況について、しばしば日本人上司に報告することへの現地管理職の反応

本調査　中国人・ベトナム人用：日本人上司は、良い結果だけでなく、良くない結果や問題が生じた場合も報告することを求める。

日本人用：現地管理職は、良くない結果や問題が生じた場合は報告せず、良い結果だけを報告する。

33.「解決方法についての追及姿勢」（島田，1988；園田，2001；西田，2002，2007，2008；日本在外企業協会，1993；秀島，1992；マハティール，1983）

初期調査　現地管理職用：仕事上の問題点を追求する日本人の姿勢

日本人用：仕事上の問題点を追求する現地管理職の姿勢

本調査　中国人・ベトナム人用：この会社の日本人は、業務上の問題点（製品の質が落ちたなど）があれば徹底的に追求し、必ず有効な解決方法を探し出す。

日本人用：現地管理職は、業務上の問題点（製品の質が落ちたなど）について、徹底的に問題点の解明をしない。

34.「中国語／ベトナム語によるコミュニケーション」（中川，1992；西田，2002，2007，2008；日本在外企業協会，1997；Abdullah et al.，1992）

初期調査　現地管理職用：日本人と現地語（英語／中国語）で意思疎通をはかること

日本人用：現地管理職と現地語（英語／中国語）で意思疎通を

はかること

本調査　中国人・ベトナム人用：日本人は中国人／ベトナム人と中国語／ベトナム語で意思疎通をはかる。

日本人用：中国人／ベトナム人とは中国語／ベトナム語で意思疎通をはかる。

35.「自主的に仕事」(安西，1998; 猪原，1989; 日本在外企業協会，1993; 藤野，1990; 吉原，1992; Abdullah et al., 1992; Andres, 1985; Takezawa & Whitehill, 1976)

初期調査　現地管理職用：日本人が現地管理職に「指示されなくても自主的に仕事をすること」を期待すること

日本人用：「指示されなくても自主的に仕事をすること」についての現地管理職の考え方

本調査　中国人・ベトナム人用：日本人は、現地管理職が自主的に仕事を探し、積極的に仕事をすることを求める。

日本人用：現地管理職は、自主的に仕事を探して自ら積極的に仕事をしない。

36.「日本語によるコミュニケーション」(片岡・三島，1997; 西田，2002，2007，2008; 日本在外企業協会，1993)

初期調査　現地管理職用：日本人と日本語で意思疎通をはかること

日本人用：現地管理職と日本語で意思疎通をはかること

本調査　中国人・ベトナム人用：日本人は現地管理職と日本語で意思疎通をはかる。

日本人用：現地管理職は、日本人と日本語で意思疎通をはかる。

37.「情報共有の仕方」(片岡・三島，1997; 西田，2002，2007，2008; 日本在外企業協会，1993)

初期調査　現地管理職用：現地管理職との仕事や会社について、日本人の情報共有の仕方

日本人用：現地管理職との仕事や会社についての情報共有の仕方

本調査　中国人・ベトナム人用：日本人は現地管理職と仕事や会社についての情報を共有しない。

日本人用：現地管理職は、日本人と仕事や会社についての情報共有することを要求する。

　これらの質問項目は、認知摩擦調査（「見かけるか」、「文化の相違を感じるか」）と情動摩擦調査（「そのような行動に対応することを困難だと感じるか、あるいはその行動を学ぶべきだと感じるか」）に用いて、日本人と現地管理職の認知記憶と情動記憶についてのデータを得た。これらのデータに基づいて、認知摩擦が生じているか（第8章から第11章）、また、情動摩擦が生じているか（第12章から第15章）について考察した。

注

[1] 本調査の質問項目は、以下のこれまでの調査結果を基に作成した：(1)在外日本人と現地住民との間の対人コミュニケーション摩擦研究―フィリピンとマレーシア進出日系企業への派遣社員およびその家族を中心に」平成8年度〜平成10年度文部省科学研究費補助金（国際学術研究）による研究（代表者：西田ひろ子、課題番号 08041070）、(2)「在外日本人と現地住民との間の対人コミュニケーション摩擦研究：中国、米国進出日系企業への派遣社員とその家族を中心に」平成11年度〜平成12年度日本学術振興会科学研究費補助金基盤研究(A)(2)による研究（代表者：西田ひろ子、研究課題番号 11691092）、(3)「在外日本人と現地住民との間の対人コミュニケーション摩擦研究：中国、米国進出日系企業への派遣社員と現地従業員の間のコミュニケーション困難度調査を中心に」平成13年度〜平成14年度日本学術振興会科学研究費補助金基盤研究(A)(2)）による研究（代表者：西田ひろ子、研究課題番号 13371003）。

邦文参考文献

アゴンシルリョ、T. A.（1990）『フィリピン史物語―政治・社会・文化小史』（岩崎玄訳）勁草書房。

新井卓治（2000年7月）「マレイシアにみる『最新留学事情（上)』」『国際人流』
（pp. 24-25）財団法人入管協会。

安西幹夫（1998）「組織管理」岡本康雄編『日本企業 in 東アジア』（pp. 43-74）有斐閣。

石田英夫（1985）『日本企業の国際人事管理』日本労働協会。

伊藤正一（1988）「日系合弁企業における労使関係」市村真一編『アジアに根づく日
本的経営』（pp. 91-130）東洋経済新報社。

猪原英雄（1989）『東南アジアの生活文化入門―タイ、マレーシア、シンガポール、
フィリピン、インドネシア』日本生産性本部。

今岡日出紀（1998）「日本型給与人事制とそのアジアへの移転」岡本康雄編『日本企
業 in 東アジア』（pp. 165-200）有斐閣。

今田高俊・園田茂人（1995）『アジアからの視線―日系企業で働く1万人からみた「日
本」』東京大学出版会。

岩田龍子（1977）『日本的経営の編成原理』文眞堂。

小野沢　純（1993）「マレーシアの社会と人々」日本在外企業協会編『海外派遣者ハ
ンドブック―現地マネージャーから日本企業へのメッセージ続 ASEAN 編』日本
在外企業協会。

奥田健二（1982）『日本型経営を活かす：自律連帯の組織原理』日本生産性本部。

片岡信之・三島倫八編（1997）『アジア日系企業における異文化コミュニケーション』
文眞堂。

岸田民樹（1990）「東南アジア日系企業と経営移転」降旗武彦編『日本的経営とグロ
ーバリゼーション』白桃書房。

熊沢　誠（1989）『日本的経営の明暗』筑摩書房。

熊谷文枝（1994）「アメリカ人従業員の現地日本工場認識―比較文化論的考察」安保
哲夫編『日本的経営・生産システムとアメリカ』ミネルヴァ書房。

経済産業省・国土交通省・（財）自由時間デザイン協会（2002年6月）「休暇改革は
『コロンブスの卵』」『休暇制度のあり方と経済社会への影響に関する調査研究委
員会報告書』経済産業省・国土交通省・（財）自由時間デザイン協会。

小池和男・猪木武徳編（1987）『人材形成の国際比較―東南アジアと日本』東洋経済
新報社。

孔　健（1992）『中国人からみた日本人』学生社。

厚生労働省「賃金労働時間制度等総合調査」http://kochi-roudoukyoku.jsite.mhlw.go.
jp　1995年10月15日取得。

厚生労働省「平成25年就労条件総合調査結果の概況」http://www.mhlw.go.jp/toukei/

itiran/roudou/jikan/syurou/13/　2013年12月10日取得。

厚生労働省「労働者1人平均年次有給休暇の付与日数、取得日数、取得率」『就労条件総合調査（旧賃金労働時間制度等総合調査）』http://www.mhlw.go.jp/general/seido/roudou/jikan/shigoto_seikatu_02.html　2014年5月28日取得。

厚生労働省「東南アジア地域にみる厚生労働施策の概要と最近の動向（フィリピン）」『2011〜2012年海外情勢報告』http://www.mhlw.go.jp　2013年8月20日取得。

佐久間　賢（1998）「人的資源管理」岡本康雄編『日系企業in東アジア』（pp.75-97）有斐閣。

佐護　譽・安　春植編（1993）『労務管理の日韓比較』有斐閣。

週刊観光経済新聞（2009年5月2日）「エクスペディア調べ日本が2年連続最下位に」『週刊観光経済新聞』第2513号。

渋木嘉孝（1990）「海外事情－フィリピンⅠ」財団法人海外職業訓練協会編『海外事情－海外での業務体験を通じて』財団法人海外職業訓練協会。

島田晴雄（1988）『ヒューマンウェアの経済学：アメリカのなかの日本企業』岩波書店。

JETRO（1998）『Nippon 1998: business facts and figures』日本貿易振興会。

須貝　栄（1995年9月）「経営意志決定における倫理性－日韓台3カ国マネージャーを対象とした比較研究」『経営哲学』。

園田茂人（1998）『証言・日中合弁』大修館書店。

園田茂人（2001）『日本企業アジアへ』有斐閣。

都築　洋（1996）『中国人の心』総合法令出版。

「デートより残業を優先」（1998年6月19日）『日本経済新聞』p.38。

デービス, S. M.（1985）『企業文化の変革』（河野豊弘・浜田幸雄訳）ダイヤモンド社。

東洋経済統計月報編集部（2011年12月24-31日）「45.0％－日本のビジネスパーソンの有給休暇取得率」『週刊東洋経済』新春合併特大号。

中村　治（1994）『日本と中国、ここが違う』徳間書店。

西田耕三（1978）『日本的経営と働きがい』日本経済新聞社。

西田ひろ子（1992）『誤解の構造』ダイヤモンド社。

西田ひろ子編（2002）『マレーシア、フィリピン進出日系企業における異文化間コミュニケーション摩擦』多賀出版。

西田ひろ子編（2007）『米国、中国進出日系企業における異文化間コミュニケーション摩擦』風間書房。

西田ひろ子編（2008）『グローバル社会における異文化間コミュニケーション』風間書房。

日本在外企業協会（1990）『海外派遣者ハンドブック　経験者が語る職場・コミュニテイの実用ノウハウ ASEAN 編』日本在外企業協会。

日本在外企業協会（1997）『ASEAN における日本企業の子会社経営と人的資源管理のあり方―国際化のための調査研究委員会』日本在外企業協会。

日本在外企業協会（1999）『海外派遣者ハンドブック―現地マネージャーから日本企業へのメッセージ　続 ASEAN 編』日本在外企業協会。

「日本人の勤労意識」（1997年 1 月 1 日）『朝日新聞社』p.1。

日本リサーチ総合研究所（1997）『社会と生活についての国民意識』大蔵省印刷局。

日本労働研究機構（1993）『フィリピンの労働事情』日本労働研究機構。

秀島敬一郎編（1992）『海外職業訓練ハンドブック　フィリピン』海外職業訓練協会。

福島康志（1993）『フィリピンの労働事情』日本労働研究機構。

藤野哲也（1990年12月 1 日）「経済教室」『日本経済新聞』。

法務省入国管理局編（1998）『平成10年版出入国管理―21世紀の円滑な国際交流のために』大蔵省印刷局。

ホルンスタイナー、M. R.（1995）「タガログの社会組織」M. R. ホルンスタイナー編『シリーズ・アジアのこころ 3　フィリピンのこころ』（pp.55-78、山本まつよ訳）めこん。

マハテイール、M.（1983）『マレー・ジレンマ（The Malay Dilemma)』（高多理吉訳）勁草書房。

マレイシア日本人商工会議所編（1988）『マレーシアに関する人事労務ガイド』マレイシア日本人商工会議所。

「マレーシアでの勉強も授業と認めます」（1999年 4 月27日）『朝日新聞』 3 版、p.2。

馬　成三（2000）『中国進出企業の労働問題』日本貿易振興会。

宮坂純一（1994）『日本的経営への招待』晃洋書房。

吉原英樹（1988）「日本的経営のアジアへの移転」市村真一編『アジアに根づく日本的経営』（pp.57-90）東洋経済新報社。

吉原英樹編（1992）『日本企業の国際経営』同文舘。

「リストラ進み再び上昇：労働時間」（1997年11月21日）『日本経済新聞』p.5。

労働省（1992）『平成 4 年版労働白書』日本労働研究機構。

労務行政研究所編（1992）『最新労働時間事情』労務行政研究所。

英文参考文献

Abdullah, A.（Ed.).（1992). *Understanding the Malaysian workforce: Guideline for*

第4章 調査に用いた質問項目　　　83

managers. Kuala Lumpur, Malaysia: Malaysian Institute of Management.

Abdullah, A., Singh, S., & Beng, O. S. (1992). Communicating with Malaysians. In A. Abdullah (Ed.), *Understanding the Malaysian workforce: Guidelines for managers* (pp. 19–32). Kuala Lumpur: Malaysian Institute of Management.

Andres, T. D. (1985). *Management by Filipino values: A sequel to understanding Filipino values*. Quezon city, Philippines: New Day.

Angeles, M. et al. (1980). *Factors affecting employee turnover*. An empirical research paper submitted in partial fulfillment of the requirements in administrative processes and organizational behavior course. Ateneo Graduate School of Business, Makati, cited in Andres, T. D. (1985). *Management by Filipino values: A sequel to understanding Filipino values*. Quezon city, Philippines: New Day.

Circuit Group (1982). A study of Filipino managers in their decision-making process. A research paper submitted in partial fulfillment of the requirements in administrative processes and organizational behavior course, Ateneo Graduate School of Business, Makati.

The Developers (1981). The influence of the family on Filipino employees and the response of management. A research paper submitted as partial fulfilment of the requirements in Administrative Processes and Organizational Behavior Course, Ateneo Graduate School of Business, Makati, cited in Andres, T. D. (1985). *Management by Filipino values: A sequel to understanding Filipino values*. Quezon city, Philippines: New Day.

Hofstede, G. (1980). *Culture's consequences: International differences in work related values*. Beverly Hills, CA: Sage.

Hofstede, G. (1983). Dimension of national cultures in fifty countries and three regions. In J. B. Deregowski, S. Dziurawiec, & R. C. Annis (Eds.), *Expications in cross-cultural psychology*. Lisse, Netherlands: Swets and Zeitlinger.

Kawatani, T., & Abdulla, A. I. H. (1996). *Communication handbook for Malaysian and Japanese managers*. Center for Japan Studies at ISIS Malaysia.

Lincoln, J. R., & Kalleberg, A. L. (1990). *Culture, control, and commitment: A study of work organization and work attitudes in the United States and Japan*. Cambridge: Cambridge University Press.

Philippine Industry Yearbook of Labor Statistics (2010) *Paid holidays in the Philippines*. Bureau of Labor and Employment Statistics.

84   第1部　調査の基盤となる考え方、調査方法、調査項目

Sengoku, T. (1985). *Willing workers: The work ethics in Japan, England, and the United States.* Westport, CT: Quorum Books.

Takezawa, S., & Whitehill, A. M. (1981). *Work ways: Japan and America.* Tokyo: The Japan Institute of Labour.

第2部　中国の日系企業とベトナムの日系企業

第5章　中国の日系企業

藤原　弘

Ⅰ．はじめに

　最近の日系企業のアジア展開に関してよく聞かれる言葉は「チャイナプラスワン」という言葉である。筆者も川崎のアジア起業家村推進機構で中小企業の経営者に会う機会が多いが、ベトナム、カンボジア、ミャンマーなど中国以外のアジア諸国が投資先としての注目を集めているといえよう。

　最近の日中関係をみると、尖閣諸島をめぐる日中関係の冷却が「政冷経熱」といった状況を引き起こしているが、このような状況は何も今回だけではない。過去にも靖国神社をめぐる問題、反日暴動による在中日系企業の破壊などさまざまな問題が発生しており、日中政治関係と経済関係がきわめて対照的なものとなっている。しかし、だからといってチャイナプラスワンという概念に従い、中国離れを進めることが日系企業にとっていいことかどうか検証する必要があるといえよう。2012年の日本の対外貿易（輸出・輸入）おいて中国は最大の貿易パートナーであり、同年の日本の対中投資は134億7900万ドルで中国は日本にとり世界で第3位の投資先となっている。

　2013年上半期にはいると尖閣諸島問題による日中関係の影響を受け、日本の対中投資は前年同期比31.2％減の49億3,000万ドルと大幅に減少している。これに対して ASEAN 4 に対する投資が同183.1％増の60億700万ドルを記録し、日系企業の中国離れが一層鮮明になっている。2013年1～6月の日本の対外直接投資に占める対中投資のシェアは2012年の11.0％から8.1％へと大幅に減少している。

表 5-1　日本の対外直接投資額に占める対中投資のシェア

(単位：100万ドル)

年	日本の 対外直接投資総額	日本の 対中直接投資	対中投資のシェア （％）
2005	45,461	6,575	14.4
2006	50,165	6,169	12.3
2007	73,483	6,218	8.4
2008	130,801	6,496	5.1
2009	74,650	6,899	9.3
2010	57,223	7,252	12.7
2011	108,808	12,649	11.6
2012	122,355	13,479	11.0
2013（1～6）	56,485	5,930	8.7

出所：財務省「国際収支状況」

　しかし、これまでの日本の対外直接投資に占める対中投資のシェアの推移をみると、1990年における日本の対中投資が対外直接投資に占める割合はわずかに0.6％であったが、1995年には8.7％と増加した。また、1999年には1.1％まで低下したが、2000年に2％、2003年には13.7％、2005年には14.4％、2009年には9.2％、2012年には11.0％と日本の対中投資は日中関係の悪化によるマイナスの影響を受けながらも基本的には拡大の方向にあるといえよう。

　日中関係が悪化しやすい背景には日清戦争以降、軍事力を背景に日系企業が中国進出を促進してきたという歴史的事実が横たわっていることを忘れてはならないが、同時にここで明確にしておかなければならないことは対中政治関係と経済、ビジネス関係は明確に異なるということである。最近の反日デモ、暴動激化の背景には中国の内政に対する中国人民の不満、政権の求心力の低下、権力闘争などの国内的要因が日中関係に転嫁されている側面があるということを認識しておく必要がある。

　筆者も大連駐在中に大連以外で発生した反日暴動に関し、現地の関係者に意見を聞いたが、過去の日中関係の歴史的事実に基づき反日暴動を支援する

コメントはなかったことを強調しておきたい。

日中の経済、ビジネス関係は政治関係とは別のレベルで構築していく必要があると言えよう。その一端として中国に進出している日本人ビジネスマンが、筆者に語ったことは「このような反日暴動が発生したときにこそ中国に進出すれば、進出先の地方政府の対応が非常によくなる」ということである。中央政府と地方政府、そして中国人個人は、中央政府の発表する政策を常にそのまま受け入れているわけではない。中国社会の内部にみられる意見、考え方の多様性を認識しておく必要があると言えよう。

そういった意味では今後の日中関係も政治的変化に影響を受ける経済関係といった構造には変化がみられないものと思われるが、その対策にはさまざまな方法があることを強調したい。たとえば欧米企業、韓国、台湾、香港、アジア華人企業などの外国企業との合弁により、日系企業色を薄め、グローバル企業として対中進出するのも一つの方策である。特に両岸経済の枠組みの中で対中進出を行い、中国市場のビジネス経験豊富な台湾企業との連携は日中関係の政治的変化によるマイナスの影響をさける一つの効果的な方法であろう。

Ⅱ．日中関係政冷の下で過去三回の投資ブーム

日系企業の対中投資の動向をみると、日本の対中投資は1979年に始まり、これまで3回の対中投資ブームを経験している。

最初の対中投資ブームは1980年代に起こった経済特区に対する投資であり、第二次ブームは1992年の鄧小平の南巡講話が引き金となっている。これらの投資のほとんどが沿海部に集中していたこともその特徴である。第三次ブームは2000年以降に起きたが、それは中国のWTO加盟、内陸市場の開拓を目指す西部大開発戦略の展開などによるものである。2005年の対中投資はこれまでの対中投資額のなかでは、史上最高レベルを記録し、65.7億ドルとな

った。

　このように日系企業の対中投資がそれなりの伸びをみせているのは、中国市場の発展の可能性があるからである。日系企業の対中投資の特徴としてまず挙げられるのは、匠の心を必要とする製造業が中心であり、電気機械、自動車部品、鉄鋼、化学部品等高度加工組み立て産業が中核となっている。2005年時点での日系企業の対中投資に占める製造業の割合は77.5％であったが、2012年の対中製造業投資は前年比5.5％増の73億3400万ドルを記録し、製造業の対中投資全体に占めるシェアも68.2％と前年よりも6.2ポイント上昇しているものの、製造業の対中投資に占めるシェアは全体的には減少傾向にあるといえよう。

　しかし、製造業投資は依然対中投資の中核であり、製造業投資のなかで大きな伸びをみせているのは輸送機械器具（前年比94.3％増の21億円）、電気機械器具（同30.0％増の9.6億円）ゴム、皮革（同22.2％増の21.9億円）等の高度加工組立産業である。

　1990年代以来、電気機械産業が日本の対中製造業投資の中核であったが、2003年以降は輸送機械がトップに立っている。ちなみに2012年における日本の対中投資に占める輸送機械産業のシェアは21％に達している。

　このような日本の製造業投資の拡大は商業、金融、保険、証券、流通、小売り分野等の非製造業分野にも刺激を与え、中国が2001年にWTOに加盟し、外国企業の投資に対する規制が緩和されたことから、これら非製造業分野の対中投資も拡大している。ちなみに2005年時点での非製造業の対中投資に占めるシェアは22.4％であったが、2012年には31.8％に達している。

　また投資地域は当初は香港を拠点に深圳、珠海などの華南地域の経済特区に集中していたが、14の沿海都市が開放された後は、大連、天津など東北地区へと拡大した。90年代の中後期からはさらに上海から蘇州、南通、南京などへとシフトしているが、最近の日系企業の動きをみているとさらに内陸に位置する武漢、重慶、成都といった都市への進出が活発化している。沿海部

第5章　中国の日系企業　　91

市場だけでなく、中国経済の発展にともなう内陸市場の形成が内陸投資活発化の大きな要因となっているといえよう。

Ⅲ. 増加する中国内陸部への外国投資

　沿海部の主要都市である北京市の2012年の外国投資は前年比14.0%増の80.4億ドルを記録し、前年の伸び率10.9%を上回っているが、日本からの投資は前年比23.5%減となっている。

　次に天津市への外国投資は前年比15.0%増の150.1億ドルを記録し、前年の伸び率20.4%から大きく落ち込んでいるが、日本からの投資は尖閣諸島問題の発生後、計画されていた増資や生産ラインの拡大の停止・延期があったとみられており、前年比46.2%増と大幅な伸びをみせている。

　最後に上海への外国投資は2011年の伸び率13.3%増を大幅に上回る同20.5%増の151.8億ドルを記録した。日本からの投資は契約額ベースで前年比22.0%増であった。

　このようにみると沿海部の主要都市もかなりの外国投資を引き付けていることがうかがわれるが、最近の特徴は内陸部への外国投資が増加していることである。たとえば中国の中部ビジネスセンターである湖北省の2012年の外国投資は前年比21.7%増の56.6億ドルを「記録し、2011年の伸び率14.9%増を大幅に上回っている。不動産業が前年比2.1倍増、第三次産業が同48.1%増と製造業以外の産業の伸びが大きいことに注目したい。湖北省政府は8都市（黄石、鄂州、黄岡、孝感、咸寧、仙桃、天門、潜江）を中核とする経済圏「武漢1＋8都市圏」を形成することを目指しており、その影響もあり外国投資の約8割が武漢及び周辺都市に集中している。日本からの投資も2012年の伸び率は37.5%増と2011年の3倍増から減少したものの、9月の反日デモの影響はここ中部ビジネスセンターではみられない。

　一方さらに内陸部に位置する四川省の外国投資は前年比3.6%増の98.7億

表5-2　日本の国・地域別対外直接投資（国際収支ベース、ネット、フロー）

（単位：100万ドル、％）

	2005年	2006年	2007年	2008年	2009年	2010年	2011年	2012年	2013年1～6月（P）構成比	2013年1～6月（P）伸び率
アジア	16,188	17,167	19,388	23,348	20,636	22,131	39,492	33,477	18,768 / 33.2	22.2
中国	6,575	6,169	6,218	6,496	6,899	7,252	12,649	13,479	4,930 / 8.7	△31.2
アジア NIES	4,902	3,893	6,039	5,842	5,907	6,902	9,302	8,043	4,432 / 7.8	47.3
香港	1,782	1,509	1,131	1,301	1,610	2,085	1,509	2,362	753 / 1.3	△46.5
台湾	828	491	1,373	1,082	339	△113	862	119	195 / 0.3	907.6
韓国	1,736	1,517	1,302	2,369	1,077	1,085	2,439	3,996	1,676 / 3.0	△35.1
シンガポール	557	375	2,233	1,089	2,881	3,845	4,492	1,566	1,807 / 3.2	n.a
ASEAN4	4,276	6,038	5,007	4,043	3,540	4,310	13,204	6,397	6,007 / 10.6	183.1
タイ	2,125	1,984	2,608	2,016	1,632	2,248	7,133	547	1,842 / 3.3	n.a
インドネシア	1,185	744	1,030	731	483	490	3,611	3,810	2,522 / 4.5	18.7
マレーシア	524	2,941	325	591	616	1,058	1,441	1,308	739 / 1.3	△0.9
フィリピン	442	369	1,045	705	809	514	1,019	731	904 / 1.6	80.4
ベトナム	154	467	475	1,098	563	748	1,859	2,570	2,394 / 4.2	34.1
インド	266	512	1,506	5,551	3,664	2,864	2,326	2,802	874 / 1.5	△28.5
世界	45,461	50,165	73,483	130,801	74,650	57,223	108,808	122,355	56,486 / 100.0	△5.9

（注：「2013年1～6月（P）」欄は「構成比 / 伸び率」の順に記載。中国・アジアNIES・ASEAN4の各項目は「アジア」の内訳。香港・台湾・韓国・シンガポールは「アジア NIES」の内訳、タイ・インドネシア・マレーシア・フィリピンは「ASEAN4」の内訳。）

出所：国際収支状況（財務省）、「外国為替相場（日本銀行）」よりジェトロ作成。

ドルと前年の伸び率55.6％増より大幅に落ちこんでいるが、現代自動車と四川商駿汽車集団との合弁会社「四川現代汽車」の設立、一汽・フォルクスワーゲンの合弁会社「一汽大衆」等の自動産業を中心に日系企業もエフ・シー・シー（二輪・四輪車用クラッチ）の統括会社設立、豊田通商の自動車解体リサイクルの合弁会社設立等の動きがみられる。

　自動車産業以外では、中部薬品が現地法人を設立したほか、資本・技術提携をしている成都百信薬業連鎖が日本式ドラッグストア1号、2号店の設立を発表している。四川省に隣接する重慶市への2012年の外国投資は、前年比66.0％増の伸び率をみせた2011年の投資額とほぼ同じ105億3300万ドルを記録した。

　ここ重慶においてもアメリカのハネウエル社の自動化制御システム、航空設備技術のR&D センター設立をはじめ、デルファイ（自動車部品）、韓国企業であるハンコックタイヤのタイヤ生産工場の設立、SK グループのリチウムイオン電池工場の建設着手など外国企業の活発な投資活動がみられるが、日系企業も日立化成が感光性フィルムのスリット加工・販売拠点を設立したほか、JFE コンテナーのドラム缶製造販売拠点の設立、フタバ産業の自動車部品製造工場設立、いすゞ自動車と慶鈴汽車との商用車の車両開発合弁会社の設立、デンソーの二輪車用部品工場、川崎重工業の二輪車製造・販売などの進出計画が実行されている。

　さらに陝西省への外国投資の動向をみると、2012年は前年比4.4％増の24.7％増の29億3600万ドルを記録している。陝西省への香港、韓国、台湾などの企業が主要投資国となっている。特に韓国の投資は2012年の大型投資プロジェクトとして、韓国のサムソン電子のフラッシュメモリーの生産拠点が設立されたことから、韓国は香港につぐ2位の投資国（投資額3億6700万ドル）となっている。日系企業の2012年の投資額は前年比47.1％増の2500万ドルであり、金額は韓国企業に比べれば少ないが、日系企業も着実に沿海部に比べ人件費も安く、製造拠点としてだけではなく、拡大する内陸市場の販売可能

表 5-3　2012年の中国の省・自治区・直轄市別対内直接投資

(単位：100万ドル、%)

省・市		契約件数	前年比	契約額	前年比	実行額	前年比
東部	江蘇省	4,156	—	5,7140	—	35,760	11.3
	広東省	6,043	△14.1	34,994	0.9	23,549	8.0
	山東省	1,333	△7.0	16,557	4.9	12,353	10.7
	浙江省	1,597	—	21,070	2.4	13,070	12.0
	遼寧省	—	—		—	26,790	10.4
	上海市	4,043	△6.6	22,338	11.1	15,185	20.5
	天津市	632	△0.3	18,585	10.4	15,016	15.0
	北京市	—	—	11,350	0.5	8,040	14.0
	福建省	916	△11.8	9,291	0.8	6,338	2.3
	河北省	196	0.5	3,880	△8.0	5,800	24.0
	海南省	74	19.4	1,234	68.0	1,641	7.8
中部	湖北省	271	—	—	—	5,666	21.7
	湖南省	—	—	—	—	7,280	18.4
	江西省	789		—	—	6,824	12.6
	河南省	363		—	—	12,118	20.2
	安徽省	194	△26.2	2,530	△26.4	8,640	30.3
	山西省	39	—	—	—	2,500	20.8
西部	吉林省	—	—		—	1,649	11.3
	黒竜江省	98	—	3,900	10.8	3,900	20.1
	内モンゴル自治区	39	—		—	3,943	2.7
	四川省	289	—		—	9,870	3.6
	陝西省	144	4.4	5,150	102.1	2,936	24.7
	重慶市	248	—	—	—	10,533	0.0
	広西チワン族自治区	109	△35.5	912	△11.6	749	△26.2
	青海省	16	—	371	10.4	206	21.8
	貴州省	53	—	—	—	1,046	55.4
	甘粛省	20	—	—	—	61	△13.0
	寧夏回族自治区	11	—	403	—	218	8.0
	雲南省	121	△25.8	1,095	△49.2	2,189	26.0
	新疆ウイグル自治区	56	12.0		—	408	21.8
	チベット自治区	—	—	—	—	—	—

出所：各省・自治区・直轄市政府統計などを基にジェトロ作成。

性に着目して内陸展開を目指しているといえよう。

これまで内陸部への外国企業、日系企業の進出状況をみてきたが、欧米企業、韓国、香港、台湾企業等との自動車、電子等の製造業を中心とした製造業投資の拡大は日系企業にも欧米企業、台湾、韓国企業等に対する部品供給の面で新たなビジネスチャンスを与えることになるであろう。さらに中国の内陸部の人件費は沿海部に比べ安いが、同時に内陸市場における消費者の消費レベルも高まっていることを強調したい。そういった意味では日系企業の内陸シフトは中国からチャイナプラスワンといわれるメコン周辺及び南西アジアへのシフトと基本的には同じ意味を有することになる。

Ⅳ. 変化するチャイナリスクに対する見方

ジェトロが2012年に実施した在アジア・オセアニア日系企業活動実態調査によると、中国において今後1～2年の事業展開の方向性に関する調査結果が発表されている。それによると事業縮小（4.0％）もしくは第三国への移転・撤退（1.8％）と回答した企業は49社で、構成比5.7％と前年比1.7ポイント増加しているが、現状維持と回答した企業は13.1ポイント増加し42.0％となっている。

特に事業縮小もしくは移転、撤退と回答した企業の内訳をみると、上海が6社、広東省29社、山東省4社といずれも人件費をはじめ生産コストの増加が著しい沿海部進出企業である。

一方、現地市場開拓に関する調査では現地市場開拓を輸出よりも優先する企業が46.9％、現地市場開拓と輸出に同じ優先度で取り組むと回答した企業はそれぞれ27.6％であり、中国市場重視型の企業は全体の74.5％で、あわせて総数3,741社のうち2,788社にも達している。

在中国日系企業の中国市場定着傾向は徐々にではあるが進みつつあるといえよう。まず指摘したいことは、ジェトロが2013年8月に実施した「日系企

業の中国での事業展開に関するアンケート調査」（ジェトロ海外ビジネス調査）
結果概要（調査対象企業802社）によると、2012年9月中旬以降の日中関係の
情勢を踏まえ、「中国におけるビジネスリスクが高まった」と回答した企業
は52.2％で、反日デモ後の2013年1月時点（69.8％）よりは低下しているこ
とである。

　さらに2012年9月中旬以降の日中関係により、中国ビジネスに影響がある
と回答した企業は31.3％と2013年1月時点の調査の時の48.8％から17.5ポイ
ントと大幅に減少していることである。同時に「他の要因も重なり、はっき
りしない」との回答が24.4％から49.9％に増加し、中国ビジネスの見通しに
対する不透明性を表明する企業も前回調査時よりも増えていることにも注目
したい。

　中国におけるビジネスリスクが減少するなかで、これまでの日中関係の悪
化で具体的に在中日系企業が受けた影響は以下のとおりである。

　受注減などの間接的影響、製品、商品のボイコットや買い控えといった問
題に直面する日系企業は減少しているが、税関での手続き遅延や製品、商品
の差止め、商談、契約交渉等のキャンセル、中国での調達、仕入れの困難化、
従業員の待遇改善要求、ストライキ、離職、店舗の休業、営業活動の休止と
いった問題では逆に直面する企業が増えている。しかし、影響を受けた取引
先からの受注減と製品、商品のボイコットや買い控えに苦しむ日系企業が減
少していることは、まだ時間はかかるかもしれないけれども、基本的には日
系企業にとり中国のビジネス環境は正常化の方向に向かっていることを意味
しよう。

　中国ビジネスを展開するにあたり、留意しておかなければならないことは、
日中関係が悪化したから、たとえば税関での通関手続きが遅くなるとか、従
業員のストライキの増加、代金回収の困難などが発生するといった問題が起
こるのではないことを認識しておく必要がある。税関での手続きの遅滞は通
常の日中関係のもとでもよく発生した問題であり、従業員のストライキも日

第5章　中国の日系企業　　　　97

表 5-4　日本の業種別対中直接投資の推移

（単位：億円、％）

	2010年			2011年			2012年		
	金額	構成比	前年比	金額	構成比	前年比	金額	構成比	前年比
製造業（計）	3,896	62.0	△15.6	6,984	69.2	78.4	7,334	68.2	5.5
食料品	107	1.7	△87.1	173	1.7	61.9	211	2.0	21.8
繊維	70	1.1	△54.3	431	4.3	511.5	186	1.7	△56.8
木材・パルプ	249	4.0	△45.3	276	2.8	11.0	339	3.2	22.6
化学・医薬	464	7.4	4.5	823	8.2	77.5	690	6.4	△16.2
ゴム・皮革	253	4.0	n.a.	179	1.8	△29.1	219	2.0	22.2
ガラス・土石	45	0.7	△62.3	240	2.4	436.5	108	1.0	△55.1
鉄・非鉄・金属	446	7.1	32.3	1,012	10.1	127.0	729	6.8	△28.0
一般機械器具	865	13.8	40.3	1,426	14.2	64.8	1,375	12.8	△3.6
電気機械器具	364	5.8	△37.6	796	7.9	118.8	1,035	9.6	30.0
輸送機械器具	854	13.6	△5.8	1,162	11.6	35.9	2,257	21.0	94.3
精密機械器具	36	0.6	△58.1	217	2.2	508.2	1	0.0	△99.5
非製造業（計）	2,388	38.0	27.2	3,097	30.8	29.7	3,425	31.8	10.6
建設業	22	0.3	141.2	11	0.1	△50.2	10	0.1	△7.5
運輸業	24	0.4	△58.7	53	0.5	118.8	124	1.2	132.5
通信業	47	0.8	263.0	245	2.4	419.5	112	1.0	△54.3
卸・小売業	924	14.7	14.8	1,506	15.0	63.0	1,572	14.6	4.4
金融・保険業	818	13.0	△12.8	590	5.9	△27.9	494	4.6	△16.2
不動産業	267	4.3	n.a.	512	5.1	91.5	803	7.5	56.8
サービス業	292	4.7	224.9	179	1.8	△38.9	303	2.8	69.5
合計	6,284	100.0	△3.2	10,046	100.0	59.9	10,759	100.0	7.1

出所：財務省統計を基に作成。

中関係の悪化とは関係なく、在中日系企業ではよく発生している。筆者の経験から言えば、台湾企業の労務管理は極めて厳しく、少々両岸関係が悪化してもストは発生しない。スト発生の原因は日系企業の経営のやり方にあるといえよう。同時に代金回収も日中関係の悪化とは関係なく、代金の不払いは中国ビジネスの一般的な常識ととらえる方が実態に近いといえる。

次に在中日系企業が今後のビジネス展開をどうみているかであるが、今回の調査では「既存ビジネスを拡充、新規ビジネスを検討する」との回答は60.1％と2012年1月時点と比べ2.6ポイント上昇し、中国市場への期待が日系企業の間で高まりつつあるといえよう。今回のジェトロの調査によると、中国で今後とも事業を展開する理由として、(1)市場規模、成長性など販売面でビジネスの拡大が期待できる、(2)すでに事業が軌道に乗っている、(3)生産コスト面で他国・地域より優位性がある、(4)裾野産業の充実など調達面での優位性を挙げている。

多くの日系企業は中国のビジネス環境の優位点をこのように客観的に把握し、中国ビジネス戦略の再構築を図っているといえよう。

しかし、同時に既存ビジネスの縮小、撤退を検討している企業も7.7％と2012年1月の調査時点より0.4ポイント増加しており、依然中国からチャイナプラスワンへのシフトを検討している企業と二分化する方向にあるといえよう。

この回答率7.7％を占める縮小・撤収検討企業はその理由として、(1)「生産コストなど製造面で他国、地域より劣る」が最大の理由としてあげる企業が52.0％に達している、さらに(2)カントリーリスクが高いなど安定的な工場の操業や店舗の営業にリスクが伴う、(3)法律が整備されておらず、運用の不安定、が三大理由として挙げられている。

筆者の経験から言わせてもらうと、中国は生産コストなどの製造面で他国・地域より劣るとあるが、これは中国の裾野産業を中心に述べたコメントだと思われる。この点については、中国とチャイナプラスワン諸国との部品産業の集積度の格差を企業の視点から検証する必要があろう。

この縮小、撤収検討企業のコメントに対して、チャイナプラスワンといわれるベトナムをはじめとするメコン周辺地域からインドまでの地域に進出している日系企業の直面する問題を、具体的進出事例を裾野産業の充実度、人材確保といった問題を中心に比較しながら中国の投資環境上の特徴を明らか

第5章　中国の日系企業　　　99

表5-5　在中国日系企業の受けた影響（2013年8月時点）

具体的影響	影響を受けた企業数
影響を受けた取引先からの間接的影響（受注減など）	94社（110社）
税関での手続き遅延や製品・商品の差止め	81社（53社）
製品、商品のボイコットや買い控え	64社（84社）
商談、契約交渉等のキャンセル	58社（40社）
中国での調達、仕入れの困難化	17社（8社）
従業員の待遇改善要求、ストライキ、離職	17社（5社）
店舗の休業、営業活動の休止	13社（7社）
政府調達・国有企業取引の減少	13社
代金回収の困難化	11社（10社）

出所：「2013年度日本企業の中国での事業展開に関するアンケート調査（ジェトロ海外
　　　ビジネス調査）」結果概要2013年9月9日。
注：（　）内は2012年1月時点での調査結果。

にしたい。

V．中国・チャイナプラスワンの投資環境を比較

V-1．メコン、南西アジアの経営環境をみる

　ジェトロが2012年に実施した「在アジア・オセアニア日系企業活動実態調査」をベースに、今後日系企業がチャイナプラスワンとして注目を集めているベトナム、カンボジア、ミャンマー、バングラデッシュ、インドに進出している日系企業の直面する問題をみながら、中国との投資環境を比較してみたい。

　まず2013年1～6月における日本の投資が前年比34.1％増の23.9億ドルを記録したベトナムであるが、ここベトナムに進出している日系企業が直面している三大問題は上から、(1)従業員の賃金上昇、(2)原材料・部品の調達問題、(3)現地人材の能力・意識といった問題が挙げられている。これらの問題に対してベトナムに進出している日系企業の経営者のコメントを紹介する。

Ｖ-1-1. 残業を拒まないフィリピン人従業員——Ｄ社の場合

1．人材が豊富なフィリピン

　今回は中国の恵州、香港、アメリカのロサンゼルスそしてフィリピンのカ
ルモナ市に海外拠点をもち、半導体パッケージ用基板の検査業務を行ってい
るＤ社のフィリピン進出の背景についてインタビューしたので以下に紹介す
る。

　①Ｄ社の設計本部部長としてまた、海外子会社も統括するＳ氏は1998年１
月にフィリピン設計事務所を設立し、５年前に工場を立ち上げた理由として、
「フィリピンは人材が豊富である」と明確に言い切った。

　フィリピンでは英語が出来て当社がここフィリピン工場で行っている半導
体部品の小さな部品をコンピュータ、実体顕微鏡で品質のチェックを行う緻
密な作業に耐えられる人材が豊富とのことである。特にこのような作業には
女性従業員が適しているとのことである。Ｓ設計本部長は当社の女性技術者
は日本語もできるとその能力の高さを強調した。

　②Ｄ社ではこの半導体部品のチェック作業に24時間作業体制をとっている
が、この作業の主力となる女性従業員は残業を忌避するどころか、積極的に
残業をしたがるそうである。しかし、現在のフィリピンでは転職率も高く、
５年前に工場を立ち上げたときには30名いた主要メンバーが現在では４〜５
名しか残っていないとのことである。最近も５年前にサムソンからきた技術
者が台湾企業に転職していったとのことである。

　③大量に転職していくが、募集をすればまた大量に採用できるとのことで
あり、他のアジア諸国とは労働事情が異なるようだ。当社も日本の東京大学
に相当するフィリピン大学からマネージャー、技術者を採用しているとのこ
とである。問題は如何にして技術、技能を身に着けたスタッフ、従業員を確
保するかにあるといえる。

　④Ｄ社では半導体部品の品質チェックという厳しい作業に慣熟させるため、
またこれら技能を習得した従業員を引き止めるために、日本での研修を積極

的に実施している。以前は3か月から1年程度の研修を同社の日本の工場な
どで実施していたが、最近はこの研修期間を3年に延長し、D社の匠の心を
徹底してたたきこむことに重点を置いているそうだ。さらに能力主義に応じ
て現地スタッフを部長クラスに取り立てたり、本社の判断で、人材の現地化、
多国籍化も同時に進めている。

　⑤事実、当社のフィリピン工場には3名の日本人スタッフが派遣されてお
り、経理、生産管理、技術・品質管理を担当している。当社の製品の品質維
持の観点からの人事配置といえよう。同時にフィリピンの工場では現地従業
員に日本語を教えているが、毎年10名の従業員を派遣して、日本の工場で日
本語研修を実施しているとのことである。

　⑥労務管理にも細かな配慮をしており、従業員は300名であるが、このう
ち正規の従業員は100名で残りの200名は臨時職員で人材派遣会社から派遣さ
れている。正規職員を対象に日本での研修などを実施し、同社の中核となる
スタッフの育成を行い、同社の工場の中核スタッフを日本研修などで育成す
ると共に、補助作業などを臨時職員にやらせるという体制のようだ。ちなみ
に臨時職員の労務管理は人材派遣会社が行っているとのことである。

2．半導体部品は全量日本から輸入

　①ここフィリピンの工場では半導体回路基板はすべて日本の工場から空輸
により運び、品質のチェックを行い、完成品としたあと、70％を日本の工場
へ空送し、残りの30％をフィリピンから主要顧客である日本及び世界の半導
体メーカーへ製品を供給している。日本からの半導体回路基板の部品の輸送
コストは、S設計本部長によると、製品が微小であることから輸送コストが
極めて安いのが大きなメリットとなっているという。

　②当社の販売額の30％は日系企業ではなく、欧米企業が占めていることに
注目したい。S設計部長はこの点に関して、国内の顧客の状況が思わしくな
いので、今後はさらに海外市場で欧米企業、台湾企業、韓国企業向けの販売

を拡大する方針を打ち出しているとのことである。また、同社の製品の売り込み拡大をめざして、これまでの電子関係の分野から建設機械、造船、航空機、自動車、原子力、火力発電などの分野に売り込むことを検討しているとのことである。

今後は海外市場の販売活動の拡大がポイントとなるが、その際大きな問題となるのは、このような海外市場での販売に従事できる海外要員の確保である。当社では国際部にアメリカ人、中国人のスタッフを配置しており、人材の多国籍的活用をすでに開始しているが、今後は日本人スタッフをこのような海外市場でのビジネス要員として育成していくことが大きな問題となっている。

Ⅴ-1-2. 進出後3年で工場を閉めたⅠ社（電子部品）

筆者がダナンに進出している日系電子部品メーカーであるⅠ社を訪問したが、同社の社長は、(1)総じて労働集約型企業の従業員の転職率は高く、工場のワーカーは2万ドン～3万ドン（95円～140円）程度の給与差で転職していく、(2)企業経営の中核となる中間管理職の人材確保は特に難しい、(3)大卒の採用にあたって、気を付けなければならないことは、大学生の実力にはかなりの個人差があり、大卒のなかには割り算ができないものもいるとのことであった。人材確保に関しては、入社試験を徹底して行いその実力を確認するしかないとのことであった。

さらに原材料部品の現地調達に関しては、さらに厳しいコメントが返ってきた。同社長は「ベトナムでは裾野産業が十分には発展していない。これは過去の問題であり、そして現在の問題である」と言い切った。

ここダナンには部品の委託生産が可能な現地部品メーカーがいなかったことから、進出後3年で製造部門を撤収し、中小企業支援のためのレンタル工場に切り替えたというコメントを得たが、チャイナプラスワンといわれるメコン周辺諸国の裾野産業をはじめビジネス環境を緻密に調査しないと進出に

第5章 中国の日系企業　　　　　　103

表5-6　今後も中国でビジネスを展開する理由（複数回答）

中国でビジネスを展開する理由	回答企業数 mp 割合（％）
市場規模、成長性と販売面でビジネス拡大を期待できる	70.1(73.0)
すでに事業が確立し、軌道に乗っているから	42.8(34.5)
生産コストなど製造面で他国・地域より優位性があるから	22.4(20.4)
裾野産業の充実など調達面で他国・地域より優位性がある	12.0(11.0)
日本に近く経営の目が行き届きやすい	9.9(13.1)
事業を開始して間もなく、投資コストを回収してない	9.4(9.2)
物流や電力などのインフラが比較的整備されている	6.5(6.8)

出所：同前

失敗する可能性が大きいと言えよう。

　続いてベトナムに隣接するカンボジアに進出している日系企業の問題としては、(1)原材料、部品の現地調達の難しさ、(2)幹部候補人材の採用難、(3)現地人材の能力、意識といった問題が挙げられている。

V-1-3. 現地ワーカーの技術訓練に中国人技術者を活用するK社（包装品）

　筆者がカンボジアに進出している企業として、K社（化粧品・高級贈答用チョコレート等の包装品）を挙げたい。同社は中国の深圳に生産拠点を有しているが、現在のところ、この中国の拠点は新製品の開発センター、販売拠点としての機能を強化しており、生産拠点として、2年前にカンボジアへの進出を決めた。進出にあたっては、タイ、ベトナム、ラオス、ミャンマーを検討したが、タイとベトナムは日系企業が多数進出していることから断念した。ラオスは山地が多く、人口が分散しており、人口密度も低く、労働力の確保の問題があると判断した。最後に残ったのがカンボジアであるが、同社が市場として狙うベトナムとタイの間に位置することから包装製品の生産拠点として有利と判断したとのことである。当社にとり最大の問題は包装部材の現地調達ができず、全部輸入に依存しなければならないことである、今後コス

ト削減を進めていく上で大きな問題となっている。

さらに顧客の9割が品質にうるさい日系企業なので、カンボジア従業員の確保、育成には相当の時間と資金を投入している。幸いなことに当社は将来カンボジアの子会社のカンボジア人の社長候補を確保できたことから日本で研修しているが、従業員の技術研修には深圳の工場から中国人技術者を派遣し、日本人技術者と協力して技術指導をしている。当社の包装用品の生産にあたっては、印刷以外は従業員の手作業に依存しなければならないので、品質維持の観点から従業員の訓練は大きな意味を有する。

最近はカンボジアでも日系企業の間でストが発生しているが、これは従業員の労働条件に関するものだけでなく、政党が絡んでくる可能性もあり、注意しなければならないとのことである。

次にミャンマーに進出している日系企業が挙げる問題を紹介したい。最大の問題は、⑴電力不足などのインフラ問題であり、⑵従業員の賃金の上昇、⑶従業員の質の問題と続く。これらの問題に対するミャンマー進出日系企業経営者の現場の声を紹介する。

V-1-4. 原材料は中国から全量輸入するH社（婦人服）

H社は2012年1月にミャンマーに進出し、ヤンゴン工業団地内でミャンマーの民間人が所有する土地・建物を賃貸して操業を開始した。ミャンマーへの進出は中国における人件費の上昇、特に製造工程の複雑な布帛の製造工程に従事する作業員の人件費が急騰したことから、2010年からチャイナプラスワンとしてミャンマーへの生産移転を検討した。ヤンゴンの工場には自動延反機、自動裁断機、自動糸桐ミシンなど最新の設備を設置した。月産14万枚のカラージーンズを生産している。このカラージーンズなどの原材料は全量中国から輸入し、カラージーンズなどの製品は全量日本へ輸出している。原材料の輸入、製品の輸出による物流コストも問題となっている。

同社の従業員数は2012年末現在920名であるが、平均給与は6～7万チャ

第5章　中国の日系企業　　　105

表5-7　中国ビジネスの他国へのシフト、中国からの撤退を検討する理由

中国からのビジネス移転・撤退の理由	回答企業数の割合（％）
生産コストなど製造面で他国・地域に劣る	52.0(33.3)
安定的な工場の操業や店舗の営業に対するリスクが高い（カントリーリスクが高い）	32.0(60.0)
法律や規制が未整備・運用も不安定	20.0(33.3)
知的財産権の保護や代金回収に問題	18.0(18.3)
為替リスクが大きい	10.0(13.3)
優秀な人材を採用しがたい	10.0(8.3)
物流・電力などのインフラが未整備	4.0(5.0)

出所：同前

ット（6000円～7000円）と中国よりも低いが、最近は賃金上昇率が全体的に増してきていることは事実である。ジェトロ日系企業調査によると、現地従業員の転職率も2012年は11.4％と二桁を記録しており、ヤンゴンのような大都市では労働力不足の兆候がみられ、日系企業のなかにはヤンゴンから地方都市を目指す企業も出てきている。

　ここミャンマーでの最大の問題は乾季（4～7月）には雨が降らないために停電が2～3日連続して発生することである。ミャンマーの水力発電の割合は電力の7割を占めており、乾季における停電の影響が極めて大きい。当社ではその対策として500KVA、200KVAの自家発電装置をそれぞれ1台購入している。この自家発電装置の購入もかなりの生産コスト上昇の要因となっている。

V-1-5.　品質管理が大きな課題──N社

　次に紹介したい企業はチッタゴンの輸出加工区に進出して自動販売機用部品を生産しているN社である。

　同社は自動販売機用連動押ボタン・ユニットなどの自動販売機用部品、

LED 照明などの LED 関連製品を生産・販売しているが、自動販売機用部品の販売先は富士電機㈱、パナソニック㈱、サンデン㈱、㈱クボタ、JT㈱（特機事業部）、グローリー㈱などの大手メーカーである。これらの主要顧客企業に取引を継続していくためには、価格競争力が不可欠であることからバングラデッシュに進出を決めた。主な判断要因は、以下の通りである。

1. 10年間法人税が無税という投資優遇措置をもつ輸出加工区（EPZ）、親日的で素直な国民性と会社へのロイヤルティの高いバングラデッシュ人の国民性、タイ、ベトナム、中国などに比べ安い人件費であること。
2. 日本では東京大学にあたるダッカ大学を出たバングラデッシュ人の優秀な人材を日本で採用できたこと（このスタッフを同社の浜松の工場で研修後、バングラデッシュに送り、ナショナル・スタッフの核とした。なお、同スタッフを昨年取締役に登用したとのことである）。

さらに、以下のような問題もある。

1．インフラ未整備で出費を強いられる

　以上のように当社の関係者は進出時のバングラデッシュの投資環境上のメリットをベースに進出したが、進出後大きな問題となったのは、停電などのインフラの未整備である。チッタゴン輸出加工区でも毎週数回停電が発生しており、輸出加工区外はさらに長時間停電が頻発している。一方、停電対策として工場全体を賄う自家発電装置を導入する場合には、かなりの負担を強いられ、バングラデッシュ進出の意味がなくなる可能性もあるとのことである。さらに電気だけでなく、水、ガスなどのインフラも十分ではなく、不必要な出費を強いられる可能性もある。

2．部材はほぼ全量輸入

　顧客企業からは品質だけでなく販売価格の低減圧力もあるが、バングラデッシュ国内には使用できる原材料、電子部品メーカーが存在せず、日本から

約50％、残りの50％は在中国・在タイの日系部品メーカー、在台湾の部品メーカー、台湾系の在中国部品メーカーなどから原材料および電子部品を全て輸入している。バングラデッシュの地理的条件から、物流コストもばかにならない。例えば、中国で生産した製品を日本に持っていく物流コストと、バングラデッシュで生産したものを持っていく物流コストを比較すると、FCL（Full Container Load）中心なので海上運賃に大きな差は出ないが、バングラデッシュの場合、シンガポールでの積み替えもあり、物流時間の差が大きい（３倍程度）。それが在庫量に大きく影響し、物流に係るコストが製品価格を押し上げている。さらに顧客の要望により納期を短縮するような場合は、材料と製品を航空便の往復で手配する場合もあり、物流コストを更に増大させることになる。

３．従業員の質改善には成功、品質改善に問題

　工場ワーカーとして、バングラデッシュ人の性格も重要な要素である。当社の関係者によると、バングラデッシュ人は所謂インド人とは異なり、作業で「やれ」と指示したことは着実にやる素直さを有しているが、同時に「言われないと何もやらない」といった点もあり、バングラデッシュ従業員の質の問題もあるそうだ。そのため、バングラデッシュ人ワーカーの教育・研修に関しては、1997年から10年間、半年毎に各３名を１年間交代（常時６名体制）で同社の浜松工場での研修を実施した。その10年間のバングラデッシュ人の技術研修の成果を聞くと、日本で技術研修を受けた従業員が帰国後、生産ラインのコアに育ったそうだ。研修の目的を一応達成したと判断し、この研修は廃止したとのことである。人材育成に関しては、同社は成功したと言えよう。

　しかし、製品の品質管理には相当の配慮をしており、生産ラインごとの品質検査、および検査部門での検査と重複する検査を実施している。当社の場合、生産ラインが LED 生産ライン（半導体製造装置）〜樹脂成形ライン〜

SMT 実装ライン〜組立ラインのそれぞれでインライン・チェックをするが、不良品の発生率は、生産内容の違いから、三桁、二桁、一桁の PPM と生産ラインにより大きな差がみられるとのことである。検査部門での品質チェックでは不良品流出ゼロを目指しているが、顧客企業に迷惑をかけることが全くないとは言い切れないとのことであった。

　当社の転職率は 5〜6％と低いが、バングラデッシュには当社のような高度加工組立産業に属する企業が少ないことから、当社で習得した技術を活かすことができないため、転職率が低いとのことである。しかし、縫製業のような労働集約産業では、10 万人ほどの労働者不足が発生しているとのことである。

　最後に中国とならぶアジア最大の市場となる可能性のあるインドに進出した日系企業の問題をみると、⑴従業員の賃金上昇、⑵原材料、部品の現地調達の難しさ、⑶電力不足・停電となっている。これを筆者がインタビューしたインド進出企業の具体例で検証したい。

V-1-6. 高い転職率に悩む T 社

　今回はインドのバンガロールのクレーン、ホイスト製造会社アムーセル MHE を買収してインド進出した T 社のケースである。

1. 人材確保が大きな問題

　従業員の賃金上昇に関わる人材確保に関しては、同社もまずインド人の経営スタッフ、技術者の確保が必要になるが、T 社はインド企業買収前にインハウスエージェントを通じてインド人経営スタッフと技術者を確保していたそうだ。事前に採用したインド人技術者のなかでもサービスエンジニアを研修するなど人材育成に努めているが、ここバンガロールにおいてもワーカーから経営スタッフ、技術者まで転職率が高いのが大きな問題となっている。特に経営スタッフ、技術者などキーパーソンの転職率が高いことが問題で、

四六時中人材採用に走り回らなくてはならないのが実状である。

　これら経営、技術の中核となる人材の確保は、ただ単に給与やその他の福利厚生関係の条件を良くするだけでなく、会社のビジョン、発展方向性などについても十分に説明し、理解させることが必要とのことである。ただ単に給与条件だけでなく、会社の発展性に関してもインド人は大きな関心を有していると言える。一般のワーカーに関しては、他社が少しでも高い賃金を出すとすぐ転職するとのことであり、当社の場合はワーカーの平均勤務年数は2〜3年とのことである。

2．部材は全て現地調達

　ここで生産する製品は、インド市場でインド企業向けにほとんどを販売しているが、クレーンやホイストの鋼材はタタ・スティールなどの現地企業から調達している。

　現地部品の調達上の最大の問題は、調達した現地部品10個のうち3個は使用できないといった品質の問題である。特に部品のなかでも製品の表面に現れない部分に関しては、品質の劣悪さが顕著とのことである。また、当社の納入したホイストが故障したとき、それを生産委託したインド企業に修理させると、どこを修理したか全く分からないといったようなことも多発しているとのことである。

　さらに納期の遅延も常態化していることも問題だ。当社では品質管理を強化するために、5S（整理、整頓、清掃、清潔、しつけ）を徹底しているとのことである。インド人従業員に対しては、英語で研修を行うが、内容が複雑になってくるとバンガロールの言葉であるドラヴィタ族のなかで最も古い言語のひとつであるカナンダ語でインド人マネージャーが通訳するとのことである。インド人従業員は必ずしも英語での説明を理解できるとは限らないとのことだ。

　現在日本人スタッフは3名（経営スタッフ1名、技術者2名）が派遣されて

いるが、これら日本人スタッフが最初に直面する問題は英語とカナンダ語の二重通訳とのことである。

3．インフラの未整備も大きな問題

　最後に電力、水、道路整備といった面でのインフラに関しては、T社が最大の市場とみているタイ、インドネシアとの工業団地と比べると、バンガロールの工業団地のインフラは相当遅れており、日系企業にとっては大きな問題となっている。

　以上のようにチャイナプラスワンに進出している日系企業の具体的事例を現地部品調達、人材確保、インフラ未整備などの問題をみれば、中国進出日系企業と同様、もしくはそれ以上の問題を抱えていることが窺える。以下に中国内陸部に進出している日系企業の経営実態を紹介し、ベトナムからインドに進出している日系企業の経営実態と具体的に比較したい。

Ⅵ．中国の内陸部で日系企業が直面する問題

　中国の沿海部からみるとチャイナプラスワンにあたる内陸部進出日系企業の経営実態をみながら、メコン周辺諸国、南西アジア諸国との投資環境をさらに具体的に比較したい。2000年代初頭から展開されている西部大開発、そして2000年代半ばからスタートした中部崛起という内陸部開発の重点地域である重慶と武漢に進出している日系企業の経営実態を紹介したい。

　2012年のジェトロのアジア・オセアニア日系企業活動実態調査によれば、中国進出日系企業の直面する三大問題は、(1)従業員の賃金上昇、(2)現地人材の能力・意識、(3)競合相手の台頭である。

　これらの問題について現地日系企業経営者の生の声を紹介したい。

第5章　中国の日系企業　　　111

Ⅵ-1.　進出する時に撤退の準備をするK社 （衣料）

　湖北省の黄石に進出したK社のトップ経営者は現地での人材確保に関し次のように述べた。縫製作業要員を四川省の山奥まで行ってもなかなか採用できないし、一人っ子政策の影響で「おしん型」の粘り強い従業員が採用できなくなっている。作業ミスで叱ったり、罰金を科すとすぐ辞める。人手不足のために刑務所の労働力を活用している企業もある。ちなみに刑務所の労働力は優秀とのことである。

1．上海の工場では工場長を務める中国人スタッフが100人ほどの従業員を連れて離職し、起業するケースが多くみられる。このような競合企業をつくらせないために、この工場長に工場を作ってやり、無料で貸し、K社の仕事をやらせることを検討しているという。

2．K社は生産している衣料品の材料の95％を日本から輸入し、製品の95％〜96％を日本へ輸出しており、中国市場での販売は4〜5％程度である。

3．湖北省黄石の電力不足への対応は、1000万円以上もする日本製の自家発電装置ではなく、質は落ちるが400万円程度でメンテナンスの必要のない中国製自家発電装置を採用している。

　韓国、ミャンマーからの撤収の経験をもつ同社のトップ経営者は「中国への進出のポイントは進出する時に同時に撤収計画も作成し、ダメだと思ったらすぐに撤収することが重要」であることを強調した。同時に中小企業のサバイバルを支援するために、深圳の中小企業支援センターとして多くの中小企業の対中進出を支援してきたテクノセンターを自社の上海工場付近に設立する重要性を強調した。

Ⅵ-2.　現地二輪車メーカーへの部品供給を目指すJS社 （自動車部品）

　重慶宏帆実業有限公司と合弁会社を設立したJS社の関係者は「内陸部は労働力が豊富と思われているが、最近は現地企業との人材引き抜き合戦が激化している」と述べたが、特に大卒の給与は沿海部との差がなくなってきて

いる。

1. 人件費の高騰だけでなく、物流コストも問題である。同社が生産しているディスクやコンバーターの材料を日本から輸入すると最短で3か月半かかる。さらにディスクは生産量の5％を輸出しているが、日本に届くまでに20日以上かかるし、イタリアに輸出しているディスクは通関手続きの時間を含めると1か月半ほどかかる。さらに内陸部の問題は、日本から部材を航空便で緊急輸入した際に1000万円かかったこともある。時間と物流コストが内陸進出の大きな問題である。

2. 当社の主要顧客であるホンダは広州で二輪車を生産しているが、その二輪車のシートの部材はほぼ100％現地調達してコスト削減に成功している。この背景には現地部品メーカーのなかにも、ホンダ、ヤマハといった日系メーカーの厳しい品質基準に合格する企業がでてきていることを意味する。

3. 当社としては今後の販売戦略として、現地二輪車メーカーへのシートの販売額が全体の7割を占めているが、さらにこれを拡大する方向にある。

4. 重慶も時々停電が発生するが、同社には自家発電装置がなく、政府関係機関にコネを有する中国人の管理部長が、経済貿易委員会に陳情に行き、電力不足の解決を強く訴えている。

VI-3. 日系企業とはビジネスをしないM社 （内燃機関用ピストン製造）

　同社のT総経理は重慶に5年以上の駐在経験を有するが、ここ重慶での企業のサバイバルについて「地場の市場を狙って生産、販売を行わないとコスト的に合わない。沿海部からの部材コストを考えると部材の100％現地調達、中国企業、重慶進出外国企業を含む現地顧客に的を絞ることが成功の秘訣」と述べた。

1. 同総経理はこの方針を徹底するために本社を説得し、現地調達率を高めるために中国全土にわたり当社の求める品質基準にあった部品を作れる中国部品メーカーを調査し、発掘し、現地調達率を98％にまで高めた。現地

で調達できないものは塩のみで、これはドイツから輸入している。

2．当社の最大の問題は人材の確保である。重慶大学の卒業生を採用しドイツに「研修に出しても2年程度で転職するし、給与も沿海部の大卒と差はない。一般従業員も日本的な意味での愛社精神はなく、高い給与を出す会社へ転職する。従って1230名いる従業員の半分は契約期間を1年以下とする臨時工契約を結び、残り半分は1年以上の長期の契約を結んでおり、実績のある従業員には10年の長期契約を締結するなどの細かい対応をしている」という。

Ⅵ-4. 現地部品の調達率向上が課題——武漢進出Ｉ社の場合

Ｉ社は2005年2月に設立され、2006年から操業を開始した。当初の従業員は20名からスタートしたが、現在は900名を超え、2交代制をとっている。主要な顧客はホンダ、ダイハツ、トヨタ、日産、三菱自動車と日本の自動車メーカーであるが、現在のところホンダへの部品供給に特化している。顧客の品質条件もあり、生産ラインは全自動のパンチプレス、全自動溶接機など設備に投資している。

1．従業員の訓練にも力を入れており、5S、従業員からの改善提案制度など本社で実施していることをここ武漢で行っている。この結果、現在、当社ではISO14001を取得しているとのことである。ちなみに当社の生産ラインからでてくる部品の不良品発生率は0.41％とのことである。

2．従業員の平均年齢は21.2歳と若く、上海のような沿海部と比べると、若い従業員が安い給与で雇用できる。従業員の募集は大卒、高卒ともインターネットで募集するが、工業高校20校と提携し、そこからも募集している。さらに工業高校卒業1年前の学生を実習生として受け入れている。

3．当社は工会（労働組合）と協力し、従業員の問題が大きくなる前に事前に把握し、工会と協力して対処するなど、従業員の福利厚生関係から、作業に関することまで細かく対処していることにも注目したい。このような

配慮もあってか、当社の従業員の転職率は臨時従業員を入れて全体では
　３％、正規従業員だけだと0.9％と極めて低い。

４．従業員の品質管理などの研修も生産部門で細かく分類しており、品質管
　理に関するサークルも90に達しており、生産現場重視のQC活動を展開し
　ている。

５．また、従業員の男女差別はまったくなく、夜勤も実施しており、能力主
　義に徹している。ホンダへの部品供給に特化しているので、品質だけでな
　く、コスト削減が当社の大きな問題となっている。

　現在中国国内での現地部材調達率は82％〜85％であるが、武漢地区での調
達率は極めて少なく、さらに武漢地区での現地調達率を高めることを検討し
ているが、問題は多い。品質の関係上、地場の部材メーカーが少なく、いて
もここ武漢ではなく、広州に存在するといったような状況である。ホンダへ
の部品は一部日系の鋼材メーカーの鋼材を使用せざるを得ず、日本から船で
関連部材を輸送しているのが実態だ。

Ⅵ-5.　原材料はすべて日本から輸入──Ｓ社（ステアリング部品など　成都）

　日本から中古機械を持ってきて操業し、その後中国製機械を導入し、現在
は９割が中国製である。中国製機械の使用期限は20万元するNC旋盤でも５
年が限度である。

１．材料はすべて日本から輸入しており、日本の価格より25％高い。そのた
　め、製品の６割が材料コストである。部品の供給先は日系企業が主要顧客
　であるが、欧米企業、中国地場企業への供給を進めているので、中国製の
　部材の調達を検討している。

２．ここ成都ではトヨタのような大企業では停電は発生しないが、当社のよ
　うな中小企業では停電がよく発生する。

Ⅶ. 中国・アジアでの生産分業体制を目指す日系企業

　ベトナムからインドに進出している日系企業と中国内陸部（武漢、重慶、成都）に進出している日系企業の経営実態を、⑴人材確保、⑵現地部材調達、⑶電源等のインフラ等に焦点をあて比較してみたが、中国よりもベトナム、カンボジア、ミャンマー、バングラデッシュ、インドなどのチャイナプラスワンの経営環境が必ずしもいいとは言えない。

　中国内陸部も沿海部に比べれば人材確保は容易であるが、沿海部との人件費の格差も縮小する方向にあり、重慶、武漢のような内陸都市においても人材確保が難しくなってきている点を日系企業が指摘している。同様に、メコン周辺諸国、インドなどにおいても同様の現象が見られる。日系企業にとりさらに重要なことは、現地部材の調達である。中国内陸部においても沿海部、日本から調達しなければならないケースも多々あるが、現地部品メーカーの育成に成功し、現地部品調達率をあげている日系企業も見られ、中国内陸部の裾野産業とメコン周辺地域及びインドなどの裾野産業の充実度においてかなりの差が見られることも事実である。事実、筆者は重慶の現地自動車部品メーカーである重慶天人工業集団を訪問したが、この中国企業の経営の特徴は以下のとおりである。

１．当社は最大の顧客である長安スズキに高品質の部品を供給するために日本のシルバー人材の技術者を雇用し、技術指導の強化及び検査体制の厳格化を進めている。

２．生産ラインでの品質検査と、さらに検査部門での検査と二回に分けて品質チェックを行うとともに、部品の一部を下請け生産させている中国部品メーカー４社に対しては、中国部品メーカーの生産ラインのチェックを徹底して行うとともに技術指導も行っている。

３．長安スズキの品質要求に対応していくために、部材を調達する中国現地

部品メーカーを4社に限定し、ほとんどの部品は内製化している。

このような中国部品メーカーが台頭してきているなかで、同じく重慶に進出しているY社（差圧圧力伝送器等の生産、販売）は製品の現地部品調達率を90％までに高めており、調達先はほとんどが中国企業で日系企業は1～2社とのことであった。製品の直行率も99.6％に達しており、不良品発生率はコンマ以下になっている。

また、進出日系企業にとり、電力をはじめとするインフラの整備にも中国内陸部でも問題がみられるが、輸出加工区など特定の地域においては、停電はほとんどない。例えばバングラデッシュ進出日系企業が指摘したように、輸出加工区における停電は中国ではほとんど見られない。さらにメコン周辺及び南西アジアに進出している日系企業は停電対策として日本製の高価な自家発電装置の購入を余儀なくされるケースが多いが、中国に進出している日系企業の場合は、日本製の半分以下の価格である安価な中国製自家発電装置を購入して対応している企業も見られ、中国とチャイナプラスワンとの産業構造の格差があることを強調したい。

いずれにしても、このような中国進出日系企業及びベトナム、カンボジア、ミャンマー、バングラデッシュ、インドなどのチャイナプラスワンに進出している日系企業関係者の現場の声を参考にしながら、また、生産する製品の性質をみながら進出先を決定していく必要があろう。上述したチャイナプラスワンといわれる地域との比較で見るならば、中国の内陸部も日系企業にとり十分な投資可能性のあるチャイナプラスワンと言えよう。

今回インタビューした企業の中には自社の中国、カンボジアでの生産分業体制を構築し、中国ではR&D、販売拠点としての機能を強化し、カンボジアでは製品の生産に重点をおき、その工員育成のために中国の生産拠点から中国人の技術者を派遣して指導する企業も見られた。日系企業のアジア展開は、中国及びチャイナプラスワンの両方のビジネス環境のメリットを睨み、相互にそれを活用するという方向でビジネスを展開しようとしていると言え

Ⅷ. 台湾企業との連携によるアジア進出の効果

　中国のチャイナプラスワンとして内陸市場を狙うにしても、また、中国以外のアジア市場を狙うにしても、日系企業が直面する人材確保、部材調達、販路拡大などさまざまな問題に関しては、ジェトロの「在アジア・オセアニア日系企業活動実態調査」でも明らかにされている。ここでは日系企業が直面する問題の具体的かつ現実的な対応策として、台湾企業とのビジネスアライアンスの可能性と効果について言及したい。筆者は中国、タイでかなりの数の台湾企業を訪問しインタビューしたので、まずこれまで訪問した台湾企業の経営法方式の具体的事例を紹介し、日系企業の視点からみた日台ビジネスアライアンスの重要性を述べたい。

　まず、最初に台湾企業の対中投資の現況を述べたい。台湾企業の対中投資も2012年は前年比11.0%減の127億9200万ドル。この減少傾向は2013年に入っても続いており、同年1〜10月の対中投資は同21.0%減の74億5400万ドルとなっている。中国への投資が減少しているのに対して、同時期の対ベトナム投資は前年同期比102.6%増の8億1300万ドル、韓国への投資が同143.2%

表5-8　台湾の対中直接投資の推移（認可ベース）

（単位：100万ドル）

年	事前認可	事後認可	合計	前年比
2009	6,058	1,084	7,142	△56.8
2010	12,230	2,388	14,618	104.7
2011	13,101	1,276	14,337	△1.7
2012	10,924	1,868	12,792	△11.0
2013（1−10）	7,007	446	7,454	△21.0

出所：台湾経済部投資審議委員会

増の2850万ドル、フィリピンへの投資が同116.4％増の1170万ドル、タイへの投資が同87.4％増の3080万ドルと、チャイナプラスワンに台湾企業の資金が流れており、日系企業と同様な投資戦略が窺われる。

しかし、減少した対中投資であるが、地域別にみると、これまでの沿海部から河南省（投資額3.0億ドル　前年同期比85.9％増）、湖北省（1.4億ドル　同23.0％増）吉林省（5090万ドル　同154.2％増）、貴州省（4710万ドル　同229.6％増）といった、内陸への投資が沿海部の労働コストの上昇や人材不足が深刻化するなかで、増加していることに注目したい。

中国以外のチャイナプラスワンと中国のチャイナプラスワンとも言うべき内陸市場を狙った両面作戦を、台湾企業は展開していると言えよう。

Ⅷ-1. 顧客の多角化を目指す——車王電子（寧波）有限公司

１．顧客の品質基準に対応

　車王電子（寧波）有限公司は1995年に余姚市に進出した台湾の整流器、電圧調整器、點火モジュールなどの電子メーカーである。同社は本社の台湾の他に英国、アメリカに生産拠点を有し、ここ中国の生産拠点からは欧州、ブラジルなどの海外市場に輸出している。さらに当社は GM の TEAR2 となっているほか、ホンダにも部品を供給しているとのことである。さらに OEM、アフターマーケットにも整流器等を売り込んでいる。

２．客の多角化のポイントは品質基準が企業により異なるので、TS16949 を当社の品質のベースとして各企業の品質要求に対応できるように経営体制を整えることである。

３．部品の品質は当社の基準で統一して中国部品メーカーから調達しているが、中国部品メーカーの品質管理体制、開発センター、生産部門などを徹底的にチェックしており、同時に顧客企業からの技術指導を受け、ホンダ、ボッシュからも技術者を受け入れている。ボッシュとは10年にもわたり技術者チームの受け入れによる技術指導の歴史を有している。

第5章　中国の日系企業　　119

4．顧客の多角化に成功し、生産する製品の種類は2000種類にも達している。

Ⅷ-2. ミャンマー人労働力を活用する――First Rubber Co., LTD（第一橡膠有限公司）

　First Rubber Co., LTD はガスケットなどの自動車部品メーカーであり、2000年にマレーシアに、2007年には上海に工場を設立した。現在のところ2011年中にベトナムに工場の建設を計画している。アジアでは中国からタイまで生産拠点を拡大し、アジア市場での多角化を狙っているが、ここタイでは日系企業に特化したビジネス戦略を展開している。

1．1991年のタイへの進出当時は当然のことながら、中国市場への進出を検討していたが、当時は中国市場が十分に開放されていなかったこと、中国では政策がすぐ変わること、中国市場は関係が重要であり、ビジネス関係が相手の立場を配慮するような家族的なものではないといったような理由により、タイへの進出を優先させた。

2．当社の部品の販売内訳をみると、自動車部品42％、顧客指定金型部品30％、その他産業用部品17％、アフターマーケット11％となっている。当地の日系主要顧客はタイホンダ、タイスズキ、タイカワサキなどが挙げられるが、日系企業とのビジネス関係をさらに強化していくために、2009年にTOYOTA PRODUCTION SYSTEM を導入している。

3．日系企業が主要顧客であるが、当社はモーターサイクルをベトナムのホンダにも供給しており、ホンダグループの Second TIER となっているだけでなく、GM の Second TIER にもなっており、マレーシアのプロトンにも部品を供給している。このような多角的なビジネス戦略を展開する台湾企業にとりライバル企業は IRC、井上、NOK といった名前が挙げられた。

日系企業のコスト削減と品質要求に対応

1．このように多くの日系企業を顧客に持つと、当然のことながら、品質レベルを従来通り維持しながらも、コスト削減の要求が出されるのは避けられない。当社も例外ではない。

2．まず当社は、原材料等の調達先として、100社くらいの部品メーカーと取引をしているが、そのうちタイの地場部品メーカーは20〜30社程度である。これらタイ部品メーカーには技術者を派遣し、技術指導をして品質の向上に努力している。地場企業の開拓は当社にとり大きな問題であり、品質向上に向けての技術指導では今後とも時間がかかりそうだ。

3．事実、現在のところ、金型部品の80％は当社で内製している。地場企業への外注の条件として、(1)品質、(2)納期、(3)包装、(4)デリバリーコストが挙げられたが、これに対応できる地場企業は多くはなさそうだ。

4．部品の輸入比率は大体20％程度で、10〜15％が台湾からの輸入となっている。

　また、当社では従業員の作業範囲を厳格に限定し、作業手順を簡素化することに注力している。当社の部品の年間の生産量は400万個でその種類は200以上に達しており、まさに多品種大量生産である。同時に従業員の研修計画、技術者を中心に中間管理職の育成にも重点をおいている。

5．同社の社長によれば、従業員の作業を限定し、それに集中させることにより、高品質のものを作るための「VALUE ENGINEERING」を目指すという。

　このような人材育成から福利厚生までの幅広い配慮が従業員の定着率にも効果が出ているようであり、当社の従業員の20％が15年以上の勤務経験者とのことである。

ミャンマー人労働者を雇用

1．当社の従業員も農村出身者が多い。農村出身者の関係を活用できるので、

農村出身者の定着率は必然的に都会出身者よりも高くなる。従業員の年齢は25〜35歳で、給与は8000バーツ程度（最低賃金は215バーツ・日給）と特に高いわけではない。当社のタイ全般で見られる高い転職率への対応策として、外国人労働者の雇用を行っている。現在同社は30人のミャンマー人、ラオス人を雇用している。同社の社長によると、「ミャンマー人はよく働く、効率的である。給与、労働条件はタイ人従業員と同じ」とのことであった。多くの日系企業はBOI認可の外国企業であるが、First Rubber Co., LTDは現地化した台湾企業であることから、このようなことが可能となっている。

2．同社長によると、「ミャンマー人の労働契約は2年間であるが、2年ごとに期限を更新している」とのことであった。

　ミャンマー人の雇用に関しては、政府に申請したら、政府がエージェント（人材派遣会社）を紹介してくれたとのことである。当社が雇用しているミャンマー人従業員はタイ語ができるが、このことは、彼らがタイで合法的に労働できる前には不法にタイに滞在していたことを意味している。

3．すでにこれらのミャンマー人ワーカーのうち、生産現場のリーダーになっている者もおり、ミャンマー人従業員とタイ人従業員との間でトラブルが起きているとのことである。

4．ミャンマー人従業員の中には家族を連れてきている者もおり、彼らに対しては、家族用の宿舎を提供している。当社にはミャンマー人の従業員だけでなく、日本人の技術者も雇用されていたことを付記したい。

日系企業との関係強化を強調

1．当社のH社長はこれまで台湾本社で4年勤務し、その後タイに赴任し20年になる。その間にタイの国籍も取得している。

　このタイ人化した社長が最後に強調したことは、今後とも日系企業との技術、経営方式などさまざまな面での協力関係を構築していくことである。

2. 今後ともタイのビジネス拡大に対応して、新しい工場を作ることを検討しているようであるが、技術の導入だけでなく、日本の文化的特徴についても以下のように述べた。

同社長は「日本の文化の特徴は自分がやったことを確認（CONFIRM）することである。台湾文化の特徴はさまざまな事業を同時並行的に効率的にこなしていく実行力にあり、タイ文化の特徴は、たとえばタイ従業員に一つのことを教えると、その一つ（ONEWAY）に集中して行うことが特徴である」と述べた。この背景にはタイ人従業員にはその他のやり方はできないという意味合いが込められていることに注意したい。今後とも日本の文化、タイ文化、台湾文化をうまく融合して効率的な経営を展開したいという言葉で締めくくった。

Ⅸ. 中国・アジア市場における台湾企業の経営上の特徴

中国及びタイに進出している台湾企業の経営実態を紹介したが、この事例を見ると台湾企業は中国だけでなくアジアにおいても、(1)彼らの人的ネットワークを活用して欧米企業、日系企業等の顧客の多角化、(2)顧客の要求に対応した品質管理体制の確立、(3)農能力主義による外国人人材を含む人材の登用、(4)台湾人経営者の現地永住化をベースに現地語による労務管理の徹底などの特徴が挙げられる。

そういった意味では、日系企業と台湾企業の連携の可能性は中国市場だけでなく、中国以外のアジア市場においても高いと言える。

ここでは筆者が紹介した中国進出台湾企業の経営方式に関する具体的事例をベースに、台湾を基点にして向こう岸の中国とその反対の岸であるアジア市場を睨んだ、いわゆる中国・アジアの両岸ビジネス展開の拠点としての台湾企業のもつメリットについて述べたい。筆者は、台湾企業の経営者及び台湾ビジネスに経験豊富な日本人ビジネスマンに対してインタビューしたとこ

ろ、以下のようなコメントを得たので紹介したい。

IX-1. 台湾企業との技術力・ビジネス関係による市場開拓能力

中国、アジアに進出している台湾企業はコンピュータ、電子部品、自動車・同部品、機械設備などいわゆる高度加工組み立て製品が多い。

これら台湾企業は同地域における欧米、日本のグローバルセットメーカーに特化してこれら高度加工組み立て製品・部品の供給をおこなっており、その好例がLCDである。その技術力とビジネス関係および柔軟かつ迅速な生産体制を活用して構築した販売網を、台湾企業が有していることを示している。さらに中国での国内販売だけでなく、2011年の中国の輸出トップ10には広達電脳、鴻海詩蜜、仁宝電脳などのパソコン関連の台湾企業が占めており、中国市場における台湾企業のプレゼンスは高い。

IX-2. 日系企業と台湾企業との経営方式での共通項——匠の心

台湾企業は日本の文化的基盤の理解をベースに生産管理、品質管理、納期などの経営方式の面で日系企業との共通項が大きい。台湾にはこのような高度加工の組み立て産業の部品メーカーの集積が進んでいることから、日系企業は技術力をベースに迅速かつ安価、高品質の製品・部品の生産能力を持つ台湾企業と中台両岸を跨いで製品・部品の生産委託加工などのビジネス連携を展開しやすい状況にある。台湾の対中投資を業種別にみると、2012年では製造業が58.7%を占め、そのうち電子部品、機械設備、自動車部品、金属製品の高度加工組み立て産業が全体の33.7%を占めており、日系企業の対中投資の構造に近い。

最近はただ単なるモノつくりだけでなく、台湾のR&D能力を活用して、JSR（LCD用材料の開発）、フジミインコーポレーテド（10億元投じて研究開発センター設立）、TDK（LED、高省エネモーターなどの研究開発）など日系企業のR&D戦略展開の動きが活発化していることにも注目したい。ECFAの進展

は日系企業がこれら台湾企業のもつ技術力、関連部品メーカーを中国市場で効果的に活用できる機会を拡大することになる。

Ⅸ-3. 台湾企業の中国市場における販売実績と戦略展開

　台湾企業は中国と同じ文化的共通項を有することから、中国市場では中国消費者の嗜好、傾向を正確に把握し、生産だけでなく、中国での小売り、流通面でも大きな実績を有している。例えば大潤発という量販店は沿海部の市場だけでなく内陸部の二、三線級都市に的を絞り中国全土で143店舗を開設するなど積極的な販売戦略を展開し、カルフールを抜くほどの販売実績を見せている。

Ⅸ-4. 台湾の人材の活用──人的ネットワーク

　台湾には日本の経営文化を理解した技術者、マネジメントスタッフなどの人材が豊富である。さらに中国には100以上の台商協会が沿海部だけでなく、内陸地域においても設立されており、中国側の中央政府、地方政府などの関係機関との関係（GUANXI）をもつ人材が多数存在する。

　今後沿海部から内陸市場へとビジネスが拡大していくなかで、このような台湾人材の持つ意味は、日系企業の中国内陸部におけるビジネス展開にとり大きいと言える。また、台湾企業は中国以外のチャイナプラスワンにおいても台商協会をベースに華人ネットワークを構築しており、日系企業にとり台湾企業の持つ人的ネットワークの意味は大きいことを強調したい。

　このように見ると、日台企業間の共通項はかなりあり、双方のビジネスアライアンスの可能性は高いと言えるが、日系企業からみると台湾企業は外国企業であり、双方には大きな差異があることを同時に認識しておくことも必要である。以下に筆者が日台ビジネスアライアンス促進事業のなかで経験したことを紹介したい。

X．１台湾人ビジネスマンのみた日系企業

　日系企業と台湾企業とのビジネスアライアンスの可能性は、他の外国企業と比較すれば、すでに述べた台湾企業の経営上の特徴を考えれば高いと言える。

　しかし、実際に台湾企業の経営者がアジア・中国のビジネス最前線で日系企業をどうみているか認識しておくことは、今後さらに日台ビジネスアライアンスを進めるうえで重要であろう。

　筆者が中国、アジア進出台湾企業の経営者にインタビューしたところ、日系企業の問題として以下の点が指摘されたので、挙げておきたい。

１．台湾企業の経営者は、中国でもその他アジアでも一度赴任すると20〜30
　　年とかなり長期にわたり滞在し、経営の現地化に努めるが、日本人ビジネ
　　スマンは３〜４年で帰国することから、現地事情に大きな認識ギャップが
　　ある。

２．日系企業は、自社製品の品質に過剰の自信をもち、台湾企業が一定の品
　　質以上の製品を提供しても、20％前後の値下げをしない限り購入しない。

３．日系企業の経営者はサラリーマン社長が多く、自分で決断できないだけ
　　でなく、ビジネス環境の変化への対応も難しい。また、リスクを取り込も
　　うとしない。

　この指摘された内容のなかで最も大きな問題は、台湾ビジネスマンは海外子会社では社長であり、決断、行動が迅速あるが、日本人社長はサラリーマンであり、海外ビジネスリスクを取り込み、決断、行動が迅速にできないということである。事実、日本の中小企業に投資する投資会社の経営者は、かつて筆者に「海外ビジネスに関しては、１％でもリスクがあれば、避けるべきである」と述べたが、このコメントを台湾企業の経営者に伝えると「10％でも可能性があれば、チャレンジすべきである」とのコメントが返ってきた。

日台企業の経営面での共通性がよく強調されるが、ビジネスリスクへの対応、特に経営判断のスピードといった面では大きなギャップがあることを認識しておかなければならない。日系企業の経営文化をよく理解している台湾企業といえども、台湾企業は日系企業とは異なる経営文化、方式を有していることを認識しておくことが必要である。

邦文参考文献

アジア経済研究所レポート（2006）『日中間の経済・ビジネス連携の在り方』日本貿易振興機構（ジェトロ）アジア経済研究所。

伊藤信悟（2005）「急増する日本企業の「台湾活用型対中投資」―中国を舞台とした日台企業間の「経営資源の優位性」補完の構造―」『みずほ総研論集』2005年Ⅲ号、1-35。

小島栄太郎（2013）「ミャンマーのビジネス投資環境と日系企業の動向」『講演資料』、2013年8月28日。

張　季風（2010）「ポスト危機時代の日本の対中投資の新しい機会と展望」『立命館国際地域研究』第32号、59-70。

手島茂樹・藤原　弘（2010）『世界同時不況下での生き残りをかけて』リプロ。

日本貿易振興機構（2013）「特集　中国北アジア　日系企業が直面する問題　2012年の対中直接投資動向」2013年6月号 VOL.19、日本貿易振興機構。

日本貿易振興機構（2013）「2013年度日本企業の中国での事業展開に関するアンケート調査（ジェトロ海外ビジネス調査）結果概要」2013年9月9日、日本貿易振興機構。

日本貿易振興機構　海外調査部アジア大洋州課・中国北アジア課（2012）『在アジア・オセアニア日系企業活動実態調査（2012年度調査）』2012年12月18日、日本貿易振興機構。

藤原　弘（2008）『中国で生き残るために：実戦経営から学ぶ中国ビジネス最前線』リプロ。

藤原　弘（2011）『アジアにおける企業経営の秘訣：アジア企業現場からのリポート』リプロ。

藤原　弘（2012）「中国市場における日台ビジネスアライアンスの可能性と方向性」陳徳昇編『日台ビジネスアライアンス：競争と協力、その実践と展望』（pp. 217-

第5章　中国の日系企業　　　127

252）INK 印刻文学生活雑誌出版社有限公司。

藤原　弘（2013a）「チャイナ・プラス・ワン　カンボジアのビジネス環境をみる⑴」
　　『亜細亜大学アジア研究所所報』第150号、6-7。

藤原　弘（2013b）「チャイナ・プラス・ワン　カンボジアのビジネス環境をみる⑵」
　　『亜細亜大学アジア研究所所報』第151号、6-7。

藤原　弘（2013c）「アジアにおける日台ビジネスアライアンスの実態と方向性」陳独
　　昇編『台日商務戦略：情勢評估噢与服務業大陸内需市場開拓』INK 印刻文学生活
　　雑誌出版社有限公司。

みずほ総合研究所（2009）「中国内陸部市場に挑む日系企業－沿海部失速の中、2桁
　　成長を続ける中部・武漢の投資環境を中心に－」『みずほリポート』2009年5月
　　25日、みずほ総合研究所。

八木三木男（2008）『日本企業の対中国進出』京都産業大学中国経済プロジェクト報
　　告書。

第6章 ベトナムの日系企業

グェン・ティ・ビック・ハー

Ⅰ. はじめに

　現在のベトナムは、誕生して日が浅く若い国である。他の多くの発展途上国と同様に植民地を経験した。日本の敗戦直後に独立を宣言したが、再植民地化を目指すフランスと、さらにアメリカとの戦争を経て、1976年に南北の統一を果たした。

　しかし、日本とベトナムの間には長い交流の歴史がある。17世紀前半の中部の都市ホイアンには、朱印船貿易に携わる日本人によって日本人町がつくられていた。ホイアンには今でも日本橋が遺っていて、多くの観光客が訪れる名所になっている。ベトナムがフランスの植民地時代の1905年、反植民地運動の活動家ファン・ボイ・チャウは訪日を果たし、ベトナム青年の日本留学運動であるドンズー（東遊）運動を始めている。日本軍の東南アジア占領時代に、ベトナムでは日本軍の米（籾）の徴発も関係して200万人が餓死した事件も起こったが、日本の敗戦後にベトナムに留まって独立のためにフランス軍と戦った元日本兵もいる（石井，1999; 石井・高谷・前田・土屋・池端，2001; 石井・高谷・立元・土屋・池端，2008）。1960年代〜70年代、ベトナム戦争では日本政府はアメリカの側につくが、他方で日本の若者が反戦の意思を示してベトナムの人々に連帯した事実を人々はよく知っている。

　そうした歴史から現在に目を転じれば、ベトナムが1986年にドイモイ（刷新）政策を開始して以降、1990年代からは経済を順調に発展させ、その成長は世界から注目されるまでになった。ベトナムは、植民地からの独立に向け

た長い戦争もあって近隣諸国に比べて経済建設で大きく遅れをとらざるを得なかったが、そのハンディを必死になって克服しようとしてきた。しかし、競争が激しさを増すグローバル化の時代の中で、ベトナムが成長を続ける条件は益々厳しくなっている。そのため、国際社会の支援を得て発展する道を積極的に試みている。

　日本は、1990年代からベトナムの最大の政府開発援助（ODA）国であり、2008年にはベトナムと日本は経済連携協定を結び、2009年には「アジアにおける平和と繁栄のための戦略的パートナーシップを包括的に推進するための越日共同声明」に署名した。ベトナムと日本の間では官民を問わず、多くの人々が往来するようになった。1990年代以降は、多くの日本企業がベトナムに進出するようになり、ベトナムの発展で大きな役割を果たしている。ベトナムの人々も高い技術力を持つ日本に学ぼうとしている。

　本稿では、ベトナムの発展との関係に注目して日本企業のベトナムへの投資を概観し、その特徴と課題を考えることにしたい。

Ⅱ．ベトナムの経済改革と外資導入

Ⅱ-1．ベトナムの経済成長

　ベトナムは、1980年代から高い実質経済成長率を続けている。1980年代初めに始まる農業集団化から請負制への転換が1986年12月のドイモイ政策に発展するが、このドイモイ政策が国内経済の市場化、国際経済への統合、マクロ経済の安定を促し、その後の高成長を支えてきた。図6-1は中国、NIES、先進国と比較しつつベトナムの実質GDP推移を見たものであるが、ドイモイ政策以降、高い経済成長を実現し、今世紀に入っても高い成長を維持し続けていることが分かる。1999年には通貨危機の影響を受けて実質経済成長率4.8%の谷を経験するが直ぐに回復に転じ、2000年から2010年の間の平均成長率は7.3%に達している。ベトナムは高成長の東アジアあってNIESの成

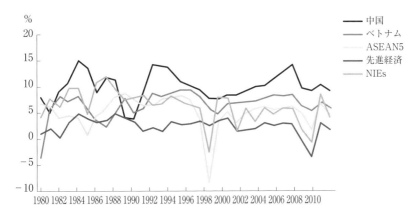

図6-1 ベトナムを中心とした成長率推移（1980年～2011年）
出典：International Monetary Fund: IMF 2012b, April, World Economic Outlook Database を基に作成。

長率を上回り、中国に次ぐ高実績を示しているのである。

ドイモイ政策の何がこの高成長を支えているのだろうか。経済成長に対する貿易の意義は極めて大きい。ベトナムの財とサービス貿易のGDP依存度は、2000年の113％から2010年には165％に上昇している（General Statistical Office: GSO, 2008; GSO, 2010）。図6-2は今世紀に入っての貿易の伸びを示すが、2008年には世界金融危機の影響で輸出が減少することで貿易収支赤字も急激に増加するが、その後回復基調にある。IMFの統計でみても、経常収支赤字では同年貿易収支の影響を受けて対GDP比−11.9％に急増するものの、2010年−4.1％、2011年−0.5％と急速に改善に向かっている。貿易の伸びと共に経常収支の順調な改善傾向が認められる（IMF, 2012b）。

図6-3は、1995年から2001年のベトナムの投資の部門別シェアを示している。1990年代中ごろには国有部門が全体の42％、外国資本部門が30％、非国有部門が28％を占めていた。その後、国有部門のシェアが増え2001年の60％にまで上昇した後急激に減り始め、代わって非国有部門、続いて外国資本部門がシェアを伸ばし、現在では国有部門と非国有部門がほぼ同程度の36～

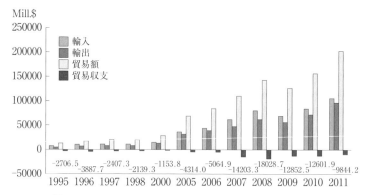

図 6-2　ベトナムの貿易と貿易収支推移（1995～2011年）

注：2011年は暫定数値。
出典：General Statistical Office, Vietnam, 2010, Statistical Yearbook of Vietnam, Statistical Publishing House, Hanoi より作成。

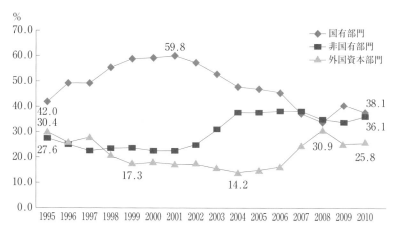

図 6-3　ベトナムの所有形態別投資構成（1995年～2010年）

出典：1995～1999年の数値は General Statistical Office, 2008, Statistical Yearbook of Vietnam, Hanoi: Statistical Publishing House より作成。2000～2010年の数値は、General Statistics Office, 2011, Statistical Yearbook of Vietnam, Statistical Publishing House, Hanoi より作成。

38％を、外国資本部門がそれより若干少ない26％を占める構造となっている。外国資本部門は1990年代後半にはいったん減るものの、現在まで国有部門、非国有部門と共にベトナム経済を発展させる主要な主体であることが確認されるだろう。

Ⅱ-2. ベトナムの外資導入政策

　1976年に南北を統一して誕生したベトナム社会主義共和国は、国際的には1978年にコメコンに加盟する。だが、1979年にはカンボジア侵攻、さらに中国との戦争が起こり、国内的には計画経済による経済不振を避けられず、経済はどん底に陥ったため1986年12月に開催された第6回共産党全国大会は、市場経済への転換に向けたドイモイ（刷新）政策を決断した。ドイモイ政策によって工業部門では生産手段の多様化、価格の自由化、国際分業を重視する方針が採用され、翌1987年12月には100％外資の形態を認める「外資導入法」が国会を通過した（日本貿易振興会，1994，p.243）。1990年には同法が改正され、民間企業による外国企業との合弁形態が認められ、1992年の再改定によって、民間と国有のすべての企業による外国企業との合弁が認められた。そのほか輸出加工区（EPZ）やBOT（Build-Operate-Transfer contracts、建設・経営・引き渡し契約）のような、多様な投資受入形態が導入された（Nhuong, 2010, p.3）。アジア通貨危機による外資誘致の低迷に危機意識を強めたベトナム政府は、1999年にはその誘致に向けて手続きの簡素化やインセンティブ付与に動いている。例えば、外資系企業向け電気料金の11％、国際通話料金の10％切り下げ、駐在員事務所許可費5,000ドルの70ドルへの減額、3年毎の更新料4,000ドルの廃止、従業員給料のドル建てからドン建てへの変更などが行われている（日本貿易振興会，2000，p.211）。

　2000年には新しい外資導入法が制定され、2005年には国有企業法、（民間）企業法、外資導入法が一本化され、2006年4月には「企業法」と「投資奨励法」が制定された。国内民間企業と外資系企業との差は取り払われ、外資系

企業の投資環境が大幅に改善されることになった（トラン，2010，p. 95）。

　工業団地（IP）あるいは輸出加工区（EPZ）は1991年にはわずか1カ所、300ha であったが、ホーチミン市を中心にその後、急速に全国に広がった。2005年には12カ所、2,370ha、2000年には65カ所、1万1,830ha、2010年には260カ所、7万1,394ha に急増した（Do，2011）。最初の EPZ は台湾資本と組んだ Than Thuan EPZ であり、シンガポール資本と組んだ Sepzone-Linh Trung、ハイフォン市が香港資本と組んだ Hai Phong EPZ などがそれに続いた（鈴木，1994，p. 173）。日本企業の関わる IP/EPZ は、1994年に野村証券と Hai Phong Industrial Zone Development Company（Viet Nam）との合弁事業の野村ハイフォン工業団地、1997年に住友商事（58％）がドンアインメカニカルカンパニー（42％）と組んで設立されたタンロン工業団地など、現在までに10の工業団地が造成されている（Sumitomo Corporation，2012年3月19日）。

　ところで、ベトナムが採用した外資導入政策は、ASEAN を始め他の発展途上国が採用した政策とは異なる特徴を持つ。ベトナムの政策は当初から輸出指向型投資だけでなく、現地市場向けの投資も受け入れているのである。韓国、台湾、シンガポールなどの NIES の外資導入政策は安価な労働力を基に輸出向けの企業の誘致を目指すものであった。これに対してベトナムの政策は、国内市場向け投資も受け入れている。

　ベトナムがドイモイ政策を通じて国際分業に参入しようとした1980年代後半には既に近隣諸国は輸出指向型産業を発展させていた。国内製造業が未発達な段階で国際分業に参加しなければならないベトナムにとって、自国産業のみによっては国内市場を守れない。そのため、国内市場向け外国直接投資を受入れた。この経緯について、ある日本の金融業務の実務家は1990年代半ばに次のように指摘している：ASEAN や中国の製品、「特に中国華南地方の郷鎮企業で製造する輸出指向型製品は脅威である。･･･自国市場を防衛するために外資を導入して、自国民が買いたいと思う製品を作らねばならない。

第6章　ベトナムの日系企業　　135

高い缶入りコーラの輸入より、国内製造のボトルコーラの販売のほうが外貨
節約になるだろう」(鈴木, 1994, p. 95)。ベトナム政府は、セメント、ガラス、
鋼材、ケーブルなど、「需要が見込まれる分野で投資チャンスを付与してい
る」(鈴木, 1994, p. 95)。そして、次節でみるように、この決断がベトナムに
東アジア NIES の企業の進出を促すことになるのである。

II-3. ベトナムへの海外直接投資

　ベトナムへの外国から直接投資は、1988年に進出が認められて以降、2回
のブームがあった。最初のブームは1994年頃から1997年のアジア通貨危機ま
での時期、2回目のブームは2006年頃から2008年の、リーマンショックに端
を発する世界金融危機が起こるまでの時期である。偶然であるが2回のブー
ムとも東アジアを襲った世界的危機によって中断されている。実際、ベトナ
ムの発展政策は国際経済と一体化させる方向で進められており、投資ブーム
もより広い地域的なブームの一部として実現している面がある。東アジアの
中で遅れて世界経済に参入を余儀なくされたベトナムは、賢明な国際化の自
由化政策によって東アジアの経済発展の推進力を自国に引き入れてきたので
ある。そして、その危機の影響も受けざるを得なかった。

　図6-4は外資導入法が施行された1988年以降2010年までの対ベトナム直接
投資（承認ベース）の推移を日本の投資とその割合を示す形で図示したもの
である。1988年の登録資本額は3億4,200万ドルであったが、1996年には101
億6,400万ドルに跳ね上がった。これが最初のブームの頂点である。しかし、
アジア通貨危機に直面して1998年には50億1,000万ドル、99年には28億3,900
万ドルにまで激減した。2回目のブームでは、頂点の2008年に717億2,600万
ドルの突出した登録額を記録した後、世界金融危機によって2010年には198
億8,600万ドルにまで激減している。

　ちなみに、日本の直接投資もほぼ同じ趨勢を描くが、投資の始まりは1989
年で、最初のブームの頂点は1995年の11億2,990万ドルで、全体の頂点より

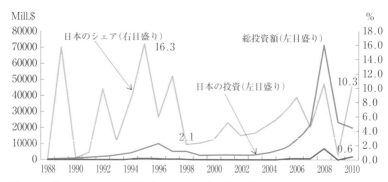

図6-4 対ベトナム直接投資（承認ベース）：総投資、日本、及び日本のシェア（1988年～2010年）

出典：General Statistics Office, 2011, Statistical Yearbook of Vietnam, Statistical Publishing House, Hanoi より作成。

1年先に訪れている。2回目は全体のブームと同じ2008年がピークで76億5,400万ドルであるが、翌年の世界金融危機で一気に1億ドル近くに落ちた後、2010年には198億8,600万ドルに反転を示している。全投資額に占める日本の割合は変動幅が大きく、ブームの頂点の1995年が16.3％、2008年が10.7％であるが、谷底の2009年では0.6％にまで激減する。平均では7.6％である（GSO, 2000; GSO, 2010）。

ところで、登録投資額は実際の投資額ではない。図6-5が示すように、登録投資額と実行投資額との間には乖離がみられる。1991年以降2010年末までの累計における実行投資率は36.6％である。実際の投資は登録後になされ、また投資環境の変化から延期や中止されることも多い。こうした事実を念頭において図6-5を見ると、幾つかの特徴が認められる。まず、投資ブーム期には実行投資率が大きく落ち込む傾向があり、ここには、ブーム期に差し当たっての投資登録を行う企業姿勢が反映されている。また、1990年代初めの低い実行投資率は、ベトナム政府の政策に対する信頼度の問題が反映している可能性がある。重要なのは、実行投資額の推移が総じて2つの投資ブーム期を通じて比較的安定的でしかも着実である点である。海外からの直接投資

第 6 章　ベトナムの日系企業　　137

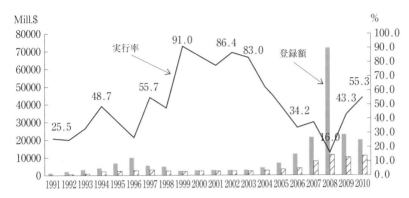

図 6-5　ベトナムへの直接投資：登録額と実行額（1991年〜2010年）
注：斜線棒グラフは実行額。
出典：General Statistics Office, 2011, Statistical Yearbook of Vietnam, Statistical Publishing House, Hanoi より作成。

の堅実な実績は、登録投資額における外観の激しい変動にも拘わらず、ベトナムの成長を底堅く支えてきたことを示すものであろう。

　次に投資の産業別及び国別構成を確認しておこう。政府統計局の2010年版ベトナム統計年鑑によれば、2010年12月末の承認済投資累計でプロジェクト数 1 万2,463件、1,945億7,220万ドルであったが、製造業が件数の59.3％、金額の48.9％を占め、その他、建設、ホテル・食堂等、不動産への投資が主要な進出先業種である。

　投資国別構成では、同じ2010年末累計の構成で、投資規模順に 5 カ国・地域がほぼ一線で並んでいる。台湾11.8％、韓国11.5％、シンガポール11.3％、日本10.8％、マレーシア9.5％である。件数では、台湾17.4％、韓国21.7％、シンガポール7.2％、日本11.4％、マレーシア3.0％などである。以上のシェアの構成から国・地域により 1 件当たりの投資規模の違いが窺われる。例えば、台湾、韓国の投資が小規模であるのに対して、シンガポールは比較的大規模である。だが、ベトナムへの直接投資でみられる大きな特徴はNIES、ASEANからの投資が圧倒的に大きい点にある。他の東南アジアと異なり、

図6-6a　ベトナム直接投資の産業別構成（2010年12月31日累計）
出典：General Statistical Office, 2010, Statistical Yearbook of Vietnam, Statistical Publishing House, Hanoi より作成。

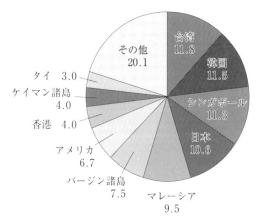

図6-6b　ベトナム直接投資登録額の国別構成（2010年12月31日累計）
出典：General Statistical Office, 2010, Statistical Yearbook of Vietnam, Statistical Publishing House, Hanoi より作成。

日本は東アジアの主要な投資国の1つであるに過ぎない。もっとも、ASEANを通じた投資には日本企業による迂回型投資が含まれていることも指摘しておかねばならない。

実際、ベトナムが直接投資の導入政策を採用した当初から、台湾をはじめ

とする NIES は最大の投資国・地域の地位を占めてきた。台湾は在ベトナム華僑と人的関係が深く（石井，1999, p.253）、NIES 企業との結びつきはそうした人的ネットワークも無視できない。また、台湾は中国の台頭の中で危機意識を持ち、1994年に「南向政策」を採っている。こうした政策的支援も台湾の労働集約的企業のベトナム進出を後押した。

なお、日本企業でも今世紀に入って中国一辺倒の投資姿勢を修正する「China＋1」政策が採られ始め、その主要な投資先にベトナムが選ばれ、投資ブームを後押ししている。

本節の最後に、地域別構成を表6-1から確認しよう。資源開発で投資規模

表6-1　ベトナム投資の地域別構成及び1件当たり投資額
1988－2010年の認可別投資額累計

		件数	構成比	総登録資本額	構成比	1件当たり投資額
		A	％	B	％	100万ドル
総直接投資額		12,463	100.0	194,572.2	100.0	15.6
北部		3,628	29.1	41,555	21.4	11.5
紅河デルタ		3,305	26.5	39,099.4	20.1	11.8
	ハノイ	1,993	16.0	20,534.6	10.6	10.3
	ハイフォン	316	2.5	5,143.2	2.6	16.3
中部		1,173	9.4	54,867.8	28.2	46.8
中部山岳地域		323	2.6	2,455.6	1.3	7.6
中部海岸地域		717	5.8	51,620.7	26.5	72.0
中部高原地域		133	1.1	791.5	0.4	6.0
南部		7,942	63.7	98,050.8	50.4	12.3
南東部		7,377	59.2	88,610.9	45.5	12.0
	ホーチミン	3,617	29.0	30,011.2	15.4	8.3
メコンデルタ		565	4.5	9,439.9	4.9	16.7

出典：General Statistical Office. (2010). Statistical Yearbook of Vietnam, Statistical Publishing House, Hanoi より作成。

の大きいプロジェクトが集中する中部は10%を切る件数比にも拘らず金額では３倍の28.2%のシェアを占めている。だが、北部と南部を比較すると件数比で北部29.1%、南部63.7%、金額では北部21.4%、南部50.4%と、投資は南部に集中している。１件当たり投資規模を確認すると、北部と南部でそれほど変化は見られないが、北部のハイフォンの１件当たり投資規模が1,630万ドルであるのに対して、ハノイが1,000万ドル、南部を代表するホーチミンは830万ドルで開きがある。歴史的には南部は道路や港湾、輸出加工区などインフラが整っており、これが、投資を南部に集中させた背景であった。しかし、近年では北部でもインフラ整備が進み、さらに戦略的な投資も行われるようになって大企業の北部への集中的投資がなされるようになっている。それが、北部と南部の間での投資規模の平準化を起こしているといえるだろう。

Ⅲ．日本企業の対ベトナム直接投資

Ⅲ-1．プラザ合意後の日本の対東アジア直接投資とベトナム

　改めて、日本のベトナムへの直接投資の概観を確認することから本節を始めよう。図6-7が示すように、日本のベトナム直接投資には２つのブームがあった。最初のブームは1985年のプラザ合意後に起こった。登録投資額は1995年で11億3,000万ドルに達した。２つ目のそれは2000年代中ごろに始まり2008年には76億5,400万ドルを記録した。この投資ブームは世界がBRICsとしてインドや中国の成長に注目する中で起こった。もっとも、その直後には２つの大きな通貨金融危機が勃発し、投資が激減している。以下では、２つのブームに焦点を当てて、同時に投資側の日本の条件を見ることにしよう。

　1985年のプラザ合意後の円高は、日本の企業に輸出環境の悪化をもたらした。だが、同時に対外直接投資における格段の好条件の出現であった。プラザ合意が発表された1985年９月末の円の対ドル為替レート236円は翌86年１

第 6 章　ベトナムの日系企業　　141

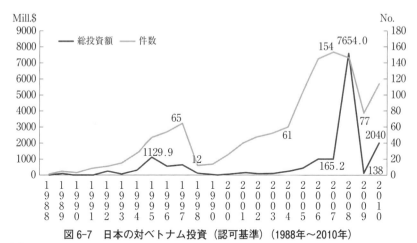

図 6-7　日本の対ベトナム投資（認可基準）（1988年～2010年）
出典：General Statistical Office, 2010, Statistical Yearbook of Vietnam, Statistical Publishing House, Hanoi より作成。

　月には200円、9月には154円にまで切り上がった。他方、日本の直接投資は、1985年の122億ドルが翌86年223億ドル（対前年比82.7％増）、87年334億ドル（49.5％増）と急増し、89年には675億ドル（43.6％増）のピークを記録した。その後は一段落の後1992年の341億ドルを底に再び上昇に転ずる。

　この投資ブームの中で製造業の主要な投資先に東アジア、特にASEANや中国が選ばれるようになる。例えば、1993年の業種別地域別海外直接投資額で製造業の割合は、NIESの30.4％に対してASEAN4が61.4％、中国が81.4％であった[1]（日本輸出入銀行、1994年7月）。既述のようにASEANや中国の外資導入政策はベトナムのそれとは若干異なるが、ベトナムもこの日本の投資の大波の中に位置づけられたのである。

　もちろん、ベトナムの投資受入額は先行のASEAN諸国と比べて桁違いに小さい。だがそれだけに比較的大きな人口を擁するベトナムは1990年代中ごろには安価な労働力を提供する経済、一定の国内市場を提供する将来性ある経済として注目を集めるようになるのである。日本輸出入銀行（現・国際

協力銀行）が例年行う海外直接投資アンケート調査には、中期的（今後３年程度）及び長期的（今後10年程度）に有望な投資先を問う項目が含まれているが、この調査項目にベトナムが登場するようになる。ベトナムの順位は長期的有望な投資先として1993年調査で初めて４位に登場し、94年調査以降は長期的２位、中期的６位、95年調査でも長期的２位、中期的５位と、浮上するのである（関根，1996年11月，p. 45）。ちなみに、1995年、ベトナムは ASEAN 加盟を果たした。

Ⅲ-2. 日本からのベトナム直接投資

　日本からのベトナムへの直接投資は政治的な理由もあり、活発な NIES からの直接投資に遅れて始まった。1991年７月末累計で日本の投資額は９位（9,600万ドル、構成比7.7％）、首位は台湾の４億4,100万ドル、20.9％、豪州２億7,830万ドル、13.2％、香港２億7,360万ドル、13.0％などであった。シンガポール、韓国などがこれに続いている（日本貿易振興会，1992，1995）。

　だが1992年に、カンボジア侵攻を契機に1980年に凍結された日本のベトナムへの ODA が再開されると、日本からの投資が動き始める。ちなみに、当初の主要な ODA 供与国はヨーロッパのドイツ、スウェーデン、イタリアなどであったが、1992年に日本は２億8,120万ドル（59.3％）を供与して同年最大の供与国に登場した。その後順位を落とすが、1995年からは、現在まで第１位の ODA 供与国の座を維持し続けている。また、2009年までの日本の供与累計額は全体の51.6％を占めている（外務省、2011）。

　さて、ODA の再開に合わせて、日本の企業は石油採掘権で最初の動きを見せた。1992年１月にアラビア石油・帝国石油、４月昭和シェル開発、６月伊藤忠・英国ラズモ社、出光石油開発、三菱石油が石油開発権を、12月住友商事・日本石油・日興石油・住友石油の４社連合を含む国際連合が開発権を取得した。このうち、住友商事他の４社連合はダイフン油田の試掘に成功した。翌1993年になると前半に小規模なパルプ、メッキ、建設、繊維などの投

資が、後半には三菱セメント・日本セメントのセメントプラント、三井物産、伊藤忠商事による大規模製鉄プラントなどの進出が起こり、製造業では本田技研工業が進出した（日本貿易振興会，1994，p.244）。1995年〜96年には、トヨタ、ダイハツ、いすゞ、日野、日産の自動車、ホンダ、ヤマハの2輪車、三洋、松下、東芝の家電、富士通のコンピュータ部品など日系の大手メーカーが相次ぎ進出し、投資ブームを創った（日本貿易振興会，1997、p.213）。

　だがこの投資ブームも、1997年にアジア通貨危機に直面し一気に減速する。これについて JETRO は、(1)日本経済の低迷、(2)総合家電メーカーや自動車などの組み立てメーカーの進出の一巡、(3)ベトナム内需の低迷、(4)不動産の供給過剰などの理由をあげている（日本貿易振興会，2000，p.212）。

　いずれにせよ、1990年代末は日本の投資の低迷期となったが、この時期に、ベトナムへの評価は確実に高まる。例えば、東洋経済新報社の2000年海外進出企業調査によれば、1995年から2000年の間に172社が進出し、ベトナムは第20位の企業進出増加国であった。また、同国の増減率の149.3％は中国の66.3％、フィリピンの46.6％、インドネシアの32.1％をはるかに超えて群を抜いて高かった（東洋経済新報社，2001，p.11）。

Ⅲ-3.　2回目の投資ブーム

　低迷を続ける1990年代末から2000年代初め、ベトナム政府の外資導入政策が強化されていく中で、日本の大企業の着実な進出と進出企業の業績の向上が伝えられるようになる。ジェトロ投資白書2002年版は、2001年に「進出日系企業の多くは進出後5年程しか経過しておらず、本格的な操業はこれからの段階である」（日本貿易振興会，2002，p.237）と伝えつつ、大型案件として、キャノン（インクジェットプリンター製造、7,670万ドル）、住友ベークライト（フレキシブル回路製造、3,500万ドル）、デンソー（自動車部品、1,272万ドル）などの進出があり、これらの投資案件がハノイ、ハイフォンの北部へ集中していると伝えている。理由は、(1)工業団地造成の進展、(2)国際水準のホテルやコ

ンドミニアムの開業、(3)中国を視野に入れた地理的優位性などである（日本貿易振興会，2002，pp.238）。大企業による投資が増えるにつれて、投資先が従来のホーチミン中心の南部から中国に地理的に近いハノイなど北部に拡大する傾向を見せるのである。また、設立時の創業赤字から黒字計上する企業が増えるようになり、同会が2002年11月に行った『在アジア日系製造業調査』では、6割の企業が同年の営業損益見通しで「黒字」と答え、翌年の営業見通しも3分の2が「改善する」と回答している（日本貿易振興会，2003，p.220）。

　越日の政府間レベルでは、1999年、2000年、2002年と越日投資貿易 WG（ワーキンググループ）会合が開かれた。2003年からは越日合同委員会で「越日共同イニシアティブ」が立ち上げられ、貿易投資交流の促進に向けた政府間の協議制度が設けられている。2005年までのフェーズⅠ、その後2007年までのフェーズⅡで、投資促進のための制度改革やインフラ整備が進められている。2004年の越日投資協定の発効、2007年の越日 EPA 交渉開始、2009年の同 EPA 発効と、貿易と投資に関する枠組みが急速に進んだ。そして、この流れの中で第2の投資ブームを迎えるのである。

　2004年から05年になると、北部（ハイフォン）を中心に豊田紡織（エアバッグ）、住友電装（ワイヤーハーネス）、ヤマハ発動機（二輪車用エンジン部品）が北部を中心に進出し、また、キャノン、ホンダ、東陶、矢崎総業、豊田合成などが拡張投資を行った（日本貿易振興会，2006）。こうして2006年以降の投資ブームを引き起こすことになるのである。ジェトロが2008年に行った日系企業活動実績調査によれば、「従業員の賃金上昇」や「調達コストの上昇」が経営上の問題点に上がっているものの、製造業の77.6%の回答が事業展開を「拡大する」と回答し、「縮小」はゼロであった（日本貿易振興機構，2009年3月）。

　だが、世界金融危機はベトナムにも大きな影響を与えた。2009年のベトナムへの投資額は98.2%の減少となり、同国への投資国順位は9位にまで後退

した。大型投資案件は例外なく見送られた。JETRO が世界金融危機の影響を調べた2009年12月の海外日系企業調査（回答企業数2963社）は、海外日系企業平均で58.0%が深刻なマイナスのインパクト、28.9%が軽微なマイナスのインパクト、合計86.9%がマイナスのインパクトがあったと回答している。そして、ベトナムでは51.4%が深刻なマイナスのインパクト、29.3%がマイナスのインパクト、合計で80.3%がマイナスのインパクトがあったと回答している（JETRO, 2009年12月, p.7）。

だが、このことはその後の動向から確認されるように、否定的な結論に導

表6-2 JBIC 海外直接投資アンケート調査結果でみたベトナムの評価満足度評価
（1．不十分、2．やや不十分、3．どちらともいえない、4．やや満足、5．満足）

リーマンショック以降の売上と収益満足度動向

売上満足度	ベトナム	全地域平均	満足度指数*
2006	2.99	3.14	95.2
2007	2.87**	2.93	98.0
2008	2.35***	2.34	100.4
2009	2.65****	2.55	103.9

収益満足度	ベトナム	全地域平均	満足度指数*
2006	2.87	2.89	99.3
2007	2.82	2.81	100.4
2008	2.36**	2.28	103.5
2009	2.76***	2.54	108.7

注：*満足度指数＝ベトナム／全平均×100
**ベトナムは中南米、ASEAN5、中国に次ぎ4番目の高評価。
***全地域で最高の評価。
出典：国際協力銀行、2008年3月、「わが国製造業企業の海外事業展開に関する調査報告：2007年度海外直接投資アンケート調査結果（第19回）」『開発金融研究所報』第36号。同、2010年12月、「わが国製造業企業の海外事業展開に関する調査報告：2010年度海外直接投資アンケート結果（第22回）。同、2011年9月、「わが国製造業企業の海外事業展開に関する調査報告：2010年度海外直接投資アンケート結果（第22回）に基づき」より作成。

くものではない。翌2010年5月にジェトロがハノイで開催したベトナム・ビジネス・フォーラムで配布された資料によれば、企業のビジネス拡大を計画する在ベトナム日系企業のシェアは2008年の80.0％から09年には58.0％へ22％ポイント減少するが、拡大計画を持つ企業のシェアはすべての調査地域の中で最も高い部類に属した。ちなみにベトナムよりも高い国はバングラデッシュ（79.2％）、インド（74.9％）、中国（61.9％）、韓国（60.5％）であるが、ベトナムは ASEAN 諸国の中では最も高かった（Moribe, 2010年5月26日, p. 12）。また、国際協力銀行の海外製造業企業調査によっても、同様の傾向が窺われる。表6-2が示すように、2006年度から2009年度の売上高及び収益の満足度調査は、世界金融危機を経て着実に上昇し、2009年の収益満足度は、危機以前と比べれば低下するものの全地域で最高の満足度を獲得するまでになっている。在ベトナム日系企業の満足度を全地域平均から指数化すれば、売り上げ、収益ともに危機を境に100を超え、確実に上昇していることが分かる。

Ⅳ. 東アジアの中の日本の対ベトナム直接投資

Ⅳ-1. ベトナムへの日本の直接投資

　財務省の日本の対外直接投資統計によれば、ベトナムへの2008年末の直接投資（ストック）は2,986億円で、日本の総直接投資額の0.5％、製造業投資の0.8％、全アジア向け投資総額の2.4％を占めている。ベトナムへの投資に占める製造業投資の割合は78.7％で、ASEAN 平均の69.5％よりも10％ポイント近く高い。ベトナムへの製造業比率を超える国はマレーシアの80.6％、タイの79.6％、インドの91.2％などがあるのみである。ベトナムの製造業比率に続くのは東アジアのインドネシア、台湾、中国などの国・地域である（財務省、2009年12月）。ベトナムは日本からの製造業による投資が最も高い国の一つである。

では、製造業とは具体的にどのような業種だろうか。ベトナムへの製造業投資の内訳は、表6-3のようにアジアの平均的構成に近く、電気機械器具20.4％、輸送機械器具21.1％、一般機械器具10.5％などである。それは、労働集約的な産業や工程を中心とした業種であり、アジアへの一般的投資形態を反映するものである。そして、1990年代からようやく始まったベトナムの本格的な外資導入政策によって、その投資先としての魅力は1990年代と2000年代の2つの大きな危機によっても失われず、ベトナムはむしろその魅力を一層高めたといえるだろう。

　実際、ベトナムは、今世紀に入って製造業企業による期待度を急激に高めてきた。2001年、米投資銀行のゴールドマン・サックスのエコノミスト、ジム・オニールがブラジル、ロシア、インド、中国の頭文字から作った造語がBRICsである。その含意は人口大国であるBRICsの経済成長が今後の世界経済の構造を変え、また成長をけん引するだろうというものであった。中国は2039年までにアメリカを追い抜き、インドは30年以内に世界第3位の経済大国になる可能性がある。2050年には現在の6大経済大国のうちの4カ国がBRICsに入れ替わり、上位6カ国にはアメリカと日本が残るのみだろう。同時にオニール（O'Neill, 2001年11月30日）は、2005年にはBRICsに続く成長可能性を持つ国として11カ国を選び、それをNext 11と命名した。8,600万人の人口を擁するベトナムは、その11カ国に数えられている（O'Neill et al., 2005年12月1日）。

　国際開発銀行の調査によれば、1990年代末から今世紀に入って、ベトナムは中期的、長期的な有望投資国の1国に海外事業を展開する企業によって選ばれ、さらにその順位を確実に上げている。中国が一貫して最大の有望国であるが、ベトナムは2000年に最有望国の8位に入って以降順位を上げ、2003年からは4位、2006年からは3位にランクされている（Nguyen, 2011, p.38）。国内市場の発展可能性、低賃金の労働供給、勤勉な国民性などが、ベトナムの高い発展潜在力であると認識されるようになっている。ベトナムは地域の

148　　　　　　　第2部　中国の日系企業とベトナムの日系企業

表6-3　日本の対外直接投資残高（ストック）の主要製造業比率

業種 国・地域	製造業（計）		化学・医薬（%）	鉄・非鉄・金属（%）	一般機械器具(%)	電気機械器具（%）	輸送機械器具（%）
アジア	99,439	100	15.3	5.9	8.8	23.6	20.9
中華人民共和国	33,223	100	9.1	6.7	12.9	23.8	22.2
香港	3,717	100	2.8	1.9	0.8	48.2	1.3
台湾	6,000	100	9.6	5.4	3.6	40.8	15.3
大韓民国	5,985	100	17.7	17.7	3.3	22.9	4.4
シンガポール	9,120	100	30.6	1.2	3.3	29.5	6.7
タイ	14,754	100	7.8	6.5	11.1	19.6	33.7
インドネシア	6,023	100	18.0	2.4	4.4	5.6	40.9
マレーシア	5,634	100	11.8	4.4	22	30	7.2
フィリピン	4,406	100	2.7	9.6	0.5	24.5	16.7
ベトナム	2,349	100	5.4	8.5	10.5	20.4	21.1
インド	7,774	100	56.3	0.5	3.4	9.4	28.7
北米	96,973	100	23	5.4	7.9	21.6	29.4
アメリカ合衆国	91,628	100	24.3	5.7	8.1	22.7	26.9
ASEAN	42,467	100	14.4	4.9	8.8	21.6	22.8
EU	87,048	100	11.3	1.8	4.7	18.3	27.6
全世界	303,326	100	16.6	5.1	6.9	20.1	25.5

出典：財務省、2009年12月、『財政金融統計月報』第692号より作成。

有力な生産拠点として、また潜在的な国内市場を持つ国として注目されているのである。

Ⅳ-2.　ベトナムの発展可能性と直接投資の課題

　ところで、ベトナムが目下の投資先国としてだけでなく、中長期的な有望国に選ばれる理由は何なのだろうか。国際協力銀行による2010年の日本の製造業企業海外事業調査によれば（国際協力銀行、2010年12月）、その理由は、「安価な労働力」と「現地市場の成長性」（共に61.2%）、「優秀な人材」

（20.6%）である。他方、今後の課題は、「インフラが未整備」（30.8%）、「管理職クラスの人事確保が困難」（26.3%）、「法制の運用が不透明」（24.4%）、「労働コストの上昇」（21.2%）、「他社との激しい競争」（19.9%）など、多方面にわたっている。

　では、世界金融危機後の競争の激化する世界経済の中で、ベトナムは今後、どう発展を達成していくのだろうか。発展途上経済が中所得国に辿り着いた後、その後に順調に経済を発展させ、産業構造を高度化させ続けられるか否かは重要な課題である。アジア開発銀行は、2011年8月に発表した報告書『アジア2020』の中で中国、インド、インドネシアと共にベトナムが将来的に「中進国の罠」に陥る可能性があると指摘している（Asian Development Bank, 2011）。ベトナム人経済学者であるトラン・ヴァン・トウも著書の中でベトナムの課題を「中進国の罠」としている（トラン，2010）。「罠」とは、新興国が一定の発展水準に達した後、先進国化への階段を登れずに長く停滞局面に陥る状態を指している。

　ベトナムは目前の課題はもちろん、中長期的な課題への対処をますます視野に入れなければならなくなっている。そして、日本からの直接投資は、資本の移転はもちろん技術移転や経営スキルの強化、従業員の熟練などで極めて重要な役割を果たす可能性がある。もちろん、日系を始め外資系企業の競争力を支える地場企業の存在、広範な裾野産業の育成、技術の革新、人的資源の開発などはベトナム側の大きな課題であるが、こうした課題は外資系企業との共同作業に拠って達成していく領域も多い。

　これに関わって、最後に一つの興味深い事実を示そう。ベトナムの工業生産の国内（国有と民間）部門と外国直接投資部門の構成比を見たのが、図6-8である。ベトナムはこの間の高成長の過程で、国内生産シェアが確実に低下し、対照的に外国資本部門シェアが上昇している。しかし、今世紀に入ってそのシェアの変化は小さくなり、一種の均衡関係が生まれ始めているように見える。この傾向はハノイやハイポンでの生産の構造を見ると一層はっきり

150　第 2 部　中国の日系企業とベトナムの日系企業

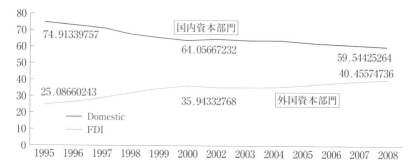

図 6-8　国内・外国資本部門別産出構成（1995年～2008年）

(単位：10億ドン)

出典：H. Hirakawa, T. Than Aung, and Nguyen Thi Bich Ha, 2012, Industrial Upgrading and Human Resource Development in the Vietnamese Economy: Foreign Direct Investment and the Role of the Domestic Manufacturing Sector, R. C. Mercado (Ed.), *Sustainable Employment Relationships- Book 2*, Philippine Industrial Relations Society (PRIS) より引用。

とするのであるが、これは国内資本部門と外国資本部門の両者が共に生産を増やす形で成長を続けていることを示すものであろう。いわばウイン・ウイン関係がつくり出される可能性が生まれているのである。もっとも現在までのところ、これはベトナムの政策的支援の面もあるが、ベトナムの高成長を支えた構造であろう。つまり、国内部門と外国部門が共通に利益を分かち合ってきたのである。この関係を今後とも維持していくにはベトナム側の一層の努力が求められるが、地場企業の成長は外資系企業、特に日系企業にとっても、国際市場で競争力を維持するための重要な条件である。

　産業高度化に向けた技術革新活動や人的資源開発も、ベトナムが発展を続けるために欠くことのできない条件である。それらは目前の課題であると同時に中長期的に達成していく課題でもあり、戦略的に追求されなければならないだろう。共通の目標を持った日系企業との連携強化が、重要な戦略の中核に位置づけられねばならない。

注

[1] NIES は、韓国、台湾、香港、シンガポール。ASEAN 4 は、インドネシア、タイ、マレーシア、フィリピンの 4 カ国である。

邦文引用文献

石井米雄監（1999）『ベトナムの事典』同朋舎。

石井米雄・高谷好一・前田成文・土屋健治・池端雪浦監（2001）『新訂増補東南アジアを知る辞典』平凡社。

石井米雄・高谷好一・立元成文・土屋健治・池端雪浦監（2008）『新版東南アジアを知る辞典』平凡社。

外務省（2001）『政府開発援助（ODA）国別データブック2011』外務省。

グエン・ティ・ビック・ハー（2011年10月28日）「（PPT 資料）日系企業の対ベトナム投資の新動向」『名古屋大学 ERC キタン会第26回国際学術シンポジウム：危機から新たな挑戦に－世界金融危機・東日本大震災と東アジア－』名古屋大学。

国際協力銀行（2008年 3 月）「わが国製造業企業の海外事業展開に関する調査報告－2007年度海外直接投資アンケート調査結果（第19回）－」『開発金融研究所報』第36号。

国際協力銀行（2010年12月）「わが国製造業企業の海外事業展開に関する調査報告－2010年度海外直接投資アンケート結果（第22回）－」。

国際協力銀行（2011年 9 月）「わが国製造業企業の海外事業展開に関する調査報告－2010年度海外直接投資アンケート結果（第22回）に基づき－」。

財務省（2009年12月）「特集対外民間投資」『財政金融統計月報』第692号。

鈴木康二（1994）『ビジネスガイドベトナム』ジェトロ。

関根宏樹（1996年11月）「1995年度我が国の対外直接投資動向」『海外投資研究所報』11月号。

東洋経済新報社（2001）『海外投資企業総覧』東洋経済新報社。

トラン・ヴァン・トウ（2010）『ベトナム経済発展論：中所得国の罠と新たなドイモイ』勁草書房。

日本貿易振興会（1992）『ジェトロ白書・投資編世界と日本の海外直接投資』ジェトロ。

日本貿易振興会（1993）『ジェトロ白書・投資編世界と日本の海外直接投資』ジェトロ。

日本貿易振興会（1994）『ジェトロ白書・投資編世界と日本の海外直接投資』ジェトロ。

日本貿易振興会（1995）『ジェトロ白書・投資編世界と日本の海外直接投資』ジェトロ。

日本貿易振興会（2000）『ジェトロ白書・投資編世界と日本の海外直接投資』ジェトロ。

日本貿易振興会（2003）『ジェトロ貿易投資白書』各年版。ジェトロ。

日本貿易振興会（2005）『ジェトロ貿易投資白書』各年版。ジェトロ。

日本貿易振興会（2006）『ジェトロ貿易投資白書』各年版。ジェトロ。

日本貿易振興機構（2009年3月）『在アジア・オセアニア日系企業活動実態調査』（2008年度調査）ジェトロ、3月。

日本輸出入銀行（1994年7月）「1993年度わが国の海外直接投資動向速報」『海外投資研究所報』。

英文引用文献

Asian Development Bank: ADB（2011）. *Asia 2050: Realizing the Asian Century*, Manila, ADB.

Do, Hoa Binh（2011）. *Guidebook on Business and Investment in Vietnam*, Berlin. Retrieved October 21, 2012, from http://www.gba-vietnam.org/uploadfiles/file/Business%20and%20Investment%20Guide%20in%20Vietnam.pdf より2012年8月5日取得。

General Statistical Office, Vietnam（2008）. *Statistical Yearbook of Vietnam*, Statistical Publishing House, Hanoi.

General Statistical Office, Vietnam（2009）. *Statistical Yearbook of Vietnam*, Statistical Publishing House, Hanoi.

General Statistical Office, Vietnam（2010）. *Statistical Yearbook of Vietnam*, Statistical Publishing House, Hanoi.

General Statistical Office, Vietnam（2011）. Statistical Yearbook of Vietnam, Statistical Publishing House, Hanoi.

Hirakawa, H., Than Than & Aung, Nguyen Thi Bich Ha（2012）. Industrial Upgrading and Human Resource Development in the Vietnamese Economy: Foreign Direct Investment and the Role of the Domestic Manufacturing Sector, R. C. Mercado（Ed.）, *Sustainable Employment Relationships-Book 2*, Philippine Industrial Relations Society.

International Monetary Fund: IMF（2012a, April）. *World Economic Outlook*.

International Monetary Fund: IMF（2012b, April）. *World Economic Outlook Database*. http://www.imf.org/external/datamapper/index.php より2012年8月3日取得。

第6章　ベトナムの日系企業　　153

JETRO (2009, December) *Survey of Japanese-Affiliated Firms in Asia and Oceania* (FY 2009 Survey) News Flash Version.

Moribe, H. (2010, May 26). Business Environment Evaluated by Japanese Investors, *Vietnam Business Forum*, Hanoi.

Nguyen Thi Bich Ha (2011). Strategic Economic Partnership between Vietnam and Japan: Current State, Challenges and Measures to Promote Trade and Investment Relations, Discussion Paper, *ERC, 182*, Nagoya University.

Nhuong, Bui Huy (2010). *FDI Disbursement in Viet Nam*, The Gioi Publishers.

O'Neill, J. (2001, November 30). Building Better Global Economic BRICs, *Global Economics Paper. 66*, Goldman Sachs,.

O'Neill, J., Wilson, D., Purushothanam, R., & Stupnytska, A., (2005, December 1). How Solid are the BRICs, *Global Economics Paper, 134*.

Sumitomo Corporation. (2012, March 19). *Topics-2012: Thang Long Industrial Park to contribute to the activation of the industry in Vietnam.*

Than Than Aung, Nguyen Thi Bich Ha, & Hirakaw, H. (2011, August 24-25). *Industrial Upgrading and Human Resource Development in Vietnamese Economy: FDI and the Role of Domestic manufacturing Sector.* Paper Presented at Philippine Industrial Relations National Conference on the Philippines Employment Relation Initiatives: Carving a Niche in the Philippines and Asian Setting, University of the Philippines.

第 3 部　認知摩擦調査概要と調査結果

第7章　中国における認知摩擦調査概要：協力企業数、回答者数、データの信頼性・妥当性検証

西田ひろ子

　本調査では、中国進出日系企業において、日本人赴任者（以後「日本人」とする）のどのような行動に対して中国人は認知摩擦（文化の相違）を感じているのかを、また、中国人管理職及び従業員（以後「中国人」とする）のどのような行動に対して日本人は認知摩擦を感じているのかを明確にするために、以下のような質問をした：(1)日本人回答者に対しては、中国人の行動について、また中国人回答者に対しては、日本人の行動について「文化の違いを感じるか」（「1．全く感じない」～「5．常に感じる」）を尋ねた。さらに、(2)これらの企業行動を社内で見かける行動であるかどうかを確認するため、日本人回答者に対しては、中国人の行動について、また中国人回答者に対しては、日本人の行動について「社内でどの程度見かけるか」（「1．全く見かけない」「2．見かけるのは30％未満」「3．見かけるのは50％程」「4．見かけるのは60－70％」「5．見かけるのは80％以上」）を尋ねた。なお、「80％」などとしたのは、中国語で「常に見かける」と「時々見かける」という表現の間に差がなく、誤解が生じやすいためである。「見かける」については、質問項目の妥当性検証の役割も担っていた。妥当性とは、「テストなどによる測定が、本来、目的とする測定対象をどれだけよく測定しているかを評価する概念」（芝・渡部・石塚，1984，p.160）と定義されているもので、本調査では、例えば、「中国人は品質管理や事務管理を徹底して行わない」といった質問項目が実際に行動様式として見かけられていたかどうかの、言い換えると、質問項目が調査対象となっている特性を測っているのかどうかについての概念である（池田，1991，pp.58-59；芝・渡部・石塚，1984，pp.121-122）。なお、本研究では

158　　　第3部　認知摩擦調査概要と調査結果

中国とベトナムのデータを比較検討する目的もあったため、日本語で作成した質問紙を中国人には中国語に翻訳したものを、ベトナム人にはベトナム語に翻訳したものを用いた。それぞれの言語に翻訳された質問紙は再度日本語に翻訳し、内容に誤りがないことを確かめた。

　中国での協力企業は33社。日本人197名、中国人407名から回答を得た。広州では、日本人112名、中国人215名から、また上海では、日本人85名、中国人192名から回答を得た（表7-1参照）。

　協力企業を業種から見ると、日本人回答者が最も多かったのは貿易（9社、63名）、次いで輸送機械・機器（4社、42名）、電気・電子製品（8社、39名）であった。また、中国人回答者が最も多かったのは貿易（9社、136名）、次いで電気・電子製品（8社、96名）、輸送機械・機器（4社、65名）であった（表7-2参照）。地域別に見ると、広州では、日本人は「輸送機械・機器」が最も多く3社で37名、中国人は「電気・電子製品」の6社で72名だった。また、上海では、日本人も中国人も「貿易」が最も多く、それぞれ5社で40名と92名だった。広州と上海における業種別企業数と回答者数については、表7-3と表7-4にまとめた。

　さて、日本人回答者は、男性が189名（95.9%）、女性が6名（3.1%）と男性が大半を占めた（無回答が2名）。平均年齢は、44.6歳（$SD = 8.08$）であった。

表7-1　認知摩擦：中国における地域別企業数・回答者数

地域	日本人			中国人		
	製造業	非製造業	合計	製造業	非製造業	合計
広州	12社 81名	6社 31名	18社 112名	12社 153名	6社 62名	18社 215名
上海	5社 25名	9社 60名	14社 85名	5社 59名	10社 133名	15社 192名
合計	17社 108名	15社 91名	32社 197名	17社 212名	16社 195名	33社 407名

第7章　中国における認知摩擦調査概要：協力企業数、回答者数、データの信頼性・妥当性検証　159

表 7-2　認知摩擦：中国における業種別企業数・回答者数

業種	日本人		中国人	
	企業数（社）	回答者数（名）	企業数（社）	回答者数（名）
電気・電子製品	8	39	8	96
鉄鋼・非鉄金属	4	19	4	29
輸送機械・機器	4	42	4	65
化学工業	1	6	1	22
貿易	9	63	9	136
建設業	1	5	1	10
運輸	1	8	1	17
銀行・金融	1	5	1	10
非製造業その他	3	10	4	22
合計	32	197	33	407

表 7-3　認知摩擦：広州における業種別企業数・回答者数

業種	日本人		中国人	
	企業数（社）	回答者数（名）	企業数（社）	回答者数（名）
電気・電子製品	6	29	6	72
鉄鋼・非鉄金属	3	15	3	26
輸送機械・機器	3	37	3	55
貿易	4	23	4	44
非製造業その他	2	8	2	18
合計	18	112	18	215

中国人回答者は、男性が215名（52.8%）、女性190名（46.7%）とほぼ半々だった（無回答2名）。平均年齢は、全体では33.8歳（$SD=6.68$）、男性は35.1歳（$SD=7.04$）、女性は32.3歳（$SD=5.91$）と、女性の方が若干若かった。職位に関して言えば、日本人の84.0%が、また、中国人の52.8%が管理職であった（表7-5と表7-6参照）。ここで「管理職」とは「他の監督者または管理者を

160 第3部 認知摩擦調査概要と調査結果

表7-4 認知摩擦：上海における業種別企業数・回答者数

	日本人		中国人	
	企業数（社）	回答者数（名）	企業数（社）	回答者数（名）
電気・電子製品	2	10	2	24
鉄鋼・非鉄金属	1	4	1	3
輸送機械・機器	1	5	1	10
化学工業	1	6	1	22
貿易	5	40	5	92
建設業	1	5	1	10
運輸	1	8	1	17
銀行・金融	1	5	1	10
非製造業その他	1	2	2	4
合計	14	85	15	192

部下としている」と「一般管理職を直接管理している」者を指す。[1] 日本人の間では「他の監督者または管理者を部下としている」管理職が44.8％であったのに対し、中国人の間では19.9％であった。これは中国進出日系企業という企業形態が影響していたと思われる。

　ところで、調査地域が異なることや協力企業の業種が多岐に渡っていたことなどが、回答結果に影響を及ぼすことが考えられた。そのため、回答者の回答をまとめて「日本人」や「中国人」とする前に、地域ごとに、「各業種（輸送機械・機器など）」の回答結果とそれぞれの業種に含まれる各企業の回答結果に統計的な相関があるかどうかを分析した。統計分析の手法としてスピアマンの順位相関（Spearman's rank-order correlation）を用いた。スピアマンの順位相関とは、2変数の順序の相関を見る際に用いられるもので、本調査では、例えば、製造業の輸送機械・機器という業種に含まれる回答者の回答をまとめたもの（「全輸送機械・機器」とする）と、輸送機械・機器の各企業間との間の相関を見る際に順位相関係数を用いた。順位相関係数が「1.0」に

第7章　中国における認知摩擦調査概要：協力企業数、回答者数、データの信頼性・妥当性検証　161

表7-5　認知摩擦：日本人回答者の職位

職位	回答者数（％）
他の監督者または管理者を部下としている（管理職）	88（44.8）
一般従業員を直接管理している（管理職）	77（39.2）
事務所で一般従業員を監督するレベルの仕事に就いている（非管理職）	22（11.3）
事務所以外の場所で一般従業員を監督するレベルの仕事に就いている（非管理職）	2（1.0）
事務所で経理などの仕事に就いている（非管理職）	6（3.1）
無回答	2（1.0）
合計	197（100.0）

表7-6　認知摩擦：中国人回答者の職位

職位	回答者数（％）
他の監督者または管理者を部下としている（管理職）	81（19.9）
一般従業員を直接管理している（管理職）	134（32.9）
事務所で一般従業員を監督するレベルの仕事に就いている（非管理職）	84（20.6）
事務所以外の場所で一般従業員を監督するレベルの仕事に就いている（非管理職）	18（4.4）
事務所で経理などの仕事に就いている（非管理職）	60（14.7）
一般従業員	29（7.1）
無回答	1（0.2）
合計	407（100.0）

近ければ近いほどその企業の順位は「全輸送機械・機器」の順位に似ていることを意味する。また、有意水準（以降 p で示す）は「.00」に近くなればなるほど、その企業の順位は「全輸送機械・機器」との相関が高いことを示す。順位相関係数を求めることによって、全体（「全輸送機械・機器」）から大きく乖離している企業を特定化することができる。このような統計手法を用いる

ことは、もしも企業間の回答傾向が大きく異なっていれば、まとめて分析しても意味をなさないからである。これは質問紙の信頼性を検証するためのものである。「信頼性」とは、質問項目が調査対象となっている人々の一貫した特性を測っているのかどうかについての概念である（池田，1991，pp.58-59；芝・渡部・石塚，1984，pp.121-122）。本調査では、37項目の質問を用意し、回答結果を第1位〜37位までの順位に変換して相関係数を算出した。日本人なら同じような順位であろう、中国人なら同じような順位であろうという予測に基づいたものである。これは、「日本人の一貫した特性」や「中国人の一貫した特性」を明らかにしようとするものであるが、第1章でも述べたように、この「特性」とは、日本人／中国人が日本や中国という環境で生活していく間に獲得した記憶（体験が記憶回路網となって脳内に貯蔵され、同じような状況で同じような行動がとれるようになったもの）の影響を受けていると考えられる。信頼性の検証は、以下のように実施した：⑴まず、広州進出企業と上海進出企業に分けて、業種別の企業数・回答者数を確かめた（表7-3と表7-4参照）。⑵次に、例えば、広州と上海の「貿易」企業の回答をまとめて「全貿易」とし、「貿易」の各企業との順位相関係数を求めた。相関があることを確かめてから「全貿易」としてまとめた。⑶前述の順位相関係数によって「全貿易」にまとめた方法により、表7-3と表7-4に挙げた「電気・電子製品」〜「非製造業その他」までのすべての業種で働く日本人と中国人について、「日本人」あるいは「中国人」としてまとめられるかどうかを順位相関係数を求めて確認した。⑷このようにまとめられた「日本人」と「中国人」について、広州進出企業と上海進出企業との間に相関があるかどうかを確かめた。なお、付録Ⅰの表中には調査で用いた5段階尺度の平均値が記載されているが、分析の際にはそれらを順位に変換し、順位相関係数を求めた。

「文化の相違を感じるか」と「見かけるか」に対する回答データの信頼性検証

広州及び上海進出日系企業で働く日本人と中国人管理職の間に認知摩擦が生じているかについて分析・考察していくのだが、その前に、認知摩擦分析の基盤となる「相手の行動に文化の相違を感じるか」と「相手の文化的企業行動を見かけるか」への回答について、企業間、業種間、また地域間（広州と上海）に相関があるかどうかを確認していく。相関がなければ、「日本人」や「中国人」としてまとめて分析しても意味をなさないからである。

Ⅰ. 中国広州進出日系企業

Ⅰ-1. 広州日系製造業：輸送機械・機器

ここでは、中国広州に進出している日系製造業の輸送機械・機器3社で働く日本人と中国人の回答を見ていくことにする。

Ⅰ-1-1. 日本人（対広州中国人）

まず輸送機械・機器3社で働く日本人の中国人に対する企業行動への回答結果をまとめた「全輸送機械・機器」（$n=37$）と、各企業の回答結果との間の順位相関係数を求めた。この結果、「全輸送機械・機器」の順位（数値が高いほど「文化の違いを感じている」）と異なった回答傾向の企業はないことが判明した（付録Ⅰの表1参照）。また、「社内で見かける」度合（数値が高いほど「見かける」）についても同じ傾向が見られた（付録Ⅰの表2参照）。このため、この後の統計分析は全3社をまとめて行うことにする。以降「広州全輸送機械・機器（日本人・文化の相違）」（$n=37$）と「広州全輸送機械・機器（日本人・見かける）」（$n=37$）という用語を用いて分析していく。

I-1-2. 広州中国人（対日本人）

輸送機械・機器企業3社で働く日本人の企業行動に対する中国人の回答結果をまとめた「全輸送機械・機器」（$n=55$）と各企業の回答結果との間の順位相関係数を求めた。この結果、「全輸送機械・機器」の順位（数値が高いほど「文化の違いを感じている」）と異なった回答傾向の企業はないことが判明した（付録Ⅰの表3参照）。また、「社内で見かける」度合（数値が高いほど「見かける」）についても同じ傾向が見られた（付録Ⅰの表4参照）。このため、この後の統計分析は全3社を対象に行うことになった。以降「広州全輸送機械・機器（中国人・文化の相違）」（$n=55$）と「広州全輸送機械・機器（中国人・見かける）」（$n=55$）という用語を用いて分析していく。

I-2. 広州日系製造業：電気・電子製品

広州進出の電気・電子製品6社に対しても、(1)日本人の中国人の企業行動に対する回答結果と、(2)中国人の日本人に対する回答結果についてまとめていく。

I-2-1. 日本人（対広州中国人）

中国広州に進出した電気・電子製品6社で働く日本人の中国人に対する企業行動への回答結果をまとめた「全電気・電子製品」（$n=29$）と、各企業の回答結果との間の順位相関係数を求めた。この結果、「全電気・電子製品」の順位（数値が高いほど「文化の違いを感じている」）と異なった回答傾向の企業はないことが判明した（付録Ⅰの表5参照）。また、「社内で見かける」度合（数値が高いほど「見かける」）についても同じ傾向が見られた（付録Ⅰの表6参照）。このため、この後の統計分析は全6社を対象に行うことにする。以降「広州全電気・電子製品（日本人・文化の相違）」（$n=29$）と「広州全電気・電子製品（日本人・見かける）」（$n=29$）という用語を用いて分析していく。

第7章　中国における認知摩擦調査概要：協力企業数、回答者数、データの信頼性・妥当性検証　　165

I -2-2.　広州中国人 (対日本人)

　電気・電子製品 6 社で働く中国人の日本人の企業行動に対する回答結果を
まとめた「全電気・電子製品」($n=72$) と各企業の回答結果との間の順位相
関係数を求めた。この結果、「全電気・電子製品」の順位 (数値が高いほど「文
化の違いを感じている」) と異なった回答傾向の企業はないことが判明した (付
録 I の表 7 参照)。また、「社内で見かける」度合 (数値が高いほど「見かける」)
についても同じ傾向が見られた (付録 I の表 8 参照)。このため、この後の統
計分析は全 6 社を対象に行うことになった。以降「広州全電気・電子製品
(中国人・文化の相違)」($n=72$) と「広州全電気・電子製品 (中国人・見かける)」
($n=72$) という用語を用いて分析していく。

I -3.　広州日系製造業：鉄鋼・非鉄金属

　鉄鋼・非鉄金属 3 社に対しても、(1)日本人の中国人に対する回答結果と、
(2)中国人の日本人に対する回答結果についてまとめていく。

I -3-1.　日本人 (対広州中国人)

　鉄鋼・非鉄金属企業 3 社で働く日本人の中国人に対する企業行動への回答
結果と、3 社をまとめた「全鉄鋼・非鉄金属」($n=15$) の順位相関係数を求
めた。この結果、3 社の順位 (数値が高いほど「文化の違いを感じている」) が同
じ回答傾向にあることが判明した (付録 I の表 9 参照)。また、「社内で見かけ
る」度合 (数値が高いほど「見かける」) については、同じ傾向が見られなかっ
た (付録 I の表10参照)。このため、この後の統計分析は「文化の相違」では
全 3 社を対象に、「広州全鉄鋼・非鉄金属 (日本人・文化の相違)」という用語
を用いて分析していく。「社内で見かける度合い」では「4」と「6」をま
とめた「広州鉄鋼・非鉄金属 (日本人・見かける) 4・6」($n=5$) と「広州
鉄鋼・非鉄金属 (日本人・見かける) 15」($n=10$) を分けて、別々に分析して
いくことにする。なお、「4」「6」「15」は調査協力企業へランダムに付け

166　　　　　第3部　認知摩擦調査概要と調査結果

た番号である。

Ⅰ-3-2.　広州中国人（対日本人）

　鉄鋼・非鉄金属企業3社で働く中国人の日本人に対する企業行動への回答結果と、3社をまとめた「全鉄鋼・非鉄金属」（$n=26$）との間の順位相関係数を求めた。この結果、3社の順位（数値が高いほど「文化の違いを感じている」）には同じ回答傾向が見られないことが判明した（付録Ⅰの表11参照）。また、「社内で見かける」度合（数値が高いほど「見かける」）については、同じ傾向が見られた（付録Ⅰの表12参照）。このため、この後の統計分析は、「文化の相違」では「4」と「6」はまとめて「広州鉄鋼・非鉄金属（中国人・文化の相違）4・6」（$n=13$）とし、「広州鉄鋼・非鉄金属（中国人・文化の相違）15」（$n=13$）と別々に、また、「社内で見かける」度合では「広州全鉄鋼・非鉄金属（中国人・見かける）」（$n=26$）という用語を用いて全3社を対象に行うことにする。

Ⅰ-4.　広州日系非製造業：貿易

　広州進出の貿易企業4社に対しても、⑴日本人の中国人への企業行動に対する回答結果と、⑵中国人の日本人に対する回答結果についてまとめていく。

Ⅰ-4-1.　日本人（対広州中国人）

　貿易企業4社で働く日本人の中国人に対する企業行動への回答結果をまとめた「全貿易」（$n=20$）と、各企業の回答結果との間の順位相関係数を求めた。この結果、「全貿易」の順位（数値が高いほど「文化の違いを感じている」）と異なった回答傾向の企業はないことが判明した（付録Ⅰの表13参照）。また、「社内で見かける」度合（数値が高いほど「見かける」）についても同じ傾向が見られた（付録Ⅰの表14参照）。このため、この後の統計分析は全4社を対象に行うことになった。以降「広州全貿易（日本人・文化の相違）」（$n=20$）と

「広州全貿易（日本人・見かける）」（$n=20$）という用語を用いて分析していく。

I-4-2. 広州中国人（対日本人）

　広州進出貿易企業4社で働く中国人の日本人の企業行動に対する回答結果をまとめた「全貿易」（$n=44$）と、各企業の回答結果との間の順位相関係数を求めた。この結果、「全貿易」の順位（数値が高いほど「文化の違いを感じている」）と異なった回答傾向の企業はないことが判明した（付録Iの表15参照）。また、「社内で見かける」度合（数値が高いほど「見かける」）についても同じ傾向が見られた（付録Iの表16参照）。このため、この後の統計分析は全4社を対象に行うことにする。以降「広州全貿易（中国人・文化の相違）」（$n=44$）と「広州全貿易（中国人・見かける）」（$n=44$）という用語を用いて分析していく。

II．中国上海進出日系企業

II-1．上海日系製造業：電気・電子製品

　ここではまず、中国上海に進出している日系製造業の電気・電子製品2社で働く日本人と中国人の回答を見ていくことにする。

II-1-1．日本人（対上海中国人）

　電気・電子製品企業2社で働く日本人の中国人に対する企業行動の順位相関係数を求めた。この結果、2社の順位（数値が高いほど「文化の違いを感じている」）が同じ回答傾向にあることが判明した（付録Iの表17参照）。また、「社内で見かける」度合（数値が高いほど「見かける」）については、同じ傾向が見られなかった（付録Iの表18参照）。このため、この後の統計分析は「文化の相違」では全2社を対象に行うことにし、「上海全電気・電子製品（日本人・文化の相違）」（$n=10$）という用語を用いて分析していくが、「社内で見かけ

る」度合では「上海電気・電子製品27（日本人・見かける）」（$n = 5$）と「上海電気・電子製品37（日本人・見かける）」（$n = 5$）を別々に分析していく。

Ⅱ-1-2. 上海中国人（対日本人）

電気・電子製品企業2社で働く中国人の日本人に対する企業行動の順位相関係数を求めた。この結果、2社の順位（数値が高いほど「文化の違いを感じている」）が同じ傾向にあることが判明した（付録Ⅰの表19参照）。また、「社内で見かける」度合（数値が高いほど「見かける」）についても同じ傾向が見られた（付録Ⅰの表20参照）。このため、この後の統計分析は全2社を対象に行うことになった。以降「上海全電気・電子製品（中国人・文化の相違）」（$n = 24$）と「上海全電気・電子製品（中国人・見かける）」（$n = 24$）という用語を用いて分析していく。

Ⅱ-2. 上海日系非製造業：貿易

上海進出の貿易企業5社に対して、製造業と同様に(1)日本人の中国人の企業行動に対する回答結果と、(2)中国人の日本人に対する回答結果についてまとめていく。

Ⅱ-2-1. 日本人（対上海中国人）

貿易企業5社で働く日本人の中国人に対する企業行動への回答結果をまとめた「全貿易」（$n = 40$）と、各企業の回答結果の間の順位相関係数を求めた。この結果、「全貿易」の順位（数値が高いほど「文化の違いを感じている」）と異なった回答傾向の企業はないことが判明した（付録Ⅰの表21参照）。また、「社内で見かける」度合（数値が高いほど「見かける」）についても同じ傾向が見られた（付録Ⅰの表22参照）。このため、この後の統計分析は全5社を対象に行うことになった。以降「上海全貿易（日本人・文化の相違）」（$n = 40$）と「上海全貿易（日本人・見かける）」（$n = 40$）という用語を用いて分析していく。

第7章　中国における認知摩擦調査概要：協力企業数、回答者数、データの信頼性・妥当性検証　　169

Ⅱ-2-2.　上海中国人（対日本人）

　貿易企業5社で働く中国人の日本人に対する回答結果をまとめた「全貿易」（$n=92$）と、各企業の回答結果の間の順位相関係数を求めた。この結果、「全貿易」の順位（数値が高いほど「文化の違いを感じている」）と異なった回答傾向の企業はないことが判明した（付録Ⅰの表23参照）。また、「社内で見かける」度合（数値が高いほど「見かける」）についても同じ傾向が見られた（付録Ⅰの表24参照）。このため、この後の統計分析は全5社を対象に行うことにする。以降「上海全貿易（中国人・文化の相違）」（$n=92$）と「上海全貿易（中国人・見かける）」（$n=92$）という用語を用いて分析していく。

Ⅲ.　中国調査（広州・上海）のまとめ

　ここまで本章では、各業種内の順位相関係数を求めてきた。ここからは、各業種をまとめて「製造業」、「非製造業」とすることができるか、またさらに、「製造業」と「非製造業」をまとめて、中国での協力企業全体を意味する「中国全企業」として分析をしていくことが統計的に問題はないかを確かめていく。

Ⅲ-1.　広州

　ここでは、広州進出日系企業で働く日本人の中国人に対する回答と、中国人の日本人に対する回答について見ていく。

Ⅲ-1-1.　日本人（対広州中国人）

　日本人の回答結果を基に、広州進出日系企業の「輸送機械・機器」、「電気・電子製品」、「鉄鋼・非鉄金属」をまとめて「製造業」として分析できるか、そして「貿易」、「非製造業その他」を「非製造業」としてまとめて分析できるかを確かめた。

まず(1)文化の相違に関して、製造業に属す各業種間の順位相関係数を求めたところ、「広州全製造業」と「広州全輸送機械・機器」（$n=37$）、「広州全電気・電子製品」（$n=29$）及び「広州全鉄鋼・非鉄金属」（$n=37$）それぞれに相関が認められた（$r=.91$, $p=.00$；$r=.87$, $p=.00$；$r=.69$, $p=.00$）（付録Ⅰの表25参照）。この後の分析は「広州全製造業（日本人・文化の相違）」（$n=81$）として分析を進めていくことにする。また、非製造業に属す各業種間の順位相関係数を求めたところ、「広州全貿易」（$n=23$）と「広州全非製造業その他」（$n=8$）の間に相関が認められた（$r=.53$, $p=.00$）（付録Ⅰの表26参照）。この後の分析は「広州全貿易」と「広州全非製造業その他」をまとめて「広州全非製造業（日本人・文化の相違）」（$n=31$）として分析を進めていくことにする。さらに、「広州全製造業（日本人・文化の相違）」（$n=81$）と「広州全非製造業（日本人・文化の相違）」（$n=31$）の相関係数を求めたところ相関が認められた（$r=.77$, $p=.00$）（付録Ⅰの表27参照）。この結果、広州進出日系企業で働く日本人が中国人に感じる文化の相違については、製造業でも非製造業でも同じ傾向にあることが明らかになった。この後の分析には、「広州全企業（日本人・文化の相違）」（$n=112$）として進めていくことにする。

(2)社内で見かける行動については、文化の相違同様、製造業と非製造業に属す業種間の順位相関を確かめた。その結果、「広州全製造業」と「広州全輸送機械・機器」（$n=37$）、「広州全電気・電子製品」（$n=29$）及び「広州鉄鋼・非鉄金属」の2社（$n=5$）と1社（$n=10$）（前述したように、見かけるに関しては「鉄鋼・非鉄金属」の企業2社と1社の間には相関はなかった）のそれぞれに相関が認められた（$r=.92$, $p=.00$；$r=.91$, $p=.00$；$r=.38$, $p=.02$；$r=.79$, $p=.00$）（付録Ⅰの表28参照）。この後の分析は「広州全製造業（日本人・見かける）」（$n=81$）として分析を進めていくことにする。また、非製造業に属す各業種間の順位相関係数を求めたところ、「非製造業その他12」と「全貿易」との相関は見られなかった（$r=.30$, $p=.07$）。しかし、「全貿易」（$n=23$）は「非製造業その他17」（$n=3$）との間に相関があることが判明した（$r=.610$,

$p = .00$)（付録Ⅰの表29参照）。この後の分析は「非製造業その他12」を排除し、「全貿易」（$n = 23$）と「非製造業その他17」（$n = 3$）をまとめて「広州修正非製造業（日本人・見かける）」（$n = 26$）として分析を進めていくことにする。さらに、「広州全製造業（日本人・見かける）」（$n = 81$）と「広州修正非製造業（日本人・見かける）」（$n = 26$）の相関係数を求めたところ相関が認められた（$r = .64$, $p = .00$）（付録Ⅰの表30参照）。この後の分析には、これらの「広州全製造業」と「広州修正非製造業」をまとめて「広州修正全企業（日本人・見かける）」（$n = 107$）として分析を進めていくことにする。

Ⅲ-1-2. 広州中国人（対日本人）

中国人の回答結果を基に、広州進出日系企業の「輸送機械・機器」、「電気・電子製品」、「鉄鋼・非鉄金属」をまとめて「製造業」として分析できるか、そして「貿易」と「非製造業その他」を「非製造業」として分析できるかを確かめた。

まず(1)文化の相違に関して、「全製造業」と製造業に属す各業種間の順位相関係数を求めたところ、「全製造業」と「全輸送機械・機器」（$n = 55$）、「全電気・電子製品」（$n = 72$）及び「鉄鋼・非鉄金属4・6」（$n = 13$）と「鉄鋼・非鉄金属15」（$n = 13$）のそれぞれに相関が認められた（$r = .97$, $p = .00$；$r = .98$, $p = .00$；$r = .37$, $p = .03$；$r = .86$, $p = .00$）（付録Ⅰの表31参照）。この後の分析は「広州全製造業（中国人・文化の相違）」（$n = 153$）として分析を進めていくことにする。また、非製造業に属す業種間の順位相関係数を求めたところ、「全貿易」（$n = 44$）と「全非製造業その他」（$n = 18$）の間には相関が認められた（$r = .62$, $p = .00$）（付録Ⅰの表32参照）。この後の分析はこれらをまとめて「広州全非製造業（中国人・文化の相違）」（$n = 62$）として分析を進めていくことにする。さらに、「広州全製造業（中国人・文化の相違）」（$n = 153$）と「広州全非製造業（中国人・文化の相違）」（$n = 62$）の相関係数を求めたところ相関が認められた（$r = .91$, $p = .00$）（付録Ⅰの表33参照）。この結果から、広州進出日系企

業で働く中国人が日本人に感じる文化の相違については、製造業でも非製造業でも同じ傾向にあることが明らかになった。この後の分析には、「広州全企業（中国人・文化の相違）」（$n=215$）として進めていくことにする。

　(2)社内で見かける行動については、文化の相違同様、製造業と非製造業に属す業種間の順位相関を確かめた。その結果、「全製造業」と「全輸送機械・機器」（$n=55$）、「全電気・電子製品」（$n=72$）及び「全鉄鋼・非鉄金属」（$n=26$）のそれぞれに相関が認められた（$r=.95$, $p=.00$；$r=.98$, $p=.00$；$r=.92$, $p=.02$）（付録Ⅰの表34参照）。この後の分析はこれらをまとめて「広州全製造業（中国人・見かける）」（$n=153$）として分析を進めていくことにする。非製造業に属す業種間の順位相関係数を求めたところ、「全貿易」（$n=44$）と「全非製造業その他」（$n=18$）の間に相関が認められた（$r=.82$, $p=.00$）（付録Ⅰの表35参照）。この後の分析は、これらをまとめて「広州全非製造業（中国人・見かける）」（$n=62$）として分析を進めていくことにする。さらに、「広州全製造業（中国人・見かける）」（$n=153$）と「広州全非製造業（中国人・見かける）」（$n=62$）の間には相関が認められた（$r=.92$, $p=.00$）（付録Ⅰの表36参照）。この後の分析には、これらをまとめた「広州全企業（中国人・見かける）」（$n=215$）として分析を進めていくことにする。

Ⅲ-2.　上海

　ここでは、上海進出日系企業で働く日本人の中国人に対する回答と、中国人の日本人に対する回答について見ていく。

Ⅲ-2-1.　日本人（対上海中国人）

　日本人の回答結果を基に、上海進出日系企業の「電気・電子製品」、「鉄鋼・非鉄金属」、「輸送機械・機器」、「化学工業」をまとめて「製造業」として分析できるか、そして「貿易」、「建設」、「運輸」、「銀行・金融」、「非製造業その他」をまとめて「非製造業」として分析できるかを確かめた。

まず⑴文化の相違に関して、「全製造業」と製造業に属す各業種間の順位相関係数を求めたところ、「全電気・電子製品」（$n=10$）、「鉄鋼・非鉄金属」（$n=4$）、「輸送機械・機器」（$n=5$）及び「化学工業」（$n=6$）のそれぞれに相関が認められた（$r=.90$, $p=.00$；$r=.75$, $p=.00$, $r=.70$, $p=.000$；$r=.81$, $p=.00$）（付録Ⅰの表37参照）。この後の分析は「上海全製造業（日本人・文化の相違）」（$n=25$）として分析を進めていくことにする。また、「全非製造業」と非製造業に属す各業種の順位相関係数を求めたところ、「全貿易」（$n=40$）、「建設業」（$n=5$）、「運輸」（$n=8$）、「銀行・金融」（$n=5$）及び「非製造業その他23」（$n=2$）の間に相関が認められた（$r=.94$, $p=.00$；$r=.81$, $p=.00$；$r=.63$, $p=.00$；$r=.68$, $p=.00$；$r=.64$, $p=.00$）（付録Ⅰの表38参照）。この後の分析はこれらをまとめて「上海全非製造業（日本人・文化の相違）」（$n=60$）として分析を進めていくことにする。さらに、「上海全製造業（日本人・文化の相違）」（$n=25$）と「上海全非製造業（日本人・文化の相違）」（$n=60$）の間には相関が認められた（$r=.85$, $p=.00$）（付録Ⅰの表39参照）。この結果から、上海進出日系企業で働く日本人が中国人に感じる文化の相違については、製造業でも非製造業でも同じ傾向にあることが明らかになった。この後の分析には、「上海全企業（日本人・文化の相違）」（$n=85$）として分析を進めていくことにする。

⑵社内で見かける行動についても、文化の相違同様、製造業と非製造業に属す業種間の順位相関を確かめた。その結果、「全製造業」と「電気・電子製品」（$n=10$）の2社（前述したように、見かけるに関しては「電気・電子製品」の2社には相関はなかったが、これら2社は「全製造業」との間には相関が認められた）、「鉄鋼・非鉄金属」（$n=4$）、「輸送機械・機器」（$n=5$）及び「化学工業」（$n=6$）のそれぞれに相関が認められた（$r=.72$, $p=.00$；$r=.62$, $p=.00$；$r=.68$, $p=.00$；$r=.68$, $p=.00$；$r=.81$, $p=.00$）（付録Ⅰの表40参照）。この後の分析はこれらをまとめて「上海全製造業（日本人・見かける）」（$n=25$）として分析を進めていくことにする。また、非製造業に属す各業種間の順位相関

係数を求めたところ、「全非製造業」と「全貿易」（$n＝40$）、「建設業」（$n＝5$）、「運輸」（$n＝8$）、「銀行・金融」（$n＝5$）及び「非製造業その他23」（$n＝2$）の間には相関が認められた（$r＝.95$, $p＝.00$；$r＝.63$, $p＝.00$；$r＝.61$, $p＝.00$；$r＝.69$, $p＝.00$、$r＝.45$, $p＝.01$）（付録Ⅰの表41参照）。この後の分析はこれらをまとめて「上海全非製造業（日本人・見かける）」（$n＝60$）として分析を進めていくことにする。さらに、「上海全製造業（日本人・見かける）」（$n＝25$）と「上海全非製造業（日本人・見かける）」（$n＝60$）の間に相関が認められた（$r＝.81$, $p＝.00$）（付録Ⅰの表42参照）。この後の分析には、これらの「製造業」と「非製造業」をまとめた「上海全企業（日本人・見かける）」（$n＝85$）として進めていくことにする。

Ⅲ-2-2. 上海中国人（対日本人）

　中国人の回答結果を基に、上海進出日系企業「電気・電子製品」、「鉄鋼・非鉄金属」、「輸送機械・機器」、「化学工業」をまとめて「製造業」として分析できるか、そして「貿易」、「建設」、「運輸」、「銀行・金融」、「非製造業その他」をまとめて「非製造業」として分析できるかを確かめた。

　まず⑴文化の相違に関して、「全製造業」と製造業に属す各業種間の順位相関係数を求めたところ、「全電気・電子製品」（$n＝24$）、「鉄鋼・非鉄金属」（$n＝3$）、「輸送機械・機器」（$n＝10$）及び「化学工業」（$n＝22$）それぞれに相関が認められた（$r＝.80$, $p＝.00$；$r＝.70$, $p＝.00$；$r＝.80$, $p＝.00$；$r＝.94$, $p＝.00$）（付録Ⅰの表43参照）。この後の分析はこれらをまとめて「上海全製造業（中国人・文化の相違）」（$n＝59$）として分析を進めていくことにする。また、非製造業に属す各業種の順位相関係数を求めたところ、「非製造業その他23・28」を除き、「全非製造業」と「全貿易」（$n＝92$）、「建設業」（$n＝10$）、「運輸」（$n＝17$）、「銀行・金融」（$n＝10$）の間には相関が認められた（$r＝.97$, $p＝.00$；$r＝.71$, $p＝.00$；$r＝.82$, $p＝.00$；$r＝.76$, $p＝.00$；$r＝.28$, $p＝.10$）（付録Ⅰの表44参照）。この後の分析は「非製造業その他23・28」を除いた企業をま

とめて「上海修正非製造業（中国人・文化の相違）」（$n=129$）として分析を進めていくことにする。さらに、「上海全製造業（中国人・文化の相違）」（$n=59$）と「上海修正非製造業（中国人・文化の相違）」（$n=129$）の間の相関を求めたところ、相関が認められた（$r=.91$, $p=.00$）（付録Ⅰの表45参照）。この結果から、上海進出日系企業で働く中国人が日本人に感じる文化の相違については、製造業も非製造業も同じ傾向にあることが明らかになった。この後の分析には、「上海修正全企業（中国人・文化の相違）」（$n=188$）として進めていくことにする。

(2)社内で見かける行動については、文化の相違同様、製造業と非製造業に属す業種間の順位相関を確かめた。その結果、「全製造業」と「全電気・電子製品」（$n=24$）、「鉄鋼・非鉄金属」（$n=3$）、「輸送機械・機器」（$n=10$）及び「化学工業」（$n=22$）のそれぞれに相関が認められた（$r=.92$, $p=.00$；$r=.59$, $p=.00$；$r=.78$, $p=.00$；$r=.94$, $p=.00$）（付録Ⅰの表46参照）。この後の分析はこれらをまとめて「上海全製造業（中国人・見かける）」（$n=59$）として分析を進めていくことにする。なお、非製造業に属す各業種間の順位相関係数を求めたところ、「全非製造業」と「全貿易」（$n=92$）、「建設業」（$n=10$）、「運輸」（$n=17$）、「銀行・金融」（$n=10$）及び「全非製造業その他」（$n=4$）の間には相関が認められた（$r=.98$, $p=.00$；$r=.75$, $p=.00$；$r=.84$, $p=.00$；$r=.86$, $p=.00$；$r=.73$, $p=.00$）（付録Ⅰの表47参照）。この後の分析はこれらをまとめて「上海全非製造業（中国人・見かける）」（$n=133$）として分析を進めていくことにする。さらに、「上海全製造業（中国人・見かける）」（$n=59$）と「上海全非製造業（中国人・見かける）」（$n=133$）の相関係数を求めたところ、相関が認められた（$r=.96$, $p=.00$）（付録Ⅰの表48参照）。この後の分析には、これらをまとめた「上海全企業（中国人・見かける）」（$n=192$）として分析を進めていくことにする。

中国調査のまとめ

　各業種がまとまったところで、さらに地域間で回答に相関があるかどうかを確かめた。中国広州と上海に進出している日系企業で働く日本人赴任者が、同じ職場で働く中国人に感じる文化の相違についての順位相関を調べたところ（「広州全企業（日本人・文化の相違）」（$n=112$）、「上海全企業（日本人・文化の相違）」（$n=85$））、地域間で相関が認められた（$r=.76$, $p=.00$）（付録Ｉの49参照）。また、「見かける」の回答結果（「広州修正全企業（日本人・見かける）」（$n=107$）、「上海全企業（日本人・見かける）」（$n=85$））に関しても相関が見られた（$r=.69$, $p=.00$）（付録Ｉの表50参照）。さらに、中国広州及び上海に進出している日系企業で働く中国人が日本人に感じる文化の相違について順位相関を求めた。その結果、地域間で高い相関が認められた（「広州全企業（中国人・文化の相違）」（$n=215$）、「上海修正全企業（中国人・文化の相違）」（$n=189$））（$r=.89$, $p=.00$）（付録Ｉの表51参照）。また、「見かける」の回答結果に関しても高い相関が認められた（「広州全企業（中国人・見かける）」（$n=215$）、「上海全企業（中国人・見かける）」（$n=192$））（$r=.92$, $p=.00$）（付録Ｉの表52参照）。

　以上、広州では「非製造業その他12」（日本人、見かける）、上海では「非製造業その他23・28」（中国人、文化の相違）を除いた30企業に相関があることを確認することができた。このことは、中国進出日系企業における回答者の回答データの信頼性が確認できたと言える。また、さらに、調査で用いた企業行動が調査項目として妥当であることを示している。これをもって、相関があった全企業及び回答者を対象に分析・考察を実施することにした。対象となる日本人及び中国人回答者をまとめると以下のようになる：日本人（文化の相違）は197名、日本人（見かける）は192名、中国人（文化の相違）は403名、中国人（見かける）は407名である。

注

[1] 職位について質問紙では、以下の中から最も適切なものに印をつけてもらった。こ

れらの職位については、これまでの調査（西田，2002，2007，2008）を基に作成した。

1．他の監督者または管理者を部下としている（管理職）
2．一般従業員を直接管理している（管理職）
3．事務所で一般従業員を監督するレベルの仕事に就いている（非管理職）
4．事務所以外の場所で一般従業員を監督するレベルの仕事に就いている（非管理職）
5．事務所で経理などの仕事に就いている（非管理職）
6．一般従業員
9．その他

邦文参考文献

池田　央（1991）『統計ガイドブック』新曜社。

芝　祐順・渡部　洋・石塚智一（1984）『統計用語辞典』新曜社。

西田ひろ子編（2002）『マレーシア、フィリピン進出日系企業における異文化間コミュニケーション摩擦』多賀出版。

西田ひろ子編（2007）『米国、中国進出日系企業における異文化間コミュニケーション摩擦』風間書房。

西田ひろ子編（2008）『グローバル社会における異文化間コミュニケーション』風間書房。

第8章　ベトナムにおける認知摩擦調査概要：
協力企業数、回答者数、データの信頼性・妥当性検証

西田ひろ子

　中国と同様にベトナム進出日系企業においても、「最も認知摩擦が生じている状況はどのようなものか」を明確にするために、日本人とベトナム人の企業行動について以下のような質問をした：(1)日本人回答者に対してはベトナム人の行動について、またベトナム人回答者に対しては日本人の行動について、「文化の違いを感じるか」(「1．全く感じない」〜「5．常に感じる」)を尋ねた。さらに、(2)これらの企業行動を社内で見かける行動であるかどうかを確認するため、日本人に対してはベトナム人の行動について、またベトナム人に対しては日本人の行動について、「社内でどの程度見かけるか」(「1．全く見かけない」「2．見かけるのは30％未満」「3．見かけるのは50％程」「4．見かけるのは60−70％」「5．見かけるのは80％以上」)を尋ねた。ここで「80％」などとしたのは、中国語で「常に見かける」と「時々見かける」という表現の間に差がなく、誤解が生じやすいためである。なお、「見かけるか」についての問は、質問項目の妥当性検証の役割を担っていた。妥当性とは、「テストなどによる測定が、本来、目的とする測定対象をどれだけよく測定しているかを評価する概念」(芝・渡部・石塚，1984，p.160)と定義されているもので、本調査では、例えば、「ベトナム人は品質管理や事務管理を徹底して行わない」といった質問項目が、実際に行動様式として見かけられていたかどうか(質問項目が調査対象となっている特性を測っているのかどうか)についての概念である(池田，1991，p.60)。これにより、質問項目として取り上げられていたベトナム人の行動が、実際にベトナム進出日系企業で働く日本人の間で(日本人の行動はベトナム人の間で)見かけられていたかを確認した。また、本

180 第3部 認知摩擦調査概要と調査結果

研究ではベトナムと中国のデータを比較検討する目的もあったため、日本語で作成した質問紙をベトナム人にはベトナム語に翻訳したものを、中国人には中国語に翻訳したものを用いた。それぞれの言語に翻訳された質問紙は、再度日本語に翻訳し、内容に誤りがないことを確認してから用いた。

　ベトナムでの協力企業は21社で、日本人136名、ベトナム人278名から回答を得た（表8-1参照）。業種別協力企業数、回答者数については表8-2に、またハノイとホーチミンにおける企業数と回答者数はそれぞれ表8-3と表8-4にまとめた。

　表8-2から明らかなように、ベトナムでの調査は中国調査同様に、業種が多岐にわたっていたため、企業ごとに、あるいは業種ごとに異なった回答だったことも考えられた。このため、日本人の回答を「日本人」としてまとめられるかどうか、またベトナム人の回答を「ベトナム人」としてまとめられるかどうかを、以下のように確認した：(1)ハノイ進出企業とホーチミン進出企業に分けて、業種別の企業数・回答者数を確かめた（表8-3と表8-4参照）、(2)例えば、ハノイとホーチミンそれぞれの「電気・電子製品」企業の回答をまとめて「全電気・電子製品」とし、各企業との順位相関係数を求めた。相関があることを確かめてから「全電気・電子製品」としてまとめた。(3)表8-3に挙げた「電気・電子製品」～「非製造業その他」、表8-4の「電気・

表8-1　認知摩擦：ベトナムにおける地域別企業数・回答者数

地域	日本人			ベトナム人		
	製造業	非製造業	合計	製造業	非製造業	合計
ハノイ	7社 54名	3社 12名	10社 66名	7社 75名	3社 63名	10社 138名
ホーチミン	9社 62名	2社 8名	11社 70名	9社 111名	2社 29名	11社 140名
合計	16社 116名	5社 20名	21社 136名	16社 186名	5社 92名	21社 278名

第8章　ベトナムにおける認知摩擦調査概要：協力企業数，回答者数，データの信頼性・妥当性検証　181

表 8-2　認知摩擦：ベトナムにおける業種別企業数と回答者数

	日本人		ベトナム人	
	企業数（社）	回答者数（名）	企業数（社）	回答者数（名）
電気・電子製品	10	79	10	128
鉄鋼・非鉄金属	1	6	1	10
石油・ガス	1	11	1	23
化学工業	1	4	1	7
製造業その他	3	16	3	18
貿易	1	3	1	20
運輸	1	2	1	21
銀行・金融・保険	2	13	2	13
非製造業その他	1	2	1	38
合計	21	136	21	278

表 8-3　ハノイにおける業種別企業数・回答者数

業種	日本人		ベトナム人	
	企業数（社）	回答者数（名）	企業数（社）	回答者数（名）
電気・電子製品	5	43	5	60
鉄鋼・非鉄金属	1	6	1	10
製造業その他	1	5	1	5
貿易	1	3	1	20
銀行・金融・保険	1	7	1	5
非製造業その他	1	2	1	38
合計	10	66	10	138

電子製品」～「銀行・金融・保険」までの業種で働く日本人とベトナム人を，「日本人」あるいは「ベトナム人」としてまとめて分析できるかを，順位相関係数を求めて確認した。(4)このようにまとめられた「日本人」と「ベトナム人」について，ハノイとホーチミン進出日系企業の間に相関があるかを確

表 8-4　認知摩擦：ホーチミンにおける業種別企業数・回答者数

業種	日本人		ベトナム人	
	企業数（社）	回答者数（名）	企業数（社）	回答者数（名）
電気・電子製品	5	36	5	68
石油・ガス	1	11	1	23
化学工業	1	4	1	7
製造業その他	2	11	2	13
運輸	1	2	1	21
銀行・金融・保険	1	6	1	8
合計	11	70	11	140

かめた。

　協力企業を業種から見ると、日本人回答者が最も多かったのは電気・電子製品（10社、79名）、次いで製造業その他（3社、16名）であった。また、ベトナム人回答者が最も多かったのは電気・電子製品（10社、128名）、次いで非製造業その他（1社、38名）であった（表8-2参照）。

　さて回答者の職位だが、「日本人」としてまとめられた136名の85.9％が管理職だった。[1] 最も多かったのが「他の監督者または管理者を部下としている者」で59.1％、「一般従業員を直接管理している者」が26.8％であった（表8-5参照）。なお、日本人回答者のうち、男性が132名（96.9％）、女性が4名（3.1％）、平均年齢は44.0歳（$SD=8.59$）だった。また、ベトナム人回答者278名のうち、管理職は55.2％。最も多かったのが「他の監督者または管理者を部下としている者」で31.9％、「一般従業員を直接管理している者」は23.3％であった（表8-6参照）。ベトナム人回答者のうち、153名（55.2％）が男性、123名（44.1％）が女性であった（無回答2名）。平均年齢は33.2歳（$SD=7.41$）、そのうち、男性は35.0歳（$SD=8.07$）、女性は30.9歳（$SD=5.67$）であった。

第8章 ベトナムにおける認知摩擦調査概要：協力企業数、回答者数、データの信頼性・妥当性検証　183

表8-5　認知摩擦：日本人回答者の職位

職位	回答者数（％）
他の監督者または管理者を部下としている（管理職）	80(59.1)
一般従業員を直接管理している（管理職）	31(26.8)
事務所で一般従業員を監督するレベルの仕事に就いている（非管理職）	8(5.5)
事務所以外の場所で一般従業員を監督するレベルの仕事に就いている（非管理職）	5(3.9)
事務所で経理などの仕事に就いている（非管理職）	5(3.9)
無回答	1(0.8)
合計	136(99.3)

表8-6　認知摩擦：ベトナム人回答者の職位

職位	回答者数（％）
他の監督者または管理者を部下としている（管理職）	89(31.9)
一般従業員を直接管理している（管理職）	65(23.3)
事務所で一般従業員を監督するレベルの仕事に就いている（非管理職）	17(6.3)
事務所以外の場所で一般従業員を監督するレベルの仕事に就いている（非管理職）	17(6.3)
事務所で経理などの仕事に就いている（非管理職）	57(20.4)
一般従業員	32(11.5)
無回答	1(0.4)
合計	278(100.0)

「文化の相違を感じるか」と「見かけるか」に対する回答データの信頼性検証

　ハノイ及びホーチミン進出日系企業で働く日本人とベトナム人管理職の間に認知摩擦が生じているかについて分析・考察していくのだが、その前に、認知摩擦分析の基盤となる「相手の行動に文化の相違を感じるか」と「相手の文化的企業行動を見かけるか」への回答について、企業間、業種間、また

地域間（広州と上海）に相関があるかどうかを確認していく。相関がなければ、「日本人」や「ベトナム人」としてまとめて分析しても意味をなさないからである。

　まず、回答をまとめて「日本人」「ベトナム人」とする前に、「各業種（電気・電子製品など）」の回答結果とそれぞれの業種に含まれる各企業の回答結果に統計的な相関があるかどうかを確認した。統計分析の手法としてスピアマンの順位相関（Spearman's rank-order correlation）を用いた。スピアマンの順位相関とは、2変数の順位の間の相関を見る際に用いられるもので、本調査では、例えば、製造業の電気・電子製品という業種に含まれる全回答者の回答をまとめたもの（「全電気・電子製品」とする）と、この業種に含まれる各企業間との間の相関を見る際にこの統計手法を用いた。順位相関係数が「1.0」に近ければ近いほどその企業の順位は「全電気・電子製品」の順位に似ていることを意味する。また、有意水準（以降 p で示す）は「.00」になればなるほど、その企業の順位は「全電気・電子製品」との相関が高いことを示す。順位相関係数を求めることによって、全体（「全電気・電子製品」）から大きく乖離している企業を特定化することができる。このような統計手法を用いることは、もしも企業間の回答傾向が大きく異なっていれば、まとめて分析しても意味をなさないからである。これは質問紙の信頼性を検証するためでもある。

　「信頼性」とは、質問項目が調査対象となっている人々の一貫した特性を測っているのかどうかについての概念である（池田，1991，pp.58-59；芝・渡部・石塚，1984，pp.121-122）。本調査では、37項目の質問を用意し、回答結果を第1位〜37位までの順位に変換して相関係数を算出した。日本人なら同じような順位であろう、ベトナム人なら同じような順位であろうという予測に基づいたものである。これは、「日本人の一貫した特性」「ベトナム人の一貫した特性」を明らかにしようとするものであるが、第1章でも述べたように、この「特性」とは日本人／ベトナム人が日本やベトナムという環境で生活し

ていく間に獲得した記憶（体験が脳内の記憶回路として貯蔵され、同じような状況で同じような行動がとれるようになったもの）の影響を受けていると考えられる。また、妥当性とは、「テストなどによる測定が、本来、目的とする測定対象をどれだけよく測定しているかを評価する概念」（石塚・渡部・芝，1984，p.160）と定義されているもので、本調査では、例えば、「ベトナム人は品質管理や事務管理を徹底して行わない」といった質問項目が実際に行動様式として見かけられていたかどうかの、言い換えると、質問項目が調査対象となっている特性を測っているのかどうかについての概念である（池田，1991，pp.58-59; 芝・渡部・石塚，1984，pp.121-122）。

Ⅰ．ベトナム・ハノイ進出日系企業

Ⅰ-1．ハノイ製造業：電気・電子製品

ベトナムのハノイに進出している日系製造業の電気・電子製品5社で働く日本人は「日本人」として、また、ベトナム人は「ベトナム人」としてまとめて分析していくことができるかを確認した。

Ⅰ-1-1．日本人（対ハノイ・ベトナム人）

電気・電子製品3社で働く日本人のベトナム人に対する企業行動への回答結果（「文化の相違を感じる」）をまとめた「全電気・電子製品」（$n=43$）と、各企業の回答結果との間の順位相関係数を求めた。その結果、「全電気・電子製品」の順位（数値が高いほど「文化の違いを感じている」）と異なった回答傾向がある企業はないことが判明した（付録Ⅱの表1参照）。また、「社内で見かける度合」（数値が高いほど「見かける」）についても同じ傾向が見られた（付録Ⅱの表2参照）。このため、この後の分析は「ハノイ全電気・電子製品（日本人・文化の相違）」と「同（見かける）」を用いて、全5社を対象に行うこととする。

Ⅰ-1-2．ハノイ・ベトナム人（対日本人）

　ハノイ進出の電気・電子製品企業 5 社で働くベトナム人の日本人に対する回答結果（「文化の相違」）」をまとめた「全電気・電子製品」（$n=60$）と、各企業の回答結果との間の順位相関係数を求めた。その結果、「全電気・電子製品」の順位（数値が高いほど「文化の相違を感じている」）と異なった回答傾向の企業はないことが判明した（付録Ⅱの表 3 参照）。また、「社内で見かける」度合（数値が高いほど「見かける」）についても同じ傾向が見られた（付録Ⅱの表 4 参照）。このため、この後の分析は全 5 社を対象に、「ハノイ全電気・電子製品（ベトナム人・文化の相違）」（$n=60$）と「同（見かける）」（$n=60$）を用いて分析していく。

Ⅱ．ベトナム・ホーチミン進出日系企業

Ⅱ-1．ホーチミン日系製造業：電気・電子製品

　ベトナムのホーチミンに進出している電気・電子製品 5 社に対しても、ハノイと同様に⑴日本人のベトナム人の企業行動に対する回答結果と、⑵ベトナム人の日本人に対する回答結果について見ていく。

Ⅱ-1-1．日本人（対ホーチミン・ベトナム人）

　ホーチミン進出の電気・電子製品製造業 5 社で働く日本人のベトナム人に対する回答結果をまとめた「全電気・電子製品」（$n=36$）と、各企業の回答結果との間の順位相関係数を求めた。その結果、「全電気・電子製品」の順位（数値が高いほど「文化の違いを感じている」）と異なった回答傾向の企業はないことが判明した（付録Ⅱの表 5 参照）。また、「社内で見かける度合」（数値が高いほど「見かける」）についても同じ傾向が見られた（付録Ⅱの表 6 参照）。このため、この後の分析は「ホーチミン全電気・電子製品（日本人・文化の相違）」（$n=36$）と「同（見かける）」（$n=36$）を用いて、全 5 社を対象に行う。

Ⅱ-1-2. ホーチミン・ベトナム人（対日本人）

　ホーチミン進出の電気・電子製品企業5社で働くベトナム人の日本人に対する回答結果をまとめた「全電気・電子製品」（$n=68$）と、各企業の回答結果の間の順位相関係数を求めた。その結果、「全電気・電子製品」の順位（数値が高いほど「文化の相違を感じている」）と異なった回答傾向の企業はないことが判明した（付録Ⅱの表7参照）。また、「社内で見かける」度合（数値が高いほど「見かける」）についても同じ傾向が見られた（付録Ⅱの表8参照）。このため、この後の分析は全5社を対象に、「ホーチミン全電気・電子製品（ベトナム人・文化の相違）」（$n=68$）と「同（見かける）」（$n=68$）を用いて分析していく。

Ⅲ．ベトナム調査（ハノイ・ホーチミン）のまとめ

　これまで全体と異なる傾向のある企業があるかどうかを確認するため、各業種と企業の間の順位相関係数を求めてきた。ここからは各業種をまとめて「全製造業」と「全非製造業」として分析できるかを確かめていく。さらに、これらをまとめて「ベトナム全企業」として分析をしていくことが統計的に問題はないかを確かめていく。

Ⅲ-1．ハノイ

　本節では、ハノイ進出日系企業が「製造業」と「非製造業」にまとめていくことができるかについて、以下のデータを基に分析していく：(1)ハノイ進出日系企業で働く日本人はベトナム人の行動に文化の相違を感じていたか、ベトナム人の行動を見かけていたか、(2)ベトナム人は日本人の行動に文化の相違を感じていたか、日本人の行動を見かけていたか。

Ⅲ-1-1. 日本人（対ハノイ・ベトナム人）

　日本人の回答結果を基に、ハノイ進出日系企業の「電気・電子製品」、「鉄鋼・非鉄金属」、「製造業その他」をまとめて「全製造業」として分析できるか、「銀行・金融・保険」、「貿易」と「非製造業その他」をまとめて「全非製造業」として分析できるかを確かめた。まず(1)文化の相違に関して、「全製造業」と製造業に属す各業種間の順位相関係数を求めたところ、「全電気・電子製品」（$n=43$）、「鉄鋼・非鉄金属」（$n=6$）、「製造業その他」（$n=5$）のそれぞれに相関が認められた（$r=.99, p=.00 ; r=.55, p=.00 ; r=.60,$ $p=.00$）（付録Ⅱの表9参照）。この後の分析はこれらをまとめて「ハノイ全製造業（日本人・文化の相違)」（$n=54$）として分析を進めていく。また、非製造業に属す各業種間の順位相関係数を求めたところ、「銀行・金融・保険」と「貿易」の間には相関があるが（$r=.57, p=.00$）、これらと「非製造業その他」の間には相関がないことが判明した（$r=.17, p=.32$）（付録Ⅱの表10参照）。この後は「非製造業その他」（$n=2$）と「銀行・金融・保険・貿易」（$n=10$）として別々に分析していく。さらに、「ハノイ製造業（日本人・文化の相違)」（$n=54$）と「非製造その他」及び「銀行・金融・保険・貿易」の相関係数を求めたところ、相関がないことが判明した（$r=.26, p=.13 ; r=.06, p=.71$）（付録Ⅱの表11参照）。そのため、この後の分析では、非製造業（$n=12$）を除き、「ハノイ修正全企業（日本人・文化の相違)」（$n=54$）で進めていくことにする。

　(2)社内で見かける行動については、文化の相違同様、製造業と非製造業に属す業種間の順位相関を確かめた。その結果、「全製造業」と「全電気・電子製品」（$n=43$）、「鉄鋼・非鉄金属」（$n=6$）、「製造業その他」（$n=5$）のそれぞれに相関が認められた（$r=.99, p=.00 ; r=.62, p=.00 ; r=.57, p=.00$）（付録Ⅱの表12参照）。この後の分析はこれらをまとめて「ハノイ全製造業（日本人・見かける)」（$n=54$）として分析を進めていく。また。非製造業に属す各業種間の順位相関係数を求めたところ、「銀行・金融・保険・貿易」と「非製造業その他」の間には相関がないことがわかった（$r=.18, p=.29$）（付

録Ⅱの表13参照）。この後は「非製造業その他」（$n = 2$）と「銀行・金融・保険・貿易」（$n = 10$）として別々に分析していくことにする。さらに「ハノイ全製造業（日本人・見かける）」（$n = 54$）と「非製造業その他」及び「銀行・金融・保険・貿易」の相関を求めたところ、「非製造業その他」との相関は認められなかった（$r = -.17$, $p = .33$）（付録Ⅱの表14参照）。しかし、「銀行・金融・保険・貿易」との相関が確認されたため（$r = .33$, $p = .04$）、今後の分析は、「ハノイ全製造業（日本人・見かける）」（$n = 54$）と「銀行・金融・保険・貿易」（$n = 10$）をまとめて「ハノイ修正全企業（日本人・見かける）」（$n = 64$）として進めていくことにする。

Ⅲ-1-2. ハノイ・ベトナム人（対日本人）

　ベトナム人の回答結果を基に、ハノイ進出日系企業の「電気・電子製品」、「鉄鋼・非鉄金属」、「製造業その他」をまとめて「製造業」として分析できるか、そして「銀行・金融・保険」、「貿易」、「非製造業その他」をまとめて「非製造業」として分析できるかを確かめた。

　まず(1)文化の相違に関して、「全製造業」と製造業に属す各業種間の順位相関係数を求めたところ、「全電気・電子製品」（$n = 60$）、「鉄鋼・非鉄金属」（$n = 10$）、「製造業その他」（$n = 5$）のそれぞれに相関が認められた（$r = .98$, $p = .00$；$r = .88$, $p = .00$；$r = .70$, $p = .00$）（付録Ⅱの表15参照）。この後の分析はこれらをまとめて「ハノイ全製造業（ベトナム人・文化の相違）」（$n = 75$）として分析を進めていく。次に非製造業に属す各業種間の順位相関係数を求めたところ、まず、「銀行・金融・保険」（$n = 5$）と「貿易」（$n = 20$）の間に相関が認められた（$r = .92$, $p = .00$）。また、「銀行・金融・保険」と「貿易」を併せた「銀行・金融・保険・貿易」（$n = 25$）と「非製造業その他」（$n = 38$）の間に相関が認められた（$r = .78$, $p = .00$）（付録Ⅱの表16参照）。この後、これらをまとめて「ハノイ全非製造業（ベトナム人・文化の相違）」（$n = 63$）として分析していくことにする。さらに、「ハノイ全製造業（ベトナム人・文化の相違）」

（n＝75）と「ハノイ全非製造業（ベトナム人・文化の相違)」（n＝63）の相関係数を求めたところ、相関が認められた（r＝.86, p＝.00)（付録Ⅱの表17参照)。この後の分析は「ハノイ全企業（ベトナム人・文化の相違)」（n＝138）として進めていくことにする。

　(2)社内で見かける行動については、文化の相違同様、製造業と非製造業に属す業種間の順位相関を確かめた。その結果、「全製造業」と「全電気・電子製品」（n＝60)、「鉄鋼・非鉄金属」（n＝10)、「製造業その他」（n＝5）それぞれに相関が認められた（r＝.998, p＝.000；r＝.903, p＝.000；r＝.767, p＝.000)（付録Ⅱの表18参照)。この後の分析はこれらをまとめて「ハノイ全製造業（ベトナム人・見かける)」（n＝75）として分析を進めていく。また、非製造業に属す各業種間の順位相関係数を求めたところ、「銀行・金融・保険」と「貿易」の間に相関が認められた（r＝.92, p＝.00)。また、「銀行・金融・保険」と「貿易」をまとめて「銀行・金融・保険・貿易」（n＝25）として「非製造業その他」（n＝38）との間に相関があるかを確かめたところ、相関が認められた（r＝.82, p＝.00)（付録Ⅱの表19参照)。この後は、これらをまとめて「ハノイ全非製造業（ベトナム人・見かける)」（n＝63）として分析していくことにする。さらに、「ハノイ全製造業（ベトナム人・見かける)」（n＝75）と「ハノイ全非製造業（ベトナム人・見かける)」（n＝63）の間に相関が認められた（r＝.79, p＝.00)（付録Ⅱの表20参照)。この後の分析は「ハノイ全企業（ベトナム人・見かける)」（n＝138）として進めていくことにする。

Ⅲ-2. ホーチミン

　本節では、ホーチミン進出日系企業を「製造業」と「非製造業」にまとめていくことができるかについて、以下のデータを基に分析していく：(1)ホーチミン進出日系企業で働く日本人はベトナム人の行動に文化の相違を感じていたか、ベトナム人の行動を見かけていたか、(2)ベトナム人は日本人の行動に文化の相違を感じていたか、日本人の行動を見かけていたか。

Ⅲ-2-1. 日本人（対ホーチミン・ベトナム人）

　日本人の回答結果を基に、ホーチミン進出日系企業の「電気・電子製品」、「石油・ガス」、「化学工業」、「製造業その他」をまとめて「製造業」として分析できるかを確かめた。

　まず(1)文化の相違に関して、製造業に属す各業種間の順位相関係数を求めたところ、「全製造業」（$n=62$）と「全電気・電子製品」（$n=36$）、「石油・ガス」（$n=11$）、「化学工業」（$n=4$）及び「全製造業その他」（$n=11$）のそれぞれに相関が認められた（$r=.95$, $p=.00$；$r=.63$, $p=.00$, $r=.58$, $p=.00$, $r=.86$, $p=.00$）（付録Ⅱの表21参照）。この後の分析はこれらをまとめて「ホーチミン全製造業（日本人・文化の相違)」（$n=62$）として分析を進めていく。また、非製造業2社（「運輸」（$n=2$）と「銀行・金融・保険」（$n=6$））の間にも相関が認められた（$r=.66$, $p=.00$）。このため、これら2社をまとめて「ホーチミン全非製造業（日本人・文化の相違)」（$n=8$）として、「ホーチミン全製造業（日本人・文化の相違)」との相関係数を求めたところ、相関があることが判明した（$r=.43$, $p=.01$）（付録Ⅱの表22参照)。この後の分析は、これらをまとめて「ホーチミン全企業（日本人・文化の相違)」（$n=70$）として進めていくことにする。

　(2)社内で見かける行動については、文化の相違同様、製造業と非製造業に属す業種間の順位相関を確かめた。その結果、「全製造業」（$n=62$）と「全電気・電子製品」（$n=36$）、「石油・ガス」（$n=11$）、「化学工業」（$n=4$）及び「全製造業その他」（$n=11$）それぞれに相関が認められた（$r=.90$, $p=.00$；$r=.78$, $p=.00$；$r=.69$, $p=.00$；$r=.82$, $p=.00$）（付録Ⅱの表23参照)。この後の分析はこれらをまとめて「ホーチミン全製造業（日本人・見かける)」（$n=62$）として分析を進めていく。また、非製造業2社の間の相関を求めたところ、相関が認められた（$r=.79$, $p=.00$）。このため、これら2社をまとめて「ホーチミン非製造業（日本人・見かける)」（$n=8$）として、「ホーチミン製造業（日本人・見かける)」との相関係数を求めたところ、相関があることが判

192   第3部　認知摩擦調査概要と調査結果

明した（$r = .50$, $p = .00$）（付録Ⅱの表24参照）。この後の分析は、これらをまと
めて「ホーチミン全企業（日本人・見かける）」（$n = 70$）として進めていくこと
にする。

Ⅲ-2-2．ホーチミン・ベトナム人（対日本人）

　ベトナム人の回答結果を基に、ホーチミン進出日系企業「電気・電子製
品」、「石油・ガス」、「化学工業」、「製造業その他」をまとめて「製造業」と
して分析できるかを確かめた。

　まず(1)文化の相違について、製造業に属す各業種間の順位相関係数を求め
たところ、「全製造業」（$n = 111$）と「全電気・電子製品」（$n = 68$）、「石油・
ガス」（$n = 23$）、「化学工業」（$n = 7$）及び「全製造業その他」（$n = 13$）それぞ
れに相関が認められた（$r = .97$, $p = .00$；$r = .86$, $p = .00$；$r = .55$, $p = .00$；$r = .80$,
$p = .00$）（付録Ⅱの表25参照）。この後の分析は、これらをまとめて「ホーチミ
ン全製造業（ベトナム人・文化の相違）」（$n = 111$）として分析を進めていく。
また、非製造業の「運輸」（$n = 21$）と「銀行・金融・保険」（$n = 8$）の間に
相関が認められた（$r = .76$, $p = .00$）。このため、これら2社の回答をまとめ
「ホーチミン全非製造業（ベトナム人・文化の相違)」（$n = 29$）とし、「ホーチミ
ン全製造業（ベトナム人・文化の相違)」（$n = 111$）との相関係数を求めたところ、
相関があることが判明した（$r = .66$, $p = .00$）（付録Ⅱの表26参照）。この後の分
析は、これらをまとめて「ホーチミン全企業（ベトナム人・文化の相違)」（$n =$
140）で進めていくことにする。

　(2)社内で見かける行動については、文化の相違同様、製造業と非製造業に
属す業種間の順位相関を確かめた。その結果、「製造業その他8」の1社を
除き、「全製造業」と「全電気・電子製品」、「石油・ガス」、「化学工業」「製
造業その他6」のそれぞれに相関が認められた（$r = .91$, $p = .00$；$r = .90$,
$p = .00$；$r = .83$, $p = .00$；$r = .75$, $p = .00$）（付録Ⅱの表27参照）。この後の分析は、
相関のあった業種をまとめて「ホーチミン修正製造業（ベトナム人・見かけ

る）」（$n = 106$）として分析を進めていく。また、非製造業の「運輸」（$n = 21$）と「銀行・金融・保険」（$n = 8$）の間にも相関が認められたため（$r = .75$, $p = .00$）、これらをまとめて「ホーチミン全非製造業（ベトナム人・見かける）」（$n = 29$）とし、「ホーチミン修正製造業（ベトナム人・見かける）」との相関係数を求めたところ、相関があることが判明した（$r = .69$, $p = .00$）（付録IIの表28参照）。この後の分析は、これらをまとめて「ホーチミン修正全企業（ベトナム人・見かける）」（$n = 135$）として進めていくことにする。

ベトナム調査のまとめ

　各業種がまとまったところで、さらに地域間（ハノイとホーチミン）で回答に相関があるかどうかを確かめた。日本人がベトナム人に対して感じる「文化の相違」については（$n = 124$）、地域間で相関が見られた（$r = .84$, $p = .00$）（付録IIの表29参照）。また、「見かける」についても（$n = 134$）相関が見られた（$r = .71$, $p = .00$）（付録IIの表30参照）。さらに、ベトナム人が日本人に感じる「文化の相違」についても（$n = 278$）、地域間で高い相関が認められた（$r = .94$, $p = .00$）（付録IIの表31参照）。また、「見かける」の回答結果（$n = 273$）に関しても高い相関が認められた（$r = .91$, $p = .00$）（付録IIの表32参照）。

　ハノイでは「非製造業その他」1社（日本人・見かける、日本人・文化の相違）、ホーチミンでは「製造業その他」1社（ベトナム人・見かける）を除いた21企業に相関があることを確認することができた。このことは、ベトナム進出日系企業における回答者の回答データの信頼性が確認できたと言える。また、さらに、調査で用いた企業行動が調査項目として妥当であることを示している。これをもって、相関があった全企業及び回答者を対象に分析・考察を実施することにした。対象となる企業は21社。また、日本人及びベトナム人回答者をまとめると以下のようになる：日本人（文化の相違）は124名、日本人（見かける）は134名、ベトナム人（文化の相違）は278名、ベトナム人（見かける）は273名である。

注

[1] 職位について質問紙では、以下の中から最も適切なものに印をつけてもらった。これらの職位については、これまでの調査（西田，2002，2007，2008）を基に作成した。

1．他の監督者または管理者を部下としている（管理職）

2．一般従業員を直接管理している（管理職）

3．事務所で一般従業員を監督するレベルの仕事に就いている（非管理職）

4．事務所以外の場所で一般従業員を監督するレベルの仕事に就いている（非管理職）

5．事務所で経理などの仕事に就いている（非管理職）

6．一般従業員

9．その他

邦文参考文献

池田　央（1991）『統計ガイドブック』新曜社。

芝　祐順・渡部　洋・石塚智一（1984）『統計用語辞典』新曜社。

西田ひろ子編（2002）『マレーシア、フィリピン進出日系企業における異文化間コミュニケーション摩擦』多賀出版。

西田ひろ子編（2007）『米国、中国進出日系企業における異文化間コミュニケーション摩擦』風間書房。

西田ひろ子編（2008）『グローバル社会における異文化間コミュニケーション』風間書房。

第9章　中国進出日系企業で働く中国人と
　　　　日本人の認知傾向

西田ひろ子

　本章では、(1)中国進出日系企業で働く中国人は日本人をどのようにとらえていたか（中国人の認知傾向）、(2)日本人は中国人をどのようにとらえていたか（日本人の認知傾向）について分析・考察していくことにする。これは、中国人と日本人の間の認知摩擦を分析する前に、中国人・日本人はどの程度相手の行動を認知していたのかを知るための分析・考察である。

Ⅰ．中国進出日系企業で働く中国人の認知傾向

　本調査では、1996年から2002年にかけて実施したマレーシア・フィリピン・中国・アメリカ調査と、新たな文献調査を基に抽出した日本人の企業行動について（第4章を参照）、中国人回答者に、「会社でどの程度見かける日本人の行動ですか」（5段階尺度：「1．全く見かけない」、「2．見かけるのは30％未満」、「3．見かけるのは50％程」、「4．見かけるのは60％～70％」、「5．見かけるのは80％以上」）と、「あなたはその行動に文化の相違を感じていますか」（5段階尺度：「1．全く感じない」、「2．あまり感じない」、「3．どちらとも言えない」、「4．時々感じる」、「5．常に感じる」）を尋ねた。「見かける」という質問は、日系企業で働いている中国人が日頃共に仕事をしている日本人の行動を認知（認識）しているかどうかを確認するものである。さらに、「文化の相違」という質問は、中国人が同じ職場で働く日本人の行動と自分の行動を比較し、「自分の文化内の行動とは違う」として文化の相違を感じているかどうかを確認するものである。「見かける」と回答することは相手の行動を認識して

いることである。また、「見かける」と回答した上で「文化の相違を感じる」と回答するということは、日本人の行動を認識した上で「中国人とは違っている」と感じているということである。

　分析に際し本書では、認知のレベルを以下のように分類して考察していく：(1)「見かけるのは80％以上」と「文化の相違を常に感じる」という回答は、相手の行動を強く認知していることから「強い認知レベル」、(2)「見かけるのは60％〜70％」と「文化の相違を時々感じる」は、「やや強い認知レベル」(3)「見かけるのは50％程」と「どちらとも言えない（文化の相違を感じるとも感じないとも言えない）」は、「やや弱い認知レベル」、(4)「見かけるのは30％未満」と「文化の相違をあまり感じない」は、「弱い認知レベル」、(5)「全く見かけない」と「文化の相違を全く感じない」は「認知していない」（表9-1参照）。また、認知摩擦は以下の場合に生じると考えられる：(1)一方が相手の行動を強くあるいはやや強く認知していて、批判的なのに対し、もう一方の認知レベルが弱い、あるいは認知していない場合、(2)両者共に相手の行動を強くあるいはやや強く認知しているが、一方が好意的なのに対しもう一方が批判的な場合、(3)両者共に相手の行動を強くあるいはやや強く認知していて、両者共に相手の行動に批判的な場合（表9-2参照）。

　本章では、「中国進出日系企業で働く中国人はどのように日本人の行動をとらえていたか」また「日本人は中国人をどのようにとらえていたか」につ

表9-1　認知のレベル

	見かける	文化の相違
強い認知レベル	「見かけるのは80％以上」	「文化の相違を常に感じる」
やや強い認知レベル	「見かけるのは60％〜70％」	「文化の相違を時々感じる」
やや弱い認知レベル	「見かけるのは50％程」	「どちらとも言えない」
弱い認知レベル	「見かけるのは30％未満」	「文化の相違をあまり感じない」
認知していない	「全く見かけない」	「文化の相違を全く感じない」

第9章　中国進出日系企業で働く中国人と日本人の認知傾向　　197

表9-2　認知摩擦が生じる状況

1．一方が相手の行動を強くあるいはやや強く認知していて、批判的なのに対し、もう一方の認知レベルが弱い、あるいは認知していない場合
2．両者共に相手の行動を強くあるいはやや強く認知しているが、一方が好意的なのに対し、もう一方が批判的な場合
3．両者共に相手の行動を強くあるいはやや強く認知していて、両者共に相手の行動に批判的な場合

いて分析・考察していく。つまり、中国人と日本人の間の認知摩擦を分析する前に、中国人はどの程度日本人の行動を認知していたのか、また、日本人はどの程度中国人の行動を認知していたかを知るための分析・考察である。なお、「相手の行動に好意的か・批判的か」といった感情的（情動的）反応については、情動摩擦の章（第14章と第15章）で分析・考察していく。

　さて、第7章の信頼性分析の結果から、中国人回答者の中では上海の「非製造業その他」の企業2社で働く中国人の「文化の相違」についての回答に相関がないことが判明したことから、これらの企業で働く中国人を除いた403名を「中国人（文化の相違）」の回答者として、また、407名を「中国人（見かける）」の回答者として37項目への回答を分析していくことにする。中国人は日本人の行動を「見かける」と認知していたか、また「文化の相違を感じる」と認知していたかについてクラスター分析法を用いて分析していく。クラスター分析は、似た傾向にある回答をまとめる統計手法であるため（Romesburg, 1992; Norusis, 1990）、認知傾向を知るためには最適であると思われる。

Ⅰ-1. 中国人回答者の「日本人の行動を見かける」と「日本人の行動に文化の相違を感じる」についてのクラスター分析結果

　中国人回答者の「日本人の行動を見かける」（$n = 407$）と「日本人の行動に文化の相違を感じる」（$n = 403$）の両方の回答結果を基にクラスター分析を行ったところ、3つのクラスターに分類できることが判明した（表9-3参

表9-3 中国人回答者の「日本人の行動を見かける」と「日本人の行動に文化の相違を感じる」の回答を基にしたクラスター分析結果　　　（表中の数値は％）

日本人の行動	日本人の行動を見かける (n＝407)						日本人の行動に文化の相違を感じる (n＝403)				
	M 1	M 2	M 3	M 4	M 5		B 1	B 2	B 3	B 4	B 5
Ⅰ　業務遂行行動群											
2．日本人は中国人に、品質管理や事務管理は細かい側面についても徹底して行うことを求める	0.8	9.0	13.0	28.9	48.3		2.0	10.4	5.1	31.1	51.4
3．日本人は自分の意見をはっきり言わない	5.7	13.4	25.2	25.2	30.6		2.5	9.4	22.0	32.2	33.9
4．日本人は中国人部下に対し、仕事の報告・連絡・相談を要求する	1.3	7.1	18.6	25.8	47.2		1.8	9.3	12.6	29.5	46.9
7．日本人は中国人部下に対し、たとえ些細な事柄であっても、会社の規則に従うよう求める	0.5	6.6	12.3	25.6	55.0		3.3	8.1	10.9	23.7	54.0
8．日本人は中国人部下に対し、仕事内容についてきちんとわかるまで尋ねるよう求める	4.3	15.1	22.7	30.6	27.3		6.3	11.9	21.2	33.1	27.5
10．上司も部下も同じ部屋で仕事をする	11.9	6.7	8.8	11.1	61.6		12.0	8.7	9.4	14.0	56.0
11．物事の決定までかなりの時間がかかる	4.6	11.6	19.6	21.4	42.8		3.0	8.6	21.8	25.9	40.6
12．基本的には年功序列型で昇進する	5.2	14.8	22.0	26.4	31.6		4.5	11.1	21.5	32.1	30.8
14．日本人はチームワークを重視する	7.2	15.3	19.4	28.1	29.9		6.3	11.6	17.9	33.6	30.6
18．日本人は、中国人部下に対し礼儀正しく接している	3.1	12.3	22.3	24.6	37.7		5.6	8.6	21.7	32.8	31.3
19．日本人は中国人に、仕事の始業時間や会議が始まる前には必ず到着することを求める	2.3	6.8	17.4	26.0	47.4		5.1	10.0	12.1	30.3	42.6

20. 日本人は中国人部下に、常に仕事の納期を守るよう求める	0.5	3.4	10.7	30.2	55.2	4.6	10.4	7.4	26.1	51.5
31. 日本人は何が原因で問題が発生したのかを明確にしようとする	2.8	9.7	19.0	30.5	37.9	4.0	9.1	21.0	30.1	35.9
32. 日本人上司は、良い結果だけでなく、良くない結果や問題が生じた場合も率直に報告することを求める	0.5	4.1	15.6	26.5	53.3	4.0	5.8	12.8	32.0	45.3
33. 日本人は、業務上の問題点があれば徹底的に追及し、必ず有効な解決方法を探し出す	1.5	5.7	14.7	28.1	50.0	3.8	8.4	14.0	29.2	44.7
35. 日本人は、中国人が自主的に仕事を探し、積極的に仕事をすることを求める	4.7	15.0	30.3	28.5	21.5	5.3	16.3	23.2	36.6	18.6
36. 日本人は中国人と日本語で意思疎通をはかる	1.8	11.8	18.3	28.0	40.1	4.6	12.5	11.5	30.1	41.3
Ⅱ　中国進出日系企業では見かけない行動群										
9. 日本人上司は部下からの贈り物を快く受け取らない	49.3	15.6	15.3	6.3	13.5	27.8	22.7	29.1	11.5	8.9
17. 日本人は、中国人が家族と過ごす予定があっても休日出勤することを求める	32.2	31.2	20.4	11.6	4.6	18.0	30.9	26.3	18.5	6.3
21. 日本人は男性従業員と女性従業員を平等に扱わない（基本的に給与、昇進、仕事内容などに男女差あり）	34.3	19.2	19.5	16.6	10.4	21.6	21.4	26.2	21.1	9.7
22. 終業後、日本人上司は、中国人部下と夕食を食べたり、酒を飲みに行ったりすることを求める	33.5	36.6	19.3	7.5	3.1	25.3	34.9	18.2	19.0	2.5
29. 日本人は、中国人が妻の出産や子どもの入院の際に早退、欠勤することを理解しない	35.7	27.9	21.9	10.4	4.2	19.4	28.3	26.8	16.6	8.9

Ⅲ　業務管理行動群										
1．日本人は、有給休暇をすべて消化しない	10.9	24.4	17.8	24.1	22.8		6.5	21.4	16.6	31.2	24.2
5．日本人上司は、部下の仕事がうまくいった際に褒めない	11.2	24.0	30.5	21.9	12.5		8.9	21.9	30.4	26.8	12.0
6．日本人は、中国人部下が仕事の評価内容に納得できず、説明を求めても説明してくれない	11.4	25.8	29.2	20.9	12.7		4.8	19.5	31.1	31.1	13.4
13．給与の額について、日本人上司は説明してくれない	12.6	18.8	24.7	18.6	25.3		6.4	14.1	29.4	24.8	25.3
15．日本人は中国人に、たとえ私的な先約があっても、残業をすることを求める	13.9	29.0	25.2	17.7	14.1		7.1	21.0	27.8	29.6	14.4
16．日本人は中国人に、職務範囲以外の事柄でも仕事を行うことを求める	9.3	26.3	29.9	21.6	12.9		4.8	17.5	25.8	35.4	16.5
23．日本人にとって会議は承認の場である	16.1	25.9	32.9	16.3	8.8		8.9	22.5	36.7	22.8	9.1
24．日本人は反対意見を言うことは極力避ける	15.0	25.9	29.5	20.2	9.3		9.8	19.7	33.3	28.0	9.1
25．日本人上司は、周りに人々がいる所で中国人部下を叱責する	15.7	32.9	23.1	18.8	9.5		10.6	25.5	19.4	33.1	11.4
26．日本人上司の指示内容は曖昧で分かりにくい	16.4	31.5	28.6	16.9	6.5		8.7	25.0	28.8	28.8	8.7
27．日本人は中国人が転職することを理解しない	13.5	24.9	31.2	18.0	12.4		7.8	14.3	32.5	27.8	17.7
28．基本的には年功序列型給与を受け取る	14.4	23.4	22.8	22.8	16.5		9.5	18.8	27.5	27.2	17.0
30．会社では、配置転換、人事異動がよくある	16.6	22.9	26.0	19.0	15.6		10.5	18.4	24.7	31.9	14.5
34．日本人は中国人と中国語で意思疎通をはかる	9.3	30.2	20.4	22.7	17.5		9.2	22.6	13.0	33.6	21.6

第9章　中国進出日系企業で働く中国人と日本人の認知傾向　　　201

37. 日本人は中国人と仕事や会社についての情報を共有しない	9.1	25.8	28.6	21.1	15.4		6.6	18.8	28.8	30.0	15.8

注：「M1」は同じ職場で働く日本人の行動に対して「全く見かけない」と回答した中国人回答者の割合。「M2」は「見かけるのは30％未満」、「M3」は「見かけるのは50％程」、「M4」は「見かけるのは60％〜70％」、「M5」は「見かけるのは80％以上」という回答をまとめたものである。同様に、「B1」は同じ職場で働く日本人の行動に対して「文化の相違を全く感じない」と回答した中国人回答者の割合、「B2」は「文化の相違をあまり感じない」、「B3」は「どちらとも言えない」、「B4」は「文化の相違を時々感じる」、「B5」は「文化の相違を常に感じる」という回答をまとめたものである。

照）。ロメスバーグ（Romesburg, 1992）とノルシス（Norusis, 1990）の提唱する方法により、ユークリッド距離係数が急に増大する箇所でクラスターの数を決定したが、これは4つのクラスターの係数値と3つのクラスターの係数値を比較した際に、それまでの比較よりもはるかに大きな変化が見られたためである。

　最初のクラスターでは、中国人回答者が日本人の行動を見かけることについて、「見かけるのは80％以上」と「見かけるのは60％〜70％」と回答した者が多かった（これらの回答を合計すると50.0％〜85.4％）。同様に、「文化の相違」について、「時々感じる」と「常に感じる」と回答したものが多かった（これらの回答を合計すると55.2％〜82.5％）。つまり、中国人回答者は、このクラスターに含まれている日本的行動をよく見かけており、文化の相違を感じる度合いも高いことが判明した（「やや強い認知レベル」表9-1参照）。このクラスターに含まれていた行動の多くは業務遂行行動に関する項目から構成されていたため、「業務遂行行動群」と命名する。2つ目のクラスターでは、中国人回答者の「全く見かけない」という回答が半数近くを占めていた（32.2％〜49.3％）。これに「見かけるのは30％未満」（15.6％〜36.6％）を加えると53.5％〜70.1％が「あまり見かけない」と回答していた。また、文化の相違についても、「全く感じない」（18.0％〜27.8％）と「あまり感じない」（21.4％〜34.9％）の回答を合計すると39.4％〜62.7％に上った。つまり、中

国人回答者は、このクラスターに含まれていた日本的行動について、同じ職場で働く日本人の中にそのような行動をあまり見かけておらず、文化の相違を感じる度合いも弱いことが判明した（「弱い認知レベル」）。このクラスターには、中国進出日系企業では見かけない行動「9．日本人上司に贈り物をする」（インタビュー調査から実際には贈り物はしないことが判明）、「17．日本人は、中国人が家族と過ごす予定があっても休日出勤することを求める」（インタビュー調査から無理に休日出勤はさせないことが判明）などから構成されていたことから、「中国進出日系企業では見かけない行動群」と名付ける。3つ目のクラスターでは、中国人回答者の回答は「見かけるのは30％未満」（18.8％〜32.9％）、「見かけるのは50％程」（17.8％〜32.9％）と「見かけるのは60％〜70％」（16.3％〜24.1％）に分散していた。また、「文化の相違」についての回答も、「文化の相違をあまり感じない」（14.1％〜25.5％）、「どちらとも言えない」（16.6％〜36.7％）と「時々感じる」（22.8％〜36.6％）に分散していた（「やや弱い認知レベル」）。つまり、中国人回答者の回答は見かける度合いも文化の相違を感じる度合いも分散しており、日本人の行動への認知の度合は回答者によって異なっていたと言える。ここに含まれている行動のほとんどは業務管理に関わる項目であることから、「業務管理行動群」と命名する。

I-2. まとめ

　クラスター分析の結果から、職場の日本人の行動についての中国人の回答結果は、「業務遂行行動群」、「中国進出日系企業では見かけない行動群」と「業務管理行動群」という3つの行動群に分類できることが判明した。中国人回答者の「見かける」と「文化の相違」の回答は極めて似たような認知傾向が見られたことから、これらの側面は同じような傾向にあると考えられる。中国人は日本人の業務遂行行動を強く認知しているが、日系企業における業務管理行動については回答が分散していた。また、中国進出日系企業では見かけない行動群に含まれていた日本人の行動は、あまり見かけておらず、文

第9章　中国進出日系企業で働く中国人と日本人の認知傾向　　203

化の相違も感じていなかった。このことは日本人がそのように行動していないことを意味すると思われる。しかし、この行動群に含まれていた日本人の行動については、日本人側からの回答がどのようになっているのか比較・考察する必要がある。ここに中国人と日本人の間の認知摩擦が存在することも考えられるからである。中国人と日本人の間には実際にどのような認知摩擦が生じていたかについては、次章で分析・考察していく。

　さて、中国進出日系企業で働く中国人の認知傾向は以下のようにまとめることができる：(1)日本人の業務遂行行動は強く認知している（よく見かけており、文化の相違も感じている、「やや強い認知レベル」）、(2)日本人の業務管理行動については人により認知のレベルが異なっていたが、これは回答者の職位によって異なっていると思われる（日本人と接触のある者ほど認知しているが、全体では「やや弱い認知レベル」）、(3)中国人の認知レベルが弱い日本人の行動が判明し、「中国進出日系企業では見かけない行動群」と命名された（この群に含まれる日本人の行動を中国人はあまり見かけておらず、文化の相違も感じていない、「弱い認知レベル」）。

　分析結果から言えることは、中国進出日系企業で働く中国人は日本人の業務遂行行動を日々体験しており、記憶回路網が形成されていたと考えられる。このため、「見かける」と回答した者が多かった。つまり、記憶回路網が形成されていたからこそ「見かける」と回答し、「文化の相違」を感じていたと言える。このことは、日本人が業務遂行行動を重視し、日々中国人に接していたと言える。一方、日系企業の業務管理行動は、中国人によって認知している者としていない者に分かれていた。これは立場や部署などの違いによって体験の度合が異なるからだと思われる。最後に中国進出日系企業では見られない日本人の行動が明らかになった。以下の5項目である：「9．日本人上司は贈り物を快く受け取ってくれない」「17．日本人は、中国人が家族と過ごす予定があっても休日出勤することを求める」「21．上司は男性従業員と女性従業員を平等に扱わない（基本的に給与、昇進、仕事内容などに男女差

あり）」「22．終業後、日本人上司は、中国人部下と夕食を食べたり、酒を飲みに行ったりすることを求める」「29．日本人は、中国人管理職が妻の出産や子どもの入院の際に早退、欠勤することを理解しない」。「9」を除いた4項目から、日本人は「中国人に休日出勤を求めない」、「男女従業員を平等に扱う」、「終業後のつきあいを求めない」、「妻の出産などの理由での早退、欠勤を理解する」ということが判明したと言える。なお「9．贈り物」については、そもそも日系企業にはそのような慣習はないようだ。

Ⅱ．中国進出日系企業で働く日本人の認知傾向

　本調査では、1996年から2002年にかけて実施したマレーシア・フィリピン・中国・アメリカ調査と新たな文献調査を基に抽出した中国人の企業行動について（第4章参照）、日本人回答者に「会社でどの程度見かける中国人の行動ですか」（5段階尺度：「1．全く見かけない」、「2．見かけるのは30％未満」、「3．見かけるのは50％程」、「4．見かけるのは60％〜70％」、「5．見かけるのは80％以上」）と、「あなたはその行動に文化の相違を感じていますか」（5段階尺度：「1．全く感じない」、「2．あまり感じない」、「3．どちらとも言えない」、「4．時々感じる」、「5．常に感じる」）を尋ねた。「見かけるか」という質問は、中国の日系企業で働いている日本人が、同じ職場で働く中国人の行動を認識しているかどうかを確認するものである。さらに、「文化の相違を感じるか」という質問は、日本人が同じ職場で働く中国人の行動に文化の相違を感じているかどうかを確認するものである。「見かける」という度合いが高くなればなるほど、また「文化の相違」を感じれば感じるほど、日本人回答者は中国人の行動を強く認知していることを意味する。「見かける」と回答することは相手の行動を認識することである。また、「見かける」と回答した上で「文化の相違を感じる」と回答するということは、中国人の行動を認識した上で「日本人とは違っている」と感じているということである。このような

場合、「日本人は中国人の行動を認知している」ととらえることができる。本書では、一方が相手の行動を強く、あるいはやや強く認知しているにも関わらず、もう一方の認知が「弱いあるいはやや弱い」、「認知していない」という場合、認知摩擦が生じているととらえる。しかし、「認知摩擦＝問題が生じている」わけではない。相手の行動を強く認知する際、常に批判的な感情が伴うものではないからである。強い認知が生じていても、相手を好意的にとらえる（相手の行動を学ぶべきととらえる）場合もある。分析に際し本書では、認知のレベルを以下のように分類して考察していく：(1)「見かけるのは80％以上」と「文化の相違を常に感じる」という回答は相手の行動を強く認知していることから「強い認知レベル」、(2)「見かけるのは60％〜70％」と「文化の相違を時々感じる」は「やや強い認知レベル」、(3)「見かけるのは50％程」と「どちらとも言えない（文化の相違を感じるとも感じないとも言えない）」は「やや弱い認知レベル」、(4)「見かけるのは30％未満」と「文化の相違をあまり感じない」は「弱い認知レベル」、(5)「全く見かけない」と「文化の相違を全く感じない」は「認知していない」（表9-1参照）。また、認知摩擦は以下の場合に生じると考えられる：(1)一方が相手の行動を強くあるいはやや強く認知していて、批判的なのに対し、もう一方の認知レベルが弱い、あるいは認知していない場合、(2)両者共に相手の行動を強くあるいはやや強く認知しているが、一方が好意的なのに対し、もう一方が批判的な場合、(3)両者共に相手の行動を強くあるいはやや強く認知していて、両者共に相手の行動に批判的な場合。なお、批判的といった感情的（情動的）反応については、情動摩擦の章（第14章と第15章）で分析・考察していく。

Ⅱ-1. 日本人回答者の「中国人の行動を見かける」と「中国人の行動に文化の相違を感じる」についてのクラスター分析結果

　第7章の信頼性分析の結果から、広州進出日系企業の「非製造業その他」1社で働く日本人の「中国人の行動を見かける」についての回答に、相関が

ないことが判明した。このため「見かける」については、この1社の日本人回答者を除いた192名を、また、「文化の相違を感じる」については197名を本調査の「日本人回答者」として分析を進めていく。日本人の「中国人の行動を見かける」と「中国人の行動に文化の相違を感じる」についての回答結果を基にクラスター分析を実施したところ、4つのクラスターに分類することが適切だということが判明した。これは、ロメスバーグ（Romesburg, 1992）とノルシス（Norusis, 1990）の提唱する方法によるもので、ユークリッド距離係数が急に増大する箇所でクラスターの数を決定することが適切だという考え方である。これは、距離係数が急に大きくなる箇所はあまり似ていないクラスターが結合されることを意味するからである。分析結果から4つのクラスターに分類することがより正しいと判断された（表9-4参照）。

　最初のクラスターでは、日本人回答者の「（中国人の行動を）見かける」についての回答は、「見かけるのは30%未満」、「見かけるのは50%程」、「見かけるのは60%～70%」に分散していた。つまり、このクラスターに含まれていた中国人の行動については、「見かける」日本人もいれば「あまり見かけない」者もいるという結果であった。また、「文化の相違」についても、「どちらとも言えない」と「文化の相違を時々感じる」を選んだ者は52%から72%で（表9-4参照）、日本人回答者はこのクラスターに含まれていた中国人の行動に時々文化の相違を感じる程度だった（「やや弱い認知レベル」）。このクラスターに含まれていた中国人の行動は、「報告・連絡・相談の仕方」や「時間の守り方」などの業務遂行行動に関する項目から構成されていたため、「業務遂行行動群」と名付ける。2つ目のクラスターでは、日本人回答者の「見かけるのは30%未満」と「見かけるのは50%程」に集中しており、これらで54%から69%を占めていた。また、「文化の相違」についても、「どちらとも言えない」と「文化の相違を時々感じる」に集中しており、49%から74%の日本人がこれらを選択していた。それは、このクラスターに含まれた中国人の行動を日本人はあまり見かけておらず、また文化の相違も時々感じ

る程度で、認知レベルはやや弱かったと言える（「やや弱い認知レベル」）。ここには、「品質管理や事務管理に対する意識」や「会社の規則に対する考え方」など、日系企業における業務管理に対する中国人の行動が含まれていたことから、「業務管理行動群」とする。3つ目のクラスターには2つの項目のみが含まれており（「上司へ高価な品物を渡す」と「管理職に個室が与えられることを要求する」）、日本人回答者は「見かける」ことがほとんどなく、このため「文化の相違」も感じていなかった。つまり、日本人からとらえると「中国人はこのような行動はしない」ということである（「認知していない」〜「弱い認知レベル」）。これらの質問項目は他の国・民族の回答結果と比較するために、今回の調査に含まれていたのだが、このクラスターは「中国進出日系企業では見かけない行動群」と名付ける。さて、最後のクラスターであるが、ここに含まれていた中国人の行動については、日本人の53％から77％が「見かけるのは60％〜70％」、「見かけるのは80％以上」と回答しており、また、文化の相違も「時々感じる」、「常に感じる」と回答した者が63％から85％（1項目のみ52％）を占めており、ここに日本人が強く認知している中国人の行動が集まっていたと言える（強い認知レベル）。このクラスターには「チームワーク」や「職務範囲のとらえ方」といった9項目が集まっており、日本人回答者がとらえた中国人の行動の特徴が見られることから、「中国人の行動特質群」と命名する。

Ⅱ-2. まとめ

　中国進出日系企業で働く中国人の行動に対する日本人の回答は、4つのクラスターに分類できることが判明した：「業務遂行行動群」、「業務管理行動群」、「中国進出日系企業では見かけない行動群」、「中国人の行動特質群」。この中で日本人が強く中国人の行動を認知していたのは、「中国人の行動特質群」であった。業務遂行行動群と業務管理行動群については日本人の回答が分散しており、明確な認知傾向は確認できなかった。また、中国進出日系

208 第 3 部 認知摩擦調査概要と調査結果

表9-4 在中国日本人の「中国人の行動を見かける」、「中国人の行動に文化の相違を感じる」を基にしたクラスター分析結果 （表中の数値は％）

中国人の行動	中国人の行動を見かける （n = 192）					中国人の行動に文化の相違を感じる （n = 197）				
	M 1	M 2	M 3	M 4	M 5	B 1	B 2	B 3	B 4	B 5
Ⅰ 業務遂行行動群										
1．中国人は、有給休暇をすべて消化する	2.8	29.3	20.4	21.0	26.5	7.3	19.8	17.7	34.9	20.3
3．中国人は、上司からの指示が「良くない方策」だと思ったら自分の意見を言う	4.9	33.9	20.8	26.8	13.7	12.6	25.1	23.6	30.4	8.4
4．中国人は、上司から指示されたことについて、途中で何度も上司に報告したり、相談したりしない	3.3	24.9	26.0	28.7	17.1	3.1	15.1	24.5	37.0	20.3
6．中国人は、評価内容に納得できない場合には説明を求める	1.6	29.1	24.2	24.7	20.3	6.3	12.6	26.2	36.6	18.3
13．中国人は、給与の額に不満があれば上司と交渉する	2.2	32.4	24.7	26.9	13.7	3.7	11.5	24.1	44.5	16.2
19．中国人は仕事の始業時間や会議を遅れて始めることが多い	8.2	26.2	26.8	27.9	10.9	6.3	16.8	20.0	38.9	17.9
23．中国人は会議を議論の場ととらえ、最も良い結論を導き出すために、さまざまな意見を言い合う	2.2	25.5	32.1	31.0	9.2	5.8	18.8	29.3	34.0	12.0
24．中国人は日本人上司へ反対意見をはっきりと言う	0.5	25.1	36.6	31.7	6.0	4.7	17.8	32.5	35.1	9.9
25．通常、中国人は、1対1になれる個室で部下を叱責する	3.3	23.8	24.9	26.0	22.1	6.3	15.2	30.9	28.3	19.4
32．中国人は問題が生じた場合は報告せず、良い結果だけを報告する	2.7	24.2	31.3	30.8	11.0	2.6	13.1	25.7	44.0	14.7

33. 中国人は業務上の問題点を解明しない	2.2	25.6	32.8	28.3	11.1		2.6	10.5	29.5	42.6	14.7
34. この会社の中国人とは中国語で意思疎通をはかる	7.8	26.8	23.5	21.2	20.1		15.5	17.6	37.4	16.6	12.8
35. 中国人は、自主的に仕事を探して、自ら積極的に仕事をしない	0.5	26.2	27.9	28.4	16.9		1.6	10.5	32.1	37.4	18.4
36. 中国人は、日本人と日本語で意思疎通をはかる	8.2	21.7	23.4	25.5	21.2		10.0	15.3	36.8	28.4	9.5
Ⅱ　業務管理行動群											
2. 中国人は、工場での品質管理やオフィスでの事務管理を徹底して行わない	11.8	37.6	27.5	16.9	6.2		11.6	23.8	29.1	27.0	8.5
5. 中国人は、部下の仕事がうまくいった際は必ず褒める	2.8	30.9	36.5	18.2	11.6		5.7	25.0	42.2	18.2	8.9
7. 中国人は、会社の規則があっても、どのような行動をとるかは自分で判断する	12.6	44.0	23.1	15.9	4.4		9.9	24.1	22.5	37.7	5.8
8. 中国人は、仕事の詳細についてわからない点があっても、わかるまで尋ねることはしない	3.3	34.4	34.4	21.3	6.6		4.2	17.3	30.9	38.2	9.4
12. 中国人は、能力型で昇進し、年功序列が昇進に影響することはない	2.8	23.5	36.9	22.9	14.0		4.7	20.9	37.2	26.7	10.5
15. 中国人は、残業を頼まれても、私的な先約があれば仕事の方を断る	3.9	38.7	30.4	16.0	11.0		1.0	20.9	34.6	34.6	8.9
17. 中国人は、家族と過ごす予定があれば、休日出勤を頼まれても仕事の方を断る	2.2	37.8	28.9	22.8	8.3		2.1	18.3	38.2	36.1	5.2
20. 中国人は仕事の納期を守らない	8.8	39.0	29.1	17.0	6.0		7.9	23.6	28.3	34.6	5.8
22. 終業後、中国人は日本人と夕食を食べたり、酒を飲みに行ったりしない	12.1	34.6	29.1	15.4	8.8		16.3	26.8	33.7	15.3	7.9

28. 中国人は、能力給を受け取る。年功序列が給与に影響することはない	2.8	25.8	28.1	25.3	18.0		2.7	12.8	40.1	30.5	13.9
30. 中国人は配置転換、人事異動を嫌う	3.4	29.8	30.9	18.0	18.0		4.3	13.3	41.5	28.2	12.8
37. 中国人は仕事や会社についての情報を共有することを要求する	1.6	25.5	33.2	32.6	7.1		5.8	13.6	47.6	26.7	6.3

Ⅲ　中国進出日系企業では見かけない行動群

9．中国人は、上司との関係をよくするために、高額な品物を用意して渡す	51.1	34.8	7.3	3.9	2.8		31.6	29.9	17.1	13.9	7.5
10. 中国人は、管理職の個室を要求してくる	59.7	24.9	8.8	3.9	2.8		37.8	23.4	20.2	13.3	5.3

Ⅳ　中国人の行動特質群

11. 中国人は、トップダウン（上位下達）方式を好む	3.9	22.1	21.5	27.6	24.9		3.2	10.5	23.2	37.9	25.3
14. 中国人は各自が自分の分担の仕事をこなす。チームワークの感覚がない	1.1	20.7	23.4	29.3	25.5		1.6	11.0	18.3	47.1	22.0
16. 中国人は自分の職務範囲外の業務は行わない	1.1	19.1	23.5	33.9	22.4		1.0	7.9	14.7	55.5	20.9
18. 中国人は、日本人上司には敬語を使い、目上の者として接する	1.6	10.4	20.9	30.8	36.3		6.9	13.2	27.5	30.2	22.2
21. 中国人は男性従業員と女性従業員を平等に扱う	1.7	10.5	18.2	30.4	39.2		5.3	9.5	24.2	35.8	25.3
26. 中国人部下には仕事内容を明確に指示する必要がある	0.5	6.0	16.4	32.8	44.3		2.6	3.1	9.4	37.2	47.6
27. 中国人は、現在より良い給与、地位が得られる会社があれば転職する	1.1	18.6	20.8	34.4	25.1		1.6	4.7	14.2	45.8	33.7
29. 中国人は、妻が出産した時や子どもが入院した時などには早退、欠勤する	1.1	12.3	18.4	31.3	36.9		3.7	9.5	20.1	37.6	29.1

31. 問題が発生した場合、中国人は何が原因で問題が発生したかよりも、誰に責任があるかを明確にしようとする	1.6	20.2	21.3	36.1	20.8		3.1	8.9	21.5	45.0	21.5

注：「Ｍ１」は中国人の行動に対して「全く見かけない」と回答した日本人の割合。「Ｍ２」は「見かけるのは30％未満」、「Ｍ３」は「見かけるのは50％程」、「Ｍ４」は「見かけるのは60％〜70％」、「Ｍ５」は「見かけるのは80％以上」という回答をまとめたものである。同様に、「Ｂ１」は中国人の行動に対して「文化の相違を全く感じない」と回答した日本人の割合、「Ｂ２」は「文化の相違をあまり感じない」、「Ｂ３」は「どちらとも言えない」、「Ｂ４」は「文化の相違を時々感じる」、「Ｂ５」は「文化の相違を常に感じる」という回答をまとめたものである。

　企業では見かけない行動群では、日本人の回答は「全く見かけない」「見かけるのは30％未満」に集中しており、「文化の相違」についても「全く感じない」と「あまり感じない」に集中していた。この行動群に含まれていた２項目は、中国進出日系企業ではほとんど見られない行動であると言える。さて、日本人回答者が強く認知していた「中国人の行動特質群」には以下の９項目が含まれていた。

・11. 中国人は、トップダウン（上位下達）方式を好む
・14. 中国人は各自が自分の分担の仕事をこなす。チームワークの感覚がない
・16. 中国人は自分の職務範囲外の業務は行わない
・18. 中国人は、日本人上司には敬語を使い、目上の者として接する
・21. 中国人は男性従業員と女性従業員を平等に扱う
・26. 中国人部下には仕事内容を明確に指示する必要がある
・27. 中国人は、現在より良い給与、地位が得られる会社があれば転職する
・29. 中国人は、妻が出産した時や子どもが入院した時などには早退、欠勤する
・31. 問題が発生した場合、中国人は何が原因で問題が発生したかよりも、誰に責任があるかを明確にしようとする

これらの項目については、日本人と中国人の間に認知摩擦が生じていることが考えられるため、第10章で詳しく分析・考察していくことにする。

邦文参考文献

西田ひろ子（2000）『人間の行動原理に基づいた異文化間コミュニケーション』創元社。

英文参考文献

Fiske, S. T., & Neuberg, S. L. (1990). A continuum of impression formation, from category-based to individuating processes: Influences of information and motivation on attention and interpretation. In M. P. Zanna (Ed.), *Advances in experimental social psychology* (Vol. 23, pp. 1-74). New York: Academic Press.

Norusis, M. J. (1990). *SPSS base system user's guide.* Chicago, IL: SPSS Inc.

Romesburg, H. C. (1992). *Jitsurei kurasuta bunseki [Illustrated cluster analysis]* (H. Nishida & T. Sato, trans.). Tokyo: Uchida Rokakuho. (Original work published 1989).

第10章　中国進出日系企業で働く中国人と
日本人の間の認知摩擦

西田ひろ子

　本章では、「なぜ認知摩擦について調査する必要があるのか」という点について確認しておきたい。「認知摩擦」とは、相手の行動を誤って理解してしまったり、無意識に無視してしまったりした際に、その後のコミュニケーションに影響を与える現象を指す。認知摩擦について調査することは、人間が他の誰かとコミュニケーションする際に生じる誤解、思い違いなどの認知上の問題点を明確にし、人間のコミュニケーション行動をより深く理解していくためである。これは、この種の調査がさまざまな争いを未然に防ぐことに繋がると思われるからである。特に文化背景が異なる人々の間のコミュニケーションには誤解や思い違いが生じる危険性があり、予め認知摩擦についての知識を持つことはグローバル化が進む今日では必要なことだと考えられる。さて、本章では中国進出日系企業で働く中国人と日本人の間で、どのような認知摩擦が生じていたのかについて分析・考察していく。

Ⅰ．中国進出日系企業における中国人と日本人の間の認知摩擦

　第9章で中国人の日本人の行動に対する回答と日本人の中国人の行動に対する回答を分析し、それぞれの認知傾向について考察した。分析・考察から、中国人の回答は「（日本人の）業務遂行行動群」「中国進出日系企業では見かけない（日本人の）行動群」「（日本人の）業務管理行動群」という3群に分類できることが明らかになった。これらの群に含まれる日本人の行動についての中国人の認知レベルは、「（日本人の）業務遂行行動群」では強く、「日系企

業では見かけない（日本人の）行動群」ではほとんど認知していなかった。また、「（日本人の）業務管理行動群」は弱い認知レベルだということが判明した。また、日本人の中国人の行動に対する回答は「（中国人の）業務遂行行動群」「（中国人の）業務管理行動群」「中国進出日系企業では見かけない（中国人の）行動群」「中国人の行動特質群」という4群に分類できることが判明した。これらの群に含まれる中国人の行動についての日本人の認知レベルは、「（中国人の）業務遂行行動群」では弱い認知レベル、「（中国人の）業務管理行動群」も同じように弱い認知レベル、「日系企業では見かけない（中国人の）行動群」ではほとんど認知していなかった。しかし、「中国人の行動特質群」では強い認知レベルだということが判明した。

　認知摩擦が生じていると思われるのは、中国人の場合は「（日本人の）業務遂行行動群」、日本人の場合は「中国人の行動特質群」だと考えられる。ここで、認知摩擦とは認知上の摩擦（行き違い）を指し、どちらか一方が相手の行動を強く認知しているが、もう一方の認知レベルが弱かったり、認知していなかったりした場合に生じると考えられる。しかし、この認知摩擦結果に情動摩擦結果を重ねてみると、以下のようになる：(1)両者共に相手の行動を強くあるいはやや強く認知しているが、一方が好意的なのに対しもう一方が批判的な場合、(2)両者共に相手の行動を強くあるいはやや強く認知していて、両者共に相手の行動に批判的な場合、(3)一方が相手の行動を強くあるいはやや強く認知していて批判的なのに対し、もう一方の認知レベルが弱い、あるいは認知していない場合。

Ⅱ．中国人の「（日本人の）業務遂行行動群」と日本人の「中国人の行動特質群」

　まず、第9章で分析・考察し、認知摩擦が生じていると考えられる中国人の「業務遂行行動群」と日本人の「中国人の行動特質群」についてのクラスター分析結果と、それぞれに含まれる行動は相手にはどのようにとらえられ

第10章　中国進出日系企業で働く中国人と日本人の間の認知摩擦　　215

表 10-1　中国人のクラスター分析結果：「業務遂行行動群」（表中の数値は％）

日本人の行動	日本人の行動を見かける (n = 407)					日本人の行動に文化の相違を感じる (n = 403)				
	M 1	M 2	M 3	M 4	M 5	B 1	B 2	B 3	B 4	B 5
業務遂行行動群										
2．日本人は中国人に、品質管理や事務管理は細かい側面についても徹底して行うことを求める	0.8	9.0	13.0	28.9	48.3	2.0	10.4	5.1	31.1	51.4
3．日本人は自分の意見をはっきり言わない	5.7	13.4	25.2	25.2	30.6	2.5	9.4	22.0	32.2	33.9
4．日本人は中国人部下に対し、仕事の報告・連絡・相談を要求する	1.3	7.1	18.6	25.8	47.2	1.8	9.3	12.6	29.5	46.9
7．日本人は中国人部下に対し、たとえ些細な事柄であっても、会社の規則に従うよう求める	0.5	6.6	12.3	25.6	55.0	3.3	8.1	10.9	23.7	54.0
8．日本人は中国人部下に対し、仕事内容についてきちんとわかるまで尋ねるよう求める	4.3	15.1	22.7	30.6	27.3	6.3	11.9	21.2	33.1	27.5
10．上司も部下も同じ部屋で仕事をする	11.9	6.7	8.8	11.1	61.6	12.0	8.7	9.4	14.0	56.0
11．物事の決定までかなりの時間がかかる	4.6	11.6	19.6	21.4	42.8	3.0	8.6	21.8	25.9	40.6
12．基本的には年功序列型で昇進する	5.2	14.8	22.0	26.4	31.6	4.5	11.1	21.5	32.1	30.8
14．日本人はチームワークを重視する	7.2	15.3	19.4	28.1	29.9	6.3	11.6	17.9	33.6	30.6
18．日本人は、中国人部下に対し礼儀正しく接している	3.1	12.3	22.3	24.6	37.7	5.6	8.6	21.7	32.8	31.3
19．日本人は中国人に、仕事の始業時間や会議が始まる前には必ず到着することを求める	2.3	6.8	17.4	26.0	47.4	5.1	10.0	12.1	30.3	42.6

	M1	M2	M3	M4	M5		B1	B2	B3	B4	B5
20. 会社の日本人は中国人部下に、常に仕事の納期を守るよう求める	0.5	3.4	10.7	30.2	55.2		4.6	10.4	7.4	26.1	51.5
31. 日本人は何が原因で問題が発生したのかを明確にしようとする	2.8	9.7	19.0	30.5	37.9		4.0	9.1	21.0	30.1	35.9
32. 日本人上司は、良い結果だけでなく、良くない結果や問題が生じた場合も率直に報告することを求める	0.5	4.1	15.6	26.5	53.3		4.0	5.8	12.8	32.0	45.3
33. 日本人は、業務上の問題点があれば徹底的に追求し、必ず有効な解決方法を探し出す	1.5	5.7	14.7	28.1	50.0		3.8	8.4	14.0	29.2	44.7
35. 日本人は、中国人が自主的に仕事を探し、積極的に仕事をすることを求める	4.7	15.0	30.3	28.5	21.5		5.3	16.3	23.2	36.6	18.6
36. 日本人は中国人と日本語で意思疎通をはかる	1.8	11.8	18.3	28.0	40.1		4.6	12.5	11.5	30.1	41.3

注：「M1」は日系企業で働く中国人回答者の中で、同じ職場で働く日本人の行動に対して「全く見かけない」と回答した者の割合。「M2」は「見かけるのは30％未満」、「M3」は「見かけるのは50％程」、「M4」は「見かけるのは60％～70％」、「M5」は「見かけるのは80％以上」という回答をまとめたものである。同様に、「B1」は日系企業で働く中国人回答者の中で、同じ職場で働く日本人の行動に対して「文化の相違を全く感じない」と回答した者の割合、「B2」は「文化の相違をあまり感じない」、「B3」は「どちらとも言えない」、「B4」は「文化の相違を時々感じる」、「B5」は「文化の相違を常に感じる」という回答をまとめたものである。

第10章　中国進出日系企業で働く中国人と日本人の間の認知摩擦　　　217

表 10-2　中国人のクラスター分析結果「業務遂行行動群」に対応する日本人の回答
（表中の数値は％）

中国人の行動	中国人の行動を見かける (n＝192)					中国人の行動に文化の相違を感じる (n＝197)				
	M1	M2	M3	M4	M5	B1	B2	B3	B4	B5
Ⅰ．業務遂行行動群										
3．中国人は、上司からの指示が「良くない方策」だと思ったら自分の意見を言う	4.9	33.9	20.8	26.8	13.7	12.6	25.1	23.6	30.4	8.4
4．中国人は、上司から指示されたことについて、途中で何度も上司に報告したり、相談したりしない	3.3	24.9	26.0	28.7	17.1	3.1	15.1	24.5	37.0	20.3
19．中国人は仕事の始業時間や会議を遅れて始めることが多い	8.2	26.2	26.8	27.9	10.9	6.3	16.8	20.0	38.9	17.9
32．中国人は問題が生じた場合は報告せず、良い結果だけを報告する	2.7	24.2	31.3	30.8	11.0	2.6	13.1	25.7	44.0	14.7
33．中国人は業務上の問題点を解明しない	2.2	25.6	32.8	28.3	11.1	2.6	10.5	29.5	42.6	14.7
35．中国人は、自主的に仕事を探して自ら積極的に仕事をしない	0.5	26.2	27.9	28.4	16.9	1.6	10.5	32.1	37.4	18.4
36．中国人は、日本人と日本語で意思疎通をはかる	8.2	21.7	23.4	25.5	21.2	10.0	15.3	36.8	28.4	9.5
Ⅱ．業務管理行動群										
2．中国人は、工場での品質管理やオフィスでの事務管理は徹底して行わない	11.8	37.6	27.5	16.9	6.2	11.6	23.8	29.1	27.0	8.5
7．中国人は、会社の規則があっても、どのような行動をとるかは自分で判断する	12.6	44.0	23.1	15.9	4.4	9.9	24.1	22.5	37.7	5.8
8．中国人は、仕事の詳細についてわからない点があっても、わかるまで尋ねることはしない	3.3	34.4	34.4	21.3	6.6	4.2	17.3	30.9	38.2	9.4

	M1	M2	M3	M4	M5	B1	B2	B3	B4	B5
12. 中国人は、能力型で昇進し、年功序列が昇進に大きく影響することはない	2.8	23.5	36.9	22.9	14.0	4.7	20.9	37.2	26.7	10.5
20. 中国人は仕事の納期を守らない	8.8	39.0	29.1	17.0	6.0	7.9	23.6	28.3	34.6	5.8
Ⅲ. 中国進出日系企業では見かけない行動群										
10. 中国人は、管理職の個室を要求してくる	59.7	24.9	8.8	3.9	2.8	37.8	23.4	20.2	13.3	5.3
Ⅳ. 中国人の行動特質群										
11. 中国人は、トップダウン（上位下達）方式を好む	3.9	22.1	21.5	27.6	24.9	3.2	10.5	23.2	37.9	25.3
14. 中国人は各自が自分の分担の仕事をこなす。チームワークの感覚がない	1.1	20.7	23.4	29.3	25.5	1.6	11.0	18.3	47.1	22.0
18. 中国人は、日本人上司には敬語を使い、目上の者として接する	1.6	10.4	20.9	30.8	36.3	6.9	13.2	27.5	30.2	22.2
31. 問題が発生した場合、中国人は何が原因で問題が発生したかよりも、誰に責任があるかを明確にしようとする	1.6	20.2	21.3	36.1	20.8	3.1	8.9	21.5	45.0	21.5

注：「M1」は同じ職場で働く中国人の行動に対して「全く見かけない」と回答した日本人の割合。「M2」は「見かけるのは30％未満」、「M3」は「見かけるのは50％程」、「M4」は「見かけるのは60％～70％」、「M5」は「見かけるのは80％以上」という回答をまとめたものである。同様に、「B1」は同じ職場で働く中国人の行動に対して「文化の相違を全く感じない」と回答した日本人の割合、「B2」は「文化の相違をあまり感じない」、「B3」は「どちらとも言えない」、「B4」は「文化の相違を時々感じる」、「B5」は「文化の相違を常に感じる」という回答をまとめたものである。

第10章　中国進出日系企業で働く中国人と日本人の間の認知摩擦　　219

表 10-3　日本人のクラスター分析結果：「中国人の行動特質群」（表中の数値は％）

中国人の行動	中国人の行動を見かける (n = 192)					中国人の行動に文化の相違を感じる (n = 197)				
	M 1	M 2	M 3	M 4	M 5	B 1	B 2	B 3	B 4	B 5
Ⅳ　中国人の行動特質群										
11.　中国人は、トップダウン（上位下達）方式を好む	3.9	22.1	21.5	27.6	24.9	3.2	10.5	23.2	37.9	25.3
14.　中国人は各自が自分の分担の仕事をこなす。チームワークの感覚がない	1.1	20.7	23.4	29.3	25.5	1.6	11.0	18.3	47.1	22.0
16.　中国人は自分の職務範囲外の業務は行わない	1.1	19.1	23.5	33.9	22.4	1.0	7.9	14.7	55.5	20.9
18.　中国人は、日本人上司には敬語を使い、目上の者として接する	1.6	10.4	20.9	30.8	36.3	6.9	13.2	27.5	30.2	22.2
21.　中国人は男性従業員と女性従業員を平等に扱う	1.7	10.5	18.2	30.4	39.2	5.3	9.5	24.2	35.8	25.3
26.　中国人部下には仕事内容を明確に指示する必要がある	0.5	6.0	16.4	32.8	44.3	2.6	3.1	9.4	37.2	47.6
27.　中国人は、現在より良い給与、地位が得られる会社があれば転職する	1.1	18.6	20.8	34.4	25.1	1.6	4.7	14.2	45.8	33.7
29.　中国人は、妻が出産した時や子どもが入院した時などには早退、欠勤する	1.1	12.3	18.4	31.3	36.9	3.7	9.5	20.1	37.6	29.1
31.　問題が発生した場合、中国人は何が原因で問題が発生したかよりも、誰に責任があるかを明確にしようとする	1.6	20.2	21.3	36.1	20.8	3.1	8.9	21.5	45.0	21.5

注：「M 1」は同じ職場で働く中国人の行動に対して「全く見かけない」と回答した日本人の割合。「M 2」は「見かけるのは30％未満」、「M 3」は「見かけるのは50％程」、「M 4」は「見かけるのは60％〜70％」、「M 5」は「見かけるのは80％以上」という回答をまとめたものである。同様に、「B 1」は同じ職場で働く中国人の行動に対して「文化の相違を全く感じない」と回答した日本人の割合、「B 2」は「文化の相違をあまり感じない」、「B 3」は「どちらとも言えない」、「B 4」は「文化の相違を時々感じる」、「B 5」は「文化の相違を常に感じる」という回答をまとめたものである。

220 第3部 認知摩擦調査概要と調査結果

表10-4 日本人のクラスター分析結果「中国人の行動特質群」に対応する中国人の回答

(表中の数値は％)

日本人の行動	日本人の行動を見かける (n＝407)					日本人の行動に文化の相違を感じる (n＝403)				
	M1	M2	M3	M4	M5	B1	B2	B3	B4	B5
I．業務遂行行動群										
11．物事の決定までかなりの時間がかかる	4.6	11.6	19.6	21.4	42.8	3.0	8.6	21.8	25.9	40.6
14．日本人はチームワークを重視する	7.2	15.3	19.4	28.1	29.9	6.3	11.6	17.9	33.6	30.6
18．日本人は、中国人部下に対し礼儀正しく接している	3.1	12.3	22.3	24.6	37.7	5.6	8.6	21.7	32.8	31.3
31．日本人は何が原因で問題が発生したのかを明確にしようとする	2.8	9.7	19.0	30.5	37.9	4.0	9.1	21.0	30.1	35.9
II．中国進出日系企業では見かけない行動群										
21．日本人は男性従業員と女性従業員を平等に扱わない（基本的に給与、昇進、仕事内容などに男女差あり）	34.3	19.2	19.5	16.6	10.4	21.6	21.4	26.2	21.1	9.7
29．日本人は、中国人管理職が妻の出産や子どもの入院の際に早退、欠勤することを理解しない	35.7	27.9	21.9	10.4	4.2	19.4	28.3	26.8	16.6	8.9
III．業務管理行動群										
16．日本人は中国人に、職務範囲以外の事柄でも仕事を行うことを求める	9.3	26.3	29.9	21.6	12.9	4.8	17.5	25.8	35.4	16.5
26．日本人上司の指示内容は曖昧で分かりにくい	16.4	31.5	28.6	16.9	6.5	8.7	25.0	28.8	28.8	8.7
27．日本人は中国人が転職することを理解しない	13.5	24.9	31.2	18.0	12.4	7.8	14.3	32.5	27.8	17.7

注：「M1」は日系企業で働く中国人回答者は、同じ職場で働く日本人の行動に対して「全く見かけない」と回答した者の割合。「M2」は「見かけるのは30％未満」、「M3」は「見かけるのは50％程」、「M4」は「見かけるのは60％～70％」、「M5」は「見かけるのは80％以上」という回答をまとめたものである。同様に、「B1」は日系企業で働く中国人回答者の中で、同じ

職場で働く日本人の行動に対して「文化の相違を全く感じない」と回答した者の割合、「B 2」は「文化の相違をあまり感じない」、「B 3」は「どちらとも言えない」、「B 4」は「文化の相違を時々感じる」、「B 5」は「文化の相違を常に感じる」という回答をまとめたものである。

ていたのかについてまとめていくことにする。中国人の「業務遂行行動群」のクラスター分析結果を表10-1に、対応する日本人の回答を表10-2にまとめた。次いで、日本人の「中国人の行動特質群」のクラスター分析結果を表10-3に、対応する中国人の回答を表10-4にまとめた。

　中国人のクラスター分析結果の「（日本人の）業務遂行行動群」に対応する日本人の回答は、「（中国人の）業務遂行行動群」、「（中国人の）業務管理行動群」、「中国進出日系企業では見かけない（中国人の）行動群」、「中国人の行動特質群」の4群に分かれることが判明した。また、日本人のクラスター分析結果の「中国人の行動特質群」に対応する中国人の回答は、「（日本人の）業務遂行行動群」、「中国進出日系企業では見かけない（日本人の）行動群」、「（日本人の）業務管理行動群」の3群に分かれることが明らかになった。これらの分析結果から、中国人と日本人は互いの行動のとらえ方が異なっており（互いの行動をとらえる記憶回路網が異なっており）、このために認知摩擦が生じると考えられる。具体的な認知摩擦については次節にまとめる。

Ⅲ．中国人と日本人の間に生じていた認知摩擦

Ⅲ-1．一方が相手の行動を強く認知しているが、もう一方の認知レベルが弱い場合、あるいは認知していない場合

1．中国人は強く認知していたが、日本人の認知レベルが弱い場合

　中国人は日本人の行動を強く認知していたが、日本人は同じ状況下での中国人の行動をあまり強く認知していなかった場合である。中国人の場合は「（日本人の）業務遂行行動群」に含まれる行動を強く認知していたが、日本

人の場合は「（中国人の）業務遂行行動群」と「（中国人の）業務管理行動群」に分散しておりあまり強く認知していなかった（表10-1と表10-2参照）。

・中国人「2．日本人は中国人に、品質管理や事務管理は細かい側面についても徹底して行うことを求める」対　日本人「2．中国人は、工場での品質管理やオフィスでの事務管理は徹底して行わない」

・中国人「3．日本人は自分の意見をはっきり言わない」対　日本人「3．中国人は、上司からの指示が「良くない方策」だと思ったらはっきりと自分の意見を言う」

・中国人「4．日本人は中国人部下に対し、仕事の報告・連絡・相談を要求する」対　日本人「4．中国人は、上司から指示されたことについて、途中で何度も上司に報告したり、相談したりしない」

・中国人「7．日本人は中国人部下に対し、たとえ些細な事柄であっても、会社の規則に従うよう求める」対　日本人「7．中国人は、会社の規則があっても、どのような行動をとるかは自分で判断する」

・中国人「8．日本人は中国人部下に対し、仕事内容についてきちんとわかるまで尋ねるよう求める」対　日本人「8．中国人は、仕事の詳細についてわからない点があっても、わかるまで尋ねることはしない」

・中国人「12．基本的には年功序列型で昇進する」対　日本人「中国人は、能力（成果主義）型で昇進し、年功序列が昇進に大きく影響することはない」

・中国人「19．日本人は中国人に、仕事の始業時間や会議が始まる前には必ず到着することを求める」対　日本人「19．中国人は仕事の始業時間や会議を遅れて始めることが多い」

・中国人「20．日本人は中国人部下に、常に仕事の納期を守るよう求める」対　日本人「20．中国人は仕事の納期を守らない」

・中国人「32．日本人上司は、良い結果だけでなく、良くない結果や問題が生じた場合も率直に報告することを求める」対　日本人「32．中国人は、

第10章　中国進出日系企業で働く中国人と日本人の間の認知摩擦　　223

良くない結果や問題が生じた場合は報告せず、良い結果だけを報告する」

・中国人「33.　日本人は、業務上の問題点（製品の質が落ちたなど）があれば徹底的に追求し、必ず有効な解決方法を探し出す」対　日本人「33.　中国人は、業務上の問題点について、徹底的に問題点の解明をしない」

・中国人「35.　日本人は、中国人が自主的に仕事を探し、積極的に仕事をすることを求める」対　日本人「35.　中国人は、自主的に仕事を探して自ら積極的に仕事をしない」

・中国人「36.　日本人は中国人と日本語で意思疎通をはかる」対　日本人「36.　中国人は、日本人と日本語で意思疎通をはかる」

２．日本人は強く認知していたが、中国人はほとんど認知していないものから強く認知していたもの（批判的）までさまざまであった場合

日本人の「中国人の行動特質群」に含まれていた以下の行動がこのグループに含まれる。

・日本人「11.　中国人は、物事を決定するのにあまり時間がかからないトップダウン（上位下達）方式を好む」対　中国人「11.　物事の決定までかなりの時間がかかる」

・日本人「14.　中国人は各自が自分の分担の仕事をこなす。たとえ、自分の部署の他の中国人が仕事をしていても、仕事が終われば家に帰る。チームワークの感覚がない」対　中国人「14.　日本人はチームワークを重視する」

・日本人「16.　中国人は自分の職務範囲外の業務は行わない」対　中国人「16.　日本人は中国人に、職務範囲以外の事柄でも仕事を行うことを求める」

・日本人「21.　中国人は男性従業員と女性従業員を平等に扱う」対　中国人「21.　日本人は男性従業員と女性従業員を平等に扱わない」

・日本人「26.　中国人部下には日本人部下よりも仕事内容を明確に指示する

必要がある」対　中国人「26. 日本人上司の指示内容は曖昧で分かりにくい」

・日本人「27. 中国人は、現在より良い給与、地位が得られる会社があったり、自分の専門知識を深められる会社があれば転職する」対　中国人「27. 日本人は中国人が転職することを理解しない」

・日本人「29. 中国人は、妻が出産した時や子どもが入院した時などには早退、欠勤する」対　中国人「29. 日本人は、中国人が妻の出産や子どもの入院の際に早退、欠勤することを理解しない」

　なお、「18. 中国人は、日本人上司には敬語を使い、目上の者として接する」対　中国人「18. 日本人は、中国人部下に対し礼儀正しく接している」及び日本人「31. 問題が発生した場合、中国人は何が原因で問題が発生したかよりも、誰に責任があるかを明確にしようとする」対　中国人「31. 日本人は何が原因で問題が発生したのかを明確にしようとする」の2つの状況については双方が強く認知していたが双方共に相手に対して好意的であったことから認知摩擦は生じていなかったと言える。認知摩擦が生じていなかったのはこれら2状況のみであった。

　日本人はこれらの行動を「中国人の行動特質」として強く認知していたものの、中国人は「業務遂行行動」、「中国の日系企業では見かけない行動」、あるいは「業務管理行動」といったようにとらえており、この結果、認知傾向も「強い認知」「認知なし」「弱い認知」とさまざまであった。このことは日本人と中国人の間には認知上のずれ（摩擦）が生じていたことを意味していた。

　また、日本人が自分たちの行動を修正して行動していたために、中国人側は「見かけなかった」と回答したケースもあった。例えば、「21. 男女従業員の扱い方」について、日本人は「中国人は男性従業員と女性従業員を平等に扱う」ととらえていたが（強い認知）、中国人は「日本人は男女従業員を平等に扱わない」という行動は「見かけない（認知していない）」と回答してい

た。これは、日本人が「男女従業員を平等に扱う」と自らの行動を修正していたからだと思われる（第15章参照）。また、日本人側は「29. 中国人は、妻が出産した時や子どもが入院した時などには早退、欠勤する」という行動を強く認知していたが、中国人は「29. 日本人は、中国人が妻の出産や子どもの入院の際に早退、欠勤することを理解しない」とはとらえていなかった。ここでも日本人側が中国人に合わせて行動していたと思われる。要するに、日本人は中国人が家族のことで早退・欠勤することを容認して行動していたために、中国人側には「日本人は理解しない」とはとらえていなかったと考えられる（第15章参照）。このような修正行動は、海外進出日系企業には必要なことで、そのために日本人側が日本人の行動と中国人の行動の双方の記憶回路網を獲得していたためにできたものだと考えられる。また、日本人自身が修正することを「良し」とする情動を持っていないとできないことでもある。つまり、「男女従業員を平等に扱う」「妻の出産や子どもの入院の際に早退、欠勤する」という行動は「悪いことではなく、そのように行動すべきだ」と思っていたと思われる。しかし、この点は情動摩擦の章（第15章）で詳しく分析・考察していく。

3．中国人は強く認知していたが、日本人はほとんど認知していなかった場合

・中国人「10. 上司も部下も同じ部屋で仕事をする」対　日本人「10. 中国人の間では、管理職には個室が与えられるべきだと考えており、そのように要求してくる」

　この行動は、中国人の場合は「（日本人の）業務遂行行動群」（強い認知）に含まれていたが、日本人の場合は「中国進出日系企業では見かけない（中国人の）行動群」（認知なし）に含まれていた。日本人にとっては「管理職に個室はなく、上司も部下も同じ部屋で仕事をすること」が当たり前の行動であったため、中国人がこのことに違和感を感じるという記憶回路網を獲得して、

中国人の行動を認知するということができなかったものと思われる。

Ⅲ-2. 両者共に相手の行動を強く認知していて、両者共に相手の行動に批判的な場合

　以下の2種類の行動が「中国人・日本人共に相手の行動を強く認知していて、両者共に相手の行動に批判的」という範疇に入っていた。日本人の場合、これらは「中国人の行動特質群」に含まれており、中国人の場合は「（日本人の）業務遂行行動群」に含まれていた。共に相手の行動を強く認知していた。さらに、互いの行動を批判的にとらえていたことから、認知摩擦と共に情動摩擦も生じていたと考えられる。相手の行動に対してどのような批判的意見を持っていたのかについては情動摩擦の章で分析していくが、ここでは認知摩擦結果についてまとめておく。

・中国人の「11．（日系企業では）物事の決定まで時間がかかる」対　日本人の「11．中国人は、トップダウン（上位下達）方式を好む」
・中国人の「14．日本人はチームワークを重視する」対　日本人の「14．中国人は各自が自分の分担の仕事をこなす。チームワークの感覚がない」

　なお、一昔前の日本社会でも一般的に行われ、中国社会では今なお見かけることのある「上司に贈り物をする」という慣習が、中国進出日系企業で行われているかを調査したが（中国人用「9．日本人上司は部下からの贈り物を快く受け取らない」対　日本人用「9．中国人は、上司との関係をよくするために、高額な品物を用意して上司に渡すという行動をする」）、日本人と中国人双方から「見かけることは絶対にない」「見かけるのは30％未満」ととらえられていた。「上司に贈り物をする」という行為は日系企業では見かけない行動だと言える。

　また、中国人の「18．日本人は、中国人部下に対し礼儀正しく接している」と日本人の「18．中国人は、日本人上司には敬語を使い、目上の者とし

て接する」は、中国人の「業務遂行行動群」（強い認知）の中に、また日本人の「中国人の行動特質群」（強い認知）に含まれており、この行動は両者にとって強い認知を引き起こす行動だった。しかし、両者共に相手の行動を好意的にとらえていたため、認知摩擦は生じていなかった。

相手の行動を「見かける」と回答するためには、脳内に記憶回路網が出来上がっていなければならない。また、「文化の相違」を感じるためには、相手の行動についての記憶回路網と自己の行動の記憶回路網が出来上がっていなければならない。中国人回答者の間でこれらの記憶回路網が出来上がっていたと思われるのは「業務遂行行動群」で、日本人回答者の場合は「中国人の行動特質群」であった。これらの群では、中国人と日本人回答者の相手の行動に対する認知の度合が強かった。つまり、中国人がとらえた日本人の業務遂行行動、日本人がとらえた中国人の行動特質は見かける度合も文化の相違を感じる度合も強かった。しかし、これらの回答に対応する日本人と中国人の認知の度合は強いものもあれば、弱いものもあるといった具合に分散しており、ほとんどの項目で認知上のずれ（行動のとらえ方が異なる）を生じていることが明らかになった。

また、特に日本人の間に自分たちの行動を修正して相手に合わせるという行動が見られたことから、この種の「修正行動」が認知摩擦にどのように影響するのかを分析・考察していくことの必要性も浮上してきた。特に海外進出日系企業という環境の中で現地管理職と共に仕事をしていく際には、日本人自身が行動をうまく修正して、より良い環境作りに寄与していくことが重要だと思われるからである。

中国進出日系企業で判明したさまざまな点について、ベトナム進出日系企業調査でも見かけられるかどうか、第11章で在ベトナム日系企業で働くベトナム人と日本人の認知傾向について、第12章でベトナム人と日本人の間の認知摩擦について分析・考察していく。

英文参考文献

Norusis, M. J. (1990). *SPSS base system user's guide*. Chicago, IL: SPSS Inc.

Romesburg, H. C. (1992). *Jitsurei kurasuta bunseki* [Illustrated cluster analysis] (H. Nishida & T. Sato, Trans.). Tokyo: Uchida Rokakuho. (Original work published 1989)

第11章　ベトナム進出日系企業で働くベトナム人と日本人の間の認知傾向

西田ひろ子

　本章では、ベトナム進出日系企業で働くベトナム人と日本人の間に認知摩擦が生じているのか、もしも生じていたらどのような状況で生じていたのかを特定するために、ベトナム人と日本人の認知傾向について分析・考察していく。ここで、認知傾向とは第9章で述べたように以下のような現象を指す：(1)ベトナム進出日系企業で働くベトナム人は日本人をどのようにとらえていたか（ベトナム人の認知傾向）、(2)日本人はベトナム人をどのようにとらえていたか（日本人の認知傾向）。ここでは、認知のレベルを以下のように分類して考察していく：(1)「見かけるのは80％以上」と「文化の相違を常に感じる」という回答は相手の行動を強く認知していることから「強い認知レベル」、(2)「見かけるのは60％～70％」と「文化の相違を時々感じる」は「やや強い認知レベル」、(3)「見かけるのは50％程」と「文化の相違についてはどちらとも言えない（文化の相違を感じるとも、感じないとも言えない）」は「やや弱い認知レベル」、(4)「見かけるのは30％未満」と「文化の相違をあまり感じない」は「弱い認知レベル」、(5)「全く見かけない」と「文化の相違を全く感じない」は「認知していない」（第9章の表9-1参照）。また、認知摩擦は以下の場合に生じると考えられる：(1)一方が相手の行動を強くあるいはやや強く認知していて、批判的なのに対し、もう一方の認知レベルが弱い、あるいは認知していない場合、(2)両者共に相手の行動を強くあるいはやや強く認知しているが、一方が好意的なのに対し、もう一方が批判的な場合、(3)両者共に相手の行動を強くあるいはやや強く認知していて、両者共に相手の行動に批判的な場合（第9章の表9-2参照）。

本章では、「ベトナム進出日系企業で働くベトナム人・日本人はどのように相手の行動をとらえていたのか」について分析・考察していく。つまり、ベトナム人と日本人の間の認知摩擦を分析する前に、ベトナム人・日本人はどの程度相手の行動を認知していたのかを知るための分析・考察である。なお、「相手の行動に好意的か、批判的か」といった感情的（情動的）反応については、情動摩擦の章（第16章と第17章）で分析・考察していく。

Ⅰ．ベトナム進出日系企業で働くベトナム人の認知傾向

　調査はベトナムのハノイとホーチミンに進出している日系企業を対象に行なわれた（調査内容は第2章と第3章を参照）。本調査のベトナム人用質問項目で扱われている日本人の行動は、1996年から2002年にかけて実施したマレーシア、フィリピン、ベトナム、アメリカ調査の回答結果と、その後さらに実施した文献調査に基づいて作成された（第4章参照）。本調査では、中国調査同様に以下の二側面について尋ねた：(1)「会社でどの程度見かける日本人の行動か」（5段階尺度：「1．全く見かけない」、「2．見かけるのは30％未満」、「3．見かけるのは50％程」、「4．見かけるのは60％〜70％」、「5．見かけるのは80％以上」）と、(2)「その行動に文化の相違を感じるか」（5段階尺度：「1．全く感じない」、「2．あまり感じない」、「3．どちらとも言えない」、「4．時々感じる」、「5．常に感じる」）である。「見かける」という質問は、ベトナムの日系企業で働いているベトナム人が日頃共に仕事をしている日本人の行動を認識しているかどうかを確認するものである。さらに、「文化の相違を感じる」という質問は、ベトナム人が同じ職場で働く日本人の行動に文化の相違を感じているかどうかを確認するものである。「見かける」と回答することは相手の行動を認識していることである。また、「見かける」と回答した上で「文化の相違を感じる」と回答するということは、日本人の行動を認識した上で「ベトナム人とは違っている」と感じているということである。

第11章 ベトナム進出日系企業で働くベトナム人と日本人の間の認知傾向　　231

　本調査の対象地域であるハノイとホーチミンは、工業団地や輸出加工区と
言われるものがホーチミンを中心に定着しており（ハー、本書第6章）、ハノ
イとホーチミンの間に経済的格差が生じていたことを考えると、地域差があ
るとも考えられる。また、業種の間にも回答結果に相違があることも考えら
れる。このため、ハノイとホーチミン進出日系企業で働くベトナム人の回答
について相関を調べたところ、ホーチミン進出の製造業1社で働くベトナム
人の「（日本人の行動を）見かける」に対する回答のみが他の協力企業と相関
がなかった。このため、この企業で働くベトナム人5名は分析から除くこと
にした。最終的に、「見かける」については21企業の273名、「文化の相違を
感じる」については21企業の278名のベトナム人を回答者として分析を進め
ることにした。なお、ハノイとホーチミン地域のベトナム人の回答の間には、
「見かける」と「文化の相違」共に高い相関が認められた（「（日本人の行動を）
見かける」は$r=.91, p<.00$；「（日本人の行動に）文化の相違を感じる」は$r=.94,$
$p<.00$））。また、日本人回答者の間にも高い相関が認められた（「（ベトナム人
の行動を）見かける」（$n=134$）は$r=.71, p<.00$；「（ベトナム人の行動に）文化の相
違を感じる」（$n=124$）は$r=.84, p<.00$）。日本人のベトナム人に対する認知傾
向は本章の後半にまとめる。

　ベトナム人の回答には業種間に差があることも考えられたため、業種間
（製造業と非製造業の間）の違いも分析したが、業種による回答の差は認めら
れず、高い相関が認められた（「日本人の行動を見かける」は$r=.69, p<.00$；「文
化の相違を感じる」は$r=.66, p<.00$）。なお、ベトナム人回答者278名中、男性
が153名（55.2%）、女性が123名（44.1%）、無回答 2名（0.7%）であった。さ
らに、平均年齢は33.2歳（$SD=7.41$）、そのうち、男性の平均年齢は35.0歳
（$SD=8.07$）で、女性は30.9歳（$SD=5.67$）であった。これらの性別、年齢別
で回答に違いがあるかを確かめたが、違いは認められなかった。なお、年齢
による違いについては、男女をまとめて20代（36.8%）、30代（46.5%）、40代
以上（16.7%）の間の回答の違いを確かめたが、違いは認められなかった。

Ⅰ-1. ベトナム人回答者の「日本人の行動を見かける」と「文化の相違を感じる」についてのクラスター分析結果

　ベトナム人回答者の「日本人の行動を見かける」（$n=273$）と「日本人の行動に文化の相違を感じる」（$n=278$）への回答結果をクラスター分析したところ、3つのクラスターに分類できることが判明した（表11-1参照）。クラスター分析では、これまでと同様に、ロメスバーグ（Romesburg, 1992）とノルシス（Norusis, 1990）の提唱する方法により、ユークリッド距離係数が急に増大する箇所でクラスターの数を決定した。4つのクラスターの係数値と3つのクラスターの係数値を比較した際に、それまでの比較よりもはるかに大きな変化が見られたため、3つのクラスターに分類することが正しいと判断された。

　最初のクラスターでは、ベトナム人回答者の「日本人の行動を見かける」と「日本人の行動に文化の相違を感じる」の回答は分散しており、回答者によってとらえ方が異なるという結果だった。このクラスターには、「物事の決定まで時間がかかる」や「基本的には年功序列型で昇進する」といった業務管理行動が含まれていたことから「業務管理行動群」と名付ける。日本人の業務管理行動については、ベトナム人の間で見かける度合も文化の相違を感じる度合も人によって異なるということが明らかになった。2つ目のクラスターは、「日本人の行動を見かけるのは80%以上」と回答した者の割合が26.4%から44.5%で、これに「見かけるのは60%～70%」と回答した者を加えると42.9%から63.9%であった。また、「文化の相違」についても「文化の相違を常に感じる」と答えた者は28.8%から51.8%で、「文化の相違を時々感じる」を加えると、実に62.6%から85.3%の者が文化の相違を感じていた。このクラスターは「日本人はベトナム人に品質管理や事務管理は細かい側面についても徹底して行うことを求める」や「仕事の報告・連絡・相談をするよう要求する」といった日本人の業務遂行行動から出来上がっていたことから、「業務遂行行動群」と名付けることにする。ベトナム人回答者は、

この群に含まれる日本人の行動をよく見かけており、文化の相違を感じる度合いも高いということが判明した。3つ目のクラスターは、「日本人の行動は全く見かけない」と回答したベトナム人の割合が40.6％から60.6％に上り、「見かけるのは30％未満」を加えると、68.6％から74.4％になった。このことから、このクラスターを「ベトナム進出日系企業では見かけない行動群」と命名する。

Ⅰ-2.　まとめ

　ベトナム人回答者の「日本人の行動を見かける」と「日本人の行動に文化の相違を感じる」についての回答を同時にクラスター分析したところ、以下の点が明確になった：(1)調査対象となった37の日本人の行動は、「業務管理行動群」、「業務遂行行動群」、「ベトナム進出日系企業では見かけない行動群」の3つに分類できることが判明した、(2)ベトナム人は、この3つの行動群の中で日本人の業務遂行行動をよく見かけており、またこの種の行動には文化の相違を感じる度合も高いという結果が得られた、(3)ベトナム人の間で、見かける度合も文化の相違を感じる度合も高い日本人の行動とは、以下の14の業務遂行行動であった。

- ・日本人はベトナム人に、品質管理や事務管理は細かい側面についても徹底して行うことを求める
- ・日本人はベトナム人部下に対し、仕事の報告・連絡・相談を要求する
- ・日本人はベトナム人部下に対し、たとえ些細な事柄であっても、会社の規則に従うよう求める
- ・日本人はベトナム人部下に対し、仕事内容についてきちんとわかるまで尋ねるよう求める
- ・上司も部下も同じ部屋で仕事をする
- ・日本人はチームワークを重視する
- ・日本人はベトナム人部下に対し礼儀正しく接する

・日本人はベトナム人に、仕事の始業時間や会議が始まる前には必ず到着することを求める

・会社の日本人はベトナム人部下に、仕事の納期を守るよう求める

・日本人は何が原因で問題が発生したのかを明確にしようとする

・日本人上司は、良い結果だけでなく、良くない結果や問題が生じた場合も率直に報告することを求める

・日本人は業務上の問題点があれば徹底的に追求し、必ず有効な解決方法を探し出す

・日本人はベトナム人が自主的に仕事を探し、積極的に仕事をすることを求める

・日本人はベトナム人と日本語で意思疎通をはかる

　日系企業で働くベトナム人回答者は、「業務遂行行動群」に含まれていた日本人の行動に関する記憶回路網（西田, 2002, 2007, 2008; Chase & Ericsson, 1982; Mandler, 1984; Manstead & Hewstone, 1995; Turner, 1994など、詳細はNishida, 1999を参照）を形成しているため、それらの日本的行動をはっきり認識していた（よく見かけていた）と言える。業務遂行行動については、彼らは獲得した記憶回路網を通して情報を処理していく、即ち、トップダウンの情報処理（Fiske & Neuberg, 1990）をしていたため、それらの状況における日本的行動とベトナム的行動の違いを区別することができたと言える。そのため、ベトナム人回答者にとって、見かける度合いが高い行動群は、文化の相違を感じる度合いも高くなっていたと思われる。しかし、「業務管理行動群」ではベトナム人の回答は分散しており、職場や職位によって体験が異なっていたと思われる。また、「ベトナム進出日系企業では見かけない群」に含まれていた行動については、ベトナム人回答者の見かける度合いも文化の相違を感じる度合いも低かった。このことから、彼らはこの群に含まれる日本人の行動については、記憶回路網が形成されていないためにそれらを認知できなかっ

第11章　ベトナム進出日系企業で働くベトナム人と日本人の間の認知傾向　　235

表 11-1　ベトナム人の「日本人の行動を見かける」と「日本人の行動に文化の相違を感じる」を基にしたクラスター分析結果　　　　　　（表中の数値は％）

日本人の行動	日本人の行動を見かける (n＝273)					日本人の行動に文化の相違を感じる (n＝278)				
	M 1	M 2	M 3	M 4	M 5	B 1	B 2	B 3	B 4	B 5
Ⅰ　業務管理行動群										
1．日本人は、有給休暇をすべて消化しない	25.6	10.4	19.9	18.5	25.6	7.8	11.7	44.0	20.2	16.3
3．日本人は自分の意見をはっきり言わない	25.6	20.5	14.6	16.4	22.8	9.1	18.3	29.4	27.4	15.9
5．日本人上司は、部下の仕事がうまくいった際に褒めない	35.4	19.9	21.2	13.3	10.2	17.4	40.3	9.3	26.4	6.6
6．日本人は、ベトナム人部下が仕事の評価内容に納得できず、説明を求めてもうまく説明してくれない	38.3	21.6	17.6	14.9	7.7	16.5	36.2	15.0	28.0	4.3
9．日本人上司は部下からのプレゼントを快く受け取ってくれない	36.6	9.7	18.5	13.0	22.2	15.6	17.9	38.5	14.8	13.2
11．物事の決定まで時間がかかる	27.6	20.7	19.4	20.7	11.5	13.0	32.0	17.0	28.9	9.1
12．基本的には年功序列型で昇進する	23.2	15.0	24.1	19.5	18.2	9.4	20.3	19.9	35.9	14.5
13．給与の額について、日本人上司はうまく説明してくれない	34.6	19.6	20.6	13.6	11.7	16.1	19.2	30.2	25.5	9.0
15．日本人はベトナム人に、たとえ私的な先約があっても、残業をすることを求める	38.2	13.2	25.9	14.5	8.2	15.4	28.7	14.6	35.4	5.9
23．日本人にとって会議は承認の場である	41.8	19.1	21.8	10.0	7.3	19.1	40.2	16.8	19.5	4.3
25．日本人上司は、周りに人々がいる所でベトナム人部下を叱責する	42.9	18.8	18.3	12.9	7.1	17.6	37.3	14.5	26.7	3.9
27．日本人はベトナム人が転職することを理解しない	34.4	17.9	23.4	11.9	12.4	12.7	13.9	39.3	27.8	6.3

28. 基本的には年功序列型給与を受け取る	24.7	16.1	23.8	18.8	16.6	8.8	22.5	22.1	32.9	13.7
29. 日本人は、ベトナム人が妻の出産や子どもの入院の際に早退、欠勤することを理解しない	38.2	17.1	21.2	9.7	13.8	15.7	28.3	28.7	19.3	7.9
30. 配置転換、人事異動がある	34.5	17.5	19.3	17.0	11.7	17.0	19.4	20.9	35.2	7.5
37. 日本人はベトナム人と仕事や会社についての情報を共有しない	36.7	17.4	21.6	13.8	10.6	14.6	34.4	22.5	22.5	5.9
II　業務遂行行動群										
2. 日本人はベトナム人に、品質管理や事務管理は細かい側面についても徹底して行うことを求める	15.9	9.7	12.4	21.2	40.7	8.3	4.8	6.0	31.3	49.6
4. 日本人はベトナム人部下に対し、仕事の報告・連絡・相談を要求する	16.7	14.0	14.0	18.9	26.4	6.7	9.8	7.1	31.8	44.7
7. 日本人はベトナム人部下に対し、たとえ些細な事柄であっても、会社の規則に従うよう求める	12.8	11.0	12.3	19.4	44.5	7.4	6.3	6.6	31.3	48.4
8. 日本人はベトナム人部下に対し、仕事内容についてきちんとわかるまで尋ねるよう求める	19.7	12.2	14.0	15.7	38.4	8.2	4.3	6.7	36.1	44.7
10. 上司も部下も同じ部屋で仕事をする	24.0	9.6	9.6	12.2	44.5	18.4	7.8	6.3	26.2	41.4
14. 日本人はチームワークを重視する	18.6	9.1	16.4	19.5	36.4	7.8	9.4	11.7	30.9	40.2
18. 日本人は、ベトナム人部下に対し礼儀正しく接する	21.4	10.0	21.4	13.6	33.6	6.2	6.2	9.3	49.4	28.8
19. 日本人はベトナム人に、仕事の始業時間や会議が始まる前には必ず到着することを求める	19.1	12.0	13.8	13.8	41.3	10.2	9.8	7.1	28.7	44.1

項目										
20. 日本人はベトナム人部下に、仕事の納期を守るよう求める	20.2	8.1	12.1	16.6	43.0	7.8	2.4	5.5	32.5	51.8
31. 日本人は何が原因で問題が発生したのかを明確にしようとする	14.6	8.4	15.5	30.1	31.4	5.5	6.7	11.8	44.9	31.1
32. 日本人上司は、良い結果だけでなく、良くない結果や問題が生じた場合も率直に報告することを求める	16.8	10.6	14.6	16.4	41.6	6.0	3.2	5.6	38.9	46.4
33. 日本人は、業務上の問題点があれば徹底的に追求し、必ず有効な解決方法を探し出す	18.4	12.7	10.5	21.1	37.3	6.0	5.6	5.6	39.4	43.4
35. 日本人は、ベトナム人が自主的に仕事を探し、積極的に仕事をすることを求める	18.7	13.2	19.6	21.5	26.9	7.1	11.5	9.1	41.3	31.0
36. 日本人はベトナム人と日本語で意思疎通をはかる	31.0	14.6	11.5	13.7	29.2	12.2	19.3	5.9	27.2	35.4
Ⅲ　ベトナム進出日系企業では見かけない行動群										
16. 日本人はベトナム人に、職務範囲以外の事柄でも仕事を行うことを求める	47.0	22.8	13.7	8.2	8.2	20.3	37.1	16.4	19.5	6.6
17. 日本人は、ベトナム人が家族と過ごす予定があっても休日出勤することを求める	50.9	23.2	13.2	6.8	5.9	20.6	35.8	18.7	23.0	1.9
21. 上司は男性従業員と女性従業員を平等に扱わない（基本的に給与、昇進、仕事内容などに男女差あり）	60.6	12.8	12.8	7.3	6.4	24.9	34.4	20.6	12.3	7.9
22．終業後、日本人上司は、ベトナム人部下と夕食を食べたり、酒を飲みに行ったりすることを求める	40.6	31.1	14.6	7.3	6.4	19.9	35.9	18.8	24.2	1.2
24. 日本人は反対意見を言うことを極力避ける	46.8	21.8	14.1	8.6	8.6	20.9	32.8	27.7	15.8	2.8

26. 日本人上司の指示内容は曖昧で分かりにくい	47.5	26.9	13.0	8.1	4.5	21.9	45.4	13.9	16.3	2.4
34. 日本人はベトナム人とベトナム語で意思疎通をはかる	50.7	22.4	9.0	6.7	11.2	28.1	41.9	5.5	21.3	3.2

注：「Ｍ１」はベトナム人回答者の中で、同じ職場で働く日本人の行動に対して「全く見かけない」と回答した者の割合。「Ｍ２」は「見かけるのは30％未満」、「Ｍ３」は「見かけるのは50％程」、「Ｍ４」は「見かけるのは60％～70％」、「Ｍ５」は「見かけるのは80％以上」という回答をまとめたものである。同様に、「Ｂ１」はベトナム人回答者の中で、同じ職場で働く日本人の行動に対して「文化の相違を全く感じない」と回答した者の割合、「Ｂ２」は「文化の相違をあまり感じない」、「Ｂ３」は「どちらとも言えない」、「Ｂ４」は「文化の相違を時々感じる」、「Ｂ５」は「文化の相違を常に感じる」という回答をまとめたものである。

たものと考えられる。このことは、日本人がそのように行動していなかったからだと考えられ、中国での調査結果と同様の「日本人の修正行動（異文化の状況ではあえて日本的行動をとらない）」だと思われる。このため、ベトナム人回答者はそれらの状況における日本的行動とベトナム的行動の違いをはっきり判断することができず、文化の相違を感じる度合いも低かったと思われる。

Ⅱ．ベトナム進出日系企業で働く日本人の認知傾向

　本調査の日本人回答者に用いた質問項目は、1996年から2002年にかけて実施したマレーシア、フィリピン、中国、アメリカ調査の現地管理職から得た回答結果と、その後実施された文献調査に基づいて作成された（第4章を参照）。なぜ在ベトナム日本人にベトナム人の行動について尋ねる際に、1996年～2002年調査の現地管理職からの回答結果を参考にしたかという理由は以下の点にある：マレーシア、フィリピン、中国、アメリカ進出日系企業調査では現地管理職の調査結果が似通っていたことが理由である（西田，2002，2007，2008参照）。この点については、第3章でも述べたが、環境的要因が大きく影響していたと思われる。つまり、調査対象となった環境が海外進出日系企業だったということである。このため、現地管理職の相手はすべて日本

第11章　ベトナム進出日系企業で働くベトナム人と日本人の間の認知傾向　　239

人であった。このことが4か国における現地管理職の回答に影響を与えていたと思われる。ベトナム進出日系企業で働くベトナム人も、これまでの調査同様に、相手が日本人であることから同じような回答が得られると予想された。このため、日本人回答者からはベトナム人の行動について、以下の側面の回答を得ることにした：(1)「日本人は当該ベトナム人の行動を実際に目にしているのか（見かけるか）」と(2)「日本人は当該ベトナム人の行動に文化の相違を感じているか」。

　さて、日本人からの回答結果についての信頼性・妥当性検証の過程で、非製造業1社に属す日本人の回答が全体と相関がないことが判明したため、除外することにした（第8章参照）。また、製造業1社に属すベトナム人の回答も全体の回答と相関がないことが判明したため、除外することにした。このため、分析の対象となった日系企業は21社で、日本人回答者総数は136名。「（ベトナム人の行動を）見かける」についての有効回答者数は134名、「文化の相違を感じる」は124名であった。地域差（ハノイとホーチミン進出日系企業の間に差があるか）、業種差（製造業と非製造業の間に差があるか）を調べた結果（詳細は第8章参照）、ハノイとホーチミンで働く日本人回答者の間では、「（ベトナム人の行動を）見かける」についての回答の間にも、「文化の相違を感じる」についての回答の間にも高い相関が認められた（「見かける」は $r = .71$, $p < .00$；「文化の相違を感じる」は $r = .84$, $p < .00$）。また、日本人の回答について業種間に違いがあるかどうかを確かめたが、製造業と非製造業の間に相関が認められ、違いはないことが確かめられた（「（ベトナム人の行動を）見かける」は $r = .50$, $p < .01$、「文化の相違を感じる」は $r = .43$, $p < .01$）。なお、日本人回答者136名のうち、96.9％が男性であったことから、性別による違いは分析しなかった。また、日本人回答者の平均年齢は、44.0歳（$SD = 8.59$）であった。年齢による違い（30代29.6％、40代45.6％、50代24.8％）を調べたが、回答結果に差はないことが確かめられた。なお、日本人回答者のうち、男性が132名（96.9％）、女性が4名（3.1％）であった。

Ⅱ-1. 日本人回答者の「ベトナム人の行動を見かける」と「ベトナム人の行動に文化の相違を感じる」についてのクラスター分析結果

　日本人の「ベトナム人の行動を見かける」と「ベトナム人の行動に文化の相違を感じる」への回答を同時にクラスター分析した結果、4つのクラスターに分類できることが判明した（表11-2参照）。クラスター分析では、これまでと同様に、ロメスバーグ（Romesburg, 1992）とノルシス（Norusis, 1990）の提唱する方法により、ユークリッド距離係数が急に増大する箇所でクラスターの数を決定した。5つのクラスターの係数値と4つのクラスターの係数値を比較した際に、これまでの比較よりもはるかに大きな変化が見られたため、4つのクラスターに分類することが正しいと判断された。

　最初のクラスターでは、日本人回答者の間で「見かけるのは50％程」と「見かけるのは30％未満」と回答した者が57.0％から83.6％に上っていた。また「文化の相違」については、「あまり感じない」から「時々感じる」に分散しており、回答者によってとらえ方が異なっていた。このクラスターには、「ベトナム人はトップダウン方式を好む」や「ベトナム人は配置転換、人事異動を嫌う」といった業務管理行動が含まれていたことから「業務管理行動群」と名付ける。2つ目のクラスターは、「見かけるのは60％～70％」と回答した者の割合が21.5％から35.0％で、これに「見かけるのは80％以上」と回答した者を加えると34.7％から50.4％が見かけていた。また、「文化の相違」についても「文化の相違を時々感じる」と答えた者は33.1％から50.4％であった。このクラスターには「ベトナム人は給与の額に不満があれば上司と交渉する」や「ベトナム人は自分の職務範囲外の業務は行わない」といったベトナム人の業務遂行行動が含まれていたことから、「業務遂行行動群」と名付けることにする。3つ目のクラスターは、「ベトナム人の行動は全く見かけない」と回答した日本人が30.9％から75.2％に上ったことから、このクラスターは「ベトナム進出日系企業では見かけない行動群」と名付ける。4つ目のクラスターでは、日本人の回答は「見かけるのは80％以上」と

「見かけるのは60％〜70％」（これらをまとめると46.8％から77.7％）に、また、「文化の相違を常に感じる」と「文化の相違を時々感じる」（これらをまとめると45.9％から88.4％）に集中していた。このクラスターには、「ベトナム人は、現在より良い給与、地位が得られる会社があれば転職する」や「ベトナム人部下には仕事内容を明確に指示する必要がある」といった行動が含まれており、「ベトナム人の行動特質群」と名付ける。このクラスターに含まれる行動を日本人はよく見かけていた（強く認知していた）が、これは、日本人がベトナム進出日系企業で働く際に、これらの行動に対して文化の相違を強く感じたためだと考えられる。

　さて、クラスター分析結果から、以下の点が明確になった：(1)調査対象となった37項目のベトナム人の行動は、「業務管理行動群」、「業務遂行行動群」、「ベトナム進出日系企業では見かけない行動群」「ベトナム人の行動特質群」の４つに分類できることが判明した。(2)日本人は、これら４つの行動群の中で「ベトナム人の行動特質群」に含まれる行動をよく見かけており（認知しており）、文化の相違を感じる度合も高いという結果が得られた。(3)日本人の間で、見かける度合も文化の相違を感じる度合も高いベトナム人の行動とは、以下の５つの行動であった。

・ベトナム人は、日本人上司には敬語を使い、目上の者として接する
・ベトナム人部下には仕事内容を明確に指示する必要がある
・ベトナム人は、現在より良い給与、地位が得られる会社があれば転職する
・ベトナム人は、妻が出産した時や子どもが入院した時などには早退、欠勤する
・ベトナム人は、日本人と日本語で意思疎通をはかる

表11-2 在ベトナム日本人の「ベトナム人の行動を見かける」と「ベトナム人の行動に文化の相違を感じる」を基にしたクラスター分析結果 （表中の数値は%）

ベトナム人の行動	ベトナム人の行動を見かける (n = 134)					ベトナム人の行動に文化の相違を感じる (n = 124)				
	M 1	M 2	M 3	M 4	M 5	B 1	B 2	B 3	B 4	B 5
Ⅰ．業務管理行動群										
1．ベトナム人は、有給休暇をすべて消化する	4.1	33.3	26.0	19.5	17.1	6.7	26.7	20.8	35.0	10.8
2．ベトナム人は、工場での品質管理やオフィスでの事務管理は徹底して行わない	13.1	36.9	31.1	13.1	5.7	10.8	25.0	24.2	36.7	3.3
3．ベトナム人は、上司からの指示が「良くない方策」だと思ったら自分の意見を言う	1.6	36.3	33.9	20.2	8.1	5.0	30.8	32.5	27.5	4.2
5．ベトナム人は、部下の仕事がうまくいった際は必ず褒める	3.3	41.8	41.8	10.7	2.5	5.8	33.3	44.2	13.3	3.3
6．ベトナム人は、評価内容に納得できない場合には説明を求める	4.1	33.6	28.7	23.8	9.8	4.2	16.0	34.5	31.9	13.4
7．ベトナム人は、会社の規則があっても、どのような行動をとるかは自分で判断する	9.0	49.2	23.0	16.4	2.5	10.0	30.0	21.7	33.3	5.0
11．ベトナム人は、トップダウン（上位下達）方式を好む	8.3	28.1	28.9	23.1	11.6	6.7	17.5	38.3	28.3	9.2
12．ベトナム人は、能力型で昇進し、年功序列が昇進に大きく影響することはない	7.6	26.1	38.7	19.3	8.4	7.5	16.7	46.7	22.5	6.7
17．ベトナム人は、家族と過ごす予定があれば、休日出勤を頼まれても仕事の方を断る	3.3	34.1	31.7	18.7	12.2	2.5	14.0	39.7	29.8	14.0

22. 終業後、ベトナム人は日本人と夕食を食べたり、酒を飲みに行ったりしない	13.9	43.4	25.4	12.3	4.9	15.1	34.5	31.1	16.0	3.4
24. ベトナム人は日本人上司へ反対意見をはっきりと言う	0.8	37.9	39.5	14.5	7.3	5.8	26.4	35.5	25.6	6.6
28. ベトナム人は、能力給を受け取る。年功序列が給与に影響することはない	4.1	23.8	42.6	18.0	11.5	3.3	18.3	47.5	21.7	9.2
30. ベトナム人は配置転換、人事異動を嫌う	0.8	32.8	32.8	19.7	13.9	1.7	13.3	43.3	28.3	13.3
37. ベトナム人は仕事や会社についての情報を共有することを要求する	1.6	34.1	36.6	20.3	7.3	4.1	17.4	48.8	24.8	5.0
Ⅱ．業務遂行行動群										
4．ベトナム人は、上司から指示されたことについて、途中で何度も上司に報告したり、相談したりしない	3.3	25.4	26.2	33.6	11.5	5.8	13.3	22.5	44.2	14.2
8．ベトナム人は、仕事の詳細についてわからない点があっても、わかるまで尋ねることはしない	3.3	33.1	28.9	26.4	8.3	2.5	18.3	25.8	40.8	12.5
13. ベトナム人は、給与の額に不満があれば上司と交渉する	6.6	27.0	30.3	22.1	13.9	3.4	13.4	28.6	41.2	13.4
14. ベトナム人は各自が自分の分担の仕事をこなす。チームワークの感覚がない	2.4	20.3	26.8	30.1	20.3	0.8	12.5	20.0	47.5	19.2
15. ベトナム人は、残業を頼まれても、私的な先約があれば仕事の方を断る	4.1	35.5	25.6	21.5	13.2	2.5	15.8	27.5	42.5	11.7
16. ベトナム人は自分の職務範囲外の業務は行わない	2.4	25.8	31.5	26.6	13.7	1.7	11.6	32.2	43.8	10.7
19. ベトナム人は仕事の始業時間や会議を遅れて始める	3.2	25.0	23.4	28.2	20.2	2.5	14.9	15.7	43.0	24.0
20. ベトナム人は仕事の納期を守らない	11.6	26.4	22.3	30.6	9.1	9.2	17.6	21.8	42.0	9.2

21. ベトナム人は男性従業員と女性従業員を平等に扱う	1.6	17.2	32.8	28.7	19.7		5.8	9.9	41.3	33.1	9.9
23. ベトナム人は会議を議論の場ととらえ、最も良い結論を導き出すために、さまざまな意見を言い合う	0.0	25.2	34.1	35.0	5.7		4.1	18.2	36.4	35.5	5.8
25. 通常、ベトナム人は、1対1になれる個室で部下を叱責する	7.3	28.2	30.6	25.0	8.9		4.1	19.8	32.2	41.3	2.5
31. 問題が発生した場合、ベトナム人は何が原因で問題が発生したかよりも、誰に責任があるかを明確にしようとする	2.4	25.8	25.8	30.6	15.3		3.3	9.1	27.3	44.6	15.7
32. ベトナム人は問題が生じた場合は報告せず、良い結果だけを報告する	5.7	30.3	28.7	27.0	8.2		3.3	11.7	35.0	40.8	9.2
33. ベトナム人は業務上の問題点を解明しない	4.1	18.7	36.6	29.3	11.4		4.1	12.4	19.0	50.4	14.0
35. ベトナム人は、自主的に仕事を探して自ら積極的に仕事をしない	0.8	21.6	27.2	29.6	20.8		0.8	7.4	28.9	42.1	20.7

Ⅲ. ベトナム進出日系企業では見かけない行動群

9. ベトナム人は、上司との関係をよくするために、高額な品物を用意して渡す	63.9	24.6	6.6	4.9	0.0		50.0	15.0	12.5	17.5	5.0
10. ベトナム人は、管理職の個室を要求してくる	75.2	18.2	4.1	2.5	0.0		60.0	15.0	15.0	7.5	2.5
34. ベトナム人とはベトナム語で意思疎通をはかる	30.9	27.6	15.4	8.1	17.9		35.8	14.2	29.2	6.7	14.2

Ⅳ. ベトナム人の行動特質群

18. ベトナム人は、日本人上司には敬語を使い、目上の者として接する	2.5	10.7	16.4	30.3	40.2		5.9	19.3	17.6	30.3	26.9
26. ベトナム人部下には仕事内容を明確に指示する必要がある	0.8	9.9	11.6	25.6	52.1		0.8	5.8	11.6	24.0	57.9

第11章　ベトナム進出日系企業で働くベトナム人と日本人の間の認知傾向　　245

27. ベトナム人は、現在より良い給与、地位が得られる会社があれば転職する	0.0	23.7	25.8	30.6	29.8	0.8	1.7	9.1	42.1	46.3
29. ベトナム人は、妻が出産した時や子どもが入院した時などには早退、欠勤する	0.8	8.9	20.2	30.6	39.5	2.5	6.6	20.7	38.0	32.2
36. ベトナム人は、日本人と日本語で意思疎通をはかる	16.1	18.5	18.5	24.2	22.6	16.7	10.0	27.5	26.7	19.2

注：「Ｍ１」は同じ職場で働くベトナム人の行動に対して「全く見かけない」と回答した日本人の割合。「Ｍ２」は「見かけるのは30％未満」、「Ｍ３」は「見かけるのは50％程」、「Ｍ４」は「見かけるのは60％〜70％」、「Ｍ５」は「見かけるのは80％以上」という回答をまとめたものである。同様に、「Ｂ１」は同じ職場で働くベトナム人の行動に対して「文化の相違を全く感じない」と回答した日本人の割合、「Ｂ２」は「文化の相違をあまり感じない」、「Ｂ３」は「どちらとも言えない」、「Ｂ４」は「文化の相違を時々感じる」、「Ｂ５」は「文化の相違を常に感じる」という回答をまとめたものである。

邦文参考文献

西田ひろ子（2000）『人間の行動原理に基づいた異文化間コミュニケーション』創元社。

西田ひろ子編（2002）『マレーシア、フィリピン進出日系企業における異文化間コミュニケーション摩擦』多賀出版。

西田ひろ子編（2007）『米国、中国進出日系企業における異文化間コミュニケーション摩擦』風間書房。

西田ひろ子編（2008）『グローバル社会における異文化間コミュニケーション』風間書房。

英文参考文献

Chase, W. G., & Ericsson, K. A. (1982). Skill and working memory. In G. H. Bower (Ed.), *The psychology of learning and motivation* (pp. 1-58). New York: Academic Press.

Eysenck, M. W. (Ed.) (1990). *The Blackwell dictionary of cognitive psychology.* Cambridge, MA: Blackwell.

Fiske, S. T., & Neuberg, S. L. (1990). A continuum of impression formation, from category-based to individuating processes: Influences of information and motivation on attention and interpretation. In M. P. Zanna (Ed.), *Advances in experimental*

246　第3部　認知摩擦調査概要と調査結果

social psychology (*Vol.23*, pp. 1-74). New York: Academic Press.

Mandler, J. M. (1984). *Stories, scripts, and scenes: Aspects of schema theory*. Hillsdale, NJ: Lawrence Erlbaum.

Manstead, A. S. R., & Hewstone, M. (Eds.) (1995). *The Blackwell encyclopedia of social psychology*. Cambridge, MA: Blackwell.

Nishida, H. (1999). A cognitive approach to intercultural communication based on schema theory. *International Journal of Intercultural Relations, 23* (5), 753-777.

Norman, D. A. (1982). *Learning and memory*. San Francisco: W. H. Freeman.

Norusis, M. J. (1990). *SPSS base system user's guide*. Chicago, IL: SPSS Inc.

Romesburg, H. C. (1992). *Jitsurei kurasuta bunseki* [Illustrated cluster analysis] (H. Nishida & T. Sato, Trans.). Tokyo: Uchida Rokakuho (Original work published 1989).

Rumelhart, D. E. (1980). Schemata: The building blocks of cognition. In R. J. Spiro, B. C. Bruce, & W. F. Brewer (Eds.), *Theoretical issues in reading comprehension*. Hillsdale, NJ: Lawrence Erlbaum.

Turner, R. M. (1994). *Adaptive reasoning for realworld problems: A schemabased approach*. Hillsdale, NJ: Lawrence Erlbaum.

第12章 ベトナム進出日系企業で働くベトナム人と日本人の間の認知摩擦

西田ひろ子

　本章では、先ず「なぜ認知摩擦について調査する必要があるのか」という点について確認しておきたい。「認知摩擦」とは、相手の行動を誤って理解してしまったり、無意識に無視してしまったりした際に、その後のコミュニケーションに影響を与える現象を指す（詳細は第1章を参照）。認知摩擦について調査することは、人間が他の誰かとコミュニケーションする際に生じる誤解、思い違いなどの認知上の問題点を明確にし、人間のコミュニケーション行動をより深く理解していくためである。これは、この種の調査がさまざまな争いを未然に防ぐことに繋がると思われるからである。特に文化背景が異なる人々の間のコミュニケーションには誤解や思い違いが生じる危険性があり、予め認知摩擦についての知識を持つことはグローバル化が進む今日では必要なことだと考えられる。さて、本章ではベトナム進出日系企業で働くベトナム人と日本人の間で、どのような認知摩擦が生じていたのかについて分析・考察していく。

Ⅰ．ベトナム進出日系企業におけるベトナム人と日本人の間の認知摩擦

　第11章でベトナム人の日本人の行動に対する回答と日本人のベトナム人の行動に対する回答を分析し、それぞれの認知傾向について考察した。分析・考察から、ベトナム人の回答は「（日本人の）業務管理行動群」「（日本人の）業務遂行行動群」「ベトナム進出日系企業では見かけない（日本人の）行動群」

という３群に分類できることが明らかになった。ベトナム人は、「（日本人の）業務管理行動群」に含まれる日本人の行動をあまり強く認知していなかった（弱い認知レベル、第９章の表9-1参照）。しかし、「（日本人の）業務遂行行動群」では、見かける度合も文化の相違を感じる度合も強く（「やや強い」〜「強い認知レベル」）、この行動群にベトナム人の認知の特徴が出ていたと言える。さらに、「日系企業では見かけない（日本人の）行動群」では、日本人の行動をあまり認知していなかった（「弱い認知レベル」）。

　日本人のベトナム人の行動に対する回答は「（ベトナム人の）業務管理行動群」「（ベトナム人の）業務遂行行動群」「ベトナム進出日系企業では見かけない（ベトナム人の）行動群」「ベトナム人の行動特質群」という４群に分類できることが判明した。日本人の認知レベルは、「業務遂行行動群」と「業務管理行動群」ではやや弱かった。これらの群に含まれていたベトナム人の行動のとらえ方が日本人によって異なっており、回答は分散していた（やや弱い認知レベル）。また、「日系企業では見かけない（ベトナム人の）行動群」では、日本人はこの群に含まれていたベトナム人の行動をほとんど認知していなかった（「認知していない」〜「弱い認知レベル」）。しかし、ベトナム人側では意見が異なっており、日本人が認知していなかった行動をベトナム人が認知していた行動もあった（後述）。さて、37項目の中で日本人が最も強く認知していたのが、「ベトナム人の行動特質群」に含まれていた５つの行動であった（「やや強い」〜「強い認知レベル」）。

　このような結果から、認知摩擦が生じていると思われるのは、ベトナム人の場合は「（日本人の）業務遂行行動群」、日本人の場合は「ベトナム人の行動特質群」だと思われる。これは、日本人もベトナム人も相手の行動を強く認知しているからである。また、ベトナム人回答者の「ベトナム進出日系企業では見かけない（日本人の）行動群」と日本人回答者の「ベトナム進出日系企業では見かけない（ベトナム人の）行動群」についても、認知摩擦が生じていることが考えられる。これは、ベトナム人や日本人が「見かけない」

と認知していても、相手は強く認知していることが考えられるからである。

　ここで、認知摩擦とはどのようなものかを再確認しておくことにする。本書では、認知摩擦とは認知上の摩擦（行き違い）を指し、以下の状態を意味するものと考えている：(1)一方が相手の行動を強くあるいはやや強く認知していて、批判的なのに対し、もう一方の認知が弱い、あるいは認知していない場合、(2)両者共に相手の行動を強くあるいはやや強く認知しているが、一方が好意的なのに対し、もう一方が批判的な場合、(3)両者共に相手の行動を強く、あるいはやや強く認知していて、両者共に相手の行動に批判的な場合（第9章の表9-2参照）。

Ⅱ．ベトナム人の「（日本人の）業務遂行行動群」と日本人の「ベトナム人の行動特質群」

　まず、第11章で分析・考察し、認知摩擦が生じていると考えられるベトナム人の「（日本人の）業務遂行行動群」と日本人の「ベトナム人の行動特質群」についてのクラスター分析結果と、それぞれの群に含まれる行動は相手にはどのようにとらえられていたのかについてまとめていく。ベトナム人の「（日本人の）業務遂行行動群」のクラスター分析結果を表11-1に、対応する日本人の回答を表11-2にまとめた。次いで、日本人の「ベトナム人の行動特質群」のクラスター分析結果を表11-3に、対応するベトナム人の回答を表11-4にまとめた。

　ベトナム人のクラスター分析結果の「（日本人の）業務遂行行動群」に対応する日本人の回答は、「（ベトナム人の）業務遂行行動群」、「（ベトナム人の）業務管理行動群」、「ベトナム進出日系企業では見かけない（ベトナム人の）行動群」、「ベトナム人の行動特質群」の4群に分かれることが判明した。また、日本人のクラスター分析結果の「ベトナム人の行動特質群」に対応するベトナム人の回答は、「（日本人の）業務遂行行動群」、「ベトナム進出日系企業で

表 12-1 ベトナム人の「日本人の行動を見かける」と「日本人の行動に文化の相違を感じる」への回答を基にしたクラスター分析結果:「業務遂行行動群」

(表中の数値は%)

日本人の行動	日本人の行動を見かける (n = 273)					日本人の行動に文化の相違を感じる (n = 278)				
	M1	M2	M3	M4	M5	B1	B2	B3	B4	B5
業務遂行行動群										
2. 日本人はベトナム人に、品質管理や事務管理は細かい側面についても徹底して行うことを求める	15.9	9.7	12.4	21.2	40.7	8.3	4.8	6.0	31.3	49.6
4. 日本人はベトナム人部下に対し、仕事の報告・連絡・相談を要求する	16.7	14.0	14.0	18.9	26.4	6.7	9.8	7.1	31.8	44.7
7. 日本人はベトナム人部下に対し、たとえ些細な事柄であっても、会社の規則に従うよう求める	12.8	11.0	12.3	19.4	44.5	7.4	6.3	6.6	31.3	48.4
8. 日本人はベトナム人部下に対し、仕事内容についてきちんとわかるまで尋ねるよう求める	19.7	12.2	14.0	15.7	38.4	8.2	4.3	6.7	36.1	44.7
10. 上司も部下も同じ部屋で仕事をする	24.0	9.6	9.6	12.2	44.5	18.4	7.8	6.3	26.2	41.4
14. 日本人はチームワークを重視する	18.6	9.1	16.4	19.5	36.4	7.8	9.4	11.7	30.9	40.2
18. 日本人は、ベトナム人部下に対し礼儀正しく接する	21.4	10.0	21.4	13.6	33.6	6.2	6.2	9.3	49.4	28.8
19. 日本人はベトナム人に、仕事の始業時間や会議が始まる前には必ず到着することを求める	19.1	12.0	13.8	13.8	41.3	10.2	9.8	7.1	28.7	44.1
20. 会社の日本人はベトナム人部下に、仕事の納期を守るよう求める	20.2	8.1	12.1	16.6	43.0	7.8	2.4	5.5	32.5	51.8
31. 日本人は誰がよりも何が原因で問題が発生したのかを明確にしようとする	14.6	8.4	15.5	30.1	31.4	5.5	6.7	11.8	44.9	31.1

	M1	M2	M3	M4	M5		B1	B2	B3	B4	B5
32. 日本人上司は、良い結果だけでなく、良くない結果や問題が生じた場合も率直に報告することを求める	16.8	10.6	14.6	16.4	41.6		6.0	3.2	5.6	38.9	46.4
33. 日本人は、業務上の問題点があれば徹底的に追求し、必ず有効な解決方法を探し出す	18.4	12.7	10.5	21.1	37.3		6.0	5.6	5.6	39.4	43.4
35. 日本人は、ベトナム人が自主的に仕事を探し、積極的に仕事をすることを求める	18.7	13.2	19.6	21.5	26.9		7.1	11.5	9.1	41.3	31.0
36. 日本人はベトナム人と日本語で意思疎通をはかる	31.0	14.6	11.5	13.7	29.2		12.2	19.3	5.9	27.2	35.4

注：「Ｍ１」は日系企業で働くベトナム人回答者の中で、同じ職場で働く日本人の行動に対して「全く見かけない」と回答した者の割合。「Ｍ２」は「見かけるのは30％未満」、「Ｍ３」は「見かけるのは50％程」、「Ｍ４」は「見かけるのは60％〜70％」、「Ｍ５」は「見かけるのは80％以上」と回答したベトナム人の割合。同様に、「Ｂ１」は日系企業で働くベトナム人回答者の中で、同じ職場で働く日本人の行動に対して「文化の相違を全く感じない」と回答したものの割合、「Ｂ２」は「文化の相違をあまり感じない」、「Ｂ３」は「どちらとも言えない」、「Ｂ４」は「文化の相違を時々感じる」、「Ｂ５」は「文化の相違を常に感じる」と回答したベトナム人の割合。

表 12-2 ベトナム人のクラスター分析結果「業務遂行行動群」に対応する日本人の回答
（表中の数値は％）

ベトナム人の行動	ベトナム人の行動を見かける (n = 134)					ベトナム人の行動に文化の相違を感じる (n = 124)				
	M 1	M 2	M 3	M 4	M 5	B 1	B 2	B 3	B 4	B 5
Ⅰ．業務遂行行動群										
4．ベトナム人は、上司から指示されたことについて、途中で何度も上司に報告したり、相談したりしない	3.3	25.4	26.2	33.6	11.5	5.8	13.3	22.5	44.2	14.2
8．ベトナム人は、仕事の詳細についてわからない点があっても、わかるまで尋ねることはしない	3.3	33.1	28.9	26.4	8.3	2.5	18.3	25.8	40.8	12.5
14．ベトナム人は各自が自分の分担の仕事をこなす。チームワークの感覚がない	2.4	20.3	26.8	30.1	20.3	0.8	12.5	20.0	47.5	19.2
19．ベトナム人は仕事の始業時間や会議を遅れて始めることが多い	3.2	25.0	23.4	28.2	20.2	2.5	14.9	15.7	43.0	24.0
20．ベトナム人は仕事の納期を守らない	11.6	26.4	22.3	30.6	9.1	9.2	17.6	21.8	42.0	9.2
31．問題が発生した場合、ベトナム人は何が原因で問題が発生したかよりも、誰に責任があるかを明確にしようとする	2.4	25.8	25.8	30.6	15.3	3.3	9.1	27.3	44.6	15.7
32．ベトナム人は問題が生じた場合は報告せず、良い結果だけを報告する	5.7	30.3	28.7	27.0	8.2	3.3	11.7	35.0	40.8	9.2
33．ベトナム人は業務上の問題点を解明しない	4.1	18.7	36.6	29.3	11.4	4.1	12.4	19.0	50.4	14.0
35．ベトナム人は、自主的に仕事を探して自ら積極的に仕事をしない	0.8	21.6	27.2	29.6	20.8	0.8	7.4	28.9	42.1	20.7

II．業務管理行動群										
2．ベトナム人は、工場での品質管理やオフィスでの事務管理は徹底して行わない	13.1	36.9	31.1	13.1	5.7	10.8	25.0	24.2	36.7	3.3
7．ベトナム人は、会社の規則があっても、どのような行動をとるかは自分で判断する	9.0	49.2	23.0	16.4	2.5	10.0	30.0	21.7	33.3	5.0
III．ベトナム進出日系企業では見かけない行動群										
10．ベトナム人は、管理職の個室を要求してくる	75.2	18.2	4.1	2.5	0.0	60.0	15.0	15.0	7.5	2.5
IV．ベトナム人の行動特質群										
18．ベトナム人は、日本人上司には敬語を使い、目上の者として接する	2.5	10.7	16.4	30.3	40.2	5.9	19.3	17.6	30.3	26.9
36．ベトナム人は、日本人と日本語で意思疎通をはかる	16.1	18.5	18.5	24.2	22.6	16.7	10.0	27.5	26.7	19.2

注：「M1」は同じ職場で働くベトナム人の行動に対して「全く見かけない」と回答した日本人の割合。「M2」は「見かけるのは30％未満」、「M3」は「見かけるのは50％程」、「M4」は「見かけるのは60％〜70％」、「M5」は「見かけるのは80％以上」と回答した日本人の割合。同様に、「B1」は同じ職場で働くベトナム人の行動に対して「文化の相違を全く感じない」と回答した日本人の割合、「B2」は「文化の相違をあまり感じない」、「B3」は「どちらとも言えない」、「B4」は「文化の相違を時々感じる」、「B5」は「文化の相違を常に感じる」と回答した日本人の割合。

254　　　第3部　認知摩擦調査概要と調査結果

表 12-3　日本人の「ベトナム人の行動を見かける」と「ベトナム人の行動に文化の相違を感じる」を基にしたクラスター分析結果：「ベトナム人の行動特質群」

(表中の数値は％)

ベトナム人の行動	ベトナム人の行動を見かける (*n* = 134)					ベトナム人の行動に文化の相違を感じる (*n* = 124)				
	M 1	M 2	M 3	M 4	M 5	B 1	B 2	B 3	B 4	B 5
Ⅳ　ベトナム人の行動特質群										
18.　ベトナム人は、日本人上司には敬語を使い、目上の者として接する	2.5	10.7	16.4	30.3	40.2	5.9	19.3	17.6	30.3	26.9
26.　ベトナム人部下には仕事内容を明確に指示する必要がある	0.8	9.9	11.6	25.6	52.1	0.8	5.8	11.6	24.0	57.9
27.　ベトナム人は、現在より良い給与、地位が得られる会社があれば転職する	0.0	23.7	25.8	30.6	29.8	0.8	1.7	9.1	42.1	46.3
29.　ベトナム人は、妻が出産した時や子どもが入院した時などには早退、欠勤する	0.8	8.9	20.2	30.6	39.5	2.5	6.6	20.7	38.0	32.2
36.　ベトナム人は、日本人と日本語で意思疎通をはかる	16.1	18.5	18.5	24.2	22.6	16.7	10.0	27.5	26.7	19.2

注：「M 1」は同じ職場で働くベトナム人の行動に対して「全く見かけない」と回答した日本人の割合。「M 2」は「見かけるのは30％未満」、「M 3」は「見かけるのは50％程」、「M 4」は「見かけるのは60％〜70％」、「M 5」は「見かけるのは80％以上」という回答をまとめたものである。同様に、「B 1」は同じ職場で働くベトナム人の行動に対して「文化の相違を全く感じない」と回答した日本人の割合、「B 2」は「文化の相違をあまり感じない」、「B 3」は「どちらとも言えない」、「B 4」は「文化の相違を時々感じる」、「B 5」は「文化の相違を常に感じる」と回答した日本人の割合。

第12章　ベトナム進出日系企業で働くベトナム人と日本人の間の認知摩擦　　255

表12-4　日本人のクラスター分析結果「ベトナム人の行動特質群」に対応するベトナ
**　　　ム人の回答**　　　　　　　　　　　　　　　　　　　　　　**（表中の数値は％）**

日本人の行動	日本人の行動を見かける (n=273)					日本人の行動に文化の相違を感じる (n=278)				
	M 1	M 2	M 3	M 4	M 5	B 1	B 2	B 3	B 4	B 5
Ⅰ．業務管理行動群										
27．日本人はベトナム人が転職することを理解しない	34.4	17.9	23.4	11.9	12.4	12.7	13.9	39.3	27.8	6.3
29．日本人は、ベトナム人が妻の出産や子どもの入院の際に早退、欠勤することを理解しない	38.2	17.1	21.2	9.7	13.8	15.7	28.3	28.7	19.3	7.9
Ⅱ．業務遂行行動群										
18．日本人は、ベトナム人部下に対し礼儀正しく接する	21.4	10.0	21.4	13.6	33.6	6.2	6.2	9.3	49.4	28.8
36．日本人はベトナム人と日本語で意思疎通をはかる	31.0	14.6	11.5	13.7	29.2	12.2	19.3	5.9	27.2	35.4
Ⅲ．ベトナム進出日系企業では見かけない行動群										
26．日本人上司の指示内容は曖昧で分かりにくい	47.5	26.9	13.0	8.1	4.5	21.9	45.4	13.9	16.3	2.4

注：「M 1」は日系企業で働くベトナム人回答者の中で、同じ職場で働く日本人の行動に対して
「全く見かけない」と回答した者の割合。「M 2」は「見かけるのは30％未満」、「M 3」は「見
かけるのは50％程」、「M 4」は「見かけるのは60％～70％」、「M 5」は「見かけるのは80％以
上」と回答したベトナム人の割合。同様に、「B 1」は日系企業で働くベトナム人回答者の中
で、同じ職場で働く日本人の行動に対して「文化の相違を全く感じない」と回答した者の割合、
「B 2」は「文化の相違をあまり感じない」、「B 3」は「どちらとも言えない」、「B 4」は
「文化の相違を時々感じる」、「B 5」は「文化の相違を常に感じる」と回答したベトナム人の
割合。

は見かけない（日本人の）行動群」、「（日本人の）業務管理行動群」の3群に分かれることが明らかになった。これらの分析結果から、ベトナム人と日本人は互いの行動のとらえ方が異なっており（互いの行動をとらえる記憶回路網が異なっており）、このために認知摩擦が生じると考えられる。具体的な認知摩擦については次節にまとめる。

Ⅲ．ベトナム人と日本人の間に生じていた認知摩擦

　ベトナム人が強く認知していたのは「日本人の業務遂行行動」であった。この群には14項目の日本人の行動が含まれていたが、ベトナム人の回答に対応する日本人側の回答は必ずしも強い認知ではなく、弱いレベルの場合や認知していない場合などがあった（表12-1と表12-2参照）。ベトナム人が強く認知していたにも関わらず日本人側の認知が弱かった（日本人側の回答がまとまらず分散していた）のは11項目に上った（表12-2参照）。また、ベトナム人だけでなく日本人も強く認知していたのは2項目（「18」と「36」）、ベトナム人が強く認知していたにも関わらず日本人が認知していなかったものが1項目（「10」）あった。

　これに対し、日本人が強くベトナム人の行動を認知していたのは、「ベトナム人の行動特質群」であった（表12-3参照）。この群には5つの行動が含まれていたが、このうちベトナム人側からも強い認知レベルが認められたのは2項目で、日本人もベトナム人も互いの行動を強く認知していたことが判明した（「18」と「36」、表12-4参照）。また、日本人は強く認知していたにも関わらず、ベトナム人はあまり強く認知していなかった（弱い認知レベルだった）のは2項目（「27」と「29」）、残りの1項目は認知していなかった（「26」）。

Ⅲ-1. 一方が相手の行動を強く、あるいはやや強く認知しているが、もう一方の認知レベルが弱い、あるいは認知していない場合

1．ベトナム人は強く認知しているが、日本人の認知レベルが弱い場合

　ベトナム人は日本人の行動を強く認知しているが、日本人はこれらの行動に対応するベトナム人の行動をあまり強く認知していない場合である（表12-1と表12-2参照）。ベトナム人の場合は「業務遂行行動群」に含まれていた日本人の行動を強く認知していたが、この群に含まれていた行動に対応する日本人側の回答は、強く認知しているものもあれば、全く認知していないもの、認知レベルが弱いものなどに分散していた。

1-1．日本人が、ベトナム人の行動をあまり強く認知していない場合

　ベトナム人は「2．日本人はベトナム人に、品質管理や事務管理は細かい側面についても徹底して行うことを求める」という行動を強く認知していた。これに対し、日本人は「2．ベトナム人は、工場での品質管理やオフィスでの事務管理は徹底して行わない」という行動を強く認知していなかった。これは、日本人の回答者によって回答傾向が異なっており、「徹底してできるベトナム人もいる」「できないベトナム人もいる」という現状が反映しているようだ。

　ベトナム人は「4．日本人はベトナム人部下に対し、仕事の報告・連絡・相談を要求する」と強く認知しているが、日本人の間では、「4．ベトナム人は、上司から指示されたことについて、途中で何度も上司に報告したり、相談したりしない」についての回答が日本人の間で分散していた。「報告・連絡・相談ができるベトナム人もいる」が、「できない者もいる」ということのようだ。

　上述の例1、例2が示唆しているように、日系企業における業務遂行行動については、現地管理職が強く認知していなければ業務に支障がでてしまう。これに対し、日本人側は日本的な行動を日々実践してきたため、強く認知し

なくても行動できる状態にある（すでに記憶回路網を獲得している）。このことが、ベトナム人と日本人の認知レベルの差を生じさせている要因だと思われる。下記にその他の認知摩擦の状況を列記する。

(1)ベトナム人「7．日本人はベトナム人部下に対し、たとえ些細な事柄であっても、会社の規則に従うよう求める」（強い認知レベル）

日本人「7．ベトナム人は、会社の規則があっても、どのような行動をとるかは自分で判断する」（弱い認知レベル）

(2)ベトナム人「8．日本人はベトナム人部下に対し、仕事内容についてきちんとわかるまで尋ねるよう求める」（強い認知レベル）

日本人「8．ベトナム人は、仕事の詳細についてわからない点があっても、わかるまで尋ねることはしない」（やや弱い認知レベル）

(3)ベトナム人「14．日本人はチームワークを重視する」（強い認知レベル）

日本人「14．ベトナム人は各自が自分の分担の仕事をこなす。チームワークの感覚がない」（やや強い認知レベル）

(4)ベトナム人「19．日本人はベトナム人に、仕事の始業時間や会議が始まる前には必ず到着することを求める」（強い認知レベル）

日本人「19．ベトナム人は仕事の始業時間や会議を遅れて始めることが多い」（やや強い認知レベル）

(5)ベトナム人「20．会社の日本人はベトナム人部下に、仕事の納期を守るよう求める」（強い認知レベル）

日本人「20．ベトナム人は仕事の納期を守らない」（やや強い認知レベル）

(6)ベトナム人「31．日本人は誰がよりも何が原因で問題が発生したのかを明確にしようとする」（強い認知レベル）

日本人「31．問題が発生した場合、ベトナム人は何が原因で問題が発生したかよりも、誰に責任があるかを明確にしようとする」（やや強い認知レベル）

(7)ベトナム人「32．日本人上司は、良い結果だけでなく、良くない結果や問

第12章　ベトナム進出日系企業で働くベトナム人と日本人の間の認知摩擦　　259

題が生じた場合も率直に報告することを求める」（強い認知レベル）

　日本人「32．ベトナム人は問題が生じた場合は報告せず、良い結果だけを報告する」（やや強い認知レベル）

(8)ベトナム人「33．日本人は、業務上の問題点があれば徹底的に追求し、必ず有効な解決方法を探し出す」（強い認知レベル）

　日本人「33．ベトナム人は業務上の問題点を解明しない」（やや強い認知レベル）

(9)ベトナム人「35．日本人は、ベトナム人が自主的に仕事を探し、積極的に仕事をすることを求める」（強い認知レベル）

　日本人「35．ベトナム人は、自主的に仕事を探して自ら積極的に仕事をしない」（やや強い認知レベル）

1-2．ベトナム人は強く認知しているが、日本人が認知していない場合

　ベトナム人「10．上司も部下も同じ部屋で仕事をする」（強い認知レベル）

　日本人「10．ベトナム人は、管理職の個室を要求してくる」（認知していない）

　上司も部下も同じ部屋で仕事することは、日本人にとって当たり前のことであるため、それ以外の働き方についての記憶回路網を獲得していないことが原因だと思われる。日本人にとっては、ベトナム人が何も言ってこなければ日本人と同じように同じ部屋で仕事をすることは問題ではないと思っているようだ。勿論多くのベトナム人は問題なく働いているようだが、認知の観点からとらえると違和感を感じる者もいるようだ。

２．日本人は強く認知しているが、ベトナム人の認知レベルが弱い場合

　日本人が強くベトナム人の行動を認知していたのは、「ベトナム人の行動特質群」であったが（表12-3参照）、この群に含まれていた５つの行動のうち２項目については、日本人は強く認知していたにも関わらず、ベトナム人は

あまり強く認知していなかった（弱い認知）。

(1)日本人「27. ベトナム人は、現在より良い給与、地位が得られる会社があれば転職する」（強い認知レベル）

　ベトナム人「27. 日本人はベトナム人が転職することを理解しない」（やや弱い認知レベル）

(2)日本人「29. ベトナム人は、妻が出産した時や子どもが入院した時などには早退、欠勤する」（強い認知レベル）

　ベトナム人「29. 日本人は、ベトナム人管理職が妻の出産や子どもの入院の際に早退、欠勤することを理解しない」（やや弱い認知レベル）

　日本人が強く認知する「転職」「早退・欠勤」をベトナム人が「日本人は理解しない」とはとらえていなかった。このことは何を意味するのだろうか。これは中国進出日系企業における日本人にも見られた行動だが、日本人が現地従業員に合わせて行動を修正していると思われる。日本に居た時と同じように「転職」「早退・欠勤」をとらえるのではなく、現地に合わせた行動を取るように努力していると思われる。これは「Ⅳ. 日本人の修正行動」としてまとめる（後述）。

2-1. 日本人は強く認知しているが、ベトナム人は認知していない場合

　日本人が強くベトナム人の行動を認知していた「ベトナム人の行動特質群」のうち1項目については、日本人側が強く認知していたにも関わらず、ベトナム人側では認知していない者が多かった。この行動は、ベトナム人の「ベトナム進出日系企業では見かけない行動群」に含まれていた。

(1)日本人「26. ベトナム人部下には仕事内容を明確に指示する必要がある」（強い認知レベル）

　ベトナム人「26. 日本人上司の指示内容は曖昧で分かりにくい」（「認知していない」～「弱い認知レベル」）

　回答結果から、日本人は指示内容をできるだけ明確に伝えるよう努力して

いたために「強い認知レベル」となったと考えられる。これに対し、ベトナム人は、指示内容は明確に伝わっていると感じており、「曖昧で分かりにくい」ととらえていないということが明らかになった。

Ⅲ-2. 両者共に相手の行動を強く、あるいはやや強く認知していて、互いの行動を肯定的・好意的にとらえていた場合（認知摩擦が生じていなかった状況）

　本書では、認知摩擦は以下の場合に生じるととらえている：(1)一方が相手の行動を強くあるいはやや強く認知しているが、もう一方の認知レベルが弱い、あるいは認知していない場合、(2)両者共に相手の行動を強く認知しているが、一方が好意的なのに対し、もう一方が批判的な場合、(3)両者共に相手の行動を強くあるいはやや強く認知していて、両者共に相手の行動に批判的な場合。この定義から、日本人とベトナム人が共に強く相手を認知しており、互いに肯定的・好意的にとらえていた行動は認知摩擦が生じていなかったと考えられる。この種の行動は以下のようなものであった。

(1)日本人「18. ベトナム人は、日本人上司には敬語を使い、目上の者として接する」（強い認知レベル）

　ベトナム人「18. 日本人は、ベトナム人部下に対し礼儀正しく接する」（強い認知レベル）

(2)日本人「36. ベトナム人は、日本人と日本語で意思疎通をはかる」（やや強い認知レベル）

　ベトナム人「36. 日本人はベトナム人と日本語で意思疎通をはかる」（強い認知レベル）

　日本人は「18」「36」の両項目を「ベトナム人の行動特質」ととらえていたのに対し、ベトナム人は「業務遂行行動」ととらえており、日本人とベトナム人の認知内容の違いが見られた。ベトナム人にとっては「礼儀」も「日本語」も日系企業で働くために必要な行動ととらえ、懸命に獲得した知識

（記憶回路網）だったと言えよう。このようなベトナム人の行動は日本人には「ベトナム人の行動特質」と映っていたようだ。

Ⅳ．日本人の修正行動

　日本人が自分たちの特徴的な行動を修正していたために、ベトナム人側が「見かけなかった」と回答したケースがあった。例えば、「21．男女従業員の扱い方」について、日本人は「ベトナム人は男性従業員と女性従業員を平等に扱う」ととらえていたが（やや強い認知レベル）、ベトナム人は「日本人は男女従業員を平等に扱わない」とは思っておらず、「平等に扱わない」という行動は日系企業内では見かけない（日本人はそのように行動していないために、この行動を認知していない）と回答していた（第11章の表11-1参照）。「21．男女従業員の扱い方」の他に、日本人が自らの特徴的行動をとらず、あえて行動を修正するような行動をとったのではないかと予想される行動群がベトナム人の「ベトナム進出日系企業では見かけない行動群」であった。この行動群は、先の「21．男女従業員の扱い方」を含め以下のような7項目から構成されていた（表11-1参照）。

⑴ベトナム人「16．日本人はベトナム人に、職務範囲以外の事柄でも仕事を行うことを求める」（ベトナム人は認知していない：即ち、日本人はそのように行動していない）

　日本人「16．ベトナム人は自分の職務範囲外の業務は行わない」（やや強い認知レベル）

⑵ベトナム人「17．日本人は、ベトナム人が家族と過ごす予定があっても休日出勤することを求める」（ベトナム人は認知していない：即ち、日本人はそのように行動していない）

　日本人「17．ベトナム人は、家族と過ごす予定があれば、休日出勤を頼まれても仕事の方を断る」（やや弱い認知レベル）

⑶ベトナム人「21．上司は男性従業員と女性従業員を平等に扱わない」（ベ

トナム人は認知していない：即ち、日本人はそのように行動していない）

日本人「21.　ベトナム人は男性従業員と女性従業員を平等に扱う」（やや強い認知レベル）

(4)ベトナム人「22.　終業後、日本人上司は、ベトナム人部下と夕食を食べたり、酒を飲みに行ったりすることを求める」（ベトナム人は認知していない：即ち、日本人はそのように行動していない）

日本人「22.　終業後、ベトナム人は日本人と夕食を食べたり、酒を飲みに行ったりしない」（弱い認知レベル）

(5)ベトナム人「24.　日本人は反対意見を言うことは極力避ける」（ベトナム人は認知していない：即ち、日本人はそのように行動していない）

日本人「24.　ベトナム人は日本人上司へ反対意見をはっきりと言う」（やや弱い認知レベル）

(6)ベトナム人「26.　日本人上司の指示内容は曖昧で分かりにくい」（ベトナム人は認知していない：即ち、日本人はそのように行動していない）

日本人「26.　ベトナム人部下には仕事内容を明確に指示する必要がある」（強い認知レベル）

(7)ベトナム人「34.　日本人はベトナム人とベトナム語で意思疎通をはかる」（ベトナム人は認知していない：即ち、日本人はそのように行動していない）

日本人「34.　この会社のベトナム人とはベトナム語で意思疎通をはかる」（日本人は認知していない、弱い認知レベル：即ち、ベトナム人はそのように行動していない）

このような修正行動（日本人の特徴といわれる行動を控えたもの）は、海外進出日系企業には必要なことで、そのために日本人側が日本人の行動とベトナム人の行動の双方の記憶回路網を獲得して、修正行動をしていたと考えられる。また、日本人自身が修正することを「良し」とする情動を持っていないとできないことでもある。つまり、「男女従業員を平等に扱う」という行動は「悪いことではなく、そのように行動すべきだ」と思っているものの、日

本社会では声高に主唱できないと思われる。このような素地があったために「男女従業員を平等に扱う」という日本人の修正行動は、ベトナム人に対して開かれたものと思われる。

　なお、一昔前の日本社会でも一般的に行われ、ベトナム社会では今なお一般的な「上司に贈り物をする」という慣習がベトナム進出日系企業で行われているかを調査したが（ベトナム人用「9．日本人上司は部下からの贈り物を快く受け取らない」対　日本人用「9．ベトナム人は、上司との関係をよくするために、高額な品物を用意して上司に渡すという行動をする」）、日本人とベトナム人双方から「全く見かけない」「見かけるのは30％未満」ととらえられていた。「高価な贈り物」を上司に贈るという行動は日系企業では見かけないようだ。

　相手の行動を「見かける」と回答するためには、脳内に記憶回路網が出来上がっていなければならない。また、「文化の相違」を感じるためには、相手の行動についての記憶回路網と自己の行動の記憶回路網が出来上がっていなければならない。ベトナム人回答者の間でこれらの記憶回路網が出来上がっていたと思われるのは「業務遂行行動群」で、日本人回答者の場合は「ベトナム人の行動特質群」であった。これらの群では、ベトナム人と日本人の相手の行動に対する認知の度合が強かった。つまり、ベトナム人がとらえた日本人の業務遂行行動、日本人がとらえたベトナム人の行動特質は見かける度合も文化の相違を感じる度合も強かった。しかし、これらの回答に対応する日本人とベトナム人の認知の度合は強いものもあれば、弱いものもあるといった具合に分散しており、ほとんどの項目で何らかの（弱いレベルから強いレベルの）認知摩擦を生じているものと考えられた。しかし、ここには日本人の自分たちの行動を修正して相手に合わせるという行動が影響していることが明らかになった。今回の調査を通して、「修正行動」が中国進出日系企業で働く日本人の間でも確認されたことから、これが認知摩擦にどのように影響するのかを分析・考察していくことの必要性も浮上してきた。特に海外進出日系企業という環境の中で現地従業員と共に仕事をしていく際には、日

第12章　ベトナム進出日系企業で働くベトナム人と日本人の間の認知摩擦　　265

本人自身が行動をうまく修正して、より良い環境作りに寄与していくことが
重要だと思われ、実際、日本人はそのように行動していると考えられる。し
かし、どのような修正行動をしているのか、それは現地従業員にどのように
とらえられているのかについての詳細な調査はされていないと思われる。認
知摩擦と共に日本人の修正行動についての調査・研究は今後必要になってく
ると考えられる。

邦文参考文献

西田ひろ子（2000）『人間の行動原理に基づいた異文化間コミュニケーション』創元社。

英文参考文献

Eysenck, M. W. (Ed.) (1990). *The Blackwell dictionary of cognitive psychology.*
　　Cambridge, MA: Blackwell.

Fiske, S. T., & Neuberg, S. L. (1990). A continuum of impression formation, from cat-
　　egory-based to individuating processes: Influences of information and motivation
　　on attention and interpretation. In M. P. Zanna (Ed.), *Advances in experimental
　　social psychology* (Vol. 23, pp. 1-74). New York: Academic Press.

Norman, D. A. (1982). *Learning and memory.* San Francisco, W. H. Freeman.

Norusis, M. J. (1990). *SPSS base system user's guide.* Chicago, IL: SPSS Inc.

Romesburg, H. C. (1992). *Jitsurei kurasuta bunseki* [Illustrated cluster analysis]
　　(H. Nishida, & T. Sato, Trans.). Tokyo: Uchida Rokakuho. (Original work pub-
　　lished 1989)

Rumelhart, D. E. (1980). Schemata: The building blocks of cognition. In R. J. Spiro, B.
　　C. Bruce, & W. F. Brewer (Eds.), *Theoretical issues in reading comprehension.*
　　Hillsdale, NJ: Lawrence Erlbaum.

第4部　情動摩擦調査結果

第13章　中国・ベトナム進出日系企業における情動摩擦調査概要

西田ひろ子

Ⅰ．中国進出日系企業における情動摩擦調査

「認知摩擦調査」は、生まれ育った環境の違いによって「物事のとらえ方（品質管理の仕方など）の相違」が生じているかどうかを調査したものであったが、「情動摩擦調査」は「物事のとらえ方が異なることによる感情的な摩擦」が生じているかどうかを調査したものである。「日本人とは違う」と思った場合は「認知摩擦」であり、「そのような行動には困惑する」「（対応するのは）困難だと感じる」といったような感情的反応は「情動摩擦」である。情動摩擦調査は、認知摩擦の質問紙による調査とは違って、調査員が現地に赴き37項目について一人ひとりにインタビューし、選択肢を用いて感情的側面についてのデータを得た。その後、なぜそのように感じているのかについて自由に回答してもらった：日本人には中国人の行動について、中国人には日本人の行動について、「１．常に困難を感じる」「２．どちらとも言えない（困難だとも困難ではないとも言えない）」「３．全く困難を感じない」「４．困難というものではなく、自分たちが学ぶべきだと感じる（以後「自分たちが学ぶべき」とする）」「９．体験したことがない」の中から最も自分の感情に近いものを選択してもらった。この後、なぜそのように感じたのかについて自由に回答してもらった。[1] 回答はテープに収め、帰国後にテープの内容をエクセルに書き出した。これを２人の調査員が内容分析した。[2] ２人の内容分析結果が異なっていた場合は、話し合いの上で最終的な内容分析結果を確定し

た。こうして得られたものが情動摩擦のデータである。

　本調査で用いた選択肢は、1996年から1998年のマレーシア・フィリピン調査（西田，2002）と1999年から2002年までのアメリカ、中国調査（西田，2007）で使用したものを修正して用いた。1996年から2002年までの調査では、「（異文化の相手の行動には）困難を感じる」「どちらとも言えない」「困難を感じない」「自分たちが学ぶべき」の4選択肢であったが、今回の調査では「体験したことがない」を加え、5つの選択肢を用意した。「体験したことがない」を他の選択肢と同列に用いることにした理由だが、これは、認知摩擦の分析を通して、「認知していない」（即ち、体験したことがない）という回答が見かけられたからである。

　このように、情動摩擦についてのインタビュー調査では、5選択肢尺度によるデータと自由回答データの2種類のデータを得た。これらのデータを併用することにより、インタビューした際の回答者の回答がどのような内容なのかをより正確に把握することができた。これは、エクセルにインタビュー内容を書き出す際の一助にもなった。また、自由回答だけでは分かりにくい中国人・ベトナム人と日本人の回答傾向（相手の行動を困難だと感じているのか、自分たちが学ぶべきと感じているのかなど）を比較分析する際に役立った。

Ⅰ-1. 中国における情動摩擦調査：協力企業と回答者

　中国における情動摩擦調査への協力企業と回答者は、28社、日本人82名、中国人194名、総数276名であった（広州14社、日本人39名、中国人72名；上海14社、日本人43名、中国人122名）（表13-1参照）。回答者を業種別に見ると、日本人は「貿易」の23名、次いで「電気・電子製品」の22名と多く、中国人は「輸送機械・機器」の51名、「貿易」の40名が多かった（業種別の協力企業、回答者数は表13-2参照）。広州では日本人、中国人共に「電気・電子製品」「貿易」が多く、上海では「輸送機械・機器」「貿易」が多かった（表13-3、表13-4参照）。

第13章　中国・ベトナム進出日系企業における情動摩擦調査概要　　271

表 13-1　情動摩擦：中国における地域別企業数・回答者数

地域	日本人				中国人			
	製造業		非製造業		製造業		非製造業	
広州	7社	25名	5社	14名	7社	36名	7社	36名
上海	4社	21名	9社	22名	5社	52名	9社	70名
合計	11社	46名	14社	36名	12社	88名	16社	106名
総合計	25社		82名		28社		194名	

表 13-2　情動摩擦：中国における業種別回答者数・企業数

	日本人		中国人	
	回答者数（名）	企業数（社）	回答者数（名）	企業数（社）
電気・電子製品	22	6	30	6
輸送機械・機器	18	3	51	3
鉄鋼・非鉄金属	3	1	4	2
化学工業	3	1	3	1
貿易	23	9	40	9
小売業	0	0	4	1
建設業	3	1	6	1
運輸	7	2	38	2
銀行・金融	2	1	4	1
非製造業その他	1	1	13	2
無回答	0	0	1	0
合計	82	25	194	28

272　　　　　　　　　　　第4部　情動摩擦調査結果

表13-3　情動摩擦：中国広州における業種別回答者数・企業数

	日本人		中国人	
	回答者数（名）	企業数（社）	回答者数（名）	企業数（社）
電気・電子製品	14	4	19	4
輸送機械・機器	8	2	14	2
鉄鋼・非鉄金属	3	1	3	1
貿易	10	4	15	4
小売業	0	0	4	1
運輸	4	1	11	1
非製造業その他	0	0	6	1
合計	39	12	72	14

　情動摩擦調査の日本人回答者82名のうち、95.1%は管理職であった（表13-5参照）。最も多かったのが「他の監督者または管理者を部下としている」者で67.1%。「一般従業員を直接管理している」者は28.0%であった。日本人のうち、男性は80名、女性2名で、大半が男性だった。日本人の平均年齢は45.8歳（$SD=8.33$）だった。また、中国人回答者の56.7%（110名）が管理職だった（表13-6参照）。最も多かったのは、「一般従業員を直接管理している」者で33.5%（65名）、「他の監督者または管理者を部下としている」者は23.2%（45名）だった。中国人回答者の52.6%が男性（102名）、46.9%が女性（91名）、無回答1名（0.5%）であった。平均年齢は33.6歳（$SD=7.07$）、そのうち、男性は34.9歳（$SD=8.11$）で、女性は32.2歳（$SD=5.36$）であった。

Ⅱ. ベトナム進出日系企業における情動摩擦調査

　情動摩擦調査は「物事のとらえ方が異なることによる感情的な摩擦」が生じているかどうかを調査したものである。先に説明したが、「日本人とは違う」と思った場合は「認知摩擦」、「そのような行動・考え方には困惑する」

第13章　中国・ベトナム進出日系企業における情動摩擦調査概要　　　273

表 13-4　情動摩擦：中国上海における業種別回答者数・企業数

	日本人		中国人	
	回答者数（名）	企業数（社）	回答者数（名）	企業数（社）
電気・電子製品	8	2	11	2
輸送機械・機器	10	1	37	1
鉄鋼・非鉄金属	0	0	1	1
化学工業	3	1	3	1
貿易	13	5	25	5
建設業	3	1	6	1
運輸	3	1	27	1
銀行・金融	2	1	4	1
非製造業その他	1	1	7	1
無回答	0	0	1	0
合計	43	13	122	14

表 13-5　情動摩擦：日本人回答者の職位

職位	回答者数（％）
他の監督者または管理者を部下としている	55(67.1)
一般従業員を直接管理している	23(28.0)
事務所で一般従業員を監督するレベルの仕事に就いている	2(2.4)
無回答	2(2.4)
合計	82(100.0)

274　　　第4部　情動摩擦調査結果

表 13-6　情動摩擦：中国人回答者の職位

職位	回答者数（％）
他の監督者または管理者を部下としている	45(23.2)
一般従業員を直接管理している	65(33.5)
事務所で一般従業員を監督するレベルの仕事に就いている	25(12.9)
事務所で経理などの仕事に就いている	32(16.5)
事務所以外の場所で一般従業員を監督するレベルの仕事に就いている	4(2.1)
一般従業員	20(10.3)
無回答	3(1.5)
合計	194(100.0)

といったように感情的にとらえた場合は「情動摩擦」である。

　情動摩擦調査では「あなたはベトナム人／日本人の行動に対応することは困難だと感じていますか？」と尋ね、以下のような選択肢を用いてデータを得た：「1．常に困難を感じる」「2．どちらとも言えない（困難だとも困難ではないとも言えない）」「3．全く困難を感じない」「4．自分たちが学ぶべき」「9．体験したことがない」。

　ベトナム進出日系企業での情動摩擦調査への協力企業数は17社、回答者総数は213名であった。ハノイでは9社、日本人31名、ベトナム人69名、ホーチミンでは8社、日本人39名、ベトナム人74名であった（表13-7参照）。業種別に見てみると、製造業は17社のうち11社と多数を占めた。なかでも多かったのが電気・電子製品の5社だった（表13-8参照）。

　ベトナム進出日系企業で働く日本人70名のうち63名（90.0％）が管理職であった（表13-11参照）。最も多かったのが「他の監督者または管理者を部下としている者」で64.3％、次いで「一般従業員を直接管理している」25.7％であった。日本人回答者の中では、男性が67名（95.7％）と大半を占めた（女性は3名（4.3％）であった）。平均年齢は全体では45.3歳（$SD=8.20$）、男性の

第13章　中国・ベトナム進出日系企業における情動摩擦調査概要　　275

表 13-7　情動摩擦：ベトナム地域別回答者数・企業数

地域	日本人				ベトナム人			
	製造業		非製造業		製造業		非製造業	
ハノイ	23名	5社	8名	4社	40名	5社	29名	4社
ホーチミン	33名	6社	6名	2社	67名	5社	7名	1社
合計	56名	11社	14名	6社	107名	10社	36名	5社
総合計	70名		17社		143名		15社	

表 13-8　情動摩擦：ベトナム業種別企業数・回答者数

	日本人		ベトナム人	
	企業数（社）	回答者数（名）	企業数（社）	回答者数（名）
電気・電子製品	5	34	5	66
鉄鋼・非鉄金属	1	4	1	10
石油・ガス	1	3	1	9
化学工業	2	7	2	13
製造業その他	2	8	1	9
貿易	1	3	1	6
建設業	1	2	1	9
運輸	1	3	1	7
銀行・金融	2	5	1	8
非製造業その他	1	1	1	6
合計	17	70	15	143

第4部　情動摩擦調査結果

表 13-9　情動摩擦：ハノイ業種別企業数・回答者数

	日本人		ベトナム人	
	企業数（社）	回答者数（名）	企業数（社）	回答者数（名）
電気・電子製品	2	9	2	16
鉄鋼・非鉄金属	1	4	1	10
化学工業	1	5	1	5
製造業その他	1	5	1	9
貿易	1	3	1	6
建設業	1	2	1	9
銀行・金融	1	2	1	8
非製造業その他	1	1	1	6
合計	9	31	9	69

表 13-10　情動摩擦：ホーチミン業種別企業数・回答者数

	日本人		ベトナム人	
	企業数（社）	回答者数（名）	企業数（社）	回答者数（名）
電気・電子製品	3	25	3	50
石油・ガス	1	3	1	9
化学工業	1	2	1	8
製造業その他	1	3	0	0
運輸	1	3	1	7
銀行・金融	1	3	0	0
合計	8	39	6	74

第13章　中国・ベトナム進出日系企業における情動摩擦調査概要　　277

表 13-11　情動摩擦：日本人回答者の職位

職位	回答者数（%）
他の監督者または管理者を部下としている	45(64.3)
一般従業員を直接管理している	18(25.7)
事務所で一般従業員を監督するレベルの仕事に就いている	6(8.6)
無回答	1(1.4)
合計	70(100.0)

表 13-12　情動摩擦：ベトナム人回答者の職位

職位	回答者数（%）
他の監督者または管理者を部下としている	39(27.3)
一般従業員を直接管理している	35(24.5)
事務所で一般従業員を監督するレベルの仕事に就いている	18(12.6)
事務所以外の場所で一般従業員を監督するレベルの仕事に就いている	11(7.7)
事務所で経理などの仕事に就いている	40(28.0)
合計	143(100.0)

平均年齢は45.3歳（$SD=8.07$）、女性は45.0歳（$SD=13.08$）であった。また、ベトナム人回答者143名のうち、管理職は74名（51.8%）であった。最も多かったのが「他の監督者または管理者を部下としている者」で39名（27.3%）、次いで「一般従業員を直接管理している者」35名（24.5%）であった（表13-12参照）。ベトナム人回答者の中で、男性は73名（51.0%）、女性が70名（49.0%）であった。平均年齢は32.8歳（$SD=5.42$）、そのうち、男性73名の平均年齢は33.8歳（$SD=6.17$）で、女性70名の平均年齢は31.6歳（$SD=4.27$）であった。

注

[1] インタビューを実施した企業では個室を用意してもらい、中国人、ベトナム人には日頃最もよく接する日本人の行動37項目について、また、日本人にも日頃最もよく接

する中国人、ベトナム人の行動37項目について回答を得た。中国人には中国人の、ベトナム人にはベトナム人の、さらに日本人には日本人の調査員が1対1で約40分インタビューした。この際、回答者のプライバシーに配慮し、匿名性を保つことへの理解を得た後に、企業と回答者の許可を得て録音した。

[2] 内容分析（content analysis）とは、自由回答などの定性分析用データ収集の際に使われる統計分析法で（Henwood & Pidgeon, 1992; Porter & Wetherell, 1987）、本調査ではインタビューから得られた中国語、ベトナム語、日本語の回答の分析に用いた。録音された回答を文字化した後に、回答内容を基にしたコード表を作成した。コード表とは、例えば、「品質管理が良い」という回答には「1」といった具合に、数値で分類できるようにしたものである。この内容分析は2名の調査員によって実施され、2人の分類結果が異なっていた場合は、話し合いによって決定した。

邦文参考文献

池田　央（1986）『行動科学の方法』（pp. 80-84）東京大学出版会。

英文参考文献

Henwood, K. L., & Pidgeon, N. F. (1992). Qualitative Research and Psychological Teorizing. *British Journal of Psychology, 83*, 97-111.

Porter, J., & Wetherell, M. (1987). Discourse and Social Psychology. London: Sage.

第14章　中国進出日系企業で働く中国人が感じていた情動摩擦

佐々木由美　西田ひろ子

Ⅰ．調査の目的

　これまでの異文化間コミュニケーション研究では、特定文化間の相違が相手に誤解や困難を感じさせることが前提とされる傾向があるため、文化間の相違解明を試みる研究が多い（小林，1998; ザトラウスキー，1993; 杉本，1997; 林，1985; Aliakbari & Changizi, 2012; Barnlund, 1989; Barnlund & Yoshioka, 1990; Choi, Park, & Oh, 2011; Guan, Park, & Lee, 2009; Watanabe, 1993）。また、中国進出日系企業の実証研究は少なくないが、それらの多くは経営管理や労務管理に関する研究である（鈴木，2000，2004; 薛，2011; 趙，2002; 周，2007; 徐・片岡，1997; 馬，2000; 村松，2012）。しかし、日本人、中国人のコミュニケーション行動と互いの情動的行き違いに主眼を置いた実証研究はあまり見られない（根橋，2007）。本研究では、中国進出日系企業において、日本人と中国人の間の異文化間コミュニケーション場面で、どのような情動が喚起される傾向があるかを、西田の構築した方法論（調査法を含む）により調査することを目的としている（第1章と第3章を参照；西田，2002，2007を参考）。具体的には、中国進出日系企業で働く中国人が日本人の行動に文化的相違を認識した際、(1)困難を感じるのか、(2)どちらとも言えないか（「困難を感じる」とも「困難を感じない」とも言えないか）、(3)困難を感じないのか、(4)学ぶべきと感じるのか、(9)体験したことがないか、について調べた（詳細は第1章参照）。本章では、これらの結果について分析・考察する。なお、「どちらとも言えない」とい

280　　　第4部　情動摩擦調査結果

う回答は、他の回答と比べ回答率が低く（表14-1参照）、理由も曖昧であっ
たため（当該項目の内容について、肯定的・否定的の両面があると認識している場合
や「人による」、「ケースによる」という場合など）、考察項目からは除外した。ま
た、第4章の「調査に用いた質問項目」で説明した37項目のうち、「原因に
ついての問題追及姿勢」「解決方法についての追及姿勢」の2項目は、中国
調査では「問題発生時の対応」として分析・考察を行った。これは、情動摩
擦調査（インタビュー調査）の結果から、これら2項目は同じ内容としてとら
えられる傾向が高いことが判明したためである。このため、中国調査でのイ
ンタビュー結果は、「解決方法についての追及姿勢」のみを分析し（「原因に
ついての問題追及姿勢」への回答は削除）、計36項目について考察した。しかし
ベトナム調査では、これら2項目の回答結果は中国調査のような傾向が見ら
れなかったため、全37項目について分析・考察を実施した。

Ⅱ．調査の概要

Ⅱ-1．調査地域と協力企業の選定

　中国では日系企業の進出が著しい広州と上海の2地域で調査を実施した。
「企業の規模」を統一するため、調査対象は大企業に限定した。[1] 広州14社、
上海14社から協力を得た。

Ⅱ-2．回答者

　回答者は、中国の広州・上海の日系企業28社で働く中国人194名（広州72名、
上海122名）で、その内訳は、男性102名（52.6％）、女性91名（46.9％）、不明
1名（0.5％）であった。平均年齢は男性34.9歳（$SD = 8.11$）、女性32.2歳
（$SD = 5.36$）、日系企業での勤務年数の平均は6.14年（$SD = 4.18$）（男性6.61年、
$SD = 4.51$、女性5.61年、$SD = 3.74$）であった。職位は管理職45名（23.2％）、中
間管理職94名（48.5％）、一般従業員52名（26.8％）、無回答3名（1.5％）であ

った。なお、企業の業種は、製造業12社（42.9％）、非製造業16社（57.1％）
であった。

Ⅱ-3.　調査方法

　本調査ではインタビュー法を用いた。インタビュー方法は統一され、その
ための訓練を受けた2名の中国人面接者[2]により、中国語で各インタビュー
につき40分程度で実施された。インタビューでは、中国人管理職の回答者
（以下、中国人）が、日頃、最もよく接する日本人管理職[3]（以下、日本人）の職
場での36の行動について、(1)自分の情動的反応を明らかにしてもらうため、
5つの選択肢（「1．困難を感じる」、「2．どちらとも言えない」、「3．困難を感じ
ない」、「4．学ぶべきと感じる」、日本人の行動について体験がなく、情動的反応が
できない場合は「9．体験したことがない」）の中から、最も適切なものを選ん
でもらい、(2)その理由を自由に述べてもらった。各企業では、インタビュー
のための個室を用意してもらい、回答者のプライバシーに配慮しながらイン
タビューした。この際、回答者の匿名性を保つことの理解を得た上で、企業
と回答者の許可を得たのち録音した。

Ⅱ-4.　分析方法

　インタビュー調査から得られた中国語の自由回答を分析するため、日本の
大学院に在籍する中国人留学生2名によって回答内容は文字化され、さらに
日本語に翻訳された。文字化された日本語の回答は、内容に基づきコード化
（回答内容に番号を付けて分類する作業）され、コード表が作成された。例えば、
「規則について厳しすぎる」という回答があった場合、「規則厳守」をキーワ
ードとし、これと同じ、あるいは類似する回答に「1」という番号をつけて
分類された。このような番号表をコード表と呼んだ。そのコード表に基づき、
2名の日本人の調査者がコード化を行った。両調査者の分類した結果が、ど
のくらい一致するかという信頼性（intercoder reliability）を確認した上で、分

類された項目に該当する有効回答数と、そのパーセントを調べた。このコーダー間の信頼性を確認したところ、99％以上の一致度が見られたことから、十分に信頼性があると判断された。

Ⅲ．回答結果と考察

中国進出日系企業28社で働く中国人194名が、日本人の企業行動について、「困難を感じる」、「どちらとも言えない」、「困難を感じない」、「学ぶべきと感じる」、「体験したことがない」として挙げた上位10項目のうち5項目について、分析・考察していく。まず、中国人回答者の全36項目に対する回答の内訳を表14-1にまとめた。

表14-1 日本人の企業行動に対する中国人の回答

(回答者総数 =194)

質問番号	項目内容	「困難を感じる」	「どちらとも言えない」	「困難を感じない」	「学ぶべき」	「体験がない」
1	有給休暇を消化しない	27(13.9)*	28(14.4)	61(31.4)	25(12.9)	50(25.8)
2	品質・事務管理の徹底	22(11.3)	17 (8.8)	51(21.6)	98(50.5)	6 (3.1)
3	上司からの指示への意見	59(30.4)	42(21.6)	40(20.6)	5 (2.6)	37(19.1)
4	報告・連絡・相談	23(11.9)	20(10.3)	50(25.8)	70(36.1)	12 (6.2)
5	褒めない	38(19.6)	45(23.2)	36(18.6)	2 (1.0)	67(34.5)
6	不明瞭な評価	55(28.4)	27(13.9)	22(11.3)	1 (0.5)	82(42.3)
7	規則・手続き厳守	32(16.5)	26(13.4)	67(34.5)	57(29.4)	12 (6.2)
8	仕事の詳細を尋ねることを要求	20(10.3)	15 (7.7)	56(28.9)	72(37.1)	31(16.0)
9	高価な贈り物を受け取らない	0 (0)	4 (2.1)	15 (7.7)	11 (5.7)	103(53.1)
10	大部屋制度	15 (7.7)	18 (9.3)	72(37.1)	33(17.0)	27(13.9)
11	意思決定に時間をかける	72(37.1)	33(17.0)	35(18.0)	11 (5.7)	37(19.1)

第14章　中国進出日系企業で働く中国人が感じていた情動摩擦　　283

12	年功序列の昇進制度	56(28.9)	33(17.0)	38(19.6)	3 (1.5)	58(29.9)
13	給与の説明をしない	48(24.7)	26(13.4)	22(11.3)	0 (0)	65(33.5)
14	チームワーク	8 (4.1)	14 (7.2)	63(32.5)	87(44.9)	22(11.3)
15	残業の要求	37(19.1)	31(16.0)	26(13.4)	8 (4.1)	60(30.9)
16	職務範囲外の仕事を要求	30(15.5)	30(15.5)	40(20.6)	36(16.5)	59(30.4)
17	休日出勤の要求	35(18.0)	24(12.4)	16 (8.3)	4 (2.1)	70(36.1)
18	礼儀正しさ	3 (1.5)	24(12.4)	45(23.2)	80(41.2)	8 (4.1)
19	時間厳守	2 (1.0)	5 (2.6)	57(29.4)	83(42.8)	13 (6.7)
20	納期厳守	6 (3.1)	7 (3.6)	65(33.5)	69(35.6)	8 (4.1)
21	男女の不平等な扱い	26(13.4)	14 (7.2)	14 (7.2)	0 (0)	91(46.9)
22	終業後のつきあい	12 (6.2)	17 (8.8)	43(22.2)	6 (3.1)	75(38.7)
23	会議で議論しない	41(21.1)	22(11.3)	23(11.9)	4 (2.1)	77(40.0)
24	反対意見を述べない	43(22.2)	28(14.4)	36(16.5)	2 (1.0)	83(42.8)
25	人前での注意	53(27.3)	25(12.9)	24(12.4)	1 (0.5)	83(42.8)
26	不明確な指示の仕方	57(29.4)	14 (7.2)	15(7.7)	0 (0)	64(33.0)
27	転職への無理解	39(20.1)	24(12.4)	49(25.3)	0 (0)	79(40.7)
28	年功序列の給与体系	43(22.2)	23(11.9)	26(13.4)	3 (1.5)	68(35.1)
29	家族のための早退・欠勤への無理解	38(19.6)	8 (4.1)	12(6.2)	0 (0)	99(51.0)
30	配置転換・人事異動	39(20.1)	26(13.4)	46(23.7)	1 (0.5)	80(41.2)
31	問題発生時の対応	4 (2.1)	4 (2.1)	42(21.6)	97(50.0)	17 (8.8)
32	結果報告の仕方	5 (2.6)	5 (2.6)	54(27.8)	86(46.3)	12 (6.2)
33	中国語での意思疎通	12 (6.2)	16 (8.3)	51(26.3)	46(23.7)	44(22.7)
34	自主性重視	16 (8.3)	18 (9.3)	63(32.5)	52(26.8)	43(22.2)
35	日本語での意思疎通	26(13.4)	20(10.3)	82(42.3)	3 (1.5)	13 (6.7)
36	情報を十分に共有しない	59(30.4)	29(14.9)	21(10.8)	1 (0.5)	70(36.1)

＊表中の数値は回答者数、（ ）内はパーセント。

Ⅲ-1. 中国人が「困難を感じる」と回答した日本人の企業行動

中国人が日本人の企業行動について「困難を感じる」と回答した行動は何だったのだろうか。第1位が「意思決定に時間をかける」(72名、37.1%)、第2位は同列で「上司からの指示への意見の述べ方」、「情報を十分に共有しない」(各59名、30.4%)、第4位「不明確な指示の仕方」(57名、29.4%)、第5位「年功序列の昇進制度」(56名、28.9%)、第6位「不明瞭な評価」(55名、28.4%)、第7位「人前での注意」(53名、27.3%)、第8位は「給与の説明をしない」(48名、24.7%)、第9位は同列で「反対意見を述べない」、「年功序列の給与体系」(43名、22.2%)であった(表14-2参照)。

Ⅲ-1-1. 意思決定に時間をかける

日本人の企業行動について「困難を感じる」と回答した中国人が最も多かった項目は、「意思決定に時間をかける」(72名、37.1%)であった。困難を感じる理由として、「時間がかかる」(42名、21.6%)が最も多く挙げられて

表14-2 中国人が「困難を感じる」と回答した日本人の行動

(回答者総数＝194)

順位	項目	回答者数（％）
1．	意思決定に時間をかける	72(37.1)
2．	上司からの指示への意見の述べ方	59(30.4)
2．	情報を十分に共有しない	59(30.4)
4．	不明確な指示の仕方	57(29.4)
5．	年功序列の昇進制度	56(28.9)
6．	不明瞭な評価	55(28.4)
7．	人前での注意	53(27.3)
8．	給与の説明をしない	48(24.7)
9．	反対意見を述べない	43(22.2)
9．	年功序列の給与体系	43(22.2)

いた。その具体的な回答は、「時間の無駄。問題があれば討論する必要はあるが、些細なことをいくつもの部門で、何回も討論する必要はない」、「重要でないことは、上司一人で決めればいいのに、部下を集めて議論するのはおかしい」などが挙げられている。これらの回答から、日本人が多くの議題について部下を集め、会議を開き、時間をかけて討論することを、約三分の一の中国人は時間のかけ過ぎと感じ、「困難」と回答していたようだ。これは、中国進出日系企業の中国人の困難度を調査した結果とも一致する（根橋，2007，2008）。また、在中国日系企業を調査した鈴木（2000，2004）は、コンセンサス重視の日本式意思決定は、中国人の不受容性が高いと報告している。これらの結果から日本と中国では意思決定の方法が異なり、それが困難という批判的情動の活性化につながりやすいことを示唆される。

Ⅲ-1-2. 上司からの指示への意見の述べ方

　日本人の企業行動について中国人が「困難を感じる」項目で、二番目に多く挙げられたのが、「上司からの指示への意見の述べ方」（59名、30.4％）であった。理由としては「[日本人は上司へ] 自分の意見をはっきり言わない・曖昧なので言うべき」（45名、23.2％）が最も多く挙げられていた：「[日本人が自分の上司に意見を言わないことは] 常に理解できない。上司の指示がよくないのに意見を言わない。現場の人の方が状況をよく分かっている。上司はすべて分かる訳ではないので、言わないといけない」、「これは日本企業の文化の一つ、つまり曖昧さの体現だと分かっている。しかし、問題があるのに、それを指摘しないと改善できないし、会社の管理、業務の執行と中国人の部下に悪い影響を及ぼすに違いない」などであった。

　回答から、中国人は、上司の考え方に誤りがあると思えば、それを指摘し、自分の意見を述べることで、相手を説得するという行動を獲得していると考えられる。つまり、中国人は、たとえ上司の指示であろうと、職務遂行に支障をきたす可能性があれば、それをはっきり指摘することが重要だと考えて

いると思われる。一方で、日本人は、こうした行動を獲得しておらず、上司の指示に反対意見を述べることを避ける傾向があると考えられる。ここに、日本人と中国人の上司の指示に対する意見の述べ方に相違があり、3割の中国人が「困難」と回答したものと考えられる。徐・片岡（1997）の調査でも、上司と意見が対立した時に、「割切って上司の言うことに従う」と回答した中国人より、「時と場所を変えて忍耐強く上司を説得する」「ある程度誠実に説得し、受け入れられなければあきらめる」（p.77）と回答した中国人の方が顕著に多かったことが報告されており、本調査結果とも一致する。これらの調査結果は、上司に反対意見を述べて説得するという行動を中国人は獲得しており、それが日本人のものと異なることを示唆している。

Ⅲ-1-3. 情報を十分に共有しない

　日本人の企業行動について中国人が「困難を感じる」項目で、同列で二番目に多く挙げられたのが、「情報を十分に共有しない」（59名、30.4％）であった。その理由として、「仕事をうまく展開するため情報を共有すべき」（46名、23.7％）が最も多く挙げられていた：「情報をシェアするべきだ。留保すれば仕事に悪い影響を与える」、「日系企業はいろいろ不透明なところがある。職位や仕事内容、能力でランク分けし、それぞれ違う権力と責任を持たせるべきだが、日系企業はこれができていない」などであった。これらの回答例から、中国人は職務遂行上、必要な情報は多くの社員で共有するという行動を獲得していると考えられる。一方で、日本人は、情報の重要度により開示範囲を限定するという行動を獲得していると考えられる。この点で日本人と中国人の間に行動上の相違があり、中国人回答者の3割が「困難を感じる」と答えたものと思われる。

Ⅲ-1-4. 不明確な指示の仕方

　中国人が「困難を感じる」項目で、四番目に多く挙げられたのが、「不明

確な指示の仕方」(57名、29.4%) であった。理由としては、「指示の仕方が曖昧なので明確にすべき」(25名、12.9%) が最も多く挙げられていた：「指示する時、相手にわかりやすく、明確に説明する義務がある。曖昧な指示をしてはいけない」、「日本人上司は、『こうしなさい』とはっきり言わずに、『こういう風にすべきだと思いませんか』と言う。実際の意味は『こういう風にしなさい』である。その上司のことをよく分かっている人なら、指示を出されたと分かるが、そうでない人には、上司は何をしたいのか分かりにくいかもしれない。要するに、日本人上司は指示を出す時に、自分の観点を述べているだけみたいなので、曖昧すぎると思う」などである。中国人の回答から、日本人の指示の出し方は中国とは異なっているために、約3割が「困難を感じる」と回答したものと考えられる。

Ⅲ-1-5. 年功序列の昇進制度

中国人が「困難を感じる」と回答した項目で、五番目に多く挙げられたのが、「年功序列の昇進制度」(56名、28.9%) であった。その理由として、「能力主義にすべき」(36名、18.6%) が最も多く挙げられていた：「中国では能力を大切にするので、困難を感じる」、「年功序列ではなく、能力給にすべきだ。会社の不文律で、入社一年目は昇進なし。これは能力のある人にとても不公平だ」などがあった。これらの回答例から、中国人は昇進の仕方として、年功ではなく能力によって昇進するという行動を獲得していると考えられる。在中国日系企業の中国人に関するいくつかの先行研究でも、この点が指摘されている。在中国日系企業を調査した鈴木 (2000, 2004) は、個人主義的価値観や実力主義の強い中国社会において、年功昇進は不受容性が高いと報告している。また、古田 (2004) は、「個人責任による業績賃金」(p.32) 体系に、8割の中国人が同意しており、日系企業の経営改善点として「能力・業績給導入」(p.36) が二番目に多く挙げられたと報告している。

Ⅲ-2. 中国人が「困難を感じない」と回答した日本人の企業行動

「困難を感じない」と回答するのは、日本人の企業行動について中国人が文化的相違を認識しても、困難という批判的情動が活性化されないことを意味している。彼らが「困難を感じない」と回答した日本人の企業行動は、第1位「日本語での意思疎通」（82名、42.3％）、第2位「大部屋制度」（72名、37.1％）、第3位「規則・手続き厳守」（67名、34.5％）、第4位「納期厳守」（65名、33.5％）、第5位は同列で「チームワーク」と「自主性重視」（63名、32.5％）、第7位「有給休暇を消化しない」（61名、31.4％）、第8位「時間厳守」（57名、29.4％）、第9位「結果報告の仕方」（54名、27.8％）、第10位は同列で「品質・事務管理の徹底」と「中国語での意思疎通」（51名、26.3％）であった（表14-3参照）。これらの項目のうち、第3位の「規則・手続き厳守」、第4位の「納期厳守」、第5位の「チームワーク」、第8位の「時間厳守」、第9位の「結果報告の仕方」、第10位の「品質・事務管理の徹底」の6項目は、中国人が「学ぶべき」と回答した上位10項目と重なる。しかし、これらの項目に「困難を感じない」と回答した中国人は、「学ぶべき」と回答した者のように、好意的情動が喚起されておらず、積極的に行動に移す可能性は低いと考えられる。

「学ぶべき」と回答された上位10項目に重ならない4項目のうち、「日本語での意思疎通」「中国語での意思疎通」については、言語能力とコミュニケーションに対する考え方に関連すると考えられる。自国にいながら母語の中国語ではなく、日本語でのコミュニケーションに「困難を感じない」という回答が最も多いことから、中国人側が、そもそも日系企業で働くのであるから、日本語を要求されるのは当然と考える傾向があり、また、自分たちの日本語能力に自信があり、困っていないことを示唆すると思われる。また、「有給休暇を消化しない」「大部屋制度」「自主性重視」については、好意的情動も、批判的情動も喚起されにくいと考えられる。これは、日系企業で仕事をする時間が長くなるにつれ、それらの行動が学習され、記憶の回路網が

第14章　中国進出日系企業で働く中国人が感じていた情動摩擦　　289

表 14-3　中国人が「困難を感じない」と回答した日本人の行動

(回答者総数 =194)

順位	項目	回答者数（%）
1.	日本語での意思疎通	82(42.3)
2.	大部屋制度	72(37.1)
3.	規則・手続き厳守	67(34.5)
4.	納期厳守	65(33.5)
5.	チームワーク	63(32.5)
5.	自主性重視	63(32.5)
7.	有給休暇を消化しない	61(31.4)
8.	時間厳守	57(29.4)
9.	結果報告の仕方	54(27.8)
10.	品質・事務管理の徹底	51(26.3)
10.	中国語での意思疎通	51(26.3)

獲得され、適応が進むため、強い情動が活性化されなくなっていると考えられる。

Ⅲ-2-1.　日本語での意思疎通

　中国人が「困難を感じない」と回答した企業行動で最も多かった項目は、「日本語での意思疎通」（82名、42.3%）であった。これは中国人の日本語能力が十分なため、彼らが日本人と日本語で意思疎通することで、困難という批判的情動が活性化されにくいことを示唆している。具体的な回答は、「日系企業の場合、管理職に日本人が多いし、日本の本社と交流する必要もあるので、よく日本語で交流したり、手紙や資料などを読んだりするのは、日本語能力の上達に役立つ」、「困難と思ったことはない。日本人は中国語がわからないので仕方ない」などである。「日本語での意思の疎通」については、「学ぶべき」という好意的情動が活性化されるほどではないが、「困難」とい

う批判的情動も活性化されにくく、約4割の中国人はさほど深刻な問題ととらえていないと考えられる。これは、日系企業では日本語を話すものであるという記憶の回路網が獲得されているためと考えられる。

Ⅲ-2-2. 大部屋制度

第2位に挙げられた項目は、「大部屋制度」(72名、37.1%) であった。具体的な回答は、「もう慣れてきた」、「全く困難に感じない。みんなと同じオフィスで仕事をすれば、中国人の部下とコミュニケーションしやすい」などである。これらの結果から、「大部屋制度」について、約三分の一の中国人には、「困難」という批判的情動が活性化されるものではないと考えられる。これは、管理職も同じ部屋で仕事をするという記憶の回路網が獲得されているためと考えられる。

Ⅲ-2-3. 規則・手続き厳守

第3位に挙げられた項目は、「規則・手続き厳守」(67名、34.5%) であった。具体的な回答は「理解できる。規則厳守を要求するのは当たり前である」、「会社にはそれなりの規定と制度があるので、社員全員がそれをしっかりと守るべきだ。これは正に『国に法があり、家に掟がある』ように、会社にも会社の規定がある」などである。これらの結果から、約三分の一の中国人は、「困難」という情動が活性化されない傾向があると考えられる。

Ⅲ-2-4. 納期厳守

第4位に挙げられた項目は、「納期厳守」(65名、33.5%) であった。具体的な回答は、「どんな仕事にも期限がある。たとえ日本人の上司が要求しなくても、期限内で仕事を完成すべきだ。自分に対してこういう要求があるべきだ」、「理解できる。仕事の納期を守って、効率的に仕事を完成するのは当たり前だと思う」などである。「納期厳守」について、好意的情動や「困難」

という批判的情動は活性化されず、「困難を感じない」ととらえる者が三分
の一いた。

Ⅲ-2-5. チームワーク

　第5位に挙げられた項目は、「チームワーク」（63名、32.5%）であった。
具体的な回答は、「弊社ではチームワークが非常に良いので、全く困難を感
じない」、「これは理解できる。チームワークは非常に重要だから」などであ
った。これらの結果から、「チームワーク」に関する記憶の回路網は獲得さ
れているため、約三分の一の中国人の「困難」という情動は、喚起されない
傾向があると考えられる。

Ⅲ-2-6. 自主性重視

　第5位に同列で挙げられた項目は、「自主性重視」（63名、32.5%）であった。
具体的な回答は、「一定の仕事経験と能力を持った人なら積極的に仕事を見
つけるべきだ。ただ受動的に上司に仕事を割り当てられるのを待つだけでは
いけないのだ」、「私達はいつも積極的に会社の仕事を探している」などであ
った。これらの結果から「自主性重視」に関する記憶の回路網は獲得されて
おり、約三分の一の中国人の「困難」という情動は、喚起されないと考えら
れる。

Ⅲ-3. 中国人が「学ぶべき」と回答した日本人の企業行動

　中国人が「学ぶべき」と回答したのは、日本人の企業行動について中国人
が文化的相違を認識し、それが好意的情動の活性化につながり、新たな記憶
回路網の構築につながる可能性を示唆している。中国人が「学ぶべき」と回
答した日本人の企業行動は、第1位「品質・事務管理の徹底」（98名、
50.5%）、第2位「問題発生時の対応」（97名、50.0%）、第3位「チームワー
ク」（87名、44.9%）、第4位「結果報告の仕方」（86名、44.3%）、第5位「時

第4部　情動摩擦調査結果

表 14-4　中国人が「学ぶべき」と回答した日本人の行動

(回答者総数 =194)

順位	項目	回答者数（%）
1.	品質・事務管理の徹底	98(50.5)
2.	問題発生時の対応	97(50.0)
3.	チームワーク	87(44.9)
4.	結果報告の仕方	86(44.3)
5.	時間厳守	83(42.8)
6.	礼儀正しさ	80(41.2)
7.	仕事の詳細を尋ねることを要求	72(37.1)
8.	報告・連絡・相談をする	70(36.1)
9.	納期厳守	69(35.6)
10.	規則・手続き厳守	57(29.4)

間厳守」（83名、42.8%）、第6位「礼儀正しさ」（80名、41.2%）、第7位「仕事の詳細を尋ねることを要求」（72名、37.1%）、第8位「報告・連絡・相談」（70名、36.1%）、第9位「納期厳守」（69名、35.6%）、第10位「規則・手続き厳守」（57名、29.4%）であった（表14-4参照）。第1位の「品質・事務管理の徹底」と2位の「問題発生時の対応」は中国人の半数から「学ぶべき」行動ととらえられていた。

III-3-1.　品質・事務管理の徹底

　中国人が「学ぶべき」と回答した日本人の企業行動の中で最も多かった項目は、「品質・事務管理の徹底」（98名、50.5%）であった。その理由として最も多く挙げられたのは、「会社・仕事にメリットがあるから」（24名、12.4%）、次に挙げられた理由は「日本企業、日本文化の優れた点だから」（19名、9.8%）、次いで「会社の規則・制度だから」（18名、9.3%）であった。具体的な回答は、「工場での品質管理やオフィスでの事務管理は徹底して行

われるかどうかによって、仕事の成否が決められるはずだから」、「日本人は
仕事をする時に結構真面目で、細かい。これは中国人よりよくできていると
ころだと思う」、「全ての仕事を規則に従って行っているからこそ、品質の良
い製品を作り出すことができる。それは日本企業が競争力を持つことの根本
的な理由だと考えている」などである。

　中国人の間では、日系企業での品質・事務管理の方法を「学ぶべき」とと
らえている者が半数を超えていたが、品質・事務管理の徹底は、日本型経営
の特質の一つと考えられており、在外日系企業でも採用されてきた（佐々木，
2007; 鈴木，2004; 島田，1993; 高橋，2002; 趙，2002; 林，1985; 山口，2002）。したが
って、日系企業で働き、自分の仕事が認められるためには、品質・事務管理
がきちんとできることが必須であるため、半数の中国人には、それが高い動
機づけとなっていると考えられる。しかしながら、本調査で日本人が困難を
感じる中国人の行動の上位項目に「品質・事務管理ができない」が入ってい
ることから（第15章参照）、中国人の品質・事務管理行動は日本人の眼からは
まだ満足できるレベルには達していないことが示唆される。別の中国進出日
系企業調査（根橋，2007）でも、中国人が学ぶべき日本人の行動として「品
質・事務管理」は第1位に挙げられていた。このことからも、日系企業の品
質・事務管理の方法は、中国人が好意的情動を喚起しやすい行動だと考えら
れる。

Ⅲ-3-2.　問題発生時の対応

　中国人が「学ぶべき」と回答した第2位は、「問題発生時の対応」（97名、
50.0％）であった。理由として最も多く挙げられたのが「問題の原因追及が
最も重要だから」（55名、28.4％）で、「誰に責任があるかを明確にしても、
同じような問題を徹底的に解決できない。肝心なのは、どこに問題があるか
を明確して、その問題を徹底的に解決する事だ」、「問題が生じるのはよくあ
ることだ。管理者としては、同じような問題が発生しないことが重要なので、

原因に注目する」などの回答があった。

　これらの結果から、問題の原因を徹底的に追及する問題発生時の日本人の対処方法に文化的相違を認識しながらも、「学ぶべき」という好意的情動を喚起しやすい中国人が半数存在するということが判明した。しかしながら、本調査で日本人が困難を感じる中国人の行動の第1位に「問題発生時の対応」として、「問題の原因を追及しない」が挙がっており（第15章参照）、この側面についての中国人の行動は、日本人が満足できるレベルには達していないことが示唆される。しかし、日系企業では問題の解明が重視され、社員教育にも取り入れられており（高橋，2002；山口，2002）、日本型経営の現場志向型生産管理の特質（鈴木，2004）であることからも、こうした問題追及方法を獲得することは、中国人にとって重要だと考えられる。それが大きな動機づけとなり、記憶の回路網の獲得が進みやすくなると思われる。このことからも、日系企業の問題追及の方法は、中国人にとって好意的な情動が喚起されやすい行動であろう。

Ⅲ-3-3. チームワーク

　中国人が「学ぶべき」と回答した日本人の企業行動の第3位は、「チームワーク」（87名、44.9％）であった。その理由として最も多く挙げられたのは、「チームワークは大切。個人の力より全体の力の方が大きいから」（40名、20.6％）で、次いで「会社・仕事にメリットがあるから」（9名、4.6％）であった。具体的な回答は、「一つの部門の事情は一人の事情ではない。チームワークが非常に重要だ。一人ひとりの仕事は他人の仕事に関わっているので、たえず連絡報告をし、協力するべきだ」、「一つのチームとして、一人の成長ではなく、全員が成長することが大事である。部門の全員が成長すれば、部門が良くなる」などであった。これらの結果から、4割強の中国人の間では、日本人のチームワークのあり方に文化的相違を認識しながらも、「学ぶべき」という好意的な情動が喚起される傾向があると考えられる。前田（2007）に

よれば、チームワークは日本が世界に誇れる日本型経営の特質であり、日系企業の社員教育の項目として取り入れられていることが報告されている（高橋，2002；山口，2002）。したがって、チームワークについて学習し、実践することは、日頃から強く要求されていると思われ、それが新たなチームワークに関わる記憶の回路網の獲得を促進していると考えられる。

Ⅲ-3-4. 結果報告の仕方

　第4位は、「結果報告の仕方」（86名、44.3%）であった。その理由として最も多く挙げられたのは「どのような結果も報告することが重要だから」（42名、21.6%）、次いで「会社・仕事にメリットがあるから」（12名、6.2%）であった：「良くない結果はいち早く報告すべきだ。特に自分が対応できない場合は上司に判断してもらい、解決してもらうのが一番いい」、「再発を避けるために報告するのは良いことだ。ミスしたら報告し、皆が勉強になり、同じミスをしないようにする。そうしなければ同じミスを繰り返し、会社にとっても良くない」などである。これらの回答から、4割強の中国人の間では、全てを逐一報告する日本人の結果報告の方法に文化的相違を認識しながらも、「学ぶべき」という好意的情動が喚起されやすくなっていると考えられる。

Ⅲ-3-5. 時間厳守

　第5位は、「時間厳守」（83名、42.8%）であった。最も多く挙げられた理由は、「当たり前・大事なことだから」（22名、11.3%）で、次いで「皆、時間通り、または早目に着いている」（14名、7.2%）であった。4割強の中国人は、始業や会議時間より早目に到着する日本人の時間の守り方に、文化的相違を認識しながらも、「学ぶべき」という好意的情動が喚起されやすくなっていると考えられる。

296　　　　　　　　　　　第4部　情動摩擦調査結果

表14-5　中国人が「体験したことがない」と回答した日本人の行動

(回答者総数 =194)

順位	項目	回答者数（%）
1.	上司への高価な贈り物	103(53.1)
2.	家族のための早退・欠勤への無理解	99(51.0)
3.	男女の不平等な扱い	91(46.9)
4.	会議で議論をしない	77(40.0)
5.	終業後のつきあい	75(38.7)
6.	休日出勤の要求	70(36.1)
7.	年功序列の給与体系	68(35.1)
8.	給与の説明をしない	65(33.5)
9.	不明確な指示の仕方	64(33.0)
10.	残業の要求	60(30.9)

Ⅲ-4.　中国人が「体験したことがない」と回答した日本人の企業行動

　中国人が「体験したことがない」と回答するのは、実際に特定の日本人の企業行動を体験したことがないことを示唆している。中国人が「体験がない」と回答した日本人の企業行動は、第1位「上司への高価な贈り物」（103名、53.1%）、第2位「家族のための早退・欠勤への無理解」（99名、51.0%）、第3位「男女の不平等な扱い」（91名、46.9%）、第4位「会議で議論しない」（77名、40.0%）、第5位「終業後のつきあい」（75名、38.7%）、第6位「休日出勤の要求」（70名、36.1%）、第7位「年功序列の給与体系」（68名、35.1%）、第8位「給与の説明をしない」（65名、33.5%）、第9位「不明確な指示の仕方」（64名、33.0%）、第10位「残業の要求」（60名、30.9%）であった（表14-5参照）。

Ⅲ-4-1.　上司への高価な贈り物

　中国人が「体験がない」と回答した日本人の行動で最も多かった項目は、

第14章　中国進出日系企業で働く中国人が感じていた情動摩擦　　　297

「上司への高価な贈り物」（103名、53.1％）であった：「上司に高いお土産を
渡すことはしない」、「上司との関係をよくするために、プレゼントを渡すと
いう行動はうちの会社にはない。もちろん、日本人上司は受け取らないはず
である」などである。これらの結果から、そもそも日系企業で働く半数の中
国人は、日本人上司へ高価な贈り物はしないために、「体験がない」と回答
したと考えられる。

Ⅲ-4-2.　家族のための早退・欠勤への無理解

　二番目に多かった項目は、「家族のための早退・欠勤への無理解」（99名、
51.0％）であった：「このことについて日本人と議論したことはないが、中
国人の部下が家族のことで休暇を申し出る時、日本人の上司は十分に思いや
ってくれている」、「一般的に従業員に何か困ったことがあって休暇を申し込
む時、上司はいつも諒察と許可してくれている」などであった。これらの結
果から、約半数の中国人は、日系企業は、家族のために早退・欠勤する中国
人に対し理解を示す傾向があると回答していると考えられる。

Ⅲ-4-3.　男女の不平等な扱い

　三番目に多かった項目は、「男女の不平等な扱い」（91名、46.9％）であった。
「うちの会社では、男性社員と女性社員の給料を平等に扱っている」、「うち
の会社は男性従業員と女性従業員を平等に扱う」などであった。これらの結
果から、日系企業で働く半数近い中国人は、男女の不平等な扱いを受けたこ
とがないと回答していると考えられる。

Ⅲ-4-4.　会議で議論をしない

　四番目に多かった項目は、「会議で議論をしない」（77名、40.0％）であっ
た：「会議には2つの目的がある。状況報告と議論して結果を出す。今、会
社内では、議論することが主である」、「私達は意見を言い合う。だから会議

の時にディスカッションしないという経験がない」などである。これらの結果から、約4割の中国人は日系企業では会議で議論をする傾向があると考えていることが分かる。

Ⅲ-4-5.　終業後のつきあい

五番目に多かった項目は、「終業後のつきあい」（75名、38.7％）であった：「社員は自発的に一緒に食事に行く。日本人に要求されたことはない」、「仕事でなければ、上司と一緒に昼ご飯を食べたり、お酒を飲んだりすることはあまり要求されない」などである。これらの結果から、約4割近い中国人は、日系企業において、中国人は終業後のつきあいを要求されないと考える傾向があることが分かる。

Ⅳ．まとめ

本章では、在中国日系企業で働く中国人管理職が日本人の企業行動について、「困難を感じるか」「困難を感じないか」「学ぶべきと思うか」「体験したことがないか」という四つの側面から調査結果を分析・考察した。中国人が「困難を感じる」と回答した日本人の企業行動は、第1位が「意思決定に時間をかける」で37.1％の者が困難を感じていた。第2位の「上司からの指示への意見の述べ方」と「情報を共有しない」は30.4％、第4位「指示の仕方」は29.4％が困難を感じると回答していた。これに対し、中国人が「困難を感じない」と回答した日本人の企業行動は、第1位が「日本語での意思疎通」42.3％、第2位「大部屋制度」37.1％、第3位「規則・手続き厳守」34.5％と、これらの側面については3〜4割の者が困難を感じてはいなかった。さらに、中国人が「学ぶべき」と回答した日本人の企業行動は、第1位が「品質・事務管理の徹底」50.5％、第2位「問題発生時への対応」50.0％、第3位「チームワーク」44.9％であった。これらの側面についても半数以上

あるいは半数近くが日本人の行動を「学ぶべき」と好意的にとらえていた。最後に、中国人が「体験したことがない」と回答した日本人の企業行動は、第1位「上司への贈り物」53.1％、第2位「家族のために早退・欠勤への無理解」51.0％、第3位「男女の不平等な扱い」46.9％であった。これらの回答結果の特徴は、「困難を感じる」と回答した者の割合が4割未満であったのに対し、「困難を感じない」や「学ぶべき」と回答した者は3割～5割近くに上ったことである。このような結果は、日本人が中国という環境に適応するように自らの行動を変えていることを物語っているように思われる。つまり、ここで取り上げられた日本人の行動は、日本人特有の行動であるにも関わらず、中国人管理職でこれらの行動に困難を感じていた者が4割以下であったということは、日本人側も中国人側も自らの行動を変容させていたことを物語っていると思われる。

　記憶の回路網（記憶の神経回路網のこと；甘利，2008; 伊藤，1993; 小野，1994, 2012）の視点から見ると、日本人の36の企業行動への「困難を感じる」「困難を感じない」「学ぶべき」「体験がない」という中国人の回答は、在中国日系企業で働く中国人管理職と日本人駐在員が保持する手続きや方略に関する記憶の回路網の内容が異なることから起きた、異文化間コミュニケーション摩擦についての回答であると言える（西田，2002, 2007）。例えば、ボトムアップと言われ、部下の一人ひとりの考え方を尊重し、最終的な決定をする日本の意思決定法は、トップダウンと称される上司が物事を決めて部下に指示する中国式方法とは大きく異なる。これは体験を通して長い間に記憶の回路網として定着したものが、文化環境によって異なるためだと考えられる。人間の行動はこのような記憶の回路網の違いにより、実際のコミュニケーションの現場で現れる行動が異なってくると考えられる。中国人管理職は、中国という文化環境の中で形成された記憶の回路網の情報を基準として、日本人のコミュニケーション行動を評価していると言える。この文化的相違にどのような意味づけを行うかに応じて、困難と感じるか、学ぶべきと感じるかと

いった情動に関する記憶の回路網が獲得され、相手の行動についての情動が決定されると考えられる。

注

[1]「大企業」は法的に定義されているわけではなく、中小企業基本法第二条で定義された「中小企業」に該当しない企業を「大企業」とみなすのが一般的であるため、本研究では、以下を「大企業」の定義とし、日本にこのような本社を持つ企業を調査対象とした：(1)資本金の額、又は出資の総額が3億円を超え、かつ常時使用する従業員数が300人を超える製造業、建設業、運輸業に属す事業を営む企業。(2)資本金の額、又は出資の総額が5000万円を超え、かつ常時使用する従業員の数が100人を超える非製造業（サービス業）に属す事業を営む企業。なお「小売業」「卸売業」の業種からは協力を得られなかったため、調査対象企業に含まれていない。マレーシア・フィリピンにおける初期の予備調査（1996年〜1999年まで）において、大企業と中小企業の違いが鮮明になったため、本研究では、大企業のみを調査対象とした。中小企業では、用地の買収や従業員の確保など、進出国の政府が特別な法的対応をしてくれるかが重要な案件であることが多かった。一方、大企業はこの種の問題を抱えておらず、日本人と現地管理職の間のコミュニケーション上の問題について関心が高かった。

[2] 日本の大学院修士課程に留学している中国人留学生の協力を得た。この作業に携わった中国人留学生の日本語能力は、修士論文を書けるレベルであることが確かめられており、両者共に博士課程への進学を希望していた。

[3] インタビューに回答する際、日頃、身近で接する日本人管理職を思い浮かべて回答してもらった。

邦文引用文献

甘利俊一（2008）『神経回路網モデルとコネクショニズム』東京大学出版会。

伊藤正男（1993）『脳と心を考える』紀伊國屋書店。

小野武年（1994）「生物学的意味の価値評価と認知」伊藤正男・安西祐一郎・川人光男・市川伸一・中島秀之・橋田浩一編　『岩波講座認知科学　情動』（pp.71-108）岩波書店。

小野武年（2012）『脳と情動：ニューロンから行動まで』朝倉書店。

佐々木由美（2007）「米国進出日系企業において従業員が困難を感じていた行動：面接調査の自由回答分析から」西田ひろ子編『米国、中国進出日系企業における異

文化間コミュニケーション摩擦』（pp. 407-437）風間書房。

ザトラウスキー・ポリー（1993）『日本語の談話の構造分析 ―勧誘のストラテジーの考察―』くろしお出版。

島田晴雄（1993）「日本型ヒューマンウェア技術」伊丹敬之・加護野忠男・伊藤元重編『リーディングス 日本の企業システム3 人的資源』（pp. 126-143）有斐閣。

徐 寶妹・片岡信之（1997）「中国日系企業における中国人と日本人管理者の意識ギャップ」片岡信之・三島倫八編著『アジア日系企業における異文化コミュニケーション』（pp. 60-86）文眞堂。

鈴木 滋（2000）『アジアにおける日系企業の経営 ―アンケート・現地調査にもとづいて―』税務経理協会。

鈴木 滋（2004）『中国ビジネスのむずかしさ・おもしろさ』税務経理協会。

薛 軍（2011）「中国における日系企業の経営管理職現地化の阻害要因」『日中経済の発展と課題』（pp. 67-76）東洋経済新報社。

杉本なおみ（1997）「謝り方の日米比較研究 ―問題点と今後の課題」『日本語学』Vol. 12、pp. 11-20。

園田茂人（2005）『中国人の心理と行動』NHKブックス。

高橋史好（2002）「フィリピン進出日系製造業の経営システム」西田ひろ子編『マレーシア、フィリピン進出日系企業における異文化間コミュニケーション摩擦』（pp. 219-274）多賀出版。

趙 暁霞（2002）『中国における日系企業の人的資源管理についての分析』白桃書房。

西田ひろ子編（2002）『マレーシア、フィリピン進出日系企業における異文化間コミュニケーション摩擦』多賀出版。

西田ひろ子編（2007）『米国、中国進出日系企業における異文化間コミュニケーション摩擦』風間書房。

根橋（中原）玲子（2007）「中国進出日系企業において従業員が困難を感じていた行動：面接調査の自由回答分析から」西田ひろ子編『米国、中国進出日系企業における異文化間コミュニケーション摩擦』（pp. 439-461）風間書房。

根橋（中原）玲子（2008）「日本人が困難に感じていた中国人の行動／中国人が困難に感じていた日本人の行動」西田ひろ子編『グローバル社会における異文化間コミュニケーション』（pp. 223-239）風間書房。

林 吉郎（1985）『異文化インターフェイス管理』有斐閣。

古田秋太郎（2004）『中国における日系企業の経営現地化』税務経理協会。

馬 成三（2000）『中国進出企業の労働問題 ―日米欧企業の比較による検証―』日

本貿易振興会。

村松潤一編著（2012）『中国における日系企業の経営』白桃書房。

山口生史（2002）「マレーシア進出日系製造業の経営システム」西田ひろ子編『マレーシア、フィリピン進出日系企業における異文化間コミュニケーション摩擦』（pp. 153-217）多賀出版。

英文引用文献

Aliakbari, M., & Changizi, M. (2012). On the realization of refusal strategies by Persian and Kurdish speakers. *International Journal of Intercultural Relations, 36* (5), 611-742.

Barnlund, D. C. (1989). *Communicative styles of Japanese and Americans: Images and realities.* California. Wadsworth.

Barnlund, D. C., & Araki, S. (1985). Intercultural encounters: The management of Compliments by Japanese and Americans. *Journal of cross-cultural psychology, 16,* 9-26.

Barnlund, D. C., & Yoshioka, M. (1990). Apologies: Japanese and American styles. *Internationla journal of intercultural relations, 14,* 193-206.

Choi, H. J., Park, H. S., & Oh, J. Y. (2011). Cultural differences in how individuals explain their lying and truth-telling tendencies. *International Journal of Intercultural Relations, 35* (6), 749-766.

Guan, X., Park, H. S., & Lee, H. E. (2009). Cross-cultural differences in apology. *International Journal of Intercultural Relations, 33* (1), 32-45.

Watanabe, S. (1993). Cultural differences in framing: American and Japanese group discussions. In D. Tannen (Ed.), *Framing in discourse,* pp. 176-209. New York: Oxford University.

第15章　中国進出日系企業で働く日本人が
　　　　　感じていた情動摩擦

佐々木由美

Ⅰ．調査の目的

　第14章でも述べたように、従来の異文化間コミュニケーション研究では、文化間における異なるコミュニケーションの傾向が調査されてきたが、それらが実際に相手のどのような情動を喚起するかについては、実証的に明らかにされてきていない。また、中国における日系企業研究では、経営管理や労務管理に関する日中間の相違に焦点を当てたものが多く（周，2007; 鈴木，2000，2004; 薛，2011; 趙，2002; 馬，2000; 村松，2012; 山口，2002）、同じ職場で働く日本人、中国人双方が相手に対してどのように感じているかについては、十分に検討されていない。本研究では、西田が構築した方法論（調査法も含む）により、調査を実施した（第1章、第3章参照；西田，2002，2007を参考）。中国進出日系企業で働く日本人と中国人が相手の行動に文化的相違を認識した際、(1)困難を感じるのか、(2)どちらとも言えないか（「困難を感じる」とも「困難を感じない」とも言えないか）、(3)困難を感じないか、(4)学ぶべきと感じるか、(9)［当該の中国人の行動を］体験したことがないか、について調べた（これらの選択肢の作成については、第3章を参照）。本章では、日本人駐在員が中国人管理職に対してどのように感じていたかについて分析・考察していくが、「どちらとも言えない」という回答は、他の回答と比べ回答率が低く（表15-1参照）、理由も多岐に渡っていたため（当該行動の内容について、好意的・批判的の両面があると認識している場合や「人による」、「ケースによる」という

場合など）、考察項目からは除外した。

Ⅱ．調査の概要

Ⅱ-1．調査地域と協力企業の選定
　中国では日系企業の進出が著しい広州と上海の2地域で調査を実施した。「企業の規模」を統一するため、調査対象は大企業に限定した。[1] 広州では12社、上海では13社の計25社から協力を得た。ちなみに、中国人回答者は広州で14社、上海で13社の27社から協力を得たが、日本人回答者の場合は25社であった。

Ⅱ-2．回答者
　回答者は、中国広州・上海の日系企業25社で働く日本人管理職（以下、日本人）82名（広州39名、上海43名）で、その内訳は、男性80名（97.6%）、女性2名（2.4%）であった。職位は管理職55名（67.1%）、中間管理職25名（30.4%）、無回答2名（2.4%）であった。回答者の平均年齢は45.3歳（$SD=$9.71）、中国支社での勤務年数の平均は2.95年（$SD=2.37$）であった。なお、企業の業種は、製造業11社（44.0%）、非製造業14社（56.0%）であった。

Ⅱ-3．調査方法
　調査にはインタビュー法を用いた。インタビュー方法は統一され、そのための訓練を受けた2名の面接者により、日本語で各インタビューにつき40分程度で実施された。インタビュー調査では、年齢や中国での勤務年数などの属性を尋ねた後、日本人が、日頃、最もよく接する中国人管理職（以下、中国人）の職場での行動36項目について、⑴まず、自分の情動的反応を明らかにしてもらうため、5つの選択肢（「1．困難を感じる」、「2．どちらとも言えない」、「3．困難を感じない」、「4．学ぶべきと感じる」、質問項目について体験が

第15章　中国進出日系企業で働く日本人が感じていた情動摩擦　　305

ない場合は「9．体験したことがない」）の中から、最も適切なものを選んでも
らい、(2)その理由を自由に述べてもらった。各企業では、インタビューのた
めの個室を用意してもらい、回答者のプライバシーに配慮し、匿名性を保つ
ことの理解を得た上で、企業と回答者の許可を得たのちインタビュー内容を
録音した。

Ⅱ-4. 分析方法

　インタビュー調査から得られた回答を分析するため、録音されたインタビ
ュー内容は文字化され、36の質問項目に対する回答はコード表を作成した後、
内容分析された。例えば、「規則を守らない人が多い」という回答があった
場合、「規則を守らない」をキーワードとし、これと同じ、あるいは類似す
る回答に「1」という番号をつけて分類した（この番号表をコード表と呼ぶ）。
コード表に基づき、2名の調査者がコード化（回答内容に番号を付けて分類す
る作業）を行い、両調査者の分類した結果が、どのくらい一致するかという
信頼性（intercoder reliability）を確認した上で、分類された項目に該当する回
答数と、そのパーセントを調べた。このコーダー間の信頼性を確認したとこ
ろ、93.8％以上の一致度が見られ、十分に信頼性があると判断された。

Ⅲ. 回答結果と考察

　中国進出日系企業25社で働く日本人82名が、中国人の企業行動について、
「1．困難を感じる」、「2．どちらとも言えない」、「3．困難を感じない」、
「4．学ぶべきと感じる」、「9．体験したことがない」として回答した上位
10項目を挙げ、うち上位5項目について分析・考察していく。まず、日本人
回答者の全36項目に対する回答の内訳を表15-1にまとめた。

　全36項目を通して日本人回答者が最も多く選んだのは、「困難を感じる」
であった。各項目において「困難を感じる」という選択肢は、36項目中15項

306 第4部 情動摩擦調査結果

目（41.7%）で選ばれていた。それらは「品質・事務管理全般」「報告・連絡・相談」「規則・手続きを守らない」などであった（表15-1参照）。次に、日本人が多く選んだ選択肢は「体験がない」で、全36項目中12項目（33.3%）であった。それらは「褒め方」「評価の仕方に説明を求める」「上司への高価な贈り物」などであった。「学ぶべき」を選択した者は少数であった。

Ⅲ-1. 日本人が「困難を感じる」と回答した中国人の企業行動

　日本人が「困難を感じる」と回答した中国人の企業行動は、第1位が同列で「問題発生時の対応」と「仕事における自主性」（各50名、61.0%）、第3位「報告・連絡・相談」（49名、60.0%）、第4位「時間の守り方」（48名、58.5%）、第5位「品質・事務管理全般」（47名、57.3%）、第6位「具体的な

表15-1　中国人の企業行動に対する日本人の回答

（回答者総数 =82）

質問番号	項目内容	「困難を感じる」	「どちらとも言えない」	「困難を感じない」	「学ぶべき」	「体験がない」
1	有給休暇を消化する	12(14.6)*	11(13.4)	35(42.7)	9(11.0)	14(17.1)
2	品質・事務管理全般	47(57.3)	7 (8.5)	11(13.4)	0　(0)	17(20.7)
3	上司の指示に意見する	8 (9.8)	16(19.5)	36(43.9)	7 (8.5)	14(17.1)
4	報告・連絡・相談	49(60.0)	15(18.3)	9(11.0)	0　(0)	9(11.0)
5	褒め方	2 (2.4)	14(17.1)	21(25.6)	10(12.2)	35(42.7)
6	評価の仕方に説明を求める	14(17.1)	8 (9.8)	24(29.3)	8 (9.8)	28(34.1)
7	規則・手続きを守らない	39(47.6)	6 (7.3)	10(12.2)	0　(0)	27(32.9)
8	仕事の詳細を尋ねない	44(53.7)	8 (9.8)	6 (7.3)	0　(0)	24(29.3)
9	上司への高価な贈り物	4 (4.9)	1 (1.2)	0　(0)	0　(0)	77(93.9)
10	大部屋制度への不満	0　(0)	1 (1.2)	0　(0)	0　(0)	80(97.6)
11	時間のかかる意思決定への不満	33(40.2)	11(13.4)	18(22.0)	5 (6.1)	15(18.3)

第15章　中国進出日系企業で働く日本人が感じていた情動摩擦　　307

12	昇進に能力主義を求める	5 (6.1)	12(14.6)	39(47.6)	8 (9.8)	18(22.0)
13	給与の説明を要求	18(22.0)	13(15.9)	15(18.3)	2 (2.4)	34(41.5)
14	チームワーク	38(46.3)	9(11.0)	10(12.2)	0 (0)	25(30.5)
15	残業を断る	17(20.7)	11(13.4)	14(17.1)	0 (0)	40(48.8)
16	職務範囲外の仕事のやり方	42(51.2)	9(11.0)	13(15.9)	1 (1.2)	17(20.7)
17	休日出勤を断る	13(15.9)	10(12.2)	14(17.1)	0 (0)	45(54.9)
18	礼儀正しさ	3 (3.7)	8 (9.8)	68(82.9)	1 (1.2)	2 (2.4)
19	時間の守り方	48(58.5)	5 (6.1)	14(17.1)	0 (0)	14(17.1)
20	納期の守り方	32(39.0)	11(13.4)	11(13.4)	1 (1.2)	27(32.9)
21	男女を平等に扱う	2 (2.4)	3 (3.7)	55(67.1)	18(22.0)	4 (4.9)
22	終業後の付き合いをしない	4 (4.9)	2 (2.4)	25(30.5)	0 (0)	51(62.2)
23	会議での議論	19(23.2)	3 (3.7)	35(42.7)	13(15.9)	12(14.6)
24	反対意見を率直に述べる	3 (3.7)	6 (7.3)	47(57.3)	5 (6.1)	20(24.4)
25	注意の仕方	5 (6.1)	7 (8.5)	32(39.0)	13(15.9)	24(29.3)
26	具体的な指示が必要	45(54.9)	4 (4.9)	26(31.7)	2 (2.4)	4 (4.9)
27	転職	43(52.4)	10(12.2)	15(18.3)	0 (0)	14(17.1)
28	給与に能力主義を求める	6 (7.3)	9(11.0)	35(42.7)	5 (6.1)	26(31.7)
29	家族優先で早退・欠勤	5 (6.1)	4 (4.9)	52(63.4)	10(12.2)	11(13.4)
30	配置転換・人事異動への不満	32(39.0)	6 (7.3)	12(14.6)	0 (0)	32(39.0)
31	問題発生時の対応	50(61.0)	9(11.0)	3 (3.7)	0 (0)	20(24.4)
32	結果報告の仕方	33(40.2)	12(14.6)	3 (3.7)	0 (0)	34(41.5)
33	中国語での意思疎通	26(31.7)	5 (6.1)	18(22.0)	7 (8.5)	26(31.7)
34	仕事における自主性	50(61.0)	11(13.4)	8 (9.8)	0 (0)	13(15.9)
35	日本語での意思疎通	15(18.3)	9(11.0)	48(58.5)	2 (2.4)	8 (9.8)
36	情報共有の要求	6 (7.3)	6 (7.3)	29(35.4)	3 (3.7)	37(45.1)

*表中の数字は人数、（　）内はパーセント。

308　　　　　第4部　情動摩擦調査結果

表 15-2　日本人が「困難を感じる」と回答した中国人の行動

(回答者総数 =82)

順位	項目	回答者数（%）
1.	問題発生時の対応	50(61.0)
1.	仕事における自主性	50(61.0)
3.	報告・連絡・相談	49(60.0)
4.	時間の守り方	48(58.5)
5.	品質・事務管理全般	47(57.3)
6.	具体的な指示が必要	45(54.9)
7.	仕事の詳細を尋ねない	44(53.7)
8.	転職	43(52.4)
9.	規則・手続きを守らない	39(47.6)
10.	チームワーク	38(46.3)

指示が必要」（45名、54.9%）、第 7 位「仕事の詳細を尋ねない」（44名、53.7%）、第 8 位「転職」（43名、52.4%）、第 9 位「規則・手続きを守らない」（39名、47.6%）、第10位「チームワーク」（38名、46.3%）であった（表15-2参照）。小野（2012）の情動・記憶の神経回路モデルによれば、情動を司る大脳辺縁系の扁桃体は、大脳新皮質の前頭連合野など全ての感覚連合野や、辺縁系の他の部位との相互連絡により、情報の価値評価を行うと言う。したがって、日本人が中国人の異なる行動を認識し、扁桃体が「好ましくない行動」と判断すると、「困難」という批判的情動の発現につながると考えられる。以下、上位 5 項目について考察する。

Ⅲ-1-1.　問題発生時への対応

　中国人の企業行動について「困難を感じる」と回答した者が最も多かった項目は、「問題発生時への対応」（50名、61.0%）であった。第 4 章で「質問項目」として挙げた「原因についての問題追及姿勢」「解決方法についての

追及姿勢」の2項目は、中国調査では「問題発生時の対応」として分析・考察を行った。これは、インタビュー調査を通して、これら2項目は同じ内容としてとらえられる傾向が高いことが判明したためである。中国人の「問題発生時の行動に困難を感じる」と回答した日本人は50名（61.0%）いたが、その理由として、「誰の責任かを探そうとする」（23名、28.0%）が最も多く挙げられ、次に、「責任を回避する」（15名、18.3%）が挙げられていた。「誰の責任かを探そうとする」の具体的な回答は、「日本人は誰の責任かはあまり明らかにしないが、中国人は、誰の責任かを明らかにした上で、ついでに原因を明らかにする」、「中国人管理職は誰に責任があるかを明確にしようとするが、それよりも同じ問題を起こさないことの方が重要である。管理職は自分に非があるという認識が大事だ」などである。また、「責任を回避する」の具体的な回答は、「自分には責任がないという主張が強い」、「誰も悪くないと言う」、「何が問題の原因かを知りたいのに、自分ではなく他の人が動いたからだという回答が返ってくる」などであった。

　これらの回答から、日本人は問題点の解明方法として、まず、問題点が何かを明確にした上で、同じ問題が起こらない方法を探し、誰の責任かは重要でないと考える行動を獲得していると考えられる。一方で、困難を感じる理由として最も多く挙げられた「誰の責任かを探そうとする」という回答から、中国人の問題の解明方法・問題発生時の対応方法には、「誰の責任かを明らかにした上で、原因を探そうとする」というプロセスが含まれることが考えられる。したがって、この点に、日本人と中国人の問題発生時の行動に相違があり、齟齬が生じる要因となると考えられる。

　これらの結果から、約6割の日本人は、中国人の問題発生時の行動に直面する際、困難という批判的情動が喚起されやすい傾向があると言える。これは、問題発生時の対応に関する日本人と中国人の体験（体験は行動についての記憶として脳内の神経回路網に貯蔵される；第1章参照；甘利，2008; 伊藤，1993; 小野，1994, 2012; 櫻井，2002; 西田，2002, 2007）が異なることを示唆している。

さらに、その際に、日本人の困難という批判的情動の活性化につながりやすいと考えられる。問題発生時の対応について日本人が獲得している企業行動は、日系企業で職務を遂行する上で重視されるが、中国人はこうした行動を獲得していない。したがって、日本人がそれを認識した場合、大脳辺縁系の情動を司る扁桃体が「好ましくない」と判断し、困難という批判的情動が喚起されると考えられる。

Ⅲ-1-2. 仕事における自主性

　中国人の企業行動で「困難を感じる」として同列で最も多く挙げられたのが、「仕事における自主性」（50名、61.0％）であった。その理由として、「自主的に仕事に取り組まない、指示されたことのみ」（37名、45.1％）が最も多く挙げられていた。その具体的な回答は、「知識・教育を生かして自ら仕事を見つけることをしない」、「日本人なら10の仕事に加え、他も自発的にやってくれる。中国人は言わなければやらない」、「問題点を見つけることがない。問題点の探し方が分からなくても面子を気にして尋ねない」などであった。これらの回答から、日本人は指示された仕事以外にも関連する仕事をこなし、何が必要か自ら考えながら自主的に仕事をしていると思われる。日本人は、このような仕事の仕方を現地管理職にも期待する傾向があると考えられる。すなわち、日本の職場では、個々の職務範囲が厳密に規定されず、関連する人達が必要に応じてカバーし合うことが期待されている（奥居，2012）のに対し、中国では権力格差が大きいため、部下は上司からの指示を待ち、上司から明確に指示された業務だけを実行していると思われる。指示されないことをやれば制裁の対象になる可能性があるからだという（王・張・グッドフェロー，2000; 周，2007）。中国人は、指示のない仕事について自主的に考えて動くことはしないようである。この点に、日本人と中国人の行動に相違があり、離齟が生じると思われる。したがって、中国人が自主的に仕事をしないことを日本人が認識した場合、大脳辺縁系の情動を司る扁桃体が「好ましくな

い」と判断し、困難という批判的情動が発現されると考えられる。

Ⅲ-1-3. 報告・連絡・相談

　日本人が「困難を感じる」項目で三番目に多く挙げられたのが、「報告・連絡・相談」（49名、60.0％）であった。その理由として、「仕事に関する途中報告や連絡をしない」（40名、48.8％）が最も多く挙げられていた。具体的な回答は、「報告すべきこと、相談すべきことの理解が不十分である。報告するように教育されていない。日本の会社であれば、入社したところから経験して自分で判断するが、中国人は教育されていない」、「ホウレンソウ（報告・連絡・相談）ができない人が多い。なぜ報告しないといけないのか理解していない。個別にいちいち聞かないと上司にレポートしない。報告どまりで相談なし。自分で勝手に判断し結果だけ持ってくる」などである。約６割の日本人は、職場における中国人が報告・連絡・相談をしない場面に直面すると、困難という批判的情動の発現につながると考えられる。

Ⅲ-1-4. 時間の守り方

　日本人が「困難を感じる」項目で四番目に多く挙げられていたのが、中国人の「時間の守り方」（48名、58.5％）であった。その理由として、「時間を守らない（始業・会議に遅れる、休憩時間を長く取る)」（47名、57.3％）が最も多く挙げられていた。具体的な回答は、「忙しいせいもあるが、何回言っても時間通りに集まることがない」、「始業時間は守るが、会議の開始時間については注意しても変わらない。５〜10分ぐらい遅れる」、「時間に対する意識が薄い。時間通りに始まらないので、次の仕事に間に合わない」などであった。したがって、約６割弱の日本人は、中国人が時間を守らない場面に直面すると、困難という情動が喚起されると考えられる。

Ⅲ-1-5. 品質・事務管理全般

　日本人が「困難を感じる」項目で五番目に多く挙げられたのが、「品質・事務管理全般」（47名、57.3％）で、その理由として「品質・事務管理を徹底してやらない」（31名、37.8％）が最も多かった。具体的な回答は、「日本人のように事務管理、品質管理がしっかりしていない。すぐにやらなくなる。ルールを決めても、すぐに元に戻る」、「5 S（整理・整頓・清掃・清潔・しつけ）ができない。物を使っても片付けない」、「大雑把で、工場での品質管理やオフィスでの業務管理を徹底して行わない。欠陥品は返品すればよいと思っていて、品質にこだわらない。日本人は返品はまずないことだと思っている」などであった。すなわち、約6割弱の日本人は、中国人が日本人の企業行動に合致する方法で品質・事務管理をしない場合、大脳辺縁系の情動を司る扁桃体が「好ましくない」と判断し、それが困難の情動喚起につながると考えられる。

Ⅲ-2. 日本人が「困難を感じない」と回答した中国人の企業行動

　日本人が中国人の企業行動について、「困難を感じない」と回答するのは、文化的相違を認識しても、批判的情動が喚起されない状態であると考えられる。日本人が「困難を感じない」と回答した中国人の企業行動は、第1位「礼儀正しさ」（68名、82.9％）、第2位「男女を平等に扱う」（55名、67.1％）、第3位「家族優先で早退・欠勤する」（52名、63.4％）、第4位「日本語での意思疎通」（48名、58.5％）、第5位「率直に反対意見を述べる」（47名、57.3％）、第6位「昇進に能力主義を求める」（39名、47.6％）、第7位「上司の指示に意見する」（36名、43.9％）、第8位は同列で「有給休暇を消化する」、「会議での議論」、「注意の仕方（個室で注意する）」、「給与体系に能力主義を求める」（35名、42.7％）であった（表15-3参照）。これらの項目をみると、第1位の礼儀正しさは、日中の礼儀作法が一致する部分が多かったため、困難という批判的情動が喚起されなかったと考えられる。また、第4位の日本語で

の意思疎通も、日系企業の中国人管理職は日本語能力の高い人が多いため、特に困難だと感じていないと考えられる。それ以外の項目については、日本における特徴的な企業行動とは言えず、むしろ、中国で見られる企業行動であると思われるが、それらに「困難を感じない」ことは、それらを理解していることを意味すると思われる。また、「困難を感じない」という回答が多かった上位10項目は、「学ぶべき」という回答が多かった上位10項目と重なる項目が多く、「有給休暇を消化する」、「昇進に能力主義を求める」、「男女を平等に扱う」、「会議での議論」、「注意の仕方」、「家族優先で早退・欠勤する」の計6項目が「学ぶべき」でも上位10項目に含まれていた。しかし、「困難を感じない」と回答された項目と、「学ぶべき」と回答された項目との違いは、「学ぶべき」は、日本人の好意的な情動が活性化されるため、行動に移すための動機づけが伴いやすく、実行に移される場合があると考えられる。しかし、「困難を感じない」とされた中国人の行動は、それらの行動を

表 15-3 日本人が「困難を感じない」と回答した中国人の行動

(回答者総数 =82)

順位	項目	回答者数（%）
1.	礼儀正しさ	68(82.9)
2.	男女を平等に扱う	55(67.1)
3.	家族優先で早退・欠勤する	52(63.4)
4.	日本語での意思疎通	48(58.5)
5.	率直に反対意見を述べる	47(57.3)
6.	昇進に能力主義を求める	39(47.6)
7.	上司の指示に意見する	36(43.9)
8.	有給休暇を消化する（有休をすべて消化する）	35(42.7)
8.	会議での議論	35(42.7)
8.	注意の仕方（個室で注意する）	35(42.7)
8.	給与体系に能力主義を求める	35(42.7)

認識し理解するが、実行への強い動機づけが伴うとは限らないと思われる。以下、上位5項目の具体的な回答を挙げる。

Ⅲ-2-1. 礼儀正しさ

日本人が「困難を感じない」と回答した中国人の企業行動で最も多かった項目は、「礼儀正しさ」(68名、82.9%) であった。具体的な回答は、「日本人も中国人も同じ。礼儀正しいのは当たり前」、「問題ない。皆、礼儀正しい」、「日本人、中国人は関係ない。上司には礼儀正しく接する」などであった。

Ⅲ-2-2. 男女を平等に扱う

日本人が「困難を感じない」と回答した中国人の企業行動で第2位に挙げられた項目は、「男女を平等に扱う」(55名、67.1%) であった。この項目は、日本人が「学ぶべき」として挙げた中国人の行動の上位10項目に含まれていた。具体的な回答は、「平等に扱っていることについては困難ではない」、「平等に扱っている。普通だと思う」、「平等に扱っている。良いことだと思う」などであった。

Ⅲ-2-3. 家族優先で早退・欠勤する

日本人が「困難を感じない」と回答した中国人の企業行動で第3位に挙げられた項目は、「家族優先で早退・欠勤する」(52名、63.4%) であった。この項目は、日本人が「学ぶべき」として挙げた中国人の行動の上位10項目に含まれていた。具体的な回答は、「中国人も日本人も同じだと思う。当たり前」、「実際、欠勤早退はあるが、それは当然のことだと受け止めているので困難でない」、「普通のこと。中国に限ったことではない。家族思いの人はそうする」などであった。

第15章　中国進出日系企業で働く日本人が感じていた情動摩擦　　　315

Ⅲ-2-4.　日本語での意思疎通

　日本人が「困難を感じない」と回答した中国人の企業行動で第4位に挙げられた項目は、「日本語での意思疎通」（48名、58.5％）であった。具体的な回答は、「全く困難に感じない。日本語能力試験一級を目指す人がだんだん多くなってきて、職場で日本語を話す中国人が多くなる見込みである」、「困難でない。日本語が分かるスタッフも多い」、「日本語で意思疎通をはかっている」などであった。

Ⅲ-2-5.　率直に反対意見を述べる

　日本人が「困難を感じない」と回答した中国人の企業行動で第5位に挙げられた項目は、「率直に反対意見を述べる」（47名、57.3％）であった。具体的な回答は、「中国人管理職は反対意見を言ってくる」、「職務に関しての意見を言うのは、全く困難を感じない」、「中国人管理職は日本人上司へ反対意見を言う。言ってもらっていいと思う」などである。

Ⅲ-3.　日本人が「学ぶべき」と回答した中国人の企業行動

　日本人が「学ぶべき」と回答した中国人の企業行動は、第1位「男女を平等に扱う」（18名、22.0％）、第2位は同列で「注意の仕方（個室で注意する）」と「会議で議論する」（各13名、15.9％）、第4位も同列で「褒め方（よく褒める）」と「家族優先で早退・欠勤する」（各10名、12.2％）、第6位「有給休暇を消化する」（9名、11.0％）、第7位は同列で「評価の仕方に説明を求める」と「昇進に能力主義を求める」（各8名、9.8％）、第9位も同列で「上司の指示に意見する」と「中国語での意思疎通」（各7名、8.5％）であった（表15-4参照）。分析結果から、日本人が中国人の行動を「学ぶべき」と回答した割合は10〜20％程度であることが判明したが、中国人が日本人の行動を「学ぶべき」と回答した割合は30〜50％であり（第14章参照）、日本人が「学ぶべき」とした回答よりも多いことが分かる。これは、ホスト文化は中国という文化

316　　　第4部　情動摩擦調査結果

表15-4　日本人が「学ぶべき」と回答した中国人の行動

(回答者総数 =82)

順位	項目	回答者数（%）
1.	男女を平等に扱う	18(22.0)
2.	注意の仕方（個室で注意する）	13(15.9)
2.	会議で議論する	13(15.9)
4.	褒め方（よく褒める）	10(12.2)
4.	家族優先で早退・欠勤する	10(12.2)
6.	有給休暇を消化する	9(11.0)
7.	評価の仕方に説明を求める	8(9.8)
7.	昇進に能力主義を求める	8(9.8)
9.	上司の指示に意見する	7(8.5)
9.	中国語での意思疎通	7(8.5)

土壌ではあるが、日系企業という企業文化環境にあるため、中国人は日系企業での仕事のやり方に適応する必要があり、日系企業における企業行動を獲得しようとする強い動機づけがあるためだと考えられる。「学ぶべき」という情動は、大脳皮質の前頭前野と連携する情動を司る大脳辺縁系の扁桃体が、相手の行動に対し「好ましい」という価値評価を行う結果（小野，2012）、好意的情動が発現されるために喚起される情動だと考えられている。以下、上位3項目について考察する。

Ⅲ-3-1.　男女を平等に扱う

　日本人が「学ぶべき」と回答した中国人の企業行動で最も多かった項目は、「男女を平等に扱う」（18名、22.0%）であった。その理由として挙げられた回答の内、最も多かったのは、同列で「中国では男女を平等に扱うから」と「中国文化、中国人の優れた点だから」（各6名、7.3%）であった。「中国では男女を平等に扱う」に関する具体的回答は、「男女間に接し方の差はない。

性別ではなく、能力で人を見る。日本の感覚ではとても仕事はできない」である。また、「中国文化、中国人の優れた点だから」に関する具体的回答は、「日本では男性が上に扱われて、女性がいくらキャリアや能力があっても、上になることは難しい。中国の会社は、男女とも能力によって評価される」などである。

　中国では、1950年に公布された「中華人民共和国婚姻法」により、男女の権利の平等が定められた。これは、権利の面で男女の平等を保障し、義務の面では男性に女性より厳しい要求を課すものと言われ、夫婦間で夫は妻と同様に子育てと家事を行わなければならなくなった（大和田，2003）。このため現代中国においては、社会で男女が平等に働く慣行があり、職務についても男女平等に配分され、女性は出産、育児休暇をとった後も、復職が可能である（趙，2002）。産後の女性には産後休暇、または「停薪留職」という制度が確立されており、給料はないが職位は残され、職場によっては１～３年程度の育児休暇が許される（大和田，2003）。こうした制度の中で、男女平等思想が普及したと考えられ、古田（2004）の中国進出日系企業における調査では、中国人自身が中国文化のよい点として「男女平等」を挙げている。そうした社会環境の中、日本人は中国人が男女を平等に扱う場面に遭遇すると、情動を司る大脳辺縁系の扁桃体が「好ましい」と判断し、学ぶべきという好意的情動が喚起される傾向が多少あるようだ。これは、日本社会においても男女平等の重要性が唱えられながら、なかなか実現しない現実があり、それを実現させている中国人に賞賛に似た気持ちを持ちやすいためとも考えられる。

Ⅲ-3-2. 注意の仕方（個室で注意する）

　日本人が「学ぶべき」と回答した中国人の企業行動の第２位は、「注意の仕方（個室で注意する）」（13名、15.9％）であった。その理由として挙げられた項目の内、最も多かったのは「人前で叱らない方が（個人を尊重して）よいから」（8名、9.8％）であった。その具体的な回答は、「人それぞれプライド、

面子があるので、人前で叱るのは人格を否定してしまいよくないから」などであった。第14章で考察した中国人が困難を感じる日本人の行動の調査では、「（面子を考えず）人前で叱る」という項目が、（全36項目中）上位 7 位に入っており、中国人にとっては困難という批判的な情動が活性化されやすい行動だと考えられる（第14章参照）。儒教観に由来する中国人の面子について論じられた文献は多く（王, 2006; 鈴木, 2004; 園田, 2005; 田島, 2007; ツェ・吉田, 2012）、中国人の面子に対する理解が、中国社会で生きる上でいかに重要かわかる。趙（2002）は、日本人が所属集団や組織の名誉に関わる面子を重視するのに対し、中国人の面子は、むしろ個人の能力とその人の自尊心に関わると説明する。在中国日系企業を調査した鈴木（2004）も、人前で叱る行為は個人の自尊心を傷つけるため、慎重にする必要があると指摘する。本調査の結果では、人前で叱らないことを「学ぶべき」と回答した15.9％の日本人は、「人前で叱らない方が（個人を尊重して）よい」という中国人の面子の考え方を理解する、新しい行動を獲得しつつあると考えられる。すなわち、これは日本人が、中国人の人前で叱らない行動に遭遇すると、情動を司る大脳辺縁系の扁桃体が「好ましい」と判断し、学ぶべきという好意的情動が喚起されるためと考えられる。

Ⅲ-3-3. 会議で議論する

　日本人が「学ぶべき」と回答した中国人の企業行動の同列の第 2 位は、「会議で議論する」（13名、15.9％）であった。その理由として最も回答数が多かったのは「意見をはっきり言うのはよいことだから」（ 6 名、7.3％）、そして「中国文化、中国人の優れた点だから」（ 3 名、3.7％）であった。具体的な回答は、「いいことだ。上司の意見は必ずしも正しい訳ではないので、反論があれば言った方がよい。日本ではなかなかできない」、「日本人の会議の仕方は方向性が決まっているが、中国人の会議では方向性が決まっていても意見が飛び交う。これはよいことだ」などであった。趙（2002）は、中国

でも日本と同様、地位や年齢の序列が礼節に支えられて存在しており、特に年長者に対しては日本以上に敬意を示すが、何か重要な決定を要する相談事においては、相手が年長者でも堂々と自分の意見を言うと指摘する。したがって、中国人は、地位、年功に関わる序列とは無関係に、意見を明確に述べるという行動を獲得していると考えられる。すなわち、15.9%の日本人は、中国人が会議で徹底的に議論する場面に遭遇すると、情動を司る大脳辺縁系の扁桃体が「好ましい」と判断し、学ぶべきという好意的情動が喚起される傾向があると考えられる。

Ⅲ-4. 日本人が「体験したことがない」と回答した中国人の企業行動

　日本人が「体験したことがない」と回答した中国人の企業行動は、第１位「大部屋制度への不満（管理職が個室を要求する）」（80名、97.6％）、第２位「上司への高価な贈り物」（77名、93.9％）、第３位「終業後の付き合いをしない」（51名、62.2％）、第４位「休日出勤を断る」（45名、54.9％）、第５位「残業を断る」（40名、48.8％）、第６位「情報共有の要求」（37名、45.1％）、第７位「褒め方（よく褒める）」（35名、42.7％）、第８位は同列で「給与の説明を要求」、「結果報告の仕方（よい結果のみ報告する）」（各34名、41.5％）、第10位「配置転換・人事異動を嫌う」（32名、39.0％）であった（表15-5参照）。以下、上位３項目の具体的な回答を挙げる。

Ⅲ-4-1. 大部屋制度への不満（管理職が個室を要求する）

　日本人が「体験したことがない」と回答した中国人の企業行動で最も多かった項目は、「大部屋制度への不満（管理職が個室を要求する）」（80名、97.6％）であった。この結果から、中国人管理職は個室を要求しないことが分かる。具体的な回答は、「社長も個室なしなので」、「特に個室を要求されたことはない」、「そのように考えているかもしれないが、要求してきた人がいないので体験した事がない」などである。

320　　　第 4 部　情動摩擦調査結果

表 15-5　日本人が「体験したことがない」と回答した中国人の行動

(回答者総数 =82)

順位	項目	回答者数（%）
1.	大部屋制度への不満（管理職が個室を要求する）	80（97.6）
2.	上司への高価な贈り物	77（93.9）
3.	終業後の付き合いをしない	51（62.2）
4.	休日出勤を断る	45（54.9）
5.	残業を断る	40（48.8）
6.	情報共有の要求	37（45.1）
7.	褒め方（よく褒める）	35（42.7）
8.	給与の説明を要求	34（41.5）
8.	結果報告の仕方（よい結果のみ報告する）	34（41.5）
10.	配置転換・人事異動を嫌う	32（39.0）

Ⅲ-4-2.　上司への高価な贈り物

　日本人が「体験したことがない」と回答した中国人の企業行動で二番目に多かった項目は、「上司への高価な贈り物」（77名、93.9%）であった。中国は贈り物社会であると言われているが、日系企業では中国人部下から贈り物をされた体験のない日本人が多いことがわかる。具体的な回答は、「品物を贈られたことはない。食事やゴルフはある」「昔はあったが、今はない」「うちの会社ではない」などであった。

Ⅲ-4-3.　終業後の付き合いをしない

　日本人が「体験したことがない」と回答した中国人の企業行動で三番目に多かった項目は、「終業後の付き合いをしない」（51名、62.2%）であった。この結果から、「中国人が『終業後の付き合いをしない』という体験はない」、つまり、「中国人も終業後の付き合いをする」と報告する日本人が 6 割以上いることがわかる。具体的には、「よくご飯を食べに行ったり、酒を飲みに

行ったりしている」、「家族主義だが、誘えば必ず来る。誕生日は本人がごち
そうする」、「たまに行く。嫌がらないし、頻繁ではない。彼らが食べたい物
を食べに行く」などであった。

Ⅲ-5. まとめ

　本章では、在中国日系企業で働く日本人が中国人の企業行動について、
「困難を感じる」「困難を感じない」「学ぶべきだと思う」「体験したことがな
い」という四側面から調査結果を分析・考察した。

　日本人が「困難を感じる」と回答した中国人の企業行動は、第1位が同列
で「問題発生時の対応」と「仕事における自主性」、第3位「報告・連絡・
相談」、第4位「時間の守り方」、第5位「品質・事務管理全般」であった。
これらの項目については、中国人が日本人の企業行動を十分に獲得していな
いため、日本人がそうした中国人の行動に直面した際、情動を司る大脳辺縁
系の扁桃体が「好ましくない」という価値評価をし、その結果、困難という
情動が喚起されるためだと考えられる。

　これに対し、日本人が「困難を感じない」と回答した中国人の企業行動は、
第1位「礼儀正しさ」、第2位「男女を平等に扱う」、第3位「家族優先で早
退・欠勤する」、第4位「日本語での意思疎通」、第5位「率直に反対意見を
述べる」であった。これらの項目については、日本人が中国人の行動に関す
る記憶の回路網を獲得しており、行動を理解できるため、強い情動発現につ
ながらないと考えられる。

　続いて、日本人が「学ぶべきだと思う」と回答した中国人の企業行動は、
第1位「男女を平等に扱う」、第2位「注意の仕方（個室で注意する）」、第3
位「会議で議論する」、第4位は同列で「褒め方（よく褒める）」「家族優先で
早退・欠勤する」であった。これらの項目については、日本人が中国人の行
動に関する記憶の回路網を獲得しているため、行動を理解でき、また、それ
らの行動に遭遇した際、情動を司る大脳辺縁系の扁桃体が「好ましい」とい

う価値評価をし、その結果、学ぶべきという好意的情動が喚起されるためだと考えられる。

　最後に、日本人が「体験がない」と回答した中国人の企業行動は、第１位「大部屋制度への不満（管理職が個室を要求する）」、第２位「上司への高価な贈り物」、第３位「終業後の付き合いをしない」、第４位「休日出勤を断る」、第５位「残業を断る」であった。

　このように情動の側面から調査することにより、文化的に獲得される行動の相違が必ずしも困難という批判的情動に結びつくのではなく、困難に感じない場合もあれば、学ぶべきという好意的情動に結びつく場合もあることが判明した。さらに、各側面において上位に挙がった日本人の回答から、どのような中国人の企業行動に困難を感じるか、あるいは感じないか、または学ぶべきと思うかという点が明確になってくる。すなわち、困難という批判的情動が起こりやすい行動は、日本文化的経営、日本企業の最も根幹的な特徴をもつ部分であると考えられる。また、困難に感じない項目と、学ぶべきと思う項目は、「有給休暇を消化する」、「昇進に能力主義を求める」、「男女を平等に扱う」、「会議での議論」、「注意の仕方（個室で注意する）」、「家族優先で早退・欠勤する」という６項目が共通する。これらの行動について、日本人が獲得している記憶の回路網が変容しつつあり、中国人と接することで新しく獲得された記憶の回路網との融合、再構築が起こっていると考えられる。

注

[1]「大企業」は法的に定義されているわけではなく、中小企業基本法第二条で定義された「中小企業」に該当しない企業を「大企業」とみなすのが一般的であるため、本研究では、以下を大企業の定義とした：⑴資本金の額、又は出資の総額が３億円を超え、かつ常時使用する従業員数が300人を超える製造業、建設業、運輸業に属す事業を営む企業。⑵資本金の額、又は出資の総額が5000万円を超え、かつ常時使用する従業員の数が100人を超える非製造業（サービス業）に属す事業を営む企業。なお「小売業」「卸売業」の業種からは協力を得られなかったため、調査対象企業に含まれて

いない。マレーシア・フィリピンにおける初期の予備調査（1996年～1999年まで）において、大企業と中小企業の違いが鮮明になったため、本研究では、大企業のみを調査対象とした。中小企業では、用地の買収や従業員の確保など、進出国の政府が特別な法的対応をしてくれるかが重要な案件であることが多かった。一方、大企業はこの種の問題を抱えておらず、日本人と現地管理職の間のコミュニケーション上の問題について関心が高かった。

邦文引用文献

甘利俊一（2008）『神経回路網モデルとコネクショニズム』東京大学出版会。

伊藤正男（1993）『脳と心を考える』紀伊國屋書店。

王　雲海（2006）『「権力社会」中国と「文化社会」日本』集英社新書。

王　元・張興盛・グッドフェロー，R.（2000）『中国のビジネス文化：中国の経営風土と交渉術』（代田郁保監訳　田中一博・郝暁形訳）人間の科学社。

大和田滝惠（2003）「現代中国における初期人間形成―子育ての実態と育児書の意図」恒吉僚子・S. ブーコック編著『育児の国際比較　子どもと社会と親たち』（pp. 181-200）NHK ブックス。

小野武年（1994）「生物学的意味の価値評価と認知」伊藤正男・安西祐一郎・川人光男・市川伸一・中島秀之・橋田浩一編　『岩波講座認知科学　情動』（pp. 71-108）岩波書店。

小野武年（2012）『脳と情動：ニューロンから行動まで』朝倉書店。

櫻井芳雄（2002）『考える細胞ニューロン』講談社。

周　宝玲（2007）『日系企業が中国で成功する為に　―異文化経営が直面する課題―』晃洋書房。

鈴木　滋（2000）『アジアにおける日系企業の経営　―アンケート・現地調査にもとづいて―』税務経理協会。

鈴木　滋（2004）『中国ビジネスのむずかしさ・おもしろさ』税務経理協会。

薛　軍（2011）「中国における日系企業の経営管理職現地化の阻害要因」『日中経済の発展と課題』（pp. 67-76）東洋経済新報社。

園田茂人（2005）『中国人の心理と行動』NHK ブックス。

西田ひろ子編（2002）『マレーシア、フィリピン進出日系企業における異文化間コミュニケーション摩擦』多賀出版。

西田ひろ子編（2007）『米国、中国進出日系企業における異文化間コミュニケーション摩擦』風間書房。

田島英一（2007）『「中国人」という生き方－ことばにみる日中文化比較』集英社新書。

趙　暁霞（2002）『中国における日系企業の人的資源管理についての分析』白桃書房。

ツェ・ディヴィッド・吉田茂美（2012）『中国人との「関係」のつくりかた』ディスカヴァー・トゥエンティワン。

古田秋太郎（2004）『中国における日系企業の経営現地化』税務経理協会。

馬　成三（2000）『中国進出企業の労働問題　－日米欧企業の比較による検証－』日本貿易振興会。

村松潤一編（2012）『中国における日系企業の経営』白桃書房。

山口生史（2002）「マレーシア進出日系製造業の経営システム」西田ひろ子編『マレーシア、フィリピン進出日系企業における異文化間コミュニケーション摩擦』（pp. 153-217）多賀出版。

325

第16章　ベトナム進出日系企業で働くベトナム人が感じていた情動摩擦

小川直人

I．はじめに

　この章では、ベトナムのハノイとホーチミンに進出している日系企業で働くベトナム人に対して行ったインタビュー調査の結果について報告する。インタビュー調査は、現地で働く日本人とベトナム人の間に起きているコミュニケーションの問題を明らかにするために実施された。この調査では、人間行動の文化差を文化環境内での体験を通して獲得した記憶（以後「記憶回路」とする）の違いによって説明する方法論（西田，2000）に基づき、現地日系企業の協力の下に行われた。本章ではそれらの結果を、「ベトナム人が困難に感じていた日本人の行動」、「ベトナム人が学ぶべきと感じていた日本人の行動」、「ベトナム人が困難に感じていなかった日本人の行動」の３つの視点から分析を行った。また、ベトナム人が「体験したことがない」日本人の行動については「ベトナム人が体験していなかった日本人の行動」として分析を加えた。また、インタビュー調査結果については内容分析を行ったが、その際２名の研究者が別々に３視点と「体験なし」についてコーディングを行った。一致率は95％以上であったことから、内容分析については問題なく行われたと言える。なお、インタビューは西田が作成した37項目（第３章参照）を用いて行ったが、内容分析は回答に忠実に実施したため、必ずしも37の項目名と同じにはなっていない。

II. 質問紙と質問項目

本調査の質問紙は、マレーシア・フィリピン調査（西田，2002）とアメリカ・中国調査（西田，2007，2008）で用いられた項目を基盤にし、修正して作成したものを用いた（第3章参照）。質問項目は、これまでの「仕事内容の説明」といった一般的な質問項目ではなく「日本人はベトナム人部下に対し、仕事内容について、きちんと分かるまで尋ねるよう求める」といったように細部の行動特質が分かるようにした。これにより、質問項目は37に集約された。回答者には、これら37項目について、(1) 5選択肢尺度で回答してもらい（「1．困難を感じる」、「2．どちらとも言えない」、「3．困難を感じない」、「4．学ぶべきと感じる」、「9．体験したことがない」）、(2)その理由について自由に回答してもらった。

III. 回答者

在ベトナム日系企業15社（ハノイ9社、ホーチミン6社）で働くベトナム人従業員143名（ハノイ69名、ホーチミン74名）を対象に、2010年3月から2012年8月の期間に、ベトナムのハノイ市、ホーチミン市を訪れ、インタビュー調査を行った。

回答者の平均年齢は32.7歳（$SD=5.4$）で、男性が74名（51.7%）、女性が69名（48.3%）であった。回答者が所属する企業の業種は、74.8%が製造業（電気・電子製品が全企業の46.2%、鉄鋼・非鉄金属が7.0%、石油・ガスが6.3%、製造業その他15.4%）、残り21%が非製造業（貿易が4.2%、建設業が6.3%、銀行・金融が5.6%、運輸業が4.9%、非製造業その他4.2%）であった。回答者の職位に関しては、他の監督者または管理者を部下としている職位についている者が27.3%、一般従業員を直接管理している者が24.5%、事務所で一般従業員を

監督するレベルが12.6%、事務所で経理などの仕事に就いている者が28.0%、事務所以外の場所で一般従業員を監督するレベルが7.7%であった。

Ⅳ．ベトナム人が「困難を感じる」と回答した日本人の企業行動

　ベトナム人が日本人の企業行動について「困難を感じる」と回答した行動は何だったのだろうか。第1位が「上司への意見の述べ方」（74名、51.8%）、第2位「昇進の仕方」（64名、44.8%）、第3位「叱り方」（59名、41.3%）、第4位「残業に対する考え方」（56名、39.2%）、第5位は同列で「評価の仕方」と「家族と休日出勤に対する考え方」（各50名、35.0%）、第7位「指示の仕方」（49名、34.3%）、第8位「昇給・給与体系」（48名、33.6%）、第9位「昇給・給与体系の不明確さ」（45名、31.5%）、第10位「反対意見の述べ方」（38名、26.6%）であった。表16-1は、ベトナム人が「困難を感じる」と回答した日本人の行動の上位10項目についてまとめたものである。その中の上位5項目については、以下に具体例を示した。

Ⅳ-1.　上司への意見の述べ方

　ベトナム人が「困難を感じる」と回答した日本人の行動の第1位は「上司への意見の述べ方」で、143名中74名（51.8%）が困難を感じていた。さらに、74名の内58名が、上司に対して日本人が自分の意見をはっきり言わないことに関して困難を感じていた：「日本人の上司と部下の関係の距離は大きそうだ。部下たちはいつも自分の意見を言わないで、上司の意見に従う」、「上司でも部下でも自分の意見を言い出した方がいいと思う。部下は自分の意見を言ったら、上司はその部下の仕事に対する認識の程度が判断できる。また、それは部下の実力を発揮する機会でもある。つまり、上司の指示に対し、何か意見があればはっきり言った方がいい」。

　また、多くの場合ベトナム人にとっては日本人が上司に対して意見を言い

表 16-1　ベトナム人が困難に感じていた日本人の行動：上位10項目

順位	項目	回答者数 143名（100％）
第1位	上司への意見の述べ方	74(51.8)
内訳*	自分の意見をはっきり言わない・曖昧なので言うべき	58(40.6)
	どちらとも言えない（人による）	10(7.0)
	自分の意見を言う	3(2.1)
第2位	昇進の仕方	64(44.8)
内訳	能力主義がいい・能力主義にすべき	39(27.3)
	年功序列の問題	17(11.9)
	どちらとも言えない（人による）	4(2.8)
	その他	4(2.8)
第3位	叱り方	59(41.3)
内訳	人前で叱る（個室で叱るべき）	54(37.8)
	その他	4(2.8)
第4位	残業に対する考え方	56(39.2)
内訳	全体での残業はおかしい	38(26.6)
	文化の違い	12(8.4)
	どちらとも言えない（人による）	4(2.8)
第5位	評価の仕方	50(35.0)
内訳	説明してくれない・説明が十分でない	46(32.2)
	どちらとも言えない（人による）	3(2.1)
第5位	家族と休日出勤に対する考え方	50(35.0)
内訳	家庭を軽視している、家族主義を理解しない	42(29.4)
	どちらとも言えない（人による）	4(2.8)
	その他	4(2.8)
第7位	指示の仕方	49(34.3)
内訳	指示の仕方が曖昧	45(31.5)
	言語の問題で難しい	3(2.1)
第8位	昇給・給与体系	48(33.6)
内訳	能力主義がいい・能力主義にすべき	41(28.7)
	その他	7(4.9)

第9位	昇給・給与体系の不明確さ	45(31.5)
内訳	上司は説明すべき、決定基準が不明確	41(28.7)
	文化の違い	4(2.8)
第10位	反対意見の述べ方	38(26.6)
内訳	自分の意見をはっきり言わない、曖昧なので言うべき（反対意見、Noも含む）	23(16.1)
	相手の意見（反対意見を含む）を聞かない・嫌がる・回避する	7(4.9)
	どちらとも言えない（人による）	3(2.1)

*内訳においては3名以上の回答者から指摘された項目について記載。

にくい理由が分からないことが、インタビューへの回答内容の分析から明らかになった。これは日本人とベトナム人の「役割」に関する記憶回路における違いが主な原因だと考えられる。すなわち、日本人にとっての上司と部下の関係とは、上司が判断を下したことに部下が従うことが前提としてある。それに対し、ベトナム人にとっては部下が上司に意見することが当たり前のこととしてあるため、おそらく上司は部下の意見を基に判断を下すといった役割が存在すると考えられる。この他にも日本人が上司に意見する際は、あまり人前では行わずに個人的に上司と1対1の場において行うことを好むといったことも、ベトナム人には見えにくいところであろう。これは上司に対して意見を述べる際の行動についての手続きといった、「行動手続き」に関する記憶回路における違いである。

IV-2. 昇進の仕方

　ベトナム人が「困難を感じる」と回答した日本人の行動の第2位は「昇進の仕方」であった。64名（44.8%）が日本人のこの行動に困難を感じていた。また、64名の内39名は、能力主義ではなく年功序列による昇進の仕方に対して困難を感じていた。具体的な回答は、「年功序列によってでは、能力を判断できない。日本の会社は、会社の発展のためにこのようなやり方を変えな

いといけない」、「年齢や勤めた年数に関わらず、能力で競争できる環境がほしい。経験も大事だが、すべてではない」などであった。また17名は年功序列型の昇進にともなって起きている問題に対して困難を感じていた。具体的な回答は、「日本人の昇進の決め方はおかしい。昇進の条件は年功と関係がないと思う」、「長く働いているが、あまり才能のない人がいる」などであった。これらは昇進といった会社内における手続き上の違いに基づく「困難さ」であるため、「行動手続き」に関する記憶回路における違いが原因となっているといえる。

Ⅳ-3.　叱り方

　第3位は上司から部下への「叱り方」であった。59名（41.3%）がこの項目を挙げていた。その59名の内54名が人前で叱られることに対して困難を感じていた。具体的な回答は、「人前で部下を叱らない方がいい。なぜなら、その人には部下も多いので、それはちょっとひどいのではないか」、「良くない。部下に対して気配りした方がいい。叱られるところを他の人に見られると自信をなくしてしまう可能性がある」であった。これは人前で叱られると面子が潰れることから、ベトナムでは人前で叱ることは避けられているためであり、叱る時の手続き、すなわち「行動手続き」に関する記憶回路における日本人との違いが原因だと思われる。

Ⅳ-4.　残業に対する考え方

　第4位は「残業に対する考え方」であった。56名（39.2%）がこの項目を挙げていた。その56名の内38名が会社内全体での残業はおかしいと考えていた：「管理層の人だけ残る必要があるなら、部下を帰らせた方がいい」、「上司からの圧力がある。私的な用事がある場合でも、上司は理解してくれない」。また、12名は仕事を重視する日本人と、そうでないベトナム人の相違を指摘していた：「それは文化の違いだと思う。ベトナム人は家族を重視し

ている」、「日本人はいつも仕事が第一。でも、ベトナム人はちょっと違う」。
これは会社の都合と家族や個人の都合のどちらの優先順位が高いのかといっ
た価値観に関する違いが影響していると思われる。日本人にとっては会社の
都合が家族や個人の都合よりも優先されるのに対し、ベトナム人にとっては
その逆となることが一般的であるという事実が関係していると考えられる。

IV-5. 評価の仕方、家族と休日出勤に対する考え方

　第5位は「日本人はベトナム人部下が仕事の評価内容に納得できず説明を
求めてもうまく説明してくれない（評価の仕方）」と「日本人は、ベトナム人
が家族と過ごす予定があっても休日出勤をすることを求める（家族と休日出
勤に対する考え方）」が同列で、それぞれ143名中50名（35.0%）が困難を感じ
ていた。「評価の仕方」に関しては50名中46名が、上司が明確に評価の内容
を説明してくれないことに困難に感じていた。また、「家族と休日出勤に対
する考え方」に関しては50名中42名がベトナム人の家族主義（仕事より家族
を重視）を理解してもらえないことに困難を感じていた。具体的な回答は、
「仕事の評価について上司に聞いたことがある。しかし、上司の答えに満足
できなかった。上司の仕事の評価の基準は理解できない」（評価の仕方）、「上
司が何の基準に基づいて評価しているのか分からない」（評価の仕方）、「日本
人は仕事を重視している。ベトナム人は、仕事以外、家族と友達も重視して
いる。文化が違うのに、日本人は理解してくれない」（家族と休日出勤に対す
る考え方）、「良くない。ベトナム人は家族を大事にするから」（家族と休日出
勤に対する考え方）などであった。

　「評価の仕方」については評価における手続き、すなわち「行動手続き」
に関する記憶回路の違いが、また「家族と休日出勤」については人生におい
て何が大切なのかといった一般的な考え方、すなわち「事実／概念」に関す
る記憶回路の違いが要因だと考えられる。日本人にとっては会社の都合が家
族の都合よりも優先されるのに対し、ベトナム人にとっては家族重視である

ことが一般的な事実であることが影響していると考えられる。

その他、第7位には上司から部下への「指示の仕方」（49名、34.3%）、第8位には「昇給・給与体系」（48名、33.6%）、第9位には「昇給・給与体系の不明確さ」（45名、31.5%）、第10位には「反対意見の述べ方」（38名、26.6%）が挙げられた。

Ⅴ．ベトナム人が「学ぶべき」と回答した日本人の企業行動

ベトナム人が日本人の企業行動について「学ぶべき」と回答した行動は何だったのだろうか。第1位が「問題追及の姿勢」（67名、46.9%）、第2位は同列で「時間の守り方」と「納期の守り方」（各61名、42.7%）、第4位「品質・事務管理全般」（各58名、40.6%）、第5位「チームワーク vs. 個人主義」（57名、39.9%）、第6位は同列で「問題意識・問題追及の姿勢（原因追及）」と「問題発生に関する報告・連絡・相談・情報共有」（各55名、38.5%）、第8位「仕事内容の理解に関する報告・連絡・相談・情報共有」（51名、35.7%）、第9位「仕事の途中における報告・連絡・相談・情報共有」（50名、35.0%）、第10位「規則・手続きの守り方」（42名、29.4%）であった。

表16-2は、ベトナム人が「学ぶべき」と回答した日本人の行動の上位10項目についてまとめたものである。その中の上位5項目については、以下に具体例を示した。

Ⅴ-1．問題追及の姿勢

第1位は「問題追及の姿勢」であり、143名中67名（46.9%）が学ぶべきと感じていた。具体的な回答は、「日本人は世界中で、質がよくて信頼できる製品を作っている人として知られているので、学ぶべきだ」、「その働き方のおかげで、質がいい日本製品が作られていると思う」などであった。

製造の過程では様々な問題が起きるのであるが、それらの問題にしっかり

第16章　ベトナム進出日系企業で働くベトナム人が感じていた情動摩擦　　333

表16-2　ベトナム人が「学ぶべき」と回答した日本人の企業行動：上位10項目

順位	項目	回答者数 143名（100％）
第1位	問題追及の姿勢	67（46.9）
内訳*	見習う点あり	61（42.7）
	当たり前	5（3.5）
第2位	時間の守り方	61（42.7）
内訳	見習う点あり	32（22.4）
	当たり前	29（20.3）
第2位	納期の守り方	61（42.7）
内訳	見習う点あり	32（22.4）
	当たり前	29（20.3）
第4位	品質・事務管理全般	58（40.6）
内訳	見習う点あり	58（40.6）
第5位	チームワーク vs. 個人主義	57（39.9）
内訳	見習う点あり	57（39.9）
第6位	問題意識・問題追及の姿勢（原因追及）	55（38.5）
内訳	見習う点あり	42（28.8）
	当たり前	11（7.7）
第6位	問題発生に関する、報告・連絡・相談・情報共有	55（38.5）
内訳	当たり前	29（20.3）
	見習う点あり	26（18.2）
第8位	仕事内容の理解に関する、報告・連絡・相談・情報共有	51（35.7）
内訳	見習う点あり	36（25.2）
	当たり前	15（10.5）
第9位	仕事の途中における、報告・連絡・相談・情報共有	50（35.0）
内訳	見習う点あり	49（34.3）
第10位	規則・手続きの守り方	42（29.4）
内訳	見習う点あり	42（29.4）

*内訳においては3名以上の回答者から指摘された項目について記載。

と対応し、同じような問題が起こるのを避けるために日本人が確立した「行動手続き」や「方略」に関する記憶回路は、ベトナム人も獲得すべき重要なものとしてみなしてきたということである。

V-2. 時間の守り方、納期の守り方

第2位は「時間の守り方」と「納期の守り方」が同列で、それぞれ143名中61名（42.7%）が学ぶべきと感じていた。具体的な回答は、「ベトナム人はいつも集合時間を守らないため、仕事の終業時間が遅れる。集合時間を厳しく守れば、会議も予定通り終われる」（時間の守り方）、「時間を守る日本人のやり方を学ぶべきだ」（時間の守り方）、「いいことである。仕事の納期を守らないと、問題が発生する」（納期の守り方）、「学ぶべき。ベトナム人はいつも遅れている。それは農業国の性格である」（納期の守り方）などであった。

ベトナムではもともと仕事に関する時間や納期を守ることはそれほど重要視されてこなかったようであるが、時間や納期を守ることにより仕事を行っていく日本人の「行動手続き」の方法は、ベトナム人も獲得すべき行動としてとらえていた。

V-3. 品質・事務管理全般

第4位は「品質・事務管理全般」で、143名中58名（40.6%）が「学ぶべき」と感じていた。具体的な回答は、「例えば、工場内をきれいに保つこと。それは大切なことじゃないかと思う。質の良い製品を作るためにも、従うべき」、「順序良く、細かく仕事をするのは日本人の尊敬すべきところだ」などであった。

日本製品の品質の高さは世界的に有名であるが、それは緻密な製造の「行動手続き」によって達成されている。この「行動手続き」の方法は、ベトナム人も獲得すべき記憶回路としてとらえていた。

Ⅴ-4. チームワーク vs. 個人主義

第5位は「チームワーク vs. 個人主義」で、143名中57名（39.9%）が「学ぶべき」と感じていた。具体的な回答は、「それはいいことだ。手伝ってくれる人が増えると、仕事による疲れが減るようになる。また、みんなが親しくなる機会にもなる」、「助け合いで仕事が良くなるなら非常にいいことなので、学ぶべき」などであった。

日本の企業では一般的にチームワークが重視されている。個人の間には様々な「差異」（例えば、能力差や得意・不得意分野など）が存在し、個人作業ではその「差異」が反映されやすくなる。製品の品質や生産量を均一にするためにはその個人間の「差異」を効率的に克服しなければならず、そのための手段として日本の企業ではチームワークを重視している。この仕事における日本式の「行動手続き」は、ベトナム人も獲得すべき記憶回路としてとらえていた。

その他、第6位には「問題意識・問題追及の姿勢（原因追及）」と「問題発生に関する報告・連絡・相談・情報共有」（各55名、38.5%）が、第8位には「仕事内容の理解に関する報告・連絡・相談・情報共有」（51名、35.7%）、第9位には「仕事の途中における報告・連絡・相談・情報共有」（50名、35.0%）、第10位には「規則・手続きの守り方」（42名、29.4%）が挙げられた。

Ⅵ. ベトナム人が「困難を感じない」と回答した日本人の企業行動

ここではベトナム人が学ぶべきとまでは感じなかったが、困難には感じていなかった日本人の行動について扱う。困難に感じていなかったということは、ベトナム人にとっても当たり前のこととしてとらえられていたということである。したがって、ここで取り上げる行動については、日本人とベトナム人の間で記憶回路の違いはあまりないということができる。

ベトナム人が日本人の企業行動について「学ぶべき」とまでは感じないも

第4部　情動摩擦調査結果

表 16-3　ベトナム人が「困難を感じない」と回答した日本人の企業行動：上位10項目

順位	項目	回答者数 143名（100%）
第1位	有給休暇について	38（26.6）
内訳*	当たり前	27（18.9）
	文化の違い	5（3.5）
	その他	3（2.1）
第2位	つきあい方・コミュニケーション	36（25.2）
内訳	当たり前	27（18.9）
	終業後のつきあいが少ない	7（4.9）
第3位	大部屋制	32（22.4）
内訳	当たり前	29（20.3）
第4位	言語（日本語の使用）	31（21.7）
内訳	当たり前	29（20.3）
第5位	規則・手続きの守り方	26（18.2）
内訳	当たり前	19（13.3）
	体験なし（相手が理解している）	3（2.1）
第6位	礼儀	25（17.5）
内訳	当たり前（問題なし）	21（14.7）
第7位	仕事の途中における、報告・連絡・相談・情報共有	24（16.8）
内訳	当たり前	24（16.8）
第8位	褒め方	23（16.1）
内訳	当たり前	11（7.7）
	褒める	6（4.2）
	褒めない	5（3.5）
第8位	仕事内容の理解に関する、報告・連絡・相談・情報共有	23（16.1）
内訳	当たり前	23（16.1）
第8位	納期の守り方	23（16.1）
内訳	当たり前	21（14.7）

*内訳においては3名以上の回答者から指摘された項目について記載。

のの、「困難を感じない」と回答したものは何だったのだろうか。第１位が「有給休暇について」(38名、26.6%)、第２位「つき合い方・コミュニケーション」(36名、25.2%)、第３位「大部屋制」(32名、22.4%)、第４位「言語（日本語の使用)」(31名、21.7%)、第５位「規則・手続きの守り方」(26名、18.2%)、第６位「礼儀」(25名、17.5%)、第７位「仕事の途中における、報告・連絡・相談・情報共有」(24名、16.8%)、第８位は同列で「褒め方」、「仕事内容の理解に関する、報告・連絡・相談・情報共有」、そして「納期の守り方」(各23名、16.1%) であった。

　表16-3は、ベトナム人が「困難を感じない」と回答した日本人の行動の上位10項目についてまとめたものである。その中の上位５項目については、以下に具体例を示した。

Ⅵ-1. 有給休暇について

　第１位は「有給休暇について」で、143名中38名 (26.6%) が日本の会社においては有給休暇を取らないことが当たり前になっていること対して困難を感じていなかった。具体的な回答は、「うちの会社ではそれは普通のことだと思われる。私も有給休暇を全部消化していない」、「それは普通だ。休日も休まずに、毎日会社に通っている人もいる」などであった。

Ⅵ-2. つき合い方・コミュニケーション

　第２位は日本人の「つき合い方・コミュニケーション」に対してで、143名中36名 (25.2%) が困難に感じていなかった。具体的な回答は、「時々一緒に食事をすれば、人間関係は良くなる。それは普通のことである」、「前もって知らせてもらえば、用事とかがなければ喜んでいく」などであった。

Ⅵ-3. 大部屋制

　第３位は日本式の上司も部下も同じ部屋で仕事をする「大部屋制」につい

てで、143名中32名（22.4%）が困難に感じていなかった。具体的な回答は、「それによって、みんなは平等に扱われていることが分かる。前の会社でもそうだったので、普通だと思う」、「上司と同じ部屋で働くことで、仕事の内容を早く知ることができる」などであった。

Ⅵ-4. 言語（日本語の使用）

　第4位は「言語（日本語の使用）」についてであり、143名中31名（21.7%）が困難に感じていなかった。具体的な回答は、「通訳者がいるから、誤解を避けるためにも、日本人なら日本語で話した方がいいと思う」、「日系企業だから、日本語は共通語ということは当たり前だと思う」などであった。

Ⅵ-5. 規則・手続きの守り方

　第5位は日本人の「規則・手続きの守り方」に対してで、143名中26名（18.2%）が困難に感じていなかった。具体的な回答は、「会社に勤めているので、会社の規則を守ることは社員の義務ではないかと思う」、「自分でもそのように行動している」などであった。

　その他、第6位には「礼儀」（25名、17.5%）、第7位には「仕事の途中における、報告・連絡・相談・情報共有」（24名、16.8%）、第8位には「褒め方」、「仕事内容の理解に関する、報告・連絡・相談・情報共有」、そして「納期の守り方」が同列（各23名、16.1%）に挙げられた。

Ⅶ. ベトナム人が「体験したことがない」と回答した日本人の企業行動

　ここで扱う日本人の行動は、ベトナム人によって体験したことがないと指摘されたものである。それらの行動は日本人とベトナム人の間で摩擦を生じやすいものと考えられたが、体験したことすらないと指摘したベトナム人がいた。それはおそらく、日本人がベトナム人の持つ記憶回路に基づいた行動

をとっていることが主な理由と考えられる。

　ベトナム人が日本人の企業行動について「体験したことがない」と回答した行動は何だったのだろうか。第1位が「贈り物」（46名、32.2%）、第2位「男女の扱い方」（42名、29.4%）、第3位「言語（ベトナム語の使用）」（36名、25.2%）、第4位「一般的な報告・連絡・相談・情報共有」（31名、21.7%）、第五位は同列で「昇進の仕方」、「昇給・給与体系の不明確さ」、「家族主義」（各29名、20.3%）、第8位「褒め方」（28名、19.6%）、第9位「評価の仕方」（27名、18.9%）、第10位「会議における意見の述べ方・話し合いの態度」（26名、18.2%）であった。

　表16-4は、ベトナム人が「体験したことがない」と回答した日本人の行動の上位10項目についてまとめたものである。その中の上位5項目については、以下に具体例を示した。

Ⅶ-1. 贈り物

　ベトナム人が「体験したことがない」と回答した第1位は「贈り物」であった。143名中46名（32.2%）が体験していなかった。具体的な回答は、「この会社ではそういうことがない」、「体験したことがない」などであった。

Ⅶ-2. 男女の扱い方

　第2位は「男女の扱い方」で、42名（29.4%）が体験していなかった。具体的な回答は、「うちの会社には女性が多い。マネージャーの中でも50%を占めている」、「私が知る限りでは、会社にそういう現象はない」などであった。

Ⅶ-3. 言語（ベトナム語の使用）

　第3位は「言語（ベトナム語の使用）」で、36名（25.2%）が体験していなかった。具体的な回答は、「この会社では、日本人とはベトナム語ではなく日

表16-4 ベトナム人が「体験したことがない」と回答した日本人の企業行動：上位10項目

順位	項目	回答者数 143名（100%）
第1位	贈り物	46(32.2)
内訳*	体験なし	23(16.1)
	贈り物をしない・したことがない	16(11.2)
	その他	7(4.9)
第2位	男女の扱い方	42(29.4)
内訳	男女平等である	37(25.9)
	その他	4(2.8)
第3位	言語（ベトナム語の使用）	36(25.2)
内訳	当たり前	29(20.3)
第4位	一般的な報告・連絡・相談・情報共有	31(21.7)
内訳	情報共有ができている	23(15.8)
	体験なし	7(4.9)
第5位	昇進の仕方	29(20.3)
内訳	体験なし	27(18.9)
第5位	昇給・給与体系の不明確さ	29(20.3)
内訳	体験なし	27(18.9)
第5位	家族主義	29(20.3)
内訳	体験なし	29(20.3)
第8位	褒め方	28(19.6)
内訳	褒める	27(18.9)
第9位	評価の仕方	27(18.9)
内訳	体験なし	24(16.8)
	その他	3(2.1)
第10位	会議における意見の述べ方・話し合いの態度	26(18.2)
内訳	体験なし	26(18.2)

*内訳においては3名以上の回答者から指摘された項目について記載。

本語で、あるいは通訳を通して意思疎通をはかる」、「経験したことがない。この会社では、上司は日本語だけで意思疎通をはかる」などであった。

Ⅶ-4. 一般的な報告・連絡・相談・情報共有

第4位は「一般的な報告・連絡・相談・情報共有」であり、31名（21.7%）が体験していなかった。具体的な回答は、「この会社ではみんなお互いの仕事のことについてよく話し合っている」、「日本人は情報を共有する」などであった。

Ⅶ-5. 昇進の仕方、昇給・給与体系の不明確さ、家族主義

第5位は「昇進の仕方」、「昇給・給与体系の不明確さ」、そして「家族主義」が同列で、それぞれ29名（20.3%）が体験していなかった。その具体例をそれぞれ2つずつ挙げる：「うちの会社は実力を一番大切にしている」（昇進の仕方）、「うちの会社には（昇進に関するそのような問題は）ない」（昇進の仕方）、「給料をもらう時、上司から前月はどんな所が良くてどんな所が良くなかったか、全部知らされる」（昇給・給与体系の不明確さ）、「給料について疑問があったら、はっきり説明してくれる」（昇給・給与体系の不明確さ）、「うちの上司は休みの日は休ませる」（家族主義）、「休日に会社に呼ばれたことがない」（家族主義）。

その他、第8位には「褒め方」（28名、19.6%）、第9位には「評価の仕方」（27名、18.9%）、第10位には「会議における意見の述べ方・話し合いの態度」（26名、18.2%）が挙げられた。

先に述べたように、ベトナム人が体験していなかった職場における日本人の行動の多くは、日本人がベトナム人の持つ記憶回路に基づいた行動をとっていることにより生じたと考えられる。しかし、これらを体験したことがないと答えたベトナム人の数から判断すると、ベトナム人の持つ記憶回路に基づいた行動に日本人側が合わせているかどうかについては、企業間に格差が

342   第4部　情動摩擦調査結果

あることがわかる。

Ⅷ.　おわりに

　この章では、ベトナム人が困難を感じていた・感じていなかった日本人の企業行動を中心として分析を行った。まず、「困難を感じる」日本人の行動の第1位は「上司への意見の述べ方」(74名、51.8%)、第2位は「昇進の仕方」(64名、44.8%)、第3位は「叱り方」(59名、41.3%)であった。次に、「学ぶべき」日本人の行動の第1位は「問題追及の姿勢」(67名、46.9%)、第2位は同列で「時間の守り方」と「納期の守り方」(各61名、42.7%)であった。さらに、「困難を感じない」日本人の行動の第1位は「有給休暇について」(38名、26.6%)、第2位は「つき合い方・コミュニケーション」(36名、25.2%)、第3位は「大部屋制」(32名、22.4%)であった。また、日本人の企業行動として予測されたものの、実際には「体験したことがない」日本人の行動の第1位は「贈り物」(46名、32.2%)、第2位は「男女の扱い方」(42名、29.4%)、第3位は「言語(ベトナム語の使用)」(36名、25.2%)であった。

　さて、本章ではベトナム人が困難を感じていた・感じていなかった日本人の行動を中心として、お互いの記憶回路における相違点と類似点を明らかにするといった視点からの分析を試みた。日本人とベトナム人の記憶回路における相違点が現れたものが「困難に感じていた行動」、および「学ぶべきと感じていた行動」であり、類似点が現れたものが「困難に感じていなかった行動」、および「体験したことのない行動」の一部であろう。また、「体験したことのない行動」に関しては、日本人側がベトナム人の記憶回路に合わせていることから生じた場合もあると推測された。ただし、最も多くの指摘があった行動でも全回答者の半数を越えることがなかったことから、個人間や企業間における格差が明確に存在することがうかがえる。

　ベトナムに進出した日系企業において、日本人とベトナム人のより良い協

働関係を築くためには、ベトナム人が日本人との間に記憶回路の違いを感じていた行動について日本人が理解し、ベトナム人のやり方を重視しながら、日本人のやり方について相手が納得するまで明確に説明していくことである（小川，2008）。その際、互いの妥協が必要となるときもあろう。

邦文参考文献

小川直人（2008）「スキーマ理論に基づいた異文化トレーニング・プログラムの作成への試み」『国際行動学研究』第3巻（pp. 37-48）。

西田ひろ子（2000）『人間の行動原理に基づいた異文化間コミュニケーション』創元社。

西田ひろ子編（2002）『マレーシア、フィリピン進出日系企業における異文化間コミュニケーション摩擦』多賀出版。

西田ひろ子編（2007）『米国、中国進出日系企業における異文化間コミュニケーション摩擦』風間書房。

西田ひろ子編（2008）『グローバル社会における異文化間コミュニケーション』風間書房。

345

第17章　ベトナム進出日系企業で働く日本人が　感じていた情動摩擦

香川奈緒美

Ⅰ．目的

　本研究は、在ベトナム日系企業に見られる、日本人とベトナム人との間の異文化間コミュニケーション問題を解明しようとするものである。本章では、日本人が「困難」もしくは「学ぶべき」と感じているベトナム人の行動について、認知科学分野の記憶（記憶の神経回路網）の考え方を取り入れた方法論（第１章と第３章参照、西田，2000，2002，2007を参考のこと）で分析を進め検証する。

Ⅱ．調査方法

Ⅱ-1．回答者

　在ベトナム日系企業17社で働く日本人駐在員70名を対象に、調査への協力を依頼した。2010年３月から2011年８月の期間に、ベトナムのハノイ市、ホーチミン市を訪れ、インタビュー調査を行った。

　回答者が所属する企業の業種は、74.8％が製造業（電気・電子製品が全企業の46.2％、鉄鋼・非鉄金属が7.0％、化学工業が9.1％、石油・ガスが6.3％、製造業その他6.3％）、残り25.2％が非製造業（貿易が4.2％、運輸が4.9％、建設業が6.3％、銀行・金融が5.6％、非製造業その他4.2％）であった。回答者の職位に関しては、他の監督者または管理者を部下としている職位についている人が64.3％、一

般従業員を直接管理している人が25.7％、事務所で一般従業員を監督するレベルの職位に就いている人が8.6％であった。

現在の企業への勤続年数は、7か月から42年2か月とさまざまで（$M=18.19$、$SD=10.06$）、ベトナム現地勤務年数は、2か月から10年6か月（$M=2.92$、$SD=2.14$、77.5％の人は4年以内の勤務）であった。職場で、日本語のみを使用している人が23.9％、英語のみ使用が33.8％、日本語とベトナム語の併用が7.0％、日本語と英語の併用が29.6％、通訳を通しての会話が4.2％、ベトナム語のみの使用者はいなかった。回答者のベトナム語能力について、大多数は「全く話せない」（56.3％）、もしくは「あまり話せない」（35.2％）と回答しており、「何とも言えない」、「やや話せる」、と回答した人がそれぞれ5.6％と2.8％と少数であった。ベトナム人従業員との会話の頻度に関して、職場では「いつも話す」、「多い方だ」と回答した人が、それぞれ67.6％と19.7％でほとんどであったが、職場外での会話の頻度には個人差があり、「いつも話す」、「多い方だ」と回答した人が、それぞれ1.4％と38.0％、「時々話す」が16.9％、「あまり話さない」、「全く話さない」がそれぞれ29.6％と14.1％であった。

回答者の平均年齢は45.4歳（$SD=8.2$）で、95.8％の回答者が男性、既婚者は85.9％。回答者が過去一番長く生活した地域は、関東地方が一番多く35.7％、続いて近畿地方が20.0％、中国地方が11.4％であった。過半数の回答者（53.5％）の最終学歴は大学卒業、11.3％が大学院卒業、その他、22.5％が高等学校卒業、5.6％が専門学校卒業、外国留学を経験した人が2.8％であった。現在の企業に入社する以前の勤務経験について、学生であった人が64.3％、他の日本企業に勤務していた人が28.6％で、その勤務年数は1年から32年とかなりのばらつきがあった（$M=14.92$、$SD=10.44$）。また、これまでに転職経験のある人が回答者の29.6％（転職回数1〜5回）であった。

第17章　ベトナム進出日系企業で働く日本人が感じていた情動摩擦　　347

Ⅱ-2.　分析方法

　インタビュー調査により、「日本人が困難に感じていたベトナム人の行動」、「日本人が学ぶべきと感じていたベトナム人の行動」、「日本人が困難に感じていなかったベトナム人の行動」の3つの点について回答を得た。インタビューの中で、数種類のコミュニケーション行動については「体験したことがない」との返答もあった。したがって、それらについては「日本人が体験していなかったベトナム人の行動」として分析を加えた。また、インタビュー調査結果については内容分析を行った。その際2名の研究者が別々にコーディングを行い、「ベトナム人が困難に感じていた日本人の行動」、「ベトナム人が学ぶべきと感じていた日本人の行動」、「ベトナム人が困難に感じていなかった日本人の行動」「ベトナム人が体験していなかった日本人の行動」の4つの視点の一致率は95％以上であったことから、内容分析については問題なく行われたと言える。

　なお、インタビュー調査では西田が作成した37項目（第3章参照）を用いて行ったが、内容分析は回答に忠実に実施したため、必ずしも37項目名と同じではない。

Ⅲ.　分析結果

Ⅲ-1.　日本人が「困難に感じる」と回答したベトナム人の企業行動

　在ベトナム日系企業で働く日本人が、一番困難に感じていたベトナム人の行動のうち上位10位までを表17-1に示した。

　第1位となったベトナム人の転職については、回答者の72.9％の日本人が困難であると感じており、「せっかく育てた管理職や技術系スタッフが転職するのは困る」、「離職率が高くて、監督者レベルにある人が他社のより給料が高いところに移ってしまう。しょうがないが困っている」などの回答があった。

348　　　　　　　　　　第4部　情動摩擦調査結果

表17-1　日本人がベトナム人に対して困難に感じていた上位10項目

順位	項目	回答者数 69名(100%)	具体例
第1位	転職	51(73.9)*	
	1．すぐに(簡単に)やめてしまう	51(73.9)	・せっかく育てた管理職や技術系スタッフが転職するのは困る。 ・離職率が高くて、監督者レベルにある人が他社のより給料が高いところに移ってしまう。 ・しょうがないが困っている。
第2位	問題追及の姿勢	47(68.1)	
	1．問題・原因を追及しない、意識が低い	47(68.1)	・品質問題が起きても原因が異なる場合があるが、その解明はしない。 ・問題を追及せず闇から闇へとほうむる態度がイヤ。
第3位	品質・事務管理全般	41(59.4)	
	1．品質・事務管理能力・意識が低い	40(58.0)	・意図・指示が伝わらない。センスの違い。例えば、整理整頓や身だしなみ、掃除、片付けなど。工場で決まった所に決まった物を置くことができない。不要な物は捨てましょう、と言ってもできない。物はまっすぐ置きましょう、と言ってもできないなど。 ・オフィスの事務管理について公私の区別がない。文房具を私物化して持ち帰ってしまう。使った後、元の場所に戻さない。
第3位	仕事の途中における、報告・連絡・相談・情報共有	41(59.4)	
	1．仕事に関する報告・連絡をしない	38(55.1)	・文章で報告することに慣れていない。聞かれれば「できている」と言う。 ・悪いことを言わない。仕事ができてない場合忘れたという。途中で対処しているときに報告してくれない。よくなってから言う。

第5位	仕事内容の理解に関する、報告・連絡・相談・情報共有	39(56.5)	
	1．分からなくても質問しない（自分勝手に解釈する、分かっている気になっているが分かっていない）	38(55.1)	・分からなくて仕事を進められなくても何も聞いてこないで座っている。 ・分かったように返事をしてくるが、実際は分かっていない。自分は何でも理解している、というように見せようとする。 ・一度言われたことは、自分で解釈し全て完成するまでは、何の報告もない。最終的におかしな点があれば、指示が悪いと言われる。
第5位	指示の仕方	39(56.5)	
	1．明確に（細かく）指示しないといけない・伝わらない	35(50.7)	・阿吽の呼吸がない。以前、話したことでも、一から話す必要がある。噛み砕いて話さないといけない。基本1〜10まで言わないと、5、6ぐらいまでしかできない。明確に指示しても全部はできないときがある。
	2．言語の問題で難しい	4(5.8)	・分かっているかどうかの確認が難しい。言語の問題もある。
第7位	時間の守り方	38(55.1)	
	1．時間を守らない（始業、休憩、会議に遅れる）	38(55.1)	・5〜10分遅れて来る。携帯で呼び出さないといけない。遅れることを何とも思わない。 ・時間にルーズ。朝遅刻しても事前連絡なし。昼休みに早目に出て行ってしまう。昼休みは1時間半だが、2時間程度かかる習い事に行ってしまったりする。時差があるので、日本とのトレードができなくなったり、業務に支障が出る。
第8位	規則・手続きの守り方	37(53.6)	
	1．規則を守らない（ルーズ）	37(53.6)	・ルールの徹底は難しい。人が見ていなければいいという考え方が強い。信号機など交通ルールを守らないのを見ても分かる。 ・規則を自分の都合に合わせて解釈する。

350 第 4 部　情動摩擦調査結果

第 9 位	納期の守り方	36(52.2)	
	1．納期を守らない	36(52.2)	・納期を確実に守ることを重要なことだと思っていない。後々会社が困ることを分かっていない。今、これが一番問題だと考えている。 ・勤務時間が終了してしまえば、帰ってしまうので納期に間に合わないことが多々ある。
第10位	チームワーク vs. 個人主義	31(44.9)	
	1．チームワークがない（自己中心的・自分本位）	30(43.5)	・チームワークなし。指示をして責任者にグループで仕事を進めるよう言ってもできない。まとまらない。自分の情報を開示しない。 ・他人の仕事を手伝うという意識がない。同じ部内の人が仕事していても帰ってしまう。

*数値は人数、（　）内はパーセント。

　2番目に多くの日本人が困難であると答えたベトナム人の行動は、彼らの問題や原因を追及しない姿勢、もしくは彼らに問題意識がないというものであった。これについては、「品質問題が起きても原因が異なる場合があるが、その解明はしない」、「問題を追及せず闇から闇へとほうむる態度がイヤ」などの回答があった。

　第3位は2項目同列で、その1つ目は、品質・事務管理能力や意識が低いということであった。回答例には、「意図・指示が伝わらない。センスの違い。例えば、整理整頓や身だしなみ、掃除、片付けなど。工場で決まった所に決まった物を置くことができない。不要な物は捨てましょう、と言ってもできない。物はまっすぐ置きましょう、と言ってもできないなど」、「オフィスの事務管理について公私の区別がない。文房具を私物化して持ち帰ってしまう。使った後、元の場所に戻さない」などがあった。

　もう1つの第3位は、仕事に関する報告や連絡をしないことで、「文章で

報告することに慣れていない。聞かれれば「できている」と言う」、「悪いことを言わない。仕事ができてない場合忘れたという。途中で対処しているときに報告してくれない。よくなってから言う」などの例があった。

　第5位も2項目あり、まず1つ目は、仕事内容の理解に関する報告や連絡がなく、相談や情報の共有が出来ていないということだった。これに含まれた回答には「分からなくて仕事を進められなくても何も聞いてこないで座っている」、「分かったように返事をしてくるが、実際は分かっていない。自分は何でも理解している、というように見せようとする」、「一度言われたことは自分で解釈し、全て完成するまでは何の報告もない。最終的におかしな点があれば、指示が悪いと言われる」などがあった。

　困難に感じるベトナム人の行動として同列で5番目に多く上がった項目は指示の仕方であった。コメントの大半は、日本人部下に伝えるときと比較して、ベトナム人には明確に細かい指示を出さなければ伝わらない、というものであった。その例として、「阿吽の呼吸がない。以前、話したことでも、一から話す必要がある。噛み砕いて話さないといけない。基本1〜10まで言わないと、5、6ぐらいまでしかできない。明確に指示しても全部はできないときがある」があった。この他、「分かっているかどうかの確認が難しい。言語の問題もある」のように、言語の問題があって指示が出しにくいという意見もあった。

　第7位は、ベトナム人が時間を守らない、という点に困難を感じるという結果であった。第8位は、ベトナム人が規則を守らないという点であった。第9番目に多くの日本人が困難であると答えたベトナム人の行動は、納期を守らない事であった。第10位となったのは、ベトナム人にチームワークがないということであった。

　他者とのコミュニケーション行動に対して「困難を感じる」ということを、記憶回路網の観点から見ていくと、その対象となるコミュニケーション行動を経験した時に、情動に関する記憶回路網が活性化され、不快感などの負の

感情を体験していることを意味している。例えば、本研究では、7割強の日本人駐在員が、ベトナム人従業員の転職に関する意識に関して文化的な相違を感じていたが、これは、脳内に構築されている手続きや状況に関する記憶回路網（技術や知識を身に付けた状況でどのような行動をするべきかという記憶など）の内容が、日本人とベトナム人の間で異なるという事実を認識したということである。さらには、その文化的相違を「困難である」ととらえたことから、コミュニケーション行動に関する記憶回路網と負の感情を意味する情動に関する記憶回路網が活性化し、関連付けられていることが分かる。

Ⅲ-2. 日本人が「学ぶべき」と回答したベトナム人の企業行動

　在ベトナム日系企業で働く日本人が学ぶべきだと感じていたベトナム人従業員の行動を調査した結果、3つの行動が同列で約10％の回答者によって選択され、第1位となった（表17-2参照）。1つ目は男女の扱い方で、「差別的なことはなにも感じない。人間ができている」や「やはり日本と比べて、女性は男性と同じレベルで扱っている」などのコメントがあった。2つ目は会議における意見の述べ方や話し合いの態度で、「活発に自分の意見をストレートに言ってくれる方がよい」、「反対意見をしっかり言う。筋道が通っていて素晴らしいかは別だが、とにかく言う。日本人同士では、会議の場で反対意見を言うとまずいことになる場合があるので、根回しが必要。この日本文化はよくない」などの意見に見られるように、積極的な意見交換が賞賛されていた。3つ目の1位は言語に対する姿勢で、「ベトナム人を見習って、日本人もベトナム語をもう少し勉強すべき」や「今だいたいベトナム人管理職は日本語で話せるので、意思疎通ができる」など、対話をする相手の言語を学ぶ姿勢を学ぶべきという回答であった。

　第4位にも3つの項目が並んだ。その1つ目は上司の指示に対する意見の述べ方や話し合いの態度で、「日本人だと、上司の指示に違和感があっても従うが、ベトナム人は物をはっきり言うのでいいことだと思う。学ぶべきだ

第17章　ベトナム進出日系企業で働く日本人が感じていた情動摩擦　　353

と思う」、「コミュニケーションがとれる相手ははっきり言ってくれる」という意見があった。2つ目はベトナム人の褒め方についてで、「日本人は仕事ができたときに『ありがとう』とかは言うが、ベトナム人のほうがもっと表現がうまいと思う」、「日本人は、出来て当たり前という感覚があり、あまり褒めることがないから」という意見があった。3つ目は、反対意見の述べ方や話し合いの態度であった。「活発に自分の意見をストレートに伝える方がいい」、「日本だと上の方がいると、意見は言いづらいし、反対意見は言えない。ベトナムではいろいろ言ってくれているので、いいかと思う」などの言葉があった。

　第7位には2項目が上り、昇給や給与体制の明確さと叱り方であった。第9位は、早退と欠勤についてであった。

　上記の「困難に感じる」の項目と同様に、他者とのコミュニケーション行動に対して「学ぶべき」ということを、記憶回路網の観点から見ていくと、その対象となるコミュニケーション行動を経験した時に、情動に関する記憶回路網が活性化され、敬意を示す念などの正の感情を体験していることを意味している。例えば、日本人駐在員は、会議での意見の述べ方に関して、ベトナム人従業員とは異なる内容の手続きに関する記憶回路網（企業内で、どのような手続きを踏んで自分の意見を発信することが適切であるかという記憶）を獲得しているため、彼らのコミュニケーション行動に文化の相違を感じている。しかし、その文化的相違を体験することで活性化された情動に関する記憶回路網の内容は負の感情ではなく、相手を賞賛し、学ぼうとする正の感情であることが分かった。

Ⅲ-3.　日本人が「困難に感じない」と回答したベトナム人の企業行動

　在ベトナム日系企業に勤める日本人が、ベトナム人従業員の行動に文化的な違いを感じながらも、それを「困難と感じない」と回答した行動がいくつかあった（表17-3参照）。

表 17-2 日本人が「ベトナム人から学ぶべき」と回答した上位 9 項目

順位	項目	回答者数 69名(100%)	具体例
第 1 位	男女の扱い方	7(10.1)*	
	1. 見習う点あり	7(10.1)	・差別的なことはなにも感じない。人間ができている。 ・やはり日本と比べて、女性は男性と同じレベルで扱っている。
第 1 位	会議における、意見の述べ方・話し合いの態度	7(10.1)	
	1. 見習う点あり	7(10.1)	・活発に自分の意見をストレートに言ってくれる方がよい。 ・反対意見をしっかり言う。筋道が通っていて素晴らしいかは別だが、とにかく言う。日本人同士では、会議の場で反対意見を言うとまずいことになる場合があるので、根回しが必要。この日本文化はよくない。
第 1 位	言語（日本語の使用）	7(10.1)	
	1. 見習う点あり	7(10.1)	・ベトナム人を見習って、日本人もベトナム語をもう少し勉強すべき。 ・今だいたいベトナム人管理職は日本語で話せるので、意思疎通ができる。
第 4 位	上司の指示に対する意見の述べ方・話し合いの態度	6(8.7)	
	1. 見習う点あり	6(8.7)	・日本人だと、上司の指示に違和感があっても従うが、ベトナム人は物をはっきり言うのでいいことだと思う。学ぶべきだと思う。 ・コミュニケーションがとれる相手ははっきり言ってくれる。

第17章　ベトナム進出日系企業で働く日本人が感じていた情動摩擦　　355

第4位	褒め方	6(8.7)	
	1．見習う点あり	6(8.7)	・日本人は仕事ができたときに「ありがとう」とかは言うが、ベトナム人のほうがもっと表現がうまいと思う。 ・日本人は、出来て当たり前という感覚があり、あまり褒めることがないから。
第4位	反対意見の述べ方・話し合いの態度	6(8.7)	
	1．見習う点あり	6(8.7)	・活発に自分の意見をストレートに伝える方がいい。 ・日本だと上の方がいると、意見は言いづらいし、反対意見は言えない。ベトナムではいろいろ言ってくれているので、いいかと思う。
第7位	昇給・給与体系の明確さ	5(7.2)	
	1．見習う点あり	5(7.2)	・日本人は殆ど言わない。逆に、不満があれば、言うべきだと思う。 ・仕事や自分のことに対して、ちゃんとした自分の意見を言える、こういう日本人が少ないから。
第7位	叱り方・注意の仕方	5(7.2)	
	1．見習う点あり	5(7.2)	・人前で叱ってほしくないと言われる。なかなかできないが、本来こうあるべきだと思う。 ・周りからも聞いている、人前で怒られることを嫌がる。怒るときは怒る、叱るときは叱るが、やはり場所を考えてやらないといけない。
第9位	昇給・給与体系（能力 vs. 年功序列）	3(4.3)	
	1．見習う点あり	3(4.3)	・これは家族優先だと思う（日本も同じだと思うけど）。 ・仕事より家族を大事にすべき。

*数値は人数、（　）内はパーセント。

その第1位が、ベトナム人の礼儀正しさであった。「日本人上司に敬意を示している」や「日本人以上にトップに対しての礼儀をわきまえている」という意見があった。

第2位に上がったのは、上司に対する意見の述べ方や話し合いの態度で、ベトナム人は自分の意見をはっきり言えて良いという意見であった。例としては、「何も発言しないと、何を考えているのか分からない。自分の意見を言ってくれると、新しい考えも出てくる」や「意見を言ってもらった方が、自分の意見を一方的に押し付けるよりも良いから」があった。

第3位は早退や欠勤についてで、「当然の権利である」や「しょうがないこと」など早退や欠勤を認めるべきであるという意見であった。

第4位は昇進のしくみについてで、能力主義に賛成するものであった。「今、能力型で昇進しているので困難ではない」、「能力で昇進することはいいことだ」などの意見があった。

第5位は3項目同列で、その1つ目は付き合い方やコミュニケーションのとり方についてであった。意見のほとんどが終業後に食事に一緒に行くかどうかに関するもので、「食事に一緒に行かなくてもよいと思う」、「一緒に食事に行ったりする」など、終業後に会社関係の仲間と食事をとる習慣を強制する必要はないという意見が多かった。2つ目は反対意見の述べ方や話し合いの態度についてで、「意見を言い合うのは良いこと」や「反対意見を言ってくるが、不満を全部言ってくれているのかは分からない。困難ではない」など、はっきりと意見をいうことに好意的であった。3つ目は叱り方や注意の仕方についてで、「1対1で叱責するが困難ではない」や「人前で叱責して恥をかかせるよりも、個室でする方がその人のためになる」などの意見が上がった。

第8位は5項目あり、褒め方、評価の仕方、男女の扱い方、会議で自分の意見を言う態度、昇給体制が能力給であるということであった。

他者とのコミュニケーション行動に対して「困難を感じない」ということ

第17章　ベトナム進出日系企業で働く日本人が感じていた情動摩擦　　357

を、記憶回路網の観点から見ていくと、その対象となるコミュニケーション
行動を経験した時に、情動に関する記憶回路網はごく緩やかに活性化され、
他者の行動や考えを容認するなどの正の感情を体験していると解釈できる。
例えば、日本人駐在員は、ベトナム人の上司に対する礼儀正しさを体験し、
役割に関する記憶回路網（自らの社会的役割を踏まえて、どのような行動が適切で
あるかという記憶）の内容が、一般的な日本人のものとは異なることに気付く。
また、その文化的相違によって情動に関する記憶回路網は、緩やかに活性化
され、激しい感情を伴わず、他者との違いを容認していることが読み取れる。

Ⅲ-4.　日本人が「体験したことがない」と回答したベトナム人の企業行動

　ここでは、在ベトナム日系企業で働く日本人が、「体験したことがない」
と答えたベトナム人の文化的行動、及び在ベトナム日系企業では見られない
ベトナム人の行動をまとめた（表17-4参照）。全体的に、これに当てはまる回
答は少なかったが、一番多かったのは男女の扱い方についてで、「給与や昇
進は男女平等に扱っている」、「男女平等に扱っている」など、文化の違いに
関わらず、男女平等に扱っているという意見であった。
　2位となったのは付き合い方で、「食事にはよく行く」という例にあると
おり、終業後に食事に誘っても一緒に行かないというようなベトナム人は見
かけないということだった。
　第3位以降は、68名中2名以下の日本人からの回答であったため分析を省
くことにする。
　他者とのコミュニケーション行動を経て、「体験したことがない」ととら
えられた行動に関しては、記憶回路網の観点から見ていくと、2通りの可能
性が考えられる。まず1つ目に、その行動や状況に関する記憶回路網が不在
であったと解釈できる。今回の調査で、男女平等であると感じるベトナム人
従業員の行動を「体験したことがない」と回答した日本人駐在員は、これま
で、男女平等とはどういう意味か、どうあるべきか、又、それはどのように

表 17-3　日本人が「困難に感じない」と回答したベトナム人の企業行動：上位12項目

順位	項目	回答者数 69名(100%)	具体例
第1位	礼儀	20(29.0)*	
	1．礼儀正しい	20(29.0)	・日本人上司に敬意を示している。 ・日本人以上にトップに対しての礼儀をわきまえている。
第2位	上司の指示に対する、意見の述べ方・話し合いの態度	14(20.3)	
	1．自分の意見をはっきり言う	14(20.3)	・何も発言しないと、何を考えているのか分からない。自分の意見を言ってくれると、新しい考えも出てくる。 ・意見を言ってもらった方が、自分の意見を一方的に押し付けるよりも良いから。
第3位	早退・欠勤	13(18.8)	
	1．早退・欠勤は認められるべき	13(18.8)	・当然の権利である。 ・しょうがないこと。
第4位	昇進	12(17.4)	
	1．能力主義がいい／能力主義にすべき	12(17.4)	・今、能力型で昇進しているので困難ではない。 ・能力で昇進することはいいことだ。
第5位	付き合い方・コミュニケーション	9(13.0)	
	1．終業後の日本人とベトナム人の付き合い方が違う	9(13.0)	・食事に一緒に行かなくても良いと思う。 ・一緒に食事に行ったりする。
第5位	反対意見の述べ方・話し合いの態度	9(13.0)	
	1．自分の意見を言う	9(13.0)	・意見を言い合うのは良いこと。 ・反対意見を言ってくるが、不満を全部言ってくれているのかは分からない。困難ではない。

第17章　ベトナム進出日系企業で働く日本人が感じていた情動摩擦　　359

第5位	叱り方・注意の仕方	9（13.0）	
	１．人前で叱らない（個室で叱る）	8（11.6）	・１対１で叱責するが困難ではない。 ・人前で叱責して恥をかかせるよりも、個室でする方がその人のためになる。
第8位	褒め方	7（11.6）	
	１．褒める	8（11.6）	・うまくいったときに褒めることは大切。自分も部下を褒めている。 ・褒めることは普通だと思う。
第8位	評価の仕方	8（11.6）	
	１．当たり前／理解できる	8（11.6）	・説明をすればいい話だから。 ・評価についての質問を受けたら、説明している。
第8位	男女の扱い方	9（11.6）	
	１．男女平等である	8（11.6）	・平等は普通である。 ・平等であることは困難でない。
第8位	会議における意見の述べ方・話し合いの態度	8（11.6）	
	１．自分の意見を言う	8（11.6）	・意見を言い合うのは非常に重要。逆に言ってくれないと困る。本社では日本人でも反対意見ははっきり言う人が多い。 ・意見が飛び交うのは良いこと。
第8位	昇給・給与体系（能力 vs. 年功序列）	8（11.6）	
	１．能力主義がいい（能力主義に困難を感じない）	8（11.6）	・能力がある人が給料が上がるのは良いと思う。 ・能力に合わせて、日本もそのようになってきたから。

*数値は人数、（　　）内はパーセント。

コミュニケーション行動に現れるのかといった知識・体験・記憶、つまり記憶回路網を保持していなかったため、実際は企業内に男女平等の概念に関連のあるコミュニケーション行動があったとしても、それに気づくことが出来なかった可能性がある。2つ目の可能性として、その行動や状況に関する記憶回路網は保持していたが、活性化されることがなかったと解釈できる。例えば、今回の調査で、男女平等であると感じるベトナム人従業員の行動を「体験したことがない」と回答した日本人駐在員は、ベトナム人従業員と仕事をする上で、男女平等に関する自らの意見や知識が集約された記憶回路網を活性化する体験がないと認識しているということである。

表 17-4　日本人が「体験したことがない」と回答したベトナム人の企業行動：上位 4 項目

順位		回答者数 69名(100%)	具体例
第 1 位	男女の扱い方	6(8.7)*	
	1．男女平等である	6(8.7)	・給与や昇進は男女平等に扱っている。 ・男女平等に扱っている。
第 2 位	つきあい方・コミュニケーション	4(5.8)	
	1．食事に行く	4(5.8)	・食事にはよく行く。
第 3 位	昇進	2(2.9)	
	1．能力主義がいい／能力主義にすべき	2(2.9)	・会社が能力型なので、体験したことはない。 ・年功序列は関係ない。
第 3 位	昇給・給与体系（能力 vs. 年功序列）	2(2.9)	
	1．能力主義がいい／能力主義にすべき	2(2.9)	・うちの会社は能力給で、全く困難が感じない。 ・年功序列ではない。

*数値は人数、（　）内はパーセント。

Ⅳ．考察

　日本人が困難に感じているベトナム人従業員の行動については、日本人の中でかなり高い合意があった。今回報告した10位までのうち、9位までは過半数以上の日本人が困難だと答えており、特に、1位に上がった「ベトナム人がすぐに転職してしまうことについて」と2位の「ベトナム人の問題を追及する姿勢が低いことについて」は、約7割もの日本人が困難に感じていた。全体的には、空間的にも時空的にも繋がりをあまり重要視しないベトナム人の行動が日本人の目に付いた結果となった。日本人の視点から見て、自己を企業の中の一員として受け止め、周囲との連絡をとりながら協力して仕事を進めていく姿勢が欠けていると評価されたことが分かる項目は、報告や連絡を怠ること、会議などに遅れること、企業内のルールを守らないこと、チームワークに欠けていることなどである。また、長期的な視野を持って仕事に取り組むことが出来ないと評価されたことが分かる項目は、問題や原因の追及をせず、次の仕事に活かそうとしないことをはじめ、分からないことをきちんと聞かず、その場しのぎの行動をとってしまうことなどである。

　日本人のほうがベトナム人から学ぶべきであると回答された行動は、第1位でも10.1％、困難に感じない行動については、1位は29.0％に留まり、困難に感じる行動と比較して、かなり日本人の合意度が低かった。その内容に関しては、特に、ベトナム人の会議や話し合いの時にはっきり自分の意見を言う態度が賞賛され、困難に感じず、むしろ日本人が学ぶべきだという意見が目立った。また、遅刻など、時間にルーズな態度は困難な行動として取り上げられたが、早退や欠席については困難ではなく、仕方のない事として日本人の理解が得られているようだ。

　記憶回路網の視点から見ると、日本人駐在員とベトナム従業員が保持する手続きや方略に関する記憶回路網の内容が異なることから起きた異文化間コ

ミュニケーション摩擦であることが分かる。例えば、自分が任された仕事が予定通りに進まなかった状況で、どのような手続きをとり、個人として、または組織全体としてどのように改善していくべきであるかなどの概念は、過去の経験に基づいて蓄積され、記憶回路網として脳に刻まれる。また、日本人駐在員は、日本の文化環境の中で形成された記憶回路網の情報を基準として、ベトナム人のコミュニケーション行動を評価することになる。ここで、この文化的相違にどのような意味づけを行うかに応じて、情動に関する記憶回路網が刺激されたときに、困難と感じるか、学ぶべきと感じるかといった違いがでると考えられる。

邦文参考文献

西田ひろ子（2000）『人間の行動原理に基づいた異文化間コミュニケーション』創元社。

第18章　認知摩擦と情動摩擦のまとめ

西田ひろ子

　本章では、中国・ベトナム進出日系企業で働く中国人・ベトナム人と日本人の間の異文化間コミュニケーション摩擦（認知摩擦と情動摩擦）についての調査結果についてまとめていく。

　中国・ベトナム進出日系企業で働く中国人・ベトナム人と日本人の間の異文化間コミュニケーション摩擦については、先ず、第9章で用いた「認知摩擦が生じる状況」の表（第9章の表9-2、本章の表18-1）に基づいて、認知摩擦について見ていくことにする。

　なお、認知摩擦調査では、以下の尺度を用いてデータを得た。

1．相手の行動を見かけるか

全く見かけない	見かけるのは30%未満	見かけるは50%程	見かけるのは60-70%	見かけるのは80%以上
1	2	3	4	5

2．相手の行動に文化の相違を感じるか

全く感じない	あまり感じない	どちらとも言えない	時々感じる	常に感じる
1	2	3	4	5

表18-1　認知摩擦が生じる状況*

1．一方が相手の行動を強くあるいはやや強く認知していて、批判的なのに対し、もう一方の認知レベルが弱い、あるいは認知していない場合
2．両者共に相手の行動を強くあるいはやや強く認知しているが、一方が好意的なのに対し、もう一方が批判的な場合
3．両者共に相手の行動を強くあるいはやや強く認知していて、両者共に相手の行動に批判的な場合

*この表は第9章の表9-2と同じ。

364 　第4部　情動摩擦調査結果

また、情動摩擦については以下の選択肢を用いてデータを得た。

困難を 感じる	どちらとも 言えない	困難を 感じない	自分たちが 学ぶべき	体験した ことがない
1	2	3	4	9

　これらの尺度・選択肢を用いた調査結果から、中国・ベトナム進出日系企業における中国人・ベトナム人と日本人の間の異文化間コミュニケーション摩擦について分析・考察していくことにする。

　本章では、回答結果を基に認知摩擦が生じていた項目を示し、それに情動摩擦の結果を加味して調査結果の全体像を見ていくことにする。この際、認知摩擦調査で用いた「文化の相違を感じるか」（「1．全く感じない」～「5．常に感じる」）に対する回答結果については、「文化の相違を常に感じる」と「時々感じる」を選択した者の割合を併せたパーセントを「文化の相違」として示していく（中国調査については第9章の表9-3と表9-4を、ベトナム調査については第11章の表11-1と表11-2を参照）。また、情動摩擦調査結果については、「困難を感じる」を選択した者の割合を「困難を感じる」として示していく。また、「自分たちが学ぶべき」を選択した者の割合が選択肢の中で最も多く選ばれた場合は、そのパーセントを示していく（中国調査については第14章の表14-1と第15章の表15-1参照、ベトナム調査については第16章の表16-1、表16-2、表16-3、表16-4、さらに第17章の表17-1、表17-2、表17-3、表17-4参照）。

Ⅰ．中国進出日系企業で働く中国人と日本人の間の異文化間コミュニケーション摩擦

　認知摩擦調査（文化の相違）は、中国人403名、日本人197名から、また情動摩擦調査は、中国人194名、日本人82名から協力を得た。

I-1. 中国人は強く認知していて好意的なのに対し、日本人の認知レベルは やや弱く批判的だった場合

中国人は日本人の行動を強く認知しているが、日本人は同じ状況下での中国人の行動の認知レベルが弱い場合である。この範疇に入った行動は、中国人の場合は「業務遂行行動群」に含まれており強く認知されていたが、日本人の場合は「業務遂行行動群」と「業務管理行動群」に分散しており認知レベルは弱かった（12項目）。また、情動摩擦調査では、中国人は日本人の行動に対して好意的、日本人は中国人の行動に批判的だった。

・**中国人**「2. 日本人は中国人に、品質管理や事務管理は細かい側面についても徹底して行うことを求める」（文化の相違：82.5％；情動：「学ぶべき」50.5％）対 **日本人**「2. 中国人は、工場での品質管理やオフィスでの事務管理は徹底して行わない」（文化の相違：35.5％；情動：「困難を感じる」57.3％）

・**中国人**「4. 日本人は中国人部下に対し、仕事の報告・連絡・相談を要求する」（文化の相違：76.4％；情動：「学ぶべき」36.1％）対 **日本人**「4. 中国人は、上司から指示されたことについて、途中で何度も上司に報告したり、相談したりしない」（文化の相違：57.3％；情動：「困難を感じる」60.0％）

・**中国人**「7. 日本人は中国人部下に対し、たとえ些細な事柄であっても、会社の規則に従うよう求める」（文化の相違：77.7％；情動：「困難を感じない」34.5％、「学ぶべき」29.4％）対 **日本人**「7. 中国人は、会社の規則があっても、どのような行動をとるかは自分で判断する」（文化の相違：43.5％；情動：「困難を感じる」47.6％）

・**中国人**「8. 日本人は中国人部下に対し、仕事内容についてきちんと分かるまで尋ねるよう求める」（文化の相違：60.6％；情動：「学ぶべき」37.1％）対 **日本人**「8. 中国人は、仕事の詳細について分からない点があっても、分かるまで尋ねることはしない」（文化の相違：47.6％；情動：「困難を感じる」53.7％）

366 第4部 情動摩擦調査結果

- **中国人**「19. 日本人は中国人に、仕事の始業時間や会議が始まる前には必ず到着することを求める」（文化の相違72.9％；情動：「学ぶべき」42.8％）対 **日本人**「19. 中国人は仕事の始業時間や会議を遅れて始めることが多い」（文化の相違：56.8％；情動：「困難を感じる」58.5％）

- **中国人**「20. 日本人は中国人部下に、常に仕事の納期を守るよう求める」（文化の相違：77.6％；情動：「学ぶべき」35.6％）対 **日本人**「20. 中国人は仕事の納期を守らない」（文化の相違：40.4％；情動：「困難を感じる」39.0％、「体験したことがない」32.9％）

- **中国人**「32. 日本人上司は、良い結果だけでなく、良くない結果や問題が生じた場合も率直に報告することを求める」（文化の相違：77.3％；情動：「学ぶべき」46.3％）対 **日本人**「32. 中国人は、良くない結果や問題が生じた場合は報告せず、良い結果だけを報告する」（文化の相違：58.7％；情動：「困難を感じる」60.0％）

- **中国人**「33. 日本人は、業務上の問題点があれば徹底的に追求し、必ず有効な解決方法を探し出す」（文化の相違：73.9％；情動：「学ぶべき」50.0％）対 **日本人**「33. 中国人は、業務上の問題点（製品の質が落ちたなど）について、徹底的に問題点の解明をしない」（文化の相違：57.3％；情動：「困難を感じる」61.0％）

- **中国人**「35. 日本人は、中国人が自主的に仕事を探し、積極的に仕事をすることを求める」（文化の相違：55.2％；情動：「困難を感じない」32.5％、「学ぶべき」26.8％）対 **日本人**「35. 中国人は、自主的に仕事を探して自ら積極的に仕事をしない」（文化の相違：55.8％；情動：「困難を感じる」61.0％）

Ⅰ-2. 日本人は強く認知していて批判的な場合が多いのに対し、中国人はほとんど認知していないものから強く認知していたものまでさまざまであった場合

日本人が強く認知していた中国人の行動は、「中国人の行動特質群」に含

第18章　認知摩擦と情動摩擦のまとめ　　367

まれていた以下の行動であった。これらの中国人の行動に対して日本人は概
ね批判的だった（「21」と「29」を除く）。

・**日本人**「11．中国人は、物事を決定するのにあまり時間がかからないトッ
　プダウン（上位下達）方式を好む」（文化の相違：63.2％；情動：「困難を感じ
　る」40.2％）対　**中国人**「11．物事の決定までかなりの時間がかかる」（文
　化の相違：66.5％；情動：「困難を感じる」37.1％）

・**日本人**「14．中国人は各自が自分の分担の仕事をこなす。たとえ、自分の
　部署の他の中国人が仕事をしていても、仕事が終われば家に帰る。チーム
　ワークの感覚がない」（文化の相違：69.1％；情動：「困難を感じる」46.3％）対
　中国人「14．日本人はチームワークを重視する」（文化の相違：64.2％；情
　動：「学ぶべき」44.9％）

・**日本人**「16．中国人は自分の職務範囲外の業務は行わない」（文化の相違：
　76.4％；情動：「困難を感じる」51.2％）対　**中国人**「16．日本人は中国人に、
　職務範囲以外の事柄でも仕事を行うことを求める」（文化の相違：51.9％；
　情動：「困難を感じない」20.6％、「体験したことがない」30.4％）

・**日本人**「21．中国人は男性従業員と女性従業員を平等に扱う」（文化の相
　違：61.1％；情動：「困難を感じない」67.1％、「学ぶべき」22.0％）対　**中国人**
　「21．日本人は男性従業員と女性従業員を平等に扱わない」（「文化の相違を
　感じない」43.0％；情動：「体験したことがない」46.9％）

・**日本人**「26．中国人部下には日本人部下よりも仕事内容を明確に指示する
　必要がある」（文化の相違：84.8％；情動：「困難を感じる」54.9％）対　**中国
　人**「26．日本人上司の指示内容は曖昧で分かりにくい」（文化の相違：
　37.5％；情動：「困難を感じる」29.4％、「体験したことがない」33.0％）

・**日本人**「27．中国人は、現在より良い給与、地位が得られる会社があった
　り、自分の専門知識を深められる会社があれば転職する」（文化の相違：
　79.5％；情動：「困難を感じる」52.4％）対　**中国人**「27．日本人は中国人が
　転職することを理解しない」（文化の相違：45.5％；情動：「体験したことがな

い」40.7%）

・**日本人**「29. 中国人は、妻が出産した時や子どもが入院した時などには早退、欠勤する」（文化の相違：66.7％；情動：「困難を感じない」63.4％）対　**中国人**「29. 日本人は、中国人が妻の出産や子どもの入院の際に早退、欠勤することを理解しない」（文化の相違：25.5％；情動：「体験したことがない」51.0％）

・**日本人**「31. 問題が発生した場合、中国人は何が原因で問題が発生したかよりも、誰に責任があるかを明確にしようとする」（文化の相違：66.5％；情動：「困難を感じる」61.0％）対　**中国人**「31. 日本人は何が原因で問題が発生したのかを明確にしようとする」（文化の相違：66.0％；情動：「学ぶべき」50.0％）

　なお、日本人「18. 中国人は、日本人上司には敬語を使い、目上の者として接する」（文化の相違：52.4％；情動：「困難を感じない」82.9％）対　中国人「18. 日本人は、中国人部下に対し礼儀正しく接している」（文化の相違：64.1％；情動：「学ぶべき」41.2％）については双方が強く認知していたが双方共に相手に対して肯定的・好意的であったことから認知摩擦は生じていなかったと言える。

　日本人はこれらの行動を「中国人の行動特質」として強く認知していて批判的だったのに対し、中国人は「業務遂行行動」、「中国の日系企業では見かけない行動」、あるいは「業務管理行動」といったようにとらえており、この結果、認知傾向も「強い認知」「認知なし」「弱い認知」とさまざまであった。このことは日本人と中国人の間には、認知レベルの違いからさまざまな認知摩擦が生じていたと言える。
　また、日本人が自分たちの行動を修正して行動していたために、中国人側は「見かけなかった」と回答したケースもあった。例えば、「21. 男女従業

員の扱い方」について、日本人は「中国人は男性従業員と女性従業員を平等に扱う」ととらえていたが（強い認知）（情動：「学ぶべき」）、中国人は「日本人は男女従業員を平等に扱わない」という行動は「見かけない」と回答しており、情動調査でも「体験したことがない」と回答していた。また、日本人側は「29. 中国人は、妻が出産した時や子どもが入院した時などには早退、欠勤する」という行動を強く認知しており、情動調査では「学ぶべき」とらえていたが、中国人は「29. 日本人は、中国人管理職が妻の出産や子どもの入院の際に早退、欠勤することを理解しない」とはとらえておらず、「体験したことがない」（情動調査）と回答していた。これらの状況では日本人側が中国人に合わせて行動していたと思われる。要するに、日本人は中国人が家族のことで早退・欠勤することを容認して行動していたために、中国人側には「日本人は理解しない」とはとらえていなかったと思われる。このような日本人の相手の行動に合わせるという修正行動は、海外進出日系企業には必要なことで、日本人側が日本人の行動と中国人の行動の双方の記憶回路を獲得していたためにできたものだと考えられる。また、日本人自身が行動を修正することを「良し」とする情動を持っていないとできないことでもある。つまり、「男女従業員を平等に扱う」や「妻の出産や子どもの入院の際に早退、欠勤する」という行動は「悪いことではなく、そのように行動すべきだ」と思っていたものと思われる。

Ⅰ-3. 中国人は強く認知していて肯定的なのに対し、日本人はほとんど認知していなかった場合

・**中国人**「10. 上司も部下も同じ部屋で仕事をする」（文化の相違：70.0%；情動：「困難を感じない」37.1%）対　**日本人**「10. 中国人の間では、管理職には個室が与えられるべきだと考えており、そのように要求してくる」（「文化の相違を感じない」61.2%；情動：「体験したことがない」97.6%）

この行動は、中国人の場合は「業務遂行行動群」（強い認知）に含まれてい

たが、日本人の場合は「中国進出日系企業では見かけない行動群」（認知な
し）に含まれていた。日本人にとっては「管理職に個室ということはなく、
上司も部下も同じ部屋で仕事をすること」が当たり前すぎる行動であったた
め、記憶回路を獲得して中国人の行動を認知するということができなかった
ものと思われる。ちなみに日本人の情動調査結果は「体験したことがない」
であった。中国人はこの行動に対しては強く認知していたものの困難を感じ
てはおらず、日本人と中国人の間に情動摩擦は生じていなかった。

I-4. 中国人・日本人共に相手の行動を強く認知していて、両者共に相手の
　　行動に批判的な場合

　以下の行動が「中国人・日本人共に相手の行動を強く認知していて、両者
共に相手の行動に批判的」という範疇に入っていた。日本人の場合、これは
「中国人の行動特質群」に含まれており強く認知していた。また、中国人の
方は「業務遂行行動群」に含まれており、こちらも強く認知していた。互い
の行動を批判的にとらえていたことから、ここでは認知摩擦と共に情動摩擦
も生じていたと言うことができる。

・**中国人**「11. 物事の決定まで時間がかかる」（文化の相違：66.5%；情動：
　「困難を感じる」37.1%）対　**日本人**「11. 中国人は、トップダウン（上位下
　達）方式を好む」（文化の相違：63.2%；情動：「困難を感じる」40.2%）

I-5. 中国人、日本人共に強く認知していて、一方は「学ぶべき」、他方は
　　「困難ではない」あるいは「困難を感じる」と回答が異なった場合

　日本人は相手の行動を強く認知していたが、情動的には「困難ではない」
あるいは「困難に感じる」と回答。これに対し中国人は強い認知と共に「学
ぶべき」という感情がわき起こっていたようだ。

・**中国人**「14. 日本人はチームワークを重視する」（文化の相違：64.2%；情
　動：「学ぶべき」44.9%）対　**日本人**「14. 中国人は各自が自分の分担の仕

事をこなす。チームワークの感覚がない」（文化の相違：69.1％；情動：「困難を感じる」46.3％）

・**中国人**「18．日本人は、中国人部下に対し礼儀正しく接している」（文化の相違：64.1％；情動：「学ぶべき」41.2％）対　**日本人**「18．中国人は、日本人上司には敬語を使い、目上の者として接する」（文化の相違：52.4％；情動：「困難を感じない」82.9％）

「礼儀」についての日本人の行動は中国人の「業務遂行行動群」（強い認知）に含まれており、情動調査では「学ぶべき」が4割を超えた。これに対し、日本人側では強く認知していたものの、情動調査では「困難を感じない」と回答した者が8割を超えた。中国人と日本人では情動が異なっていた。

Ⅰ-6. 中国人、日本人共に見かけておらず、情動調査でも「体験したことがない」ととらえられていた場合

　一昔前の日本社会でも一般的に行われ、中国社会では今なお一般的な「上司に贈り物をする」という慣習が中国進出日系企業で行われているかを調査したが（中国人用「9．日本人上司は部下からの贈り物を快く受け取らない」対　日本人用「9．中国人は、上司との関係をよくするために、高額な品物を用意して上司に渡すという行動をする」）、日本人と中国人双方から「見かけることは絶対にない」「見かけるのは30％未満」ととらえられていた。また、情動調査でも中国人、日本人共に「体験したことがない」と回答しており、「高価な贈り物」を上司に贈るということは日系企業では見かけない行動のようだ。

Ⅱ．ベトナム進出日系企業で働くベトナム人と日本人の間の異文化間コミュニケーション摩擦

　ベトナム人が強く認知していたのは、日本人の「業務遂行行動」であった（第12章の表12-1参照）。この群には14の行動が含まれていたが、ベトナム人

の回答に対応する日本人側の回答は必ずしも強い認知ではなく、弱いレベルの場合や認知していない場合などがあった（表12-2参照）。ベトナム人が強く認知していたにも関わらず日本人側の認知が弱かった（日本人側の回答がまとまらず分散していた）のは11項目に上った。また、ベトナム人だけでなく日本人も強く認知していたのは2項目（「18. ベトナム人は、日本人上司には敬語を使い、目上の者として接する」と「36. ベトナム人は、日本人と日本語で意思疎通をはかる」）、ベトナム人が強く認知していたにも関わらず日本人が認知していなかったものが1項目（「10. 上司も部下も同じ部屋で仕事をする」）あった。

　日本人が最も強く認知していたのは、「ベトナム人の行動特質群」であった（表12-3参照）。この群には5つの行動が含まれていたが、このうち日本人回答者から最も強い認知傾向が認められたのは「26. ベトナム人部下には仕事内容を明確に指示する必要がある」で、「文化の相違を感じる」と答えた者は81.9％であった。このように日本人は強く認知していたにも関わらず、ベトナム人はあまり認知しておらず（「全く見かけない」と回答した者が47.5％、「見かけるのは30％未満」が26.9％）、「ベトナム進出日系企業では見かけない行動群」に含まれていた（表12-4参照）。

　本節では、このような認知摩擦結果に情動摩擦結果を加えて、ベトナム進出日系企業で働くベトナム人と日本人の間の異文化間コミュニケーション摩擦について分析・考察していく。なお、認知摩擦結果については、「文化の相違を常に感じる」と「時々感じる」を併せた数値を「文化の相違」として示していく。また、情動摩擦調査結果については、「困難を感じる」と回答した者の割合を「困難を感じる」として示していく。また、「自分たちが学ぶべき」を選択した者の割合が選択肢の中で最も多く選ばれた場合は、そのパーセントを示していく。

　なお、認知摩擦調査（文化の相違）は、ベトナム人278名、日本人124名から、また情動摩擦調査は、ベトナム人143名、日本人70名から協力を得た。

第18章　認知摩擦と情動摩擦のまとめ　　373

Ⅱ-1. ベトナム人は強く認知していて好意的なのに対し、日本人の認知レベルは分散していて批判的な場合

　ベトナム人は日本人の行動を強く認知しているが、日本人はこれらの行動に対応するベトナム人の行動をあまり強く認知していない場合である（第12章の表12-1と表12-2参照）。ベトナム人の場合は「業務遂行行動群」に含まれていた日本人の行動を強く認知していたが、この群に含まれていた行動に対応する日本人の回答は、強く認知しているものもあれば、全く認知していないもの、認知レベルが弱いものなどに分散していた。この認知摩擦結果に情動摩擦調査の結果を加えていく。

・ベトナム人「2．日本人はベトナム人に、品質管理や事務管理は細かい側面についても徹底して行うことを求める」（文化の相違：80.9％；情動：「学ぶべき」40.6％）対　日本人「2．ベトナム人は、工場での品質管理やオフィスでの事務管理は徹底して行わない」（文化の相違：40.0％；情動：「困難を感じる」59.4％）

・ベトナム人「4．日本人はベトナム人部下に対し、仕事の報告・連絡・相談を要求する」（文化の相違：76.5％；情動：「学ぶべき」35.0％）対　日本人「4．ベトナム人は、上司から指示されたことについて、途中で何度も上司に報告したり、相談したりしない」（文化の相違：58.4％；情動：「困難を感じる」59.4％）

・ベトナム人「7．日本人はベトナム人部下に対し、たとえ些細な事柄であっても、会社の規則に従うよう求める」（文化の相違：79.7％；情動：「学ぶべき」29.4％）対　日本人「7．ベトナム人は、会社の規則があっても、どのような行動をとるかは自分で判断する」（文化の相違：38.3％；情動：「困難を感じる」53.6％）

・ベトナム人「8．日本人はベトナム人部下に対し、仕事内容についてきちんとわかるまで尋ねるよう求める」（文化の相違：80.8％；情動：「学ぶべき」35.7％）対　日本人「8．ベトナム人は、仕事の詳細についてわからない

点があっても、わかるまで尋ねることはしない」（文化の相違：53.3％；情動：「困難を感じる」56.5％）

・ベトナム人「14. 日本人はチームワークを重視する」（文化の相違：71.1％；情動：「学ぶべき」39.9％）対　日本人「14. ベトナム人は各自が自分の分担の仕事をこなす。チームワークの感覚がない」（文化の相違：66.7％；情動：「困難を感じる」44.9％）

・ベトナム人「19. 日本人はベトナム人に、仕事の始業時間や会議が始まる前には必ず到着することを求める」（文化の相違：72.8％；情動：「学ぶべき」42.7％）対　日本人「19. ベトナム人は仕事の始業時間や会議を遅れて始めることが多い」（文化の相違：67.0％；情動：「困難を感じる」55.1％）

・ベトナム人「20. 会社の日本人はベトナム人部下に、仕事の納期を守るよう求める」（文化の相違：84.3％；情動：「学ぶべき」42.7％）対　日本人「20. ベトナム人は仕事の納期を守らない」（文化の相違：51.2％；情動：「困難を感じる」52.2％）

・ベトナム人「31. 日本人は何が原因で問題が発生したのかを明確にしようとする」（文化の相違：76.0％；情動：「学ぶべき」46.9％）対　日本人「31. 問題が発生した場合、ベトナム人は何が原因で問題が発生したかよりも、誰に責任があるかを明確にしようとする」（文化の相違：60.3％；情動：「困難を感じる」68.1％）

・ベトナム人「32. 日本人上司は、良い結果だけでなく、良くない結果や問題が生じた場合も率直に報告することを求める」（文化の相違：85.3％；情動：「学ぶべき」38.5％）対　日本人「32. ベトナム人は問題が生じた場合は報告せず、良い結果だけを報告する」（文化の相違：50.0％；情動：「困難を感じる」59.4％）

・ベトナム人「33. 日本人は、業務上の問題点があれば徹底的に追求し、必ず有効な解決方法を探し出す」（文化の相違：82.8％；情動：「学ぶべき」38.5％）対　日本人「33. ベトナム人は業務上の問題点を解明しない」（文

化の相違：64.4％；情動：「困難を感じる」68.1％）

・**ベトナム人**「35. 日本人は、ベトナム人が自主的に仕事を探し、積極的に仕事をすることを求める」（文化の相違：72.3％；情動：「10位以内に入っていない」）対　**日本人**「35. ベトナム人は、自主的に仕事を探して自ら積極的に仕事をしない」（文化の相違：62.8％；情動：「10位以内に入っていない」）

Ⅱ-2. ベトナム人は強く認知しているが、日本人は認知していない場合

　ここでは、「全く見かけない」と「見かけるのは30％未満」と回答した者の割合を併せて「見かけない」として示していく。

・**ベトナム人**「10. 上司も部下も同じ部屋で仕事をする」（文化の相違：67.6％；情動：「困難を感じない」22.4％）対　**日本人**「10. ベトナム人は、管理職の個室を要求してくる」（「見かけない」93.4％；情動：「体験したことがない」）

　上司も部下も同じ部屋で仕事することは、日本人にとって当たり前のことであるため、それ以外の働き方についての記憶回路網を獲得していないのが原因だと思われる。日本人にとっては、ベトナム人が何も言ってこなければ日本人と同じように同じ部屋で仕事をすることは問題ないと思っているようだ。もちろん多くのベトナム人は問題なく働いているようだが、認知の観点からとらえると違和感を感じている者がいるかもしれない。

Ⅱ-3. 日本人は強く認知しているが、ベトナム人の認知レベルが弱い場合

　日本人が強く認知していたのは、「ベトナム人の行動特質群」であった（表12-3参照）。この群に含まれていた5つの行動の中でも特に2項目について、日本人は強く認知していたが、ベトナム人の認知レベルは弱かった。

・**日本人**「27. ベトナム人は、現在より良い給与、地位が得られる会社があれば転職する」（文化の相違：88.4％；情動：「困難を感じる」73.9％）対　ベ

トナム人「27. 日本人はベトナム人が転職することを理解しない」（文化の相違：34.1%；情動：「10位以内に入っていない」）

・**日本人**「29. ベトナム人は、妻が出産した時や子どもが入院した時などには早退、欠勤する」（文化の相違：70.2%；情動：「困難を感じない」18.8%）対 **ベトナム人**「29. 日本人は、ベトナム人管理職が妻の出産や子どもの入院の際に早退、欠勤することを理解しない」（「見かけない」55.3%；情動：「体験したことがない」20.3%）

　日本人が強く認知する「転職」「早退・欠勤」をベトナム人は「日本人は理解しない」とはとらえていなかった。このことは何を意味するのだろうか。これは中国進出日系企業における日本人にも見られた行動だが、日本人が現地従業員に合わせて行動を修正していたと思われる。日本に居た時と同じように「転職」「早退・欠勤」をとらえるのではなく、現地に合わせた行動を取るように努力していたと思われる。これは「日本人の修正行動」と言えるだろう（後述）。

　また、日本人が強くベトナム人の行動を認知していた「ベトナム人の行動特質群」のうち、1項目については、ベトナム人はあまり認知していなかった。この行動は、ベトナム人の「ベトナム進出日系企業では見かけない行動群」に含まれていた。しかし、情動摩擦調査の結果から、ベトナム人の中には日本人のこの行動に困難を感じていた者が1/3に上っていたことが判明した。認知よりも情動の方が作用していたという回答結果であった。

・**日本人**「26. ベトナム人部下には仕事内容を明確に指示する必要がある」（文化の相違：81.9%；情動：「困難を感じる」56.5%）対　**ベトナム人**「26. 日本人上司の指示内容は曖昧で分かりにくい」（「文化の相違を感じない」67.3%；情動：「困難を感じる」34.3%）

　回答結果から、日本人は指示内容をできるだけ明確に伝えるよう努力していたために「強い認知」となったと考えられる。これに対し、ベトナム人は、指示を受け取る側であるため認知的には明確にとらえていなかったが、情動

第18章　認知摩擦と情動摩擦のまとめ　　　377

的には「困難を感じる」ととらえていた者が3割を超えていた。

Ⅱ-4.　日本人もベトナム人も強く認知していて、互いの行動を肯定的・好意的にとらえていた場合（認知摩擦が生じていなかった状況）

　本書では、認知摩擦は以下の場合に生じるととらえているが、これらの定義の範疇に入らない行動が2項目あった：(1)一方が相手の行動を強く、あるいはやや強く認知しているが、もう一方の認知レベルが弱い、あるいは認知していない場合、(2)両者共に相手の行動を強く、あるいはやや強く認知しているが、一方が好意的なのに対しもう一方が否定的な場合、(3)両者共に相手の行動を強く、あるいはやや強く認知していて、両者共に相手の行動に否定的な場合。これらの定義から、日本人とベトナム人が共に強く認知しており、互いに肯定的・好意的にとらえていた行動は認知摩擦が生じていなかったと考えられる。

・**日本人**「18.　ベトナム人は、日本人上司には敬語を使い、目上の者として接する」（文化の相違：57.2%；情動：「困難を感じない」29.0%）対　**ベトナム人**「18.　日本人は、ベトナム人部下に対し礼儀正しく接する」（文化の相違：78.2%；情動：「困難を感じない」17.5%）

・**日本人**「36.　ベトナム人は、日本人と日本語で意思疎通をはかる」（文化の相違：45.9%；情動：「10位以内に入っていない」）対　**ベトナム人**「36.　日本人は、ベトナム人と日本語で意思疎通をはかる」（文化の相違：62.6%；情動：「困難を感じない」21.7%）

　日本人は「18」「36」の両項目を「ベトナム人の行動特質」ととらえていたのに対し、ベトナム人は「業務遂行行動」ととらえており、日本人とベトナム人の認知傾向の違いが見られた。ベトナム人にとっては「礼儀」も「日本語」も日系企業で働くために必要な行動であり、懸命に獲得した知識（記憶回路）だったと言えよう。このようなベトナム人の行動は日本人には「ベトナム人の行動特質」と映っていたようだ。

Ⅱ-5. 日本人の修正行動

　日本人が自分たちの行動を修正して行動していたために、ベトナム人側は「見かけなかった」と回答したケースもあった。例えば、「21. 男女従業員の扱い方」について、日本人は「ベトナム人は男性従業員と女性従業員を平等に扱う」ということを強く認知し、「学ぶべき」ととらえていたが、ベトナム人は、「日本人は男女従業員を平等に扱わない」とは思っておらず、「平等に扱わない」という行動は日系企業内では見かけない（認知していない）と回答していた。また情動摩擦調査ではベトナム人の回答は「体験したことがない」であった。「21. 男女従業員の扱い方」の他に、日本人の修正行動があったのではないかと予想される行動群がベトナム人の「ベトナム進出日系企業では見かけない行動群」であった。この行動群は、「21」を含め7項目から構成されていた。このうちの1項目の「34. 日本人はベトナム人とベトナム語で意思疎通をはかる」は日本人も「見かけない」と回答しており、ベトナム進出日系企業では「ベトナム語での意思疎通」はないと言えよう。

　なお、本節では、「全く見かけない」と「見かけるのは30％未満」を選択した者を併せて、「見かけない」として示していく。また、「文化の相違」については、「文化の相違を常に感じる」と「文化の相違を時々感じる」を選択した者を併せて、「文化の相違を感じる」として示していく。また、情動摩擦結果については、特定の選択肢（「困難を感じる」など）を選択した者の割合が最も多い回答者の割合を示していく。

・ベトナム人「16. 日本人はベトナム人に、職務範囲以外の事柄でも仕事を行うことを求める」（「見かけない」69.8％；情動：「10位以内に入っていない」）

　　対　**日本人**「16. ベトナム人は自分の職務範囲外の業務は行わない」（「見かける」40.3％；「文化の相違を感じる」：54.5％；情動：「10位以内に入っていない」）

・ベトナム人「17. 日本人は、ベトナム人が家族と過ごす予定があっても休日出勤することを求める」（「見かけない」74.1％；情動：「体験したことがない」

20.3％）対　**日本人**「17.　ベトナム人は、家族と過ごす予定があれば、休日出勤を頼まれても仕事の方を断る」（「見かける」30.9％；「文化の相違を感じる」：43.8％；情動：「10位以内に入っていない」）

・**ベトナム人**「21.　上司は男性従業員と女性従業員を平等に扱わない」（「見かけない」73.4％；情動：「体験したことがない」29.4％）対　**日本人**「21.　ベトナム人は男性従業員と女性従業員を平等に扱う」（「見かける」48.4％；「文化の相違を感じる」：43.0％；情動：「困難を感じない」11.6％）

・**ベトナム人**「22.　終業後、日本人上司は、ベトナム人部下と夕食を食べたり、酒を飲みに行ったりすることを求める」（「見かけない」71.7％；情動：「困難を感じない」25.2％）対　**日本人**「22.　終業後、ベトナム人は日本人と夕食を食べたり、酒を飲みに行ったりしない」（「見かけない」57.3％；「文化の相違を感じない」49.6％；情動：「困難を感じない」13.0％）

・**ベトナム人**「24.　日本人は反対意見を言うことは極力避ける」（「見かけない」68.6％；情動：「困難を感じる」26.6％）対　**日本人**「24.　ベトナム人は日本人上司へ反対意見をはっきりと言う」（「見かけない」38.7％；「文化の相違を感じない」32.2％；情動：「困難を感じない」13.0％）

・**ベトナム人**「26.　日本人上司の指示内容は曖昧で分かりにくい」（「見かけない」74.4％；情動：「困難を感じる」34.3％）対　**日本人**「26.　ベトナム人部下には仕事内容を明確に指示する必要がある」（「見かける」77.7％；「文化の相違を感じる」：81.9％；情動：「困難を感じる」56.5％）

・**ベトナム人**「34.　日本人はベトナム人とベトナム語で意思疎通をはかる」（「見かけない」73.1％；情動：「体験したことがない」25.2％）対　**日本人**「34.　この会社のベトナム人とはベトナム語で意思疎通をはかる」（「見かけない」58.5％；「文化の相違を感じない」50.0％；情動：「体験したことがない」）

このような修正行動は、海外進出日系企業には必要なことで、そのために日本人側が日本人の行動とベトナム人の行動の双方の記憶回路網を獲得して、

修正行動をしていたと考えられる。また、日本人自身が修正することを「良し」とする情動を持っていないとできないことでもある。つまり、例えば、「男女従業員を平等に扱う」という行動は「悪いことではなく、そのように行動すべきだ」と思っていたと考えられる。

　なお、一昔前の日本社会でも一般的に行われ、ベトナム社会では今なお一般的な「上司に贈り物をする」という慣習がベトナム進出日系企業で行われているかを調査したが（ベトナム人用「9．日本人上司は部下からの贈り物を快く受け取らない」対　日本人用「9．ベトナム人は、上司との関係をよくするために、高額な品物を用意して上司に渡す」）、日本人とベトナム人双方から「全く見かけない」「見かけるのは30％未満」ととらえられていた。「高価な贈り物」を上司に贈るということは日系企業では見かけない行動のようだ。

　相手の行動を「見かける」と回答するためには、脳内に記憶回路が出来上がっていなければならない。また、「文化の相違」を感じるためには、相手の行動についての記憶回路と自己の行動の記憶回路が出来上がっていなければならない。ベトナム人回答者の間でこれらの記憶回路が出来上がっていたと思われるのは「業務遂行行動群」で、日本人回答者の場合は「ベトナム人の行動特質群」であった。これらの群では、ベトナム人と日本人の相手の行動に対する認知の度合が強かった。つまり、ベトナム人がとらえた日本人の業務遂行行動、日本人がとらえたベトナム人の行動特質は見かける度合も文化の相違を感じる度合も強かった。しかし、これらの回答に対応する日本人とベトナム人の認知の度合は強いものもあれば、弱いものもあるといった具合に分散しており、ほとんどの項目で何らかの（弱いレベルから強いレベルの）認知摩擦を生じているものと考えられた。しかし、ここには日本人の自分たちの行動を修正して相手に合わせるという行動が影響していることが明らかになった。今回の調査を通して、「日本人の修正行動」が中国進出日系企業で働く日本人の間でも確認されたことから、これが海外進出日系企業という環境の中で現地従業員と共に仕事をしていく際には重要な行動の一つだと思

われる。現地従業員から「我々をよく理解してくれる」と思われている日本人とは、現地従業員との密なコミュニケーションを通して彼らの行動特質についての記憶回路網をしっかりと形成し、自分（日本人）の行動のどこを「修正」すべきかが分かっている者だと言える。

第5部　イメージ調査結果

第19章　中国進出日系企業における中国人の
　　　　　日本人に対するイメージ

小川直人

Ⅰ. はじめに

　ある異文化集団に対するイメージ（すなわち、ステレオタイプ）はその集団に属する人との実際のコミュニケーションにおいて様々な影響を及ぼすことが指摘されている。例えば、コミュニケーションを不満足なものへと導いてしまうなどである（Hewstone & Giles, 1986）。そこで、海外進出日系企業において効果的に会社を運営していくためには、ローカル文化の従業員がどのようなイメージを日本人に対して持っているのかを知っておくことも重要である。日本人に対するイメージは、日系企業における従業員の役割を反映したものでもある。「役割」に関する記憶回路網は、性別などの生物学的役割と会社員などの社会的役割に基づいた行動や規範に関する情報を含み、それらの情報はある集団に対するステレオタイプ的な情報でもある（西田, 2000）。そこで本章では日系企業で働く際に求められる、「役割」に関する記憶回路網を中国人の視点から明らかにしていく。具体的には、中国に進出した日系企業で働く中国人を対象に行った調査の結果の中から、日本人に対するイメージについての分析を行う。分析の手順は、まず中国人が持っていた日本人のイメージの内容について分類し、次に日系企業で働く前と働いた後ではどのような変化が生じたのかについて分析した。そしてさらに、その変化を日本人とのコミュニケーションの頻度、また日本人上司・同僚への満足度という観点から分析した。なお、イメージについては複数回答（一人の回答者から

日本人のイメージを1つ以上答えてもらうという方法）を可として実施した。

Ⅱ．回答者

　中国進出日系企業34社（上海15社、広州19社）で働く中国人従業員389名（上海184名、広州205名）を対象に、2010年3月から2011年8月の期間に、中国の上海、広州を訪れ、質問紙調査を行った。

　回答者が所属する企業の業種は、53.3％が製造業（電気・電子製品23.7％、輸送機械・機器15.2％、鉄鋼・非鉄金属8.7％、化学工業5.4％、製造業その他0.3％）、46.3％が非製造業（貿易32.4％、運輸7.2％、建設業2.6％、銀行・金融2.6％、非製造業その他1.5％）、残り0.5％については不明であった。また、回答者の平均年齢は34.0歳（$SD = 6.6$）で、389名中、210名（54.0％）が男性、177名（45.5％）が女性、2名（0.5％）が性別不明であった。

Ⅲ．中国人が持っていた日本人についてのイメージ

　日系企業で働く中国人が持っていた日本人に対するイメージを尋ねたところ、様々な回答が寄せられた。回答者にはさらに、自身の持つイメージ感情が「批判的」、「中立」、「好意的」なのかについても答えてもらった。

　なお、日系企業で働く前に持っていたイメージと働いた後に持ったイメージの内容に顕著な相違は見られなかったため、日系企業で働く前に持っていたとされるイメージの内容の方を分析の対象とした。

　イメージの内容を分析した結果、まず、中国人が指摘した日本人のイメージを3つのカテゴリーに分類できることが判明した。それらは、「仕事に対する態度」についてのイメージ、「性格」についてのイメージ、そして無回答や印象なしなどの「その他」のカテゴリーである。

　さらに、「中立」であると答えたイメージの内容について分析したところ、

「批判的」であると思われるものが多く含まれていたため、「中立」と「批判的」を合わせて１つのカテゴリーとして扱った。したがって、イメージの内容をまず２つのカテゴリー（すなわち、「好意的」なイメージと「中立・批判的」なイメージ）に分類した。その結果、389名の中国人回答者から計722の日本人に対するイメージが指摘されていたことが分かった。

Ⅲ-1. 日本人に対して「好意的」なイメージ感情を持っていた中国人の日本人に対するイメージ

　表19-1は、日本人に対して「好意的」なイメージ感情を持っていると答えた回答者による、日本人のイメージの内容を、「仕事に対する態度」、「性格」、「その他」の３つのカテゴリーごとに分類したものである。389名の内、127名（32.7％）が自身の持っていたイメージ感情は「好意的」であると答えた。

　日本人に対して「好意的」なイメージ感情を持っていた127名の中国人回答者から、243の具体的なイメージの指摘があった。その127名の内、75名（59.1％）が「仕事に対する態度」に関するイメージを指摘し、32名（25.2％）

表 19-1　日本人へ「好意的」なイメージ感情を持っていた中国人の日本人に対するイメージ

カテゴリー	具体例（243）	回答者数 127名／389名 （32.7％）
仕事に対する態度	まじめ（52）、厳しい（29）、仕事熱心（14）、慎重（11）、勤勉（7）、チームワーク（6）、規則を守る（5）、責任感（5）、努力（4）、信頼を守る（4）、時間厳守（4）	75名／127名 （59.1％）
性格	礼儀正しい（32）、細心／注意深い／気配り（8）、謙虚（6）	32名／127名 （25.2％）
その他	無回答（9）、良い（4）、有能（3）	20名／127名 （15.8％）

が「性格」に関するイメージを指摘した。また、無回答を含む「その他」に分類された回答者は20名（15.8%）であった。

それぞれの具体例に付随するカッコ内の数字は、そのイメージを指摘した回答者の数を示し、3名以上の回答者によって指摘されたイメージのみ記載した。また先に述べたように、日系企業で働く前に持っていたイメージと働いた後に持ったイメージの内容に顕著な相違は見られなかったため、回答者数の内訳は、日系企業で働く前に持っていたとされるイメージを分析した結果である。

日本人の「仕事に対する態度」について中国人（75名）の持っていたイメージの中で最も多かったものは「まじめ」で、52名（69.3%）からの指摘があった。次いで、「厳しい」（29名、38.7%）、「仕事熱心」（14名、18.7%）、「慎重」（11名、14.7%）、「勤勉」（7名、9.3%）、「チームワーク」（6名、8.0%）、「規則を守る」（5名、6.7%）、と続いた。次に、日本人の「性格」について、中国人（32名）の持っていたイメージの中で最も多かったものは、「礼儀正しい」（32名、100.0%）で、その後「細心／注意深い／気配り」（8名、25.0%）、「謙虚」（6名、18.8%）と続いた。

Ⅲ-2. 日本人に対して「中立・批判的」なイメージ感情を持っていた中国人の日本人に対するイメージ

表19-2は、日本人に対して「中立・批判的なイメージ感情を持っている」と答えた回答者による、日本人のイメージの内容を「仕事に対する態度」、「性格」、「その他」の3つのカテゴリーごとに分類したものである。389名の中国人回答者の内、262名（67.4%）が自身の持っていたイメージ感情は「中立・批判的」であると答え（その内、「批判的」と答えたのは17名［4.4%］）、479の具体的なイメージの指摘があった。最近の傾向として、中国における日系企業のプレゼンスの低下、社会貢献とその宣伝の不十分さ、突発事件や不祥事への対応の遅れなどにより、中国に進出した日系企業に対するイメージ感

第19章　中国進出日系企業における中国人の日本人に対するイメージ　　389

表 19-2　日本人へ「中立・批判的」なイメージ感情を持っていた中国人の日本人に対するイメージ

カテゴリー	具体例（479）	回答者数 262名／389名 （67.4%）
仕事に対する態度	まじめ（60）、厳しい（40）、融通が利かない（33）、慎重（15）、規則を守る（11）、厳粛（10）、保守的（9）、勤勉（9）、努力（7）、細かい（7）、時間厳守（6）、仕事熱心（6）、責任感（6）、チームワーク（5）、時間がかかる（4）、公私の区別（3）	124名／262名 （47.3%）
性格	礼儀正しい（31）、頑固／硬い（10）、中国人蔑視（8）、ケチ（7）、細心／注意深い／気配り（7）、仕事マニア（5）、謙虚（5）、付き合いにくい（5）、スケベ（3）、男尊女卑（3）、論理的（3）	41名／262名 （15.7%）
その他	無回答（43）、印象なし（15）、よくわからない（12）、普通（6）、良い（5）、まあまあ（3）	97名／262名 （37.0%）

情の低下が指摘されているが（朱．2007）、それが本調査においても現れた。

　262名の内124名（47.3%）が「仕事に対する態度」に関するイメージを、41名（15.7%）が「性格」に関するイメージを指摘した。また、無回答を含む「その他」に分類された回答者数は97（37.0%）と多かった。この理由として、質問紙調査は日本人ではなく中国人調査員によって行われたのであるが、やはり日系企業で働く回答者の立場上、批判的なイメージは言いにくかったことが考えられる。

　この表においても前の表と同様に、それぞれの具体例に付随するカッコ内の数字は、そのイメージを指摘した回答者の数を示し、3名以上の回答者によって指摘されたイメージのみを記載した。また先に述べたように、日系企業で働く前に持っていたイメージと働いた後に持ったイメージの内容に顕著な相違はなかったため、回答者数の内訳は、日系企業で働く前に持っていたとされるイメージを分析した。

　日本人の「仕事に対する態度」について中国人（124名）の持っていたイメ

ージの中で最も多かったものは「まじめ」で、60名（48.4％）から指摘があった。次いで、「厳しい」（40名、32.3％）、「融通が利かない」（33名、26.6％）、「慎重」（15名、12.1％）、「規則を守る」（11名、8.9％）、「厳粛」（10名、8.1％）、「保守的」（9名、7.3％）と続いた。次に、日本人の「性格」について中国人（41名）の持っていたイメージの中でもっとも多かったものは「礼儀正しい」（31名、75.6％）で、その後「頑固／硬い」（10名、24.4％）、「中国人蔑視」（8名、19.5％）、「ケチ」（7名、17.1％）と続いた。

　「まじめ」、「厳しい」、「慎重」、「規則を守る」、「勤勉」、「時間厳守」、「仕事熱心」、「責任感」、「チームワーク」などのイメージは、日本人に対して「好意的」なイメージ感情を持っていた中国人の日本人に対するイメージとしても指摘されていた。したがって、これらのイメージは日本人に対するイメージ感情の善し悪しに関わらず、中国人が一般的に持つ日本人に対するイメージであると言える。

Ⅲ-3. 日系企業で働くことにより生じた日本人に対するイメージの変化

　本節では、中国人が日系企業で働く前に持っていた日本人に対するイメージが、実際に働くことによりどのような影響を受けたかについて考察する。表19-3は日系企業で働くことにより生じた、中国人が持っていた日本人に対するイメージの変化を、「否定的変化」「変化なし」「肯定的変化」が起きた場合の3つに分類して、その人数の内訳を示したものである。

　最も多かったのは、日系企業で働く前と後で「変化なし」と答えた回答者で、379名の内275名（72.6％）がこれに当たる。日系企業で働く前には「中立的」または「批判的」なイメージ感情を持っていたのに、実際に働いた後に「肯定的変化」が生じた回答者の数は、379名の内53名（14.0％）。日系企業で働く前には「好意的」または「中立的」なイメージ感情を持っていたのに、実際に働いた後に「否定的変化」が生じた回答者は51名（13.5％）であった。

第19章 中国進出日系企業における中国人の日本人に対するイメージ　　391

　そこで、日系企業で働く前と後において日本人に対するイメージ感情に否定的、または肯定的変化があった回答者104名（27.5%）について、どのような点に変化が生じたのか詳しく調べてみた。表19-4は、日系企業で働くことにより生じた日本人に対するイメージ感情の変化を、「仕事に対する態度」、「性格」、「その他」の観点から分析した結果をまとめたものである。

　ここで注目すべき変化は、「否定的変化」が生じた回答者全体の半数以上（60.8%）は、日本人の「仕事に対する態度」に対するものであったことである。しかし、「肯定的変化」が生じた回答者数と「否定的変化」が生じた回答者数がほぼ同じであるため、全体的に見ると中国人の持つ日本人に対するイメージは、日系企業で働く前と後であまり変化がないということができる。

表 19-3　日系企業で働くことにより生じた中国人の日
本人に対するイメージの変化

（$n = 379$）

	人数
否定的変化	51名 （13.5%）
変化なし	275名 （72.6%）
肯定的変化	53名 （14.0%）

表 19-4　日系企業で働くことにより生じた中国人の日本人に対
するイメージ感情の変化

（$n = 104$）

カテゴリー	否定的変化	肯定的変化
仕事に対する態度	31名 （60.8%）	19名 （35.9%）
性格	12名 （23.5%）	13名 （24.5%）
その他	8名 （15.7%）	21名 （39.6%）
	51名 （100.0%）	53名 （100.0%）

Ⅳ. 中国人の日本人に対するイメージ感情の変化と
コミュニケーション頻度の関連

　異文化・異民族に対して抱いているイメージは、その相手と実際にコミュニケーションをすることで変化する（今田・園田，1995）。そこで、中国人の日本人とのコミュニケーション頻度と、日本人に対するイメージ感情の変化に関連があるかについて調べた。コミュニケーション頻度については、(1)職場でのコミュニケーションと(2)職場以外でのコミュニケーションについて、「全くない」、「あまりない」、「時々」、「多いほうだ」、「いつも」の5段階で尋ねた。

Ⅳ-1. 職場でのコミュニケーション頻度とイメージ感情の変化との関連

　日系企業で働く中国人が日本人と職場においてコミュニケーションをする頻度について、全体（389名）の中で「多いほうだ」と回答した人がもっとも多く（151名、38.8%）、次に「時々」（127名、32.6%）、「あまりない」（58名、14.9%）、「いつも」（48名、12.3%）、「全くない」（5名、1.3%）と続いた。したがって、職場においては多くの中国人は日本人と密にコミュニケーションをしていることが分かった。

　次に、職場における日本人とのコミュニケーションの頻度と、中国人の持つ日本人に対するイメージ感情の変化との関連を調べた。表19-5はその結果をまとめたものである。カイ2乗検定を行った結果、両者の間には関連がないことが明らかになった。これは、職場でのコミュニケーションの頻度は、日本人に対するイメージ感情の変化とは関係がないことを意味する。

Ⅳ-2. 職場以外でのコミュニケーション頻度とイメージ感情の変化との関連

　日系企業で働く中国人が日本人と職場以外においてコミュニケーションを

第19章　中国進出日系企業における中国人の日本人に対するイメージ　　393

表 19-5　中国人の職場でのコミュニケーション頻度とイメージ感情の変化との関連

$(n=379)$

コミュニケーション頻度	否定的変化	変化なし	肯定的変化	
全くない	1名 (20.0％)	3名 (60.0％)	1名 (20.0％)	5名
あまりない	5名 (8.8％)	44名 (77.2％)	8名 (14.0％)	57名
時々	11名 (9.2％)	94名 (78.3％)	15名 (12.5％)	120名
多いほうだ	23名 (15.4％)	105名 (70.5％)	21名 (14.1％)	149名
いつも	11名 (22.9％)	29名 (60.4％)	8名 (16.7％)	48名

$(\chi^2=8.82,\ df=8,\ p=\mathrm{ns})$

する頻度について、全体（389名）の中で「あまりない」（183名、47.0％）と回答した人が最も多く、次に「時々」（94名、24.2％）、「全くない」（65名、16.7％）、「多いほうだ」（33名、8.5％）、「いつも」（14名、3.6％）と続いた。したがって、職場以外においては、多くの中国人は日本人とあまりコミュニケーションをしていないことが明らかになった。

　次に、職場以外における日本人とのコミュニケーションの頻度と、中国人の持つ日本人に対するイメージ感情の変化との関連を調べた。表 19-6はその結果をまとめたものである。カイ2乗検定を行った結果、両者の間には関連がないことが明らかになった。職場以外でのコミュニケーションの頻度も、日本人に対するイメージ感情の変化とは関係がないということである。

394　　　　　　　　　第5部　イメージ調査結果

表 19-6　中国人の職場以外でのコミュニケーション頻度とイメージ感情の変
　　　　化との関連

($n=379$)

コミュニケーション頻度	否定的変化	変化なし	肯定的変化	
全くない	8名 (12.3%)	46名 (70.8%)	11名 (16.9%)	65名
あまりない	22名 (12.4%)	132名 (74.2%)	24名 (13.5%)	178名
時々	11名 (12.2%)	65名 (72.2%)	14名 (15.6%)	90名
多いほうだ	8名 (25.0%)	22名 (68.8%)	2名 (6.2%)	32名
いつも	2名 (14.3%)	10名 (71.4%)	2名 (14.3%)	14名

($\chi^2=5.62$, $df=8$, $p=$ns)

V. 中国人の日本人に対するイメージ感情の変化と満足度との関連

　最後に、中国人の持つ日本人に対するイメージ感情の変化と日本人上司・同僚への満足度との関連について調べた。日本人に対する満足度については、(1)上司に対する満足度と(2)同僚に対する満足度について、「不満」、「やや不満」、「どちらとも言えない」、「やや満足」、「満足」の5段階で尋ねた。

V-1. 上司への満足度とイメージ感情の変化との関連

　日系企業で働く中国人の日本人上司に対する満足度について、389名中「やや満足」(181名、46.5%) と回答した者が最も多く、「どちらとも言えない」(89名、22.9%)、「満足」(86名、22.1%)、「やや不満」(19名、4.9%)、「不満」(14名、3.6%) と続いた。したがって、多くの中国人は日本人上司に対

第19章　中国進出日系企業における中国人の日本人に対するイメージ　　395

表 19-7　上司への満足度とイメージ感情の変化との関連

($n = 379$)

満足度	否定的変化	変化なし	肯定的変化	
不満	3名 (23.1%)	8名 (61.5%)	2名 (15.4%)	13名
やや不満	6名 (35.3%)	10名 (58.8%)	1名 (5.9%)	17名
どちらとも言えない	16名 (18.2%)	63名 (71.6%)	9名 (10.2%)	88名
やや満足	18名 (10.3%)	136名 (77.7%)	21名 (12.0%)	175名
満足	8名 (9.3%)	58名 (67.4%)	20名 (23.3%)	86名

($\chi^2 = 19.90$, $df = 8$, $p < .05$)

して不満に感じていないことが判った。

　次に、日系企業で働く中国人の日本人上司に対する満足度と、中国人の持つ日本人に対するイメージ感情の変化との関連を調べた。表 19-7はその結果をまとめたものである。カイ2乗検定を行った結果、両者の間には関連があることが明らかになった。日本人上司に対する満足度の低さは、日本人に対するイメージ感情の否定的変化につながり、日本人上司に対する満足度の高さは、日本人に対するイメージ感情の肯定的変化につながるということである。

V-2.　同僚への満足度とイメージ感情の変化との関連

　日系企業で働く中国人の日本人同僚に対する満足度について、389名中、「やや満足」（215名、55.3%）と回答した者が最も多く、「満足」（80名、20.6%）、「どちらとも言えない」（74名、19.0%）、「やや不満」（16名、4.1%）、「不満」（4名、1.0%）と続いた。したがって、日本人上司への満足度と同様、多くの中国人は日本人同僚に対して不満に感じていないことが判った。

396　　　　　　　　　　第5部　イメージ調査結果

表 19-8　同僚への満足度とイメージ感情の変化との関連

($n = 379$)

満足度	否定的変化	変化なし	肯定的変化	
不満	1 名 (25.0%)	3 名 (75.0%)	0 名	4 名
やや不満	5 名 (31.3%)	8 名 (50.0%)	3 名 (18.7%)	16 名
どちらとも言えない	12 名 (16.4%)	54 名 (74.0%)	7 名 (9.6%)	73 名
やや満足	24 名 (11.6%)	155 名 (74.9%)	28 名 (13.5%)	207 名
満足	9 名 (11.4%)	55 名 (69.6%)	15 名 (19.0%)	79 名

($\chi^2 = 10.09$, $df = 8$, $p = $ ns)

　次に、日系企業で働く中国人の日本人同僚に対する満足度と、中国人の持つ日本人に対するイメージ感情の変化との関連を調べた。表 19-8 は、その結果をまとめたものである。カイ 2 乗検定を行った結果、両者の間には関連がないことが明らかになった。先の分析において、日本人上司に対する満足度とイメージ感情の変化には関連があったことから、中国人にとっては同僚よりも上司の方がイメージ感情に影響力のある存在であるということができる。

Ⅵ.　おわりに

　この章では、中国に進出した日系企業で働く中国人の持つ日本人に対するイメージについて、いくつかの視点からの分析を試みた。一般的に言えることは、中国人は日本人に対して中立的なイメージ感情を持っていることが多く、また、イメージ感情は日系企業で働いて実際に日本人と交流があった後でも、全体的にみるとあまり変動はないということである。また、日系企業

で働く中国人にとって日本人同僚よりも日本人上司の方が、彼らが持つ日本人イメージへの影響力がより強いことが明らかになった。したがって、中国進出日系企業において日本人に対するイメージ感情を良好に保つには、彼らの日本人上司との関係を重視する必要があると言える。

邦文参考文献

今田高俊・園田茂人編（1995）『アジアからの視線―日系企業で働く1万人からみた「日本」』東京大学出版会。

朱　炎（2007）「中国における日系企業経営の問題点と改善策」『富士通総研（FRI）経済研究所　研究レポート No.289』（pp.1-27）。

西田ひろ子（2000）『人間の行動原理に基づいた異文化間コミュニケーション』創元社。

英文参考文献

Hewstone, M., & Giles, H. (1986). Social groups and social stereotypes in intergroup communication: A review and model of intergroup communication breakdown. In W. B. Gudykunst (Ed.), *Intergroup communication* (pp.10-26). London: Edward Arnold.

第20章　中国進出日系企業における日本人の中国人に対するイメージ

香川奈緒美

Ⅰ. 目的

　本研究は、中国進出日系企業において、日本人と中国人との間にどのような異文化間コミュニケーション摩擦があるのかを明らかにしようとするものである。本章では、日本人が中国人に対して抱いていたイメージを、中国人と働く以前と、共に働くようになった以後とで比較した。脳科学分野の記憶回路網（西田，2000）の観点から検討すると、あらゆる他者との直接的コミュニケーションや、又聞きなどの間接的コミュニケーションの結果、他者に関する情報が、民族や性別などの特定の気質を共有する「集団」に関する情報としてグループ化されて、記憶回路網に蓄積されると考えられる。また、この蓄積された情報が、集団に属すとみなされた他者とのコミュニケーションをとる際に活用される。つまり、日本人の持つ中国人に関するイメージは、日本人が中国人の発言や行動を解釈する上で、大きな影響を与えると考えられるため、日本人と中国人とのコミュニケーション摩擦を考える上で重要である。

Ⅱ. 調査方法

Ⅱ-1. 回答者

　在中国日系企業33社（上海15社、広州18社）で働く日本人駐在員194名（上海

400 第5部 イメージ調査結果

85名、広州109名）を対象に調査を実施した。2010年3月から2011年8月の期間に、中国の上海と広州を訪れ、質問紙調査を行った。

　回答者が所属する企業の業種は、56.7%が製造業（電気・電子製品が全企業の20.6%、鉄鋼・非鉄金属10.3%、輸送機械・機器22.7%、化学工業3.1%、製造業その他12.6%）、残り43.3%が非製造業（貿易30.9%、建設業2.6%、運輸5.7%、非製造業その他4.1%）であった。回答者の職位に関しては、他の監督者または管理者を部下としている職位についている者が44.8%、一般従業員を直接管理している者が39.2%、事務所で一般従業員を監督するレベルの職位に就いている者が11.3%、事務所で経理などの仕事に就いている者が3.1%、事務所以外の場所で一般従業員を監督するレベルの仕事に就いている者が1.0%であった。現在の企業への勤続年数は、1か月から41年7か月とさまざまで（$M=19.29, SD=10.24$）、中国現地勤務年数は、1か月から19年（$M=3.22, SD=2.89$）であった。

　回答者の平均年齢は44.6歳（$SD=8.08$）で、96.9%の回答者が男性、既婚者は87.6%。過半数の回答者（68.9%）の最終学歴は大学卒業、6.2%が大学院卒業、15.5%が中学校卒業、外国留学を経験した者が0.5%であった。

Ⅱ-2. 分析方法

　中国人と共に働く前と、働き始めた後の調査実施時での中国人のイメージを質問紙調査し、自由回答方式で答えてもらった。質問紙から得られた回答内容を分析し、日本人に共通していたイメージをまとめた。ほとんどの回答者は、中国人と働く前と後のイメージそれぞれについて、数種類の異なるイメージを記入していた。よって、まず、回答と照らし合わせながら、異なるイメージのリストを作成した。次に、回答1つひとつが、どのイメージを指しているか区別した。例えば、「勤勉で協調性がある」という回答からは、回答者が、「勤勉である」と「協調性がある」の2つのイメージを持っていると判断した。

Ⅲ. 分析結果

　表20-1は、日本人が中国人と共に働く前に持っていた中国人のイメージを、回答数が多かったものから並べた。共に働く前と働き始めた後の中国人のイメージのうち、前と後の両方のイメージの回答者数が1人以下であったものは、表から削除した。

　他のイメージと比較して圧倒的に多かったのが、「中国人は自己中心的」であり、「個人の利益を最優先する」というイメージであり、共に働く前では3割近く、共に働き始めた後も2割以上の回答者が持っていた。共に働く前に2番目に多かったイメージは、約1割の回答者が回答した「マナーが悪く」、「社会的ルールや会社の規則を守らない」であった。このイメージは、働き始めた後も保たれていた。また、同じく約1割の回答者は、共に働く前には、中国人のイメージは全く持っていないと回答している。共に働く前に4番目に多かったイメージは、「自己主張が強い」で、働き始めた後もこのイメージは保たれていた。次に上がった「向上心が高い」、「仕事熱心」というイメージは、働き始めた後にさらに強くなるという結果が見られた。共に働く前のイメージの6位、7位は、ほぼ同率で、「拝金主義」、「反日感情を持っている」であった。8位以下に上がったのは、3.1%以下の回答者が挙げた少数意見であるが、「優秀な人材」という肯定的なものから、「信用できない」、「仕事が雑である」といった否定的なものまであった。

　また、共に働く前にはなかったが、実際に中国人と共に働き始めた後に初めて持ったイメージとしては、「個人差が大きい」、「トップダウンの仕組みが浸透している」、「責任転嫁する」、「家族・友人を大切にする」、の4つが代表的である。個人差に関しては、真面目・積極的に働く者と全くそうでない者との二極化を言及する回答者が目立った。トップダウンの仕組みに関しては、上からの指示・命令には従うが、自分たちで物事を考え、応用をきか

表 20-1 在中国日系企業で働く日本人が持つ中国人のイメージ：共に働く前と働き始めた後との比較

順位		共に働く前 全回答者数194名 （100%）	働き始めた後 全回答者数194名 （100%）
1	自己中心的	56（28.9%）	42（21.6%）
2	マナーが悪い・ルールを守らない	20（10.3%）	15（7.7%）
2	全くイメージを持っていない	20（20.3%）	3（1.5%）
4	自己主張が強い	18（9.3%）	15（7.7%）
5	向上心が高い・仕事熱心	15（7.7%）	25（12.9%）
6	拝金主義・商売上手	14（7.2%）	6（3.1%）
7	反日的	13（6.7%）	1（0.5%）
8	面子を気にする	6（3.1%）	2（1.0%）
8	優秀な人材	6（3.1%）	6（3.1%）
8	エネルギッシュ	6（3.1%）	2（1.0%）
8	価値観が違う	6（3.1%）	2（1.0%）
12	プライドが高い	5（2.6%）	2（1.0%）
12	共産国色が強い	5（2.6%）	0
12	嘘つき／信用できない	5（2.6%）	4（2.1%）
12	日本人と類似している	5（2.6%）	7（3.6%）
16	狡猾	4（2.1%）	2（1.0%）
17	仕事の質が低い／雑	3（1.5%）	6（3.1%）
17	個人的な付き合いでは好意的／（仲良くなれば）友好的	3（1.5%）	7（3.6%）
17	言い訳が多い	3（1.5%）	4（2.1%）
20	欧米人に近い	2（1.0%）	1（0.5%）
20	忠誠心がない	2（1.0%）	0
20	マイナスのイメージ	2（1.0%）	4（2.1%）
20	現実主義	2（1.0%）	2（1.0%）
	個人差が大きい	0	16（8.2%）

トップダウン／主体性がない	0	13(6.7%)
責任転嫁が多い	0	8(4.1%)
家族や友人を大切にする	0	9(4.6%)
組織的でない	0	4(2.1%)
近視的	0	3(1.5%)
素直	0	2(1.0%)
合理的	0	2(1.0%)

せて行動することは難しいとする意見であった。責任転嫁については、自らのミスや失敗を認めず、自己反省をすることが出来ないという回答であった。

表20-2は、表20-1と同じ内容であるが、参考までに、働き始めた後の中国人のイメージで、順位の高いものから並べた。

Ⅳ．考察

実際に中国人と働くことによって、記憶回路網にある情報が修正され、より具体的なものとなったようだ。共に働く中国人のコミュニケーション行動が、共に働く前に持っていた中国人のイメージと一致すると、その集団に関する記憶回路が強化され、より確実な情報として保持される。今回の研究結果から、このようにして中国人のイメージとして定着したものに、「自己中心的」、「向上心が高い」、「ルールを守らない」、「自己主張が強い」などがある。逆に、共に働く中国人のコミュニケーション行動が、以前に持っていた中国人のイメージと一致しない場合がある。このとき、新たに学んだ中国人の行動を繰り返し経験すると、その集団に関する記憶回路の情報を修正する必要があると判断され、新しい情報に書き換えられ、記憶回路網に蓄積される。このようにして出来上がった中国人のイメージとして、今回の調査でみられたものに、「仕事に熱心に取り組む人とそうでない人が二極化している」、

第5部　イメージ調査結果

表 20-2　在中国日系企業で働く日本人が持つ中国人のイメージ：共に働く前と働き始めた後との比較

順位	共に働く前の順位		共に働く前 全回答者数 194名 （100％）	働き始めた後 全回答者数 194名 （100％）
1	1	自己中心的	56（28.9％）	42（21.6％）
2	5	向上心が高い・仕事熱心	15（7.7％）	25（12.9％）
3		個人差が大きい	0	16（8.2％）
4	2	マナーが悪い・ルールを守らない	20（10.3％）	15（7.7％）
4	4	自己主張が強い	18（9.3％）	15（7.7％）
6		トップダウン／主体性がない	0	13（6.7％）
7		家族や友人を大切にする	0	9（4.6％）
8		責任転嫁が多い	0	8（4.1％）
9	12	日本人と類似している	5（2.6％）	7（3.6％）
9	17	個人的な付き合いでは好意的／（仲良くなれば）友好的	3（1.5％）	7（3.6％）
11	6	拝金主義・商売上手	14（7.2％）	6（3.1％）
11	8	優秀な人材	6（3.1％）	6（3.1％）
11	17	仕事の質が低い／雑	3（1.5％）	6（3.1％）
14	12	嘘つき／信用できない	5（2.6％）	4（2.1％）
14	17	言い訳が多い	3（1.5％）	4（2.1％）
14	20	マイナスのイメージ	2（1.0％）	4（2.1％）
14		組織的でない	0	4（2.1％）
18	2	全くイメージを持っていない	20（20.3％）	3（1.5％）
18		近視的	0	3（1.5％）
20	8	面子を気にする	6（3.1％）	2（1.0％）
20	8	エネルギッシュ	6（3.1％）	2（1.0％）
20	8	価値観が違う	6（3.1％）	2（1.0％）
20	12	プライドが高い	5（2.6％）	2（1.0％）

20	16	狡猾	4(2.1%)	2(1.0%)
20	20	現実主義	2(1.0%)	2(1.0%)
20		素直	0	2(1.0%)
20		合理的	0	2(1.0%)
28	20	欧米人に近い	2(1.0%)	1(0.5%)
28	7	反日的	13(6.7%)	1(0.5%)
30	12	共産国色が強い	5(2.6%)	0
30	20	忠誠心がない	2(1.0%)	0

「有力者の命令には従う」などがあった。

　また、直接的なコミュニケーション行動の結果、他者集団、ここでは中国人、に関する記憶回路網の情報がより詳細化されたことにも注目したい。マイナスのイメージと解釈できるものの、働き始めた後には、困難・文化の違いを感じている部分がより部分的・局所的になっていることが分かる。例えば、共に働く前は、「自己中心的」、「マナーが悪い」、「反日感情がある」などに集約されていた中国人のイメージも、働き始めた後には、「主体性がない」、「責任転嫁する」、「組織的に物事を考えない」、「長期的な視野がない」などマイナスのイメージは残るものの局所的になっていると言える。さらには、働き始めた後のイメージから、個人レベルの人間関係を築く上では日本人と同じであるとか、特に若者に対して優秀な人材・有望性があるなど、他者との直接的なコミュニケーション行動を通じて、人や集団のイメージがプラスの方向へ移行していく傾向も見られた。

第21章　ベトナム進出日系企業におけるベトナム人の日本人に対するイメージ

小川直人

Ⅰ. はじめに

　「役割」に関する記憶回路は、性別などの生物学的役割と会社員などの社会的役割に基づいた行動や規範に関する情報を含み、それらの情報はある集団に対するステレオタイプ的な情報でもある（西田, 2000）。そのため会社で働く日本人という集団に対するイメージは、「役割」に関する記憶回路が反映されたものだと言うことができる。この章では、日系企業で働く際に必要となる「役割」に関する記憶回路を、ベトナム人の視点から明らかにするため、ベトナム人を対象に行った調査の結果についての分析を行った。分析の手順は、まずベトナム人が持っていた日本人のイメージの内容について分類し、次に日系企業で働く前と働き始めた後ではどのような変化が生じたのかについて分析した。そしてさらに、その変化を日本人とのコミュニケーションの頻度、また上司・同僚への満足度という観点から分析した。

Ⅱ. 回答者

　在ベトナム日系企業19社（ハノイ9社、ホーチミン10社）で働くベトナム人従業員266名（ハノイ129名、ホーチミン137名）を対象に、2010年3月から2011年8月の期間に、ベトナムのハノイ市、ホーチミン市を訪れ、質問紙調査を行った。

408 　　　　　　　　　第 5 部　イメージ調査結果

　回答者が所属する企業の業種は、79%が製造業（電気・電子製品54.5%、石油・ガス8.6%、鉄鋼・非鉄金属3.8%、化学工業2.6%、製造業その他6.8%）、残り21%が非製造業（運輸7.5%、銀行・金融1.9%、非製造業その他14.3%）であった。また、回答者の平均年齢は33.3歳（$SD = 7.4$）で、266名中147名（55.3%）が男性、117名（44.0%）が女性、2名（0.8%）が性別不明であった。

Ⅲ．ベトナム人が持っていた日本人についてのイメージ

　日系企業で働く前と後でベトナム人が持っていた日本人に対するイメージについて尋ねたところ、様々な回答が寄せられた。回答者にはさらに、自身の持つイメージ感情が「批判的」、「中立」、「好意的」なのかについても答えてもらった。その際、3つの選択肢のどれも選ばなかった回答者が数名いたが、その場合は記述されたイメージの内容から「批判的」、「中立」、または「好意的」なのかを判断した。また、日系企業で働く前に持っていたイメージと働いた後に持ったイメージの内容に顕著な相違は見られなかったため、日系企業で働く前に持っていたとされるイメージの内容の方を分析した。

　回答者の属性（性別など）による回答への影響の有無を明らかにするため、地域（ハノイとホーチミン）、業種、年齢、性別、に基づき、3つのイメージ評価（「批判的」、「中立」、「好意的」）との順位相関分析を行った。その結果、地域においてのみ相関関係があることがわかった（$r = -.164, p < .01$）。詳しく見ると、ハノイにおいては「批判的」が2名、「中立」が58名、「好意的」が69名であり、ホーチミンにおいては「批判的」が1名、「中立」が41名、「好意的」が95名であった。したがって、ホーチミンの日系企業に勤めているベトナム人の方がハノイの日系企業に勤めているベトナム人よりも、日本人に対してやや好意的なイメージを持っていると言うことができる。しかし、ここではこの傾向を考慮しつつも、ベトナムにある日系企業で働くベトナム人という1つの文化集団として分析を行うことにした。

第21章　ベトナム進出日系企業におけるベトナム人の日本人に対するイメージ　　409

　イメージの内容を分析した結果、まず、ベトナム人が指摘した日本人のイメージをいくつかのカテゴリーに分類できることが判明した。それらは、「仕事に対する態度」、「性格」、「能力」、そして印象なしや無回答などの「その他」のカテゴリーの4つである。

　さらに、「中立」であると答えたイメージの内容について分析したところ、「批判的」であると思われるものが多く含まれていたため、「中立」と「批判的」を合わせて1つのカテゴリーとして扱うことにした。なお、「批判的」と答えた回答者は3名だけであった。したがって、イメージの内容をまず2つのカテゴリー（すなわち、「好意的」なイメージと「中立・批判的」なイメージ）に分類した。266名のベトナム人回答者から計537の日本人に対するイメージが指摘された。

Ⅲ-1.　日本人に対して「好意的」なイメージ感情を持っていたベトナム人の日本人に対するイメージ

　表21-1は、日本人に対して「好意的」なイメージ感情を持っていると答えた回答者による日本人のイメージの内容を、「仕事に対する態度」、「性格」、「能力」、「その他」の4つのカテゴリーごとに分類したものである。266名の内、164名（61.7%）が自身の持っていたイメージ感情は「好意的」であると答えていた。一般的に、日本的な経営方式に対するベトナム人の評価はアジアの中でも高い（原口，2004）。したがって、そのベトナム人の日本的経営方式に対する高評価が、日本人に対する「好意的」なイメージへと繋がっていると考えられる。

　日本人に対して「好意的」なイメージ感情を持っていた164名のベトナム人回答者から、364の具体的なイメージの指摘があった。その164名の内、119名（72.6%）が「仕事に対する態度」、17名（10.4%）が「性格」、10名（6.1%）が「能力」に関するイメージを指摘していた。また、無回答を含む「その他」に分類された回答者は18名（11.0%）であった。

第5部　イメージ調査結果

表 21-1　日本人へ「好意的」なイメージ感情を持っていたベトナム人の日本人に対する
　　　　イメージ

カテゴリー	具体例（364）	回答者数 164名／266名 （61.7％）
仕事に対する態度	まじめ（58）、規則を守る（34）、勤勉（21）、しっかりと働く／仕事熱心（21）、慎重／注意深い（18）、マナーが良い／礼儀正しい（18）、細かい（14）、集団主義／協調性（11）、時間厳守（11）、信頼を守る（7）、丁寧（7）、責任感、（7）、改善精神（6）、厳しい（6）、科学的（6）、部下を助ける（5）、効率的（5）、公私の区別（4）、忠実（3）	119名／164名 （72.6％）
性格	親しみやすい（12）、向上心（4）、正直（4）、忍耐（4）、節約（4）、気配り（4）、繊細（3）、愛想が良い（3）	17名／164名 （10.4％）
能力	頭がいい（13）、仕事がはやい（5）、創造力がある／独創的（5）、技術が高い（4）、優秀（3）	10名／164名 （6.1％）
その他	無回答（10）、印象なし（4）	18名／164名 （11.0％）

　表 21-1 でそれぞれの具体例に付随するカッコ内の数字は、そのイメージを指摘した回答者の数を示し、3名以上の回答者によって指摘されたイメージのみ記載した。日本人の「仕事に対する態度」についてベトナム人の持っていたイメージの中で最も多かったものは「まじめ」で、58名（35.4％）からの指摘があった。次いで、「規則を守る」（34名、20.7％）、「勤勉」（21名、12.8％）、「しっかりと働く／仕事熱心」（21名、12.8％）、「慎重／注意深い」（18名、11.0％）、「マナーが良い／礼儀正しい」（18名、11.0％）、「細かい」（14名、8.5％）と続いた。次に、日本人の「性格」についてベトナム人の持っていたイメージの中で最も多かったものは「親しみやすい」（12名、7.3％）で、日本人の「能力」については「頭がいい」（13名、7.9％）が最も多かった。

Ⅲ-2. 日本人に対して「中立・批判的」なイメージ感情を持っていたベトナム人の日本人に対するイメージ

　表21-2 は、日本人に対して「中立・批判的」なイメージ感情を持っていると答えた回答者による日本人のイメージの内容を、「仕事に対する態度」、「性格」、「能力」、「その他」の4つのカテゴリーごとに分類したものである。266名のベトナム人回答者の内、106名（39.9％）が自身の持っていたイメージ感情は「中立・批判的」であると答え、彼らから173の具体的なイメージの指摘があった。その106名の内、51名（48.1％）が「仕事に対する態度」、16名（15.1％）が「性格」、9名（8.5％）が「能力」に関するイメージを指摘した。また、無回答を含む「その他」に分類された回答者数は30名（28.3％）であった。

　表21-2 においても前の表と同様に、それぞれの具体例に付随するカッコ内の数字は、そのイメージを指摘した回答者数を示し、3名以上の回答者によって指摘されたイメージのみを記載した。また、日系企業で働く前に持っていたイメージと働き始めた後に持ったイメージの内容に顕著な相違はなか

表21-2　日本人へ「中立・批判的」なイメージ感情を持っていたベトナム人の日本人に対するイメージ

カテゴリー	具体例（173）	回答者数 106名／266名 （39.9％）
仕事に対する態度	厳しい（18）、規則を守る（10）、まじめ（9）、時間厳守（8）、やかましい（7）、細かい（7）、勤勉（5）、慎重／注意深い（5）、自分の考えを言わない（3）、厳しい上下関係（3）、独断的（3）、丁寧（3）	51名／106名 （48.1％）
性格	冷たい（9）、フレンドリーでない／堅苦しい（6）、節約／ケチ（3）	16名／106名 （15.1％）
能力	普通（5）	9名／106名 （8.5％）
その他	無回答（14）、印象なし（14）	30名／106名 （28.3％）

ったため、回答者数の内訳は、日系企業で働く前に持っていたとされるイメージを分析した結果について記載した。

日本人の「仕事に対する態度」についてベトナム人の持っていたイメージの中で最も多かったものは「厳しい」で、18名（17.0%）から指摘があった。次いで、「規則を守る」（10名、9.4%）、「まじめ」（9名、8.5%）、「時間厳守」（8名、7.5%）、「やかましい」（7名、6.6%）、「細かい」（7名、6.6%）と続いた。次に、日本人の「性格」についてベトナム人の持っていたイメージの中で最も多かったものは「冷たい」（9名、8.5%）で、日本人の「能力」については「普通」（5名、4.7%）が最も多かった。

「規則を守る」、「まじめ」、「時間厳守」などのイメージは、日本人に対して「好意的」なイメージ感情を持っていたベトナム人の日本人に対するイメージとしても指摘されていた。これはベトナム人にとってそれらの仕事に対する日本人の態度は良いイメージである一方、彼らにとってみれば困難に感じる事柄でもあるということの影響だと考えられる。

Ⅲ-3.　日系企業で働くことにより生じた日本人に対するイメージの変化

本節では、ベトナム人が日系企業で働く前に持っていた日本人に対するイメージが、実際に働くことによりどのような影響を受けたかについて考察する。表21-3は日系企業で働くことにより生じた、ベトナム人が持っていた日本人に対するイメージの変化を、「否定的変化」、「変化なし」、「肯定的変化」が起きた場合の3つに分類して、その人数の内訳を示したものである。

最も多かったのは、日系企業で働く前と後で「変化なし」と答えた回答者で、254名の内201名（79.1%）がこれに当たる。日系企業で働く前には「中立・批判的」なイメージ感情を持っていたのに、実際に働いた後に「肯定的変化」が生じた回答者の数は、254名の内29名（11.4%）であり、日系企業で働く前には「好意的」なイメージ感情を持っていたのに、実際に働いた後に「否定的変化」が生じた回答者は24名（9.5%）であった。

第21章　ベトナム進出日系企業におけるベトナム人の日本人に対するイメージ　　413

表21-3　日系企業で働くことにより生じたベトナム人
の日本人に対するイメージの変化

($n = 254$)

	人数（％）
否定的変化	24名（9.5％）
変化なし	201名（79.1％）
肯定的変化	29名（11.4％）

表21-4　日系企業で働くことにより生じたベトナム人が持って
いた日本人に対するイメージ感情の変化

($n = 53$)

カテゴリー	否定的変化	肯定的変化
仕事に対する態度	21名（87.5％）	10名（34.5％）
性格	2名（8.3％）	10名（34.5％）
能力	1名（4.2％）	0名
その他	0名	9名（31.0％）
	24名（100.0％）	29名（100.0％）

　そこで、日系企業で働く前と後において日本人に対するイメージ感情に否
定的、または肯定的変化があった回答者53名（20.9％）について、どのよう
な点に変化が生じたのか詳しく調べてみた。表21-4は、日系企業で働く事
により生じた日本人に対するイメージ感情の変化を、「仕事に対する態度」、
「性格」、「能力」の観点から分析した結果をまとめたものである。ここで注
目すべき変化は、「否定的変化」が生じた回答者全体（24名）の多く（21名、
87.5％）は、日本人の「仕事に対する態度」に対するものであったことであ
る。これは同時に、日本人の「性格」と「能力」について「否定的変化」が
生じた回答者はわずかであったということでもある。

　全体的に見ると、ベトナム人の持つ日本人に対するイメージは、日系企業
で働く前と後であまり変化が見られないと言うことができる。これは、ベト

414　　　　　　　　　第5部　イメージ調査結果

ナム人は日本企業で働く前であっても、比較的正確なイメージを日本人に対
して持っていることがその理由として考えられる。

Ⅳ. ベトナム人の日本人に対するイメージ感情の変化とコミュニ
　　ケーション頻度の関連

　実際にコミュニケーションをすることは、その相手の属す文化・民族に対
して抱いているイメージに変化をもたらす（今田・園田，1995）。そこで、ベ
トナム人の日本人とのコミュニケーション頻度と、日本人に対するイメージ
感情の変化に関連があるかについて調べた。コミュニケーション頻度につい
ては、(1)職場でのコミュニケーション、(2)職場以外でのコミュニケーション
について、「全くない」、「あまりない」、「時々」、「多いほうだ」、「いつも」
の5段階で尋ねた。

Ⅳ-1. 職場でのコミュニケーション頻度とイメージ感情の変化との関連

　日系企業で働くベトナム人が日本人と職場においてコミュニケーションを
する頻度について、全体（263名）の中で「いつも」と回答した者が最も多く
（115名、43.2%）、次に「時々」（67名、25.2%）、「多いほうだ」（56名、21.1%）、
「あまりない」（22名、8.3%）、「全くない」（3名、1.1%）と続いた。したがっ
て、職場においては多くのベトナム人は日本人と頻繁にコミュニケーション
をしていることが判った。

　次に、職場における日本人とのコミュニケーションの頻度と、ベトナム人
の持つ日本人に対するイメージ感情の変化との関連を調べた。表21-5 は、
その結果をまとめたものである。カイ2乗検定を行った結果、両者の間には
関連がないことが明らかになった。職場でのコミュニケーションの頻度に関
わらず、日本人に対するイメージ感情は変化しない人が大多数であった。

第21章　ベトナム進出日系企業におけるベトナム人の日本人に対するイメージ　415

Ⅳ-2.　職場以外でのコミュニケーション頻度とイメージ感情の変化との関連

　日系企業で働くベトナム人が日本人と職場以外においてコミュニケーションをする頻度について、全体（263名）の中で「時々」（101名、38.0%）と回答した者が最も多く、次に「あまりない」（76名、28.6%）、「全くない」（57名、21.4%）、「多いほうだ」、（19名、7.1%）「いつも」（10名、3.8%）と続いた。したがって、職場以外においては多くのベトナム人は日本人とあまり頻繁にコミュニケーションをしていないことが判かった。

　次に、職場以外における日本人とのコミュニケーションの頻度と、ベトナム人の持つ日本人に対するイメージ感情の変化との関連を調べた。表21-6は、その結果をまとめたものである。カイ2乗検定を行った結果、両者の間には関連がないことが明らかになった。職場以外でのコミュニケーションの頻度に関わらず、日本人に対するイメージ感情は変化しない人が大多数であった。

表21-5　ベトナム人の職場でのコミュニケーション頻度とイメージ感情の変化との関連

($n=251$)

コミュニケーション頻度	否定的変化	変化なし	肯定的変化	
全くない	0名	3名 (100.0%)	0名	3名
あまりない	0名	20名 (95.2%)	1名 (4.8%)	21名
時々	7名 (10.9%)	48名 (75.0%)	9名 (14.1%)	64名
多いほうだ	6名 (8.3%)	40名 (78.3%)	8名 (13.4%)	54名
いつも	10名 (11.1%)	88名 (80.7%)	11名 (10.1%)	109名

($\chi^2=6.07$,　$df=8$,　$p=$ns)

416 第5部 イメージ調査結果

表21-6 ベトナム人の職場以外でのコミュニケーション頻度とイメージ感情の変化との関連

(n=251)

コミュニケーション頻度	否定的変化	変化なし	肯定的変化	
全くない	3名 (5.7%)	42名 (80.8%)	7名 (13.5%)	52名
あまりない	4名 (5.4%)	57名 (77.0%)	13名 (17.6%)	74名
時々	15名 (15.5%)	76名 (78.4%)	6名 (6.2%)	97名
多いほうだ	1名 (5.6%)	15名 (83.3%)	2名 (11.1%)	18名
いつも	0名	9名 (90.0%)	1名 (10.0%)	10名

(χ^2=12.35, df=8, p=ns)

V. ベトナム人の日本人に対するイメージ感情の変化と満足度との関連

　最後に、ベトナム人の持つ日本人に対するイメージ感情の変化と日本人上司・同僚への満足度との関連について調べた。日本人に対する満足度については、(1)上司に対する満足度、(2)同僚に対する満足度について、「不満」、「やや不満」、「どちらとも言えない」、「やや満足」、「満足」の5段階で尋ねた。

V-1. 上司への満足度とイメージ感情の変化との関連

　日系企業で働くベトナム人の日本人上司に対する満足度について、266名中、「やや満足」（135名、50.8%）と回答した者が最も多く、「どちらとも言えない」（92名、34.6%）、「満足」（29名、10.9%）、「やや不満」（8名、3.0%）、

第21章　ベトナム進出日系企業におけるベトナム人の日本人に対するイメージ　417

表21-7　上司への満足度とイメージ感情の変化との関連

($n = 254$)

満足度	否定的変化	変化なし	肯定的変化	
不満	0名	2名 (100.0%)	0名	2名
やや不満	1名 (14.3%)	4名 (57.1%)	2名 (28.6%)	7名
どちらとも言えない	12名 (13.6%)	65名 (73.9%)	11名 (12.5%)	88名
やや満足	10名 (7.8%)	105名 (82.0%)	13名 (10.2%)	128名
満足	1名 (3.5%)	25名 (86.2%)	3名 (10.3%)	29名

($\chi^2 = 6.96$, $df = 8$, $p = $ ns)

「不満」（2名、0.8%）と続いた。したがって、大多数のベトナム人は日本人上司に対して不満に感じていないことが判った。

　次に、日系企業で働くベトナム人の日本人上司に対する満足度と、ベトナム人の持つ日本人に対するイメージ感情の変化との関連を調べた。表21-7は、その結果をまとめたものである。カイ2乗検定を行った結果、両者の間には関連がないことが明らかになった。日本人上司に対する満足度に関わらず、日本人に対するイメージ感情は変化しない人が大多数であった。

V-2.　同僚への満足度とイメージ感情の変化との関連

　日系企業で働くベトナム人の日本人同僚に対する満足度について、265名中、「やや満足」（141名、53.0%）と回答した者が最も多く、「どちらとも言えない」（90名、33.8%）、「満足」（21名、7.9%）、「やや不満」（12名、4.5%）、「不満」（1名、0.4%）と続いた。したがって、日本人上司への満足度と同様、大多数のベトナム人は日本人同僚に対して不満に感じていないことが判った。

　次に、日系企業で働くベトナム人の日本人同僚に対する満足度と、ベトナ

第5部　イメージ調査結果

表21-8　同僚への満足度とイメージ感情の変化との関連

($n = 253$)

満足度	否定的変化	変化なし	肯定的	
不満	0名	1名 (100.0%)	0名	1名
やや不満	4名 (36.4%)	4名 (36.4%)	3名 (27.3%)	11名
どちらとも言えない	7名 (8.1%)	68名 (79.1%)	11名 (12.8%)	86名
やや満足	13名 (9.7%)	109名 (81.3%)	12名 (9.0%)	134名
満足	0名	18名 (85.7%)	3名 (14.3%)	21名

($\chi^2 = 16.96$, $df = 8$, $p < .05$)

ム人の持つ日本人に対するイメージ感情の変化との関連を調べた。表21-8は、その結果をまとめたものである。カイ2乗検定を行った結果、両者の間には関連があることが明らかになった。日本人同僚に対して「満足」と答えた回答者において、日本人に対するイメージ感情に「否定的変化」が生じた者は一人もいなかった。先の分析において、日本人上司に対する満足度とイメージ感情の変化には関連がなかったことから、ベトナム人にとっては上司よりも同僚の方がイメージ感情に影響力のある存在であるということが判明した。

Ⅵ．おわりに

　この章では、ベトナム進出日系企業で働くベトナム人の日本人に対するイメージについて、いくつかの視点からの分析を試みた。全体から言えることは、ベトナム人は日本人に対して好意的なイメージを持っていることであり、それらのイメージにおける具体的内容は比較的正確であるため、日系企業で

働くことにより実際に日本人と交流があった後でも、肯定的変化や否定的変化はあまり見られないということである。また、日系企業で働くベトナム人にとって日本人上司よりも日本人同僚の方が、彼らが持つ日本人イメージへの影響力がより強い事も明らかになった。したがって、ベトナム進出日系企業において日本人に対するイメージを良好に保つには、彼らと対等な立場にある日本人との関係を重視する必要があると言える。

邦文参考文献

今田高俊・園田茂人編（1995）『アジアからの視線－日系企業で働く1万人からみた
　　「日本」』東京大学出版会。
西田ひろ子（2000）『人間の行動原理に基づいた異文化間コミュニケーション』創元社。
原口俊道（2004）「日本の海外直接投資と在中・越・印日系企業の比較研究」『鹿児島
　　経済論集　第45巻　第1号』（pp. 27-46）。

第22章 ベトナム進出日系企業における日本人のベトナム人に対するイメージ

香川奈緒美

I. 目的

　本研究は、ベトナム進出日系企業において、日本人とベトナム人との間にどのような異文化間コミュニケーション摩擦があるのかを明らかにしようとするものである。本章では、日本人がベトナム人に対して抱いていたイメージを、ベトナム人と働く以前と、共に働くようになった以後とで比較した。脳科学分野の記憶回路（西田，2000）の観点から検討すると、あらゆる他者との直接的コミュニケーションや、又聞きなどの間接的コミュニケーションの結果、他者に関する情報が、民族や性別などの特定の気質を共有する「集団」に関する情報としてグループ化されて、記憶回路に蓄積されると考えられる。また、この蓄積された情報が、集団に属すとみなされた他者とのコミュニケーションをとる際に活用される。つまり、日本人の持つベトナム人に関するイメージは、日本人がベトナム人の発言や行動を解釈する上で、大きな影響を与えると考えられるため、日本人とベトナム人とのコミュニケーション摩擦を考える上で重要である。

II. 調査方法

II-1. 回答者

　在ベトナム日系企業19社（ハノイ9社、ホーチミン10社）で働く日本人駐在

員127名（ハノイ64名、ホーチミン63名）を対象に調査を実施した。2010年3月から2011年8月の期間に、ベトナムのハノイ市とホーチミン市を訪れ、質問紙調査を行った。

回答者が所属する企業の業種は、93.7%が製造業（電気・電子製品が全企業の64.6%、鉄鋼・非鉄金属4.7%、石油・ガス8.7%、化学工業3.1%、製造業その他12.6%）、残り6.3%が非製造業であった。回答者の職位に関しては、他の監督者または管理者を部下としている職位についている者が59.1%、一般従業員を直接管理している者が26.8%、事務所で一般従業員を監督するレベルの職位に就いている者が5.5%、事務所で経理などの仕事に就いている者、事務所以外の場所で一般従業員を監督するレベルの仕事に就いている者が、それぞれ3.9%ずつであった。現在の企業への勤続年数は、1か月から41年とさまざまで（$M=17.76, SD=10.06$）、ベトナム現地勤務年数は、1か月から11年（$M=2.76, SD=2.20$）であった。

回答者の平均年齢は44.0歳（$SD=8.6$）で、96.9%の回答者が男性、既婚者は85.8%。過半数の回答者（60.6%）の最終学歴は大学卒業、11.8%が大学院卒業、14.2%が高等学校卒業、7.9%が専門学校卒業、外国留学を経験した人が0.8%であった。

II-2. 分析方法

ベトナム人と共に働く前と、働き始めた後の調査実施時でのベトナム人のイメージを質問紙調査し、自由回答方式で答えてもらった。質問紙から得られた回答内容を分析し、日本人に共通していたイメージをまとめた。ほとんどの回答者は、ベトナム人と働く前と後のイメージそれぞれについて、数種類の異なるイメージを記入していた。よって、まず、回答と照らし合わせながら、異なるイメージのリストを作成した。次に、回答1つひとつが、どのイメージを指しているか区別した。例えば、「勤勉で協調性がある」という回答からは、回答者が、「勤勉である」と「協調性がある」の2つのイメー

ジを持っていると判断した。

Ⅲ．分析結果

　表22-1は、日本人がベトナム人と共に働く前に持っていたベトナム人の
イメージを、回答数が多かったものから並べた。共に働く前と働き始めた後
のベトナム人のイメージのうち、前と後の両方のイメージの回答者数が１人
以下であったものは、表から削除した。

　他のイメージと比較して圧倒的に多かったのが、「ベトナム人は真面目」、
もしくは「勤勉である」というイメージで、約半数の回答者が挙げていた。
２番目に多かったのは「手先が器用である」というイメージであった。ほと
んど同率で続いたのは、「忍耐強い」、そして「戦争に関するイメージ」であ
った。具体的には、長い戦争時代を生き抜いた結果としての国民の貧困や、
生活に自由がない、というイメージがあったようだ。その後５位に上がった
のが、「向上心が無い」また「不真面目」というイメージ、７位が「協調性
がある」こと、「熱心でやる気がある」こと、９位が「明るい」、「おとなし
い」、「時間にルーズ」というイメージであった。また、回答者の１割強の人
が、全くイメージがないと回答したことも注目すべきである。

　表22-2は、表22-1と同じ内容であるが、働き始めた後のベトナム人のイ
メージを順位の高いものから並べた。共に働く前と同じで、「真面目で勤勉
である」というイメージが１位に上がったが、回答者の割合は、働く前が半
数近くであったのに対し、働き始めた後は３割弱に止まった。その代わりに
飛躍的に順位を上げたのは、２位となった「自己中心的」、３位となった
「親しみやすい」というイメージであった。特に、「自己中心的」というイ
メージを持つ人の数は、働き始めた後には、前の約７倍に増加した。「自分が
第一である」、「常に自分を優先させる」などという意見が目立った。興味深
い結果は、第３位となった「不真面目」である。３位までの間に、「真面目」

424　　　第5部　イメージ調査結果

表22-1　在ベトナム日系企業で働く日本人が持つベトナム人のイメージ：共に働く前と働き始めた後との比較

順位		共に働く前 全回答者数127名（100%）	働き始めた後 全回答者数127名（100%）
1	真面目・勤勉	60(47.2%)	38(29.9%)
2	器用	13(10.2%)	3(2.4%)
3	忍耐強い	12(9.4%)	2(1.6%)
4	戦争・貧困・自由なし	11(8.7%)	0
5	向上心なし	7(5.5%)	1(0.8%)
5	不真面目	7(5.5%)	13(10.2%)
7	協調性あり	5(3.9%)	3(2.4%)
7	熱心・やる気がある	5(3.9%)	10(7.9%)
9	明るい・楽天的	4(3.1%)	12(94.4%)
9	おとなしい	4(3.1%)	0
9	時間にルーズ	4(3.1%)	4(3.2%)
12	親しみやすい	3(2.4%)	13(10.2%)
12	素直	3(2.4%)	3(2.4%)
12	素朴	3(2.4%)	2(1.6%)
12	有能	3(2.4%)	1(0.8%)
12	自己中心的	3(2.4%)	20(15.7%)
12	反応が遅い・のんびり	3(2.4%)	2(1.6%)
18	責任感なし	2(1.6%)	6(4.7%)
18	親日	2(1.6%)	4(3.2%)
18	礼儀正しい	2(1.6%)	0
	プライド高い	0	6(4.7%)
	イメージがない	15(11.8%)	0
	その他	19(15.0%)	21(16.5%)
	家族思い	0	12(9.4%)
	自主性がない	0	11(8.7%)

	言い訳をする	0	8(6.3%)
	マナーが悪い	0	7(5.5%)
	短終的	0	4(3.2%)
	信用できない	0	4(3.2%)
	ルールを守れない	0	4(3.2%)
	仲間意識が強い	0	3(2.4%)
	サービス精神がない	0	3(2.4%)
	悪賢い	0	2(1.6%)

と「不真面目」の両方のイメージが入っているが、これは、女性が真面目である一方、男性が不真面目であるという意見が多かったためだ。5位は「明るい」と「家族思い」であった。特に、「家族思い」というイメージは共に働く前にはなかったイメージで、「親を大切にする」、「家族優先」などのイメージがあった。7位は「自主性がない」というイメージで、「言われたことはするが言われないとしない」、「応用ができない」などの意見があった。8位に入った「やる気がある」というイメージは、働き始めた後の方が多く持っていた。9位の「言い訳をする」、10位の「マナーが悪い」は働き始めた後に新たに持ったイメージであった。11位は責任感がない、同位でプライドが高いというイメージであった。このプライドが高いというイメージは、「自尊心が高く反省がない」や「自分の非は認めたがらずプライドだけは高い」など、マイナスの意味で表現されていた。

Ⅳ. 考察

　ベトナム人と実際に働くことによって、共に働く前は比較的漠然としていたイメージが、働き始めた後はより具体的なものになったようだ。まず注目すべき結果は、勤勉であるというイメージが、共に働く前も、働き始めた後

第5部　イメージ調査結果

表22-2　在ベトナム日系企業で働く日本人が持つベトナム人のイメージ：共に働く前と働き始めた後との比較（就労開始後のイメージ順）

順位	共に働く前の順位		共に働く前 全回答者数127名 （100%）	働き始めた後 全回答者数127名 （100%）
1	1	真面目・勤勉	60（47.2%）	38（29.9%）
2	12	自己中心的	3（2.4%）	20（15.7%）
3	5	不真面目	7（5.5%）	13（10.2%）
3	12	親しみやすい	3（2.4%）	13（10.2%）
5	9	明るい・楽天的	4（3.1%）	12（9.4%）
5		家族思い	0	12（9.4%）
7		自主性がない	0	11（8.7%）
8	7	熱心・やる気がある	5（3.9%）	10（7.9%）
9		言い訳をする	0	8（6.3%）
10		マナーが悪い	0	7（5.5%）
11	18	責任感なし	2（1.6%）	6（4.7%）
11		プライド高い	0	6（4.7%）
13	9	時間にルーズ	4（3.1%）	4（3.2%）
13	18	親日	2（1.6%）	4（3.2%）
13		短期的思考	0	4（3.2%）
13		信用できない	0	4（3.2%）
13		ルールを守れない	0	4（3.2%）
18	2	器用	13（10.2%）	3（2.4%）
18	7	協調性あり	5（3.9%）	3（2.4%）
18	12	素直	3（2.4%）	3（2.4%）
18		仲間意識が強い	0	3（2.4%）
18		サービス精神がない	0	3（2.4%）
23	3	忍耐強い	12（9.4%）	2（1.6%）
23	12	素朴	3（2.4%）	2（1.6%）

23	12	反応が遅い・のんびり	3(2.4%)	2(1.6%)
23		悪賢い	0	2(1.6%)
27	5	向上心なし	7(5.5%)	1(0.8%)
27	12	有能	3(2.4%)	1(0.8%)
		その他	19(15.0%)	21(16.5%)
	4	戦争・貧困・自由なし	11(8.7%)	0
	9	おとなしい	4(3.1%)	0
	18	礼儀正しい	2(1.6%)	0
		イメージがない	15(11.8%)	0

も第1位であったことだ。このイメージを支持する者の割合は17.3％減少したものの、働き始めた後でも約3割の者がベトナム人は勤勉だと考えていた。

　ベトナム人と共に働くことによって、減少したイメージには、プラスのイメージでは、「勤勉」、「器用」、「協調性がある」、「忍耐強い」、「礼儀正しい」があった。マイナスのイメージでは、「向上心がない」、「戦争の結果の貧困と不自由」、そして、中立と考えられるものには、「おとなしい」があった。働き始めた後に増加したイメージの中で、プラスのイメージだと考えられるものには、「親しみやすい」、「明るい」、「家族思い」、「熱心」、「親日」、「仲間意識が強い」があった。逆にマイナスのイメージは、「自己中心的」、「不真面目」、「自主性がない」、「言い訳をする」、「マナーが悪い」、「責任感がない」、「プライドが高い」、「短期的思考」、「信用できない」、「ルールを守れない」、「サービス精神がない」、「悪賢い」が増加した。全体的に、ベトナム人に対して、明るく、家族や友達を大切にし、親しみやすい人種であるイメージを持っている一方、特に仕事のことになると個人主義で現実主義であるというイメージがあるようだ。企業のために、他者のことを考慮しながら働くというのではなく、自分自身の損得が最優先で、自分にとって目先の利益が見えなければ、ルールやマナーも軽視し、自分を守るために言い訳をし、悪

賢くなるというイメージが出来上がるようだ。

第6部　言語調査結果

第23章　中国における日本語教育

土居　繭子

日本と中国の交流は長い歴史を持ち、人々の交流や文化の交流などを通じて今がある。その１つに、働くことを通しての交流がある。2009年末の時点では22,263社もの日系企業が中国に進出し、現地では日本人従業員と中国人従業員が共に働いている（JETRO, 2012）。

中国進出日系企業では、従業員同士の意思疎通に日本語は使用されているのだろうか。そもそも、中国では日本語学習はどのように行われているのだろうか。本章では、中国における日本語教育の背景について概観する。

まず、第一節で中国での日本語教育の歴史的背景を概観する。第二節では現在の中国における日本語教育の状況を説明し、第三節で今後の日本語教育について検討していく。

Ⅰ．中国の日本語教育の歴史的背景

日本は古くから中国の文字を習い、取り入れてきた。では、日本語は中国ではどのように学習されてきたのだろうか。古くは、1523年に日本語語彙集のようなものが中国にあったことが伝えられている（関, 2004）。その後、長い年月を経て19世紀末から1945年までは侵略的に日本語教育が推し進められてきた。

1895年に日清戦争が終わり、清国は日清戦争敗戦の要因が近代化の遅れだとし、急速に近代化を進めるために、日本に留学生を派遣した（木村, 1989）。1895年には清国から13名の留学生が日本を訪れた。日本国内では嘉納治五郎が私塾をつくり、日本語教育を行っていた。その後、清国からの留学生は

1899年に200人、1902年に500人、1906年には1万人以上というように急増したと言われている。このデータは実際には信頼できる統計数値として正式な記録には残っていないが、1905年から1910年にかけて清国からの留学生が来日した最盛期であり、最も多い時期では年間1万人を超えたのは確かだという（木村，1989；本田，2012）。この時の日本語教育は「速成教育」が主流であり、来日してから日本語を学び始め、1年程度の短期間で大学入学を目指したという。このような「速成科」を設置する大学もいくつか現れた（本田，2012）。

　中国大陸では、1896年ごろから日本教習という日本人講師が各地に赴き、日本語クラスが開設された（平高，1997）。1905年、ポーツマス条約締結により、旅順・大連の租借権と長春以南の南満州鉄道の権利を日本が獲得すると、1909年から満州における日本語教育が始まった。それまで、日本は台湾や朝鮮で「占領地」として年少者学校教育、同化教育を目的とした日本語教育を強制していたが、ここ満州での日本語教育はそれと同様にはできなかった。満州での日本語教育は、満州鉄道に勤務する現地スタッフを対象とする日本語教育であり、実務で日本語運用力を有する人材を作り出すことに重きがおかれていたのである。この時期、日本語検定試験とも組み合わされ、日本語検定試験に合格すると給与が上がるといったように成人対象の職業教育の一環として日本語教育が行われた（本田，2012）。

　1911年、辛亥革命がおこると、在日留学生が半減した。清国からの留学生の約半数は政府派遣の留学生だったため、辛亥革命で帰国したのである（木村，1989）。中華民国になってから、留学生は増加したが、1914年、第一次世界大戦が開戦されると多くの留学生が帰国し、抗日運動に加わった（木村，1989）。さらに、1931年に満州事変が勃発すると、帰国し抗日運動に参加する留学生が増加した。このように、日本語学習、日本語教育は政治的、社会的背景によって大きな影響を受けた。

　1932年に満州国が建国され、日本語、中国語、蒙古語が満州国国語と定め

られた。満州国は「五族協和」をスローガンとする独立国であるとしたために、日本語のみを唯一の言語とすることはなかったが、この３つの満州国国語の中で、日本語が最も重要とされた（木村，1989; 本田，2012）。このためか、満州国から日本に留学する学生が増加し、学習意欲も高まった。

1937年の盧溝橋事件以後、これまでの職業教育としての日本語教育よりも、より侵略的な強制的日本語普及教育が始まった（張，1997）。満州の日本語教育は、それまで台湾や朝鮮で直説法を行い成果を得た山口喜一郎が大きな功績を残したが、速成式教授法を提唱した大出正篤の存在も大きかった。台湾、朝鮮がどちらかといえば年少者の学習者が多かったのに対して、満州では成人対象の日本語教育が盛んに行われたので、速成式教授法が受け入れられたのである（関，2005）。速成式教授法は、媒介語による対訳と注釈をつけた総ルビの教科書を使い、課文の意味と読みについては予習させ、授業では口頭発表と会話練習のみを行うやり方で行われたという（本田，2012）。1939年には、日本国内で「国語対策協議会」が開かれた。満州を含む外地の外国語教育事情を報告しあい、対策を協議した（木村，1989）。1941年、ついに太平洋戦争が開戦した。財団法人日本語教育振興会が中央統合機関として設立され、外地向け日本語教科書の作成・観光、外地派遣日本語教員の養成などを行った。このように1945年の終戦まで侵略的日本語教育は続けられた。

1945年の終戦後しばらくして、1949年には中国教育部が「外国語教育7ヶ年計画」を制定し、その中には日本語に関わる内容も含まれていた（国際交流基金，2011a）。その後1950年代〜60年代にかけて、北京大学などを中心に日本語教育は再開された（平高，1989）。しかし、戦後再開した日本語教育は、1966年に文化大革命が始まり、他の外国語教育と同様中断を余儀なくされた。

1972年、日中国交正常化以後、中学、高校で日本語教育が開始された。この時期、ラジオ放送による日本語講座を使用した学習者が最も多く、ラジオ講座のテキストを学校や職場の学習班でまとめて購入し、日本語クラスのテキストとして使用されることが多かったという（本田，2012）。

1978年、日中平和友好条約が締結された同じ年に、中国で日本語が大学の入学試験科目に制定された（国際交流基金，2011a）。その翌年には、大平首相が「対中国日本語教育特別計画」を打ち出し、1980年、北京に日本語教師研修センター（通称大平学校）が設立された（平高，1989）。このセンターでは1980年から1985年までに計600名の大学日本語教員の教育が実施された（本田，2012）。

1982年6月には中国で、『中等教育機関の外国語教育を強化することに関する意見』が発表された。これは、主として英語教育が強化されているのであるが、ロシア語と日本語の実施も認められた。これにより、正式に日本語が中国における中学の外国語科目として認められた（本田，2012）。

1985年、中国国家教育委員会と日本国際交流基金合弁のもと、大平学校が北京外国語学院に日本学研究センターとして再編成された（国際交流基金，2011a）。1993年には、中国国内で日本語能力試験の実施が始まった。1990年代の半ばからは、中国の著しい経済発展に伴い、また日本政府が1983年に出した留学生10万人計画の影響もあり、日本への私費留学生が急増した（本田，2012）。その背景には1995年に中国で大学が独立法人化し、大学へ進学できなかった者が日本に留学して大学進学を目指すようになったという側面もある（本田，2012）。

2001年秋には、中国の教育部が小学校3年次からの外国語教育導入を決定した。ほとんどの学校は英語の導入を決めたが、一部の学校で日本語が導入された（韓，2004；国際交流基金，2011a）。2004年、中国で反日デモが広がったが、2009年に行われた海外日本語教育機関調査によると、その前の回の2006年調査時よりも日本語学習者は大幅に増え、約83万人となっている（国際交流基金，2011a）。

Ⅱ．日本語教育の現状

本節では、主に国際交流基金が2009年に行った日本語教育機関調査の結果をもとに、中国での日本語教育の現状について説明を行う。

学習者数

国際交流基金（2011b）の発表では、2009年現在、海外の133か国、14,925機関で日本語教育が行われている。これらの機関で学習している学習者数は3,651,232人であり、インターネット、個人教授での学習者を含めるとさらに多くの学習者がいると考えられている。中国はその中でも、韓国に次いで日本語学習者数の多い国であり、827,171人が学習しており、2006年調査時よりも20.9％増加している。

具体的数字を見てみると、初等教育機関での学習者は2,362人であり、遼寧省や黒竜江省の一部の学校で小学校3年生から日本語が外国語として学ばれている。中等教育機関での学習者は近年減少傾向にあり、59,526人となっている。中国では高等教育機関での学習者数が多いのが特徴であり、529,508人の学習者がいる。その他、学校教育以外の機関では195,196人が日本語を学習している。

教育機関

中国では初等教育機関、中等教育機関、高等教育機関、学校教育以外の一般成人向けクラスなどで日本語教育が行われている。学校教育以外での教育機関では、昇進・資格取得のために日本語を学習するという人だけでなく、日本の大学進学を目指す人も多い。また、日系企業や、日本との取引が多い企業の中には、企業内で日本語教育を行っているところもある。

この中で最も多いのは高等教育機関で、2009年の調査によると、1,079の

高等教育機関が日本語教育を行っているという（国際交流基金．2011a）。

　また、これらの教育機関以外に最近の傾向としてインターネットやマルチメディア教材などを利用して自学自習をする学習者もいるため、ここに挙げた教育機関以外にも学習の場はあると考えられる。

教員

　初等教育機関、中等教育機関の教員については、中国では各地域で独自の規定を設けているが、特に北京、上海などの大都市では大学学部卒以上の学歴を要求している。

　高等教育機関の教員には、都市部においては大学院修士修了以上の学歴が必要とされている。日本語科の教員には、日本留学経験のある教員が多いが、日本語教育を専門に学んだという教員は少ないという（国際交流基金．2011a）。

　中国での日本人の日本語教員の雇用には、特に制限がないのが実情である。日本語教員としては420時間以上の養成講座修了者、大学で日本語を専攻、または副専攻した者、日本語教育能力検定合格者という資格を要求する機関が多いが、筆者が2006年から2010年まで遼寧省の大学で働いていた時の経験からすると、特にその限りではない。日本で定年退職した日本人が中国に来て日本語教員として働いていることもあるようだ。

学習目的

　中国にいる日本語学習者の学習目的としては、「歴史・文学などに関する知識」「マンガ・アニメなどに関する知識」「日本語そのものへの興味」などを初等教育、中等教育、高等教育の学習者が挙げている（図29-1参照）。初等教育、中等教育の学習者と高等教育の学習者との間に大きな差があったのは、「将来の就職」のために学習しているとした回答であった。高等教育機関ではより現実的な将来設計のもと、日本語を学習しようとしている姿が見られる。

第23章　中国における日本語教育　　437

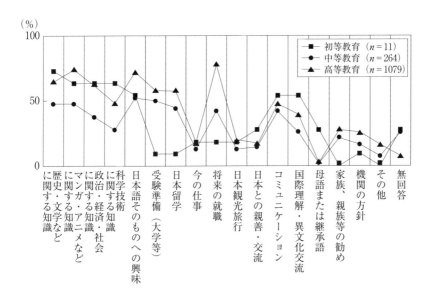

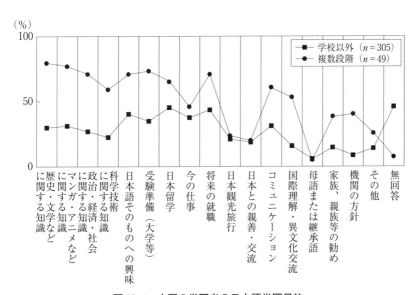

図23-1　中国の学習者の日本語学習目的

出所：国際交流基金（2009年海外日本語教育機関調査結果）

日系企業での日本語教育

　JETRO（2012）によると、2009年末現在で22,263の日系企業が中国に進出している。これらの日系企業の中には積極的に日本語教育を行っている企業もある。しかし、日本経済団体連合会が2004年に発表した「外国人受け入れ問題に関する提言」では、外国人を活用している日本企業の中で起こっている問題として、「文化・習慣の違い」（42.1％）「職場での意思疎通」（41.5％）が挙げられている。大連市に進出した日系企業に対して2005年に JETRO が行った調査によると、日系企業が現地職員を採用する際、各企業が日本語能力の測定基準として日本語能力試験を採用しており、また、29％が面接で日本語能力を判断しているという（野元, 2007）。日本語能力試験に合格しているかどうかが、給料に反映している会社もあった。しかし、「日本語能力試験1級（現在はN1）を持っていても話せない」という現場の声があるという。また、日本語の文法が正しくても、日本語のあいまいさ、ウチソト・上下関係の理解など、文化や習慣、マナー、考え方が理解しにくく、企業でのコミュニケーションに問題が生じていることがある（野元, 2007）。在中国日本大使館経済部が発表した、「中国の日系企業におけるストライキの発生状況についてのアンケート調査結果」で、2011年に起きた日系企業のストライキ発生の一番の原因に「コミュニケーションの問題」が挙げられていることからも（温, 2012）、コミュニケーションは日系企業で現地社員と日本人社員が円滑に仕事をするために欠かせないものであることがわかる。

Ⅲ．今後の日本語教育

　国際交流基金（2011b）の調査によると、中国での日本語教育上の問題点として、「教材不足」「教材・教授法情報不足」「文化・社会情報不足」を挙げる声が多かった。高等教育機関などで、日本留学経験はあるが日本語教育について専門に学んだことのない者が教員になっていることが多く、日本語

教授法などの知識がないまま日本語教育を行っている状況がうかがえる。現在でも各地で日本語教師会などが開催されているが、このようにして情報不足、知識不足を補う工夫が必要であると考えられる。

　また、近年中国ではインターネットが普及し、インターネットで日本語の学習ができるサイトも多い。葛（2012）によると、中国では2011年6月の時点で4.85億人がインターネットを利用しており、普及率は36.2％に達しているという。特に10歳から29歳までの若者が利用者の過半数を占めている。彼らの間では、QQと呼ばれるインスタントメッセンジャーが重要なコミュニケーションツールとなっており、QQではブログ、ソーシャル・ネットワーキング・サービス機能、音楽、動画、ゲームなど様々な機能が使えるという。このQQを通して葛が2009年に行った調査によると、学習者はインターネットのニュース・アニメなどを通して聴解の練習を行い、また中国語の日本語学習総合サイト「沪江日語」「貫通日語」「和風日語」などを通して様々な使用目的に応じた日本語学習を行っているという。さらに、最近ではインターネットテレビ電話を通じて授業を行うサイトなどもあり、以前の教科書やラジオ、テレビだけでなく、学習方法は広がってきている。インターネットでの学習には、(1)時間の融通性―好きな時間に自分のペースで学習できる、(2)選択肢の多さ―たくさんのコンテンツ、サイトの中から好きなものを選び学習できる、(3)金銭的負担の少なさ―学校に通うよりも、無料のサイトで学習した方が金銭的負担が少ない、(4)地理的ギャップの解消―日本に行かずに日本人とコミュニケーションが取れる、といった利点が挙げられるだろう。しかし、インターネットの利用はその自由さゆえに、(1)情報源の信頼性の確認が必要、(2)個人で好きなコンテンツを好きな時に学習するという学習方法だけでは基礎力の積み上げがしにくいなどの問題点が浮かんでくる。

　このように、近年目覚ましく発展しているインターネットを利用した学習方法の開発と、対面式授業とインターネット学習の連携方法の開発が、今後の日本語教育に大きく関わってくることは確実であろう。

邦文参考文献

温露（2012）「中国日系企業におけるコミュニケーションギャップに関する考察－依頼、意見陳述、報告の場面を中心に－」『第10回日本語教育研究集会予稿集』（pp. 6-9）名古屋大学大学院国際言語文化研究科「日本語教育と中国語教育のインターアクション推進プロジェクト」。

葛茜（2012）「日本語学習のためのインターネットの利用と問題点について－中国の大学日本語専攻生を対象に－」『日本語学刊　第15号』香港日本語教育研究会。

韓明（2004）「中国遼寧省の学校における日本語教育についての研究」『昭和女子大学大学院日本語教育研究紀要』（pp. 57-64）昭和女子大学。

木村宗男（1989）「日本語教育の歴史」木村宗男・阪田雪子・窪田富男・川本　喬編『日本語教授法』（pp. 17-32）桜楓社。

国際交流基金（2011a）「日本語教育国・地域別情報　2011年度中国」http://www.jpf.go.jp/j/japanese/survey/country/2011/china.html より、2012年8月20日取得。

国際交流基金（2011b）『海外の日本語教育の現状　日本語教育機関調査・2009年』国際交流基金。

JETRO（2012）「海外ビジネス情報　中国」
http://www.jetro.go.jp/world/asia/cn/basic_01/ より、2012年8月23日取得。

関正昭（2004）「日本語教育史」佐治圭三・真田信治監修『改訂新版／日本語教師養成講座テキスト①－文化・社会・地域－』ヒューマンアカデミー。

関正昭（2005）「日本語教育史・言語政策史」縫部義憲監修、水島裕雅編『講座・日本語教育学　第1巻　文化の理解と言語の教育』（pp. 190-207）スリーエーネットワーク。

張利平（1997）「『正則日本語講座』と山口喜一郎－中国－」関　正昭・平高史也編『日本語教育史』（pp. 172-173）アルク。

日本経済団体連合会（2004）「外国人受け入れ問題に関する提言」
http://www.keidanren.or.jp/japanese/policy/2004/029/honbun.html より、2012年10月30日取得。

野元千寿子（2007）「日系企業が現地社員に求める『ビジネス日本語』の実態」『ポリグロシア　第13号』（pp. 69-81）立命館アジア太平洋大学。

平高史也（1989）「日本語教育の歴史」木村宗男・阪田雪子・窪田富男・川本喬編『日本語教授法』（pp. 33-46）桜楓社。

平高史也（1997）「清朝末期の日本語教育(1)－中国－」関　正昭・平高史也編『日本語教育史』（pp. 168-169）アルク。

本田弘之（2012）『文革から「改革開放」期における中国朝鮮族の日本語教育の研究』ひつじ書房。

第24章　ベトナムにおける日本語教育

グェン・ティ・ビック・ハー

　ベトナムと日本の外交関係は、ベトナム戦争の終了以前の1973年に樹立された。それ以降40年間にわたって、アジア諸国の中でも良好な友好関係を築き発展させてきた。ベトナム政府が1986年に採ったドイモイ（刷新）政策により両国間の経済・文化交流は盛んになり、要人も往来するようになった。近年になり、「戦略的パートナー」として政治・経済・文化の広範な分野で成熟した両国の協力関係が実現し緊密化すると同時に、日本企業の活発な進出活動はベトナムの経済の発展を支え、ベトナムの日本語教育を大きく後押ししている。

　ベトナムでの日本語学習者は着実な増加の傾向を見せており、最近は4万5000人近くが日本語の学習をしているとされる。教育課程は、中学、高校の中等教育レベルから短大・大学の高等教育レベルの教育機関にまで設けられるようになっており、その他、民間の日本語学校や日本語教育センターもある。また地域ではハノイ、ホーチミンなどの大都市から、ハイフォン（北部）、フエ、ダナン、ダラット（中部）、バリア・ブンタウ、ドンナイ、カントー（南部）などの地方都市にまで日本語教育機関が生まれ、日本語の普及、拡大がみられる。本章では、以上のようなベトナムの日本語教育について概観を試みることにする。

Ⅰ．植民地期ベトナムにおける日本語教育

　ベトナムにおける日本語教育には長い歴史がある。その起源はベトナムがフランスと日本によって共同支配されていたおよそ70年前にまでさかのぼる

ことができる。日本軍は1940年9月北部インドシナ（ベトナム、ラオス、カンボジア）に進駐し、それに伴ってフランス植民地当局や日本軍に日本語学習の需要および教育の必要性が高まった。当時の日本語教育振興会の発行した月刊誌『日本語』からこの時期の日本語教育の実態を探った宮原彬の先駆的研究によると、日本語教育が開始された理由は、(1)日本の将兵との商売に必要、(2)日本の進出企業への就職ないしはそこでの勤務に必要、(3)仏印政府官吏の実務処理に必要などであった。日本語教育は、北部インドシナでは1941年末から42年初めにかけて仏印植民地政府により、学校の生徒や一般人のほか仏印政府の官吏や軍関係者を対象に始まるが、1942年になるとハノイ日本人会が日本語教育を開始し、その後、1943年になると講習会は北部仏印日本語普及会に発展し、日本語教育を普及させていった。南部では1942年に本格的な日本軍による日本語教育が始まった。翌43年になると南部仏印日本語普及会がハノイを本部において日本語教育を普及させた。チョロンとプノンペン（カンボジア）には支部が置かれた。

　ハノイでの日本語教育では、2つの小学校の校舎が借りられ、1校では昼間に講習会、もう1校では夜間に日本語教育のコースが開かれていた。学習者はハノイが1000人余り、ハイフォンが約270人、サイゴンが900人余りであり、合計で2000名を超えていた。約1年後の1945年5月ごろになるとの学習者は2500人にまで増加していた。

　しかし、日本軍の敗戦とともに、ベトナムにおける日本語教育は終了した。この時期の日本語教育は仏印政府と共同での支配の方式が採られた。そのため、日本の軍政の敷かれた他の占領地域と比べると、日本語を通じての大東亜共栄圏思想の鼓舞と皇民化の教育はその意図があったにしても、薄かったという特徴が見られる。その分、日本語教育は好意的に受け止められたようである。いずれにせよ、ベトナムの日本語教育の歴史の中には、こうした事実があったことを指摘しておきたい。

Ⅱ．日本語教育の現状

1．ベトナムは1976年に統一される以前、南北に分断されていたが、南ベトナムではサイゴン大学（当時）で1957年に日本語講座が始まっていた。ただし、その実態はあまり明らかにされていない。他方、北ベトナムでは、国立大学であるハノイ貿易大学において1961年、最初の日本語教育が始められた。次いでハノイ大学（旧ハノイ外国語大学）で日本語教育が始まるのは12年後の1973年のことであった。ハノイ貿易大学は、ベトナム外務省の下にあった経済金融大学の国際関係学部海外貿易学科が1960年に独立して生まれた大学であり、国際貿易、国際経済、国際関係の専門教育と同時に外国語を重視する高等教育機関として設立された。この時期のベトナムはベトナム戦争のさなかにあり、日本語教育は限られた専門家を養成するための教育の域をでなかった。その後、ベトナムは1976年に南北を統一して現在の国家が生まれるが、1986年にベトナム政府が採用したドイモイ政策以降、政府は「経済発展に役立つ」として積極的に語学学習を奨励した。こうした政策的支援を背景に、日本語学習熱が高まった。

高等教育としては、1990年代前半から、ハノイ国家大学外国語大学（1992年～）、ホーチミン市国家大学人文社会科学大学（92年～）、ハノイ国家大学人文社会科学大学（1993年～）をはじめ、ベトナム全土の30以上の機関で日本語教育課程が設けられ、1990年代に日本語教育の基盤が一気に広がった。

日本語教育の中心的機関は当初は国立大学であったが、私立大学や日本語センターへと急速に拡大、普及した。私立の日本語センターとしてホーチミン南学コース（1991年）、ドン・ドセンター（91年）、トン・ズセンター（91年）などが設立された。外国政府の支援による日本語センターには、日本政府の援助で、ハノイとホーチミンに設立されたベトナム日本人材協力センター（VJCC,02）などが挙げられる。その他、日系企業などが社員教育の一環とし

て独自に設けた教育機関もある。それ以外の日本語教育にはラジオやテレビの日本語講座が存在する。

2. 初等・中等教育分野では、2003年よりハノイ市の中学校で課外授業として日本語教育が始まっている。2009年5月の時点で、ハノイ、ホーチミン、フエ、ダナンの中学校・高等学校計15校で、第一外国語科目として日本語教育コースが設置されている。また2005年にハノイ国家大学外国語大学付属外国語専門学校で日本語教育が始まり、2008年からは同学校の学習者が大学に進学するようになっている。

IT技術者養成のための日本語教育では、ハノイおよびホーチミンの工科大学と、FPT大学に同教育コースが設けられている。ビジネス日本語に関しては、技能研修生の派遣を目的とした教育機関が急増しており、2008年11月にJITCO（国際研修協力機構）による派遣前の日本語教育支援プログラムが始まった。同年12月には、日越経済連携協定（Economic Partnership Agreement: EPA）が結ばれたことから、介護・看護の分野での日本語教育への関心が高まっている。

3. 日本国際交流基金の資料から、まず、ベトナムの位置を確認すると、2009年で学習者数第1位は韓国で約96万人、世界の日本語学習者の26.4％を占めている。次いで第2位が中国で約83万人（22.7％）、第3位が2006年までのオーストラリアを抜いてインドネシアの約72万（19.6％）となっている。ベトナムは4万4,272人で第8位、世界の学習者に占める割合は約1％であるが、非漢字圏の中での学習者数は第1位である。日本語教育機関数では世界のうちの18位、教師数で9位である。

さて、日本国際交流基金による調査結果からベトナムの学習者数、機関数の推移を1970年から見たのが表24-1である。1990年代後半以降、急増を示し、それにつれて学習者数も飛躍的に増加している。2006年の学習者人口はおよ

第24章　ベトナムにおける日本語教育　　447

表24-1　ベトナムの日本語学習者数、機関数、教師数の推移

調査年度	学習者数（人）	機関数（機関）	教師数（人）
1970	739	9	18
1975	1558	13	39
1981	不明	2	6
1988	25	2	6
1990	25	1	6
1993	3055	19	134
1998	10106	31	300
2003	18029	55	558
2006	29982	110	1037
2009	44272	176	1565

出所：国際交流基金日本語教育機関調査各年版より作成。

そ3万人であったが、最近3年間ではおよそ1万4000人増加して4万4000人を超えている。2009年の調査結果を2006年調査と比較すると、学習者数で47.7％増、教師数で50.9％増、機関数で60％増となって、近年の急激な伸びを確認できる。学習者の推移は、2003年が1万8,029人（第12位）、2006年が2万9,982人（第9位）であったので、わずか6年間に2.5倍に増えたことになる。

　ベトナム国内での外国語教育における日本語教育の位置をみると、英語、中国語と共に主要な外国語に数えられるものの、学習者数で比べるとかなりの差がある。ハノイ貿易大学での状況を例にとってみると、同大学での外国語教育は英語、日本語、中国語、フランス語、ロシア語の5カ国語であるが、2009年度の学部全体の履修者は英語の約1万人に対して、日本語約1000人、中国語が約400人、フランス語180人、ロシア語120人であり、日本語学習者は第2位を占めているものの、英語学習者数の10分の1に過ぎない。

　ちなみに、日本語を母語としない人を対象に財団法人日本国際教育支援協

会と独立行政法人国際交流基金が主催する「日本語能力試験」が、ベトナムでは1996年に初めてハノイ市で実施され、2000年からはホーチミン市でも行われるようになっている。

4. 日本語学習者が英語と比べてかなり差があることについては、国際言語としての英語の優位性が大きい点にあるように思われる。しかし、日本語学習者の学習目的を確認すると高等教育機関に在籍する学習者では卒業後の就職と深く関係し、また教育機関以外の学習者でも仕事との関わりが強い。日系企業の進出が最近続いていることを考慮すると日本語学習者の増加が見込まれる。このため、今後の日本経済や直接投資の動向如何ではあるが、ある程度の差が縮まることが予想される。

そこで、具体的に日本語の学習者の学習目的について、2009年の海外日本語教育機関調査結果から確認してみよう。先ず、高等教育在籍者の日本語学習目的を見たものが図24-1である。目的の第1が「将来の就職のため」で、ほぼ100％の学習者がこの項目を選んでいる。次いで2番目が「コミュニケーションのため」、第3番目が「日本語そのものへの興味」、第4番目以降は日本の「政治・経済・社会に関する知識」、「歴史・文学などに関する知識」「国際理解・異文化交流」などが続いている。「今の仕事」を選ぶものが少ないのは、学習者が未就職であることが反映されている。とにかく、最大の関心が「将来の就職」であることは、近年の日本との経済的結びつきの進展が日本語学習への関心を呼び起こしていることを示している。

日本語学校在籍者以外の日本語学習者の学習目的を見たのが、図24-2である。これによると高等教育在籍の日本語学習者と傾向的には同じであるが、異なる点は「今の仕事」との関係で日本語を学ぶ受講生がかなりいるという点である。就業者の場合、職場との関係で日本語教育を受講している者が多いことを示している。

同時に、上掲の2つの図からは、就職、職場以外のその他の主要な学習要

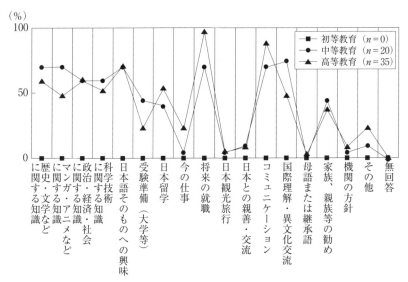

図24-1　ベトナムの日本語教育機関における学習者の学習目的（2009年）
出所：国際交流基金2009年調査より引用。

因には、「コミュニケーション」や「政治・経済」、「日本語への興味」、「国際理解」など広範な理由が挙げられており、このことは日本社会への関心が高いことをも意味していると言えよう。日系企業の活発な進出での就業機会の拡大の可能性、対日関係の深まりなどから日本との接触機会が増えるならば、さらに日本語学習熱は高まる可能性がある。日本との経済的関係の強化は、日本と日本語への関心を一層強めるように作用する可能性がある。

ところで、近年、新聞などで盛んに報道されているが、日越の貿易や経済関係は緊密化し、ベトナムに進出する日系企業は急増している。ベトナム日本商工会議所の会員企業数は2000年の115社から2012年には495社となり、12年間で4.3倍に膨らんだ。日系企業への就職や転職のために、職場で昇進して給料を上げようとして、日本語を学ぶ人々が多くなってきている。一方、日系企業の側でも、日本語能力試験N2合格を雇用の1つの条件とする企業

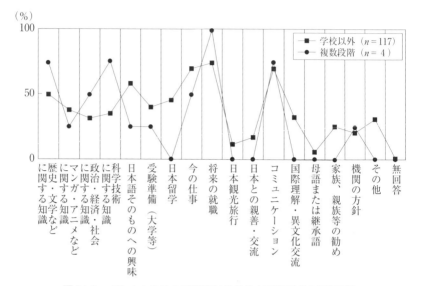

図24-2　ベトナムの日本語学校以外の日本語学習者の学習目的
出所：国際交流基金2009年調査より引用。

が増えている。日系企業に就職するために日本語を勉強し、日系企業に勤めるという傾向が強まっている。また、日本で研修を受けるために、事前に日本語を学習する者も多くなっている。こうした事実は、今後の日本語学習者を増加させるように作用する可能性が高い。

5. 日本語教育の普及に当たっては、日本政府を始め、民間企業や財団法人からの支援を受けている。教材や機器などの物資はもちろん人的な支援もある。国際交流基金による人材育成プログラム、日本語教育専門家や日本語教育指導助手の派遣、国際協力機構（JICA）による青年海外協力隊員の派遣、住友商事、日本国際協力財団などによる日本語教師の派遣もある。2008年には国際交流基金ベトナム日本文化交流センターがハノイに開設された。

また、2002年には日越両政府によって人材育成機関であるベトナム日本人

材協力センターがハノイ貿易大学内とホーチミン市のハノイ貿易大学分校内に設立された。ビジネス教育、日本語教育、さまざまな交流事業を通じて、相互理解に努め、両国間のネットワーク作りを目指している。これらの施設は、日本語教育の普及のためには重要な施設として機能しているように思われる。

Ⅲ．日本語教育の特徴

　ところで、ベトナムの日本語教育の特徴とは何だろうか。国際交流基金は次のような特徴を挙げている：(1)中学校、高校の中等教育レベルから短大・大学・大学院（日本語専修　修士課程）の高等教育レベルまで日本語教育コースが設置されていること、(2)ハノイ、ホーチミンの2大都市に限らずベトナム全土の中心的都市の教育機関で日本語教育が展開されていること、(3)日系企業の進出に伴って日本語学習者が増加していること。

　ベトナムでは特定の都市を超えて、また様々なレベルで、人々に日本語教育の機会が与えられている。ベトナムと日本の経済的な結びつきが強まる中で、次項で見るように日本語教育は質量ともに様々な課題を生んでいるものの、人々の関心を高め、学習者を着実に増やしている。

Ⅳ．日本語教育の課題

　上述のように、ベトナムにおける日本語教育は中等教育以上の教育課程、さらに民間においても行われており、しかも全国に広がっている。しかし、その急速な普及のために、日本語教育は近年、様々な課題に直面している。主な課題には、学習・実習環境の悪化、教材・参考資料、教師の量・質における不足と低下などがある。以下、簡単に説明していこう。

Ⅳ-1. 学習・実習環境

　教育機関における日本語教育で注目されている事例は、FPT 大学のそれである。日本市場向けの IT エンジニアを育成している同大学は、その教育主旨からして情報化に積極的で、各教室にはパソコン、プロジェクター、スクリーンが設置され、授業はプレゼンテーション形式で行われる。学生全員がパソコンを貸与されており、学生はキャンパス内の全域でインターネットにアクセスできる。しかし、FPT 大学の事例は例外的である。その他に、私立フォンドン大学では Visual Basic を実装したテストシステムが稼動しており、これも注目される事例の1つとなっている。

　学校教育以外の日本語教育で注目されるのは、セイコウ日本語センター（Seiko Japanese Center）の事例である。同センターではほぼすべての授業でパワーポイントを利用している。また、ベトナム日本人材協力センターが提供している自律学習支援通信教育プログラム（通称「nihongo@net」）も新しい教育形態として注目されている。上記プログラムは、教室を使わずにインターネット上の無料リソースだけを教材にして日本語教育を提供するもので、学習者は各自の生活スタイルに合わせて日本語教育を学習することが可能となった。

　だが、以上のような教育環境は一般的な日本語教育の現場では満たされていない。国立の教育機関、つまり大学、高校、中学、また時に小学校の日本語教育現場にはマルチメディア・コンピューターが準備されておらず、主に教室で教科書を使って行われる旧来型の教育方法が一般的である。日本語教育の典型的な授業形式は暗記を中心にした方法がとられている。黒板・チョーク・ボールペン・ノート・本・カセットが依然として一般的な教育手法となっていて、ハイテクの教育機器が設置されていない。

　多くの場合、教室外で日本語を使う機会は少なく、ごく普通の基本的な会話も日本語らしい日本語で話すことは難しい。近年の教育学習形態の急速な進展の中で、教育環境の改善が重要な課題となっていると言っていい。

第24章　ベトナムにおける日本語教育　　453

IV-2.　教材・参考資料

　教材・参考資料は、高等教育機関では日本で出版された教科書が使用されることが多い。東京外国語大学留学生日本語教育センター作成の『初級日本語』（凡人社）、『中級日本語』や、スリーエーネットワークの『みんなの日本語』、松田浩志ほかの『テーマ別中級から学ぶ日本語』（研究社）、小柳昇の『ニューアプローチ中級日本語［基礎編]』（日本語研究社）などが主な教科書あるいは参考書である。その他、教育機関によっては自主開発の教材を使用している。

　初等・中等の教育機関では、ベトナムの教科書審査委員会の認可を得た教科書『にほんご6-11』が使われている。また、ハノイ国家大学附属外国語専門高校においては、独自に開発した教科書を使っている。

　学校教育以外の機関では、ベトナム北部では上述のスリーエーネットワークの『みんなの日本語』が一般的な教科書となっており、これに対してベトナム南部では高等教育で使われている教科書の『みんなの日本語』（前出）のほか、『テーマ別中級から学ぶ日本語』などが多く使用されている。自主開発教材を使用している機関もある。

　ただし、教科書の内容は古く、現代の日本の実態を反映していないものが多い。急速に変化する日本社会についての魅力的なテキストや映像資料が不足している。また、学習段階に即した日本語教科書も整理されていないため、段階的な学習が困難となっている。

　さらに信頼できる日越・越日辞書も未だ編纂されていない。このため、単語の意味を理解できない場合も多い。一般的に言って、参考資料はかなり限られているというのが現状である。

IV-3.　教師の量とその質

　日本語教育を担う中心的な人材は、ベトナム人教師である。日本語学習者数の増加に伴って教師の需要が急速に増えているにも拘らず、それに応える

教員数が十分に供給できない状況が続いている。一般的に、通訳の収入は教師の4倍にも昇り、通訳業には高い報酬が期待される。このため、日本語教師を志望する学習者が限られることになり、このことが教員不足を引き起こす主要な原因の1つとなっている。

　専門的な語学教育の訓練をうけた日本語に精通する教師数は、量的に未だ少ない。大学で日本語を教えている教師には、日本に留学した者もいる。しかし、日本語を上手く話すことと教えることの間には違いがある。日本語留学の経験者であっても教授法に関する知識が浅いために、効果的に教育できないケースも多い。また、日本人教師に対する就労ビザの取得が最近は難しくなっており、こうした政策的要因も日本語教師不足の1つの要因に数えられる。

Ⅴ．ハノイ貿易大学における日本語教育

　ベトナムの日本語教育において、最も古い歴史を有する教育機関は1961年に教育を開始した現在のハノイ貿易大学である。サイゴン大学でそれ以前に日本語教育が行われた事実は先に指摘したが、現在の日本語教育への連続性がないという意味において、ハノイ貿易大学の日本語教育をもってその始まりとするのが妥当と思われる。

　日本とベトナム両国政府が合意し2002年に設立された2ヶ所のベトナム日本人材協力センターは、ハノイ市ではハノイ貿易大学内に、ホーチミン市ではハノイ貿易大学分校内に設置された。両センターは、ハノイ貿易大学の学生を中心に一般社会人、ベトナム企業関係者などに日本語教育を行う他、日本関係の様々な情報を提供するセンターとして機能している。

　ハノイ貿易大学の沿革について先に指摘したが、そこから分かるように、特に対外貿易とその関連分野の実務家の養成が当初の主要な目的であった。ベトナムの対外政策の進展の中で1999年に経営管理学部、2006年に金融銀行

第24章　ベトナムにおける日本語教育　　　455

学部、日本語学部などが設置され、外国語と貿易、経済、経営分野の専門的知識を共に持つ人材を社会に送り出す総合大学に改編されてきた。貿易や外交などの分野で、ハノイ貿易大学を卒業した多くの人材がベトナム全土や海外で活躍している。

　こうした事実に基づいて本節では、主にハノイ貿易大学の日本語教育を紹介することによってベトナムの日本語教育の変遷を示すことにしたい。

V-1.　日本語教育の規模

　ハノイ貿易大学における日本語教育は、1961年に短期コースとして開始された。1972年には、日本とベトナムとの貿易促進に必要な人材を育成するため、ビジネス日本語通訳コースが本格的に始められた。その後、1977年から経済を専攻する学生に日本語を第一外国語として教えるようになった。それは南北のベトナムが統一される中で、将来のベトナムの発展に日本との経済的交流が重要になるとの判断を、政府および教育関係者が下した結果である。事実、ベトナムと日本の協力関係と経済関係は着実に強化され、それに伴ってハノイ貿易大学における日本語教育はその規模を確実に拡大させてきた。

　図24-3はハノイ貿易大学における日本語学習学生数の推移を示すものであるが、同大学の日本語教育は2つの時期に分けることができる。

　第1期は1972年から1988年までの教育であり、日本語学科が1973年に設立された時期である。この時期の大きな特徴はビジネス日本語の通訳を重視していたことである。これは日本との貿易の促進に必要な人材を求められたことを反映している。当時、ビジネス日本語通訳の教育を受けた卒業者の多くは、日本との貿易を行っている貿易会社を中心に、国の管理機関にも就職して、両国の貿易関係の促進に重要な役割を果たした。

　ところが、1983年8月から1988年8月までの5年間は、日本語教育が一時的に中止され、日本語教育は細々と続けることしかできなかった。これは、ベトナム政府の日本語教育政策において調整が行われたからである。

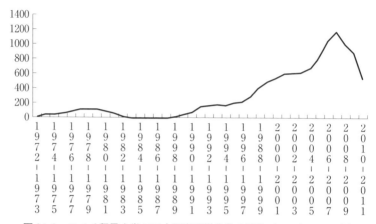

図24-3　ハノイ貿易大学の日本語学習学生数の推移（1972年～2010年）
出所：ハノイ貿易大学資料より作成。

　図24-4は、この時期の日本語学習者数の変化を分かりやすくするために作成したものであるが、1980年の120名をピークに1982年から83年には20名にまで激減したことが分かる。

　日本語教育の第2期は1988年に始まり、それ以降ハノイ貿易大学の日本語学習者が急激に増加するようになった時期である。なお、2008年からの学習者の減少については、以下の分析の中でその背景が明らかとなるが、本稿の最後でも改めて検討の対象にしたい。

　さて、第2期は、ベトナム政府がドイモイ政策の導入によって対外関係を大きく転換させ、ベトナムと日本との協力関係を、貿易をはじめ直接投資などのあらゆる分野にわたって深化させることによって実現した。1991年からハノイ貿易大学の日本語学習者は1学年で150人となり、1990年に比べて倍増した。以後、毎年増加を続けた。ピークは2006年から2009年の時期に訪れ、毎年の日本語学習学生数は1000人を超えた。その後の減少に転じ、最新の学習学生数では600人弱にまで減少している（図24-5参照）。

　教育組織としては、経済協力の機運の高まりと経済関係の深化の中で2006

第24章 ベトナムにおける日本語教育　　457

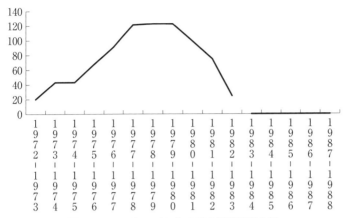

図24-4　1972年〜1987年の日本語学習学生数
出所：ハノイ貿易大学資料より作成。

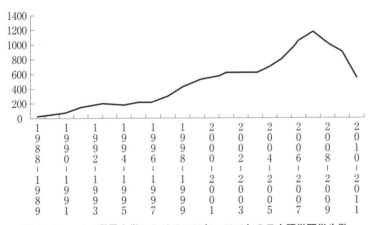

図24-5　ハノイ貿易大学における1988年〜2010年の日本語学習学生数
出所：ハノイ貿易大学資料より作成。

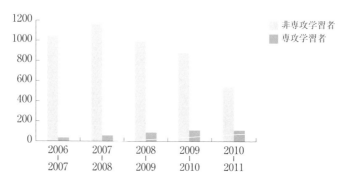

図 24-6　非専攻日本語学生と専攻日本語学生の推移（2006年〜2010年）
出所：ハノイ貿易大学資料より作成。

年に日本語学科は日本語学部に昇格した。同時に、ビジネス日本語コースが設置され、同コースを専攻する学生を養成し始めた。

ところで、日本語教育の学習者は大きく2つに分けられる。経済専攻の日本語学習者（非専攻学習者）とビジネス日本語専攻の学習者（専攻学習者）である。図24-6が示すように非専攻学習者の数は専攻学習者よりずっと多い。そして、近年の日本語学習学生数の減少が経済専攻の日本語学習学生数の大きな落ち込みによって生じていることが分かる。

V-2. 日本語教員

さて、ハノイ貿易大学における教育陣について確認すると、日本語教員は20名で、そのうちの6名が2012年現在、日本の大学院に留学している。非常勤講師は7人おり、そのうちの6人が日本人ボランティアである。1994年から2003年までの10年間は10名の青年海外協力隊（JOCV）の青年隊員がハノイ貿易大学の教員として日本語教育を支援した。

日本語教員はほとんどが日本留学の経験を持ち、2010年11月現在、博士学位は4人（20%）、修士学位は9人（45%）、学士7人（35%）を占める。表24-2がハノイ貿易大学内の他学部との比較表であるが、この教員構成を

第24章　ベトナムにおける日本語教育　　459

表24-2　ハノイ貿易大学の学部・学位別教員構成（2006年～2010年）

学部	教師の人数	博士		修士		学士	
		人数	比率	人数	比率	人数	比率
日本語学部	20	4	20%	9	45%	7	35%
ビジネス英語学部	22	2	09%	16	73%	4	18%
専門英語学部	60	1	02%	33	55%	26	43%
中国語学部	15	0	0%	13	87%	2	13%
フランス語学部	9	1	11%	4	44%	4	44%
ロシア語学部	10	2	20%	4	40%	2	40%

出所：ハノイ貿易大学の2010年11月25日発表のデータによる。

　他学部と比べるならば、日本語学部の教員構成は相対的にかなり高いレベルにあるということができる。

V-3.　日本語教育のカリキュラム

　ハノイ貿易大学の日本語授業時間は、非専攻日本語学習学生の場合3年半で35単位（50分／1コマ、18コマ／1単位）であるが、ハノイ貿易大学入学後に日本語を初めて学ぶ学生であるため、大学卒業時点で2級に合格することが難しいのが現状である。

　これに対して、日本語専攻学生（ビジネス日本語）は150単位のカリキュラムのうちの3分の2を日本語学習が占めており、また日本語会話を中心とした実践教育を盛り込むカリキュラムとなっている。大学卒業時にはほぼ日本語1級レベルに到達している。このため卒業生の多くの就職先は日系企業が目立つ。

　こうした日本語学習学生の就職先を配慮した結果、ハノイ貿易大学では、2010年からNPO法人「ベトナム簿記普及推進協議会」と協力して、日本語講座として日本式簿記の授業を開設している。日本語と日本企業の実務教育を合わせた人材育成を通じて、日本とベトナムとの経済協力関係を強化する

ためのカリキュラムの開発を行っている。ハノイ貿易大学の開発する日本語
教育カリキュラムは、ベトナムの日本語教育に1つの方向性を与えていると
いえるだろう。

V-4. ハノイ貿易大学における日本語教育の課題

　最後に、ハノイ貿易大学が抱える課題について考えてみよう。現在、下記
のような課題が挙げられる。

1. ベトナム教育訓練省の定める高等教育基準の変更に伴い、日本語学習
   時間数が減りつつある。このため教育基準に従いながら、どう日本語
   教育を充実させることができるかが、現在の最大の課題となっている。
2. ハノイ貿易大学は2008年から「学年制度」に代えて「単位制度」を導
   入した。学生は外国語を学習科目として自己の能力に合わせて選択で
   きるようになった。しかし、非漢字圏のベトナムでは日本語の読み書
   きができるまでには一定の時間が必要であり、しかも学習時間が少な
   いために、日本語をマスターすることが難しく、学習者数は減る傾向
   を見せている。
3. 2008年に起こった世界金融危機の影響で、ベトナム、特にハノイ周辺
   に進出している日系企業は事業規模を縮小し、日本語使用求人も少な
   くなっている。非専攻日本語学習者はそのため卒業しても日系企業に
   就職するのが難しくなっている。2009年以降の日本語非専攻の日本語
   学習者数の大きな落ち込みは、日系企業の採用数の減少と上記の理由
   が加わって生じているということができる。

おわりに

　本章を通じて、ベトナムにおける日本語教育の普及と現状を概観すると同
時に、ハノイ貿易大学を事例にして日本語教育の発展と今日的課題を考察し
た。ベトナムと日本の経済関係の深まりはドイモイ政策を起点とすることが

できるが、1990年代後半からの日系企業の進出は日本語教育機関の誕生と普及、日本語学習者の増加に大きな弾みをつけた。そうした中にあってハノイ貿易大学の日本語教育は政府の対日、経済政策と深く関わって、その始まりから今日まで、対日貿易と経済交流に携わる中心的な人材を育成してきた。卒業生の多くは日本との貿易関係の諸機関や日系企業で活躍し、両国間の経済交流で重要な役割を果たしている。2008年から2009年にはハノイ貿易大学の日本語学習学生は1000名にまで達して、ピークを記録した。

　とは言え、ベトナムの日本語教育は、ベトナムがグローバル化する世界経済に参加する中で、その不安定性も大きく受けねばならなくなっている。2009年からのグローバル金融危機は、日系企業のベトナムでの活動を通じて卒業生の就職に影響を与え、ハノイ貿易大学の日本語学習学生数の減少を引き起こしている。また、グローバル化による国際言語としての英語重視の傾向や、急速に変化する東アジア地域の経済構造の変化、すなわち、日本経済の停滞と中国の台頭などの構造変化を受けて、ハノイ貿易大学日本語学部の位置づけも単純に直線的に発展すると言えないという意味で、必ずしも安泰であるわけではない。

　あらゆる語学教育がそうであるかも知れないが、今後のベトナムの日本語教育の展望、そしてハノイ貿易大学日本語学部の展望は、一方でアジアと太平洋経済の構造的な変化の中でのベトナムと日本との経済関係、またベトナムと日本、それぞれの経済発展などの諸要素によって変化するであろうし、他方では日本語教育関係者のカリキュラム開発などの努力によっても変化すると思われる。国立大学のハノイ貿易大学はとりわけそうした両国間関係と国際的政治経済構造の変化の中で、日本語教育の発展の在り方を模索することになるだろう。ハノイ貿易大学日本語学部が2010年に開校した日本式簿記の日本語による教育は、日本との経済関係を強化し得る人材育成を引き続き担うための新しいカリキュラム開発の試みの1つである。

　何れにせよ、ベトナムの日本語教育は両国の経済交流を深め、両国の発展

と相互理解を強めるために不可欠な条件である。それは現在、発展過程にあり課題とともに大きな期待も背負っている。教育環境の改善、教育カリキュラムの開発など、教育の質の向上が求められている。

邦文参考資料

ハノイ貿易大学（2005）『ハノイ貿易大学創立45周年紀要』ハノイ貿易大学。

稲見由紀子、伊藤愛子（国際交流基金派遣日本語教育専門家）（2007）「中等学校における日本語教育試行プロジェクト」ベトナム教育訓練省主催のシンポジウム。

国際交流基金「日本語教育国別情報　ベトナム」
　　ttp://www.jpf.go.jp/j/japanese/survey/country/vietnam.html.

宮原彬（2004）「日仏共同支配期のベトナムでの日本語教育―ベトナム日本語教育史のためのノート―」『長崎大学留学生センター紀要』第12号。

Nguyen Thi Bich Ha（1999）「ベトナムにおける日本語教育」名古屋外国語大学主催「日本語学・日本語教育学研究」国際シンポジウム（名古屋外国語大学）発表論文。

Nguyen Thi Bich Ha（2007）「ベトナムにおける日本教育とハノイ貿易大学日本語教育への示唆」ハノイ国家大学外国語大学主催「ベトナムにおける日本語教育」第1回シンポジウム（ハノイ国家大学）発表論文。

Nguyen Thi Bich Ha（2010）「ベトナムにおける日本語教育・研究の現状と課題』」東京外国語大学国際日本研究センター主催国際シンポジウム「世界の日本語・日本学～教育・研究の現状と課題～」（東京外国語大学）発表論文。

Nguyen Thi Bich Ha（2011）「ハノイ貿易大学における日本語教育：現状と課題」ハノイ貿易大学主催国際シンポジウム「ベトナムにおける日本語使用人材の実態及び日本語教育」　国際シンポジウム（ハノイ貿易大学）発表論文。

第25章　中国進出日系企業における言語について
（日本語を中心に）

土居繭子

　本章では、中国の日系企業で働く中国人従業員がどの程度日本語を使用しているか、また、日本語能力が職場でどのような影響を及ぼしているかを分析・考察する。

　23章で概観した中国における日本語教育の歴史からも分かるように、中国では1900年代前半に日本主導で日本語教育がなされた歴史があり、当時は日本語能力の高さが会社内の昇進や昇給の一つのポイントとなっていた（本田，2012）。2012年に国際交流基金が行った調査によると、戦後には日中国交正常化などを経て中国国内で日本語教育が再開され、世界で最も日本語学習者の多い国となっている（国際交流基金，2013）。2015年10月現在で公に発表されているデータでは、中国における日本語学習者の数は104万6千人である（国際交流基金，2013）。

　本調査開始時点では、国際交流基金が2009年度の日本語教育機関調査結果を発表しており、それによると中国の高等教育機関での日本語学習者の学習目的は「将来の就職のため」という回答が最も多かった（国際交流基金，2011）。そこで、本章では、西田が実施した日系企業における異文化間コミュニケーション実態調査の中から、(1)日系企業における中国人従業員の日本語能力の実態、(2)日本語能力と職位・収入などとの関連についての質問項目に焦点を当て、分析・考察していく。

Ⅰ. 調査内容

Ⅰ-1. 調査目的と調査方法

　関（2005）や本田（2012）が述べているように、日露戦争以後、満州鉄道などの会社では日本語習得が昇進や昇給につながっていた。また、満州国が開国してから終戦までは、侵略的に日本語政策が推し進められ、満州国国語である3つの言語（日本語、中国語、蒙古語）のうち、日本語が最も重要だとされた（木村. 1989; 本田. 2012）。

　現在では、大連など日系企業が多い都市では就職のために日本語学習熱も高いが、日本語能力は日系企業での就職にどの程度影響しているのであろうか。本章では以下の二点について考察していく：(1)中国進出日系企業において、日本語能力が職位や収入に影響を与えているのかどうかについて考察していく。日本語能力が職位や収入に影響を与えているのであれば、それは日本語学習の大きなモチベーションとなるであろう。日本語を学習することが仕事におけるプラスの情動として脳に記憶され、さらなる日本語学習意欲につながるのではないかと考えられるからである。さらに、(2)日本語能力が企業内で円滑に仕事を進めるために大切なツールとなっているのかどうかについても考察していく。

　調査は西田を代表とする調査チームによって、平成21年秋から平成24年春に実施された（詳細は第1章を参照）。協力企業の業種は「電気・電子製品」「鉄鋼・非鉄金属」「輸送機械」「化学工業」「貿易」「建設業」「銀行・金融」「非製造業」など、多岐にわたった。調査は質問紙により行われた。

Ⅰ-2. 調査項目

　調査に使用した質問紙は、西田ひろ子により作成された（詳細は第2章と第4章参照）。本章は、中国調査のうち、日本語能力と日本語能力が影響する状

第25章　中国進出日系企業における言語について（日本語を中心に）　　465

況について、西田の作成した質問調査票の「Q 5 ．出身」「Q 11．職位」「Q 15．収入」「Q 16．仕事の満足度」「Q 18．日本語使用状況」「Q 19．日本語能力の実態」「Q 26．日本語能力試験」の項目を使用し、以下について分析した。

1．日本語使用状況
2．日本語能力の実態
3．日本語能力試験と日本語能力の関連
4．職位、収入、会社への満足度などと日本語能力との関連

1．日本語使用状況

　日本語使用状況を調べるため、職場で中国人が日本人と何語でコミュニケートしているかという質問項目（『Q 18．日本語使用状況』）を用いた。「1 ．日本語」「2 ．中国語」「3 ．英語」「4 ．日本語と中国語」「5 ．日本語と英語」「6 ．通訳を通して話す」「7 ．その他」の選択肢が用意されており、これによって会社内での使用言語がわかる。

2．日本語能力の実態

　「Q 19．日本語能力の実態」への回答結果を基に日本語能力の実態を考察していく。Q 19は、以下の 8 つの日本語使用場面についての質問で構成されている：「Q 19-1．日本語で挨拶などの簡単なことができるか」「Q 19-2．日本語で日本人と会話することができるか」「Q 19-3．日本語で電話で話をすることができるか」「Q 19-4．日本語で議論することができるか」「Q 19-5．日本人の話す日本語を理解することができるか」「Q 19-6．日本語で書かれた書類等を理解することができるか」「Q 19-7．日本語で簡単な手紙を書くことができるか」「Q 19-8．日本語で仕事の結果を正式なレポートにまとめることができるか」。これらの 8 項目には、仕事で必要とされる日本語能力のうち、難易度の低いものから高いものまで、また読む・書く・話す・聞く

の4技能が含まれている。この8項目の日本語能力について「できない」「あまりできない」「何ともいえない」「ややできる」「できる」の5段階で回答を得たが、これらの選択肢を、「できない」と「あまりできない」を合わせて「できない」、「何ともいえない」を「何ともいえない」、「ややできる」と「できる」を「できる」と3段階へ変換し、分析・考察を行う。

3．日本語能力試験と日本語能力の関連

　現在、日本語能力を測る方法として広く利用されているのが「日本語能力試験」である。この試験は、日本語を母語としない者を対象に国際交流基金と日本国際教育協会（現日本国際教育支援協会）が1984年に開始した試験で、2011年には全世界で約61万者が受験した（国際交流基金・日本国際教育支援協会, 2012）。中国国内でも2012年7月の時点で北京・上海・長春・大連など41都市で実施されている試験である。

　日本語能力を測る指標としてこの日本語能力試験を用いることが多いと考えられるが、今回、日系企業内で使用する日本語能力の高さとこの日本語能力試験で測る日本語能力の高さとの間に関係があるのかについて、「Q 19. 日本語能力の実態」と「Q 26. 日本語能力試験」の質問項目を用いて考察していく。この関連を調べることで、企業側が従業員の能力を測る場合、日本語能力試験の結果を参考にできるのかどうかがわかる。また、従業員側も、自分の日本語能力を会社側に示すために日本語能力試験結果を利用できると思われる。

4．職位、収入、会社への満足度などと日本語能力との関連

　根橋（2007）の報告では、中国進出日系企業で働く日本人が、中国人と仕事をする上で一番困難に感じているのは自分の中国語能力のなさが要因だという。また、中国人側も日本人と仕事をする上で困難である要因として「相手（日本人）の言葉の問題」を挙げていることから、中国進出日系企業にお

いて日本人従業員は中国語能力よりも他の側面を重視して派遣されていると考えられる。中国人従業員が「自分の言葉（日本語）の問題」も困難に感じる要因として5番目に挙げていることからも分かるように、言葉の問題は中国進出日系企業では大きな問題となっているようである。このようなことから、中国人従業員の日本語能力は日本人上司や同僚とのコミュニケーションに役立ち、会社全体への満足度へとつながるのではないかと考えられた。また、日本語能力が会社での職位や収入に影響しているのか、それが分かれば、日本語学習が仕事におけるプラスの情動として脳に記憶され、行動（日本語学習）へと繋がるのではないだろうか。それを調べるために、「Q19．日本語能力の実態」と「Q11．職位」、「Q15．収入」の項目を用いて分析した。なお、会社への満足度については、「Q16．仕事の満足度」の項目を用いて調べた。

「Q11．職位」については、自分の職位について選択肢の中から選んでもらう方式で回答を得た。選択肢は「1．管理職（他の監督者または管理者を部下としている）」、「2．管理職（一般従業員を直接管理している）」、「3．非管理職（事務所で一般従業員を監督するレベルの仕事に就いている）」、「4．非管理職（事務所で経理などの仕事に就いている）」、「5．非管理職（事務所以外の場所で一般従業員を監督するレベルの仕事に就いている）」の5つが用意された。また、「Q15．収入」については、自由回答で年収を尋ねた。さらに、日本語能力が高ければ、「職位」や「収入」の他に、日本人上司などとのコミュニケーションに役立ち、ひいては会社への理解も進み、それらへの「満足度（プラスの情動が活性化された状態）」へと繋がるのではないかと考えられる。そこで、日本語能力が「満足度」にどのように影響しているのかについて、「Q19．日本語能力の実態」と「Q16．仕事の満足度」の項目を用いて調べることにした。「Q16．仕事の満足度」の設問では、「1．現在の仕事に満足しているか」、「2．現在の収入に満足しているか」、「3．現在の地位に満足しているか」、「4．上司に満足しているか」、「5．同僚に満足しているか」、「6．相

対的に、現在の会社に満足しているか」の6項目について「不満」、「やや不満」、「どちらとも言えない」、「やや満足」、「満足」の5段階で回答を得た。

Ⅰ-3. 回答者

　本章では、中国の2都市（上海と広州）に進出した日系企業で働く中国人従業員407名（上海192名、広州215名）に対して行った質問紙調査を基に分析を行う。407名の平均年齢は33.8歳（$SD=6.681$）、性別は男性215名、女性190名、民族は漢族が388名、その他の苗族、回族、同族、朝鮮族が19名であった。

Ⅱ． 分析結果

　日本語使用状況と、日本語能力が中国進出日系企業で働く中国人の職位や収入、満足度に影響があるかどうかについての分析結果を見ていくことにする。

Ⅱ-1. 日本語使用状況

　中国進出日系企業で働く中国人が職場で日本人と何語で話しているか質問したところ、日本語のみでコミュニケーションをとる者が110名で、全体（407名）の4分の1を占めた。また、日本語と中国語（または英語）のように日本語を時々使う者も124名であった（表25-1参照）。なお、質問紙の回答用選択肢「その他」の内容を見ると、中国語と英語で話すとの回答であったので、表25-1には「中国語と英語」として記載している。ここから分かるように、会社内で日本語を使用するとの回答が217名と半数以上に上っており、中国進出日系企業では現地従業員が日本人と会話する際に日本語が頻繁に使われていることが分かる。

第25章　中国進出日系企業における言語について（日本語を中心に）　　469

表 25-1　職場の日本人と何語で話すか

	人数
日本語	110
中国語	57
英語	29
中国語と日本語	95
日本語と英語	12
通訳を通して話す	87
中国語と英語	17
	計　407

Ⅱ-2.　日本語能力の実態

　中国進出日系企業で働く中国人の日本語能力を調べた結果が、表 25-2 である。これらの設問では、日系企業で日本語を使用する場面を難易度の低いものから高いものまで設定している。「できる」と回答した者が少ない項目ほど難易度が高いと考えられる。今回の分析から、日系企業の中国人従業員にとって、「1．日本語であいさつなどの簡単なことができる」「6．日本語で書かれた書類などを理解することができる」「2．日本語で日本人と会話することができる」「5．日本人の話す日本語を理解することができる」「3．日本語で電話することができる」「7．日本語で簡単な手紙を書くことができる」「4．日本語で議論することができる」「8．日本語で仕事の結果などを正式なレポートにまとめることができる」の順で難易度が高くなることが判明した。これらの 8 項目の設問に対する 5 段階尺度の回答の合計点が高い者ほど日本語能力が高いと考えられる。

　回答結果から、今回の調査対象となった日系企業の中国人従業員は、84％の者が「1．日本語であいさつなどの簡単なこと」ができると回答したが、その他の 7 つの項目においては、「できる」または「ややできる」と回答し

470　　　第6部　言語調査結果

表25-2　中国人従業員の日本語能力

	できない・ あまりできない	何とも いえない	ややできる・ できる	合計
1．日本語であいさつなど 　の簡単なことができるか	61 (15.1)	4 (1.0)	340 (84.0)	405 (100.1)
2．日本語で日本人と会話 　することができるか	172 (42.6)	5 (1.2)	227 (56.2)	404 (100.0)
3．日本語で、電話で話を 　することができるか	184 (45.7)	11 (2.7)	208 (51.6)	403 (100.0)
4．日本語で議論すること 　ができるか	200 (49.6)	17 (4.2)	186 (46.2)	403 (100.0)
5．日本人の話す日本語を 　理解することができるか	153 (38.1)	29 (7.2)	220 (54.7)	402 (100.0)
6．日本語で書かれた書類 　などを理解することがで 　きるか	133 (33.0)	29 (7.2)	241 (59.8)	403 (100.0)
7．日本語で簡単な手紙を 　書くことができるか	179 (44.5)	17 (4.2)	206 (51.2)	402 (99.9)
8．日本語で仕事の結果な 　どを正式なレポートにま 　とめることができるか	213 (53.1)	17 (4.2)	171 (42.6)	401 (99.9)

注：表中の数値は人数。（　）内はパーセント。

たグループと、「できない」または「あまりできない」と回答したグループ
にほぼ二分された。

Ⅱ-3．日本語能力試験と日本語能力の関連

　回答者の中から無回答を除いた有効回答者124名のうち、日本語能力試験
1級（現在のN1相当）に合格している者は46名（37.1%）、2級（現N2相当）
が6名（4.8%）、3級（現N4相当）が3名（2.4%）、4級（現N5相当）が1
名（0.8%）、日本語能力試験を受験したことがない者が68名（54.8%）であっ
た。それぞれ、「1級合格」を5、「2級合格」を4、「3級合格」を3、「4

第25章　中国進出日系企業における言語について（日本語を中心に）　　471

表 25-3　日本語能力試験と日本語能力の関連

	平均値	SD
Q 19　日本語能力実態合計	24.72	13.23
Q 26　日本語能力試験	3.44	1.89

級合格」を 2、「受験していない」を 1 として平均点を出すと、3.44となった（$SD = 1.89$）。この結果と、前出の日系企業内で使用する日本語能力の高さについての質問 8 項目の合計の平均点（$M = 24.72$, $SD = 13.23$）との間に相関があるのかを調べたところ、強い相関が見られた（$r = 0.862$, $p < .001$）（表 25-3 参照）。このことから、中国進出日系企業で働く際に、日本語能力試験の結果は中国人従業員の日本語能力を測定するためには参考になるとの結果になった。

　しかし、有効回答者数のうちの半数以上が日本語能力試験を「受験したことがない」と回答している点に注意しなければならない。調査結果では、日本語能力試験 1 級合格の回答と日本語能力試験に参加していないとの回答にほぼ二分されており、これは前出の企業内での日本語能力についての質問に「できる」と答えた者と「できない」と答えた者が二分されていたことにも共通する。日本語能力試験に合格している者ほど自分の日本語能力に自信を持ち、質問項目に「できる」と回答する傾向があるということが考えられる。

　今回、日本語能力試験 1 級（N1）に合格している者と受験したことがない者とに大きく二分されたことから、中国人従業員の日本語能力に大きな差があると考え、日本語能力が職位や収入面に影響を及ぼしているのかを調べることにした。

Ⅱ-4.　日本語能力の高さと職位や収入、会社などへの満足度との関連

　日本語能力を測る方法として日本語能力試験の結果をみる方法もあるが、今回は日本語能力試験を受験していない者が半数以上いたことや、企業内で

472　　　　　　　　　　第6部　言語調査結果

使用する日本語能力を測るという面を考え、企業内で実用的な前出の8項目
(「1．日本語であいさつ等の簡単なことができるか」から「8．日本語で仕事の結果
を正式なレポートにまとめることができるか」まで）の合計点を計算し、点数が
高いほど日本語能力が高いとした。分析するにあたり、全体（407名）の中か
ら日本語能力の高い者トップ1割（40名）を日本語能力高グループとし、合
計点の低かった者1割（40名）を日本語能力低グループとした。そして、こ
れらの日本語能力高グループと低グループの職位や収入さらに仕事、収入、
会社などへの満足度の回答結果に差が見られるかどうかを分析した。

II-4-1．日本語能力と職位との関係

現在の職位について「1．他の監督者または管理者を部下としている（管
理職）」「2．一般従業員を直接管理している（管理職）」「3．事務所で一般
従業員を監督するレベルの仕事に就いている（非管理職・事務職）」「4．事務
所で経理などの仕事に就いている（非管理職・事務職）」「5．事務所以外の場
所で一般従業員を監督するレベルの仕事に就いている（非管理職・事務職以
外）」の5つから選択してもらい、これらの5つの職種に就いている中国人
が、日本語能力の差によりその職位に違いが見られるのかどうかをχ^2検定
により分析した。χ^2検定を行うことにより日本語能力の高いグループと低
いグループとでそれぞれの職位につく者の数・割合に違いがあるかを調べる
ことができる。

χ^2検定の結果、日本語能力と職位に統計的に有意な差は見られなかった
（$\chi^2 = 1.539$, $df = 4$, $p = .820$）。日本語能力と職位の関係についてクロス集計表
にまとめた（表25-4参照）。

II-4-2．日本語能力と収入との関係

収入については自由回答で尋ねたが、その回答結果を分析したところ、上
海の回答者（有効回答者数162名、平均年収196,886.6元、$SD = 626,522.3$）と広州

第25章　中国進出日系企業における言語について（日本語を中心に）　　473

表25-4　日本語能力と職位のクロス集計

	日本語能力低	日本語能力高	合計
1．他の監督者または管理者を部下としている（管理職）	4 (57.1)	3 (42.9)	7 (100.0)
2．一般従業員を直接管理している（管理職）	17 (58.6)	12 (41.4)	29 (100.0)
3．事務所で一般従業員を監督するレベルの仕事に就いている（非管理職・事務職）	5 (38.5)	8 (61.5)	13 (100.0)
4．事務所で経理などの仕事に就いている（非管理職・事務職）	9 (52.9)	8 (47.1)	17 (100.0)
5．事務所以外の場所で一般従業員を監督するレベルの仕事に就いている（非管理職・事務職以外）	3 (50.0)	3 (50.0)	6 (100.0)

注：表中の数値は度数。（　）内はパーセント。

の回答者（有効回答者数195名、平均年収117,099.5元、$SD=132,964.7$）との間に有意な差が見られた。そこで、収入については地域差を考慮し、上海と広州を分けて分析を行うことにした。

　上海の有効回答者162名の中で日本語能力が高い回答者1割（16名）と日本語能力の低い回答者1割（16名）を日本語能力高グループ、低グループとし、日本語能力によって収入に差が見られるかどうかについて、2グループの平均値の差を比較するt検定を行った。その結果、日本語能力低グループの平均年収は778,461.5元（$SD=2,172,106.7$）、日本語能力高グループの平均年収は135,500.0元（$SD=78,992.0$）であり、統計的に有意な差は見られなかった（$t=1.188$、$df=27$、$p>.05$）。次に、広州についても同じように有効回答者195名の中で日本語能力が高いグループと低いグループに分け、t検定を行った。その結果、日本語能力低グループの平均年収は147,220.0元（$SD=271,045.3$）、日本語能力高グループの平均年収は139,631.6元（$SD=95,941.7$）であり、上海と同様に統計的に有意な差は見られなかった（$t=.115$、$df=37$、$p>.05$）。

474   第6部　言語調査結果

　以上2つの結果より、上海においても広州においても、日本語能力の差は
年収の額に影響していないということが判明した。

Ⅱ-4-3. 職位、収入、会社などへの満足度

　日本語能力は、職場への満足度に影響を与えるのであろうか。「1．現在
の仕事に満足しているか」「2．現在の収入に満足しているか」「3．現在の
地位に満足しているか」「4．上司に満足しているか」「5．同僚に満足して
いるか」「6．総体的に、現在の会社に満足しているか」という6つの項目
に対して、日本語能力高グループと日本語能力低グループの回答の平均値に
差があるのかどうかについてt検定（対応を持たない2グループの平均値の差の
検定）で調べた。その結果、「4．上司に満足しているか（$t=2.502$, $df=78$,
$p=.014$）」「5．同僚に満足しているか（$t=2.136$, $df=78$, $p=.036$）」「6．総体
的に、現在の会社に満足しているか（$t=2.360$, $df=78$, $p=.021$）」の3項目で
5％の水準で2グループの平均値に統計的に有意な差があった（表25-5参
照）。

　表25-5を見ると、6つの項目全てにおいて、日本語能力低グループの方
が日本語能力高グループよりも平均値が高いことがわかる。その中でも特に、
統計的に有意差があった「4．上司に満足しているか」「5．同僚に満足し
ているか」「6．総体的に現在の会社に満足しているか」の3項目に対して
は、日本語能力低グループの方が日本語能力高グループよりも「満足」だと
感じていた。

Ⅲ．考察

　本節では、前節の分析をもとに、「1．日本語使用状況」「2．日本語能力
の実態」「3．日本語能力試験と日本語能力の関連」「4．職位、収入、会社
の満足度などと日本語能力との関連」について考察を行う。

第25章　中国進出日系企業における言語について（日本語を中心に）　　475

表25-5　日本語能力高グループと低グループの回答の差

	平均値	SD	t	F 値	df
1．現在の仕事に満足しているか	3.65（低グループ） 3.58（高グループ）	0.893 0.844	0.000	0.128	78
2．現在の収入に満足しているか	2.85（低グループ） 2.65（高グループ）	1.231 1.189	0.400	0.465	78
3．現在の地位に満足しているか	3.45（低グループ） 3.10（高グループ）	0.959 1.172	1.415	3.020	78
4．上司に満足しているか	4.08（低グループ） 3.55（高グループ）	0.797 1.061	2.563*	12.710	78
5．同僚に満足しているか	4.15（低グループ） 3.78（高グループ）	0.7 0.862	1.513*	10.314	78
6．総合的に、現在の会社に満足しているか	3.85（低グループ） 3.40（高グループ）	0.736 0.955	2.349*	6.496	78

注：*は5％水準で統計的に有意な差があることを意味する。
　　「低グループ」は「日本語能力低グループ」を、「高グループ」は「日本語能力高グループ」
　　を意味する。

　「1．日本語使用状況」については、半数以上の中国人が職場で日本人と日本語で話すと回答していることからも分かるように、中国進出日系企業では、日本語使用が頻繁に行われる環境であると言える。

　「2．日本語能力の実態」について分析結果を見てみると、中国人従業員のほとんどが「日本語であいさつなどの簡単なことができる」が、その他の仕事で使う日本語については「できる」と答えた者と「できない」と答えた者にほぼ二分されるという結果になった。このことから、日系企業において日本語ができない中国人従業員も半数近くいるということが判明した。仕事内容によっては、日本人従業員との接点が少なく、日本語がそれほど必要ではない部署もあるだろう。このように、中国進出日系企業では必ずしも日本語能力が必要というわけではなく、仕事内容や必要に応じて、日本語能力のある従業員を雇っていると言える。

　「3．日本語能力試験と日本語能力の関連」については、今回の調査の分析では高い相関があるという結果であったが、日本語能力試験未受験の従業

員も多数存在していた。今回の調査では、客観的に日本語能力を測定するツールとして日本語能力試験のレベルを問う設問を設けたが、現状では、日本語能力試験を受験していない者の中にも日本語を使う従業員がおり、また日本語がそれほど必要とされない部署もあることから、日本語能力試験自体は必ずしも中国進出日系企業の採用に結びつくというわけではないようだ。企業内面接で日本語能力を見極めたり、また入社後に独自の日本語研修などを受けさせている会社もあり、企業は日本語能力試験の結果を用いる以外に、それぞれに合った人材育成を行っていた。

「4. 職位、収入、会社の満足度などと日本語能力との関連」のうち、まず「職位」については、日本語能力の差によって職位に違いは見られなかった。このことから、日本語能力は職位には影響せず、高い職位には必ずしも日本語が必要だというわけではないと言える。

「収入」と日本語能力との関連を見てみると、上海においても広州においても、日本語能力の差は年収の額に影響していないという結果であった。これは、日本語能力よりもその他の技術・経験などが収入に影響しているためだと考えられる。

「会社の満足度など」と日本語能力との関連については、「上司に満足しているか」「同僚に満足しているか」「総体的に、現在の会社に満足しているか」の3項目で日本語能力が高いグループの方が、日本語能力が低いグループよりも不満に感じているとの結果が得られた。なぜ日本語能力の高いグループの方が、上司や同僚に対して不満だと感じている回答が多いのだろうか。これは、日本語能力が高いと自己を評価しているにも拘わらず、上司や周囲の人間が自分の価値を理解していないと考えているからではないだろうか。また、日本語能力が低いグループの方が総体的に会社に対して満足だと感じている傾向が高いのは、会社側が日本語能力にとらわれず、日本語能力の低い従業員に対しても待遇を差別していないからではないかと考えられる。

Ⅳ. まとめ

　本章では、日系企業での就職に日本語能力がどの程度影響しているのか、日本語能力が職位や収入などに影響を与えているかどうかについての調査を行った。日本語能力が職位や収入に影響を与えているのであれば、日系企業で働く中国人従業員にとって日本語学習が大きなモチベーションにつながると考えたためである。さらに、日本語能力が企業内で円滑に仕事を進めるために大切なツールとなっているのかどうかについても調査した。

　日本語能力が職位や収入などに影響を与えているか調べたところ、現状では日本語能力は職位や収入などに直結しているわけではないようであった。日系企業としては、言語能力の面よりもその他の技術・経験などを重視する傾向にあり、日露戦争以後行われていたように、日本語能力を昇進や昇給の１つの目安としてとらえることは現在の日系企業ではあまり行われていないことが判明した。ただし、これは職種によって異なるのではないかと考えられる。例えば、コールセンターのような高度な日本語能力を必要とする職種では、やはり日本語能力と昇進・昇給は関連性があると考えられ、今後職種による違いなども検討していくことが必要だと思われる。

　日本語能力が企業内で円滑に仕事を進めるために大切なツールとなっているかどうかについて言及すると、言語の問題は中国進出日系企業において中国人と日本人が円滑に仕事を進める上では重要なことだとは考えられるのだが、実際には、企業側はそれほど日本語能力を重視しておらず、職位や収入などにも日本語能力は反映されていない。そのため、日本語能力の高い中国人の中には自らの日本語能力が評価されていないと考える者もおり、その不満が、上司や周囲の同僚に対して、また総体的に会社に対して、日本語能力が高いグループの方が低いグループよりも満足度が低いというデータ結果に繋がっているのではないかと考えられる。なお、収入や職位などの待遇は、

職種、企業規模、従業員の勤務年数や年齢などにも左右される。そのため、同じ職種・会社規模で、同じような勤続年数・年齢の回答者に限定した上で、日本語能力が待遇に与える影響（日本語能力によって職位や収入、会社の満足度に違いがあるかなど）について、比較分析することが今後の課題となる。本稿はそのための第一ステップとなるであろう。

邦文参考文献

木村宗男（1989）「日本語教育の歴史」木村宗男・阪田雪子・窪田富男・川本　喬編『日本語教授法』（pp. 17-32）桜楓社。

国際交流基金（2011）「日本語教育国・地域別情報　2011年度中国」http://www.jpf.go.jp/j/japanese/survey/country/2011/china.html より、2012年8月20日取得。

国際交流基金・日本国際教育支援協会（2012）「日本語能力試験　目的と沿革」http://www.jlpt.jp/about/purpose.html より2012年10月30日取得。

国際交流基金（2013）『海外の日本語教育の現状　2012年度日本語教育機関調査より』くろしお出版。

関正昭（2005）「日本語教育史・言語政策史」縫部義憲監修、水島裕雅編『講座・日本語教育学　第1巻　文化の理解と言語の教育』（pp. 190-207）スリーエーネットワーク。

西田ひろ子編（2002）『マレーシア、フィリピン進出日系企業における異文化間コミュニケーション摩擦』多賀出版。

西田ひろ子編（2007）『米国、中国進出日系企業における異文化間コミュニケーション摩擦』風間書房。

根橋（中原）玲子（2007）「中国進出日系企業において従業員が困難を感じていた行動：面接調査の自由回答分析から」西田ひろ子編『米国、中国進出日系企業における異文化間コミュニケーション摩擦』（pp. 439-461）風間書房。

本田弘之（2012）『文革から「改革開放」期における中国朝鮮族の日本語教育の研究』ひつじ書房。

第26章 ベトナム進出日系企業における言語について（日本語を中心に）

グェン・ティ・ビック・ハー

Ⅰ．はじめに－在ベトナム日系企業における言語調査の概要－

　本章の目的は、ベトナムの日系企業における日本語使用者の属性と企業内での特性や満足度との関係について、その関連性と特徴を検出することである。

　そのために、ベトナムで実施した「ベトナム人と日本人の異文化間コミュニケーション実態調査」の回収票のうちの有効回答244名を用いる。まず、日本語能力に関する項目（Q19-1〜8）に対する回答に基づいて回答者の日本語能力水準とその特徴を確認すると同時に上位と下位のそれぞれ1割に当たる24名を選び出す。次いで、この異なる日本語能力集団が、地域（Q5）、教育（Q7）、職位（Q11）、職場での満足度（Q16）、職場の言語（Q18）、コミュニケーション度合（Q20）、職場イメージ（Q21）に対する質問にどう回答しているかをみることで、日本語言語能力と職場との諸関係を確認する。

　最後に、日本語使用のベトナム人のコミュニケーションの在り方の特徴や課題を探りたい。なお、統計的分析手法には、カイ二乗検定を用いた。

Ⅱ．日本語能力別回答者の基本的特徴

Ⅱ-1．ベトナム人回答者の日本語能力

　日本語能力試験のレベルを問うた質問には全回答者244名のうち79名が回

480　　　第6部　言語調査結果

答し、その内訳は表26-1の通りである。1級能力検定保持者は3名、2級
能力検定保持者が8名、3級検定保持者が20名、4級が3名であり、45名は
受験していなかった（表26-1）。

II-2. 日本語能力1級及び2級回答者の職位

　職位を管理職と非管理職に分けて尋ねたた質問に対して、日本語能力検定
1級保持者3名のうち2名は「他の監督者または管理者を部下としている」、
2級保持者8名のうちの7名も監督または管理の職に就いていると答え、
「事務所で経理の仕事に就いている」との回答は、1級も2級とも各1名に
過ぎなかった（表26-2）。

表26-1　日本語能力級別回答者 　　　$(n=79)$

1級	3名
2級	8名
3級	20名
4級	3名
受験せず	45名

注：ベトナム人回答者244名のうち、79名から回答を得られた。

表26-2　日本語能力1級及び2級回答者の職位

職位の内容	検定1級保持者 $(n=3)$	検定2級保持者 $(n=8)$
他の監督者または管理者を部下としている	2名	3名
一般従業員を直接管理している	0	3名
事務所で一般従業員を監督するレベルの仕事に就いている	0	1名
事務所で経理などの仕事に就いている	1名	1名

第26章　ベトナム進出日系企業における言語について（日本語を中心に）　　481

Ⅱ-3.　日本語能力検定1級及び2級回答者の日本語学習法

　日本語能力検定1級及び2級保持者の学習法については、1級の3名、2級の8名もともに日本語の多様な学習機会を利用して日本語能力を獲得していることが分かる（表26-3）。

Ⅱ-4.　日本語能力検定1級及び2級回答者の働く目的

　回答者の働く目的は、Ⅱ-3の回答と同様に多様である。敢えて言えば、日本または日本人に対する高い期待と自らの能力が動機である（表26-4）。

表26-3　日本語能力1級及び2級回答者の日本語学習法

日本語学習の仕方	検定1級保持者 （$n=3$）	検定2級保持者 （$n=8$）
会社が提供する日本語学習プログラム	1名	2名
通信教育	1名	0名
留学	1名	0名
自主的に学校や個人の教室に通っている	0名	1名
学習プログラムではないが、新聞、アニメ、日本人の知り合いなどを通して日本語を使っている	0名	1名
大学の時、習った	0名	2名
無回答	0名	2名

表26-4　日本語能力1級及び2級の回答者の働く目的（複数選択）

働く目的	検定1級取得者	検定2級取得者
高収入を得るため	1名	3名
日本の新しい技術・知識を学ぶため	1名	2名
自分の持っている能力を活かすため	1名	6名
経験のため日本企業で働いてみたかった	1名	0名
その他	0名	1名

Ⅲ．調査結果の考察

Ⅲ-1．日本語能力と出身地域

　質問では、「高校卒業前に最も長く暮らした地域及び省と都市」について尋ねた。上位24名グループと下位24名グループの回答のうち、「中部」を選んだ回答は合わせて5名以下であったので集計から除き、46名の回答結果を用いて検定を行ったが、両グループの出身地域（ベトナムの北部・南部）との間に統計的に有意な差は認められなかった（$\chi^2 = 2.99$, $df = 1$, $p > .05$）。ちなみに、上位グループでは「北部」出身者が12名、「南部」出身者が8名であり、下位グループでは「北部」出身者が20名、「南部」出身者が4名であった（表26-5）。

Ⅲ-2．日本語能力と教育水準

　回答者の学歴に対する回答を基に、学歴を「大卒」と「非大卒」に分け、それぞれ日本語能力の上位と下位2つのグループの関係をみた検定結果は、両グループ間に統計的に有意な差は認められなかった（$\chi^2 = 0.08$, $df = 1$, $p > .05$）。

　上位24名と下位24名の「大卒」者と「非大卒」者の回答の割合はそれぞれ16名と6名、17名と6名であった。但し、「留学（大学卒業及び大学院修了）」

表26-5　日本語能力（24名と24名）と地域についての分析結果

地域 ＼ 日本語能力	上位24名	下位24名
北部	12名	20名
南部	8名	4名

注：「中部」の回答者が上位に4名・下位に0名であり、上位・下位合わせて5名以下であったため、分析から除いた。

第26章　ベトナム進出日系企業における言語について（日本語を中心に）　　483

表 26-6　日本語能力（上位24名と下位24名）と教育についての分析結果

教育 ＼ 日本語能力	上位24名	下位24名
非大学卒	6名	6名
大学卒	16名	17名

注：「大学院卒」及び「留学（大学卒留学、大学院修了留学）」と回答している者が上位に0名、下位に1名であり、上位・下位合わせて5名以下であったため、分析から外した。なお、「非大学卒」は、中学卒、高校卒及び各種専門・技術学校卒をまとめたグループ。

の回答は上下位グループで5名以下であったため、分析から外している（表26-6）。

Ⅲ-3.　日本語能力と職位

　職位を尋ねた質問の回答は、上位24名と下位24名の2グループの間で対照的な関係がみられた。また、両グループの間で職種に関して統計的にも有意な差が確認された（$\chi^2 = 10.46$, $df = 2$, $p < .01$）。

　日本語能力の高いグループでは「他の監督者または管理者を部下としている」と回答した者が13名、「一般従業員を直接管理している」との回答者が5名であり、「事務所で経理などの仕事に就いている」が4名である。これに対して、下位グループの場合は「他の監督者または管理者を部下としている」、「一般従業員を直接管理している」と答えた者がそれぞれ3名に過ぎず、「事務所で経理などの仕事をしている」が12名であった（表26-7）。

　この差が生まれる理由は、調査対象が日系企業であるため、管理部門では日本人とのコミュニケーション能力が求められ、必要とされているのに対して、事務所内の経理などの仕事では日本語能力がそれほど求められない点にあるだろう。また、職種による日本語能力の必要度によって、人事が選考されていることを示していると思われる。ベトナムでは日系企業への就職には日本語能力が必要であると思われているが、調査結果はそうした通説が正しいことを示していると言えるだろう。

484　　　　　第6部　言語調査結果

表 26-7　日本語能力（上位24名と下位24名）と職位についての分析結果

職位　　　　　　　　　　　　　　　　　　日本語能力	上位24名	下位24名
他の監督者または管理者を部下としている	13名	3名
一般従業員を直接管理している	5名	3名
事務所で経理などの仕事に就いている	4名	12名

注：「事務所で一般従業員を監督するレベルの仕事に就いている」と回答している者が上位に1名、
　　下位に1名であり、上位・下位合わせて5名以下であったため、分析から外した。
　　また、「事務所以外での場所で一般従業員を監督するレベルの仕事に就いている」と回答し
　　ている者が上位に0名、下位に2名であり、上位・下位合わせて5名以下であったため、分析
　　から外した。

Ⅲ-4.　仕事に対する満足度

　質問紙では日本語能力と仕事に対する満足度を尋ねた。「不満・やや不満」
と答えた回答は合計3名で5名以下であったため、「満足・やや満足」と
「どちらともいえない」と答えた合計45名について分析を行った。その結果
は、上位と下位の2つのグループ間の現在の仕事に対する満足度に関して、
統計的に有意な差は認められなかった（$\chi^2 = 0.20$, $df = 1$, $p > .05$）。

　ただし、調査では、日系企業で働く労働者の間で職種を超えて約半分の者
が現状に「満足」を感じていることが分かる（表26-8）。

Ⅲ-5.　現在の収入に対する満足度

　収入に対する満足度に対する質問への回答と日本語能力の関係をみた。上
位24名と下位24名の間で統計的に有意な連関性は認められなかった（$\chi^2 =$
2.83, $df = 2$, $p > .05$）。

　日本語能力と収入に対する満足度が上位グループでは「やや満足・満足」
と答えた回答が6名、下位グループでは3名であるが、「不満・やや不満」
も5名と10名いる。両グループとも「どちらともいえない」が13名と11名と
多数を占める（表26-9）。日本語能力の下位グループで「不満・やや不満」

第26章　ベトナム進出日系企業における言語について（日本語を中心に）　　485

表 26-8　日本語能力（上位24名と下位24名）と現在に仕事に対する満足度についての分析結果

日本語能力 現在の仕事に対する満足度	上位24名	下位24名
どちらともいえない	10名	12名
やや満足・満足	12名	11名

注：「不満・やや不満」と回答している者が上位に2名、下位に1名であり、上位・下位合わせて
　　5名以下であったため、分析から外した。

表 26-9　日本語能力（上位24名と下位24名）と現在の収入に対する満足度についての分析結果

日本語能力 現在の収入に対する満足度	上位24名	下位24名
不満・やや不満	5名	10名
どちらともいえない	13名	11名
やや満足・満足	6名	3名

の回答が多く見られるが、上位グループでも同じ回答があり、満足度と日本語能力の間に一義的な関係は必ずしも見られない。これは、日本語能力の高いグループでは職種的に高い給料を得るのに対して、日本語能力の低いグループでは非管理職が多く賃金が相対的に低いという要因などが働いているからであろう。あるいは、ベトナムで現在、起こっているインフレーションに対する反応であるかもしれない。しかし、一般的に言って、回答者はより高い収入を期待していることが確認される。

Ⅲ-6.　現在の職場に対する満足度

　現在の地位に対する満足度と日本語能力の関係をみると、「不満・やや不満」と答えた回答が上位、下位のグループを合わせて5名であり分析から外して検定を行った。その結果、日本語能力と満足度との関係では上位24名と下位24名の2グループの間で統計的に有意な差が認められなかった（$x^2=$

表 26-10　日本語能力（上位24名と下位24名）と現在に地位に対する満足度についての分析結果

現在の地位に対する満足度　　日本語能力	上位24名	下位24名
どちらともいえない	11名	10名
やや満足・満足	12名	10名

注：「不満・やや不満」と回答している者が上位に1名、下位に4名であり、上位・下位合わせて
　　5名であったため、分析から外した。

0.20, $df=1$, $p>.05$）。

　上位グループと下位グループでは「やや満足・満足」がそれぞれ12名と10名、「どちらともいえない」が11名と10名であり、全般的に言って、両グループともに職場の地位に関しては「やや満足・満足」と「どちらともいえない」が折半されており、不満度は小さい（表26-10）。地位に関しては総体として満足度が高いと言えるであろう。

Ⅲ-7.　職場の上司に対する満足度

　職場の上司に対する満足度に関する回答は、「不満・やや不満」が上位と下位の合計で5名であったため分析から外して行った分析したが、上位24名と下位24名の両グループ間で統計的に有意な差は認められなかった（$\chi^2=0.62$, $df=1$, $p>.05$）。

　質問それ自体では、「やや満足・満足」を答えた回答が上位と下位でそれぞれ11名と13名であり、半数またはそれ以上の回答者が満足を示している（表26-11）。調査結果から見る限り、ベトナムの日系被調査企業では一般論として職場環境は悪くないと言えるだろう。

Ⅲ-8.　同僚に対する満足度

　同僚に対する満足度を問うた回答結果では、上位グループと下位グループ

第26章　ベトナム進出日系企業における言語について（日本語を中心に）　　487

表 26-11　日本語能力（上位24名と下位24名）と上司に対する満足度についての分析
　　　　　結果

上司に対する満足度　　　日本語能力	上位24名	下位24名
どちらともいえない	11名	8名
やや満足・満足	11名	13名

注：「不満・やや不満」と回答している者が上位に 2 名、下位に 3 名であり、下位に上位・下位合
　　わせて 5 名であったため、分析から外した。

表 26-12　日本語能力（上位24名と下位24名）と同僚に対する満足度についての分析
　　　　　結果

同僚に対する満足度　　　日本語能力	上位24名	下位24名
どちらともいえない	10名	7名
やや満足・満足	14名	15名

注：「不満・やや不満」と回答している者が上位に 0 名、下位に 2 名であり、上位・下位合わせて
　　5 名以下であったため、分析から外した。

の間ではほとんど変化はなく、「やや満足・満足」と「どちらともいえない」
の回答はそれぞれ上位グループが14名と10名、下位グループが15名と 7 名で
ある（表26-12）。上位と下位の両グループの間での統計的に有意な差も認め
られなかった（$\chi^2 = 0.48$, $df = 1$, $p > .05$）。

Ⅲ-9.　現在の会社に対する満足度

　現在の会社に対する満足度を日本語能力との関係でみたが、両グループ間
で統計的に有意な差が認められなかった（$\chi^2 = 0.10$, $df = 1$, $p > .05$）。

　ここでも、「やや満足・満足」と「どちらともいえない」と答えた回答が、
日本語能力とは関係なく上位グループで12名と12名、下位グループで12名と
10名のほぼ半々である（表26-13）。全体として、満足度は高いと言えるだろ
う。

488　　　　　　　　　　第6部　言語調査結果

表26-13　日本語能力（上位24名と下位24名）と現在の会社に対する満足度についての分析結果

現在の会社に対する満足度 ／ 日本語能力	上位24名	下位24名
どちらともいえない	12名	10名
やや満足・満足	12名	12名

注：「不満・やや不満」と回答している者が上位に0名、下位に2名であり、上位・下位合わせて5名以下であったため、分析から外した。

Ⅲ-10.　職場で使用する言語

　職場での使用言語を尋ねた質問に対する回答では、日本語能力の上位グループと下位グループの間では、職場で用いる言語では大きな差がみられる。上位グループでは16名が日本語で、5名が日本語と英語の併用と回答しているのに対して、下位グループでは英語が18名、日本語と英語の併用が5名となっている（表26-14）。上位と下位の両グループを合わせて5名以下であるので除外した、日本語能力と使用言語との間の統計的分析でも有意な差が認められた（$\chi^2 = 33.98$, $df = 2$, $p < .001$）。

　在ベトナム日系企業のコミュニケーションが管理部門を中心に日本語で行われ、事務部門や現業的部門では英語を中心に日本語と英語が併用されていることが分かる。ベトナム語がほとんど使われていないことは、日系企業の日本人がベトナム語を話せないことの反映と思われるが、ベトナム語の使用が低すぎる点は気になる。

Ⅲ-11.　職場でのコミュニケーション度合

　職場でのコミュニケーション度合を尋ねた回答結果では、日本語能力上位グループでは24名全員が「多い方・いつも」と回答したが、下位グループの回答では「多い方・いつも」が11名、「時々」が10名であり、大きな差が出た（表26-15）。この結果の統計分析の結果でも、統計的に有意な差が認めら

表26-14　日本語能力（上位24名と下位24名）と職場で使用する言語についての分析
　　　　結果

職場で使用する言語　　　　　　　日本語能力	上位24名	下位24名
日本語	16名	0名
英語	0名	18名
日本語と英語	5名	5名

注：「ベトナム語」（上位0名、下位1名）、「日本語とベトナム語」（上位3名、下位0名）、「通訳
　　を通して話す」（上下とも0名）と回答している者が上位・下位合わせてそれぞれ5名以下で
　　あったため、分析から外した。

表26-15　日本語能力（上位24名と下位24名）と職場でのコミュニケーション度合に
　　　　ついての分析結果

職場でのコミュニケーション度合　　　　　日本語能力	上位24名	下位24名
時々	0名	10名
多い方・いつも	24名	11名

注：「全くない・あまりない」と回答している者が上位に0名、下位に3名であり、上位・下位合
　　わせて5名以下であったため、分析から外した。

れた（$\chi^2 = 14.69$, $df = 1$, $p < .001$）。日本語能力が高いことが会話の機会を増や
し、また日本語での会話を期待される結果になっていると言えるだろう。

Ⅲ-12.　職場以外でのコミュニケーション度合

　日本語能力と職場以外でのコミュニケーション度合について尋ねた質問の
回答では、日本語能力の上位グループと下位グループによる回答をみると、
それぞれ「多い方・いつも」では9名と1名、「時々」が10名と6名、「全
く・あまりない」が5名と17名である（表26-16）。日本語能力の高いグルー
プほどコミュニケーションに対して積極的であることが分かる（表26-16）。
統計的にも上位グループと下位グループの間で統計的に有意な差が確認され
る（$\chi^2 = 13.95$, $df = 2$, $p < .01$）。

490　　　　　　　　第6部　言語調査結果

表26-16　日本語能力（上位24名と下位24名）と職場以外でのコミュニケーション度合についての分析結果

職場でのコミュニケーション度合 ＼ 日本語能力	上位24名	下位24名
全く・あまりない	5名	17名
時々	10名	6名
多い方・いつも	9名	1名

　この差は、日本語能力の高いグループがもともとコミュニケーションに関心が高い人々であると思われ、言語に対するその姿勢が反映されている可能性が高い。

Ⅲ-13.　日本人に対する日本企業で働く前のイメージ

　日本企業で働く前の日本人に対するイメージを尋ねた回答では、「批判的」との回答は上位・下位グループを合わせて2名しかいなかった。上位・下位グループ共に「好意的」との回答が13名と15名で多数を占め、「中立」的がそれぞれ同数の9名であった（表26-17）。2名を除いて分析でも、統計的にも有意な差は認められなかった（$\chi^2 = 0.06$, $df = 1$, $p > .05$）。総じて、日本人に対するイメージは好意的である。

Ⅲ-14.　日本企業で働いた後の日本人のイメージ

　日本企業で働いた後の日本人のイメージを日本語能力の上位グループと下位グループの回答でみると、「批判的」との回答は上位・下位合わせて5名以下であり除いたが、上位グループと下位グループで「好意的」との回答はそれぞれ9名と17名、「中立」が11名と5名である。この回答は、統計的にも有意な差が認められた（$\chi^2 = 4.63$, $df = 1$, $p < .05$）。

　日本語能力の上位のグループと下位グループの回答をみると、日本企業で働くことによって「好意的」イメージを持つ回答が前者で減るのに対して、

第26章　ベトナム進出日系企業における言語について（日本語を中心に）　　491

表 26-17　日本語能力（上位24名と下位24名）と日本人と働く前のイメージについて
　　　　　の分析結果

日本人と働く前のイメージ　　　　　　　　日本語能力	上位24名	下位24名
中立	9名	9名
好意的	13名	15名

注：「批判的」と回答している者が上位に2名、下位に0名であり、上位・下位合わせて5名以下
　であったため、分析から外した。

表 26-18　日本語能力（上位24名と下位24名）と日本人と働いた後のイメージについ
　　　　　ての分析結果

日本人と働いた後のイメージ　　　　　　　　日本語能力	上位24名	下位24名
中立	11名	5名
好意的	9名	17名

注：「批判的」と回答している者が上位に3名、下位に0名であり、上位・下位合わせて5名以下
　であったため、分析から外した。

後者で逆に増えており、両グループの間でイメージのベクトルが逆方向に向
かっている。日本語能力の上位グループでは、期待値が高い人々が日本語を
学び日本企業で働いたのに対して、下位グループでは日本人と働くことによ
ってむしろ親しみを感じることになったということが出来るだろう。現実の
日本人と日本企業に接することによって、中立的なイメージが創られたとい
うことが出来る。そして同時に、全体としては「好意的」イメージが維持さ
れていると言えるであろう。

Ⅳ．ベトナム進出日系企業における日本語能力保持者の行動様式

　Ⅲを通じて、日本語能力上位24名グループと下位24名グループの間にある
日系企業内における諸側面に対する差異について考察してきた。その結果、

回答者からは、言語能力とは関係なく日本企業と日本人に対して好意的感情を持ち、所得に対してはやや不満があるものの、職場環境においては満足度も高い、という結果が得られた。

だが、次の点で日本語能力の高いグループと低いグループでは職位や行動様式で異なることが確認された。Ⅲ-3. 日本語能力と職位、Ⅲ-10. 職場で使用する言語、Ⅲ-11. 職場でのコミュニケーション度合、Ⅲ-12. 職場外でのコミュニケーション度合、Ⅲ-14. 日本企業で働いた後の日本人イメージにおける差である。

一般的に言って、在ベトナム日系企業は経営活動において日本語を用い、日本語能力保持者を優遇する経営方針をとってきたように見える。日本語能力保持者自身もその要請に応えてきた。また、日本語能力保持者は職場内のみか職場外でも日本語言語を用いたコミュニケーションを実践する傾向が確認された。積極的に自己を活かそうとする姿勢と日本へのある種の期待、憧れがその背景にはあるように思われる。しかし、日本企業で働いた後の日本人に対するイメージは日本語能力の上位グループの評価はニュートラルとなり、逆に日本語能力の下位グループでは高まる傾向を示している。過度の期待の修正がみられるということであろう。

ベトナムでドイモイ政策が始まって約20年超の時間が経過した。日系企業は過去10年ほどの間に次々と進出を果たし、ベトナム人も職を求めて積極的な反応を示している。その関係は総じて良好であり、本稿の調査結果もそれを裏付けている。だが、同時に直接的なコミュニケーションの実現は、総じて良好の中にあっても、両者の関係をより現実を踏まえたものになりつつあると言えるように思われる。

邦文参考文献

西田ひろ子編（2008）『グローバル社会における異文化間コミュニケーション』風間書房。

第26章　ベトナム進出日系企業における言語について（日本語を中心に）　　493

野田尚史（2012）『日本語教育のためのコミュニケーション研究』くろしお出版。

英文参考文献

Nguyen Tat Thinh（2006）. Ban ve van hoa ung xu cua nguoi Viet Nam（ベトナム人の行動文化について話す）, NXB Phu nu.

第7部 「後任者へのアドバイス」についての
調査結果

第27章　中国進出日系企業における日本人・中国人後任者へのアドバイス

佐々木由美

Ⅰ．調査の目的

　本章では、中国進出日系企業（広州・上海）で働く日本人・中国人管理職に質問紙調査で尋ねた「後任者へのアドバイス」の自由回答の結果について報告し、考察を試みる。

　日系企業の現場で仕事をする日本人・中国人は、互いの行動から多くを学習したと考えられ、各自の文化で既に獲得している記憶回路網（詳細は第2章参照）へ影響を与えているだろう。記憶回路網の観点から考えると、新しいことを発見し、学習した場合、既存の記憶回路網が再構築されると考えられる。例えば、人前で注意されるのを嫌がる中国人を見て、日本人は「人の尊厳を守ることは大事なので、人前で注意するのはやめよう」と考え始めるかもしれない。また、チームワークを重視する日本人を見て、中国人は「組織で働くのにチームワークは重要だ」と考え始めるかもしれない。記憶回路網の観点で考えた場合、これは各文化で既に獲得されている企業行動の基となる手続きの記憶回路網や方略の記憶回路網が、新たに再構築されることを示唆する。こうした肯定的な意味での記憶回路網の再構築ばかりとは限らないが、「後任者へのアドバイス」を記述する際、調査協力者は、既存の記憶回路網だけでなく、新たな学習により再構築された記憶回路網に基づき回答することが示唆される。したがって、本章で報告する結果は、そうした記憶回路網の変容の一端をうかがわせるものと考えられる。

Ⅱ． 調査の概要

Ⅱ-1． 回答者

　調査対象は、中国進出日系企業で働く日本人・中国人管理職と、彼らと日常的に接触のある社員である。本章では、そのうち日本人・中国人管理職を対象とした質問紙調査で、「後任者へのアドバイス」について尋ねた結果を報告する。本調査の協力者は、中国広州・上海にある日系企業34社（電気・電子、輸送機械・機器、貿易、製造業その他）で働く日本人・中国人管理職である。日本人の有効回答者は194名で、男性186名（95.9%）、女性6名（3.1%）、不明2名（1.0%）で、平均年齢は44.6歳（$SD=8.08$）である。中国人の有効回答者は407名で、男性215名（52.8%）、女性190名（46.7%）、不明2名（0.5%）で、平均年齢は33.8歳（$SD=6.68$）である。このうち、広州における協力企業数は19社、回答者は日本人が109名、中国人が215名で、上海における協力企業数は15社、回答者は日本人が85名、中国人が192名であった。

Ⅱ-2． 調査方法

　調査には質問紙が用いられた。質問紙の中で、日本人には「この企業で働き始めたばかりの日本人管理職・中間管理職の方に、職場で中国人とうまくやっていくためのアドバイスをするとしたら、どんなアドバイスをしますか?」、中国人には「この企業で働き始めたばかりの中国人管理職・中間管理職の方に職場で日本人とうまくやっていくためのアドバイスをするとしたら、どんなアドバイスをしますか?」と尋ね、各自の言語で自由に記述してもらった。

Ⅱ-3． 分析方法

　この自由回答を分析するため、まず、回答内容を文字化した。そのうち、

中国人の回答は、日本の大学院で修士号を取得した中国人留学生により、日本語に翻訳された。その記述内容に出てくるキーワードに基づき、内容を分類するためのコード表を作成した（小池，2007；根橋，2007を参照）。例えば、「相手の文化を尊重すべきだ」という回答があった場合、「文化の尊重」をキーワードとし、これと同じ、あるいは類似する記述に「1」という番号をつけて分類する。この番号表をコード表と呼ぶ。そのコード表に基づき、2名の調査者がコード化（回答内容に番号を付けて分類する作業）を行い、両調査者の分類した結果が、どのくらい一致するかという信頼性（intercoder reliability）を確認した上で、分類された項目に該当する有効回答数と、そのパーセントを調べた。

Ⅲ. 回答結果と考察

　中国進出日系企業で働く日本人と中国人が、「後任者へのアドバイス」として自由に記述した内容を、2名の調査者がコーディングし、コーダー間の信頼性を確認したところ、日本人の回答で99.2％、中国人の回答で99.3％と、それぞれ高い一致度が見られた。したがって、両者の分類化の結果には十分に信頼性があると判断した。また、一人の回答が複数の項目に分かれる内容を含む場合は、複数回答として扱った。この結果、日本人194名から244回答、と中国人407名から554回答が得られた。

　回答は、「言語・コミュニケーション・つきあい」、「文化理解」、「上司・部下として気を付けること」、「仕事への姿勢」、「相手に対する態度」、「その他」という6つの大きい括りの項目（以下、上位項目）を、それぞれさらに詳細に内容を分けた項目（以下、下位項目）に分類した。各上位項目の下位項目は、以下の通りである。上位項目「言語・コミュニケーション・つきあい」の下位項目は、「コミュニケーションをとる」、「相手の意見を聞く」、「自分の意見を言う」、「相手文化の言語を学ぶ・相手文化の言語で話す」である。

上位項目「文化理解」の下位項目は、「相手文化を理解する」、「文化の違いを理解する」、「自文化を押し付けない」、「互いの文化を尊重する」、「自文化を尊重する」である。上位項目「上司・部下として気を付けること」の下位項目は、「指示の仕方」、「部下の仕事を確認する」、「相手を信頼して任せる」、「上司の指示、命令に従う」、「褒める」である。上位項目「仕事への姿勢」の下位項目は、「一生懸命まじめに働く、努力する」、「会社に貢献する」、「計画的に、注意を払って仕事をする」、「規則を守る」、「時間を守る」、「責任を持つ」、「積極性・自主性を持つ」、「自分の能力を高める」、「チームワーク重視」である。上位項目「相手に対する態度」の下位項目は、「礼儀を守る」、「相手を尊重する」、「互いを尊重する」である。「その他」は、上記に該当しない回答を全て含むが、回答数が比較的多かった「文化・国籍を意識しない」を下位項目とした。

　このような下位項目に分類された日本人・中国人の回答を、それぞれ上位10項目ずつ報告し、考察を試みる。ただし、各上位項目の「その他」に分類された回答は内容が多岐に渡るため、報告する上位項目に含めない。

Ⅲ-1.　日本人のアドバイス回答結果と考察

　日本人194名が「日本人後任者へのアドバイス」として記述した回答のうち、上位10項目を報告し、そのうち上位5項目について具体的な回答例を見ながら考察を試みる。日本人から挙げられた日本人後任者へのアドバイスは、第1位が「コミュニケーションをとる」（40名、20.6%）、第2位が「指示を具体的に明確にする」（23名、11.9%）、第3位が同列で「中国文化を理解する」と「相手を尊重する」（各14名、7.2%）、第5位が同列で「相手の意見を聞く」と「自分の意見を言う」、「日中文化の違いを理解する」、「文化・国籍を意識しない」（各13名、6.7%）、第9位が「部下の仕事を確認する」（10名、5.2%）、第10位が「中国語を学ぶ・中国語で話す」（8名、4.1%）であった（有効回答数194名）（表27-1参照）。

第27章　中国進出日系企業における日本人・中国人後任者へのアドバイス　　501

表27-1　日本人による日本人後任者へのアドバイス

($n = 194$)

順位	項目	回答者数（％）
1.	コミュニケーションをとる	40（20.6％）
2.	指示を具体的に明確にする	23（11.9％）
3.	中国文化を理解する	14（7.2％）
3.	相手を尊重する	14（7.2％）
5.	相手の意見を聞く	13（6.7％）
5.	自分の意見を言う	13（6.7％）
5.	日中文化の違いを理解する	13（6.7％）
5.	文化・国籍を意識しない	13（6.7％）
9.	部下の仕事を確認する	10（5.2％）
10.	中国語を学ぶ・中国語で話す	8（4.1％）

Ⅲ-1-1.　コミュニケーションをとる

　中国人と仕事をする上での後任者へのアドバイスとして、日本人回答者が最も多く挙げたのは、「コミュニケーションをとる」（40名、20.6％）であった。この項目には、「コミュニケーションを頻繁にとる」、「公私ともによく話す」、「報告・連絡・相談をする」、「情報の共有化」、「徹底的に話し合う」などの下位項目が含まれる。具体的な回答例は、「公私で中国人スタッフと接する機会を増やすことで、何を考えているか、理解力が向上する」、「毎日コミュニケーションを取り、情報の共有化を図り、目標の遂行、問題の解決を図ること」、「コミュニケーションを多く持つ、相手の意見をよく聞く」などである。

　これらの結果から、約2割の日本人回答者は自らの経験から、コミュニケーションの必要性を感じていることがわかる。前回、アドバイスについて尋ねた中国進出日系企業の調査（根橋，2007）でも、「コミュニケーションをとる」は第1位に挙がっており、同様の調査結果となった。今回、インタビュ

一調査で明らかになった日本人が困難を感じる中国人の行動の（全36項目中）第3位に「報告・連絡・相談をしない」が挙げられ、第7位に「仕事の詳細を尋ねない」が挙げられていることから（第15章参照）、中国進出日系企業で中国人と働く日本人は、中国人が仕事の途中で、報告や連絡をあまり頻繁にしない傾向があること、また、仕事の詳細についてあまり尋ねないことを経験しており、それを困難だと感じていることから、その改善策として、日本人側からコミュニケーションを頻繁にとることを助言していることがわかる。この点について、古田（2004）が40社の中国進出日系企業で実施したアンケート調査では、日本人が回答した「中国人社員とのコミュニケーションの十分度」は平均60％程度で、「通訳を介したコミュニケーション」についても、大半が十分でないと回答していることが報告されている。したがって、中国進出日系企業において、もっと中国人社員とコミュニケーションをとる必要性を感じている日本人は多いであろう。

　その他に、ここで挙げられた回答では、一般的な意味で、日頃から頻繁にコミュニケーションをとり、互いを理解する重要性も挙げられている。これは、異文化間コミュニケーションの場合に限らず、共に仕事をする場合、頻繁にコミュニケーションをとることは、人間関係構築の上でも、より理想的な形で仕事をしていくためにも重要なことであるため、後任者へのアドバイスとして挙げられたと考えられる。

III-1-2. 指示を具体的に明確にする

　中国人と仕事をする上での後任者へのアドバイスとして、日本人回答者が2番目に多く挙げたのは、「指示を具体的に明確にする」（23名、11.9％）であった。この項目には、「具体的・明確に指示を出す」、「繰り返し指示を出す」、「仕事の目的を確認する」、「仕事範囲を明確に指示する」などの下位項目が含まれる。具体的な回答例は、「『日本の常識は中国では非常識』、価値観（判断基準）が違うことが当たり前と理解し、仕事の判断基準を事前に明

確に確認し、伝えておく」、「自分が指示した事項が確実に伝っているかを必ず確認する。間違った受けとめ方をしている場合が多い。まず目的と要件を正確に伝える事からスタートする事が重要」、「仕事の範囲をできるだけ明確にすること。他部署にまたがる仕事は誰が責任者かを、その都度、明確にしておくこと」などである。

　これらの結果から、約1割の日本人回答者は自らの経験から、仕事の明確な指示の出し方を重視していることがわかる。前回、アドバイスについて尋ねた中国進出日系企業の調査（根橋．2007）では、この項目は上位5％以上の回答に入っていなかったことから、近年では、日本人側が指示を明確に出すことの必要性に気づき始めたことが示唆される。今回、インタビュー調査で明らかになった、日本人が中国人に困難を感じる項目の（全36項目中）第6位に「指示の仕方（具体的な指示が必要）」が挙げられていることから（第15章参照）、中国進出日系企業で中国人と働く日本人は、指示をより細かく、明確に出さなくてはいけないことを経験していることが分かる。そして、それを困難だと感じていることから、その改善策として、言語・文化の壁を踏まえた上で、より具体的に指示を出すよう助言していると考えられる。この点について、徐・片岡（1997）の中国進出日系企業での調査で、「日本人管理者はもっと何をすべきか」という質問に対し、中国人回答者の32～34％が「役立つ情報や説明を提供する」「部下に対する役割、責任、期待などを明確にする」という回答を挙げていることから、日本人にもっと具体的な説明、指示、役割分担を提示してほしいと感じている中国人は少なからずいると考えられる。本調査の日本人回答者も、恐らく、そうした中国人のニーズを見聞きした経験があり、そうした必要性を感じ、後任者への助言としたと思われる。

Ⅲ-1-3.　中国文化を理解する・相手を尊重する・日中文化の違いを理解する

　中国人と仕事をする上での後任者へのアドバイスとして、日本人回答者が

３番目に多く挙げたのは同列で「中国文化を理解する」、「相手を尊重する」（各14名、7.2％）で、５番目には「日中文化の違いを理解する」（13名、6.7％）が挙げられた。これらは関連するため、併せて考察する。「中国文化を理解する」という項目には、「相手の仕事のやり方を理解する」などの下位項目が含まれ、その具体的回答例は、「中国人の価値観を理解すること」、「日本で当たり前の事を当たり前と思わないこと。郷に入っては郷に従えと思うこと」、「中国の文化や歴史を理解して接すること」などである。「相手を尊重する」という項目には、「相手を理解する」、「面子をつぶさない」、「同じ目線で話す」などの下位項目が含まれ、その具体例は、「日本以上に同じ目線で話しをすること。個人のプライドをある程度、尊重すること」、「相手を敬うこと」、「上から目線にならないこと。相手を下に見ないこと」などである。「日中文化の違いを理解する」という項目には、「文化の差を認識する」などの下位項目が含まれ、その具体例は、「文化や習慣の差はあって当然と考え、その差は交流する時間の長さで埋めるべき」、「まず文化の違いを認識して接することが大切」、「日本の常識、仕事のやり方は通用しない」などである。

　これらの結果から、１割弱の日本人回答者は自らの経験から、中国人と仕事をするためには、中国文化を理解すること、また日中文化の違いへの理解を重視していることがわかる。前回、アドバイスについて尋ねた中国進出日系企業の調査（根橋，2007）でも、第５位に「文化の違いを理解する」、「相手を対等に扱う」、第７位に「相手文化を理解する」が挙がっており、同様の調査結果となった。今回、インタビュー調査の方で明らかになった日本人が「困難を感じる」中国人の行動の（全36項目中）第１位に「自主性のなさ」が挙げられていることから（第15章参照）、中国進出日系企業で中国人と働く日本人は、中国人は指示されたことのみに従事する傾向があることを経験していると考えられる。この点について、中国は権力格差が大きいため、部下は上司が指示した事のみを実行し、指示されないことをやれば制裁の対象になる可能性があること（周，2007）、部下は上司の指示に全面的に従うことが

第27章　中国進出日系企業における日本人・中国人後任者へのアドバイス　　505

期待されていること（王・張・グッドフェロー，2000）が指摘されている。こうした中国の文化的背景を理解することは、「中国人が自主性がない訳ではない」ことを理解する上で重要である。日本人回答者は、こうした文化的相違が特に困難な情動に結び付く経験をしている。その際に、中国人の行動を理解する上で、まずは中国文化を理解することが重要であることを実感しているため、後任者への助言として挙げたと考えられる。

　「相手を尊重する」という項目は、「相手文化を理解する」とは区別され、相手個人を「人」として尊重するかどうかに焦点が当たっている。しかしながら、相手の文化は、その文化成員である個々人を通して見えてくるものであるため、両者は深く関連すると思われる。相手文化を理解するためには、まず、その文化成員である個々人を尊重し、理解することが必須であるため、その点を認識した日本人回答者が、この点を助言として挙げたと考えられる。

Ⅲ-1-4.　相手の意見を聞く・自分の意見を言う

　中国人と仕事をする上での後任者へのアドバイスとして、日本人回答者が同列で5番目に多く挙げたのは、「相手の意見を聞く」、「自分の意見を言う」（各13名、6.7%）であった。「相手の意見を聞く」という項目には、「相手の話しを聞く」、「相手の本音を聞く」などの下位項目が含まれ、「自分の意見を言う」という項目には、「自分の考えをきちんと話す、明確に話す」などの下位項目が含まれる。「相手の意見を聞く」の具体的回答例は、「相手の主張をよく聞き理解すること」、「スタッフの言うことを十分に最後まで聞くこと」、「言いたいことは全部言わせて、相手の言いたいことをよく聞くこと」などである。「自分の意見を言う」の回答例は、「自分の考え、信念を、何度もじっくり説明すること。できるだけ多くコミュニケーションをとること」、「人をよく見て、日頃からこまめに個々の仕事に関する自分の考えを伝え続けること」、「自分から率先して話しかけ、自分の思い、意志を相手に伝えること」などである。

これらの結果から、５％強の日本人回答者は自らの経験から、中国人スタッフの意見をしっかり聞くこと、また自分の意見も述べることを重視していることがわかる。前回、アドバイスについて尋ねた中国進出日系企業の調査（根橋，2007）では、「自分の意見・考えを話す」については第２位に挙がっており、同様の調査結果となったが、「相手の話を聞く」という項目は、上位５％の回答に入っていない。このことから、以前は、「自分の意見を言う」方に注意がいきがちだった日本人が、近年では、相手の言い分にも、もっと聞く耳を持ち始めた可能性が示唆される。今回、インタビュー調査の方で明らかになった日本人が「学ぶべき」と考える中国人の行動の第９位に「上司の指示に意見する」が挙げられている（第15章参照）。したがって、中国進出日系企業で中国人と働く日本人は、中国人が上司に対してもはっきり意見を述べることを経験しており、そこに文化的相違を認識しているが、それが学びたいという好意的情動に結び付いていることが分かる。こうした文化的相違を認めた上で、奨励したいということから、「相手の意見をしっかり聞く」ことを助言として挙げ、また自らもはっきり意見を述べることを学ぶべきという意味で、「自分の意見を言う」を助言として挙げたと考えられる。すなわち、日本人は上司にはっきり意見を言うことに慣れていないため、ともすると、上司にはっきり物を言う中国人の行動を不快に感じたり、相手の話を最後まで辛抱強く聞かないことを懸念しているとも考えられる。また、日本人は中国人に比べ、意見をはっきり言わない傾向があるという文化的相違を経験したため、中国人を見習い、意見を述べるよう助言したと考えられる。さらに、具体的回答例からも分かるように、「自分の意見を述べる」ことを日常的に実践することが、より頻繁なコミュニケーションにつながる、また、仕事の指示を出す際にも、より自分の意志が伝わりやすくなる、という点も考慮した上での助言だと言える。

Ⅲ-1-5. 文化・国籍を意識しない

中国人と仕事をする上での後任者へのアドバイスとして、日本人回答者が同列で5番目に多く挙げたのは、「文化・国籍を意識しない」（13名、6.7％）であった。この項目には、「偏見（先入観）を持たない」、「同じ人間として接する」などの下位項目が含まれる。具体的な回答例は、「特に中国人だからという先入観を持たないこと。人間関係の本質は国籍で変わらない。中国人が嫌がることは、実は日本人も嫌がることである」、「地域・年代によって考え方も違う。中国人といっても様々な人がいる」、「日本人も中国人も変わらない。心を開いて話せばわかってくれることが多い」などである。

これらの結果から、5％強の日本人回答者は文化や国籍を意識せず、日本人、中国人といった先入観を持たないことを重視していることが分かる。前回、アドバイスについて尋ねた中国進出日系企業の調査（根橋, 2007）でも、「文化・国籍等の違いを意識しない」は第7位に挙がっており、同様の調査結果となった。先に述べたように、中国文化の理解、文化の違いの理解の必要性が挙げられる一方で、このように「文化」の要素をあえて除外し、相手を「個人」として見なすことが助言として挙げられており、この両者のコントラストは興味深い。地域・風土・歴史から、各地域文化が育ち、その地域文化の成員は、その影響を少なからず受けることが自明のことと認識されることが多いが、そこで、あえて「文化・国籍を意識しない」という選択肢を奨励する日本人回答者は、部下や同僚の中国人と、まさに「個人」として深く関わったことが推測される。記憶回路網の観点で考えると、相手について「個人」としての知識、すなわち、人についての記憶回路網が獲得されていない場合、その人を生得的・社会的に獲得された役割（性別、人種、職業など）、すなわち、役割の記憶回路網を通して見ようとする。そして、徐々に人についての記憶回路網が獲得されると、相手を中国人としてではなく、Aさんという個人として見なすようになる。人種や民族に関するステレオタイプ的イメージも、相手についての知識が少ない場合、より強く形成されやすくなる

が、相手に関する知識が獲得され、相手をよく知れば知るほど、ステレオタイプ的イメージで相手を見なくなる。したがって、こうした回答を挙げた日本人回答者は、個々の中国人の人についての記憶回路網を十分に獲得し、「中国人」という役割に関する記憶回路網を通して相手を見ることが少なくなったためだと考えられる。

Ⅲ-2. 中国人のアドバイス回答結果と考察

　中国人が「中国人後任者へのアドバイス」として記述した回答のうち、上位10項目を報告し、そのうち上位5項目について具体的な回答例を見ながら考察を試みる。中国人から挙げられた中国人後任者へのアドバイスは、第1位が「コミュニケーションをとる」(78名、19.2％)、第2位が「日本文化を理解する」(58名、14.3％)、第3位が「日本語を学ぶ・日本語で話す」(36名、8.8％)、第4位が「一生懸命まじめに働く」(35名、8.6％)、第5位が「計画的に細部に注意して仕事をする」(25名、6.1％)、第6位が「自分の意見を言う」(19名、4.7％)、第7位が「チームワークを大切にする」(18名、4.4％)、第8位が同列で「文化の違いを理解する」と「互いを尊重し合う」(各14名、3.4％)、第10位が「相手の意見を聞く」(13名、3.2％) であった (有効回答数407名) (表27-2参照)。

Ⅲ-2-1. コミュニケーションをとる

　日本人と仕事をする上での後任者へのアドバイスとして、中国人回答者が最も多く挙げたのは、「コミュニケーションをとる」(78名、19.2％) であった。この項目には、「コミュニケーションを頻繁にとる」、「公私ともによく話す」、「報告・連絡・相談をする」、「情報の共有化」、「徹底的に話し合う」などの下位項目が含まれる。具体的な回答例は、「同僚とよくコミュニケーションし、状況や従業員の反応を理解する」、「言語上のコミュニケーションを強化する。日本人上司と常にコミュニケーションする」、「頻繁にコミュニケーシ

第27章　中国進出日系企業における日本人・中国人後任者へのアドバイス　　509

表27-2　中国人による中国人後任者へのアドバイス

（*n* = 407）

順位	項目	回答者数（%）
1.	コミュニケーションをとる	78（19.2%）
2.	日本文化を理解する	58（14.3%）
3.	日本語を学ぶ・日本語で話す	36（8.8%）
4.	一生懸命まじめに働く	35（8.6%）
5.	計画的に細部に注意して仕事をする	25（6.1%）
6.	自分の意見を言う	19（4.7%）
7.	チームワークを大切にする	18（4.4%）
8.	文化の違いを理解する	14（3.4%）
8.	互いを尊重し合う	14（3.4%）
10.	相手の意見を聞く	13（3.2%）

ョンをとり、頻繁に報告する。勝手に決断しない」などである。

　これらの結果から、約2割の中国人回答者も、日本人回答者と同様に、コミュニケーションの重要性を感じていることが分かる。今回、インタビュー調査で明らかになった、中国人が「困難を感じる」日本人の行動の（全36項目中）第2位に「情報を十分に共有しない」、同じく第2位に「上司からの指示への意見の述べ方」、第4位に「不明確な指示の仕方」、第9位に「反対意見を述べない」と、コミュニケーションに関連する項目が多く挙げられている（第14章参照）。このことから、中国進出日系企業で働く中国人は、日本人が情報を十分に共有してくれない、指示の仕方が曖昧で分かりにくい、はっきり意見を述べないことに困難を感じていることが明らかで、それゆえに、日本人とコミュニケーションを頻繁にとることの必要性を強く感じていると考えられる。この点について、徐・片岡（1997）の中国進出日系企業での調査でも、「日本人管理者はもっと何をすべきか」という質問に対し、中国人回答者の41%が、日本人は「コミュニケーションを積極的にとるべき」とい

う回答を挙げていることから、日本人にもっとコミュニケーションをとって
ほしいと切望する中国人が多いことが分かる。しかしながら、前回の中国進
出日系企業における中国人による後任者へのアドバイスに関する調査（根橋，
2007）では、コミュニケーションに関するアドバイスは上位5％の回答に入
っていない。これは近年において、日系企業における日本人と中国人の関係
に何らかの変化があったことを示唆するのではないだろうか。すなわち、以
前は、日本文化に適応し、日本人上司の命令に従うべきだという中国人によ
るアドバイスが多く（根橋，2007）、日本人と中国人の上下関係が強い傾向が
あったことがうかがえるが、近年では、日本人と中国人が比較的対等な関係
を築きつつあり、ゆえに中国人側も積極的にコミュニケーションをとる重要
性に注目し始めたのではないだろうか。

　また、日本人回答者の場合と同様に、ここで挙げられた中国人回答者のア
ドバイスでも、一般的な意味での日頃のコミュニケーションの必要性、互い
を理解する重要性が挙げられている。

Ⅲ-2-2.　日本文化を理解する

　日本人と仕事をする上での後任者へのアドバイスとして、中国人回答者か
ら2番目に多く挙がったのは、「日本文化を理解する」（58名、14.3％）であ
った。具体的な回答例は、「日本的な考え方を理解する」、「謙虚に意見を聞
いて、日本的なマネジメントを理解する」、「真面目に日本人同僚の仕事習慣
を理解する。オープンな気持ちで異なる文化の人を受け入れる」などである。

　これらの結果から、1割強の中国人回答者も、日本人回答者と同様に、相
手文化を理解する重要性を感じていることが分かる。しかし、前回、アドバ
イスについて尋ねた中国進出日系企業の調査（根橋，2007）では、「日本文
化・会社文化に適応する」は上位に挙がっていたものの、「相手文化を理解
する」という項目は上位に入っていなかった。このことから、近年では、中
国人側が一方的に日本文化を理解し、適応するというより、日本文化を対等

な立場で理解するという方向へと意識が変化しつつあるのではないだろうか。今回、インタビュー調査で明らかになった、中国人が「学ぶべき」と感じる日本人の行動の上位項目に、「品質・事務管理の徹底」、「問題発生時の対応」、「チームワーク」、「時間厳守」、「報告・連絡・相談」などの、日本的経営の特徴と言われる項目が挙げられた（第14章参照）。このことから、中国進出日系企業で働く中国人は、日本的経営を学びたいとして新たな記憶回路網を獲得しつつあるため、このように日本文化の特徴を学ぶことをアドバイスとして挙げたと考えられる。異なる文化の人達が共に仕事をする環境においては、両者が互いに相手文化を学ぼうとする態度が必須であることが、この結果から改めて確認された。

Ⅲ-2-3. 日本語を学ぶ・日本語で話す

　日本人と仕事をする上での後任者へのアドバイスとして、中国人回答者から3番目に多く挙げられたのは、「日本語を学ぶ・日本語で話す」（36名、8.8%）であった。具体的な回答例は、「日本語を学ばなければいけない」、「基本的な日本語を学び、基本的な日本語でのコミュニケーションをできるようにする」、「日本語の会話をできるようにした方がいい」などである。

　これらの結果から、1割弱の中国人回答者も、日本人回答者と同様に、相手文化の言語を学び、相手の言語を使ってコミュニケーションする必要性を感じていることが分かる。しかし、前回アドバイスについて尋ねた中国進出日系企業の調査（根橋，2007）では、日本人の回答では「相手の言語を学ぶ」が上位項目に挙がっていたものの、中国人の回答では上位に入っていなかった。このことから、近年では、中国人側も相手言語を使おうという歩み寄りが見られるようになったと考えられる。コミュニケーションに関するアドバイスが第1位に挙げられていることから、また、今回のインタビュー調査で中国人が「困難を感じる」日本人の行動に、「意見の述べ方」、「情報共有が不十分」、「指示が不明確」などのコミュニケーション上の問題が多く挙がっ

ていたことからも、言語にも注意を払うようになってきたと考えられる（第14章参照）。異文化間コミュニケーションにおける媒介言語の問題は非常に重要であり、一方が他方の母語を強いられることになれば、それを強いられた側は不利な立場に置かれる可能性が高い。吉武（2009）は、「ある言語を強要されるがために国際的な舞台で自己表現できない状態は、コミュニケーション権利が侵害された状態と考えられる」（p.90）と指摘する。異文化間コミュニケーションの言語選択において、最も公平な方法は、両者にとって外国語となる共通言語を選択することであるが、それが難しい場合は、一方の母語が選択されるしかない。しかし、今回の調査では、日本人、中国人が共に相手言語を学ぶ、相手言語で話す重要性を指摘していることから、両者が、互いの言語を少しずつでも使って歩み寄ろうとしている姿勢がうかがえる。こうした方法も、一方のコミュニケーション権利だけが一方的に奪われる可能性を低くすることから、異文化間コミュニケーションの言語選択において望ましい方法だと思われる。

Ⅲ-2-4. 一生懸命まじめに働く

　日本人と仕事をする上での後任者へのアドバイスとして、中国人回答者から4番目に多く挙がったのは、「一生懸命まじめに働く」（35名、8.6％）であった。この項目には、「よく働く」、「努力する」などの下位項目が含まれる。具体的な回答例は、「上司からの仕事を時間通りに完成させる。真面目に実行する」、「仕事を真面目にする。部下の要求をよく聞いて、問題を解決する」、「口に出さずに仕事をたくさんする。日本人の指示と要求通りに働く」などである。

　これらの結果から、1割弱の中国人回答者は、日系企業で働いた経験から、まじめに一生懸命努力し、働く重要性を実感していることが分かる。前回、アドバイスについて尋ねた中国進出日系企業の調査（根橋，2007）でも、この項目は最も多く挙げられたことから、日系企業で働く中国人は、今も変わ

らず、一生懸命働くことが大事だと考えていることが分かる。具体的な回答例から、彼らにとって一生懸命まじめに働くとは、「上司の指示通りに仕事をするために、時間厳守でまじめに仕事を完成させ、口には出さず、ひたすら働き続ける」ことを指すと思われる。

Ⅲ-2-5. 計画的に細部に注意して仕事をする

日本人と仕事をする上での後任者へのアドバイスとして、中国人回答者から5番目に多く挙がったのは、「計画的に細部に注意して仕事をする」（25名、6.1％）であった。この項目には、「緻密に計画を立て、慎重に着実に仕事をする」、「細部に注意を払う」などの下位項目が含まれる。具体的な回答例は、「仕事の細かいところも完璧にする」、「課題をしっかり考えてから提出する。提出してから解決方法を用意する。報告書のデータなどはちゃんと正しくする」、「仕事の計画を設定してから、実施するやり方に慣れること」などである。

これらの結果から、5％強の中国人回答者は、日系企業で働いた経験から、計画的に細部に注意し、緻密な仕事をする重要性を感じていることがわかる。前回、アドバイスについて尋ねた中国進出日系企業の調査（根橋，2007）でも、「慎重・着実に仕事をする」が第5位に挙げられたことから、日系企業で働く中国人は、今も同様に、計画的に緻密に仕事をすることが大事だと考えていることが分かる。具体的な回答例から、「実行する前に仕事の計画を設定すること」、「細かい部分にも細心の注意を払い、着実に仕事をしていくこと」を、日本人から学びつつあることが分かる。今回、インタビュー調査で明らかになった中国人が「学ぶべき」と感じる日本人の行動の上位項目に、品質・事務管理の徹底、問題発生時の対応、報告・連絡・相談などが挙げられたが（第14章参照）、これらの日本的経営方針では、高い品質レベルを保持するために、細部まで気を配り、計画的に仕事を進める。また、報告・連絡・相談により、互いの連絡を頻繁にすることで、仕事上のミスをなくすこ

とを狙っているが、中国人はこれらを学ぶべきとして習得しつつあるため、これをアドバイスとして挙げたと考えられる。

Ⅳ．まとめ

本章では、中国進出日系企業で働く日本人・中国人が、後任者へ伝えるアドバイスとして自由記述で回答した内容について考察した。

日本人から挙げられた日本人後任者へのアドバイスの上位10項目は、第1位が「コミュニケーションをとる」、第2位が「指示を具体的に明確にする」、第3位が同列で「中国文化を理解する」と「相手を尊重する」、第5位が同列で「相手の意見を聞く」、「自分の意見を言う」、「日中文化の違いを理解する」、「文化・国籍を意識しない」、第9位が「部下の仕事を確認する」、第10位が「中国語を学ぶ・中国語で話す」であった。特筆すべきは、第1位の「コミュニケーションをとる」と、第2位の「指示を具体的に明確にする」と、第5位の「相手の意見を聞く」と「自分の意見を言う」、第9位の「部下の仕事を確認する」、第10位の「中国語を学ぶ・中国語を話す」と、上位10項目中の半分以上の6項目が、実にコミュニケーションに関するアドバイスだという点である。こうした傾向は、前回の中国進出日系企業の同様の調査（根橋．2007）においても見られたが、今回の結果では、それがさらに顕著になっている。これは、中国進出日系企業の日本人が、時間の経過と共に、日本企業の経営スタイルを根付かせるため、また、現地化を進めていくにあたり、コミュニケーションが最重要課題であることに気づいた結果とも考えられる。さらに、残り4項目のうち、第3位の「中国文化を理解する」と「相手を尊重する」、第5位の「日中文化の違いを理解する」の3項目は、相手文化と相手への理解に関するアドバイスである。第5位の「文化・国籍を意識しない」は、中国人という役割に関する記憶回路網を通して相手を見ていた時期を経て、それぞれの個々人に関する記憶回路網を獲得した結果、

第27章　中国進出日系企業における日本人・中国人後任者へのアドバイス　　515

個々人みな違うという結論に達した結果だと考えられ、これは前回の調査（根橋，2007）でも第7位に挙がっていた。このように、日本人のアドバイスの回答は、「コミュニケーション」と「相手文化・相手の理解」の2項目にほぼ集約されると言え、これらが日本人にとって最重要課題であると考えられる。

　一方、中国人から挙げられた中国人後任者へのアドバイスの上位10項目は、第1位が「コミュニケーションをとる」、第2位が「日本文化を理解する」、第3位が「日本語を学ぶ・日本語で話す」、第4位が「一生懸命まじめに働く」、第5位が「計画的に細部に注意して仕事をする」、第6位が「自分の意見を言う」、第7位が「チームワークを大切にする」、第8位が同列で「文化の違いを理解する」と「互いを尊重し合う」、第10位が「相手の意見を聞く」であった。中国人の回答も、日本人同様、第1位、第3位、第6位、第10位の4項目がコミュニケーションに関するもので、これは両者に共通する点である。したがって、コミュニケーションは双方にとって重要であることが分かる。あえて相違点を挙げるならば、日本人の回答は、「相手の意見を聞く」と「自分の意見を言う」は同列で第5位であったが、中国人の回答は、「自分の意見を言う」が第6位で、第10位の「相手の意見を聞く」より回答数が多かった点である。これは、中国人にとって「聞く」ことよりも「話す」ことが優先されるが、実質的な実行権や決定権を握る日本人側は、中国人の意見に耳を傾けることも、自分の意見を言うことと同様に重視する傾向があると考えられる。また、次に続く中国人の回答も、日本人同様、第2位と第8位の3項目が文化理解、相互理解に関するものである。したがって、中国人にとっても、文化理解はコミュニケーションに次ぐ重要課題であることが分かる。ここでも、両者の回答傾向の違いを挙げるならば、日本人側のアドバイスは「相手文化・相手の理解」という相手側だけを理解しようとする傾向が強いのに対し、中国人側のアドバイスは、「相互理解」という双方の理解をうながす傾向がより強い。これは、日系企業という他文化の環境で仕事を

し、日本文化へのある程度の適応を促される中国人側としては、日本人に中国文化も理解してほしい、自分達のことも理解してほしいという要望が強いことの表れではないかと考えられ、ごく自然な傾向だと思われる。最後に、第4位、第5位、第7位に挙げられたアドバイスは、中国人が日本人と仕事をする上で獲得した日本文化の記憶回路網に基づく、日本的な経営、日本的な仕事スタイルを獲得した結果、彼らの記憶回路網に変容が起きつつあり、それをアドバイスとして後任者に伝えようとしていると考えられる。

謝辞：

本調査の分析にあたり、明治大学情報コミュニケーション学部の根橋玲子氏にコーディングにご協力いただいた。ここに感謝の意を表したい。

邦文参考文献

王元・張興盛・グッドフェロー, R.（2000）『中国のビジネス文化：中国の経営風土と交渉術』（代田郁保監訳　田中一博・郝暁形訳）人間の科学社。

小池浩子（2007）「米国進出日系企業で働く日本人・米国人従業員の後任者へのアドバイス」西田ひろ子編『米国、中国進出日系企業における異文化間コミュニケーション摩擦』（pp. 545-554）風間書房。

周　宝玲（2007）『日系企業が中国で成功する為に　―異文化経営が直面する課題―』晃洋書房。

徐　寶妹・片岡信之（1997）「中国日系企業における中国人従業員と日本人管理者の意識ギャップ」片岡信之・三島倫八編著『アジア日系企業における異文化コミュニケーション』（pp. 60-86）文眞堂。

根橋（中原）玲子（2007）「中国進出日系企業で働く日本人・中国人従業員の後任者へのアドバイス」西田ひろ子編『米国、中国進出日系企業における異文化間コミュニケーション摩擦』（pp. 555-565）風間書房。

古田秋太郎（2004）『中国における日系企業の経営現地化』税務経理協会。

吉武正樹（2009）「異文化コミュニケーションにおける言語選択」（p. 90）伊佐雅子監修『多文化社会と異文化コミュニケーション』三修社。

第28章 ベトナム進出日系企業における日本人後任者へのアドバイス

香川奈緒美

Ⅰ. 目的

本研究は、在ベトナム日系企業に見られる、日本人とベトナム人の間の異文化間コミュニケーション問題を解明しようとするものである。本章では、赴任中の日本人が後任者にむけて書いたアドバイスをまとめた。

Ⅱ. 調査方法

Ⅱ-1. 回答者

在ベトナム日系企業19社（ハノイ9社、ホーチミン10社）で働く日本人駐在員127名（ハノイ64名、ホーチミン63名）を対象に、調査を実施した。2010年3月から2011年8月の期間に、ベトナムのハノイ市、ホーチミン市を訪れ、質問紙調査を行った。

回答者が所属する企業の業種は、93.7％が製造業（電気・電子製品が全企業の64.6％、鉄鋼・非鉄金属4.7％、石油・ガス8.7％、化学工業3.1％、製造業その他12.6％）、残り6.3％が非製造業であった。回答者の職位に関しては、他の監督者または管理者を部下としている職位についている者が59.1％、一般従業員を直接管理している者が26.8％、事務所で一般従業員を監督するレベルの職位に就いている者が5.5％、また、事務所で経理などの仕事に就いている者と事務所以外の場所で一般従業員を監督するレベルの仕事に就いている者

がそれぞれ3.9％ずつであった。現在の企業への勤続年数は、1か月から41年とさまざまで（$M=17.76$、$SD=10.06$）、ベトナム現地勤務年数は、1か月から11年（$M=2.76$、$SD=2.20$）であった。

　回答者の平均年齢は44.0歳（$SD=8.6$）で、96.9％の回答者が男性、既婚者は85.8％。過半数の回答者（60.6％）の最終学歴は大学卒業、11.8％が大学院卒業、その他、14.2％が高等学校卒業、7.9％が専門学校卒業、外国留学を経験した人が0.8％であった。

II-2. 分析方法

　質問紙調査から得られた回答内容を集計した。ほとんどの回答者は、数種類の異なるアドバイスを記入していた。よって、まず、回答と照らし合わせながら、異なるアドバイスのリストを作成した。次に、回答1つひとつが、どのアドバイスを指しているか区別した。たとえば、「怒りすぎず、何が悪かったのか具体的に説明をする」という回答からは、「怒りすぎない」と「説明は具体的にする」の2つアドバイスを記録した。

III. 分析結果

　アドバイスの内容を大きくグループ分けすると、褒め方や怒り方について、監視方法、指導方法、動機づけ、人間関係形成、相手を理解する姿勢、文化の違い、警告・対処方法の8グループにまとめられた。

III-1. 褒め方、怒り方

　褒めることを勧める意見が5件あった。「頑張ったことを褒める」、「皆の前で褒める」、「少しでも良いところを探して褒める」などの意見であった。類似して、いつも笑顔で過ごすことを勧めた意見が2件あった。

　怒ることに関するアドバイスが多数あった。特に、「怒るときには皆の前

第28章　ベトナム進出日系企業における日本人後任者へのアドバイス　　519

表 28-1　アドバイス一覧（褒め方、怒り方）

アドバイス	件数
個人的に叱る	8
プライドを傷つけない	5
決して非を認めないと知っておく	1
怒らない	7
怒りすぎない、怒らず注意する	3
短気にならない　忍耐　辛抱強く	11
細かいことは目をつぶる	2
褒める	5
笑顔で過ごす	2

でなく個人的に」という意見が 8 件、「ベトナム人はプライドが高く決して非を認めないので、プライドを傷付けないことが大切」というアドバイスも 5 件あった。なるべく怒らないとするアドバイスも多く、「怒らない、怒りすぎない、怒らず注意をする」などという意見が10件、「短気にならず、忍耐強く指導する」というアドバイスが11件、また、「細かいことは目をつむる」というアドバイスも 2 件あった。

Ⅲ-2.　監視方法

　ベトナム人の仕事ぶりをどのように監視すべきかという点についてのアドバイスをまとめた。最多だったのが、「コミュニケーションを密にとる」というもので13件、次が、「しつこく関与する・仕事の過程で何度もチェックする」というもので 6 件あった。その他は、「頻繁に監視している姿を見せて、監視していることをアピールする」というアドバイス、「どうやったらベトナム人が働いてくれるか知恵比べをする気持ちでいる」、「100％ミスがあると覚悟して監視をする」というアドバイスがそれぞれ 1 件ずつあった。

表28-2 アドバイス一覧（監視方法）

アドバイス	件数
コミュニケーションを密にとる	13
しつこい関与　途中でチェック	6
頻繁にチェックして、監視していることをアピール	1
どうしたら働いてくれるか知恵比べをする感覚で	1
100％ミスがあると覚悟して監視する	1

表28-3 アドバイス一覧（指導方法）

アドバイス	件数
細かく丁寧に説明　善し悪しをはっきり	30
繰り返し諦めず教育する　責任感を教える	6
納得するまで会話をする	8
自らやって見せる	4
ホウレンソウの徹底	11
信賞必罰	1
自律的に継続的に出来るよう導く	1
信念を持つ	1
あわてず、焦らず	1

III-3. 指導方法

　仕事の教授法についても多くのアドバイスがあった。多数の支持があったアドバイスは、「細かく、具体的に、丁寧に説明をして、何が善くて何が悪いかを明確にする」というもので、30件あった。「繰り返し諦めずに教育する」というアドバイスが6件、「相手が納得するまでじっくり話し合う」というアドバイスが8件、さらには、「分かりやすいように自分がやってみせる、率先して働いて見せる」というアドバイスも4件あった。その他、「ホウレンソウ（報告、連絡、相談）の徹底を進める」意見が2件、1件ずつのアドバイスには、「信賞必罰」、「自律的・継続的に出来るように導く」、「信念

第28章　ベトナム進出日系企業における日本人後任者へのアドバイス　　521

を持つ」、「あわてず焦らず」、というものがあった。

Ⅲ-4. 動機付け

　「ベトナム人にやる気をもたせると良い」とするアドバイスもあった。やる気を出させるというアドバイスそのものは１件であったが、そのやる気を出させるための作戦的なアドバイスは多種類あった。「相手の意見をよく聞く」が７件、「おだてる」が２件、「相手の長所を見つけるようする」が２件、「向上したいという動機を維持させられるようにする」、「ベトナム人の意見を先に聞いた上でこちら側の意見を言う」、「仕事を面白くする」、「多めの給与を保証する」がそれぞれ１件ずつあった。また、「ベトナム人に成功する経験をさせることによって、会社のために働こうという意識を持たせる」というアドバイスもあった。

Ⅲ-5. 人間関係形成

　ベトナム人との人間関係を構築していくことが大切だとするアドバイスも

表28-4　アドバイス一覧（動機づけ）

アドバイス	件数
やる気を出させる	7
意見を聞く	11
おだてる	11
長所を見つける	1
向上する意欲を維持する	1
話を聞いた上で意見を言う	1
仕事をおもしろくする	1
成功体験をさせると忠誠心がつく	1
多めの給与を保証	1

多くあった。一番多かったものには、「仕事以外の内容、または仕事以外の場でのコミュニケーションをとる」が11件あった。「仕事の後に一緒に食事に行く」、「社員の家族のことを気にかける」、「お土産を渡す」、「慰安旅行を計画する」、「冠婚葬祭のときはいくらかのお金をあげる」などの意見があった。人間関係の構築を目的としたその他のアドバイスには、「相手を尊重する」が6件、「ベトナム人を見下さない・あなどらない」が5件、「信頼関係をつくる」が2件あった。他にも1件ずつではあるが、類似したコメントに、「気配りをする」、「個人を認める」、「だまされる覚悟で信頼する」、「共に成長する」、「愛情を持って接する」、「約束を守る」があった。また、人間関係を築く上での注意を促すアドバイスもあった。一つには、「ヤキモチ焼きなのですべてのベトナム人に対して平等に気を回し、仲良くする」というものがあった。その他、「ベトナム人はお金にシビアなので、条件のいい会社があればすぐに転職するという行動に対して、人間関係での割り切りが必要」

表28-5　アドバイス一覧（人間関係形成）

アドバイス	件数
信頼関係をつくる	11
仕事以外でコミュニケーションをとる	11
相手を尊重する	6
見下さない、あなどらない	5
気配りをする	1
個人を認める	1
だまされる覚悟で信頼する	1
共に成長する	1
愛情を持って接する	1
約束を守る	1
ヤキモチ焼きなので平等に	1
お金にシビアで転職するので割り切りが必要	1

第28章　ベトナム進出日系企業における日本人後任者へのアドバイス　　523

という声もあった。

Ⅲ-6.　相手を理解する姿勢

　「ベトナム文化を理解することが重要だ」とするアドバイスもあった。「ベトナム人の文化・歴史・政治を知ること、受け入れることが必要だ」とするものが8件、「少しでもベトナム語を話すとよい」というアドバイスが2件、その他、「ベトナムやベトナム人を好きになる」、「初めから先入観を持って接しない」がそれぞれ1件であった。

Ⅲ-7.　文化の違い

　日本人とは異なるベトナムの国民性や文化的行動に対して、いくつか総括的なアドバイスがあった。「ベトナム人は日本人とは異なるということを明確に認識するとよい」という意見が多かった。「ベトナム人を指導する時、日本のやり方にとらわれないほうがよい」とするアドバイスが最多の8件あった。その他、1件ずつではあるが、「日本人の真面目さのほうが異常だと解釈する」、「自分が日本ではなくベトナムにいると割り切る」、「ベトナム人に彼らは仕事効率と教育水準が低いことを自覚させる」というアドバイスがあった。

Ⅲ-8.　警告、対処方法

　ベトナム人と一緒に働くことについて、喚起を促すアドバイスもあった。「ベトナム人に過度な期待をしない」が3件、「信用してはいけない」が2件あった。また、1件ずつのアドバイスには、「ベトナム人を日本人と同様に扱い、ベトナム人に関しては期待しない、理想を求めすぎない、少しずつでも前進すればいいと考えるようにする」、「ベトナム人は分かったと言っていても本当は分かっていないので注意する」、「口先に騙されないようにする」、「馬鹿にされそうなときは一喝する」、「周りに悪影響を及ぼすベトナム人を

第7部 「後任者へのアドバイス」についての調査結果

表 28-6　アドバイス一覧（相手を理解する姿勢）

アドバイス	件数
ベトナム人の文化・歴史・政治を知る、受け入れる	8
少々のベトナム語を話す	2
ベトナム、ベトナム人を好きになる	1
先入観を持たない	1

表 28-7　アドバイス一覧（文化の違い）

アドバイス	件数
日本式にとらわれない	8
日本人の真面目さが異常だと解釈する	1
仕事効率、教育水準が低いことを自覚させる	1
ベトナムにいると割り切る	1

表 28-8　アドバイス一覧（警告・対処方法）

アドバイス	件数
過度な期待をしない	3
信用するな	2
同等に扱って、期待しない	1
理想を求めすぎない	1
少しずつ前進すればよいと考える	1
口先に騙されるな	1
分かったといってもわかっていない	1
馬鹿にされそうなときは一喝する	1
悪いベトナム人を排除して良い環境をつくる	1
虎穴に入らずんば虎児を得ず	1

排除して、企業内にいい環境を保つ」という意見があった。また、「虎穴に入らずんば虎児を得ずということで、信用することにリスクはあるが、そのリスクを負うことを勧める」というアドバイスもあった。

Ⅳ．考察

　在ベトナム日系企業に勤務する日本人は、ベトナム人に対して、勤勉、親しみやすいなどのプラスのイメージを持っているものの、多くのマイナスのイメージを持っていることが分かった。代表的なのは、「自己中心的」、「不真面目」、「自主性がない」、「言い訳をする」、「マナーがない」、「責任感がない」、「プライドが高い」、「時間にルーズ」などである。こうしたベトナム人の仕事に取り組む態度に効果的に対応するために、ベトナム人の態度の解釈の仕方を工夫したと言える。

　また、密にコミュニケーションを取り合い、かなり頻繁にベトナム人の仕事の進行状況や正確さを確認し、その都度具体的に明確な指示を出していくことが強調された。さらには、ベトナム人に、日本人側の意向や意見を効率的に、また円満に取り入れてもらうために、人間関係の構築に力を入れていることも分かった。ベトナム人の文化に従い、彼らが大切にしている家族のことを気遣うなどのテクニックを使い、信頼関係を築いた上で、仕事上の話し合いをすると、よく聞きいれてもらえるようだ。日本人と同様に、相手を信頼して仕事を任せていると感じさせるようにベトナム人と接し、心の底では完全に任せきるのではなく緊張感を持って頻繁に監視するという企業体制がうかがわれた。

第29章 ベトナム進出日系企業におけるベトナム人
後任者へのアドバイス

小川直人

I. はじめに

　ベトナムへ進出する日系企業の数は今後ますます増加することが予測され、それに伴い日系企業で働くベトナム人の数も当然増えることになる。日系企業がベトナムで成功するためには、現地従業員との間に効果的な協働関係を築けるかどうかが鍵となる。効果的な協働関係の構築のためには、日系企業で働く際に必要となる心構えや注意点などを、すでに日系企業で働いているベトナム人からアドバイスとして聞き、それをベトナム人後任者へ伝えることも有効な手段の1つである。そこで本章では、日系企業でベトナム人後任者がうまくやっていくためのアドバイスを、現在日系企業で働いているベトナム人に尋ねた結果についてまとめた。それらのアドバイスは現地企業と日系企業で働く際の違い、すなわちある文化内における円滑な対人関係を保つための情報が蓄積された記憶回路網の違いに基づいたものである。この記憶回路網は、ある文化において誤解のないコミュニケーション行動を取る為に必要となる情報や知識を含んだ組織化された認知構造のことである（西田，2000）。

II. 回答者

　在ベトナム日系企業19社（ハノイ9社、ホーチミン10社）で働くベトナム人

従業員214名（ハノイ107名、ホーチミン107名）を対象に、2010年3月から2011年8月の期間に、ベトナムのハノイ市、ホーチミン市を訪れ、質問紙調査を行った。

　回答者が所属する企業の業種は、83.6%が製造業（電気・電子製品59.8%、石油・ガス9.3%、鉄鋼・非鉄金属4.2%、化学工業2.8%、製造業その他7.5%）、残り16.4%が非製造業（運輸5.2%、銀行・金融1.9%、非製造業その他9.3%）であった。また、回答者の平均年齢は33.1歳（$SD=7.4$）で、214名中128名（59.8%）が男性、86名（40.2%）が女性であった。

Ⅲ．ベトナム人従業員からベトナム人後任者へのアドバイス

　この章での分析の対象になった日系企業で働いているベトナム人回答者数は214名で、全部で590件のアドバイスが寄せられた。それらの中で類似した内容のものをまとめ分析した結果、2つの側面からアドバイス項目を考察できることが判明した。それらは、日系企業における「働く姿勢」と「日本人とのコミュニケーション」である。

Ⅲ-1.「働く姿勢」に関するアドバイス

　日系企業で働いているベトナム人から、今後新たに日系企業で働くベトナム人に向けた「働く姿勢」に関するアドバイスを分析した結果の上位10項目について報告する。アドバイスの第1位は「まじめ」（62名、29.0%）、第2位は「規則を守る」（48名、22.4%）、そして第3位は「勉強意欲（向上心）」（29名、13.6%）であった。それ以降の順位は、第4位「納期を守る」・「一生懸命（熱心）」（それぞれ、28名、13.1%）、第6位「責任感」・「正直（素直）」（それぞれ、26名、12.1%）、第8位「時間を守る」（25名、11.7%）、第9位「計画性」・「チームワーク」（それぞれ16名、7.5%）と続いた。表29-1はこれらの結果をまとめたものである。

第29章　ベトナム進出日系企業におけるベトナム人後任者へのアドバイス　　529

表 29-1　日系企業で働くベトナム人からの「働く姿勢」に関するアドバイス：上位10項目

順位	項目	全回答者数
		214名
第1位	まじめ	62名（29.0%）
第2位	規則を守る	48名（22.4%）
第3位	勉強意欲（向上心）	29名（13.6%）
第4位	納期を守る	28名（13.1%）
第4位	一生懸命（熱心）	28名（13.1%）
第6位	責任感	26名（12.1%）
第6位	正直（素直）	26名（12.1%）
第8位	時間を守る	25名（11.7%）
第9位	計画性	16名（7.5%）
第9位	チームワーク	16名（7.5%）

　それでは次に、それぞれの項目ごとに5つの具体例を示し、説明を加える。

Ⅲ-1-1.「まじめ」

　この項目には、以下のような具体的な回答が含まれている。

・まじめに働き、能力を発揮する。

・仕事をまじめにやり、質の良い成果を出す。

・まじめにコツコツと働く。

・まじめに与えられた仕事をこなす。

・まじめな良い態度で仕事をする。

　日系企業で働くベトナム人からもっとも指摘の多かったアドバイスは、「まじめに仕事に取り組むこと」であった。これは日系企業ではベトナム企業に比べ、まじめな取り組み姿勢が重視されるということであり、ベトナム人にとってはもっとも気をつけなければならないアドバイス項目として挙げ

られた。

Ⅲ-1-2.「規則を守る」

　この項目には、以下のような具体的な回答が含まれている。
・規則を厳重に守る。
・規則に反対せずに従うこと。
・会社の労働規則を守る。
・たとえ小さなことでも、会社の規則ならきちんと守る。
・徹底的に会社の規則に従うこと。
　「会社の規則を守ること」は、「日本人とのコミュニケーション」も含んだ全体の中でも２番目に多く指摘された項目である。一般的に、日本人は世界の中でも良い面・悪い面を含めて規則を順守することがよく知られている。この日本人の特性は、ベトナムに進出した企業内においても変わらないため、ベトナム人は日本人のやり方に合わせることが必要となるということである。

Ⅲ-1-3.「勉強意欲（向上心）」

　この項目には、以下のような具体的な回答が含まれている。
・主体的に知らないことを学ぶ。
・同僚から積極的に良いところを学ぶ。
・向上心を持って働けばいい。
・努力して日本人の知識や経験を学ぶこと。
・日本人の働く態度や管理の仕方を学ぶこと。
　「何かを学ぼうという姿勢で仕事に取り組むこと」は、日本の企業では大切である。ベトナムの企業においては必ずしもそうでないためか、この項目を指摘したベトナム人は「日本人とのコミュニケーション」も含んだ全体の中でも４番目に多かった。

Ⅲ-1-4.「納期を守る」

　この項目には、以下のような具体的な回答が含まれている。

・納期を守って仕事をする。

・納期を厳重に守る。

・時間管理を徹底し、納期を守る。

・納期を守るために、能動的に仕事を進める。

・納期に間に合うように時間管理をきちんとする。

　通常、仕事が第一の日本人にとって納期を守ることは大切であり、当たり前のことである。しかし、家族が第一のベトナム人にとっては、家庭の事情を優先することで仕事が遅れることもしばしばあるようである。そこで、家庭の事情のいかんによらず納期を守ること、すなわち仕事を優先することがアドバイスとして挙げられた。またこの項目は、後に出てくる「時間を守る」こととも関連している。

Ⅲ-1-5.「一生懸命（熱心）」

　この項目には、以下のような具体的な回答が含まれている。

・一生懸命与えられた仕事をこなす。

・一生懸命仕事をがんばる。

・仕事熱心になる。

・仕事に熱意を持つ。

・仕事を熱心にする。

　人生において仕事が目的となることの多い日本人と、仕事はあくまでも家族の幸せのための手段であることが多いベトナム人との間に存在する違いに基づいたアドバイスのようである。日系企業で働く際には仕事重視の姿勢が要求されることが、このアドバイスに反映されている。

Ⅲ-1-6. 「責任感」

　この項目には、以下のような具体的な回答が含まれている。
・責任を持って仕事をする。
・仕事に対する責任を持つ。
・責任を持って心をこめて仕事する。
・与えられた仕事をやりこなす。
・勤務時間が終わったから帰宅するのではなく、仕事を終わらせてから帰宅する。

　一生懸命仕事に取り組む姿勢と同様、仕事重視の人生観を持った日本人の企業で働く際には、責任を持って仕事に取り組む姿勢は大切であるため、それを反映したアドバイスである。

Ⅲ-1-7. 「正直（素直）」

　この項目には、以下のような具体的な回答が含まれている。
・正直に仕事に取り組む。
・素直に仕事をする。
・素直で嘘をつかないこと。
・正直に報告すること。
・素直で誠実にコミュニケーションをとる。

　ベトナムのような自身の面子を守ることを重んじる文化においては、自ら引き起こした仕事上の誤りや失敗など、自身の面子を潰すことに繋がる事項を他者に知らせることは大変なことであり、できれば避けたいと思うようだ。しかし、日系企業ではあらゆる面において誠実であることを重視するため、仕事に対する正直で素直な姿勢が求められることを反映したアドバイスである。

第29章　ベトナム進出日系企業におけるベトナム人後任者へのアドバイス　　533

Ⅲ-1-8.「時間を守る」

　この項目には、以下のような具体的な回答が含まれている。

・勤務時間を守る。

・時間を厳重に守ること。

・遅刻しない、早退しない。

・時間厳守。

・会社の定めた勤務時間を厳重に守ること。

　時間の感覚には2つあることが指摘されている。1つはMタイム（mono-chronic time）で、もう1つはPタイム（polychronic time）である。Mタイムの感覚を持った人は時間軸が1つのため時間に正確であるのに対し、Pタイムの感覚を持つ人は時間軸が2つ以上あるため時間にルーズである（Hall, 1976）。また、Pタイムの感覚を持つ人は人間関係を重視するタイプに多いと言われ、日本人よりはベトナム人にこの時間感覚を持つ人が多いと考えられる。したがって、Mタイムの方式に合わせることがアドバイスとして挙げられた。

Ⅲ-1-9.「計画性」

　この項目には、以下のような具体的な回答が含まれている。

・具体的な計画を立てて仕事を進める。

・すぐに上司に説明できる具体的な計画を立ててから仕事をする。

・「Plan-do-check-action」のルールに従って仕事をする。

・具体的ではっきりとした計画を立ててから仕事をする。

・具体的な仕事の計画（1〜3カ月先）を立てておく。

　計画を立てそれを実行していくには、1つの時間軸的感覚が必要となるため、Mタイムの感覚が必要になる。したがって、このアドバイスもベトナム人と日本人の間に存在する時間感覚の違いに基づいたものと言える。

Ⅲ-1-10.「チームワーク」

この項目には、以下のような具体的な回答が含まれている。

・チームワークを重視する。

・チームワーク精神を育てる。

・団結し互いに助け合うこと。

・チームワーク精神、多数決を好む。

・同僚と仲良くして、お互いに仕事を手伝い合う。

　一般的に、日本の企業では製品の品質や生産量を均一にするための手段として、個人間に存在する差異（例えば、能力差や得意・不得意分野など）が反映されやすい「個人作業」よりも、その差異が反映されにくい「共同作業」を重視している。ベトナムに進出した日系企業においてもそのやり方が重視されていることに基づいたアドバイスである。

Ⅲ-2.「日本人とのコミュニケーション」に関するアドバイス

　日系企業で働いているベトナム人から、今後新たに日系企業で働くベトナム人に向けた、「日本人とのコミュニケーション」に関するアドバイスを分析した結果の上位10項目について報告する。アドバイスの第1位は「ホウレンソウ（報告・連絡・相談）を行う」（47名、22.0%）、第2位は「積極的に意見（情報）交換をする」（22名、10.3%）、そして第3位は「職場における日本人のマナーを理解する」（15名、7.0%）であった。それ以降の順位は、第4位「仕事の内容が分かるまで聞く」と「日本語を学ぶ」（それぞれ14名、6.5%）、第6位「日本の文化を理解する」、「上司の指示・命令に従う」、「話をよく聞く」（それぞれ13名、6.1%）、第9位「相談がある時には上司に直接話す」（9名、4.2%）、第10位「激しく口論（議論）するのを避ける」（8名、3.7%）と続いた。表29-2はこれらの結果をまとめたものである。

　以下に、それぞれの項目ごとに5つの具体例を示し、説明を加える。

第29章　ベトナム進出日系企業におけるベトナム人後任者へのアドバイス　　535

表29-2　日系企業で働くベトナム人からの「日本人とのコミュニケーション」に関す
　　　　るアドバイス：上位10項目

順位	項目	全回答者数
		214名
第1位	ホウレンソウ（報告・連絡・相談）を行う	47名（22.0%）
第2位	積極的に意見（情報）交換をする	22名（10.3%）
第3位	職場における日本人のマナーを理解する	15名（7.0%）
第4位	仕事の内容が分かるまで聞く	14名（6.5%）
第4位	日本語を学ぶ	14名（6.5%）
第6位	日本の文化を理解する	13名（6.1%）
第6位	上司の指示・命令に従う	13名（6.1%）
第6位	話をよく聞く	13名（6.1%）
第9位	相談がある時には上司に直接話す	9名（4.2%）
第10位	激しく口論（議論）するのを避ける	8名（3.7%）

Ⅲ-2-1.「ホウレンソウ（報告・連絡・相談）を行う」

　この項目には、以下のような具体的な回答が含まれている。

・常に仕事の進度や情報を報告する。

・仕事においてトラブルが発生すれば、すぐ報告する。

・ホウレンソウを行う。

・仕事の結果が良くても悪くても、とりあえず報告する。

・日本人とよく仕事の相談をする。今の仕事の進捗状況や困難状況、計画な
　ど。

　「ホウレンソウ」は、日本の企業におけるコミュニケーションの基礎とな
るものである。「働く姿勢」を含めた全体の中でも3番目にベトナム人から
の指摘が多かったアドバイスであったことからも、「ホウレンソウ」の大切
さが浮き彫りになった。

Ⅲ-2-2.「積極的に意見（情報）交換をする」

この項目には、以下のような具体的な回答が含まれている。

・積極的に意見交換をし、アドバイスを受ける。

・常に日本人の上司と意見交換をする。

・情報交換を常にする。

・遠慮なく同僚と意見交換をする。

・積極的に意見交換をし、建設的な提案をする。

積極的に仕事に関する意見や情報を交換することも、職場におけるコミュニケーションの大切な側面である。特にチームワークを重んじる日系企業において、これは大切なことであるため、アドバイスとして指摘されたのであろう。

Ⅲ-2-3.「職場における日本人のマナーを理解する」

この項目には、以下のような具体的な回答が含まれている。

・日本人のマナーを知る。

・元気にあいさつする。

・日本人の職場におけるマナーを理解する。

・日本人のマナーや常識を知る。そうすると礼儀正しく見える。

・日本人の職場での文化を理解する。

日本人にとって、元気な声であいさつするなどのマナーを守ることは、職場における人間関係を良好に保つためにも大切である。ベトナムにはベトナム流のマナーがあるのであろうが、日本流のマナーとは違うために、この項目がアドバイスとして指摘されたと考えられる。

Ⅲ-2-4.「仕事の内容が分かるまで聞く」

この項目には、以下のような具体的な回答が含まれている。

・与えられた仕事の内容が分からなければ聞く。

第29章 ベトナム進出日系企業におけるベトナム人後任者へのアドバイス 537

・分かるまで上司の指示の内容を聞く。

・仕事の内容を正確に理解する。分からなければ分からないと言う勇気を持
 つこと。

・分からないことを絶対に分かったと言わない。

・分からなければすぐに聞いて確認する。

　ベトナム人からすると日本人の指示の仕方は分かりにくいものの、あまり
しつこく尋ねるのは上司に対して失礼となる可能性があり、また理解力不足
と上司から否定的にみられることを避けるためにも分かったふりをしてしま
うということがあるようだ。しかし、仕事の内容が分からないままでは、結
局は行き詰ってより大きな問題を引き起こしてしまうことに繋がるため、そ
うならないようにするためのアドバイスである。

Ⅲ-2-5.「日本語を学ぶ」

　この項目には、以下のような具体的な回答が含まれている。

・日本語を学ぶ。

・日本語が分かる人は有利。

・日本人とうまく仕事をするためには日本語の習得が必要である。

・日本語を書けて話せるようになる。

・日本語でコミュニケーションができるように日本語を学ぶ。

　ベトナムに進出した日系企業では、ベトナム語や英語が話せる日本人は少
ないことから、日本人との円滑なコミュニケーションのためには日本語能力
が必要になるということのようだ。

Ⅲ-2-6.「日本の文化を理解する」

　この項目には、以下のような具体的な回答が含まれている。

・日本の文化を理解する。

・日本人の考え方や働き方を調べておく。

・日本人の考え方や文化を知り、良い関係を築く。

・日本や日本人の文化を調べて知っておく。

・上司と部下の関係をより良くするために、日本の文化を理解する。

　日本人と良い人間関係を築くためには、日本の文化を理解する必要があると指摘されたと思われる。

Ⅲ-2-7. 「上司の指示・命令に従う」

　この項目には、以下のような具体的な回答が含まれている。

・黙って従う。

・上司の指示に従う。

・上司の指示に逆らわない。

・間違いと思っても、日本人の指示に従う。

・絶対的に指示に従う。日本人の上司は部下からの意見を聞きたがらないので、そうした方が上司と仲良くできる。

　ベトナムでは上司の指示に誤りがあると思われるときには、即座に部下が上司に意見をすることは当たり前のようである。しかし、日本の企業においては通常、上司の指示は絶対であるため、その違いに関するアドバイスであろう。

Ⅲ-2-8. 「話をよく聞く」

　この項目には、以下のような具体的な回答が含まれている。

・日本人の話を聞くようにする。

・上司からの指示をよく聞いて理解する。

・話を十分に聞くようにする。

・反対せずに、話をよく聞く。

・忍耐強く、意見をよく聞くようにする。

　ベトナム人にとっては、話の途中であっても分かったと思ったら最後まで

聞く必要はないといったコミュニケーションの仕方があるようだが、日本人にとってそれは失礼に当たるという、両文化間の違いに基づいたアドバイスである。

Ⅲ-2-9.「相談がある時には上司に直接話す」

この項目には、以下のような具体的な回答が含まれている。

・相談事があれば直接上司に相談すべき。

・給料や昇進に対する不満があって転職しようとするときは、直接上司に相談すべき。

・会議中ではなく、日本人上司に直接意見を言った方がいい。

・困難に遭遇した際、上司に尋ねる。

・何か提案があれば適切な日本人上司に会って相談した方がいい（ベトナム人の意見を聞かない日本人もいるので）。

日本の企業において、上司は部下が問題を抱えている時に相談に乗ることはよくある。ベトナムの企業ではそのようなことはあまりないとみられ、その両文化間の違いに基づいたアドバイスのようだ。

Ⅲ-2-10.「激しく口論（議論）するのを避ける」

この項目には、以下のような具体的な回答が含まれている。

・不満があっても日本人と議論しない。

・仕事上の関係を良く保つためには、ベトナム人と日本人が参加する会議では激しく口論しない。

・反対したくても「はい、分かりました」と言っておく。その後、良いタイミングで個人的に提案をする。

・不合理的なことを指示されても怒らない。

・日本人と議論する時、怒ってはいけない。日本人はよく熟考してから議論するから。

ベトナム人は日本人に比べて、議論などにおいて白熱しやすく、またときには感情的になりやすいようであるため、その違いに関するアドバイスである。

Ⅳ. おわりに

この章では、ベトナム進出日系企業で働くことになるベトナム人に対し、職場で日本人とうまくやっていくためのアドバイスについて、「働く姿勢」と「日本人とのコミュニケーション」といった2つの視点からの分析を試みた。ベトナム人後任者へのアドバイスの分析を通して、両文化間にさまざまな違いがあることが明らかになった。現地における効果的なマネージメントのために、これらの違いについて日本人側も知っておくことが必要であろう。

邦文参考文献

西田ひろ子（2000）『人間の行動原理に基づいた異文化間コミュニケーション』創元社。

英文参考文献

Hall, E. T. (1976). *Beyond culture*. New York: Doubleday.

おわりに

　本書では、日本人に特有の企業行動に焦点を当て、それらの行動に中国人・ベトナム人管理職がどのように対応しているかについての調査結果をまとめた。具体的には、中国・ベトナム進出日系企業で働く日本人と中国人・ベトナム人管理職の間の異文化間コミュニケーション行動についてデータを収集し、どのような状況でコミュニケーション摩擦が生じているかについて分析・考察したものである。この際、異文化間コミュニケーション行動にはそれぞれの文化環境の中で獲得された記憶が重要な役割を担っているという認知科学的視点を取り入れ、質問項目の作成から分析・考察方法までを行った (LeDoux, 2002; Mandler, 1985, Weisler & Baker-Ward, 1987など)。また、中国とベトナムは社会的環境が似ているために (両国とも一党独裁制の社会主義共和国)、(1)これらの国へ進出した日系企業で働く日本人は同じようなコミュニケーション上の問題を抱えていたか、(2)社会主義的環境で働く日本人は、これまで調査した民主主義的環境 (アメリカ、マレーシア、フィリピン) で働く日本人とは異なった問題を抱えていたか、についても考察することを目的としていた。

　さて、中国・ベトナム進出日系企業で働く日本人と中国人・ベトナム人管理職の間の異文化間コミュニケーション行動について、どのようなことが明らかになったのか、また、どのような状況でコミュニケーション摩擦が生じていたのかについてまとめていく。

Ⅰ. 中国人・ベトナム人管理職と日本人の間の異文化間コミュニケーション行動の特徴

　中国・ベトナム進出日系企業で働く日本人と中国人・ベトナム人現地管理

職の間には、以下のような行動上の違いがあり、これらが中国・ベトナム進
出日系企業における異文化間コミュニケーション行動の特徴となっていた。
Ⅰ-1. 中国人と日本人の間のコミュニケーション行動の特徴：調査結果の分
析を通し、コミュニケーション行動は6つのグループに分類できることが判
明した。(1)中国人は日本人の行動を強く認知して「学ぶべき」と感じる者が
多かったのに対し、日本人は弱い認知レベルで「困難を感じる」者が多かっ
た行動：このグループには、「品質・事務管理」、「報告・連絡・相談」、「始
業時間や会議の開始時間の守り方」など日本的企業行動の12項目が含まれて
いた。(2)日本人は強く認知していて批判的だったが、中国人はほとんど認知
していないものから強く認知しているものまでさまざまであり、行動によっ
て「困難を感じる」「困難を感じない」「学ぶべき」と回答が異なっていた場
合：日本人が強く認知していた中国人の行動は、「中国人の行動特質群」に
含まれていた9行動で、「妻の出産や子どもの入院時に早退、欠勤する」、
「中国人は職務範囲外の業務を行わない」、「日本人部下よりも仕事内容を明
確に指示する必要がある」などであった。(3)中国人は強く認知していたが、
日本人はほとんど認知していなかった行動：「上司も部下も同じ部屋で仕事
をする」という1項目のみが含まれていた。中国人管理職の間では、「見か
ける」と回答した者が72.7%で「文化の相違を感じる」と回答した者が
70.0%であったものの、困難を感じてはいなかった。これに対し、日本人の
間では、「中国人管理職は個室を要求してくる」という行動を「見かけない」
と回答した者が84.6%に上った。(4)中国人・日本人共に相手の行動を強く認
知していて、両者共に相手の行動に批判的な場合：中国人用項目の「日本人
は物事の決定まで時間がかかる」と、これに対応する日本人の「中国人は、
トップダウン（上位下達）方式を好む」のみがこのグループに入っていた。
(5)中国人、日本人共に強く認知していたが、一方は「学ぶべき」、他方は
「困難を感じない」あるいは「困難を感じる」と回答が異なった行動：日本
人は相手の行動を強く認知していたが、情動的には「困難を感じない」ある

いは「困難を感じる」と回答が分かれた。これに対し中国人は強い認知と共に「学ぶべき」と回答。ここには、中国人の「日本人はチームワークを重視する」(「学ぶべき」と回答した中国人は44.9%：日本人用項目は「中国人にはチームワークの感覚がない」で、「困難を感じる」と回答した日本人は46.3%)と「日本人は、中国人部下に対し礼儀正しく接する」(「学ぶべき」と回答した中国人は41.2%：日本人用項目は「中国人は、日本人上司には敬語を使い、目上の者として接する」で、「困難を感じない」と回答した日本人は82.9%)の2項目が含まれた。
⑹日本人の修正行動：日本人が中国人の行動に合わせて行動していたために、中国人側は「見かけない」と回答したケースを「日本人の修正行動」と呼ぶが、ここには「男女従業員を平等に扱う」「妻の出産や子どもの入院の際に早退、欠勤」の2項目が含まれていた。
Ⅰ-2. ベトナム人と日本人の間の異文化間コミュニケーション行動の特徴：調査結果をまとめると、ベトナム人管理職と日本人の間のコミュニケーションは6つのグループに分類できることが判明した。⑴ベトナム人は日本人の行動を強く認知して「学ぶべき」と感じる者が多かったのに対し、日本人は弱い認知レベルで「困難を感じる」と回答した者が多かった場合：このグループには、「品質・事務管理」、「報告・連絡・相談」、「始業時間や会議の開始時間の守り方」など11項目が含まれていた。⑵ベトナム人は強く認知しているが、日本人が認知していない場合：「上司も部下も同じ部屋で仕事」(ベトナム人の間で「文化の相違」を感じていた者は67.6%)の1項目のみが含まれていた。ベトナム人は「困難を感じない」と回答しており、情動摩擦は生じていないと言える。⑶日本人は強く認知しているが、ベトナム人の認知レベルが弱い場合：このグループには、「ベトナム人の転職」(日本人の73.9%が「困難を感じる」と回答)、「妻が出産した時などに早退、欠勤」(日本人は「困難を感じない」と回答)の2項目が含まれていた。⑷日本人は強く認知しているが、ベトナム人は認知していない場合：「ベトナム人部下には仕事内容を明確に指示する必要がある」の1項目のみが含まれていた。⑸日本人もベトナム人

544 　おわりに

も強く認知していたものの互いの行動を肯定的・好意的にとらえていた場合：「日本人上司には敬語を使う」と「日本語で意思疎通」の２項目が含まれる。(6)日本人の修正行動：日本人が自分たちの行動を修正して行動していたために、ベトナム人側は見かけなかったと回答したケースを「日本人の修正行動」としたが、ここには「ベトナム人に職務範囲以外の仕事を行うことを求める」、「休日出勤を求める」、「男女従業員を平等に扱う」など７項目が含まれていた。

Ⅱ. 中国人・ベトナム人管理職と日本人の間で異文化間コミュニケーション摩擦が生じていたのはどのような状況だったか

　本書の第１章で、「異文化間コミュニケーション摩擦」は、認知摩擦だけの場合（一方の認知レベルが強く、もう一方は弱いあるいは認知していない）と、認知摩擦が情動摩擦を呼び起こす場合がある（この場合、情動摩擦は一方あるいは双方が批判的で、情動摩擦を呼び起こす認知摩擦は認知レベルが強い）、という点について述べた。しかし、本調査結果の分析を通して、認知摩擦のレベルは弱いものの情動摩擦のレベルがやや強いものがあった（この点については後述）。ここでは、第９章の表9-2の認知摩擦と情動摩擦についての説明に基づいて、「中国人・ベトナム人管理職と日本人の間の異文化間コミュニケーション行動の特徴」をとらえてみると、以下の場合に認知摩擦と情動摩擦が生じていたと考えられる。(1)中国人が日本人の行動を強く認知して「学ぶべき」と感じる者が多かったのに対し、日本人は弱い認知レベルで「困難を感じる」者が多かった場合：この状況では、認知摩擦と情動摩擦が生じていたと考えられる（中国人は強い認知レベル、日本人は弱い認知レベル：中国人は日本人の行動に好意的、日本人は中国人に批判的）。このグループには、「品質・事務管理」、「報告・連絡・相談」、「始業時間や会議の開始時間の守り方」など日本的企業行動の12項目が含まれていた。ここでは、日本人の認知レベルが弱いにも関わらず、「困難を感じる」と回答した者の割合が高かった。このこ

とから、認知レベルが弱くても、情動が活性化される場合があると言える。これは、認知と情動の機能が異なっていることに起因すると思われる。この点について認知科学者のルドゥー（2004）は認知と情動について、「［認知という機能しかない場合］ズルをしても罪悪感に悩むことはないし、愛情や怒りや恐怖に気をそらされることもない」（p.36）と述べ、「心が脳を通して私たちを私たちたらしめている仕組みを理解したいなら、思考［認知］を担当する部分だけでなく心を丸ごと［情動とモーティベーションも］理解しなくてはならない」（同頁）と述べている。ルドゥーはこの説明の中で、「チェスをすること」は認知の機能であり、「うらやましがる」などは情動の機能であるとしている。(2)日本人は強く認知していて批判的な場合が多いが、中国人はほとんど認知していないものから強く認知しているものまでさまざまであった場合：この状況では、認知摩擦と情動摩擦が生じていたと考えられる（日本人は強い認知レベル、中国人は認知レベルが分散：日本人は中国人の行動に批判的、中国人は情動の回答が分散）。日本人が強く認知していた中国人の行動は、「中国人の行動特質群」に含まれていた９行動で、「妻の出産や子どもの入院時に早退、欠勤する」、「中国人は職務範囲外の業務を行わない」、「日本人部下よりも仕事内容を明確に指示する必要がある」などであり、日本人の思っている企業行動通りに行動しない中国人の姿があった。(3)中国人・日本人共に相手の行動を強く認知していて、両者共に相手の行動に批判的な場合：認知摩擦と情動摩擦が生じていたと考えられる。中国人用項目の「日本人は物事の決定まで時間がかかる」とこれに対応する日本人の「中国人は、トップダウン（上位下達）方式を好む」のみがこのグループに入っていた。日本人の回答は、「中国人の行動特質群」に含まれており、強く認知していた（文化の相違を感じていた者は63.2％）。また、中国人の回答は「業務遂行行動群」に含まれており、こちらも強く認知していた（文化の相違を感じていた者は66.5％）。また、互いの行動に「困難を感じる」と回答した者が約４割であったことから、ここでは認知摩擦と共に情動摩擦を感じていた者が４割程度

いたと思われる。⑷ベトナム人は日本人の行動を強く認知して「学ぶべき」と感じる者が多かったのに対し、日本人は弱い認知レベルで「困難を感じる」者が多かった場合：認知摩擦と情動摩擦が生じていたと考えられる。このグループには、「品質・事務管理」、「報告・連絡・相談」、「始業時間や会議の開始時間の守り方」などの日本的企業行動11項目が含まれていた。このグループは中国進出日系企業における中国人の回答と同じ日本人の行動が含まれており、中国でもベトナムでも認知摩擦と情動摩擦の要因となっていた。⑸日本人は強く認知しているが、ベトナム人の認知レベルが弱い場合：このグループには、「ベトナム人の転職」（日本人の88.4%が「文化の相違を感じる」と回答、73.9%が「困難を感じる」と回答）、「妻が出産した時などに早退、欠勤」（日本人の70.2%が「文化の相違を感じる」と回答、情動摩擦結果は分散）の2項目が含まれており、前者は認知摩擦と情動摩擦が、後者は認知摩擦のみが生じていたと考えられる。⑹日本人は強く認知しているが、ベトナム人は認知していない場合：「ベトナム人部下には仕事内容を明確に指示する必要がある」の1項目のみが含まれていた。日本人の81.9%が文化の相違を感じ、56.5%が困難を感じていたのに対し、ベトナム人の67.3%が文化の相違を感じていなかった。しかし、彼らの34.3%が困難を感じていたことから、認知摩擦と情動摩擦が生じていたと考えられる。

Ⅲ．これらの調査結果は認知科学的視点からとらえるとどのようなことが言えるのであろうか：この側面については、以下の点を挙げることができる。⑴人間の異文化間コミュニケーション摩擦について知るためには、認知の側面のみからのデータの収集・分析だけでは全容を知ることができないということが明らかになったと言える。認知と情動についてのデータを分析することにより、全容の解明に繋がると思われる。⑵中国でもベトナムでも日本人の修正行動というものが見つかったことから、日本人の多くが現地管理職の行動についての記憶回路を獲得し、自己の行動との違いを比較検討し、どこ

をどのように修正すれば彼らに理解してもらえるかという努力をしていたことが判明した。(3)本調査は中国・ベトナム進出日系企業における日本人と中国人・ベトナム人管理職の間の異文化間コミュニケーション摩擦について調査したが、この手法は日本国内の企業の幹部と中間管理職の間にどのような認知・情動上の擦れ違いがあるかや、大学・高校・中学教師と学生・生徒との間のコミュニケーション摩擦の調査などにも使うことができる。そもそも異文化間コミュニケーション摩擦は、相手の行動についての知識（認知記憶）がないために生じると考えられることから（詳細は第1章参照）、相手の行動についての知識を獲得することが必要になってくる。このことが、情動的な不安を抑制することにも繋がると思われる。これは、例えば、新入社員が新しい職場で働き始める際に必要な知識で、この知識があればある程度精神的ストレスを軽減できると思われる。

Ⅳ. 中国とベトナムは社会的環境が似ているために（両国とも一党独裁制の社会主義共和国）、これらの国へ進出した日系企業で働く日本人は同じようなコミュニケーション上の問題を抱えていたか、また、社会主義的環境で働く日本人は、これまで調査した民主主義的環境（アメリカ、マレーシア、フィリピン）で働く日本人とは異なった問題を抱えていたか：環境的要因（社会主義体制）が人間のコミュニケーション行動に及ぼす影響について考察するために、中国に加えてベトナムでも調査を実施したのであるが、調査結果から、社会主義体制や民主主義体制といった大枠より、「日系企業という現場で、どう行動すべきか」という状況的要因の方が重要視されていた。要するに、中国人・ベトナム人管理職たちは、どのように上司である日本人とコミュニケーションすべきか、また、日本人は中国人・ベトナム人管理職の部下や同僚たちとコミュニケーションすべきかが重要な課題であった。調査する前は、中国人・ベトナム人の行動の中には社会主義体制の影響を受けたものが多々あるのではないかと考えていたが、調査結果は、アメリカ、マレーシア、フ

ィリピンという民主主義体制社会で実施した日系企業調査結果と大きくは異なっていなかった。これは、彼ら（アメリカ人、マレーシア人、フィリピン人、中国人、ベトナム人）が置かれていた状況が「日系企業」であったということが大きく影響していると思われる。日系企業で重要な行動は「品質・事務管理」、「報告・連絡・相談」、「問題が生じた場合の追及姿勢」といったもので、これらは日本人に特有な行動である。現地管理職たちにとってはこれらの未知の行動を、日本人とのコミュニケーションを通して記憶回路として獲得していく必要があった。また、日本人たちも日本的企業行動を知らない現地管理職たちとのコミュニケーションを通して、いかに生産性を上げていくかを考えていく必要があった。人間にとっての「状況」の重要性について、ルドゥー（2004）は次のように述べている：「ある特定の状況下で自分がいつもとる行動はどのようなものか。そういうことについての知識の多くは経験によって学習され、私たちは記憶を通してその情報にアクセスできる」(p.13)。人間の行動は、日々のコミュニケーションを通して記憶され、学習されて、一人の人格ある人間が形成されると考えられている（伊藤，1993; 櫻井，2002; ルドゥー，2004; Greenough, Black, & Wallace, 2002; Haberlandt, 1999など）。このことは、日本人は日本という社会環境の中で、また、中国人は中国、ベトナム人はベトナムという社会環境の中で周りの人々とのコミュニケーションを通し、さまざまな状況で適切な行動を獲得し、記憶し、学習していくと考えられる。大枠では社会主義体制は政治環境などに影響を与えているが、日々の暮らしの中ではさまざまな状況における人間対人間のコミュニケーションが重要な役割を果たしていると考えられる。このため、日系企業で働く中国人・ベトナム人にとって重要な事柄は、自分たちとは行動様式が異なる日本人上司といかにコミュニケーションしていくかである。この意味で、本書で扱った調査方法は、日本人にとっても中国人・ベトナム人管理職たちにとっても必要な「異文化の相手とどのようにコミュニケーションしていけばよいか」についての知識を提供できる手法だと思われる。このような手法を通し

て、コミュニケーション行動についての調査・研究が進められていけば、見知らぬ相手（特に異文化の相手）とのコミュニケーションに不安を感じている人たちのストレスを軽減し、内容重視のコミュニケーションを展開していくことができるようになると思われる。

なお本書では、認知摩擦・情動摩擦調査の他に、イメージ調査、言語調査、「後任者へのアドバイス」調査についてもデータを分析・考察した。

最後に、本書の刊行には風間書房の風間敬子さんにたいへんお世話になった。心からお礼申し上げたい。また、静岡県立大学と福岡女子大学で調査補助者としてデータ入力、表の作成などに協力してくれたチョウ・テイさんには、記して感謝の意を表したい。

西田ひろ子

邦文参考文献

伊藤正男（1993）『脳と心を考える』紀伊國屋書店。

櫻井芳雄（2002）『考える細胞ニューロン』講談社。

ルドゥー、J.（2004）『シナプスが人格をつくる：脳科学から自己の総体へ』（森憲作監修、谷垣暁美訳）みすず書房。

英文参考文献

Greenough, W. T., Black, J. E., & Wallace, C. S. (2002). Experience and brain development. In M. H. Johnson, Y. Munakata, & R. O. Gilmore (Eds.), *Brain development and cognition: A reader* (2nd ed., pp. 186-216). Blackwell.

Haberlandt, K. (1999). *Human memory: Exploration and application*. Needham Heights, MA: Allyn & Bacon.

LeDoux, J. (2002). *Synaptic self: How our brains become who we are*. New York: Penguin Books.

Mandler, J. M. (1979). Categorical and schematic organization in memory. In C. R. Puff (Ed.), *Memory organization and structure*. New York: Academic Press.

Weisler, S. E., & Baker-Ward, L. (1987). *Cognitive science: An introduction.* Cambridge, MA: The M.I.T. Press.

付　　録

553

付録 I
中国における認知摩擦調査の信頼性検証（スピアマン順位相関係数）資料

表1　広州日系企業における日本人の回答：「文化の相違」
（全輸送機械・機器 vs. 各輸送機械・機器企業3、5、8）

質問項目	全輸送機械・機器 （$n=37$）	輸送機械・機器3 （$n=3$）	輸送機械・機器5 （$n=6$）	輸送機械・機器8 （$n=28$）
q23.1.1 中国人は有給休暇を全て消化する	3.03	2.33	3.50	3.00
q23.2.1 中国人は品質管理や事務管理を徹底して行わない	2.92	3.00	3.00	2.89
q23.3.1 中国人は上司の指示が良くない方策だと思ったらはっきり言う	1.84	1.67	2.83	1.64
q23.4.1 中国人は仕事の途中で何度も上司に報告相談したりしない	3.30	3.33	4.33	3.07
q23.5.1 中国人は部下の仕事がうまくいった際は必ず褒める	3.65	4.00	3.00	3.75
q23.6.1 中国人は日本人上司の評価内容の説明を求める	3.38	2.67	4.17	3.29
q23.7.1 中国人は会社の規則に従わない場合がある	2.84	3.33	4.00	2.54
q23.8.1 中国人は仕事のわからない点があっても分かるまで尋ねない	3.32	2.00	3.83	3.36
q23.9.1 中国人は上司との関係をよくするために上司に品物を渡す	2.78	2.00	3.33	2.74
q23.10.1 中国人の間では管理職には個室が与えられるべきだと考える	2.25	1.33	2.17	2.37
q23.11.1 中国人は物事を決定するのにあまり時間がかからない	3.97	2.33	4.00	4.14
q23.12.1 中国人は能力型で昇進し年功序列に大きく影響することはない	2.81	2.33	3.17	2.79

q23.13.1 中国人は給与の額に不満があれば上司と交渉する	3.08	2.67	3.67	3.00
q23.14.1 中国人は各自が自分の分担仕事をこなす. チームワークがない	3.59	3.33	3.83	3.57
q23.15.1 中国人は残業を頼まれても私的な先約があれば仕事の方を断る	3.19	3.33	3.50	3.11
q23.16.1 中国人は自分の職務範囲外の業務は行わない	4.11	4.33	4.33	4.04
q23.17.1 中国人は家族と過ごす予定があれば休日出勤を頼まれても断る	3.19	3.67	3.17	3.14
q23.18.1 中国人は日本人上司には敬語を使い目上の者として接する	3.92	3.67	4.00	3.93
q23.19.1 中国人は仕事の始業時間や会議を遅れて始めることが多い	3.78	3.33	4.50	3.68
q23.20.1 中国人は仕事の納期を守らない	3.57	3.00	4.33	3.46
q23.21.1 中国人は男性従業員と女性従業員を平等に扱う	3.68	3.33	3.67	3.71
q23.22.1 中国人は日本人と夕食を食べたり酒を飲みに行ったりしない	2.22	1.67	2.17	2.29
q23.23.1 中国人は会議を議論の場ととらえる. 反対意見も多く飛び交う	3.00	3.33	3.00	2.96
q23.24.1 中国人は日本人上司へ反対意見をはっきりと言う	3.35	3.33	3.00	3.43
q23.25.1 中国人は1対1になれる個室で部下を叱責する	3.57	3.00	4.17	3.50
q23.26.1 中国人部下には日本人部下より仕事内容を明確に指示する	4.32	4.33	4.50	4.29
q23.27.1 中国人は現在より良い給与地位が得られる会社に転職する	4.14	4.00	4.33	4.11
q23.28.1 中国人は能力給を受け取る. 年功序列が給与に影響しない	3.26	2.67	3.83	3.20
q23.29.1 中国人は妻が出産した時や子供が入院した時には早退欠勤する	3.83	2.67	4.50	3.81

付録 I   555

質問項目				
q23.30.1 中国人は配置転換や人事異動を嫌う	3.42	2.33	4.00	3.41
q23.31.1 問題が発生した場合中国人は誰に責任があるかを明確にする	3.70	4.33	3.67	3.64
q23.32.1 中国人は良くない結果や問題が生じた場合は報告しない	3.76	3.67	3.83	3.75
q23.33.1 中国人は業務上の問題点について徹底的に解明をしない	3.68	3.33	4.33	3.57
q23.34.1 中国人とは中国語で意思疎通をはかる	2.58	2.00	2.67	2.63
q23.35.1 中国人は自主的に仕事を探して自ら積極的に仕事をしない	384	3.67	4.33	3.75
q23.36.1 中国人は日本人と日本語で意思疎通をはかる	2.62	1.67	3.50	2.54
q23.37.1 中国人は日本人と仕事や会社の情報共有することを要求する	3.38	3.33	3.17	3.43
r（順位相関－全輸送機械・機器 vs. 各輸送機械・機器企業 3、5、8）	0.702	0.752	0.987	
p（有意水準）	0.000	0.000	0.000	

注：表中の数値は 5 段階尺度（「1．全く感じない」～「5．常に感じる」）の平均値。分析の際には順位に変換。「輸送機械・機器 3」、「輸送機械・機器 5」、「輸送機械・機器 8」は本調査の協力企業である。調査時期により、ランダムに番号をつけたため、「3」、「5」、「8」と番号が順不同である。なお、質問項目「q23.1」は、「問23の1」を意味し、最後の「1」は「文化の相違への回答」という意味である。

表2　広州日系企業における日本人の回答：「見かける」
（全輸送機械・機器 vs. 各輸送機械・機器企業 3、5、8）

質問項目	全輸送機械・機器 ($n = 37$)	輸送機械・機器3 ($n = 3$)	輸送機械・機器5 ($n = 6$)	輸送機械・機器8 ($n = 28$)
q23.1.2 中国人は有給休暇を全て消化する	3.09	2.67	3.83	2.96
q23.2.2 中国人は品質管理や事務管理を徹底して行わない	2.71	2.67	2.80	2.69

q23.3.2 中国人は上司の指示が良くない方策だと思ったらはっきり言う	2.73	3.00	2.83	2.68
q23.4.2 中国人は仕事の途中で何度も上司に報告相談したりしない	3.46	3.33	4.00	3.36
q23.5.2 中国人は部下の仕事がうまくいった際は必ず褒める	3.70	4.00	3.00	3.82
q23.6.2 中国人は日本人上司の評価内容の説明を求める	3.49	2.33	4.00	3.50
q23.7.2 中国人は会社の規則に従わない場合がある	2.68	2.33	3.67	2.50
q23.8.2 中国人は仕事のわからない点があっても分かるまで尋ねない	3.16	2.33	3.50	3.18
q23.9.2 中国人は上司との関係をよくするために上司に品物を渡す	2.24	2.00	3.00	2.08
q23.10.2 中国人の間では管理職には個室が与えられるべきだと考える	1.97	2.33	1.67	2.00
q23.11.2 中国人は物事を決定するのにあまり時間がかからない	4.05	2.33	4.00	4.25
q23.12.2 中国人は能力型で昇進し年功序列に大きく影響することはない	3.20	2.67	3.67	3.15
q23.13.2 中国人は給与の額に不満があれば上司と交渉する	2.69	2.67	3.33	2.54
q23.14.2 中国人は各自が自分の分担仕事をこなす. チームワークがない	3.35	3.67	3.33	3.32
q23.15.2 中国人は残業を頼まれても私的な先約があれば仕事の方を断る	3.03	3.33	3.33	2.92
q23.16.2 中国人は自分の職務範囲外の業務は行わない	3.86	3.33	4.00	3.89
q23.17.2 中国人は家族と過ごす予定があれば休日出勤を頼まれても断る	3.00	3.33	2.83	3.00
q23.18.2 中国人は日本人上司には敬語を使い目上の者として接する	3.89	3.33	4.33	3.86
q23.19.2 中国人は仕事の始業時間や会議を遅れて始めることが多い	3.51	3.33	4.00	3.43

q23.20.2 中国人は仕事の納期を守らない	3.22	3.33	3.83	3.07
q23.21.2 中国人は男性従業員と女性従業員を平等に扱う	3.78	3.33	3.83	3.81
q23.22.2 中国人は日本人と夕食を食べたり酒を飲みに行ったりしない	2.30	1.67	2.00	2.43
q23.23.2 中国人は会議を議論の場ととらえる．反対意見も多く飛び交う	2.84	2.67	3.17	2.79
q23.24.2 中国人は日本人上司へ反対意見をはっきりと言う	3.11	2.33	2.83	3.26
q23.25.2 中国人は1対1になれる個室で部下を叱責する	3.63	3.67	3.50	3.65
q23.26.2 中国人部下には日本人部下より仕事内容を明確に指示する	4.00	4.00	4.50	3.89
q23.27.2 中国人は現在より良い給与・地位が得られる会社に転職する	3.56	3.67	3.83	3.48
q23.28.2 中国人は能力給を受け取る．年功序列が給与に影響しない	3.15	3.00	4.00	2.96
q23.29.2 中国人は妻が出産した時や子供が入院した時には早退欠勤する	3.71	2.67	4.33	3.69
q23.30.2 中国人は配置転換や人事異動を嫌う	3.17	2.33	3.83	3.11
q23.31.2 問題が発生した場合中国人は誰に責任があるかを明確にする	3.61	4.67	3.83	3.44
q23.32.2 中国人は良くない結果や問題が生じた場合は報告しない	3.51	3.33	3.50	3.54
q23.33.2 中国人は業務上の問題点について徹底的に解明をしない	3.43	3.33	3.83	3.36
q23.34.2 中国人とは中国語で意思疎通をはかる	2.61	1.67	2.33	2.78
q23.35.2 中国人は自主的に仕事を探して自ら積極的に仕事をしない	3.59	3.33	3.67	3.61
q23.36.2 中国人は日本人と日本語で意思疎通をはかる	2.46	1.67	3.17	2.39

質問項目				
q23.37.2 中国人は日本人と仕事や会社の情報共有することを要求する	3.32	3.33	3.17	3.36
r（順位相関 – 全輸送機械・機器 vs. 各輸送機械・機器企業 3 、 5 、 8 ）		0.652	0.734	0.984
p（有意水準）		0.000	0.000	0.000

注：表中の数値は5段階尺度（「1．全く見かけない」、「2．見かけるのは30％未満」、「3．見かけるのは50％程」、「4．見かけるのは60-70％」、「5．見かけるのは80％以上」）の平均値。分析の際には順位に変換。「輸送機械・機器3」、「輸送機械・機器5」、「輸送機械・機器8」は本調査の協力企業である。調査時期により、ランダムに番号をつけたため、「3」、「5」、「8」と番号が順不同である。なお、質問項目「q23.1」は、「問23の1」を意味し、最後の「2」は「見かけるへの回答」という意味である。

表3　広州日系企業における中国人の回答：「文化の相違」
（全輸送機械・機器 vs. 各輸送機械・機器企業 3 、 5 、 8 ）

質問項目	全輸送機械・機器 （n＝55）	輸送機械・機器3 （n＝13）	輸送機械・機器5 （n＝25）	輸送機械・機器8 （n＝17）
q23.1.1 日本人管理職は有給休暇全て消化しない	3.26	2.75	3.48	3.29
q23.2.1 日本人管理職は中国人に品質管理を徹底して行うことを求める	4.28	4.33	4.20	4.35
q23.3.1 日本人は上司の指示に対したとえ良くないと思っても言わない	3.81	3.42	3.76	4.18
q23.4.1 日本人は中国人部下に仕事の報告連絡相談するよう要求する	4.04	3.92	4.36	3.65
q23.5.1 日本人上司は部下の仕事がうまくいった際に褒めない	3.00	2.92	2.75	3.41
q23.6.1 日本人は中国人部下が仕事の評価の説明を求めても説明しない	3.30	2.67	3.36	3.65
q23.7.1 日本人はたとえ些細な事柄でも会社の規則に従うよう求める	4.34	4.25	4.63	4.00
q23.8.1 日本人は中国人が仕事内容についてわかるまで尋ねるよう求める	3.83	3.50	4.16	3.59

q23.9.1 中国人部下が物品を渡そうとするが日本人上司は受け取らない	2.83	3.33	2.63	2.76
q23.10.1 この会社では上司も部下も同じ部屋で仕事をする	4.04	3.42	4.13	4.35
q23.11.1 物事の決定までかなりの時間がかかる	3.80	4.08	3.44	4.12
q23.12.1 能力も加味されるが基本的には年功序列で昇進する	3.62	3.92	3.71	3.29
q23.13.1 部下が給与の額を交渉しても上司はうまく説明しない	3.31	3.08	3.56	3.07
q23.14.1 チームワークを重視する	3.80	3.83	4.00	3.47
q23.15.1 中国人にたとえ私的な先約があっても残業することを求める	3.33	2.75	3.40	3.65
q23.16.1 日本人は中国人に職務範囲以外の事柄でも仕事を行うよう求める	3.74	3.83	3.72	3.71
q23.17.1 日本人は中国人が家族と過ごす予定があっても休日出勤を求める	3.11	2.27	3.44	3.18
q23.18.1 日本人は中国人部下に対して礼儀正しく接している	3.72	4.42	3.71	3.24
q23.19.1 仕事の始業時間や会議が始まる前には必ず到着するのを求める	3.89	4.25	4.00	3.47
q23.20.1 日本人は中国人部下に常に仕事の納期を守るよう求める	4.11	4.58	4.28	3.53
q23.21.1 会社では男性従業員と女性従業員の給与や昇進等に差がある	2.31	2.08	2.38	2.38
q23.22.1 終業後日本人上司は中国人部下と酒を飲みに行ったりするのを求める	2.17	1.92	2.20	2.29
q23.23.1 会議は議論の場ではなく承認の場である.会議中に議論しない	2.78	2.92	2.44	3.18
q23.24.1 日本人に対して反対意見を言うことは極力避ける	2.81	2.17	3.04	2.94

q23.25.1 日本人上司は周りに人々がいる所で部下を叱責する	3.70	3.75	3.56	3.88
q23.26.1 日本人上司の指示内容は曖昧で分かりにくい	3.07	2.42	2.80	3.94
q23.27.1 日本人は中国人が転職することを理解しない	3.43	2.92	3.54	3.65
q23.28.1 能力も加味されるが基本的には年功序列型給与を受け取る	2.79	2.83	2.79	2.75
q23.29.1 日本人は中国人が家族事情で早退や欠勤することを理解しない	3.04	2.83	3.21	2.94
q23.30.1 配置転換や人事異動する	3.15	3.33	3.16	3.00
q23.31.1 問題が発生した場合何が原因で問題が発生したのかを明確にする	4.13	4.58	4.28	3.59
q23.32.1 良い結果も良くない結果も上司に素直に報告することを求める	4.15	4.58	4.36	3.53
q23.33.1 業務上の問題点があれば徹底的に追求し解決方法を探し出す	4.28	4.92	4.36	3.71
q23.34.1 この会社の日本人とは中国語で意思疎通をはかる	3.06	4.00	2.71	2.76
q23.35.1 日本人は中国人が自主的に仕事を探してすることを求める	3.74	4.17	3.58	3.65
q23.36.1 この会社の日本人は中国人と日本語で意思疎通をはかる	3.89	3.92	4.00	3.71
q23.37.1 日本人は中国人と仕事や会社についての情報を共有しない	3.35	3.00	3.16	3.88
r（順位相関－全輸送機械・機器 vs. 各輸送機械・機器企業3、5、8）		0.823	0.960	0.706
p（有意水準）		0.000	0.000	0.000

注：表中の数値は5段階尺度（「1．全く感じない」～「5．常に感じる」）の平均値。分析の際には順位に変換。「輸送機械・機器3」、「輸送機械・機器5」、「輸送機械・機器8」は本調査の協力企業である。調査時期により、ランダムに番号をつけたため、「3」、「5」、「8」と番号が順不同である。なお、質問項目「q23.1」は、「問23の1」を意味し、最後の「1」は「文化の相違への回答」という意味である。

表 4　広州日系企業における中国人の回答：「見かける」
（全輸送機械・機器 vs. 各輸送機械・機器企業 3、5、8）

質問項目	全輸送機械・機器 （$n=55$）	輸送機械・機器 3 （$n=13$）	輸送機械・機器 5 （$n=25$）	輸送機械・機器 8 （$n=17$）
q23.1.2 日本人管理職は有給休暇を全て消化しない	2.94	2.33	3.09	3.19
q23.2.2 日本人管理職は中国人に品質管理を徹底して行うことを求める	4.13	4.33	4.25	3.81
q23.3.2 日本人は上司の指示に対したとえ良くないと思っても言わない	3.63	3.50	3.48	3.94
q23.4.2 日本人は中国人部下に仕事の報告連絡相談するよう要求する	3.94	3.83	4.17	3.69
q23.5.2 日本人上司は部下の仕事がうまくいった際に褒めない	2.78	2.50	3.04	2.63
q23.6.2 日本人は中国人部下が仕事の評価の説明を求めても説明しない	2.80	2.33	2.91	3.00
q23.7.2 日本人はたとえ些細な事柄でも会社の規則に従うよう求める	4.33	4.25	4.61	4.00
q23.8.2 日本人は中国人が仕事内容についてわかるまで尋ねるよう求める	4.10	3.92	4.17	4.13
q23.9.2 中国人部下が物品を渡そうとするが日本人上司は受け取らない	2.17	2.75	2.05	1.86
q23.10.2 この会社では上司も部下も同じ部屋で仕事をする	4.30	3.92	4.26	4.67
q23.11.2 物事の決定までかなりの時間がかかる	3.82	3.92	3.23	4.56
q23.12.2 能力も加味されるが基本的には年功序列で昇進する	3.35	3.58	3.42	3.07
q23.13.2 部下が給与の額を交渉しても上司はうまく説明しない	2.90	2.33	3.43	2.56
q23.14.2 チームワークを重視する	3.85	4.08	4.00	3.44
q23.15.2 中国人にたとえ私的な先約があっても残業することを求める	2.98	2.33	3.22	3.12

q23.16.2 日本人は中国人に職務範囲以外の事柄でも仕事を行うよう求める	3.29	3.00	3.39	3.38
q23.17.2 日本人は中国人が家族と過ごす予定があっても休日出勤を求める	2.48	1.82	2.57	2.81
q23.18.2 日本人は中国人部下に対して礼儀正しく接している	3.59	4.08	3.48	3.38
q23.19.2 仕事の始業時間や会議が始まる前には必ず到着するのを求める	3.82	4.08	3.78	3.69
q23.20.2 日本人は中国人部下に常に仕事の納期を守るよう求める	4.31	4.50	4.39	4.06
q23.21.2 会社では男性従業員と女性従業員の給与や昇進等に差がある	1.77	1.67	1.85	1.73
q23.22.2 終業後日本人上司は中国人部下と酒を飲みに行ったりするのを求める	1.80	1.67	1.73	2.00
q23.23.2 会議は議論の場ではなく承認の場である.会議中に議論しない	2.51	2.67	2.14	2.88
q23.24.2 日本人に対して反対意見を言うことは極力避ける	2.66	2.17	3.05	2.53
q23.25.2 日本人上司は周りに人々がいる所で部下を叱責する	3.24	2.92	2.82	4.06
q23.26.2 日本人上司の指示内容は曖昧で分かりにくい	2.78	2.09	2.39	3.81
q23.27.2 日本人は中国人が転職することを理解しない	2.98	2.58	2.76	3.56
q23.28.2 能力も加味されるが基本的には年功序列型給与を受け取る	2.63	2.83	2.50	2.64
q23.29.2 日本人は中国人が家族事情で早退や欠勤することを理解しない	2.25	2.33	2.24	2.20
q23.30.2 配置転換や人事異動する	2.83	2.92	2.67	3.00

付録 I 563

質問項目				
q23.31.2 問題が発生した場合何が原因で問題が発生したのかを明確にする	4.08	4.42	3.96	4.00
q23.32.2 良い結果も良くない結果も上司に素直に報告することを求める	4.25	4.17	4.48	4.00
q23.33.2 業務上の問題点があれば徹底的に追求し解決方法を探し出す	4.48	4.73	4.52	4.25
q23.34.2 この会社の日本人とは中国語で意思疎通をはかる	2.60	3.64	2.43	2.13
q23.35.2 日本人は中国人が自主的に仕事を探してすることを求める	3.61	3.82	3.23	4.00
q23.36.2 この会社の日本人は中国人と日本語で意思疎通をはかる	4.00	3.27	4.17	4.25
q23.37.2 日本人は中国人と仕事や会社についての情報を共有しない	3.29	2.30	3.36	3.81
r（順位相関－全輸送機械・機器 vs. 各輸送機械・機器企業3、5、8）	0.850		0.958	0.873
p（有意水準）	0.000		0.000	0.000

注：表中の数値は5段階尺度（「1．全く見かけない」、「2．見かけるのは30％未満」、「3．見かけるのは50％程」、「4．見かけるのは60-70％」、「5．見かけるのは80％以上」）の平均値。分析の際には順位に変換。「輸送機械・機器3」「輸送機械・機器5」「輸送機械・機器8」は本調査の協力企業である。調査時期により、ランダムに番号をつけたため、「3」、「5」、「8」と番号が順不同である。なお、質問項目「q23.1」は、「問23の1」を意味し、最後の「2」は「見かけるへの回答」という意味である。なお、輸送機械・機器企業1社中国人10名は、本表作成後に協力が判明したため、「輸送機械・機器他1社」として「全輸送機械・機器」との相関を調べたところ、高い相関が認められたため（r=0.869、p=0.000）、分析対象として加えた。このため、第1章の表1-3の「輸送機械・機器」「中国人」の企業数は4社、回答者数は65名となっている。

表5　広州日系企業における日本人の回答：「文化の相違」
（全電気・電子製品 vs. 各電気・電子製品企業9、10、11、14、16、19）

質問項目	全電気・電子製品 (n=29)	電気・電子製品9 (n=4)	電気・電子製品10 (n=3)	電気・電子製品11 (n=8)	電気・電子製品14 (n=4)	電気・電子製品16 (n=5)	電気・電子製品19 (n=5)
q23.1.1 中国人は有給休暇を全て消化する	2.76	3.50	4.00	2.13	2.50	2.80	2.60

q23.2.1 中国人は品質管理や事務管理を徹底して行わない	2.64	2.75	3.33	3.25	1.50	2.50	2.20
q23.3.1 中国人は上司の指示が良くない方策だと思ったらはっきり言う	3.34	3.00	4.00	3.25	3.25	3.20	3.60
q23.4.1 中国人は仕事の途中で何度も上司に報告相談したりしない	3.45	3.75	4.00	3.38	3.00	3.00	3.80
q23.5.1 中国人は部下の仕事がうまくいった際は必ず褒める	2.97	3.00	3.00	2.63	3.75	2.60	3.20
q23.6.1 中国人は日本人上司の評価内容の説明を求める	3.52	3.00	4.00	3.00	3.25	4.00	4.20
q23.7.1 中国人は会社の規則に従わない場合がある	2.83	2.75	3.67	3.00	2.00	2.80	2.80
q23.8.1 中国人は仕事のわからない点があっても分かるまで尋ねない	3.07	3.00	3.67	2.50	3.00	3.60	3.20
q23.9.1 中国人は上司との関係をよくするために上司に品物を渡す	2.07	1.75	1.67	2.14	1.75	2.60	2.20
q23.10.1 中国人の間では管理職には個室が与えられるべきだと考える	2.28	2.50	1.33	2.38	1.50	3.00	2.40
q23.11.1 中国人は物事を決定するのにあまり時間がかからない	3.79	4.00	2.67	4.50	4.00	3.60	3.20
q23.12.1 中国人は能力型で昇進し年功序列に大きく影響することはない	3.90	4.00	2.67	4.38	4.00	3.80	3.80
q23.13.1 中国人は給与の額に不満があれば上司と交渉する	3.52	2.75	4.00	3.75	3.50	3.60	3.40

付録 I

q23.14.1 中国人は各自が自分の分担仕事をこなす. チームワークがない	3.76	4.25	4.00	3.50	3.75	4.20	3.20
q23.15.1 中国人は残業を頼まれても私的な先約があれば仕事の方を断る	3.14	3.25	3.67	2.63	3.50	3.20	3.20
q23.16.1 中国人は自分の職務範囲外の業務は行わない	3.55	3.50	3.67	3.63	3.50	3.40	3.60
q23.17.1 中国人は家族と過ごす予定があれば休日出勤を頼まれても断る	3.14	3.00	4.00	2.25	3.50	3.20	3.80
q23.18.1 中国人は日本人上司には敬語を使い目上の者として接する	3.54	3.75	4.00	3.50	4.33	3.00	3.20
q23.19.1 中国人は仕事の始業時間や会議を遅れて始めることが多い	3.48	4.00	4.00	3.38	3.50	2.80	3.60
q23.20.1 中国人は仕事の納期を守らない	3.00	3.00	3.67	3.00	2.25	2.40	3.80
q23.21.1 中国人は男性従業員と女性従業員を平等に扱う	3.69	4.50	4.67	3.25	3.25	3.40	3.80
q23.22.1 中国人は日本人と夕食を食べたり酒を飲みに行ったりしない	2.14	2.00	2.67	1.75	1.75	1.60	3.40
q23.23.1 中国人は会議を議論の場ととらえる. 反対意見も多く飛び交う	3.41	3.50	3.67	3.50	3.75	2.80	3.40
q23.24.1 中国人は日本人上司へ反対意見をはっきりと言う	3.52	3.50	4.33	3.63	3.00	3.60	3.20
q23.25.1 中国人は1対1になれる個室で部下を叱責する	3.41	3.50	2.33	3.75	3.75	3.20	3.40

q23.26.1 中国人部下には日本人部下より仕事内容を明確に指示する	4.21	4.25	4.33	4.25	4.50	3.80	4.20
q23.27.1 中国人は現在より良い給与・地位が得られる会社に転職する	4.31	3.75	4.67	4.63	4.50	4.00	4.20
q23.28.1 中国人は能力給を受け取る.年功序列が給与に影響しない	3.72	3.75	3.67	4.00	4.00	3.80	3.00
q23.29.1 中国人は妻が出産した時や子供が入院した時には早退欠勤する	4.21	4.50	4.33	3.63	4.75	4.60	4.00
q23.30.1 中国人は配置転換や人事異動を嫌う	3.00	3.50	3.67	2.50	2.67	3.25	3.00
q23.31.1 問題が発生した場合中国人は誰に責任があるかを明確にする	3.76	3.00	4.33	3.63	3.50	4.00	4.20
q23.32.1 中国人は良くない結果や問題が生じた場合は報告しない	3.62	3.50	4.00	3.63	3.25	4.00	3.40
q23.33.1 中国人は業務上の問題点について徹底的に解明をしない	3.38	3.75	3.67	3.13	3.25	3.40	3.40
q23.34.1 中国人とは中国語で意思疎通をはかる	2.97	3.50	3.00	2.75	2.75	2.60	3.40
q23.35.1 中国人は自主的に仕事を探して自ら積極的に仕事をしない	3.14	3.25	3.67	2.75	3.75	2.80	3.20
q23.36.1 中国人は日本人と日本語で意思疎通をはかる	3.14	3.50	4.00	2.38	4.00	3.00	3.00
q23.37.1 中国人は日本人と仕事や会社の情報共有することを要求する	3.31	2.75	3.67	3.75	3.75	2.60	3.20

r（順位相関 – 全電気・電子製品 vs. 各電気・電子製品企業9、10、11、14、16、19）	0.730	0.564	0.838	0.736	0.815	0.601
p（有意水準）	0.000	0.000	0.000	0.000	0.000	0.000

注：表中の数値は5段階尺度（「1．全く感じない」～「5．常に感じる」）の平均値。分析の際には順位に変換。「電気・電子製品9」、「電気・電子製品10」、「電気・電子製品11」、「電気・電子製品14」、「電気・電子製品16」、「電気・電子製品19」は本調査の協力企業である。調査時期により、ランダムに番号をつけたため、「9」、「10」、「11」、「14」、「16」、「19」と番号が順不同である。なお、質問項目「q23.1」は、「問23の1」を意味し、最後の「1」は「文化の相違への回答」という意味である。

表6　広州日系企業における日本人の回答「見かける」
（全電気・電子製品 vs. 各電気・電子製品企業9、10、11、14、16、19）

質問項目	全電気・電子製品 ($n=29$)	電気・電子製品9 ($n=4$)	電気・電子製品10 ($n=3$)	電気・電子製品11 ($n=8$)	電気・電子製品14 ($n=4$)	電気・電子製品16 ($n=5$)	電気・電子製品19 ($n=5$)
q23.1.2 中国人は有給休暇を全て消化する	2.90	3.00	4.33	2.75	2.50	2.80	2.60
q23.2.2 中国人は品質管理や事務管理を徹底して行わない	2.68	2.50	2.67	3.38	2.25	2.75	2.00
q23.3.2 中国人は上司の指示が良くない方策だと思ったらはっきり言う	2.97	2.25	4.33	2.63	2.75	3.00	3.40
q23.4.2 中国人は仕事の途中で何度も上司に報告相談したりしない	3.31	3.25	4.00	3.63	2.50	3.00	3.40
q23.5.2 中国人は部下の仕事がうまくいった際は必ず褒める	3.17	3.00	3.00	3.00	3.50	3.60	3.00
q23.6.2 中国人は日本人上司の評価内容の説明を求める	3.28	2.75	4.33	3.25	3.00	3.60	3.00

q23.7.2 中国人は会社の規則に従わない場合がある	2.34	2.50	2.67	2.63	1.50	2.40	2.20
q23.8.2 中国人は仕事のわからない点があっても分かるまで尋ねない	2.76	2.50	3.33	2.50	2.75	3.20	2.60
q23.9.2 中国人は上司との関係をよくするために上司に品物を渡す	1.68	1.25	1.67	2.00	1.25	2.00	1.60
q23.10.2 中国人の間では管理職には個室が与えられるべきだと考える	1.79	1.75	1.33	2.13	1.50	2.20	1.40
q23.11.2 中国人は物事を決定するのにあまり時間がかからない	3.59	3.50	2.67	4.75	3.75	3.20	2.60
q23.12.2 中国人は能力型で昇進し年功序列に大きく影響することはない	3.90	4.00	3.00	4.13	3.75	4.20	3.80
q23.13.2 中国人は給与の額に不満があれば上司と交渉する	3.07	2.50	3.67	3.63	2.50	2.80	3.00
q23.14.2 中国人は各自が自分の分担仕事をこなす. チームワークがない	3.72	4.50	4.67	3.75	3.25	3.80	2.80
q23.15.2 中国人は残業を頼まれても私的な先約があれば仕事の方を断る	2.76	2.50	3.67	2.63	3.25	2.40	2.60
q23.16.2 中国人は自分の職務範囲外の業務は行わない	3.52	3.50	3.67	3.75	3.75	3.40	3.00
q23.17.2 中国人は家族と過ごす予定があれば休日出勤を頼まれても断る	2.93	2.75	3.67	2.38	3.50	3.20	2.80
q23.18.2 中国人は日本人上司には敬語を使い目上の者として接する	3.93	4.00	4.00	3.63	4.00	4.20	4.00

q23.19.2 中国人は仕事の始業時間や会議を遅れて始めることが多い	3.10	3.75	4.00	2.88	3.00	2.80	2.80
q23.20.2 中国人は仕事の納期を守らない	2.69	2.50	3.33	2.75	2.00	2.60	3.00
q23.21.2 中国人は男性従業員と女性従業員を平等に扱う	4.17	4.75	4.67	3.63	3.50	4.60	4.40
q23.22.2 中国人は日本人と夕食を食べたり酒を飲みに行ったりしない	2.52	2.00	2.33	2.63	2.25	2.40	3.20
q23.23.2 中国人は会議を議論の場ととらえる。反対意見も多く飛び交う	3.59	3.00	3.67	3.75	4.00	3.40	3.60
q23.24.2 中国人は日本人上司へ反対意見をはっきりと言う	3.41	3.00	4.00	3.50	3.50	3.20	3.40
q23.25.2 中国人は1対1になれる個室で部下を叱責する	3.48	3.00	2.67	3.88	4.00	3.40	3.40
q23.26.2 中国人部下には日本人部下より仕事内容を明確に指示する	4.14	4.25	4.00	4.13	4.25	4.20	4.00
q23.27.2 中国人は現在より良い給与・地位が得られる会社に転職する	4.07	3.25	3.67	4.38	4.25	4.80	3.60
q23.28.2 中国人は能力給を受け取る. 年功序列が給与に影響しない	3.79	3.50	3.33	4.00	4.00	4.00	3.60
q23.29.2 中国人は妻が出産した時や子供が入院した時には早退欠勤する	4.29	4.50	4.33	3.75	4.50	5.00	4.20
q23.30.2 中国人は配置転換や人事異動を嫌う	3.04	3.25	4.00	3.00	2.67	3.25	2.40

q23.31.2 問題が発生した場合中国人は誰に責任があるかを明確にする	3.66	3.00	3.67	3.88	3.25	4.20	3.60
q23.32.2 中国人は良くない結果や問題が生じた場合は報告しない	3.28	3.00	3.33	3.38	3.25	3.80	2.80
q23.33.2 中国人は業務上の問題点について徹底的に解明をしない	3.24	3.75	3.33	3.13	3.25	3.40	2.80
q23.34.2 中国人とは中国語で意思疎通をはかる	3.24	4.25	3.00	2.63	2.75	3.20	4.00
q23.35.2 中国人は自主的に仕事を探して自ら積極的に仕事をしない	3.17	2.75	3.67	2.75	4.00	3.00	3.40
q23.36.2 中国人は日本人と日本語で意思疎通をはかる	3.07	2.50	4.33	2.25	4.00	3.40	3.00
q23.37.2 中国人は日本人と仕事や会社の情報共有することを要求する	3.48	2.75	3.67	3.63	4.00	3.60	3.20
r（順位相関 – 全電気・電子製品 vs. 電気・電子製品 9、10、11、14、16、19）		0.817	0.411	0.858	0.791	0.894	0.759
p（有意水準）		0.000	0.000	0.000	0.000	0.000	0.000

注：表中の数値は5段階尺度（「1．全く見かけない」、「2．見かけるのは30％未満」、「3．見かけるのは50％程」、「4．見かけるのは60-70％」、「5．見かけるのは80％以上」）の平均値。分析の際には順位に変換。「電気・電子製品9」、「電気・電子製品10」、「電気・電子製品11」、「電気・電子製品14」、「電気・電子製品16」、「電気・電子製品19」は本調査の協力企業である。調査時期により、ランダムに番号をつけたため、「9」、「10」、「11」、「14」、「16」、「19」と番号が順不同である。なお、質問項目「q23.1」は、「問23の1」を意味し、最後の「2」は「見かけるへの回答」という意味である。

表7　広州日系企業における中国人の回答：「文化の相違」
（全電気・電子製品 vs. 各電気・電子製品企業 9、10、11、14、16、19）

質問項目	全電気・電子製品 ($n=72$)	電気・電子製品 9 ($n=12$)	電気・電子製品10 ($n=15$)	電気・電子製品11 ($n=13$)	電気・電子製品14 ($n=12$)	電気・電子製品16 ($n=10$)	電気・電子製品19 ($n=10$)
q23.1.1 日本人管理職は有給休暇を全て消化しない	3.68	3.42	3.87	2.92	3.33	4.40	4.40
q23.2.1 日本人管理職は中国人に品質管理を徹底して行うことを求める	4.14	4.17	4.13	4.00	4.17	4.30	4.10
q23.3.1 日本人は上司の指示に対したとえ良くないと思っても言わない	3.57	3.33	3.73	3.54	3.67	3.80	3.30
q23.4.1 日本人は中国人部下に仕事の報告連絡相談するよう要求する	3.96	3.92	4.27	3.69	3.92	3.60	4.30
q23.5.1 日本人上司は部下の仕事がうまくいった際に褒めない	3.13	2.92	2.87	2.83	2.92	3.50	4.00
q23.6.1 日本人は中国人部下が仕事の評価の説明を求めても説明しない	3.00	2.83	2.93	3.31	3.00	3.00	2.90
q23.7.1 日本人はたとえ些細な事柄でも会社の規則に従うよう求める	4.29	4.17	4.47	4.08	4.42	4.30	4.30
q23.8.1 日本人は中国人が仕事内容についてわかるまで尋ねるよう求める	3.74	3.33	4.00	4.08	3.75	3.60	3.50
q23.9.1 中国人部下が物品を渡そうとするが日本人上司は受け取らない	2.54	2.18	2.47	2.38	2.58	3.00	2.70
q23.10.1 この会社では上司も部下も同じ部屋で仕事をする	3.80	3.92	3.60	3.08	4.67	3.67	4.00

q23.11.1 物事の決定までかなりの時間がかかる	3.70	3.58	3.80	4.15	3.18	3.80	3.60
q23.12.1 能力も加味されるが基本的には年功序列で昇進する	3.49	4.00	3.67	3.46	3.25	3.00	3.40
q23.13.1 部下が給与の額を交渉しても上司はうまく説明しない	2.83	2.75	2.47	3.15	2.83	3.40	2.50
q23.14.1 チームワークを重視する	3.63	3.50	4.07	3.69	3.42	3.40	3.50
q23.15.1 中国人にたとえ私的な先約があっても残業することを求める	3.27	2.92	3.13	3.00	3.36	3.30	4.10
q23.16.1 日本人は中国人に職務範囲以外の事柄でも仕事を行うよう求める	3.26	3.08	3.14	3.08	3.45	3.30	3.60
q23.17.1 日本人は中国人が家族と過ごす予定があっても休日出勤を求める	2.81	2.50	2.27	2.46	2.83	3.20	4.00
q23.18.1 日本人は中国人部下に対して礼儀正しく接している	4.00	3.75	4.00	4.31	3.92	4.00	4.00
q23.19.1 仕事の始業時間や会議が始まる前には必ず到着するのを求める	3.96	3.58	3.64	3.85	3.92	4.22	4.80
q23.20.1 日本人は中国人部下に常に仕事の納期を守るよう求める	4.01	3.83	3.80	4.08	4.00	3.70	4.89
q23.21.1 会社では男性従業員と女性従業員の給与や昇進等に差がある	2.52	2.17	2.33	3.17	2.67	2.30	2.50

q23.22.1 終業後日本人上司は中国人部下と酒を飲みに行ったりするのを求める	2.22	2.25	2.20	2.69	1.67	2.00	2.50
q23.23.1 会議は議論の場ではなく承認の場である. 会議中に議論しない	2.82	2.75	2.53	3.00	2.75	2.90	3.10
q23.24.1 日本人に対して反対意見を言うことは極力避ける	2.93	3.25	2.87	2.38	2.83	2.80	3.60
q23.25.1 日本人上司は周りに人々がいる所で部下を叱責する	3.01	2.58	3.47	3.08	2.08	3.50	3.40
q23.26.1 日本人上司の指示内容は曖昧で分かりにくい	2.90	3.25	3.00	2.77	3.17	2.22	2.80
q23.27.1 日本人は中国人が転職することを理解しない	3.53	3.42	3.53	3.92	3.33	3.40	3.50
q23.28.1 能力も加味されるが基本的には年功序列型給与を受け取る	2.96	3.50	3.67	3.38	2.58	1.78	2.20
q23.29.1 日本人は中国人が家族事情で早退や欠勤することを理解しない	2.40	2.67	2.07	2.77	2.00	2.40	2.60
q23.30.1 配置転換や人事異動する	3.06	3.33	3.20	3.15	2.33	3.00	3.30
q23.31.1 問題が発生した場合何が原因で問題が発生したのかを明確にする	3.92	3.75	4.07	3.69	4.25	4.10	3.60
q23.32.1 良い結果も良くない結果も上司に素直に報告することを求める	4.00	3.83	4.47	3.92	3.92	4.10	3.60

574　付録 I

質問項目	全電気・電子製品	電気・電子製品9	電気・電子製品10	電気・電子製品11	電気・電子製品14	電気・電子製品16	電気・電子製品19
q23.33.1 業務上の問題点があれば徹底的に追求し解決方法を探し出す	4.06	4.00	4.00	4.23	4.00	4.10	4.00
q23.34.1 この会社の日本人とは中国語で意思疎通をはかる	3.35	3.75	3.67	2.62	2.33	4.00	3.90
q23.35.1 日本人は中国人が自主的に仕事を探してすることを求める	3.39	3.50	3.67	3.46	3.08	3.30	3.20
q23.36.1 この会社の日本人は中国人と日本語で意思疎通をはかる	3.72	3.58	3.93	3.77	4.33	2.89	3.50
q23.37.1 日本人は中国人と仕事や会社についての情報を共有しない	3.13	3.25	2.40	4.08	3.17	2.80	3.10
r（順位相関－全電気・電子製品 vs. 電気・電子製品9、10、11、14、16、19）		0.888	0.898	0.767	0.886	0.815	0.742
p（有意水準）		0.000	0.000	0.000	0.000	0.000	0.000

注：表中の数値は5段階尺度（「1．全く感じない」～「5．常に感じる」）の平均値。分析の際には順位に変換。「電気・電子製品9」、「電気・電子製品10」、「電気・電子製品11」、「電気・電子製品14」、「電気・電子製品16」、「電気・電子製品19」は本調査の協力企業である。調査時期により、ランダムに番号をつけたため、「9」、「10」、「11」、「14」、「16」、「19」と番号が順不同である。なお、質問項目「q23.1」は、「問23の1」を意味し、最後の「1」は「文化の相違への回答」という意味である。

表 8　広州日系企業における中国人の回答「見かける」
（全電気・電子製品 vs. 各電気・電子製品企業 9、10、11、14、16、19）

質問項目	全電気・電子製品 ($n=72$)	電気・電子製品9 ($n=12$)	電気・電子製品10 ($n=15$)	電気・電子製品11 ($n=13$)	電気・電子製品14 ($n=12$)	電気・電子製品16 ($n=10$)	電気・電子製品19 ($n=10$)
q23.1.2 日本人管理職は有給休暇を全て消化しない	3.26	2.92	3.33	2.92	2.33	4.60	3.80

q23.2.2 日本人管理職は中国人に品質管理を徹底して行うことを求める	4.14	4.08	4.21	3.69	4.25	4.40	4.30
q23.3.2 日本人は上司の指示に対したとえ良くないと思っても言わない	3.24	3.08	3.40	3.46	3.33	3.10	2.90
q23.4.2 日本人は中国人部下に仕事の報告連絡相談するよう要求する	3.94	3.64	4.36	3.85	3.67	4.00	4.10
q23.5.2 日本人上司は部下の仕事がうまくいった際に褒めない	2.91	2.67	2.86	2.92	2.67	3.10	3.44
q23.6.2 日本人は中国人部下が仕事の評価の説明を求めても説明しない	2.60	2.50	2.50	2.85	2.25	2.70	2.89
q23.7.2 日本人はたとえ些細な事柄でも会社の規則に従うよう求める	4.41	4.67	4.29	4.08	4.50	4.40	4.60
q23.8.2 日本人は中国人が仕事内容についてわかるまで尋ねるよう求める	3.54	3.42	3.54	3.92	3.42	3.50	3.40
q23.9.2 中国人部下が物品を渡そうとするが日本人上司は受け取らない	2.59	2.09	2.00	1.92	2.27	2.00	1.67
q23.10.2 この会社では上司も部下も同じ部屋で仕事をする	3.96	4.58	3.64	3.31	4.83	4.00	3.40
q23.11.2 物事の決定までかなりの時間がかかる	3.68	3.67	4.00	4.15	3.08	3.60	3.40
q23.12.2 能力も加味されるが基本的には年功序列で昇進する	3.37	4.08	3.86	3.17	3.25	2.80	2.80
q23.13.2 部下が給与の額を交渉しても上司はうまく説明しない	2.56	2.33	2.79	2.85	2.33	3.10	1.90

q23.14.2 チームワークを重視する	3.23	3.18	3.86	3.15	3.00	2.90	3.10
q23.15.2 中国人にたとえ私的な先約があっても残業することを求める	2.87	2.50	2.79	2.83	2.67	2.90	3.70
q23.16.2 日本人は中国人に職務範囲以外の事柄でも仕事を行うよう求める	2.81	2.67	2.85	2.75	2.67	2.70	3.30
q23.17.2 日本人は中国人が家族と過ごす予定があっても休日出勤を求める	2.40	2.08	2.36	2.08	2.08	2.30	3.70
q23.18.2 日本人は中国人部下に対して礼儀正しく接している	4.03	3.83	4.00	4.25	4.08	4.20	3.80
q23.19.2 仕事の始業時間や会議が始まる前には必ず到着するのを求める	4.15	3.92	3.77	4.08	4.25	4.33	4.70
q23.20.2 日本人は中国人部下に常に仕事の納期を守るよう求める	4.26	4.25	4.07	4.25	4.42	4.00	4.67
q23.21.2 会社では男性従業員と女性従業員の給与や昇進等に差がある	2.37	2.58	2.36	3.08	2.08	2.00	2.00
q23.22.2 終業後日本人上司は中国人部下と酒を飲みに行ったりするのを求める	2.03	2.42	2.14	2.08	1.67	1.90	1.90
q23.23.2 会議は議論の場ではなく承認の場である.会議中に議論しない	2.56	2.58	2.50	2.58	2.42	2.70	2.60
q23.24.2 日本人に対して反対意見を言うことは極力避ける	2.69	3.25	2.71	2.17	2.33	2.40	3.30

q23.25.2 日本人上司は周りに人々がいる所で部下を叱責する	2.61	2.42	3.07	2.75	1.75	2.40	3.30
q23.26.2 日本人上司の指示内容は曖昧で分かりにくい	2.47	2.91	2.64	2.33	2.50	2.11	2.20
q23.27.2 日本人は中国人が転職することを理解しない	3.01	2.92	3.07	3.83	2.42	2.60	3.20
q23.28.2 能力も加味されるが基本的には年功序列型給与を受け取る	2.69	3.25	3.50	3.33	2.67	1.20	1.60
q23.29.2 日本人は中国人が家族事情で早退や欠勤することを理解しない	2.04	2.42	2.21	2.42	1.42	2.00	1.70
q23.30.2 配置転換や人事異動する	2.74	2.83	3.21	2.42	2.25	2.80	2.90
q23.31.2 問題が発生した場合何が原因で問題が発生したのかを明確にする	4.21	4.08	4.21	4.00	4.42	4.50	4.10
q23.32.2 良い結果も良くない結果も上司に素直に報告することを求める	4.29	4.25	4.36	4.08	4.17	4.60	4.30
q23.33.2 業務上の問題点があれば徹底的に追求し解決方法を探し出す	4.53	4.33	4.64	4.58	4.33	4.60	4.70
q23.34.2 この会社の日本人とは中国語で意思疎通をはかる	3.36	3.92	4.00	2.33	1.92	4.20	3.90
q23.35.2 日本人は中国人が自主的に仕事を探してすることを求める	3.48	3.33	3.57	3.42	2.91	4.10	3.60
q23.36.2 この会社の日本人は中国人と日本語で意思疎通をはかる	3.57	3.58	3.71	3.69	4.50	2.78	2.80

q23.37.2 日本人は中国人と仕事や会社についての情報を共有しない	2.71	2.75	2.14	3.67	2.75	2.60	2.40
r （順位相関－全電気・電子製品 vs. 電気・電子製品 9、10、11、14、16、19）		0.908	0.919	0.839	0.870	0.871	0.805
p （有意水準）		0.000	0.000	0.000	0.000	0.000	0.000

注：表中の数値は 5 段階尺度（「1．全く見かけない」、「2．見かけるのは30％未満」、「3．見かけるのは50％程」、「4．見かけるのは60-70％」、「5．見かけるのは80％以上」）の平均値。分析の際には順位に変換。「電気・電子製品 9」、「電気・電子製品10」、「電気・電子製品11」、「電気・電子製品14」、「電気・電子製品16」、「電気・電子製品19」は本調査の協力企業である。調査時期により、ランダムに番号をつけたため、「9」、「10」、「11」、「14」、「16」、「19」と番号が順不同である。なお、質問項目「q23.1」は、「問23の 1 」を意味し、最後の「2 」は「見かけるへの回答」という意味である。

表 9　広州日系企業における日本人の回答：「文化の相違」
（全鉄鋼・非鉄金属 vs. 各鉄鋼・非鉄金属企業 4 ・ 6 ・ 15）

質問項目	全鉄鋼・非鉄金属 ($n=15$)	鉄鋼・非鉄金属4・6 ($n=5$)	鉄鋼・非鉄金属15 ($n=10$)
q23.1.1 中国人は有給休暇を全て消化する	2.00	3.67	3.30
q23.2.1 中国人は品質管理や事務管理を徹底して行わない	3.50	3.00	2.90
q23.3.1 中国人は上司の指示が良くない方策だと思ったらはっきり言う	3.50	3.33	3.50
q23.4.1 中国人は仕事の途中で何度も上司に報告相談したりしない	5.00	3.00	3.80
q23.5.1 中国人は部下の仕事がうまくいった際は必ず褒める	3.50	3.67	2.80
q23.6.1 中国人は日本人上司の評価内容の説明を求める	4.00	3.33	3.10
q23.7.1 中国人は会社の規則に従わない場合がある	3.00	2.00	3.00
q23.8.1 中国人は仕事のわからない点があっても分かるまで尋ねない	5.00	3.33	3.10

q23.9.1 中国人は上司との関係をよくするために上司に品物を渡す	1.50	1.67	2.50
q23.10.1 中国人の間では管理職には個室が与えられるべきだと考える	1.50	2.33	1.90
q23.11.1 中国人は物事を決定するのにあまり時間がかからない	3.50	4.33	3.70
q23.12.1 中国人は能力型で昇進し年功序列に大きく影響することはない	3.50	3.33	3.80
q23.13.1 中国人は給与の額に不満があれば上司と交渉する	4.00	4.00	4.00
q23.14.1 中国人は各自が自分の分担仕事をこなす.チームワークがない	4.00	3.00	3.40
q23.15.1 中国人は残業を頼まれても私的な先約があれば仕事の方を断る	3.50	2.67	3.00
q23.16.1 中国人は自分の職務範囲外の業務は行わない	4.50	3.67	3.90
q23.17.1 中国人は家族と過ごす予定があれば休日出勤を頼まれても断る	3.00	3.00	3.40
q23.18.1 中国人は日本人上司には敬語を使い目上の者として接する	4.00	4.33	3.00
q23.19.1 中国人は仕事の始業時間や会議を遅れて始めることが多い	4.50	3.67	3.10
q23.20.1 中国人は仕事の納期を守らない	4.50	3.33	3.10
q23.21.1 中国人は男性従業員と女性従業員を平等に扱う	3.50	3.67	3.60
q23.22.1 中国人は日本人と夕食を食べたり酒を飲みに行ったりしない	3.50	3.67	2.40
q23.23.1 中国人は会議を議論の場ととらえる.反対意見も多く飛び交う	4.50	3.33	3.00
q23.24.1 中国人は日本人上司へ反対意見をはっきりと言う	2.50	3.33	3.00
q23.25.1 中国人は1対1になれる個室で部下を叱責する	2.50	3.67	3.10

q23.26.1 中国人部下には日本人部下より仕事内容を明確に指示する	5.00	4.33	4.60
q23.27.1 中国人は現在より良い給与・地位が得られる会社に転職する	4.50	4.33	3.90
q23.28.1 中国人は能力給を受け取る. 年功序列が給与に影響しない	4.00	3.33	3.60
q23.29.1 中国人は妻が出産した時や子供が入院した時には早退欠勤する	2.50	4.00	3.20
q23.30.1 中国人は配置転換や人事異動を嫌う	4.00	3.33	3.10
q23.31.1 問題が発生した場合中国人は誰に責任があるかを明確にする	2.50	3.00	4.20
q23.32.1 中国人は良くない結果や問題が生じた場合は報告しない	4.50	3.67	3.60
q23.33.1 中国人は業務上の問題点について徹底的に解明をしない	4.00	3.33	3.60
q23.34.1 中国人とは中国語で意思疎通をはかる	2.00	2.00	3.00
q23.35.1 中国人は自主的に仕事を探して自ら積極的に仕事をしない	5.00	3.67	3.60
q23.36.1 中国人は日本人と日本語で意思疎通をはかる	3.50	3.33	3.50
q23.37.1 中国人は日本人と仕事や会社の情報共有することを要求する	3.50	3.67	3.00
r（順位相関－全鉄鋼・非鉄金属 vs. 各鉄鋼・非鉄金属企業 4・6・15）		0.542	0.424
p（有意水準）		0.001	0.009

注：表中の数値は 5 段階尺度（「1. 全く感じない」〜「5. 常に感じる」）の平均値。分析の際には順位に変換。「鉄鋼・非鉄金属 4」、「鉄鋼・非鉄金属 6」、「鉄鋼・非鉄金属15」は本調査の協力企業である。調査時期により、ランダムに番号をつけたため、「4」、「6」、「15」と番号が順不同である。なお、質問項目「q23.1」は、「問23の 1」を意味し、最後の「1」は「文化の相違への回答」という意味である。

表10 広州日系企業における日本人の回答：「見かける」
(全鉄鋼・非鉄金属 vs. 各鉄鋼・非鉄金属企業 4・6、15)

質問項目	全鉄鋼・非鉄金属 ($n = 15$)	鉄鋼・非鉄金属4・6 ($n = 5$)	鉄鋼・非鉄金属15 ($n = 10$)
q23.1.2 中国人は有給休暇を全て消化する	2.00	2.67	2.90
q23.2.2 中国人は品質管理や事務管理を徹底して行わない	3.50	2.67	2.20
q23.3.2 中国人は上司の指示が良くない方策だと思ったらはっきり言う	4.00	3.33	3.90
q23.4.2 中国人は仕事の途中で何度も上司に報告相談したりしない	4.00	2.33	3.11
q23.5.2 中国人は部下の仕事がうまくいった際は必ず褒める	3.50	3.33	3.30
q23.6.2 中国人は日本人上司の評価内容の説明を求める	4.00	2.67	2.70
q23.7.2 中国人は会社の規則に従わない場合がある	3.00	2.00	2.56
q23.8.2 中国人は仕事のわからない点があっても分かるまで尋ねない	4.50	3.00	2.40
q23.9.2 中国人は上司との関係をよくするために上司に品物を渡す	2.00	1.67	1.70
q23.10.2 中国人の間では管理職には個室が与えられるべきだと考える	3.50	1.67	1.33
q23.11.2 中国人は物事を決定するのにあまり時間がかからない	3.50	4.33	3.22
q23.12.2 中国人は能力型で昇進し年功序列に大きく影響することはない	4.50	3.33	3.89
q23.13.2 中国人は給与の額に不満があれば上司と交渉する	3.50	3.67	3.10
q23.14.2 中国人は各自が自分の分担仕事をこなす.チームワークがない	3.50	3.00	3.40
q23.15.2 中国人は残業を頼まれても私的な先約があれば仕事の方を断る	4.00	2.33	2.60

q23.16.2 中国人は自分の職務範囲外の業務は行わない	5.00	3.33	3.20
q23.17.2 中国人は家族と過ごす予定があれば休日出勤を頼まれても断る	2.00	3.00	2.50
q23.18.2 中国人は日本人上司には敬語を使い目上の者として接する	4.00	4.33	3.30
q23.19.2 中国人は仕事の始業時間や会議を遅れて始めることが多い	4.00	2.67	2.50
q23.20.2 中国人は仕事の納期を守らない	4.50	2.67	2.70
q23.21.2 中国人は男性従業員と女性従業員を平等に扱う	4.00	3.67	4.10
q23.22.2 中国人は日本人と夕食を食べたり酒を飲みに行ったりしない	3.00	3.00	2.70
q23.23.2 中国人は会議を議論の場ととらえる. 反対意見も多く飛び交う	4.50	2.67	3.10
q23.24.2 中国人は日本人上司へ反対意見をはっきりと言う	3.00	3.00	2.90
q23.25.2 中国人は1対1になれる個室で部下を叱責する	4.00	3.00	3.00
q23.26.2 中国人部下には日本人部下より仕事内容を明確に指示する	5.00	4.00	4.30
q23.27.2 中国人は現在より良い給与地位が得られる会社に転職する	4.50	4.33	3.30
q23.28.2 中国人は能力給を受け取る. 年功序列が給与に影響しない	3.50	3.67	3.56
q23.29.2 中国人は妻が出産した時や子供が入院した時には早退欠勤する	4.00	4.00	3.10
q23.30.2 中国人は配置転換や人事異動を嫌う	5.00	2.67	2.70
q23.31.2 問題が発生した場合中国人は誰に責任があるかを明確にする	3.00	2.67	3.80
q23.32.2 中国人は良くない結果や問題が生じた場合は報告しない	4.50	3.67	3.40
q23.33.2 中国人は業務上の問題点について徹底的に解明をしない	4.50	3.00	3.10

付録I   583

q23.34.2 中国人とは中国語で意思疎通をはかる	3.50	3.67	2.56
q23.35.2 中国人は自主的に仕事を探して自ら積極的に仕事をしない	5.00	2.33	3.10
q23.36.2 中国人は日本人と日本語で意思疎通をはかる	4.50	3.33	3.10
q23.37.2 中国人は日本人と仕事や会社の情報共有することを要求する	3.00	3.33	2.80
r （順位相関－全鉄鋼・非鉄金属 vs.各鉄鋼・非鉄金属企業4・6、15）		0.775	0.312
p （有意水準）		0.000	0.060

注：表中の数値は5段階尺度（「1．全く見かけない」、「2．見かけるのは30％未満」、「3．見かけるのは50％程」、「4．見かけるのは60-70％」、「5．見かけるのは80％以上」）の平均値。分析の際には順位に変換。「鉄鋼・非鉄金属4」、「鉄鋼・非鉄金属6」、「鉄鋼・非鉄金属15」は本調査の協力企業である。調査時期により、ランダムに番号をつけたため、「4」、「6」「15」と番号が順不同である。なお、質問項目「q23.1」は、「問23の1」を意味し、最後の「2」は「見かけるへの回答」という意味である。

表11　広州日系企業における中国人の回答：「文化の相違」
（全鉄鋼・非鉄金属 vs.各鉄鋼・非鉄金属企業4・6、15）

質問項目	全鉄鋼・非鉄金属 ($n=26$)	鉄鋼・非鉄金属4・6 ($n=13$)	鉄鋼・非鉄金属15 ($n=13$)
q23.1.1 日本人管理職は有給休暇を全て消化しない	3.00	3.00	3.46
q23.2.1 日本人管理職は中国人に品質管理を徹底して行うことを求める	3.67	4.83	4.69
q23.3.1 日本人は上司の指示に対したとえ良くないと思っても言わない	3.00	4.00	3.77
q23.4.1 日本人は中国人部下に仕事の報告連絡相談するよう要求する	4.00	4.00	4.31
q23.5.1 日本人上司は部下の仕事がうまくいった際に褒めない	4.00	2.83	3.08
q23.6.1 日本人は中国人部下が仕事の評価の説明を求めても説明しない	2.67	3.83	3.42

q23.7.1 日本人はたとえ些細な事柄でも会社の規則に従うよう求める	4.00	4.33	4.54
q23.8.1 日本人は中国人が仕事内容についてわかるまで尋ねるよう求める	2.33	3.83	3.92
q23.9.1 中国人部下が物品を渡そうとするが日本人上司は受け取らない	2.00	1.60	2.31
q23.10.1 この会社では上司も部下も同じ部屋で仕事をする	3.67	4.33	3.69
q23.11.1 物事の決定までかなりの時間がかかる	2.33	4.50	3.92
q23.12.1 能力も加味されるが基本的には年功序列で昇進する	3.00	4.00	3.92
q23.13.1 部下が給与の額を交渉しても上司はうまく説明しない	4.00	4.40	2.85
q23.14.1 チームワークを重視する	3.00	4.17	3.54
q23.15.1 中国人にたとえ私的な先約があっても残業することを求める	3.00	3.80	3.38
q23.16.1 日本人は中国人に職務範囲以外の事柄でも仕事を行うよう求める	4.00	4.00	3.77
q23.17.1 日本人は中国人が家族と過ごす予定があっても休日出勤を求める	2.67	3.40	2.92
q23.18.1 日本人は中国人部下に対して礼儀正しく接している	2.67	4.50	3.69
q23.19.1 仕事の始業時間や会議が始まる前には必ず到着するのを求める	3.67	4.67	4.38
q23.20.1 日本人は中国人部下に常に仕事の納期を守るよう求める	4.67	4.80	4.58
q23.21.1 会社では男性従業員と女性従業員の給与や昇進等に差がある	2.00	2.17	3.00
q23.22.1 終業後日本人上司は中国人部下と酒を飲みに行ったりするのを求める	2.67	1.80	3.00
q23.23.1 会議は議論の場ではなく承認の場である.会議中に議論しない	2.67	3.00	2.85
q23.24.1 日本人に対して反対意見を言うことは極力避ける	3.67	3.00	3.23

付録 I

q23.25.1 日本人上司は周りに人々がいる所で部下を叱責する	4.00	4.00	3.38
q23.26.1 日本人上司の指示内容は曖昧で分かりにくい	4.00	3.00	2.58
q23.27.1 日本人は中国人が転職することを理解しない	3.67	3.40	3.58
q23.28.1 能力も加味されるが基本的には年功序列型給与を受け取る	3.33	3.60	3.83
q23.29.1 日本人は中国人が家族事情で早退や欠勤することを理解しない	3.67	3.40	2.92
q23.30.1 配置転換や人事異動する	4.00	4.00	2.75
q23.31.1 問題が発生した場合何が原因で問題が発生したのかを明確にする	3.67	4.00	3.77
q23.32.1 良い結果も良くない結果も上司に素直に報告することを求める	4.00	4.00	4.00
q23.33.1 業務上の問題点があれば徹底的に追求し解決方法を探し出す	3.33	4.40	4.15
q23.34.1 この会社の日本人とは中国語で意思疎通をはかる	2.33	4.33	3.77
q23.35.1 日本人は中国人が自主的に仕事を探してすることを求める	3.67	3.60	3.15
q23.36.1 この会社の日本人は中国人と日本語で意思疎通をはかる	4.33	4.20	4.54
q23.37.1 日本人は中国人と仕事や会社についての情報を共有しない	2.67	3.20	2.75
r（順位相関－全鉄鋼・非鉄金属 vs.各鉄鋼・非鉄金属企業4・6、15）		0.783	0.258
p（有意水準）		0.000	0.123

注：表中の数値は5段階尺度（「1．全く感じない」～「5．常に感じる」）の平均値。分析の際には順位に変換。「鉄鋼・非鉄金属4」、「鉄鋼・非鉄金属6」、「鉄鋼・非鉄金属15」は本調査の協力企業である。調査時期により、ランダムに番号をつけたため、「4」、「6」、「15」と番号が順不同である。なお、質問項目「q23.1」は、「問23の1」を意味し、最後の「1」は「文化の相違への回答」という意味である。

表12 広州日系企業における中国人の回答：「見かける」
（全鉄鋼・非鉄金属 vs. 各鉄鋼・非鉄金属企業 4・6、15）

質問項目	全鉄鋼・非鉄金属 ($n=26$)	鉄鋼・非鉄金属4・6 ($n=13$)	鉄鋼・非鉄金属15 ($n=13$)
q23.1.2 日本人管理職は有給休暇を全て消化しない	1.67	2.40	2.85
q23.2.2 日本人管理職は中国人に品質管理を徹底して行うことを求める	2.67	5.00	4.46
q23.3.2 日本人は上司の指示に対したとえ良くないと思っても言わない	2.00	3.75	3.25
q23.4.2 日本人は中国人部下に仕事の報告連絡相談するよう要求する	3.67	3.80	4.23
q23.5.2 日本人上司は部下の仕事がうまくいった際に褒めない	2.33	1.80	3.33
q23.6.2 日本人は中国人部下が仕事の評価の説明を求めても説明しない	1.67	3.20	3.00
q23.7.2 日本人はたとえ些細な事柄でも会社の規則に従うよう求める	2.00	4.40	4.31
q23.8.2 日本人は中国人が仕事内容についてわかるまで尋ねるよう求める	2.00	3.60	3.69
q23.9.2 中国人部下が物品を渡そうとするが日本人上司は受け取らない	1.33	2.33	2.15
q23.10.2 この会社では上司も部下も同じ部屋で仕事をする	3.00	4.20	3.85
q23.11.2 物事の決定までかなりの時間がかかる	2.00	3.80	3.54
q23.12.2 能力も加味されるが基本的には年功序列で昇進する	2.00	3.40	3.75
q23.13.2 部下が給与の額を交渉しても上司はうまく説明しない	2.50	3.50	2.23
q23.14.2 チームワークを重視する	2.00	4.20	3.38
q23.15.2 中国人にたとえ私的な先約があっても残業することを求める	2.50	3.25	2.75
q23.16.2 日本人は中国人に職務範囲以外の事柄でも仕事を行うを求める	2.00	3.60	3.25

q23.17.2 日本人は中国人が家族と過ごす予定があっても休日出勤を求める	1.50	2.75	2.50
q23.18.2 日本人は中国人部下に対して礼儀正しく接している	1.50	4.80	3.62
q23.19.2 仕事の始業時間や会議が始まる前には必ず到着するのを求める	3.00	4.60	4.00
q23.20.2 日本人は中国人部下に常に仕事の納期を守るよう求める	3.00	4.75	4.58
q23.21.2 会社では男性従業員と女性従業員の給与や昇進等に差がある	1.00	1.60	2.73
q23.22.2 終業後日本人上司は中国人部下と酒を飲みに行ったりするのを求める	1.50	1.25	2.67
q23.23.2 会議は議論の場ではなく承認の場である.会議中に議論しない	2.00	2.00	2.58
q23.24.2 日本人に対して反対意見を言うことは極力避ける	2.50	2.80	2.83
q23.25.2 日本人上司は周りに人々がいる所で部下を叱責する	3.50	3.75	2.83
q23.26.2 日本人上司の指示内容は曖昧で分かりにくい	4.00	2.25	2.33
q23.27.2 日本人は中国人が転職することを理解しない	3.00	2.75	2.92
q23.28.2 能力も加味されるが基本的には年功序列型給与を受け取る	2.00	3.00	3.27
q23.29.2 日本人は中国人が家族事情で早退や欠勤することを理解しない	2.00	2.25	2.25
q23.30.2 配置転換や人事異動する	3.00	3.50	2.33
q23.31.2 問題が発生した場合何が原因で問題が発生したのかを明確にする	2.50	4.20	4.23
q23.32.2 良い結果も良くない結果も上司に素直に報告することを求める	3.50	4.00	4.23
q23.33.2 業務上の問題点があれば徹底的に追求し解決方法を探し出す	2.50	4.25	4.08

q23.34.2 この会社の日本人とは中国語で意思疎通をはかる	1.50	4.00	3.08
q23.35.2 日本人は中国人が自主的に仕事を探してすることを求める	2.50	3.25	3.38
q23.36.2 この会社の日本人は中国人と日本語で意思疎通をはかる	4.50	3.75	4.38
q23.37.2 日本人は中国人と仕事や会社についての情報を共有しない	2.00	3.00	2.75
r（順位相関－全鉄鋼・非鉄金属 vs. 各鉄鋼・非鉄金属企業4・6、15）		0.807	0.368
p（有意水準）		0.000	0.025

注：表中の数値は5段階尺度（「1．全く見かけない」、「2．見かけるのは30％未満」、「3．見かけるのは50％程」、「4．見かけるのは60-70％」、「5．見かけるのは80％以上」）の平均値。分析の際には順位に変換。「鉄鋼・非鉄金属4」、「鉄鋼・非鉄金属6」、「鉄鋼・非鉄金属15」は本調査の協力企業である。調査時期により、ランダムに番号をつけたため、「4」、「6」、「15」と番号が順不同である。なお、質問項目「q23.1」は、「問23の1」を意味し、最後の「2」は「見かけるへの回答」という意味である。

表13　広州日系企業における日本人の回答：「文化の相違」
（全貿易 vs. 各貿易企業1、2、13、18）

質問項目	全貿易 （$n=20$）	貿易1 （$n=3$）	貿易2 （$n=5$）	貿易13 （$n=8$）	貿易18 （$n=4$）
q23.1.1 中国人は有給休暇を全て消化する	3.52	4.00	3.60	3.25	3.50
q23.2.1 中国人は品質管理や事務管理を徹底して行わない	3.24	3.00	3.80	3.14	3.00
q23.3.1 中国人は上司の指示が良くない方策だと思ったらはっきり言う	3.09	3.00	3.60	3.00	2.50
q23.4.1 中国人は仕事の途中で何度も上司に報告相談したりしない	3.61	3.67	3.80	3.63	3.75
q23.5.1 中国人は部下の仕事がうまくいった際は必ず褒める	3.17	2.67	3.00	3.25	3.25
q23.6.1 中国人は日本人上司の評価内容の説明を求める	3.52	3.33	3.80	3.50	3.50

q23.7.1 中国人は会社の規則に従わない場合がある	3.04	2.67	3.20	3.25	3.50
q23.8.1 中国人は仕事のわからない点があっても分かるまで尋ねない	3.43	3.67	3.60	3.13	3.75
q23.9.1 中国人は上司との関係をよくするために上司に品物を渡す	2.48	2.67	2.20	2.25	3.75
q23.10.1 中国人の間では管理職には個室が与えられるべきだと考える	2.26	1.67	2.60	1.88	3.00
q23.11.1 中国人は物事を決定するのにあまり時間がかからない	3.70	4.00	3.40	3.75	3.25
q23.12.1 中国人は能力型で昇進し年功序列に大きく影響することはない	3.00	4.00	3.40	2.63	2.25
q23.13.1 中国人は給与の額に不満があれば上司と交渉する	3.91	4.00	4.00	3.88	3.75
q23.14.1 中国人は各自が自分の分担仕事をこなす. チームワークがない	3.74	4.33	4.00	3.87	3.25
q23.15.1 中国人は残業を頼まれても私的な先約があれば仕事の方を断る	3.30	3.33	3.60	3.25	3.50
q23.16.1 中国人は自分の職務範囲外の業務は行わない	3.70	3.67	4.00	3.63	3.50
q23.17.1 中国人は家族と過ごす予定があれば休日出勤を頼まれても断る	3.09	2.33	3.60	2.88	2.75
q23.18.1 中国人は日本人上司には敬語を使い目上の者として接する	3.61	3.67	3.40	3.63	3.25
q23.19.1 中国人は仕事の始業時間や会議を遅れて始めることが多い	3.30	3.00	3.00	3.13	4.00
q23.20.1 中国人は仕事の納期を守らない	3.04	2.00	2.60	3.38	3.50
q23.21.1 中国人は男性従業員と女性従業員を平等に扱う	3.55	3.67	3.60	3.75	2.67
q23.22.1 中国人は日本人と夕食を食べたり酒を飲みに行ったりしない	3.09	2.33	3.20	3.13	3.00
q23.23.1 中国人は会議を議論の場ととらえる. 反対意見も多く飛び交う	3.61	3.67	3.60	3.87	3.25

q23.24.1 中国人は日本人上司へ反対意見をはっきりと言う	3.52	3.33	3.60	3.75	3.25
q23.25.1 中国人は1対1になれる個室で部下を叱責する	3.48	3.00	3.40	3.62	3.50
q23.26.1 中国人部下には日本人部下より仕事内容を明確に指示する	4.30	4.67	4.00	4.25	4.50
q23.27.1 中国人は現在より良い給与.地位が得られる会社に転職する	3.91	3.67	4.40	3.50	4.00
q23.28.1 中国人は能力給を受け取る.年功序列が給与に影響しない	3.26	4.00	3.40	2.88	3.25
q23.29.1 中国人は妻が出産した時や子供が入院した時には早退欠勤する	3.87	3.33	4.60	3.63	3.75
q23.30.1 中国人は配置転換や人事異動を嫌う	3.65	2.67	4.40	3.63	3.75
q23.31.1 問題が発生した場合中国人は誰に責任があるかを明確にする	3.65	3.33	4.20	3.50	4.00
q23.32.1 中国人は良くない結果や問題が生じた場合は報告しない	3.57	2.33	3.60	4.00	3.50
q23.33.1 中国人は業務上の問題点について徹底的に解明をしない	3.55	3.67	3.60	3.43	3.75
q23.34.1 中国人とは中国語で意思疎通をはかる	3.14	2.00	3.80	3.25	3.50
q23.35.1 中国人は自主的に仕事を探して自ら積極的に仕事をしない	3.36	3.00	3.20	3.13	4.00
q23.36.1 中国人は日本人と日本語で意思疎通をはかる	3.30	4.00	3.60	3.25	2.50
q23.37.1 中国人は日本人と仕事や会社の情報共有することを要求する	3.17	3.00	2.80	3.25	3.25
r（順位相関－全貿易 vs.貿易1、2、13、18）		0.600	0.732	0.834	0.466
p（有意水準）		0.000	0.000	0.000	0.004

注：表中の数値は5段階尺度（「1．全く感じない」～「5．常に感じる」）の平均値。分析の際には順位に変換。「貿易1」、「貿易2」、「貿易13」、「貿易18」は本調査の協力企業である。調査時期により、ランダムに番号をつけたため、「1」、「2」、「13」、「18」と番号が順不同である。なお、質問項目「q23.1」は、「問23の1」を意味し、最後の「1」は「文化の相違への回答」

という意味である。

表14　広州日系企業における日本人の回答：「見かける」
（全貿易 vs. 各貿易企業 1 、 2 、13、18）

質問項目	全貿易 ($n = 20$)	貿易 1 ($n = 3$)	貿易 2 ($n = 5$)	貿易13 ($n = 8$)	貿易18 ($n = 4$)
q23.1.2 中国人は有給休暇を全て消化する	3.61	4.00	4.00	3.13	4.50
q23.2.2 中国人は品質管理や事務管理を徹底して行わない	2.67	2.00	3.40	2.43	2.50
q23.3.2 中国人は上司の指示が良くない方策だと思ったらはっきり言う	2.87	3.33	3.00	2.88	2.00
q23.4.2 中国人は仕事の途中で何度も上司に報告相談したりしない	3.04	2.67	3.00	3.50	3.00
q23.5.2 中国人は部下の仕事がうまくいった際は必ず褒める	2.91	3.33	3.20	2.75	2.25
q23.6.2 中国人は日本人上司の評価内容の説明を求める	3.41	3.00	3.80	3.50	3.50
q23.7.2 中国人は会社の規則に従わない場合がある	2.43	2.00	2.40	2.50	3.00
q23.8.2 中国人は仕事のわからない点があっても分かるまで尋ねない	2.87	2.67	3.00	2.50	3.50
q23.9.2 中国人は上司との関係をよくするために上司に品物を渡す	1.48	1.33	1.60	1.38	1.50
q23.10.2 中国人の間では管理職には個室が与えられるべきだと考える	1.30	1.00	1.60	1.13	1.25
q23.11.2 中国人は物事を決定するのにあまり時間がかからない	3.13	3.33	2.60	3.00	3.00
q23.12.2 中国人は能力型で昇進し年功序列に大きく影響することはない	2.76	3.67	3.00	2.13	2.67
q23.13.2 中国人は給与の額に不満があれば上司と交渉する	3.30	3.67	3.20	2.75	4.00
q23.14.2 中国人は各自が自分の分担仕事をこなす. チームワークがない	3.48	4.00	3.40	3.38	3.75

q23.15.2 中国人は残業を頼まれても私的な先約があれば仕事の方を断る	2.83	2.33	3.00	3.00	3.00
q23.16.2 中国人は自分の職務範囲外の業務は行わない	3.57	2.67	3.80	3.63	4.00
q23.17.2 中国人は家族と過ごす予定があれば休日出勤を頼まれても断る	2.78	2.33	2.80	2.88	2.75
q23.18.2 中国人は日本人上司には敬語を使い目上の者として接する	3.96	4.33	3.00	4.00	4.50
q23.19.2 中国人は仕事の始業時間や会議を遅れて始めることが多い	2.96	2.33	2.80	3.00	3.75
q23.20.2 中国人は仕事の納期を守らない	2.52	1.67	2.40	2.75	2.75
q23.21.2 中国人は男性従業員と女性従業員を平等に扱う	3.82	3.67	3.60	4.00	4.00
q23.22.2 中国人は日本人と夕食を食べたり酒を飲みに行ったりしない	2.61	1.67	3.00	2.75	2.25
q23.23.2 中国人は会議を議論の場ととらえる.反対意見も多く飛び交う	3.04	3.33	2.80	3.50	2.50
q23.24.2 中国人は日本人上司へ反対意見をはっきりと言う	3.13	2.67	3.20	3.75	2.25
q23.25.2 中国人は1対1になれる個室で部下を叱責する	3.22	1.67	3.00	4.00	3.25
q23.26.2 中国人部下には日本人部下より仕事内容を明確に指示する	4.22	4.33	3.60	4.38	4.75
q23.27.2 中国人は現在より良い給与地位が得られる会社に転職する	3.52	2.33	4.00	3.25	3.75
q23.28.2 中国人は能力給を受け取る.年功序列が給与に影響しない	3.04	2.67	3.40	2.50	3.50
q23.29.2 中国人は妻が出産した時や子供が入院した時には早退欠勤する	3.78	2.67	4.40	3.75	3.75
q23.30.2 中国人は配置転換や人事異動を嫌う	3.35	2.00	4.20	3.63	3.25
q23.31.2 問題が発生した場合中国人は誰に責任があるかを明確にする	3.48	2.67	4.00	3.88	3.25

質問項目	全貿易	貿易1	貿易2	貿易13	貿易18
q23.32.2 中国人は良くない結果や問題が生じた場合は報告しない	3.09	1.67	3.40	3.38	2.75
q23.33.2 中国人は業務上の問題点について徹底的に解明をしない	3.19	3.33	3.50	2.86	3.50
q23.34.2 中国人とは中国語で意思疎通をはかる	3.50	2.00	4.40	3.25	3.50
q23.35.2 中国人は自主的に仕事を探して自ら積極的に仕事をしない	3.05	2.00	3.40	3.00	3.75
q23.36.2 中国人は日本人と日本語で意思疎通をはかる	4.00	4.33	3.80	3.75	5.00
q23.37.2 中国人は日本人と仕事や会社の情報共有することを要求する	3.13	3.33	2.80	2.88	3.75
r （順位相関－全貿易 vs. 貿易1、2、6、13、18）		0.579	0.749	0.812	0.810
p （有意水準）		0.000	0.000	0.000	0.000

注：表中の数値は 5 段階尺度（「1. 全く見かけない」、「2. 見かけるのは30％未満」、「3. 見かけるのは50％程」、「4. 見かけるのは60-70％」、「5. 見かけるのは80％以上」）の平均値。分析の際には順位に変換。「貿易1」、「貿易2」、「貿易13」、「貿易18」は本調査の協力企業である。調査時期により、ランダムに番号をつけたため、「1」、「2」、「13」、「18」と番号が順不同である。なお、質問項目「q23.1」は、「問23の1」を意味し、最後の「2」は「見かけるへの回答」という意味である。

表15　広州日系企業における中国人の回答：「文化の相違」
（全貿易 vs. 各貿易企業1、2、13、18）

質問項目	全貿易 ($n=44$)	貿易1 ($n=7$)	貿易2 ($n=4$)	貿易13 ($n=21$)	貿易18 ($n=12$)
q23.1.1 日本人管理職は有給休暇を全て消化しない	3.27	3.57	3.00	3.05	3.67
q23.2.1 日本人管理職は中国人に品質管理を徹底して行うことを求める	4.20	3.14	5.00	4.14	4.33
q23.3.1 日本人は上司の指示に対したとえ良くないと思っても言わない	3.82	4.00	4.00	3.67	3.83
q23.4.1 日本人は中国人部下に仕事の報告連絡相談するよう要求する	3.94	2.71	5.00	4.14	3.92

q23.5.1 日本人上司は部下の仕事がうまくいった際に褒めない	3.16	2.57	2.75	3.43	3.36
q23.6.1 日本人は中国人部下が仕事の評価の説明を求めても説明しない	3.62	2.57	3.25	3.62	4.25
q23.7.1 日本人はたとえ些細な事柄でも会社の規則に従うよう求める	4.20	3.71	4.75	4.19	4.25
q23.8.1 日本人は中国人が仕事内容についてわかるまで尋ねるよう求める	3.78	3.57	3.75	3.81	3.83
q23.9.1 中国人部下が物品を渡そうとするが日本人上司は受け取らない	2.49	2.43	2.00	3.10	2.00
q23.10.1 この会社では上司も部下も同じ部屋で仕事をする	3.76	2.00	4.00	3.90	4.17
q23.11.1 物事の決定までかなりの時間がかかる	4.18	3.86	4.25	4.29	4.00
q23.12.1 能力も加味されるが基本的には年功序列で昇進する	3.96	3.71	4.25	4.05	3.83
q23.13.1 部下が給与の額を交渉しても上司はうまく説明しない	3.69	3.86	3.25	3.57	3.67
q23.14.1 チームワークを重視する	3.54	2.86	3.50	3.67	3.42
q23.15.1 中国人にたとえ私的な先約があっても残業することを求める	3.43	2.14	3.75	3.62	3.58
q23.16.1 日本人は中国人に職務範囲以外の事柄でも仕事を行うよう求める	3.06	2.00	3.25	3.10	3.08
q23.17.1 日本人は中国人が家族と過ごす予定があっても休日出勤を求める	2.69	1.29	2.50	2.81	3.08
q23.18.1 日本人は中国人部下に対して礼儀正しく接している	3.50	3.00	3.50	3.52	3.25
q23.19.1 仕事の始業時間や会議が始まる前には必ず到着するのを求める	3.85	3.14	4.50	3.90	3.50
q23.20.1 日本人は中国人部下に常に仕事の納期を守るよう求める	4.44	3.29	4.67	3.76	3.58

q23.21.1 会社では男性従業員と女性従業員の給与や昇進等に差がある	2.66	3.29	3.00	2.33	3.00
q23.22.1 終業後日本人上司は中国人部下と酒を飲みに行ったりするのを求める	2.25	2.14	1.75	2.40	2.42
q23.23.1 会議は議論の場ではなく承認の場である. 会議中に議論しない	3.02	1.71	2.50	3.38	3.33
q23.24.1 日本人に対して反対意見を言うことは極力避ける	3.10	2.14	3.50	3.29	3.25
q23.25.1 日本人上司は周りに人々がいる所で部下を叱責する	3.24	2.00	3.00	3.62	3.08
q23.26.1 日本人上司の指示内容は曖昧で分かりにくい	3.25	2.71	3.50	3.57	3.00
q23.27.1 日本人は中国人が転職することを理解しない	3.31	2.67	3.50	3.63	3.00
q23.28.1 能力も加味されるが基本的には年功序列型給与を受け取る	3.55	4.00	4.00	3.62	3.00
q23.29.1 日本人は中国人が家族事情で早退や欠勤することを理解しない	3.02	3.00	3.00	3.19	2.58
q23.30.1 配置転換や人事異動する	3.56	3.00	3.75	3.81	3.18
q23.31.1 問題が発生した場合何が原因で問題が発生したのかを明確にする	3.73	4.00	4.00	3.65	3.50
q23.32.1 良い結果も良くない結果も上司に素直に報告することを求める	3.90	3.86	4.00	4.00	3.67
q23.33.1 業務上の問題点があれば徹底的に追求し解決方法を探し出す	3.82	3.57	3.50	3.95	3.58
q23.34.1 この会社の日本人とは中国語で意思疎通をはかる	3.30	3.29	4.75	2.86	3.08
q23.35.1 日本人は中国人が自主的に仕事を探してすることを求める	3.22	2.71	3.75	3.19	3.25
q23.36.1 この会社の日本人は中国人と日本語で意思疎通をはかる	3.84	3.86	4.25	3.52	4.08

質問項目	全貿易	貿易1	貿易2	貿易13	貿易18
q23.37.1 日本人は中国人と仕事や会社についての情報を共有しない	3.33	2.14	3.50	3.71	3.33
r（順位相関－全貿易 vs. 貿易1、2、6、13、18）		0.616	0.842	0.879	0.805
p（有意水準）		0.000	0.000	0.000	0.000

注：表中の数値は5段階尺度（「1．全く感じない」～「5．常に感じる」）の平均値。分析の際には順位に変換。「貿易1」、「貿易2」、「貿易13」、「貿易18」は本調査の協力企業である。調査時期により、ランダムに番号をつけたため、「1」、「2」、「13」、「18」と番号が順不同である。なお、質問項目「q23.1」は、「問23の1」を意味し、最後の「1」は「文化の相違への回答」という意味である。

表16　広州日系企業における中国人の回答：「見かける」
（全貿易 vs. 各貿易企業1、2、13、18）

質問項目	全貿易 ($n=44$)	貿易1 ($n=7$)	貿易2 ($n=4$)	貿易13 ($n=21$)	貿易18 ($n=12$)
q23.1.2 日本人管理職は有給休暇を全て消化しない	3.23	4.14	2.25	3.14	3.55
q23.2.2 日本人管理職は中国人に品質管理を徹底して行うことを求める	4.25	3.57	4.50	4.43	3.91
q23.3.2 日本人は上司の指示に対したとえ良くないと思っても言わない	3.74	3.71	3.00	3.85	3.82
q23.4.2 日本人は中国人部下に仕事の報告連絡相談するよう要求する	4.00	3.00	4.25	4.43	3.82
q23.5.2 日本人上司は部下の仕事がうまくいった際に褒めない	2.89	2.43	2.50	3.29	3.10
q23.6.2 日本人は中国人部下が仕事の評価の説明を求めても説明しない	3.17	2.57	2.00	3.45	3.45
q23.7.2 日本人はたとえ些細な事柄でも会社の規則に従うよう求める	4.42	3.86	4.75	4.67	4.18
q23.8.2 日本人は中国人が仕事内容についてわかるまで尋ねるよう求める	3.79	3.29	3.25	4.24	3.55
q23.9.2 中国人部下が物品を渡そうとするが日本人上司は受け取らない	2.43	2.29	2.00	2.84	2.00

q23.10.2 この会社では上司も部下も同じ部屋で仕事をする	3.83	2.00	4.00	4.19	4.09
q23.11.2 物事の決定までかなりの時間がかかる	4.19	4.29	4.00	4.29	4.20
q23.12.2 能力も加味されるが基本的には年功序列で昇進する	4.00	4.14	4.50	4.05	3.91
q23.13.2 部下が給与の額を交渉しても上司はうまく説明しない	3.57	4.43	2.75	3.43	3.64
q23.14.2 チームワークを重視する	3.63	3.14	3.25	3.90	3.27
q23.15.2 中国人にたとえ私的な先約があっても残業することを求める	3.10	2.29	3.00	3.29	3.25
q23.16.2 日本人は中国人に職務範囲以外の事柄でも仕事を行うよう求める	2.83	2.29	2.50	2.85	2.92
q23.17.2 日本人は中国人が家族と過ごす予定があっても休日出勤を求める	2.19	1.29	1.75	2.14	2.75
q23.18.2 日本人は中国人部下に対して礼儀正しく接している	3.67	3.57	3.00	3.86	3.17
q23.19.2 仕事の始業時間や会議が始まる前には必ず到着するのを求める	4.04	3.14	5.00	4.29	3.50
q23.20.2 日本人は中国人部下に常に仕事の納期を守るよう求める	4.21	3.71	4.33	4.38	4.00
q23.21.2 会社では男性従業員と女性従業員の給与や昇進等に差がある	2.31	3.43	2.25	2.05	2.42
q23.22.2 終業後日本人上司は中国人部下と酒を飲みに行ったりするのを求める	1.94	2.00	1.50	1.80	2.50
q23.23.2 会議は議論の場ではなく承認の場である.会議中に議論しない	2.62	1.71	2.00	3.05	2.83
q23.24.2 日本人に対して反対意見を言うことは極力避ける	2.90	2.00	3.00	3.00	3.25
q23.25.2 日本人上司は周りに人々がいる所で部下を叱責する	2.83	1.71	2.25	2.90	3.25

q23.26.2 日本人上司の指示内容は曖昧で分かりにくい	2.76	2.29	2.25	2.95	3.09
q23.27.2 日本人は中国人が転職することを理解しない	2.98	3.00	2.50	3.21	2.82
q23.28.2 能力も加味されるが基本的には年功序列型給与を受け取る	3.21	4.00	3.00	3.19	2.92
q23.29.2 日本人は中国人が家族事情で早退や欠勤することを理解しない	2.31	2.43	1.75	2.38	2.33
q23.30.2 配置転換や人事異動する	2.94	2.86	2.50	3.10	2.67
q23.31.2 問題が発生した場合何が原因で問題が発生したのかを明確にする	3.79	4.29	3.25	3.85	3.42
q23.32.2 良い結果も良くない結果も上司に素直に報告することを求める	4.20	4.29	3.50	4.52	3.92
q23.33.2 業務上の問題点があれば徹底的に追求し解決方法を探し出す	3.88	3.86	3.00	4.05	3.75
q23.34.2 この会社の日本人とは中国語で意思疎通をはかる	2.96	3.43	4.50	2.50	2.50
q23.35.2 日本人は中国人が自主的に仕事を探してすることを求める	3.42	3.00	3.75	3.67	3.17
q23.36.2 この会社の日本人は中国人と日本語で意思疎通をはかる	4.13	4.14	3.75	4.29	4.08
q23.37.2 日本人は中国人と仕事や会社についての情報を共有しない	3.33	2.71	3.25	3.52	3.50
r（順位相関－全貿易 vs.貿易 1、2、6、13、18）		0.698	0.855	0.966	0.897
p（有意水準）		0.000	0.000	0.000	0.000

注：表中の数値は 5 段階尺度（「1．全く見かけない」、「2．見かけるのは30％未満」、「3．見かけるのは50％程」、「4．見かけるのは60-70％」、「5．見かけるのは80％以上」）の平均値。分析の際には順位に変換。「貿易 1」、「貿易 2」、「貿易13」、「貿易18」は本調査の協力企業である。調査時期により、ランダムに番号をつけたため、「1」、「2」、「13」、「18」と番号が順不同である。なお、質問項目「q23.1」は、「問23の1」を意味し、最後の「2」は「見かけるへの回答」という意味である。

表17　上海日系企業における日本人の回答：「文化の相違」
（電気・電子製品27 vs. 電気・電子製品37）

質問項目	電気・電子製品27 （$n=5$）	電気・電子製品37 （$n=5$）
q23.1.1 中国人は有給休暇を全て消化する	4.20	3.00
q23.2.1 中国人は品質管理や事務管理を徹底して行わない	3.40	3.40
q23.3.1 中国人は上司の指示が良くない方策だと思ったらはっきり言う	3.40	3.60
q23.4.1 中国人は仕事の途中で何度も上司に報告相談したりしない	4.00	4.00
q23.5.1 中国人は部下の仕事がうまくいった際は必ず褒める	2.40	3.60
q23.6.1 中国人は日本人上司の評価内容の説明を求める	4.00	4.00
q23.7.1 中国人は会社の規則に従わない場合がある	2.80	3.60
q23.8.1 中国人は仕事のわからない点があっても分かるまで尋ねない	4.20	3.40
q23.9.1 中国人は上司との関係をよくするために上司に品物を渡す	2.00	1.60
q23.10.1 中国人の間では管理職には個室が与えられるべきだと考える	1.60	2.20
q23.11.1 中国人は物事を決定するのにあまり時間がかからない	3.40	4.40
q23.12.1 中国人は能力型で昇進し年功序列に大きく影響することはない	3.60	3.20
q23.13.1 中国人は給与の額に不満があれば上司と交渉する	3.80	4.00
q23.14.1 中国人は各自が自分の分担仕事をこなす. チームワークがない	4.40	4.00
q23.15.1 中国人は残業を頼まれても私的な先約があれば仕事の方を断る	3.40	3.80
q23.16.1 中国人は自分の職務範囲外の業務は行わない	4.60	3.60
q23.17.1 中国人は家族と過ごす予定があれば休日出勤を頼まれても断る	4.20	3.00
q23.18.1 中国人は日本人上司には敬語を使い目上の者として接する	3.60	3.50

q23.19.1 中国人は仕事の始業時間や会議を遅れて始めることが多い	3.40	3.80
q23.20.1 中国人は仕事の納期を守らない	3.00	2.80
q23.21.1 中国人は男性従業員と女性従業員を平等に扱う	4.00	4.40
q23.22.1 中国人は日本人と夕食を食べたり酒を飲みに行ったりしない	3.60	2.20
q23.23.1 中国人は会議を議論の場ととらえる．反対意見も多く飛び交う	2.80	3.80
q23.24.1 中国人は日本人上司へ反対意見をはっきりと言う	3.20	4.00
q23.25.1 中国人は1対1になれる個室で部下を叱責する	3.40	3.00
q23.26.1 中国人部下には日本人部下より仕事内容を明確に指示する	4.20	4.80
q23.27.1 中国人は現在より良い給与地位が得られる会社に転職する	4.40	3.40
q23.28.1 中国人は能力給を受け取る．年功序列が給与に影響しない	3.80	3.40
q23.29.1 中国人は妻が出産した時や子供が入院した時には早退欠勤する	5.00	4.60
q23.30.1 中国人は配置転換や人事異動を嫌う	3.80	2.80
q23.31.1 問題が発生した場合中国人は誰に責任があるかを明確にする	4.60	4.00
q23.32.1 中国人は良くない結果や問題が生じた場合は報告しない	3.80	3.40
q23.33.1 中国人は業務上の問題点について徹底的に解明をしない	4.60	3.20
q23.34.1 中国人とは中国語で意思疎通をはかる	3.80	4.20
q23.35.1 中国人は自主的に仕事を探して自ら積極的に仕事をしない	4.20	3.60
q23.36.1 中国人は日本人と日本語で意思疎通をはかる	3.20	2.80
q23.37.1 中国人は日本人と仕事や会社の情報共有することを要求する	2.60	3.20
r（順位相関−電気・電子製品27vs.37）		0.329

		0.047
p（有意水準）		0.047

注：表中の数値は5段階尺度（「1．全く感じない」～「5．常に感じる」）の平均値。分析の際には順位に変換。「電気・電子製品27」、「電気・電子製品37」、は本調査の協力企業である。調査時期により、ランダムに番号をつけたため、「27」、「37」と番号が順不同である。なお、質問項目「q23.1」は、「問23の1」を意味し、最後の「1」は「文化の相違への回答」という意味である。

表18　上海日系企業における日本人の回答：「見かける」（電気・電子製品27vs.37）

質問項目	電気・電子製品27 ($n=5$)	電気・電子製品37 ($n=5$)
q23.1 中国人は有給休暇を全て消化する	4.60	2.40
q23.2.2 中国人は品質管理や事務管理を徹底して行わない	3.40	2.60
q23.3.2 中国人は上司の指示が良くない方策だと思ったらはっきり言う	3.20	3.80
q23.4.2 中国人は仕事の途中で何度も上司に報告相談したりしない	3.80	4.40
q23.5.2 中国人は部下の仕事がうまくいった際は必ず褒める	2.40	3.20
q23.6.2 中国人は日本人上司の評価内容の説明を求める	3.80	3.80
q23.7.2 中国人は会社の規則に従わない場合がある	2.80	3.00
q23.8.2 中国人は仕事のわからない点があっても分かるまで尋ねない	4.00	3.20
q23.9.2 中国人は上司との関係をよくするために上司に品物を渡す	2.60	1.40
q23.10.2 中国人の間では管理職には個室が与えられるべきだと考える	1.60	1.80
q23.11.2 中国人は物事を決定するのにあまり時間がかからない	3.60	4.00
q23.12.2 中国人は能力型で昇進し年功序列に大きく影響することはない	3.60	3.00
q23.13.2 中国人は給与の額に不満があれば上司と交渉する	3.40	3.80
q23.14.2 中国人は各自が自分の分担仕事をこなす．チームワークがない	4.60	3.40

q23.15.2 中国人は残業を頼まれても私的な先約があれば仕事の方を断る	3.60	3.40
q23.16.2 中国人は自分の職務範囲外の業務は行わない	4.60	3.00
q23.17.2 中国人は家族と過ごす予定があれば休日出勤を頼まれても断る	4.20	2.80
q23.18.2 中国人は日本人上司には敬語を使い目上の者として接する	3.60	3.50
q23.19.2 中国人は仕事の始業時間や会議を遅れて始めることが多い	3.40	3.00
q23.20.2 中国人は仕事の納期を守らない	3.00	2.40
q23.21.2 中国人は男性従業員と女性従業員を平等に扱う	4.20	4.20
q23.22.2 中国人は日本人と夕食を食べたり酒を飲みに行ったりしない	3.60	2.00
q23.23.2 中国人は会議を議論の場ととらえる. 反対意見も多く飛び交う	2.80	3.60
q23.24.2 中国人は日本人上司へ反対意見をはっきりと言う	3.40	3.60
q23.25.2 中国人は1対1になれる個室で部下を叱責する	3.60	2.40
q23.26.2 中国人部下には日本人部下より仕事内容を明確に指示する	4.20	4.40
q23.27.2 中国人は現在より良い給与地位が得られる会社に転職する	4.40	3.00
q23.28.2 中国人は能力給を受け取る. 年功序列が給与に影響しない	4.00	3.20
q23.29.2 中国人は妻が出産した時や子供が入院した時には早退欠勤する	5.00	4.20
q23.30.2 中国人は配置転換や人事異動を嫌う	3.80	2.60
q23.31.2 問題が発生した場合中国人は誰に責任があるかを明確にする	4.80	3.60
q23.32.2 中国人は良くない結果や問題が生じた場合は報告しない	3.60	2.80
q23.33.2 中国人は業務上の問題点について徹底的に解明をしない	4.60	2.60
q23.34.2 中国人とは中国語で意思疎通をはかる	3.60	3.80

付録 I 603

質問項目		
q23.35.2 中国人は自主的に仕事を探して自ら積極的に仕事をしない	4.40	3.20
q23.36.2 中国人は日本人と日本語で意思疎通をはかる	3.20	2.60
q23.37.2 中国人は日本人と仕事や会社の情報共有することを要求する	2.80	3.00
r（順位相関 – 電気・電子製品27vs.37）		0.252
p（有意水準）		0.132

注：表中の数値は5段階尺度（「1．全く見かけない」、「2．見かけるのは30％未満」、「3．見かけるのは50％程」、「4．見かけるのは60-70％」、「5．見かけるのは80％以上」）の平均値。分析の際には順位に変換。「電気・電子製品27」、「電気・電子製品37」、は本調査の協力企業である。調査時期により、ランダムに番号をつけたため、「27」、「37」と番号が順不同である。なお、質問項目「q23.1」は、「問23の1」を意味し、最後の「2」は「見かけるへの回答」という意味である。

表19　上海日系企業における中国人の回答：「文化の相違」
（電気・電子製品27vs. 電気・電子製品37）

質問項目	電気・電子製品27 （$n=14$）	電気・電子製品37 （$n=10$）
q23.1.1 日本人管理職は有給休暇を全て消化しない	3.57	3.50
q23.2.1 日本人管理職は中国人に品質管理を徹底して行うことを求める	3.50	4.00
q23.3.1 日本人は上司の指示に対したとえ良くないと思っても言わない	4.46	3.70
q23.4.1 日本人は中国人部下に仕事の報告連絡相談するよう要求する	3.92	4.00
q23.5.1 日本人上司は部下の仕事がうまくいった際に褒めない	2.92	3.20
q23.6.1 日本人は中国人部下が仕事の評価の説明を求めても説明しない	3.46	3.10
q23.7.1 日本人はたとえ些細な事柄でも会社の規則に従うよう求める	3.38	3.90
q23.8.1 日本人は中国人が仕事内容についてわかるまで尋ねるよう求める	2.62	3.40

q23.9.1 中国人部下が物品を渡そうとするが日本人上司は受け取らない	1.85	2.30
q23.10.1 この会社では上司も部下も同じ部屋で仕事をする	4.42	3.90
q23.11.1 物事の決定までかなりの時間がかかる	3.77	3.70
q23.12.1 能力も加味されるが基本的には年功序列で昇進する	4.15	3.80
q23.13.1 部下が給与の額を交渉しても上司はうまく説明しない	3.46	3.40
q23.14.1 チームワークを重視する	3.15	3.40
q23.15.1 中国人にたとえ私的な先約があっても残業することを求める	3.77	2.70
q23.16.1 日本人は中国人に職務範囲以外の事柄でも仕事を行うよう求める	3.23	3.70
q23.17.1 日本人は中国人が家族と過ごす予定があっても休日出勤を求める	2.92	2.10
q23.18.1 日本人は中国人部下に対して礼儀正しく接している	2.85	3.90
q23.19.1 仕事の始業時間や会議が始まる前には必ず到着するのを求める	3.46	4.30
q23.20.1 日本人は中国人部下に常に仕事の納期を守るよう求める	3.54	4.33
q23.21.1 会社では男性従業員と女性従業員の給与や昇進等に差がある	3.38	3.00
q23.22.1 終業後日本人上司は中国人部下と酒を飲みに行ったりするのを求める	2.69	2.30
q23.23.1 会議は議論の場ではなく承認の場である. 会議中に議論しない	3.23	3.30
q23.24.1 日本人に対して反対意見を言うことは極力避ける	3.46	2.80
q23.25.1 日本人上司は周りに人々がいる所で部下を叱責する	2.69	2.50
q23.26.1 日本人上司の指示内容は曖昧で分かりにくい	3.15	3.20
q23.27.1 日本人は中国人が転職することを理解しない	3.83	2.90
q23.28.1 能力も加味されるが基本的には年功序列型給与を受け取る	3.77	4.00
q23.29.1 日本人は中国人が家族事情で早退や欠勤することを理解しない	2.77	2.10

質問項目		
q23.30.1 配置転換や人事異動する	3.31	3.00
q23.31.1 問題が発生した場合何が原因で問題が発生したのかを明確にする	3.38	3.30
q23.32.1 良い結果も良くない結果も上司に素直に報告することを求める	4.08	3.90
q23.33.1 業務上の問題点があれば徹底的に追求し解決方法を探し出す	3.69	3.70
q23.34.1 この会社の日本人とは中国語で意思疎通をはかる	3.23	4.20
q23.35.1 日本人は中国人が自主的に仕事を探してすることを求める	2.92	3.20
q23.36.1 この会社の日本人は中国人と日本語で意思疎通をはかる	3.00	3.90
q23.37.1 日本人は中国人と仕事や会社についての情報を共有しない	4.00	3.20
r（順位相関 – 電気・電子製品27vs. 電気・電子製品37）		0.433
p（有意水準）		0.007

注：表中の数値は5段階尺度（「1．全く感じない」～「5．常に感じる」）の平均値。分析の際には順位に変換。「電気・電子製品27」、「電気・電子製品37」、は本調査の協力企業である。調査時期により、ランダムに番号をつけたため、「27」、「37」と番号が順不同である。なお、質問項目「q23.1」は、「問23の1」を意味し、最後の「1」は「文化の相違への回答」という意味である。

表20　上海日系企業における中国人の回答：「見かける」
（電気・電子製品27vs. 電気・電子製品37）

質問項目	電気・電子製品27（$n = 14$）	電気・電子製品37（$n = 10$）
q23.1.2 日本人管理職は有給休暇を全て消化しない	3.62	3.20
q23.2.2 日本人管理職は中国人に品質管理を徹底して行うことを求める	4.17	4.20
q23.3.2 日本人は上司の指示に対したとえ良くないと思っても言わない	4.00	3.10

q23.4.2 日本人は中国人部下に仕事の報告連絡相談するよう要求する	4.15	3.80
q23.5.2 日本人上司は部下の仕事がうまくいった際に褒めない	3.08	3.30
q23.6.2 日本人は中国人部下が仕事の評価の説明を求めても説明しない	3.31	2.50
q23.7.2 日本人はたとえ些細な事柄でも会社の規則に従うよう求める	3.85	3.60
q23.8.2 日人は中国人が仕事内容についてわかるまで尋ねるよう求める	3.15	2.90
q23.9.2 中国人部下が物品を渡そうとするが日本人上司は受け取らない	2.23	1.30
q23.10.2 この会社では上司も部下も同じ部屋で仕事をする	4.50	3.90
q23.11.2 物事の決定までかなりの時間がかかる	3.69	3.60
q23.12.2 能力も加味されるが基本的には年功序列で昇進する	4.00	3.50
q23.13.2 部下が給与の額を交渉しても上司はうまく説明しない	3.31	3.20
q23.14.2 チームワークを重視する	3.38	2.80
q23.15.2 中国人にたとえ私的な先約があっても残業することを求める	2.77	2.20
q23.16.2 日本人は中国人に職務範囲以外の事柄でも仕事を行うよう求める	2.92	3.00
q23.17.2 日本人は中国人が家族と過ごす予定があっても休日出勤を求める	2.08	1.60
q23.18.2 日本人は中国人部下に対して礼儀正しく接している	3.23	3.70
q23.19.2 仕事の始業時間や会議が始まる前には必ず到着するのを求める	3.62	4.30
q23.20.2 日本人は中国人部下に常に仕事の納期を守るよう求める	4.31	4.33
q23.21.2 会社では男性従業員と女性従業員の給与や昇進等に差がある	3.15	2.60
q23.22.2 終業後日本人上司は中国人部下と酒を飲みに行ったりするのを求める	1.92	1.80
q23.23.2 会議は議論の場ではなく承認の場である.会議中に議論しない	3.00	2.90

q23.24.2 日本人に対して反対意見を言うことは極力避ける	3.00	2.50
q23.25.2 日本人上司は周りに人々がいる所で部下を叱責する	2.38	1.90
q23.26.2 日本人上司の指示内容は曖昧で分かりにくい	2.54	2.60
q23.27.2 日本人は中国人が転職することを理解しない	3.50	2.70
q23.28.2 能力も加味されるが基本的には年功序列型給与を受け取る	3.46	3.80
q23.29.2 日本人は中国人が家族事情で早退や欠勤することを理解しない	2.38	1.70
q23.30.2 配置転換や人事異動する	3.62	2.70
q23.31.2 問題が発生した場合何が原因で問題が発生したのかを明確にする	3.15	3.20
q23.32.2 良い結果も良くない結果も上司に素直に報告することを求める	3.92	3.90
q23.33.2 業務上の問題点があれば徹底的に追求し解決方法を探し出す	4.15	3.60
q23.34.2 この会社の日本人とは中国語で意思疎通をはかる	2.62	3.80
q23.35.2 日本人は中国人が自主的に仕事を探してすることを求める	3.08	3.10
q23.36.2 この会社の日本人は中国人と日本語で意思疎通をはかる	3.00	3.80
q23.37.2 日本人は中国人と仕事や会社についての情報を共有しない	3.46	3.00
r（順位相関−電気・電子製品27vs. 電気・電子製品37）		0.708
p（有意水準）		0.000

注：表中の数値は5段階尺度（「1．全く見かけない」、「2．見かけるのは30％未満」、「3．見かけるのは50％程」、「4．見かけるのは60-70％」、「5．見かけるのは80％以上」）の平均値。分析の際には順位に変換。「電気・電子製品27」、「電気・電子製品37」、は本調査の協力企業である。調査時期により、ランダムに番号をつけたため、「27」、「37」と番号が順不同である。なお、質問項目「q23.1」は、「問23の1」を意味し、最後の「2」は「見かけるへの回答」という意味である。

表21 上海日系企業における日本人の回答：「文化の相違」
(全貿易 vs. 各貿易企業24、26、33、34、35)

質問項目	全貿易 ($n=40$)	貿易24 ($n=5$)	貿易26 ($n=14$)	貿易33 ($n=7$)	貿易34 ($n=9$)	貿易35 ($n=5$)
q23.1.1 中国人は有給休暇を全て消化する	3.87	3.20	4.00	4.17	3.67	4.20
q23.2.1 中国人は品質管理や事務管理を徹底して行わない	3.00	3.40	3.00	3.17	2.67	3.00
q23.3.1 中国人は上司の指示が良くない方策だと思ったらはっきり言う	3.18	3.40	3.07	3.17	3.13	3.40
q23.4.1 中国人は仕事の途中で何度も上司に報告相談したりしない	3.51	3.60	3.00	3.50	3.78	4.40
q23.5.1 中国人は部下の仕事がうまくいった際は必ず褒める	2.69	2.80	2.50	2.83	2.78	2.80
q23.6.1 中国人は日本人上司の評価内容の説明を求める	3.59	3.60	3.14	3.83	4.00	3.80
q23.7.1 中国人は会社の規則に従わない場合がある	3.38	4.00	3.21	3.17	3.22	3.80
q23.8.1 中国人は仕事のわからない点があっても分かるまで尋ねない	3.31	3.60	3.07	3.67	3.11	3.60
q23.9.1 中国人は上司との関係をよくするために上司に品物を渡す	2.27	3.00	2.07	2.17	2.56	1.33
q23.10.1 中国人の間では管理職には個室が与えられるべきだと考える	2.35	3.20	2.07	2.00	2.44	2.67
q23.11.1 中国人は物事を決定するのにあまり時間がかからない	3.39	3.40	3.00	3.50	3.78	3.75
q23.12.1 中国人は能力型で昇進し年功序列に大きく影響することはない	2.97	2.80	2.64	2.67	3.56	3.40
q23.13.1 中国人は給与の額に不満があれば上司と交渉する	3.77	3.60	3.50	3.67	4.22	4.00

q23.14.1 中国人は各自が自分の分担仕事をこなす. チームワークがない	3.87	4.00	3.71	3.67	3.67	4.80
q23.15.1 中国人は残業を頼まれても私的な先約があれば仕事の方を断る	3.44	3.60	3.36	3.00	3.33	4.20
q23.16.1 中国人は自分の職務範囲外の業務は行わない	3.85	4.00	3.86	3.83	3.44	4.40
q23.17.1 中国人は家族と過ごす予定があれば休日出勤を頼まれても断る	3.46	2.80	3.71	3.17	3.44	3.80
q23.18.1 中国人は日本人上司には敬語を使い目上の者として接する	3.26	3.40	3.86	3.17	2.89	2.20
q23.19.1 中国人は仕事の始業時間や会議を遅れて始めることが多い	3.39	3.40	3.85	2.33	3.44	3.40
q23.20.1 中国人は仕事の納期を守らない	2.97	3.20	3.14	2.50	2.56	3.60
q23.21.1 中国人は男性従業員と女性従業員を平等に扱う	3.62	3.00	3.71	3.83	3.78	3.40
q23.22.1 中国人は日本人と夕食を食べたり酒を飲みに行ったりしない	3.37	3.40	2.93	3.33	3.63	4.20
q23.23.1 中国人は会議を議論の場ととらえる. 反対意見も多く飛び交う	3.28	2.40	3.14	3.00	3.89	3.80
q23.24.1 中国人は日本人上司へ反対意見をはっきりと言う	3.23	2.80	3.14	3.17	3.44	3.60
q23.25.1 中国人は1対1になれる個室で部下を叱責する	3.49	2.80	3.79	3.33	3.44	3.60
q23.26.1 中国人部下には日本人部下より仕事内容を明確に指示する	4.00	3.80	4.00	4.17	4.22	3.60

q23.27.1 中国人は現在より良い給与地位が得られる会社に転職する	4.05	3.60	4.14	4.00	4.22	4.00
q23.28.1 中国人は能力給を受け取る. 年功序列が給与に影響しない	3.39	3.00	3.14	3.33	4.00	3.60
q23.29.1 中国人は妻が出産した時や子供が入院した時には早退欠勤する	3.54	3.00	3.93	3.33	3.33	3.60
q23.30.1 中国人は配置転換や人事異動を嫌う	3.15	2.80	2.86	3.17	3.44	3.80
q23.31.1 問題が発生した場合中国人は誰に責任があるかを明確にする	3.56	3.60	3.57	3.50	3.22	4.20
q23.32.1 中国人は良くない結果や問題が生じた場合は報告しない	3.18	3.40	3.00	2.83	3.22	3.80
q23.33.1 中国人は業務上の問題点について徹底的に解明をしない	3.33	3.00	3.21	3.00	3.56	4.00
q23.34.1 中国人とは中国語で意思疎通をはかる	3.05	3.00	3.43	3.67	2.50	2.20
q23.35.1 中国人は自主的に仕事を探して自ら積極的に仕事をしない	3.62	3.00	3.79	2.83	3.78	4.40
q23.36.1 中国人は日本人と日本語で意思疎通をはかる	3.41	3.40	3.93	3.17	3.44	2.20
q23.37.1 中国人は日本人と仕事や会社の情報共有することを要求する	3.28	2.60	3.64	3.33	3.11	3.20
r (順位相関－全貿易 vs. 各貿易企業24、26、33、34、35)		0.479	0.743	0.716	0.715	0.634
p (有意水準)		0.003	0.000	0.000	0.000	0.000

注：表中の数値は5段階尺度（「1. 全く感じない」～「5. 常に感じる」）の平均値。分析の際には順位に変換。「貿易24」、「貿易26」、「貿易33」、「貿易34」、「貿易35」は本調査の協力企業である。調査時期により、ランダムに番号をつけたため、「24」、「26」、「33」、「34」、「35」と番号が順不同である。なお、質問項目「q23.1」は、「問23の1」を意味し、最後の「1」は「文化の相違への回答」という意味である。

付録 I

表22 上海日系企業における日本人の回答：「見かける」
（全貿易 vs. 各貿易企業24、26、33、34、35）

質問項目	全貿易 ($n=40$)	貿易24 ($n=5$)	貿易26 ($n=14$)	貿易33 ($n=7$)	貿易34 ($n=9$)	貿易35 ($n=5$)
q23.1.2 中国人は有給休暇を全て消化する	3.84	4.20	4.25	3.33	3.22	4.20
q23.2.2 中国人は品質管理や事務管理を徹底して行わない	2.76	3.20	2.58	2.83	2.44	3.20
q23.3.2 中国人は上司の指示が良くない方策だと思ったらはっきり言う	3.22	4.00	3.08	2.83	3.00	3.60
q23.4.2 中国人は仕事の途中で何度も上司に報告相談したりしない	2.97	3.00	2.58	3.00	3.38	3.20
q23.5.2 中国人は部下の仕事がうまくいった際は必ず褒める	2.62	3.00	2.58	2.50	3.00	1.75
q23.6.2 中国人は日本人上司の評価内容の説明を求める	3.42	3.20	3.17	3.67	3.67	3.50
q23.7.2 中国人は会社の規則に従わない場合がある	2.64	2.20	3.08	2.17	2.22	3.50
q23.8.2 中国人は仕事のわからない点があっても分かるまで尋ねない	2.89	2.40	2.92	3.00	2.67	3.75
q23.9.2 中国人は上司との関係をよくするために上司に品物を渡す	1.42	1.80	1.45	1.17	1.56	1.00
q23.10.2 中国人の間では管理職には個室が与えられるべきだと考える	1.28	1.60	1.25	1.17	1.33	1.00
q23.11.2 中国人は物事を決定するのにあまり時間がかからない	3.03	3.40	3.08	2.67	3.11	2.67
q23.12.2 中国人は能力型で昇進し年功序列に大きく影響することはない	2.78	3.00	2.75	2.00	3.00	3.20
q23.13.2 中国人は給与の額に不満があれば上司と交渉する	3.51	3.80	3.50	3.33	3.33	3.80

q23.14.2 中国人は各自が自分の分担仕事をこなす. チームワークがない	3.62	3.20	3.67	3.17	3.56	4.60
q23.15.2 中国人は残業を頼まれても私的な先約があれば仕事の方を断る	2.81	2.40	3.00	2.50	2.44	3.80
q23.16.2 中国人は自分の職務範囲外の業務は行わない	3.19	2.80	3.58	3.17	2.44	4.00
q23.17.2 中国人は家族と過ごす予定があれば休日出勤を頼まれても断る	3.03	2.60	3.50	2.67	2.44	3.80
q23.18.2 中国人は日本人上司には敬語を使い目上の者として接する	4.05	4.00	4.25	3.17	3.89	5.00
q23.19.2 中国人は仕事の始業時間や会議を遅れて始めることが多い	3.03	2.60	3.73	2.33	2.78	3.20
q23.20.2 中国人は仕事の納期を守らない	2.58	2.00	2.82	2.50	2.11	3.60
q23.21.2 中国人は男性従業員と女性従業員を平等に扱う	4.00	4.20	4.17	3.67	4.00	3.75
q23.22.2 中国人は日本人と夕食を食べたり酒を飲みに行ったりしない	3.14	2.80	2.83	3.00	3.38	4.25
q23.23.2 中国人は会議を議論の場ととらえる. 反対意見も多く飛び交う	3.11	3.40	2.75	2.83	3.44	3.40
q23.24.2 中国人は日本人上司へ反対意見をはっきりと言う	3.00	3.20	2.67	3.17	3.00	3.40
q23.25.2 中国人は1対1になれる個室で部下を叱責する	3.41	3.20	3.67	2.83	3.44	3.60
q23.26.2 中国人部下には日本人部下より仕事内容を明確に指示する	4.00	3.40	4.33	4.17	3.56	4.40

q23.27.2 中国人は現在より良い給与・地位が得られる会社に転職する	3.62	3.20	4.08	4.00	3.33	3.00
q23.28.2 中国人は能力給を受け取る．年功序列が給与に影響しない	3.20	3.20	3.00	3.33	3.29	3.40
q23.29.2 中国人は妻が出産した時や子供が入院した時には早退欠勤する	3.92	3.80	4.08	3.67	3.87	4.00
q23.30.2 中国人は配置転換や人事異動を嫌う	3.06	2.60	2.83	2.83	3.38	3.80
q23.31.2 問題が発生した場合中国人は誰に責任があるかを明確にする	3.27	2.80	3.67	2.83	2.89	4.00
q23.32.2 中国人は良くない結果や問題が生じた場合は報告しない	2.94	3.00	3.08	2.33	3.11	3.00
q23.33.2 中国人は業務上の問題点について徹底的に解明をしない	3.00	3.25	2.83	2.83	2.89	3.60
q23.34.2 中国人とは中国語で意思疎通をはかる	3.46	4.00	3.67	3.50	2.88	3.40
q23.35.2 中国人は自主的に仕事を探して自ら積極的に仕事をしない	3.22	2.60	3.42	2.67	3.22	4.00
q23.36.2 中国人は日本人と日本語で意思疎通をはかる	4.11	4.00	4.25	3.17	4.33	4.60
q23.37.2 中国人は日本人と仕事や会社の情報共有することを要求する	3.30	3.40	3.17	3.17	3.67	3.00
r（順位相関－全貿易 vs. 各貿易企業24、26、33、34、35）	0.751	0.863	0.814	0.781	0.609	
p（有意水準）	0.000	0.000	0.000	0.000	0.000	

注：表中の数値は5段階尺度（「1．全く見かけない」、「2．見かけるのは30％未満」、「3．見かけるのは50％程」、「4．見かけるのは60-70％」、「5．見かけるのは80％以上」）の平均値。分析の際には順位に変換。「貿易24」、「貿易26」、「貿易33」、「貿易34」、「貿易35」は本調査の協力企業である。調査時期により、ランダムに番号をつけたため、「24」、「26」、「33」、「34」、「35」と番号が順不同である。なお、質問項目「q23.1」は、「問23の1」を意味し、最後の

「2」は「見かけるへの回答」という意味である。

表23　上海日系企業における中国人の回答：「文化の相違」
（全貿易 vs. 各貿易企業24、26、33、34、35）

質問項目	全貿易 ($n=92$)	貿易24 ($n=30$)	貿易26 ($n=21$)	貿易33 ($n=16$)	貿易34 ($n=9$)	貿易35 ($n=16$)
q23.1.1　日本人管理職は有給休暇を全て消化しない	3.36	3.20	4.30	3.00	3.22	2.94
q23.2.1　日本人管理職は中国人に品質管理を徹底して行うことを求める	4.14	4.10	4.20	4.37	3.88	4.06
q23.3.1　日本人は上司の指示に対したとえ良くないと思っても言わない	4.11	3.62	4.45	4.44	3.67	4.50
q23.4.1　日本人は中国人部下に仕事の報告連絡相談するよう要求する	4.19	3.90	4.50	4.38	3.67	4.44
q23.5.1　日本人上司は部下の仕事がうまくいった際に褒めない	3.30	2.90	3.55	3.44	3.11	3.69
q23.6.1　日本人は中国人部下が仕事の評価の説明を求めても説明しない	3.51	3.07	3.90	3.63	3.11	3.94
q23.7.1　日本人はたとえ些細な事柄でも会社の規則に従うよう求める	4.08	3.93	4.15	4.37	3.33	4.37
q23.8.1　日本人は中国人が仕事内容についてわかるまで尋ねるよう求める	3.49	3.60	3.60	3.56	2.67	3.56
q23.9.1　中国人部下が物品を渡そうとするが日本人上司は受け取らない	2.36	2.20	2.45	2.69	2.33	2.25
q23.10.1　この会社では上司も部下も同じ部屋で仕事をする	4.31	4.40	4.60	4.44	3.56	4.06
q23.11.1　物事の決定までかなりの時間がかかる	4.24	4.17	4.20	4.75	4.56	3.75

q23.12.1 能力も加味されるが基本的には年功序列で昇進する	4.04	4.00	4.35	4.31	3.67	3.69
q23.13.1 部下が給与の額を交渉しても上司はうまく説明しない	4.04	3.93	4.05	4.06	3.56	4.50
q23.14.1 チームワークを重視する	3.52	3.83	3.75	3.38	3.22	2.94
q23.15.1 中国人にたとえ私的な先約があっても残業することを求める	3.19	2.93	3.55	2.94	2.89	3.62
q23.16.1 日本人は中国人に職務範囲以外の事柄でも仕事を行うよう求める	3.45	3.70	3.35	2.94	3.33	3.69
q23.17.1 日本人は中国人が家族と過ごす予定があっても休日出勤を求める	2.36	2.13	2.70	2.00	2.67	2.56
q23.18.1 日本人は中国人部下に対して礼儀正しく接している	3.59	4.33	3.75	3.38	3.00	2.56
q23.19.1 仕事の始業時間や会議が始まる前には必ず到着するのを求める	3.83	3.93	4.05	3.69	2.78	4.13
q23.20.1 日本人は中国人部下に常に仕事の納期を守るよう求める	4.09	4.20	4.70	3.81	2.78	4.13
q23.21.1 会社では男性従業員と女性従業員の給与や昇進等に差がある	3.33	3.37	3.55	3.00	2.67	3.69
q23.22.1 終業後日本人上司は中国人部下と酒を飲みに行ったりするのを求める	2.33	2.43	2.40	2.50	2.67	1.69
q23.23.1 会議は議論の場ではなく承認の場である.会議中に議論しない	3.29	2.97	3.40	3.13	3.44	3.81
q23.24.1 日本人に対して反対意見を言うことは極力避ける	3.29	2.67	3.75	3.69	3.00	3.63
q23.25.1 日本人上司は周りに人々がいる所で部下を叱責する	3.05	2.27	3.20	3.38	3.00	4.06

q23.26.1 日本人上司の指示内容は曖昧で分かりにくい	3.05	2.83	3.20	3.06	2.67	3.50
q23.27.1 日本人は中国人が転職することを理解しない	3.07	2.75	3.30	2.88	2.78	3.69
q23.28.1 能力も加味されるが基本的には年功序列型給与を受け取る	3.52	3.55	3.89	3.69	2.89	3.19
q23.29.1 日本人は中国人が家族事情で早退や欠勤することを理解しない	2.55	2.00	3.25	2.38	2.89	2.69
q23.30.1 配置転換や人事異動する	3.37	2.87	3.25	3.75	3.33	4.13
q23.31.1 問題が発生した場合何が原因で問題が発生したのかを明確にする	3.71	4.03	3.40	4.00	3.78	3.19
q23.32.1 良い結果も良くない結果も上司に素直に報告することを求める	4.14	4.20	4.20	4.31	3.33	4.25
q23.33.1 業務上の問題点があれば徹底的に追求し解決方法を探し出す	3.83	4.14	4.05	4.13	3.22	3.06
q23.34.1 この会社の日本人とは中国語で意思疎通をはかる	3.49	3.97	3.80	3.94	2.56	2.31
q23.35.1 日本人は中国人が自主的に仕事を探してすることを求める	3.59	3.76	3.70	3.31	2.67	3.94
q23.36.1 この会社の日本人は中国人と日本語で意思疎通をはかる	4.06	4.17	4.25	4.31	2.67	4.13
q23.37.1 日本人は中国人と仕事や会社についての情報を共有しない	3.60	3.23	3.95	3.50	3.22	4.19
r（順位相関 – 全貿易 vs. 各貿易企業24、26、33、34、35		0.881	0.880	0.897	0.607	0.633
p（有意水準）		0.000	0.000	0.000	0.000	0.000

注：表中の数値は5段階尺度（「1. 全く感じない」～「5. 常に感じる」）の平均値。分析の際に

は順位に変換。「貿易24」、「貿易26」、「貿易33」、「貿易34」、「貿易35」は本調査の協力企業である。調査時期により、ランダムに番号をつけたため、「24」、「26」、「33」、「34」、「35」と番号が順不同である。なお、質問項目「q23.1」は、「問23の1」を意味し、最後の「1」は「文化の相違への回答」という意味である。

表24　上海日系企業における中国人の回答：「見かける」
（全貿易 vs. 各貿易企業24、26、33、34、35）

質問項目	全貿易 ($n=92$)	貿易24 ($n=30$)	貿易26 ($n=21$)	貿易33 ($n=16$)	貿易34 ($n=9$)	貿易35 ($n=16$)
q23.1.2 日本人管理職は有給休暇を全て消化しない	3.22	2.90	4.25	2.69	3.11	3.13
q23.2.2 日本人管理職は中国人に品質管理を徹底して行うことを求める	4.18	4.03	4.05	4.56	4.38	4.13
q23.3.2 日本人は上司の指示に対したとえ良くないと思っても言わない	4.03	3.68	4.20	4.06	3.89	4.50
q23.4.2 日本人は中国人部下に仕事の報告連絡相談するよう要求する	4.24	4.07	4.30	4.44	4.33	4.25
q23.5.2 日本人上司は部下の仕事がうまくいった際に褒めない	3.28	2.79	3.65	3.31	3.67	3.44
q23.6.2 日本人は中国人部下が仕事の評価の説明を求めても説明しない	3.29	2.75	3.55	3.44	3.11	3.88
q23.7.2 日本人はたとえ些細な事柄でも会社の規則に従うよう求める	4.32	4.14	4.20	4.50	4.78	4.37
q23.8.2 日本人は中国人が仕事内容についてわかるまで尋ねるよう求める	3.50	3.79	3.30	3.44	3.22	3.44
q23.9.2 中国人部下が物品を渡そうとするが日本人上司は受け取らない	2.13	1.79	2.15	2.69	2.67	1.88
q23.10.2 この会社では上司も部下も同じ部屋で仕事をする	4.38	4.62	4.45	4.44	4.44	3.75

q23.11.2 物事の決定までかなりの時間がかかる	4.17	4.17	4.25	4.50	4.78	3.38
q23.12.2 能力も加味されるが基本的には年功序列で昇進する	4.07	4.25	4.15	4.13	4.00	3.63
q23.13.2 部下が給与の額を交渉しても上司はうまく説明しない	3.79	3.75	3.75	3.81	3.44	4.06
q23.14.2 チームワークを重視する	3.62	3.86	3.75	3.75	3.78	2.81
q23.15.2 中国人にたとえ私的な先約があっても残業することを求める	2.99	2.72	3.45	2.63	2.89	3.31
q23.16.2 日本人は中国人に職務範囲以外の事柄でも仕事を行うよう求める	3.13	3.24	3.15	2.81	3.11	3.25
q23.17.2 日本人は中国人が家族と過ごす予定があっても休日出勤を求める	2.11	1.93	2.55	1.69	1.78	2.50
q23.18.2 日本人は中国人部下に対して礼儀正しく接している	3.80	4.55	3.40	3.63	3.89	3.06
q23.19.2 仕事の始業時間や会議が始まる前には必ず到着するのを求める	4.20	4.38	3.68	4.25	4.67	4.19
q23.20.2 日本人は中国人部下に常に仕事の納期を守るよう求める	4.44	4.52	4.55	4.38	4.56	4.13
q23.21.2 会社では男性従業員と女性従業員の給与や昇進等に差がある	3.17	3.03	3.50	3.06	2.78	3.31
q23.22.2 終業後日本人上司は中国人部下と酒を飲みに行ったりするのを求める	2.10	2.10	2.55	2.06	1.89	1.69
q23.23.2 会議は議論の場ではなく承認の場である.会議中に議論しない	3.17	3.03	3.20	3.00	3.33	3.44
q23.24.2 日本人に対して反対意見を言うことは極力避ける	3.14	2.31	3.45	3.63	3.33	3.69

q23.25.2 日本人上司は周りに人々がいる所で部下を叱責する	2.93	2.00	3.30	3.13	2.89	4.00
q23.26.2 日本人上司の指示内容は曖昧で分かりにくい	2.70	2.55	2.75	2.56	2.44	3.19
q23.27.2 日本人は中国人が転職することを理解しない	2.77	2.56	3.05	2.56	2.56	3.13
q23.28.2 能力も加味されるが基本的には年功序列型給与を受け取る	3.40	3.29	3.63	3.50	3.33	3.25
q23.29.2 日本人は中国人が家族事情で早退や欠勤することを理解しない	3.18	1.76	2.80	2.00	1.78	2.56
q23.30.2 配置転換や人事異動する	3.21	2.62	3.20	3.44	3.11	4.13
q23.31.2 問題が発生した場合何が原因で問題が発生したのかを明確にする	3.78	4.07	3.10	4.37	4.44	3.13
q23.32.2 良い結果も良くない結果も上司に素直に報告することを求める	4.37	4.38	4.10	4.75	4.56	4.19
q23.33.2 業務上の問題点があれば徹底的に追求し解決方法を探し出す	4.04	4.14	3.95	4.56	4.33	3.31
q23.34.2 この会社の日本人とは中国語で意思疎通をはかる	3.36	3.90	3.35	3.63	3.00	2.31
q23.35.2 日本人は中国人が自主的に仕事を探してすることを求める	3.70	3.59	3.50	3.81	3.44	4.19
q23.36.2 この会社の日本人は中国人と日本語で意思疎通をはかる	4.13	4.14	4.00	4.00	4.00	4.50
q23.37.2 日本人は中国人と仕事や会社についての情報を共有しない	3.38	2.66	3.55	3.38	3.78	4.25
r（順位相関 - 全貿易 vs. 各貿易企業24、26、33、34、35）		0.906	0.834	0.922	0.923	0.812

620 付録 I

| p（有意水準） | | 0.000 | 0.000 | 0.000 | 0.000 | 0.000 |

注：表中の数値は5段階尺度（「1．全く見かけない」、「2．見かけるのは30％未満」、「3．見かけるのは50％程」、「4．見かけるのは60-70％」、「5．見かけるのは80％以上」）の平均値。分析の際には順位に変換。「貿易24」、「貿易26」、「貿易33」、「貿易34」、「貿易35」は本調査の協力企業である。調査時期により、ランダムに番号をつけたため、「24」、「26」、「33」、「34」、「35」と番号が順不同である。なお、質問項目「q23.1」は、「問23の1」を意味し、最後の「2」は「見かけるへの回答」という意味である。

表25　広州日系企業における日本人の回答：「文化の相違」
（広州全製造業 vs. 広州全輸送機械・機器、広州全電気・電子製品、広州全鉄鋼・非鉄金属）

質問項目	広州全製造業 （$n=81$）	広州全輸送機械・機器 （$n=37$）	広州全電気・電子製品 （$n=29$）	広州全鉄鋼・非鉄金属 （$n=15$）
q23.1.1 中国人は有給休暇を全て消化する	2.94	3.03	2.76	3.08
q23.2.1 中国人は品質管理や事務管理を徹底して行わない	2.83	2.92	2.64	3.00
q23.3.1 中国人は上司の指示が良くない方策だと思ったらはっきり言う	2.65	1.84	3.34	3.50
q23.4.1 中国人は仕事の途中で何度も上司に報告相談したりしない	3.46	3.30	3.45	4.00
q23.5.1 中国人は部下の仕事がうまくいった際は必ず褒める	3.28	3.65	2.97	2.92
q23.6.1 中国人は日本人上司の評価内容の説明を求める	3.41	3.38	3.52	3.25
q23.7.1 中国人は会社の規則に従わない場合がある	2.86	2.84	2.83	3.00
q23.8.1 中国人は仕事のわからない点があっても分かるまで尋ねない	3.24	3.32	3.07	3.42
q23.9.1 中国人は上司との関係をよくするために上司に品物を渡す	2.45	2.78	2.07	2.33
q23.10.1 中国人の間では管理職には個室が与えられるべきだと考える	2.19	2.25	2.28	1.83

q23.11.1 中国人は物事を決定するのにあまり時間がかからない	3.86	3.97	3.79	3.67
q23.12.1 中国人は能力型で昇進し年功序列に大きく影響することはない	3.36	2.81	3.90	3.75
q23.13.1 中国人は給与の額に不満があれば上司と交渉する	3.38	3.08	3.52	4.00
q23.14.1 中国人は各自が自分の分担仕事をこなす. チームワークがない	3.64	3.59	3.76	3.50
q23.15.1 中国人は残業を頼まれても私的な先約があれば仕事の方を断る	3.15	3.19	3.14	3.08
q23.16.1 中国人は自分の職務範囲外の業務は行わない	3.88	4.11	3.55	4.00
q23.17.1 中国人は家族と過ごす予定があれば休日出勤を頼まれても断る	3.19	3.19	3.14	3.33
q23.18.1 中国人は日本人上司には敬語を使い目上の者として接する	3.66	3.92	3.54	3.17
q23.19.1 中国人は仕事の始業時間や会議を遅れて始めることが多い	3.60	3.78	3.48	3.33
q23.20.1 中国人は仕事の納期を守らない	3.32	3.57	3.00	3.33
q23.21.1 中国人は男性従業員と女性従業員を平等に扱う	3.67	3.68	3.69	3.58
q23.22.1 中国人は日本人と夕食を食べたり酒を飲みに行ったりしない	2.24	2.22	2.14	2.58
q23.23.1 中国人は会議を議論の場ととらえる. 反対意見も多く飛び交う	3.19	3.00	3.41	3.25
q23.24.1 中国人は日本人上司へ反対意見をはっきりと言う	3.35	3.35	3.52	2.92
q23.25.1 中国人は1対1になれる個室で部下を叱責する	3.42	3.57	3.41	3.00
q23.26.1 中国人部下には日本人部下より仕事内容を明確に指示する	4.33	4.32	4.21	4.67
q23.27.1 中国人は現在より良い給与地位が得られる会社に転職する	4.18	4.14	4.31	4.00

622　　　　　　　　　　　　　　　付録 I

質問項目				
q23.28.1 中国人は能力給を受け取る.年功序列が給与に影響しない	3.51	3.26	3.72	3.67
q23.29.1 中国人は妻が出産した時や子供が入院した時には早退欠勤する	3.86	3.83	4.21	3.08
q23.30.1 中国人は配置転換や人事異動を嫌う	3.24	3.42	3.00	3.25
q23.31.1 問題が発生した場合中国人は誰に責任があるかを明確にする	3.76	3.70	3.76	3.92
q23.32.1 中国人は良くない結果や問題が生じた場合は報告しない	3.71	3.76	3.62	3.75
q23.33.1 中国人は業務上の問題点について徹底的に解明をしない	3.56	3.68	3.38	3.67
q23.34.1 中国人とは中国語で意思疎通をはかる	2.77	2.58	2.97	2.83
q23.35.1 中国人は自主的に仕事を探して自ら積極的に仕事をしない	3.58	3.84	3.14	3.83
q23.36.1 中国人は日本人と日本語で意思疎通をはかる	2.95	2.62	3.14	3.50
q23.37.1 中国人は日本人と仕事や会社の情報共有することを要求する	3.31	3.38	3.31	3.08
r（順位相関－全製造業 vs. 全輸送機械・機器、全電気・電子製品、全鉄鋼・非鉄金属）		0.912	0.870	0.694
p（有意水準）		0.000	0.000	0.000

注：表中の数値は 5 段階尺度（「1．全く感じない」～「5．常に感じる」）の平均値。分析の際には順位に変換。質問項目「q23.1」は、「問23の1」を意味し、最後の「1」は「文化の相違への回答」という意味である。

表26　広州日系企業における日本人の回答：「文化の相違」
（広州全貿易 vs. 広州全非製造業その他）

質問項目	広州全貿易 （$n=23$）	広州全非製造業その他 （$n=8$）
q23.1.1 中国人は有給休暇を全て消化する	3.52	3.38

付録 I

q23.2.1 中国人は品質管理や事務管理を徹底して行わない	3.24	3.50
q23.3.1 中国人は上司の指示が良くない方策だと思ったらはっきり言う	3.09	3.25
q23.4.1 中国人は仕事の途中で何度も上司に報告相談したりしない	3.61	3.75
q23.5.1 中国人は部下の仕事がうまくいった際は必ず褒める	3.17	2.63
q23.6.1 中国人は日本人上司の評価内容の説明を求める	3.52	3.88
q23.7.1 中国人は会社の規則に従わない場合がある	3.04	3.25
q23.8.1 中国人は仕事のわからない点があっても分かるまで尋ねない	3.43	3.87
q23.9.1 中国人は上司との関係をよくするために上司に品物を渡す	2.48	3.13
q23.10.1 中国人の間では管理職には個室が与えられるべきだと考える	2.26	2.88
q23.11.1 中国人は物事を決定するのにあまり時間がかからない	3.70	3.75
q23.12.1 中国人は能力型で昇進し年功序列に大きく影響することはない	3.00	2.87
q23.13.1 中国人は給与の額に不満があれば上司と交渉する	3.91	3.50
q23.14.1 中国人は各自が自分の分担仕事をこなす. チームワークがない	3.74	4.13
q23.15.1 中国人は残業を頼まれても私的な先約があれば仕事の方を断る	3.30	3.50
q23.16.1 中国人は自分の職務範囲外の業務は行わない	3.70	3.75
q23.17.1 中国人は家族と過ごす予定があれば休日出勤を頼まれても断る	3.09	2.88
q23.18.1 中国人は日本人上司には敬語を使い目上の者として接する	3.61	2.88

q23.19.1 中国人は仕事の始業時間や会議を遅れて始めることが多い	3.30	3.13
q23.20.1 中国人は仕事の納期を守らない	3.04	3.38
q23.21.1 中国人は男性従業員と女性従業員を平等に扱う	3.55	3.00
q23.22.1 中国人は日本人と夕食を食べたり酒を飲みに行ったりしない	3.09	2.38
q23.23.1 中国人は会議を議論の場ととらえる. 反対意見も多く飛び交う	3.61	3.00
q23.24.1 中国人は日本人上司へ反対意見をはっきりと言う	3.52	2.38
q23.25.1 中国人は1対1になれる個室で部下を叱責する	3.48	3.13
q23.26.1 中国人部下には日本人部下より仕事内容を明確に指示する	4.30	4.38
q23.27.1 中国人は現在より良い給与地位が得られる会社に転職する	3.91	3.63
q23.28.1 中国人は能力給を受け取る. 年功序列が給与に影響しない	3.26	2.87
q23.29.1 中国人は妻が出産した時や子供が入院した時には早退欠勤する	3.87	3.38
q23.30.1 中国人は配置転換や人事異動を嫌う	3.65	2.50
q23.31.1 問題が発生した場合中国人は誰に責任があるかを明確にする	3.65	3.63
q23.32.1 中国人は良くない結果や問題が生じた場合は報告しない	3.57	3.88
q23.33.1 中国人は業務上の問題点について徹底的に解明をしない	3.55	3.75
q23.34.1 中国人とは中国語で意思疎通をはかる	3.14	2.29
q23.35.1 中国人は自主的に仕事を探して自ら積極的に仕事をしない	3.36	3.38
q23.36.1 中国人は日本人と日本語で意思疎通をはかる	3.30	1.86

| 付録 I | | 625 |

質問項目		
q23.37.1 中国人は日本人と仕事や会社の情報共有することを要求する	3.17	2.63
r（順位相関 - 全非製造業貿易 vs. 全非製造業その他）		0.534
p（有意水準）		0.001

注：表中の数値は5段階尺度（「1．全く感じない」〜「5．常に感じる」）の平均値。分析の際には順位に変換。質問項目「q23.1」は、「問23の1」を意味し、最後の「1」は「文化の相違への回答」という意味である。

表27　広州日系企業における日本人の回答：「文化の相違」
（広州製造業 vs. 広州非製造業）

質問項目	広州製造業 （$n=81$）	広州非製造業 （$n=31$）
q23.1.1　中国人は有給休暇を全て消化する	2.94	3.48
q23.2.1　中国人は品質管理や事務管理を徹底して行わない	2.83	3.31
q23.3.1　中国人は上司の指示が良くない方策だと思ったらはっきり言う	2.65	3.13
q23.4.1　中国人は仕事の途中で何度も上司に報告相談したりしない	3.46	3.65
q23.5.1　中国人は部下の仕事がうまくいった際は必ず褒める	3.28	3.03
q23.6.1　中国人は日本人上司の評価内容の説明を求める	3.41	3.61
q23.7.1　中国人は会社の規則に従わない場合がある	2.86	3.10
q23.8.1　中国人は仕事のわからない点があっても分かるまで尋ねない	3.24	3.55
q23.9.1　中国人は上司との関係をよくするために上司に品物を渡す	2.45	2.65
q23.10.1　中国人の間では管理職には個室が与えられるべきだと考える	2.19	2.42
q23.11.1　中国人は物事を決定するのにあまり時間がかからない	3.86	3.71
q23.12.1　中国人は能力型で昇進し年功序列に大きく影響することはない	3.36	2.97
q23.13.1　中国人は給与の額に不満があれば上司と交渉する	3.38	3.81

q23.14.1 中国人は各自が自分の分担仕事をこなす. チームワークがない	3.64	3.84
q23.15.1 中国人は残業を頼まれても私的な先約があれば仕事の方を断る	3.15	3.35
q23.16.1 中国人は自分の職務範囲外の業務は行わない	3.88	3.71
q23.17.1 中国人は家族と過ごす予定があれば休日出勤を頼まれても断る	3.19	3.03
q23.18.1 中国人は日本人上司には敬語を使い目上の者として接する	3.66	3.42
q23.19.1 中国人は仕事の始業時間や会議を遅れて始めることが多い	3.60	3.26
q23.20.1 中国人は仕事の納期を守らない	3.32	3.13
q23.21.1 中国人は男性従業員と女性従業員を平等に扱う	3.67	3.40
q23.22.1 中国人は日本人と夕食を食べたり酒を飲みに行ったりしない	2.24	2.90
q23.23.1 中国人は会議を議論の場ととらえる. 反対意見も多く飛び交う	3.19	3.45
q23.24.1 中国人は日本人上司へ反対意見をはっきりと言う	3.35	3.23
q23.25.1 中国人は1対1になれる個室で部下を叱責する	3.42	3.39
q23.26.1 中国人部下には日本人部下より仕事内容を明確に指示する	4.33	4.32
q23.27.1 中国人は現在より良い給与地位が得られる会社に転職する	4.18	3.84
q23.28.1 中国人は能力給を受け取る. 年功序列が給与に影響しない	3.51	3.16
q23.29.1 中国人は妻が出産した時や子供が入院した時には早退欠勤する	3.86	3.74
q23.30.1 中国人は配置転換や人事異動を嫌う	3.24	3.35
q23.31.1 問題が発生した場合中国人は誰に責任があるかを明確にする	3.76	3.65
q23.32.1 中国人は良くない結果や問題が生じた場合は報告しない	3.71	3.65

付録 I 627

質問項目		
q23.33.1 中国人は業務上の問題点について徹底的に解明をしない	3.56	3.60
q23.34.1 中国人とは中国語で意思疎通をはかる	2.77	2.93
q23.35.1 中国人は自主的に仕事を探して自ら積極的に仕事をしない	3.58	3.37
q23.36.1 中国人は日本人と日本語で意思疎通をはかる	2.95	2.97
q23.37.1 中国人は日本人と仕事や会社の情報共有することを要求する	3.31	3.03
r（順位相関－製造業 vs. 非製造業）		0.771
p（有意水準）		0.000

注：表中の数値は5段階尺度（「1. 全く感じない」～「5. 常に感じる」）の平均値。分析の際には順位に変換。質問項目「q23.1」は、「問23の1」を意味し、最後の「1」は「文化の相違への回答」という意味である。

表28 広州日系企業における日本人の回答：「見かける」
（広州全製造業 vs. 広州全輸送機械・機器、全電気・電子製品、
鉄鋼・非鉄金属4・6、鉄鋼・非鉄金属15）

質問項目	広州全製造業 （$n=81$）	広州全輸送機械・機器 （$n=37$）	広州全電気・電子製品 （$n=29$）	広州鉄鋼・非鉄金属4・6 （$n=5$）	広州鉄鋼・非鉄金属15 （$n=10$）
q23.1.2 中国人は有給休暇を全て消化する	2.97	3.09	2.90	2.00	2.90
q23.2.2 中国人は品質管理や事務管理を徹底して行わない	2.65	2.71	2.68	3.50	2.20
q23.3.2 中国人は上司の指示が良くない方策だと思ったらはっきり言う	3.00	2.73	2.97	4.00	3.90
q23.4.2 中国人は仕事の途中で何度も上司に報告相談したりしない	3.38	3.46	3.31	4.00	3.11
q23.5.2 中国人は部下の仕事がうまくいった際は必ず褒める	3.45	3.70	3.17	3.50	3.30

q23.6.2 中国人は日本人上司の評価内容の説明を求める	3.32	3.49	3.28	4.00	2.70
q23.7.2 中国人は会社の規則に従わない場合がある	2.55	2.68	2.34	3.00	2.56
q23.8.2 中国人は仕事のわからない点があっても分かるまで尋ねない	2.95	3.16	2.76	4.50	2.40
q23.9.2 中国人は上司との関係をよくするために上司に品物を渡す	1.95	2.24	1.68	2.00	1.70
q23.10.2 中国人の間では管理職には個室が与えられるべきだと考える	1.87	1.97	1.79	3.50	1.33
q23.11.2 中国人は物事を決定するのにあまり時間がかからない	3.77	4.05	3.59	3.50	3.22
q23.12.2 中国人は能力型で昇進し年功序列に大きく影響することはない	3.59	3.20	3.90	4.50	3.89
q23.13.2 中国人は給与の額に不満があれば上司と交渉する	2.91	2.69	3.07	3.50	3.10
q23.14.2 中国人は各自が自分の分担仕事をこなす.チームワークがない	3.50	3.35	3.72	3.50	3.40
q23.15.2 中国人は残業を頼まれても私的な先約があれば仕事の方を断る	2.88	3.03	2.76	4.00	2.60
q23.16.2 中国人は自分の職務範囲外の業務は行わない	3.68	3.86	3.52	5.00	3.20
q23.17.2 中国人は家族と過ごす予定があれば休日出勤を頼まれても断る	2.89	3.00	2.93	2.00	2.50
q23.18.2 中国人は日本人上司には敬語を使い目上の者として接する	3.83	3.89	3.93	4.00	3.30

q23.19.2 中国人は仕事の始業時間や会議を遅れて始めることが多い	3.24	3.51	3.10	4.00	2.50
q23.20.2 中国人は仕事の納期を守らない	2.99	3.22	2.69	4.50	2.70
q23.21.2 中国人は男性従業員と女性従業員を平等に扱う	3.97	3.78	4.17	4.00	4.10
q23.22.2 中国人は日本人と夕食を食べたり酒を飲みに行ったりしない	2.45	2.30	2.52	3.00	2.70
q23.23.2 中国人は会議を議論の場ととらえる. 反対意見も多く飛び交う	3.19	2.84	3.59	4.50	3.10
q23.24.2 中国人は日本人上司へ反対意見をはっきりと言う	3.19	3.11	3.41	3.00	2.90
q23.25.2 中国人は1対1になれる個室で部下を叱責する	3.49	3.63	3.48	4.00	3.00
q23.26.2 中国人部下には日本人部下より仕事内容を明確に指示する	4.12	4.00	4.14	5.00	4.30
q23.27.2 中国人は現在より良い給与地位が得られる会社に転職する	3.74	3.56	4.07	4.50	3.30
q23.28.2 中国人は能力給を受け取る. 年功序列が給与に影響しない	3.46	3.15	3.79	3.50	3.56
q23.29.2 中国人は妻が出産した時や子供が入院した時には早退欠勤する	3.85	3.71	4.29	4.00	3.10
q23.30.2 中国人は配置転換や人事異動を嫌う	3.08	3.17	3.04	5.00	2.70
q23.31.2 問題が発生した場合中国人は誰に責任があるかを明確にする	3.64	3.61	3.66	3.00	3.80

630　付録 I

質問項目	広州全貿易	広州非製造業その12			
q23.32.2 中国人は良くない結果や問題が生じた場合は報告しない	3.44	3.51	3.28	4.50	3.40
q23.33.2 中国人は業務上の問題点について徹底的に解明をしない	3.35	3.43	3.24	4.50	3.10
q23.34.2 中国人とは中国語で意思疎通をはかる	2.87	2.61	3.24	3.50	2.56
q23.35.2 中国人は自主的に仕事を探して自ら積極的に仕事をしない	3.41	3.59	3.17	5.00	3.10
q23.36.2 中国人は日本人と日本語で意思疎通をはかる	2.82	2.46	3.07	4.50	3.10
q23.37.2 中国人は日本人と仕事や会社の情報共有することを要求する	3.31	3.32	3.48	3.00	2.80
r（順位相関－全製造業 vs. 全輸送機械・機器、全電気・電子製品、鉄鋼・非鉄金属4、鉄鋼・非鉄金属15）		0.917	0.912	0.379	0.787
p（有意水準）		0.000	0.000	0.021	0.000

注：表中の数値は5段階尺度（「1．全く見かけない」、「2．見かけるのは30％未満」、「3．見かけるのは50％程」、「4．見かけるのは60-70％」、「5．見かけるのは80％以上」）の平均値。分析の際には順位に変換。「鉄鋼4」、「鉄鋼15」は本調査の協力企業である。なお、質問項目「q23.1」は、「問23の1」を意味し、最後の「2」は「見かけるへの回答」という意味である。

表29　広州日系企業における日本人の回答：「見かける」
（広州全貿易 vs. 広州非製造業その他12、17）

質問項目	広州全貿易 （$n=23$）	広州非製造業その他12 （$n=5$）	広州非製造その他17 （$n=3$）
q23.1.2 中国人は有給休暇を全て消化する	3.61	2.40	4.00
q23.2.2 中国人は品質管理や事務管理を徹底して行わない	2.67	1.80	2.67

q23.3.2 中国人は上司の指示が良くない方策だと思ったらはっきり言う	2.87	2.20	3.00
q23.4.2 中国人は仕事の途中で何度も上司に報告相談したりしない	3.04	3.20	3.33
q23.5.2 中国人は部下の仕事がうまくいった際は必ず褒める	2.91	2.20	3.33
q23.6.2 中国人は日本人上司の評価内容の説明を求める	3.41	2.40	3.33
q23.7.2 中国人は会社の規則に従わない場合がある	2.43	2.40	3.33
q23.8.2 中国人は仕事のわからない点があっても分かるまで尋ねない	2.87	2.80	2.67
q23.9.2 中国人は上司との関係をよくするために上司に品物を渡す	1.48	1.40	1.67
q23.10.2 中国人の間では管理職には個室が与えられるべきだと考える	1.30	1.80	1.33
q23.11.2 中国人は物事を決定するのにあまり時間がかからない	3.13	3.20	4.33
q23.12.2 中国人は能力型で昇進し年功序列に大きく影響することはない	2.76	2.20	3.67
q23.13.2 中国人は給与の額に不満があれば上司と交渉する	3.30	2.00	3.67
q23.14.2 中国人は各自が自分の分担仕事をこなす. チームワークがない	3.48	3.60	3.33
q23.15.2 中国人は残業を頼まれても私的な先約があれば仕事の方を断る	2.83	2.40	2.67
q23.16.2 中国人は自分の職務範囲外の業務は行わない	3.57	2.60	3.50
q23.17.2 中国人は家族と過ごす予定があれば休日出勤を頼まれても断る	2.78	2.40	3.50
q23.18.2 中国人は日本人上司には敬語を使い目上の者として接する	3.96	3.20	4.67
q23.19.2 中国人は仕事の始業時間や会議を遅れて始めることが多い	2.96	2.80	2.00

q23.20.2 中国人は仕事の納期を守らない	2.52	3.00	1.50
q23.21.2 中国人は男性従業員と女性従業員を平等に扱う	3.82	2.80	4.00
q23.22.2 中国人は日本人と夕食を食べたり酒を飲みに行ったりしない	2.61	2.60	2.67
q23.23.2 中国人は会議を議論の場ととらえる.反対意見も多く飛び交う	3.04	2.40	3.67
q23.24.2 中国人は日本人上司へ反対意見をはっきりと言う	3.13	2.00	4.67
q23.25.2 中国人は1対1になれる個室で部下を叱責する	3.22	3.20	3.67
q23.26.2 中国人部下には日本人部下より仕事内容を明確に指示する	4.22	4.00	4.33
q23.27.2 中国人は現在より良い給与・地位が得られる会社に転職する	3.52	2.60	3.67
q23.28.2 中国人は能力給を受け取る.年功序列が給与に影響しない	3.04	2.40	3.33
q23.29.2 中国人は妻が出産した時や子供が入院した時には早退欠勤する	3.78	2.60	5.00
q23.30.2 中国人は配置転換や人事異動を嫌う	3.35	2.20	2.00
q23.31.2 問題が発生した場合中国人は誰に責任があるかを明確にする	3.48	2.60	3.67
q23.32.2 中国人は良くない結果や問題が生じた場合は報告しない	3.09	2.80	3.50
q23.33.2 中国人は業務上の問題点について徹底的に解明をしない	3.19	3.00	2.50
q23.34.2 中国人とは中国語で意思疎通をはかる	3.50	2.00	3.00
q23.35.2 中国人は自主的に仕事を探して自ら積極的に仕事をしない	3.05	2.40	3.00
q23.36.2 中国人は日本人と日本語で意思疎通をはかる	4.00	1.80	3.33

質問項目			
q23.37.2 中国人は日本人と仕事や会社の情報共有することを要求する	3.13	2.00	3.00
r（順位相関 – 全貿易 vs. 非製造その他12、17）		0.303	0.609
p（有意水準）		0.068	0.000

注：表中の数値は5段階尺度（「1．全く見かけない」、「2．見かけるのは30％未満」、「3．見かけるのは50％程」、「4．見かけるのは60-70％」、「5．見かけるのは80％以上」）の平均値。分析の際には順位に変換。「非製造業その他12」、「非製造業その他17」は本調査の協力企業である。調査時期により、ランダムに番号をつけたため、「12」、「17」と番号が順不同である。なお、質問項目「q23.1」は、「問23の1」を意味し、最後の「2」は「見かけるへの回答」という意味である。

表30　広州日系企業における日本人の回答：「見かける」
（広州製造業 vs. 広州修正非製造業）

質問項目	広州製造業 （$n=81$）	広州修正非製造業 （$n=26$）
q23.1.2　中国人は有給休暇を全て消化する	2.97	3.65
q23.2.2　中国人は品質管理や事務管理を徹底して行わない	2.65	2.67
q23.3.2　中国人は上司の指示が良くない方策だと思ったらはっきり言う	3.00	2.88
q23.4.2　中国人は仕事の途中で何度も上司に報告相談したりしない	3.38	3.08
q23.5.2　中国人は部下の仕事がうまくいった際は必ず褒める	3.45	2.96
q23.6.2　中国人は日本人上司の評価内容の説明を求める	3.32	3.40
q23.7.2　中国人は会社の規則に従わない場合がある	2.55	2.54
q23.8.2　中国人は仕事のわからない点があっても分かるまで尋ねない	2.95	2.85
q23.9.2　中国人は上司との関係をよくするために上司に品物を渡す	1.95	1.50
q23.10.2　中国人の間では管理職には個室が与えられるべきだと考える	1.87	1.31
q23.11.2　中国人は物事を決定するのにあまり時間がかからない	3.77	3.27

q23.12.2 中国人は能力型で昇進し年功序列に大きく影響することはない	3.59	2.88
q23.13.2 中国人は給与の額に不満があれば上司と交渉する	2.91	3.35
q23.14.2 中国人は各自が自分の分担仕事をこなす. チームワークがない	3.50	3.46
q23.15.2 中国人は残業を頼まれても私的な先約があれば仕事の方を断る	2.88	2.81
q23.16.2 中国人は自分の職務範囲外の業務は行わない	3.68	3.56
q23.17.2 中国人は家族と過ごす予定があれば休日出勤を頼まれても断る	2.89	2.84
q23.18.2 中国人は日本人上司には敬語を使い目上の者として接する	3.83	4.04
q23.19.2 中国人は仕事の始業時間や会議を遅れて始めることが多い	3.24	2.85
q23.20.2 中国人は仕事の納期を守らない	2.99	2.44
q23.21.2 中国人は男性従業員と女性従業員を平等に扱う	3.97	3.84
q23.22.2 中国人は日本人と夕食を食べたり酒を飲みに行ったりしない	2.45	2.62
q23.23.2 中国人は会議を議論の場ととらえる. 反対意見も多く飛び交う	3.19	3.12
q23.24.2 中国人は日本人上司へ反対意見をはっきりと言う	3.19	3.31
q23.25.2 中国人は1対1になれる個室で部下を叱責する	3.49	3.27
q23.26.2 中国人部下には日本人部下より仕事内容を明確に指示する	4.12	4.23
q23.27.2 中国人は現在より良い給与地位が得られる会社に転職する	3.74	3.54
q23.28.2 中国人は能力給を受け取る. 年功序列が給与に影響しない	3.46	3.08
q23.29.2 中国人は妻が出産した時や子供が入院した時には早退欠勤する	3.85	3.92
q23.30.2 中国人は配置転換や人事異動を嫌う	3.08	3.24
q23.31.2 問題が発生した場合中国人は誰に責任があるかを明確にする	3.64	3.50

付録 I 635

質問項目		
q23.32.2 中国人は良くない結果や問題が生じた場合は報告しない	3.44	3.12
q23.33.2 中国人は業務上の問題点について徹底的に解明をしない	3.35	3.13
q23.34.2 中国人とは中国語で意思疎通をはかる	2.87	3.44
q23.35.2 中国人は自主的に仕事を探して自ら積極的に仕事をしない	3.41	3.04
q23.36.2 中国人は日本人と日本語で意思疎通をはかる	2.82	3.92
q23.37.2 中国人は日本人と仕事や会社の情報共有することを要求する	3.31	3.12
r（順位相関 – 広州製造業 vs. 広州修正非製造業）		0.641
p（有意水準）		0.000

注：表中の数値は 5 段階尺度（「1．全く見かけない」、「2．見かけるのは30％未満」、「3．見かけるのは50％程」、「4．見かけるのは60-70％」、「5．見かけるのは80％以上」）の平均値。分析の際には順位に変換。なお、質問項目「q23.1」は、「問23の 1 」を意味し、最後の「2」は「見かけるへの回答」という意味である。

表31　広州日系企業における中国人の回答：「文化の相違」
（広州全製造業 vs. 広州全輸送機械・機器、広州全電気・電子製品、広州鉄鋼・非鉄金属 4 ・ 6 、広州鉄鋼・非鉄金属15）

質問項目	広州全製造業（$n=153$）	広州全輸送機械・機器（$n=55$）	広州全電気・電子製品（$n=72$）	広州鉄鋼・非鉄金属4・6（$n=13$）	広州鉄鋼・非鉄金属15（$n=13$）
q23.1.1 日本人管理職は有給休暇を全て消化しない	3.49	3.26	3.68	3.00	3.46
q23.2.1 日本人管理職は中国人に品質管理を徹底して行うことを求める	4.23	4.28	4.14	3.67	4.69
q23.3.1 日本人は上司の指示に対したとえ良くないと思っても言わない	3.67	3.81	3.57	3.00	3.77
q23.4.1 日本人は中国人部下に仕事の報告連絡相談するよう要求する	4.02	4.04	3.96	4.00	4.31

q23.5.1 日本人上司は部下の仕事がうまくいった際に褒めない	3.09	3.00	3.13	4.00	3.08
q23.6.1 日本人は中国人部下が仕事の評価の説明を求めても説明しない	3.14	3.30	3.00	2.67	3.42
q23.7.1 日本人はたとえ些細な事柄でも会社の規則に従うよう求める	4.33	4.34	4.29	4.00	4.54
q23.8.1 日本人は中国人が仕事内容についてわかるまで尋ねるよう求める	3.76	3.83	3.74	2.33	3.92
q23.9.1 中国人部下が物品を渡そうとするが日本人上司は受け取らない	2.61	2.83	2.54	2.00	2.31
q23.10.1 この会社では上司も部下も同じ部屋で仕事をする	3.88	4.04	3.80	3.67	3.69
q23.11.1 物事の決定までかなりの時間がかかる	3.73	3.80	3.70	2.33	3.92
q23.12.1 能力も加味されるが基本的には年功序列で昇進する	3.57	3.62	3.49	3.00	3.92
q23.13.1 部下が給与の額を交渉しても上司はうまく説明しない	3.04	3.31	2.83	4.00	2.85
q23.14.1 チームワークを重視する	3.67	3.80	3.63	3.00	3.54
q23.15.1 中国人にたとえ私的な先約があっても残業することを求める	3.30	3.33	3.27	3.00	3.38
q23.16.1 日本人は中国人に職務範囲以外の事柄でも仕事を行うよう求める	3.51	3.74	3.26	4.00	3.77

q23.17.1 日本人は中国人が家族と過ごす予定があっても休日出勤を求める	2.93	3.11	2.81	2.67	2.92
q23.18.1 日本人は中国人部下に対して礼儀正しく接している	3.84	3.72	4.00	2.67	3.69
q23.19.1 仕事の始業時間や会議が始まる前には必ず到着するのを求める	3.96	3.89	3.96	3.67	4.38
q23.20.1 日本人は中国人部下に常に仕事の納期を守るよう求める	4.11	4.11	4.01	4.67	4.58
q23.21.1 会社では男性従業員と女性従業員の給与や昇進等に差がある	2.47	2.31	2.52	2.00	3.00
q23.22.1 終業後日本人上司は中国人部下と酒を飲みに行ったりするのを求める	2.28	2.17	2.22	2.67	3.00
q23.23.1 会議は議論の場ではなく承認の場である.会議中に議論しない	2.80	2.78	2.82	2.67	2.85
q23.24.1 日本人に対して反対意見を言うことは極力避ける	2.93	2.81	2.93	3.67	3.23
q23.25.1 日本人上司は周りに人々がいる所で部下を叱責する	3.33	3.70	3.01	4.00	3.38
q23.26.1 日本人上司の指示内容は曖昧で分かりにくい	2.96	3.07	2.90	4.00	2.58
q23.27.1 日本人は中国人が転職することを理解しない	3.50	3.43	3.53	3.67	3.58
q23.28.1 能力も加味されるが基本的には年功序列型給与を受け取る	2.98	2.79	2.96	3.33	3.83

q23.29.1 日本人は中国人が家族事情で早退や欠勤することを理解しない	2.71	3.04	2.40	3.67	2.92
q23.30.1 配置転換や人事異動する	3.09	3.15	3.06	4.00	2.75
q23.31.1 問題が発生した場合何が原因で問題が発生したのかを明確にする	3.98	4.13	3.92	3.67	3.77
q23.32.1 良い結果も良くない結果も上司に素直に報告することを求める	4.06	4.15	4.00	4.00	4.00
q23.33.1 業務上の問題点があれば徹底的に追求し解決方法を探し出す	4.13	4.28	4.06	3.33	4.15
q23.34.1 この会社の日本人とは中国語で意思疎通をはかる	3.26	3.06	3.35	2.33	3.77
q23.35.1 日本人は中国人が自主的に仕事を探してすることを求める	3.50	3.74	3.39	3.67	3.15
q23.36.1 この会社の日本人は中国人と日本語で意思疎通をはかる	3.87	3.89	3.72	4.33	4.54
q23.37.1 日本人は中国人と仕事や会社についての情報を共有しない	3.17	3.35	3.13	2.67	2.75
r（順位相関－全製造業 vs. 全輸送機械・機器、全電気・電子製品、鉄鋼・非鉄金属4・6、鉄鋼・非鉄金属15）		0.966	0.978	0.366	0.858
p（有意水準）		0.000	0.000	0.026	0.000

注：表中の数値は5段階尺度（「1．全く感じない」～「5．常に感じる」）の平均値。分析の際には順位に変換。「鉄鋼・非鉄金属4・6」は相関があった「鉄鋼・非鉄金属4」と「鉄鋼・非鉄金属6」をまとめたもので、「鉄鋼・非鉄金属15」と共に本調査の協力企業である。調査時期により、ランダムに番号をつけたため、「4」、「6」、「15」と番号が順不同である。なお、質問項目「q23.1」は、「問23の1」を意味し、最後の「1」は「文化の相違への回答」という意味である。

付録 I

表32 広州日系企業における中国人の回答：「文化の相違」
（広州全貿易 vs. 広州全非製造業その他）

質問項目	広州全貿易 （$n=44$）	広州全非製造業その他 （$n=18$）
q23.1.1 日本人管理職は有給休暇を全て消化しない	3.27	4.11
q23.2.1 日本人管理職は中国人に品質管理を徹底して行うことを求める	4.20	4.67
q23.3.1 日本人は上司の指示に対したとえ良くないと思っても言わない	3.82	3.89
q23.4.1 日本人は中国人部下に仕事の報告連絡相談するよう要求する	3.94	4.28
q23.5.1 日本人上司は部下の仕事がうまくいった際に褒めない	3.16	3.11
q23.6.1 日本人は中国人部下が仕事の評価の説明を求めても説明しない	3.62	3.17
q23.7.1 日本人はたとえ些細な事柄でも会社の規則に従うよう求める	4.20	4.50
q23.8.1 日本人は中国人が仕事内容についてわかるまで尋ねるよう求める	3.78	4.22
q23.9.1 中国人部下が物品を渡そうとするが日本人上司は受け取らない	2.49	3.12
q23.10.1 この会社では上司も部下も同じ部屋で仕事をする	3.76	3.88
q23.11.1 物事の決定までかなりの時間がかかる	4.18	3.39
q23.12.1 能力も加味されるが基本的には年功序列で昇進する	3.96	2.89
q23.13.1 部下が給与の額を交渉しても上司はうまく説明しない	3.69	3.00
q23.14.1 チームワークを重視する	3.54	3.94
q23.15.1 中国人にたとえ私的な先約があっても残業することを求める	3.43	2.78

q23.16.1 日本人は中国人に職務範囲以外の事柄でも仕事を行うよう求める	3.06	3.50
q23.17.1 日本人は中国人が家族と過ごす予定があっても休日出勤を求める	2.69	2.39
q23.18.1 日本人は中国人部下に対して礼儀正しく接している	3.50	3.67
q23.19.1 仕事の始業時間や会議が始まる前には必ず到着するのを求める	3.85	4.28
q23.20.1 日本人は中国人部下に常に仕事の納期を守るよう求める	4.44	4.39
q23.21.1 会社では男性従業員と女性従業員の給与や昇進等に差がある	2.66	2.39
q23.22.1 終業後日本人上司は中国人部下と酒を飲みに行ったりするのを求める	2.25	3.06
q23.23.1 会議は議論の場ではなく承認の場である. 会議中に議論しない	3.02	3.00
q23.24.1 日本人に対して反対意見を言うことは極力避ける	3.10	3.44
q23.25.1 日本人上司は周りに人々がいる所で部下を叱責する	3.24	3.67
q23.26.1 日本人上司の指示内容は曖昧で分かりにくい	3.25	3.59
q23.27.1 日本人は中国人が転職することを理解しない	3.31	3.33
q23.28.1 能力も加味されるが基本的には年功序列型給与を受け取る	3.55	2.72
q23.29.1 日本人は中国人が家族事情で早退や欠勤することを理解しない	3.02	3.00
q23.30.1 配置転換や人事異動する	3.56	3.39
q23.31.1 問題が発生した場合何が原因で問題が発生したのかを明確にする	3.73	4.06
q23.32.1 良い結果も良くない結果も上司に素直に報告することを求める	3.90	4.44

付録 I 641

q23.33.1 業務上の問題点があれば徹底的に追求し解決方法を探し出す	3.82	4.39
q23.34.1 この会社の日本人とは中国語で意思疎通をはかる	3.30	2.28
q23.35.1 日本人は中国人が自主的に仕事を探してすることを求める	3.22	3.94
q23.36.1 この会社の日本人は中国人と日本語で意思疎通をはかる	3.84	4.28
q23.37.1 日本人は中国人と仕事や会社についての情報を共有しない	3.33	3.06
r（順位相関 – 全貿易 vs. 全非製造業その他）		0.617
p（有意水準）		0.000

注：表中の数値は5段階尺度（「1. 全く感じない」～「5. 常に感じる」）の平均値。分析の際には順位に変換。なお、質問項目「q23.1」は、「問23の1」を意味し、最後の「1」は「文化の相違への回答」という意味である。

表33　広州日系企業における中国人の回答：「文化の相違」（製造業 vs. 非製造業）

質問項目	製造業 ($n = 153$)	非製造業 ($n = 62$)
q23.1.1 日本人管理職は有給休暇を全て消化しない	3.49	3.49
q23.2.1 日本人管理職は中国人に品質管理を徹底して行うことを求める	4.23	4.32
q23.3.1 日本人は上司の指示に対したとえ良くないと思っても言わない	3.67	3.84
q23.4.1 日本人は中国人部下に仕事の報告連絡相談するよう要求する	4.02	4.03
q23.5.1 日本人上司は部下の仕事がうまくいった際に褒めない	3.09	3.15
q23.6.1 日本人は中国人部下が仕事の評価の説明を求めても説明しない	3.14	3.50
q23.7.1 日本人はたとえ些細な事柄でも会社の規則に従うよう求める	4.33	4.28
q23.8.1 日本人は中国人が仕事内容についてわかるまで尋ねるよう求める	3.76	3.90

q23.9.1 中国人部下が物品を渡そうとするが日本人上司は受け取らない	2.61	2.65
q23.10.1 この会社では上司も部下も同じ部屋で仕事をする	3.88	3.79
q23.11.1 物事の決定までかなりの時間がかかる	3.73	3.97
q23.12.1 能力も加味されるが基本的には年功序列で昇進する	3.57	3.68
q23.13.1 部下が給与の額を交渉しても上司はうまく説明しない	3.04	3.51
q23.14.1 チームワークを重視する	3.67	3.65
q23.15.1 中国人にたとえ私的な先約があっても残業することを求める	3.30	3.25
q23.16.1 日本人は中国人に職務範囲以外の事柄でも仕事を行うよう求める	3.51	3.18
q23.17.1 日本人は中国人が家族と過ごす予定があっても休日出勤を求める	2.93	2.61
q23.18.1 日本人は中国人部下に対して礼儀正しく接している	3.84	3.54
q23.19.1 仕事の始業時間や会議が始まる前には必ず到着するのを求める	3.96	3.97
q23.20.1 日本人は中国人部下に常に仕事の納期を守るよう求める	4.11	4.42
q23.21.1 会社では男性従業員と女性従業員の給与や昇進等に差がある	2.47	2.59
q23.22.1 終業後日本人上司は中国人部下と酒を飲みに行ったりするのを求める	2.28	2.47
q23.23.1 会議は議論の場ではなく承認の場である.会議中に議論しない	2.80	3.01
q23.24.1 日本人に対して反対意見を言うことは極力避ける	2.93	3.19
q23.25.1 日本人上司は周りに人々がいる所で部下を叱責する	3.33	3.36
q23.26.1 日本人上司の指示内容は曖昧で分かりにくい	2.96	3.34
q23.27.1 日本人は中国人が転職することを理解しない	3.50	3.32
q23.28.1 能力も加味されるが基本的には年功序列型給与を受け取る	2.98	3.33
q23.29.1 日本人は中国人が家族事情で早退や欠勤することを理解しない	2.71	3.01

付録 I 643

q23.30.1 配置転換や人事異動する	3.09	3.52
q23.31.1 問題が発生した場合何が原因で問題が発生したのかを明確にする	3.98	3.82
q23.32.1 良い結果も良くない結果も上司に素直に報告することを求める	4.06	4.04
q23.33.1 業務上の問題点があれば徹底的に追求し解決方法を探し出す	4.13	3.97
q23.34.1 この会社の日本人とは中国語で意思疎通をはかる	3.26	3.03
q23.35.1 日本人は中国人が自主的に仕事を探してすることを求める	3.50	3.42
q23.36.1 この会社の日本人は中国人と日本語で意思疎通をはかる	3.87	3.96
q23.37.1 日本人は中国人と仕事や会社についての情報を共有しない	3.17	3.25
r（順位相関 − 製造業 vs. 非製造業）		0.907
p（有意水準）		0.000

注：表中の数値は 5 段階尺度（「1．全く感じない」～「5．常に感じる」）の平均値。分析の際には順位に変換。なお、質問項目「q23.1」は、「問23の1」を意味し、最後の「1」は「文化の相違への回答」という意味である。

表34 広州日系企業における中国人の回答：「見かける」
（広州全製造業 vs. 広州全輸送機械・機器、広州全電気・電子製品、広州全鉄鋼・非鉄金属）

質問項目	広州全製造業 ($n=153$)	広州全輸送機械・機器 ($n=55$)	広州全電気・電子製品 ($n=72$)	広州全鉄鋼・非鉄金属 ($n=26$)
q23.1.2 日本人管理職は有給休暇を全て消化しない	3.07	2.94	3.26	2.63
q23.2.2 日本人管理職は中国人に品質管理を徹底して行うことを求める	4.14	4.13	4.14	4.13
q23.3.2 日本人は上司の指示に対したとえ良くないと思っても言わない	3.36	3.63	3.24	3.00
q23.4.2 日本人は中国人部下に仕事の報告連絡相談するよう要求する	3.96	3.94	3.94	4.13

q23.5.2 日本人上司は部下の仕事がうまくいった際に褒めない	2.89	2.78	2.91	3.13
q23.6.2 日本人は中国人部下が仕事の評価の説明を求めても説明しない	2.69	2.80	2.60	2.75
q23.7.2 日本人はたとえ些細な事柄でも会社の規則に従うよう求める	4.35	4.33	4.41	4.14
q23.8.2 日本人は中国人が仕事内容についてわかるまで尋ねるよう求める	3.74	4.10	3.54	3.47
q23.9.2 中国人部下が物品を渡そうとするが日本人上司は受け取らない	2.36	2.17	2.59	2.00
q23.10.2 この会社では上司も部下も同じ部屋で仕事をする	4.06	4.30	3.96	3.73
q23.11.2 物事の決定までかなりの時間がかかる	3.69	3.82	3.68	3.33
q23.12.2 能力も加味されるが基本的には年功序列で昇進する	3.38	3.35	3.37	3.50
q23.13.2 部下が給与の額を交渉しても上司はうまく説明しない	2.66	2.90	2.56	2.27
q23.14.2 チームワークを重視する	3.46	3.85	3.23	3.20
q23.15.2 中国人にたとえ私的な先約があっても残業することを求める	2.90	2.98	2.87	2.71
q23.16.2 日本人は中国人に職務範囲以外の事柄でも仕事を行うよう求める	3.02	3.29	2.81	3.07
q23.17.2 日本人は中国人が家族と過ごす予定があっても休日出勤を求める	2.43	2.48	2.40	2.36
q23.18.2 日本人は中国人部下に対して礼儀正しく接している	3.79	3.59	4.03	3.33
q23.19.2 仕事の始業時間や会議が始まる前には必ず到着するのを求める	3.99	3.82	4.15	3.87
q23.20.2 日本人は中国人部下に常に仕事の納期を守るよう求める	4.29	4.31	4.26	4.36
q23.21.2 会社では男性従業員と女性従業員の給与や昇進等に差がある	2.16	1.77	2.37	2.46

q23.22.2 終業後日本人上司は中国人部下と酒を飲みに行ったりするのを求める	1.99	1.80	2.03	2.50
q23.23.2 会議は議論の場ではなく承認の場である.会議中に議論しない	2.53	2.51	2.56	2.50
q23.24.2 日本人に対して反対意見を言うことは極力避ける	2.69	2.66	2.69	2.79
q23.25.2 日本人上司は周りに人々がいる所で部下を叱責する	2.88	3.24	2.61	2.93
q23.26.2 日本人上司の指示内容は曖昧で分かりにくい	2.60	2.78	2.47	2.57
q23.27.2 日本人は中国人が転職することを理解しない	2.99	2.98	3.01	2.93
q23.28.2 能力も加味されるが基本的には年功序列型給与を受け取る	2.70	2.63	2.69	3.08
q23.29.2 日本人は中国人が家族事情で早退や欠勤することを理解しない	2.14	2.25	2.04	2.21
q23.30.2 配置転換や人事異動する	2.74	2.83	2.74	2.43
q23.31.2 問題が発生した場合何が原因で問題が発生したのかを明確にする	4.14	4.08	4.21	4.00
q23.32.2 良い結果も良くない結果も上司に素直に報告することを求める	4.26	4.25	4.29	4.13
q23.33.2 業務上の問題点があれば徹底的に追求し解決方法を探し出す	4.44	4.48	4.53	3.87
q23.34.2 この会社の日本人とは中国語で意思疎通をはかる	3.02	2.60	3.36	2.87
q23.35.2 日本人は中国人が自主的に仕事を探してすることを求める	3.50	3.61	3.48	3.27
q23.36.2 この会社の日本人は中国人と日本語で意思疎通をはかる	3.82	4.00	3.57	4.40
q23.37.2 日本人は中国人と仕事や会社についての情報を共有しない	2.92	3.29	2.71	2.64
r（順位相関－全製造業 vs.全輸送機械・機器、全電気・電子製品、全鉄鋼・非鉄金属）		0.952	0.984	0.920
p（有意水準）		0.000	0.000	0.000

注：表中の数値は５段階尺度（「１．全く見かけない」、「２．見かけるのは30％未満」、「３．見かけるのは50％程」、「４．見かけるのは60-70％」、「５．見かけるのは80％以上」）の平均値。分析の際には順位に変換。なお、質問項目「q23.1」は、「問23の１」を意味し、最後の「２」は「見かけるへの回答」という意味である。

表35　広州日系企業における中国人の回答：「見かける」
（広州全貿易 vs. 広州全非製造業その他）

質問項目	広州全貿易 （$n=44$）	広州全非製造業その他 （$n=18$）
q23.1.2 日本人管理職は有給休暇を全て消化しない	3.23	4.22
q23.2.2 日本人管理職は中国人に品質管理を徹底して行うことを求める	4.25	4.61
q23.3.2 日本人は上司の指示に対したとえ良くないと思っても言わない	3.74	3.61
q23.4.2 日本人は中国人部下に仕事の報告連絡相談するよう要求する	4.00	4.44
q23.5.2 日本人上司は部下の仕事がうまくいった際に褒めない	2.89	3.00
q23.6.2 日本人は中国人部下が仕事の評価の説明を求めても説明しない	3.17	2.78
q23.7.2 日本人はたとえ些細な事柄でも会社の規則に従うよう求める	4.42	4.39
q23.8.2 日本人は中国人が仕事内容についてわかるまで尋ねるよう求める	3.79	4.33
q23.9.2 中国人部下が物品を渡そうとするが日本人上司は受け取らない	2.43	2.71
q23.10.2 この会社では上司も部下も同じ部屋で仕事をする	3.83	4.18
q23.11.2 物事の決定までかなりの時間がかかる	4.19	3.22
q23.12.2 能力も加味されるが基本的には年功序列で昇進する	4.00	3.00

q23.13.2 部下が給与の額を交渉しても上司はうまく説明しない	3.57	2.88
q23.14.2 チームワークを重視する	3.63	3.78
q23.15.2 中国人にたとえ私的な先約があっても残業することを求める	3.10	2.11
q23.16.2 日本人は中国人に職務範囲以外の事柄でも仕事を行うよう求める	2.83	3.17
q23.17.2 日本人は中国人が家族と過ごす予定があっても休日出勤を求める	2.19	1.83
q23.18.2 日本人は中国人部下に対して礼儀正しく接している	3.67	3.83
q23.19.2 仕事の始業時間や会議が始まる前には必ず到着するのを求める	4.04	4.28
q23.20.2 日本人は中国人部下に常に仕事の納期を守るよう求める	4.21	4.67
q23.21.2 会社では男性従業員と女性従業員の給与や昇進等に差がある	2.31	2.28
q23.22.2 終業後日本人上司は中国人部下と酒を飲みに行ったりするのを求める	1.94	2.56
q23.23.2 会議は議論の場ではなく承認の場である. 会議中に議論しない	2.62	2.67
q23.24.2 日本人に対して反対意見を言うことは極力避ける	2.90	2.44
q23.25.2 日本人上司は周りに人々がいる所で部下を叱責する	2.83	3.11
q23.26.2 日本人上司の指示内容は曖昧で分かりにくい	2.76	2.82
q23.27.2 日本人は中国人が転職することを理解しない	2.98	2.50
q23.28.2 能力も加味されるが基本的には年功序列型給与を受け取る	3.21	2.72
q23.29.2 日本人は中国人が家族事情で早退や欠勤することを理解しない	2.31	2.22
q23.30.2 配置転換や人事異動する	2.94	3.22

648 付録 I

質問項目		
q23.31.2 問題が発生した場合何が原因で問題が発生したのかを明確にする	3.79	4.17
q23.32.2 良い結果も良くない結果も上司に素直に報告することを求める	4.20	4.61
q23.33.2 業務上の問題点があれば徹底的に追求し解決方法を探し出す	3.88	4.44
q23.34.2 この会社の日本人とは中国語で意思疎通をはかる	2.96	2.12
q23.35.2 日本人は中国人が自主的に仕事を探してすることを求める	3.42	4.00
q23.36.2 この会社の日本人は中国人と日本語で意思疎通をはかる	4.13	4.28
q23.37.2 日本人は中国人と仕事や会社についての情報を共有しない	3.33	2.72
r（順位相関－全貿易 vs. 全非製造業その他）		0.822
p（有意水準）		0.000

注：表中の数値は5段階尺度（「1．全く見かけない」、「2．見かけるのは30％未満」、「3．見か
　　けるのは50％程」、「4．見かけるのは60-70％」、「5．見かけるのは80％以上」）の平均値。分
　　析の際には順位に変換。なお、質問項目「q23.1」は、「問23の1」を意味し、最後の「2」は
　　「見かけるへの回答」という意味である。

表36　広州日系企業における中国人の回答：「見かける」
（広州全製造業 vs. 広州全非製造業）

質問項目	広州全製造業（$n=153$）	広州全非製造業（$n=62$）
q23.1.2 日本人管理職は有給休暇を全て消化しない	3.07	3.50
q23.2.2 日本人管理職は中国人に品質管理を徹底して行うことを求める	4.14	4.35
q23.3.2 日本人は上司の指示に対したとえ良くないと思っても言わない	3.36	3.70
q23.4.2 日本人は中国人部下に仕事の報告連絡相談するよう要求する	3.96	4.12

q23.5.2 日本人上司は部下の仕事がうまくいった際に褒めない	2.89	2.92
q23.6.2 日本人は中国人部下が仕事の評価の説明を求めても説明しない	2.69	3.06
q23.7.2 日本人はたとえ些細な事柄でも会社の規則に従うよう求める	4.35	4.41
q23.8.2 日人は中国人が仕事内容についてわかるまで尋ねるよう求める	3.74	3.94
q23.9.2 中国人部下が物品を渡そうとするが日本人上司は受け取らない	2.36	2.51
q23.10.2 この会社では上司も部下も同じ部屋で仕事をする	4.06	3.92
q23.11.2 物事の決定までかなりの時間がかかる	3.69	3.92
q23.12.2 能力も加味されるが基本的には年功序列で昇進する	3.38	3.72
q23.13.2 部下が給与の額を交渉しても上司はうまく説明しない	2.66	3.39
q23.14.2 チームワークを重視する	3.46	3.67
q23.15.2 中国人にたとえ私的な先約があっても残業することを求める	2.90	2.83
q23.16.2 日本人は中国人に職務範囲以外の事柄でも仕事を行うよう求める	3.02	2.92
q23.17.2 日本人は中国人が家族と過ごす予定があっても休日出勤を求める	2.43	2.09
q23.18.2 日本人は中国人部下に対して礼儀正しく接している	3.79	3.72
q23.19.2 仕事の始業時間や会議が始まる前には必ず到着するのを求める	3.99	4.11
q23.20.2 日本人は中国人部下に常に仕事の納期を守るよう求める	4.29	4.34
q23.21.2 会社では男性従業員と女性従業員の給与や昇進等に差がある	2.16	2.30
q23.22.2 終業後日本人上司は中国人部下と酒を飲みに行ったりするのを求める	1.99	2.11
q23.23.2 会議は議論の場ではなく承認の場である.会議中に議論しない	2.53	2.64
q23.24.2 日本人に対して反対意見を言うことは極力避ける	2.69	2.78

q23.25.2 日本人上司は周りに人々がいる所で部下を叱責する	2.88	2.91
q23.26.2 日本人上司の指示内容は曖昧で分かりにくい	2.60	2.78
q23.27.2 日本人は中国人が転職することを理解しない	2.99	2.84
q23.28.2 能力も加味されるが基本的には年功序列型給与を受け取る	2.70	3.08
q23.29.2 日本人は中国人が家族事情で早退や欠勤することを理解しない	2.14	2.29
q23.30.2 配置転換や人事異動する	2.74	3.02
q23.31.2 問題が発生した場合何が原因で問題が発生したのかを明確にする	4.14	3.89
q23.32.2 良い結果も良くない結果も上司に素直に報告することを求める	4.26	4.31
q23.33.2 業務上の問題点があれば徹底的に追求し解決方法を探し出す	4.44	4.03
q23.34.2 この会社の日本人とは中国語で意思疎通をはかる	3.02	2.74
q23.35.2 日本人は中国人が自主的に仕事を探してすることを求める	3.50	3.58
q23.36.2 この会社の日本人は中国人と日本語で意思疎通をはかる	3.82	4.17
q23.37.2 日本人は中国人と仕事や会社についての情報を共有しない	2.92	3.17
r（順位相関 − 製造業 vs. 非製造業）		0.923
p（有意水準）		0.000

注：表中の数値は5段階尺度（「1．全く見かけない」、「2．見かけるのは30％未満」、「3．見かけるのは50％程」、「4．見かけるのは60-70％」、「5．見かけるのは80％以上」）の平均値。分析の際には順位に変換。なお、質問項目「q23.1」は、「問23の1」を意味し、最後の「2」は「見かけるへの回答」という意味である。

付録 I   651

表37　上海日系企業における日本人の回答：「文化の相違」
（上海全製造業 vs. 上海全電気・電子製品、上海鉄鋼・非鉄金属29、
上海輸送機械・機器36、上海化学工業32）

質問項目	上海全製造業 (n = 25)	上海全電気・電子製品 (n = 10)	上海鉄鋼・非鉄金属29 (n = 4)	上海輸送機械・機器36 (n = 5)	上海化学工業32 (n = 6)
q23.1.1 中国人は有給休暇を全て消化する	3.92	3.60	4.25	4.00	4.17
q23.2.1 中国人は品質管理や事務管理を徹底して行わない	2.84	3.40	2.25	3.00	2.17
q23.3.1 中国人は上司の指示が良くない方策だと思ったらはっきり言う	3.28	3.50	2.75	3.40	3.17
q23.4.1 中国人は仕事の途中で何度も上司に報告相談したりしない	3.76	4.00	4.00	3.60	3.30
q23.5.1 中国人は部下の仕事がうまくいった際は必ず褒める	3.00	3.00	3.00	2.80	3.17
q23.6.1 中国人は日本人上司の評価内容の説明を求める	3.84	4.00	3.50	4.00	3.67
q23.7.1 中国人は会社の規則に従わない場合がある	3.08	3.20	2.25	3.00	3.50
q23.8.1 中国人は仕事のわからない点があっても分かるまで尋ねない	3.44	3.80	3.00	2.80	3.67
q23.9.1 中国人は上司との関係をよくするために上司に品物を渡す	1.84	1.80	1.75	2.20	1.67
q23.10.1 中国人の間では管理職には個室が与えられるべきだと考える	1.80	1.90	2.00	1.40	1.83

q23.11.1 中国人は物事を決定するのにあまり時間がかからない	3.80	3.90	3.75	3.60	3.83
q23.12.1 中国人は能力型で昇進し年功序列に大きく影響することはない	3.32	3.40	3.00	3.80	3.00
q23.13.1 中国人は給与の額に不満があれば上司と交渉する	3.80	3.90	5.00	3.40	3.17
q23.14.1 中国人は各自が自分の分担仕事をこなす.チームワークがない	3.96	4.20	3.75	3.60	4.00
q23.15.1 中国人は残業を頼まれても私的な先約があれば仕事の方を断る	3.56	3.60	2.75	3.20	4.33
q23.16.1 中国人は自分の職務範囲外の業務は行わない	4.08	4.10	3.75	4.20	4.17
q23.17.1 中国人は家族と過ごす予定があれば休日出勤を頼まれても断る	3.56	3.60	3.00	3.40	4.00
q23.18.1 中国人は日本人上司には敬語を使い目上の者として接する	3.58	3.56	2.75	4.40	3.50
q23.19.1 中国人は仕事の始業時間や会議を遅れて始めることが多い	3.32	3.60	3.25	3.00	3.17
q23.20.1 中国人は仕事の納期を守らない	2.60	2.90	1.25	3.20	2.50
q23.21.1 中国人は男性従業員と女性従業員を平等に扱う	4.04	4.20	3.50	4.60	3.67
q23.22.1 中国人は日本人と夕食を食べたり酒を飲みに行ったりしない	2.84	2.90	3.00	3.00	2.50

q23.23.1 中国人は会議を議論の場ととらえる. 反対意見も多く飛び交う	3.40	3.30	3.75	3.20	3.50
q23.24.1 中国人は日本人上司へ反対意見をはっきりと言う	3.36	3.60	3.50	3.40	2.83
q23.25.1 中国人は1対1になれる個室で部下を叱責する	3.20	3.20	2.75	3.80	3.00
q23.26.1 中国人部下には日本人部下より仕事内容を明確に指示する	4.48	4.50	4.50	4.60	4.33
q23.27.1 中国人は現在より良い給与地位が得られる会社に転職する	4.08	3.90	4.00	4.60	4.00
q23.28.1 中国人は能力給を受け取る. 年功序列が給与に影響しない	3.56	3.60	3.25	4.40	3.00
q23.29.1 中国人は妻が出産した時や子供が入院した時には早退欠勤する	4.24	4.80	3.50	3.60	4.33
q23.30.1 中国人は配置転換や人事異動を嫌う	3.56	3.30	2.50	3.60	4.67
q23.31.1 問題が発生した場合中国人は誰に責任があるかを明確にする	4.04	4.30	4.25	3.60	3.83
q23.32.1 中国人は良くない結果や問題が生じた場合は報告しない	3.56	3.60	4.00	3.20	3.50
q23.33.1 中国人は業務上の問題点について徹底的に解明をしない	3.88	3.90	4.00	3.80	3.83
q23.34.1 中国人とは中国語で意思疎通をはかる	3.56	4.00	2.75	3.20	3.67

質問項目					
q23.35.1 中国人は自主的に仕事を探して自ら積極的に仕事をしない	3.84	3.90	3.75	3.40	4.17
q23.36.1 中国人は日本人と日本語で意思疎通をはかる	3.52	3.00	3.75	4.40	3.50
q23.37.1 中国人は日本人と仕事や会社の情報共有することを要求する	3.04	2.90	3.00	3.60	2.83
r（順位相関－上海全製造業 vs. 上海全電気・電子製品、上海鉄鋼・非鉄金属29、上海輸送機械・機器36、上海化学工業32）		0.895	0.749	0.695	0.814
p（有意水準）		0.000	0.000	0.000	0.000

注：表中の数値は5段階尺度（「1.全く感じない」～「5.常に感じる」）の平均値。分析の際には順位に変換。「上海鉄鋼29」、「上海輸送機械・機器36」、「上海化学工業32」は本調査の協力企業である。調査時期により、ランダムに番号をつけたため、「29」、「36」、「32」と番号が順不同である。なお、質問項目「q23.1」は、「問23の1」を意味し、最後の「1」は「文化の相違への回答」という意味である。

表38　上海日系企業における日本人の回答：「文化の相違」
（上海全非製造業 vs. 上海全貿易、上海建設業30、上海運輸25、上海銀行・金融31、上海非製造業その他23）

質問項目	上海全非製造業 ($n=60$)	上海全貿易 ($n=40$)	上海建設業30 ($n=5$)	上海運輸25 ($n=8$)	上海銀行・金融31 ($n=5$)	上海非製造業その他23 ($n=2$)
q23.1.1 中国人は有給休暇を全て消化する	3.79	3.87	3.60	4.13	2.80	4.00
q23.2.1 中国人は品質管理や事務管理を徹底して行わない	3.03	3.00	3.20	3.38	2.60	3.00
q23.3.1 中国人は上司の指示が良くない方策だと思ったらはっきり言う	3.18	3.18	3.40	3.63	2.20	3.00

q23.4.1 中国人は仕事の途中で何度も上司に報告相談したりしない	3.57	3.51	4.40	3.13	3.60	5.00
q23.5.1 中国人は部下の仕事がうまくいった際は必ず褒める	2.59	2.69	3.00	2.13	2.00	3.00
q23.6.1 中国人は日本人上司の評価内容の説明を求める	3.35	3.59	3.75	2.25	3.00	3.00
q23.7.1 中国人は会社の規則に従わない場合がある	3.28	3.38	3.00	3.25	2.60	4.00
q23.8.1 中国人は仕事のわからない点があっても分かるまで尋ねない	3.23	3.31	3.00	3.25	2.60	4.00
q23.9.1 中国人は上司との関係をよくするために上司に品物を渡す	2.31	2.27	2.50	2.63	2.00	2.00
q23.10.1 中国人の間では管理職には個室が与えられるべきだと考える	2.44	2.35	2.25	3.38	2.00	1.00
q23.11.1 中国人は物事を決定するのにあまり時間がかからない	3.48	3.39	3.50	4.13	3.20	3.00
q23.12.1 中国人は能力型で昇進し年功序列に大きく影響することはない	2.96	2.97	2.75	3.25	2.80	2.00
q23.13.1 中国人は給与の額に不満があれば上司と交渉する	3.63	3.77	3.75	3.00	3.20	5.00
q23.14.1 中国人は各自が自分の分担仕事をこなす. チームワークがない	3.82	3.87	3.25	4.25	3.40	3.00
q23.15.1 中国人は残業を頼まれても私的な先約があれば仕事の方を断る	3.33	3.44	3.25	3.25	2.80	3.00

q23.16.1 中国人は自分の職務範囲外の業務は行わない	3.86	3.85	3.75	4.38	3.20	4.00
q23.17.1 中国人は家族と過ごす予定があれば休日出勤を頼まれても断る	3.28	3.46	3.00	2.62	3.20	3.00
q23.18.1 中国人は日本人上司には敬語を使い目上の者として接する	3.21	3.26	3.25	3.00	3.20	3.00
q23.19.1 中国人は仕事の始業時間や会議を遅れて始めることが多い	3.41	3.39	3.25	3.88	2.80	4.00
q23.20.1 中国人は仕事の納期を守らない	2.89	2.97	2.50	2.75	2.80	3.00
q23.21.1 中国人は男性従業員と女性従業員を平等に扱う	3.63	3.62	3.75	4.38	2.60	3.00
q23.22.1 中国人は日本人と夕食を食べたり酒を飲みに行ったりしない	3.21	3.37	3.25	2.75	2.80	3.00
q23.23.1 中国人は会議を議論の場ととらえる. 反対意見も多く飛び交う	3.25	3.28	3.00	3.13	3.40	3.00
q23.24.1 中国人は日本人上司へ反対意見をはっきりと言う	3.18	3.23	3.25	3.00	3.00	3.00
q23.25.1 中国人は1対1になれる個室で部下を叱責する	3.44	3.49	3.25	3.38	3.00	5.00
q23.26.1 中国人部下には日本人部下より仕事内容を明確に指示する	3.96	4.00	4.50	3.75	3.40	5.00
q23.27.1 中国人は現在より良い給与地位が得られる会社に転職する	3.98	4.05	4.25	3.75	3.40	5.00

付録 I 657

q23.28.1 中国人は能力給を受け取る. 年功序列が給与に影響しない	3.32	3.39	3.50	3.38	3.00	1.00
q23.29.1 中国人は妻が出産した時や子供が入院した時には早退欠勤する	3.53	3.54	4.00	3.13	3.40	5.00
q23.30.1 中国人は配置転換や人事異動を嫌う	3.30	3.15	3.75	3.50	3.40	5.00
q23.31.1 問題が発生した場合中国人は誰に責任があるかを明確にする	3.60	3.56	3.25	4.00	3.60	3.00
q23.32.1 中国人は良くない結果や問題が生じた場合は報告しない	3.28	3.18	3.50	3.63	3.40	3.00
q23.33.1 中国人は業務上の問題点について徹底的に解明をしない	3.40	3.33	3.50	3.75	3.40	3.00
q23.34.1 中国人とは中国語で意思疎通をはかる	2.89	3.05	2.25	3.25	1.60	3.00
q23.35.1 中国人は自主的に仕事を探して自ら積極的に仕事をしない	3.67	3.62	3.75	3.88	3.40	5.00
q23.36.1 中国人は日本人と日本語で意思疎通をはかる	3.26	3.41	3.00	2.88	2.80	4.00
q23.37.1 中国人は日本人と仕事や会社の情報共有することを要求する	3.02	3.28	2.25	2.75	2.20	2.00
r（順位相関−上海全非製造業 vs. 上海全貿易、上海建設業30、上海運輸25、上海銀行・金融31、上海非製造業その他23）		0.936	0.814	0.632	0.675	0.636
p（有意水準）		0.000	0.000	0.000	0.000	0.000

注：表中の数値は5段階尺度（「1. 全く感じない」～「5. 常に感じる」）の平均値。分析の際には順位に変換。「上海建設業30」、「上海運輸25」、「上海銀行・金融31」、「上海非製造業その他

23」は本調査の協力企業である。調査時期により、ランダムに番号をつけたため、「30」、「25」、「31」、「23」と番号が順不同である。なお、質問項目「q23.1」は、「問23の1」を意味し、最後の「1」は「文化の相違への回答」という意味である。

表39　上海日系企業における日本人の回答：「文化の相違」
（上海全製造業 vs. 上海全非製造業）

質問項目	上海全製造業 ($n=25$)	上海全非製造業 ($n=60$)
q23.1.1 中国人は有給休暇を全て消化する	3.92	3.79
q23.2.1 中国人は品質管理や事務管理を徹底して行わない	2.84	3.03
q23.3.1 中国人は上司の指示が良くない方策だと思ったらはっきり言う	3.28	3.18
q23.4.1 中国人は仕事の途中で何度も上司に報告相談したりしない	3.76	3.57
q23.5.1 中国人は部下の仕事がうまくいった際は必ず褒める	3.00	2.59
q23.6.1 中国人は日本人上司の評価内容の説明を求める	3.84	3.35
q23.7.1 中国人は会社の規則に従わない場合がある	3.08	3.28
q23.8.1 中国人は仕事のわからない点があっても分かるまで尋ねない	3.44	3.23
q23.9.1 中国人は上司との関係をよくするために上司に品物を渡す	1.84	2.31
q23.10.1 中国人の間では管理職には個室が与えられるべきだと考える	1.80	2.44
q23.11.1 中国人は物事を決定するのにあまり時間がかからない	3.80	3.48
q23.12.1 中国人は能力型で昇進し年功序列に大きく影響することはない	3.32	2.96
q23.13.1 中国人は給与の額に不満があれば上司と交渉する	3.80	3.63
q23.14.1 中国人は各自が自分の分担仕事をこなす.チームワークがない	3.96	3.82
q23.15.1 中国人は残業を頼まれても私的な先約があれば仕事の方を断る	3.56	3.33
q23.16.1 中国人は自分の職務範囲外の業務は行わない	4.08	3.86

q23.17.1 中国人は家族と過ごす予定があれば休日出勤を頼まれても断る	3.56	3.28
q23.18.1 中国人は日本人上司には敬語を使い目上の者として接する	3.58	3.21
q23.19.1 中国人は仕事の始業時間や会議を遅れて始めることが多い	3.32	3.41
q23.20.1 中国人は仕事の納期を守らない	2.60	2.89
q23.21.1 中国人は男性従業員と女性従業員を平等に扱う	4.04	3.63
q23.22.1 中国人は日本人と夕食を食べたり酒を飲みに行ったりしない	2.84	3.21
q23.23.1 中国人は会議を議論の場ととらえる.反対意見も多く飛び交う	3.40	3.25
q23.24.1 中国人は日本人上司へ反対意見をはっきりと言う	3.36	3.18
q23.25.1 中国人は1対1になれる個室で部下を叱責する	3.20	3.44
q23.26.1 中国人部下には日本人部下より仕事内容を明確に指示する	4.48	3.96
q23.27.1 中国人は現在より良い給与地位が得られる会社に転職する	4.08	3.98
q23.28.1 中国人は能力給を受け取る.年功序列が給与に影響しない	3.56	3.32
q23.29.1 中国人は妻が出産した時や子供が入院した時には早退欠勤する	4.24	3.53
q23.30.1 中国人は配置転換や人事異動を嫌う	3.56	3.30
q23.31.1 問題が発生した場合中国人は誰に責任があるかを明確にする	4.04	3.60
q23.32.1 中国人は良くない結果や問題が生じた場合は報告しない	3.56	3.28
q23.33.1 中国人は業務上の問題点について徹底的に解明をしない	3.88	3.40
q23.34.1 中国人とは中国語で意思疎通をはかる	3.56	2.89
q23.35.1 中国人は自主的に仕事を探して自ら積極的に仕事をしない	3.84	3.67
q23.36.1 中国人は日本人と日本語で意思疎通をはかる	3.52	3.26

660　　　　　　　　　　　　　　　　　付録 I

q23.37.1 中国人は日本人と仕事や会社の情報共有することを要求する	3.04	3.02
r（順位相関－上海全製造業 vs. 上海全非製造業）		0.853
p（有意水準）		0.000

注：表中の数値は 5 段階尺度（「1. 全く感じない」～「5. 常に感じる」）の平均値。分析の際には順位に変換。なお、質問項目「q23.1」は、「問23の1」を意味し、最後の「1」は「文化の相違への回答」という意味である。

表40　上海日系企業における日本人の回答：「見かける」
（上海全製造業 vs. 上海電気・電子製品27、上海電気・電子製品37、上海鉄鋼・非鉄金属29、上海輸送機械・機器36、上海化学工業32）

質問項目	上海全製造業（n = 25）	上海電気・電子製品27（n = 5）	上海電気・電子製品37（n = 5）	上海鉄鋼・非鉄金属29（n = 4）	上海輸送機械・機器36（n = 5）	上海化学工業32（n = 6）
q23.1.2 中国人は有給休暇を全て消化する	3.88	4.60	2.40	4.00	3.80	4.50
q23.2.2 中国人は品質管理や事務管理を徹底して行わない	2.63	3.40	2.60	2.00	3.00	2.00
q23.3.2 中国人は上司の指示が良くない方策だと思ったらはっきり言う	3.42	3.20	3.80	3.33	3.80	3.00
q23.4.2 中国人は仕事の途中で何度も上司に報告相談したりしない	3.71	3.80	4.40	4.00	3.40	3.17
q23.5.2 中国人は部下の仕事がうまくいった際は必ず褒める	2.79	2.40	3.20	3.00	2.80	2.67
q23.6.2 中国人は日本人上司の評価内容の説明を求める	3.68	3.80	3.80	4.00	3.40	3.50
q23.7.2 中国人は会社の規則に従わない場合がある	2.60	2.80	3.00	2.25	2.40	2.50

q23.8.2 中国人は仕事のわからない点があっても分かるまで尋ねない	3.16	4.00	3.20	3.00	2.60	3.00
q23.9.2 中国人は上司との関係をよくするために上司に品物を渡す	1.68	2.60	1.40	1.25	1.60	1.50
q23.10.2 中国人の間では管理職には個室が与えられるべきだと考える	1.60	1.60	1.80	2.00	1.20	1.50
q23.11.2 中国人は物事を決定するのにあまり時間がかからない	3.56	3.60	4.00	3.50	3.40	3.33
q23.12.2 中国人は能力型で昇進し年功序列に大きく影響することはない	3.32	3.60	3.00	3.00	4.20	2.83
q23.13.2 中国人は給与の額に不満があれば上司と交渉する	3.52	3.40	3.80	4.50	3.20	3.00
q23.14.2 中国人は各自が自分の分担仕事をこなす. チームワークがない	3.84	4.60	3.40	4.00	3.20	4.00
q23.15.2 中国人は残業を頼まれても私的な先約があれば仕事の方を断る	3.36	3.60	3.40	2.75	2.60	4.17
q23.16.2 中国人は自分の職務範囲外の業務は行わない	4.00	4.60	3.00	4.25	4.00	4.17
q23.17.2 中国人は家族と過ごす予定があれば休日出勤を頼まれても断る	3.44	4.20	2.80	3.00	2.80	4.17
q23.18.2 中国人は日本人上司には敬語を使い目上の者として接する	4.21	3.60	3.50	4.75	4.80	4.33
q23.19.2 中国人は仕事の始業時間や会議を遅れて始めることが多い	2.84	3.40	3.00	2.50	2.80	2.50

q23.20.2 中国人は仕事の納期を守らない	2.44	3.00	2.40	1.25	2.80	2.50
q23.21.2 中国人は男性従業員と女性従業員を平等に扱う	4.12	4.20	4.20	3.25	4.80	4.00
q23.22.2 中国人は日本人と夕食を食べたり酒を飲みに行ったりしない	2.88	3.60	2.00	3.25	3.20	2.50
q23.23.2 中国人は会議を議論の場ととらえる. 反対意見も多く飛び交う	3.28	2.80	3.60	4.00	3.20	3.00
q23.24.2 中国人は日本人上司へ反対意見をはっきりと言う	3.28	3.40	3.60	4.00	3.00	2.67
q23.25.2 中国人は1対1になれる個室で部下を叱責する	3.20	3.60	2.40	3.50	3.20	3.33
q23.26.2 中国人部下には日本人部下より仕事内容を明確に指示する	4.48	4.20	4.40	4.75	4.60	4.50
q23.27.2 中国人は現在より良い給与地位が得られる会社に転職する	3.48	4.40	3.00	2.50	3.40	3.83
q23.28.2 中国人は能力給を受け取る. 年功序列が給与に影響しない	3.36	4.00	3.20	2.00	4.40	3.00
q23.29.2 中国人は妻が出産した時や子供が入院した時には早退欠勤する	4.24	5.00	4.20	3.25	3.80	4.67
q23.30.2 中国人は配置転換や人事異動を嫌う	3.24	3.80	2.60	1.75	3.00	4.50
q23.31.2 問題が発生した場合中国人は誰に責任があるかを明確にする	3.80	4.80	3.60	3.50	3.20	3.83

q23.32.2 中国人は良くない結果や問題が生じた場合は報告しない	3.36	3.60	2.80	3.50	3.20	3.67
q23.33.2 中国人は業務上の問題点について徹底的に解明をしない	3.32	4.60	2.60	2.75	3.00	3.50
q23.34.2 中国人とは中国語で意思疎通をはかる	3.48	3.60	3.80	3.50	2.20	4.17
q23.35.2 中国人は自主的に仕事を探して自ら積極的に仕事をしない	3.60	4.40	3.20	3.50	3.00	3.83
q23.36.2 中国人は日本人と日本語で意思疎通をはかる	3.56	3.20	2.60	4.50	4.80	3.00
q23.37.2 中国人は日本人と仕事や会社の情報共有することを要求する	3.12	2.80	3.00	3.75	3.60	2.67
r（順位相関 – 上海全製造業 vs. 上海電気・電子製品27、上海電気・電子製品37、上海鉄鋼・非鉄金属29、上海輸送機械・機器36、上海化学工業32）		0.715	0.624	0.683	0.684	0.806
p（有意水準）		0.000	0.000	0.000	0.000	0.000

注：表中の数値は5段階尺度（「1．全く見かけない」、「2．見かけるのは30％未満」、「3．見かけるのは50％程」、「4．見かけるのは60-70％」、「5．見かけるのは80％以上」）の平均値。分析の際には順位に変換。「上海電気・電子製品27」、「上海電気・電子製品37」、「上海鉄鋼・非鉄金属29」、「上海輸送機械・機器36」、「上海化学工業32」は本調査の協力企業である。調査時期により、ランダムに番号をつけたため、「27」、「37」、「29」、「36」、「32」と番号が順不同である。なお、質問項目「q23.1」は、「問23の1」を意味し、最後の「2」は「見かけるへの回答」という意味である。

664　　　付録 I

表41　上海日系企業における日本人の回答：「見かける」
（上海全非製造業 vs. 上海全貿易、上海建設業30、上海運輸25、
上海銀行・金融31、上海非製造業その他23）

質問項目	上海全非製造業 ($n=60$)	上海全貿易 ($n=40$)	上海建設業30 ($n=5$)	上海運輸25 ($n=8$)	上海銀行・金融31 ($n=5$)	上海非製造業その他23 ($n=2$)
q23.1.2 中国人は有給休暇を全て消化する	3.62	3.84	3.60	3.63	2.00	4.00
q23.2.2 中国人は品質管理や事務管理を徹底して行わない	2.75	2.76	3.00	2.88	2.20	3.00
q23.3.2 中国人は上司の指示が良くない方策だと思ったらはっきり言う	3.22	3.22	3.50	3.50	2.60	3.00
q23.4.2 中国人は仕事の途中で何度も上司に報告相談したりしない	3.17	2.97	4.25	3.13	3.60	4.00
q23.5.2 中国人は部下の仕事がうまくいった際は必ず褒める	2.62	2.62	2.80	2.13	3.20	3.00
q23.6.2 中国人は日本人上司の評価内容の説明を求める	3.15	3.42	3.25	2.13	2.80	3.00
q23.7.2 中国人は会社の規則に従わない場合がある	2.56	2.64	2.50	2.13	2.40	4.00
q23.8.2 中国人は仕事のわからない点があっても分かるまで尋ねない	2.85	2.89	3.00	2.50	2.80	4.00
q23.9.2 中国人は上司との関係をよくするために上司に品物を渡す	1.56	1.42	2.25	1.88	1.60	1.00
q23.10.2 中国人の間では管理職には個室が与えられるべきだと考える	1.54	1.28	2.25	2.25	1.80	1.00

q23.11.2 中国人は物事を決定するのにあまり時間がかからない	3.11	3.03	4.00	3.00	3.20	3.00
q23.12.2 中国人は能力型で昇進し年功序列に大きく影響することはない	2.82	2.78	3.00	2.88	3.00	2.00
q23.13.2 中国人は給与の額に不満があれば上司と交渉する	3.31	3.51	3.00	2.50	3.00	5.00
q23.14.2 中国人は各自が自分の分担仕事をこなす. チームワークがない	3.62	3.62	3.25	3.75	3.80	3.00
q23.15.2 中国人は残業を頼まれても私的な先約があれば仕事の方を断る	2.82	2.81	3.00	2.88	2.60	3.00
q23.16.2 中国人は自分の職務範囲外の業務は行わない	3.24	3.19	2.75	3.25	3.80	4.00
q23.17.2 中国人は家族と過ごす予定があれば休日出勤を頼まれても断る	2.93	3.03	2.75	2.50	3.00	3.00
q23.18.2 中国人は日本人上司には敬語を使い目上の者として接する	3.78	4.05	3.50	2.63	4.20	2.00
q23.19.2 中国人は仕事の始業時間や会議を遅れて始めることが多い	3.04	3.03	3.00	3.00	3.20	3.00
q23.20.2 中国人は仕事の納期を守らない	2.61	2.58	3.00	2.50	2.60	3.00
q23.21.2 中国人は男性従業員と女性従業員を平等に扱う	3.89	4.00	3.50	3.63	4.00	3.00
q23.22.2 中国人は日本人と夕食を食べたり酒を飲みに行ったりしない	3.17	3.14	2.75	3.13	3.80	3.00

q23.23.2 中国人は会議を議論の場ととらえる.反対意見も多く飛び交う	3.20	3.11	3.75	3.13	3.60	3.00
q23.24.2 中国人は日本人上司へ反対意見をはっきりと言う	3.04	3.00	3.25	2.88	3.40	3.00
q23.25.2 中国人は1対1になれる個室で部下を叱責する	3.42	3.41	3.25	3.25	3.60	5.00
q23.26.2 中国人部下には日本人部下より仕事内容を明確に指示する	3.98	4.00	4.00	3.63	4.20	5.00
q23.27.2 中国人は現在より良い給与地位が得られる会社に転職する	3.62	3.62	3.75	3.25	3.80	5.00
q23.28.2 中国人は能力給を受け取る.年功序列が給与に影響しない	3.15	3.20	3.50	3.13	3.00	1.00
q23.29.2 中国人は妻が出産した時や子供が入院した時には早退欠勤する	3.81	3.92	4.00	3.25	3.60	5.00
q23.30.2 中国人は配置転換や人事異動を嫌う	3.24	3.06	3.50	3.25	4.00	5.00
q23.31.2 問題が発生した場合中国人は誰に責任があるかを明確にする	3.31	3.27	3.25	3.13	4.00	3.00
q23.32.2 中国人は良くない結果や問題が生じた場合は報告しない	2.93	2.94	2.75	3.13	2.60	3.00
q23.33.2 中国人は業務上の問題点について徹底的に解明をしない	2.98	3.00	2.75	3.00	3.00	3.00
q23.34.2 中国人とは中国語で意思疎通をはかる	3.45	3.46	2.75	4.25	2.80	3.00

質問項目						
q23.35.2 中国人は自主的に仕事を探して自ら積極的に仕事をしない	3.29	3.22	3.00	3.25	3.80	5.00
q23.36.2 中国人は日本人と日本語で意思疎通をはかる	3.56	4.11	3.75	1.88	2.20	3.00
q23.37.2 中国人は日本人と仕事や会社の情報共有することを要求する	3.05	3.30	3.50	2.50	2.00	2.00
r（順位相関 – 全非製造 vs. 全貿易、建設30、運輸25、銀行金融31、非製造業その他23）		0.945	0.631	0.614	0.686	0.450
p（有意水準）		0.000	0.000	0.000	0.000	0.005

注：表中の数値は5段階尺度（「1. 全く見かけない」、「2. 見かけるのは30％未満」、「3. 見かけるのは50％程」、「4. 見かけるのは60-70％」、「5. 見かけるのは80％以上」）の平均値。分析の際には順位に変換。「上海建設業30」、「上海運輸25」、「上海銀行・金融31」、「上海非製造業その他23」は本調査の協力企業である。調査時期により、ランダムに番号をつけたため、「30」、「25」、「31」、「23」と番号が順不同である。なお、質問項目「q23.1」は、「問23の1」を意味し、最後の「2」は「見かけるへの回答」という意味である。

表42　上海日系企業における日本人の回答：「見かける」
（上海製造業 vs. 上海非製造業）

質問項目	上海製造業 （$n=25$）	上海非製造業 （$n=60$）
q23.1.2 中国人は有給休暇を全て消化する	3.88	3.62
q23.2.2 中国人は品質管理や事務管理を徹底して行わない	2.63	2.75
q23.3.2 中国人は上司の指示が良くない方策だと思ったらはっきり言う	3.42	3.22
q23.4.2 中国人は仕事の途中で何度も上司に報告相談したりしない	3.71	3.17
q23.5.2 中国人は部下の仕事がうまくいった際は必ず褒める	2.79	2.62
q23.6.2 中国人は日本人上司の評価内容の説明を求める	3.68	3.15
q23.7.2 中国人は会社の規則に従わない場合がある	2.60	2.56

q23.8.2 中国人は仕事のわからない点があっても分かるまで尋ねない	3.16	2.85
q23.9.2 中国人は上司との関係をよくするために上司に品物を渡す	1.68	1.56
q23.10.2 中国人の間では管理職には個室が与えられるべきだと考える	1.60	1.54
q23.11.2 中国人は物事を決定するのにあまり時間がかからない	3.56	3.11
q23.12.2 中国人は能力型で昇進し年功序列に大きく影響することはない	3.32	2.82
q23.13.2 中国人は給与の額に不満があれば上司と交渉する	3.52	3.31
q23.14.2 中国人は各自が自分の分担仕事をこなす.チームワークがない	3.84	3.62
q23.15.2 中国人は残業を頼まれても私的な先約があれば仕事の方を断る	3.36	2.82
q23.16.2 中国人は自分の職務範囲外の業務は行わない	4.00	3.24
q23.17.2 中国人は家族と過ごす予定があれば休日出勤を頼まれても断る	3.44	2.93
q23.18.2 中国人は日本人上司には敬語を使い目上の者として接する	4.21	3.78
q23.19.2 中国人は仕事の始業時間や会議を遅れて始めることが多い	2.84	3.04
q23.20.2 中国人は仕事の納期を守らない	2.44	2.61
q23.21.2 中国人は男性従業員と女性従業員を平等に扱う	4.12	3.89
q23.22.2 中国人は日本人と夕食を食べたり酒を飲みに行ったりしない	2.88	3.17
q23.23.2 中国人は会議を議論の場ととらえる.反対意見も多く飛び交う	3.28	3.20
q23.24.2 中国人は日本人上司へ反対意見をはっきりと言う	3.28	3.04
q23.25.2 中国人は1対1になれる個室で部下を叱責する	3.20	3.42
q23.26.2 中国人部下には日本人部下より仕事内容を明確に指示する	4.48	3.98
q23.27.2 中国人は現在より良い給与地位が得られる会社に転職する	3.48	3.62

q23.28.2 中国人は能力給を受け取る．年功序列が給与に影響しない	3.36	3.15
q23.29.2 中国人は妻が出産した時や子供が入院した時には早退欠勤する	4.24	3.81
q23.30.2 中国人は配置転換や人事異動を嫌う	3.24	3.24
q23.31.2 問題が発生した場合中国人は誰に責任があるかを明確にする	3.80	3.31
q23.32.2 中国人は良くない結果や問題が生じた場合は報告しない	3.36	2.93
q23.33.2 中国人は業務上の問題点について徹底的に解明をしない	3.32	2.98
q23.34.2 中国人とは中国語で意思疎通をはかる	3.48	3.45
q23.35.2 中国人は自主的に仕事を探して自ら積極的に仕事をしない	3.60	3.29
q23.36.2 中国人は日本人と日本語で意思疎通をはかる	3.56	3.56
q23.37.2 中国人は日本人と仕事や会社の情報共有することを要求する	3.12	3.05
r（順位相関－上海製造業 vs. 上海非製造業）		0.809
p（有意水準）		0.000

注：表中の数値は5段階尺度（「1．全く見かけない」、「2．見かけるのは30％未満」、「3．見かけるのは50％程」、「4．見かけるのは60-70％」、「5．見かけるのは80％以上」）の平均値。分析の際には順位に変換。なお、質問項目「q23.1」は、「問23の1」を意味し、最後の「2」は「見かけるへの回答」という意味である。

表43　上海日系企業における中国人の回答：「文化の相違」
（上海全製造業 vs. 上海全電気・電子製品、上海鉄鋼・非鉄金属29、
上海輸送機械・機器36、上海化学工業32）

質問項目	上海全製造業 （$n=59$）	上海全電気・電子製品 （$n=24$）	上海鉄鋼・非鉄金属29 （$n=3$）	上海輸送機械・機器36 （$n=10$）	上海化学工業32 （$n=22$）
q23.1.1 日本人管理職は有給休暇を全て消化しない	3.66	3.54	2.67	3.40	4.05

q23.2.1 日本人管理職は中国人に品質管理を徹底して行うことを求める	4.12	3.73	3.67	4.10	4.59
q23.3.1 日本人は上司の指示に対したとえ良くないと思っても言わない	3.98	4.13	3.33	4.40	3.73
q23.4.1 日本人は中国人部下に仕事の報告連絡相談するよう要求する	4.33	3.96	4.33	4.50	4.64
q23.5.1 日本人上司は部下の仕事がうまくいった際に褒めない	2.95	3.04	2.00	3.20	2.86
q23.6.1 日本人は中国人部下が仕事の評価の説明を求めても説明しない	3.14	3.30	3.00	3.40	2.86
q23.7.1 日本人はたとえ些細な事柄でも会社の規則に従うよう求める	3.91	3.61	2.33	4.30	4.27
q23.8.1 日本人は中国人が仕事内容についてわかるまで尋ねるよう求める	3.37	2.96	2.67	3.40	3.90
q23.9.1 中国人部下が物品を渡そうとするが日本人上司は受け取らない	2.47	2.04	2.50	2.30	3.00
q23.10.1 この会社では上司も部下も同じ部屋で仕事をする	3.91	4.18	2.33	3.10	4.23
q23.11.1 物事の決定までかなりの時間がかかる	3.82	3.74	2.67	4.00	4.00
q23.12.1 能力も加味されるが基本的には年功序列で昇進する	3.74	4.00	2.00	4.20	3.50
q23.13.1 部下が給与の額を交渉しても上司はうまく説明しない	3.67	3.43	2.33	4.00	3.95
q23.14.1 チームワークを重視する	3.88	3.26	4.00	4.10	4.43

q23.15.1 中国人にたとえ私的な先約があっても残業することを求める	3.22	3.30	2.33	3.50	3.14
q23.16.1 日本人は中国人に職務範囲以外の事柄でも仕事を行うよう求める	3.52	3.43	2.67	4.10	3.45
q23.17.1 日本人は中国人が家族と過ごす予定があっても休日出勤を求める	2.52	2.57	1.67	2.60	2.55
q23.18.1 日本人は中国人部下に対して礼儀正しく接している	3.79	3.30	4.33	3.70	4.27
q23.19.1 仕事の始業時間や会議が始まる前には必ず到着するのを求める	4.07	3.83	3.00	4.10	4.48
q23.20.1 日本人は中国人部下に常に仕事の納期を守るよう求める	4.16	3.86	3.33	4.30	4.50
q23.21.1 会社では男性従業員と女性従業員の給与や昇進等に差がある	2.90	3.22	2.33	2.60	2.77
q23.22.1 終業後日本人上司は中国人部下と酒を飲みに行ったりするのを求める	2.57	2.52	1.67	2.70	2.68
q23.23.1 会議は議論の場ではなく承認の場である. 会議中に議論しない	3.19	3.26	2.33	3.30	3.19
q23.24.1 日本人に対して反対意見を言うことは極力避ける	3.05	3.17	2.33	3.30	2.91
q23.25.1 日本人上司は周りに人々がいる所で部下を叱責する	2.57	2.61	2.33	2.30	2.68
q23.26.1 日本人上司の指示内容は曖昧で分かりにくい	3.14	3.17	2.00	4.10	2.82
q23.27.1 日本人は中国人が転職することを理解しない	3.38	3.41	2.33	3.90	3.25

q23.28.1 能力も加味されるが基本的には年功序列型給与を受け取る	3.37	3.87	2.00	3.30	3.05
q23.29.1 日本人は中国人が家族事情で早退や欠勤することを理解しない	2.65	2.48	2.00	2.80	2.86
q23.30.1 配置転換や人事異動する	3.28	3.17	2.00	3.30	3.57
q23.31.1 問題が発生した場合何が原因で問題が発生したのかを明確にする	3.95	3.35	4.33	4.30	4.36
q23.32.1 良い結果も良くない結果も上司に素直に報告することを求める	4.29	4.00	3.33	4.40	4.68
q23.33.1 業務上の問題点があれば徹底的に追求し解決方法を探し出す	4.16	3.70	4.00	4.40	4.55
q23.34.1 この会社の日本人とは中国語で意思疎通をはかる	3.60	3.65	4.67	2.50	3.91
q23.35.1 日本人は中国人が自主的に仕事を探してすることを求める	3.59	3.04	3.33	4.20	3.91
q23.36.1 この会社の日本人は中国人と日本語で意思疎通をはかる	4.00	3.39	4.67	4.60	4.27
q23.37.1 日本人は中国人と仕事や会社についての情報を共有しない	3.33	3.65	2.00	4.20	2.77
r（順位相関−上海全製造業 vs. 上海全電気・電子製品、上海鉄鋼・非鉄金属29、上海輸送機械・機器36、上海化学工業32）		0.798	0.697	0.802	0.935
p（有意水準）		0.000	0.000	0.000	0.000

注：表中の数値は5段階尺度（「1．全く感じない」〜「5．常に感じる」）の平均値。分析の際には順位に変換。「上海鉄鋼・非鉄金属29」、「上海輸送機械・機器36」、「上海化学工業32」は本調査の協力企業である。調査時期により、ランダムに番号をつけたため、「29」、「36」、「32」と番号が順不同である。なお、質問項目「q23.1」は、「問23の1」を意味し、最後の「1」は「文化の相違への回答」という意味である。

表44 上海日系企業における中国人の回答：「文化の相違」
（上海全非製造業 vs. 上海全貿易、上海建設業30、上海運輸25、上海銀行・金融31、
上海非製造業その他23、上海非製造業その他28）

質問項目	上海全非製造業 ($n=133$)	上海全貿易 ($n=92$)	上海建設業30 ($n=10$)	上海運輸25 ($n=17$)	上海銀行・金融31 ($n=10$)	上海非製造業その他23・28 ($n=4$)
q23.1.1 日本人管理職は有給休暇を全て消化しない	3.30	3.36	2.40	3.47	3.40	3.67
q23.2.1 日本人管理職は中国人に品質管理を徹底して行うことを求める	4.09	4.14	3.60	4.06	4.50	3.00
q23.3.1 日本人は上司の指示に対したとえ良くないと思っても言わない	4.02	4.11	3.60	3.71	4.00	4.00
q23.4.1 日本人は中国人部下に仕事の報告連絡相談するよう要求する	4.12	4.19	4.20	3.82	4.10	3.67
q23.5.1 日本人上司は部下の仕事がうまくいった際に褒めない	3.17	3.30	2.80	2.75	3.20	2.50
q23.6.1 日本人は中国人部下が仕事の評価の説明を求めても説明しない	3.42	3.51	3.10	2.94	3.60	4.00

q23.7.1 日本人はたとえ些細な事柄でも会社の規則に従うよう求める	4.05	4.08	3.50	4.00	4.60	3.67
q23.8.1 日本人は中国人が仕事内容についてわかるまで尋ねるよう求める	3.48	3.49	3.00	3.59	3.60	3.67
q23.9.1 中国人部下が物品を渡そうとするが日本人上司は受け取らない	2.35	2.36	1.80	2.47	2.60	2.67
q23.10.1 この会社では上司も部下も同じ部屋で仕事をする	4.05	4.31	3.10	3.59	3.70	3.00
q23.11.1 物事の決定までかなりの時間がかかる	4.14	4.24	4.33	3.18	4.80	3.33
q23.12.1 能力も加味されるが基本的には年功序列で昇進する	3.92	4.04	4.30	3.59	3.20	3.00
q23.13.1 部下が給与の額を交渉しても上司はうまく説明しない	3.88	4.04	4.20	3.35	3.10	3.33
q23.14.1 チームワークを重視する	3.70	3.52	3.80	4.29	4.20	3.67

q23.15.1 中国人にたとえ私的な先約があっても残業することを求める	3.17	3.19	3.30	2.71	3.70	3.67
q23.16.1 日本人は中国人に職務範囲以外の事柄でも仕事を行うよう求める	3.39	3.45	3.50	2.88	3.50	3.67
q23.17.1 日本人は中国人が家族と過ごす予定があっても休日出勤を求める	2.43	2.36	3.00	2.24	2.60	3.67
q23.18.1 日本人は中国人部下に対して礼儀正しく接している	3.80	3.59	4.30	4.12	4.20	5.00
q23.19.1 仕事の始業時間や会議が始まる前には必ず到着するのを求める	3.89	3.83	4.22	4.18	3.70	4.67
q23.20.1 日本人は中国人部下に常に仕事の納期を守るよう求める	4.11	4.09	4.40	4.24	4.20	3.67
q23.21.1 会社では男性従業員と女性従業員の給与や昇進等に差がある	3.09	3.33	3.30	2.35	2.10	3.00

q23.22.1 終業後日本人上司は中国人部下と酒を飲みに行ったりするのを求める	2.42	2.33	3.50	2.29	1.60	4.33
q23.23.1 会議は議論の場ではなく承認の場である. 会議中に議論しない	3.16	3.29	2.80	2.71	2.90	3.67
q23.24.1 日本人に対して反対意見を言うことは極力避ける	3.19	3.29	3.00	2.53	3.30	4.33
q23.25.1 日本人上司は周りに人々がいる所で部下を叱責する	2.92	3.05	3.10	2.47	2.50	2.67
q23.26.1 日本人上司の指示内容は曖昧で分かりにくい	2.92	3.05	3.30	1.94	3.20	2.67
q23.27.1 日本人は中国人が転職することを理解しない	3.12	3.07	3.30	3.24	3.40	2.33
q23.28.1 能力も加味されるが基本的には年功序列型給与を受け取る	3.39	3.52	3.80	2.76	3.10	3.00
q23.29.1 日本人は中国人が家族事情で早退や欠勤することを理解しない	2.48	2.55	2.00	2.18	2.60	3.00

q23.30.1 配置転換や人事異動する	3.17	3.37	3.10	2.88	2.00	2.67
q23.31.1 問題が発生した場合何が原因で問題が発生したのかを明確にする	3.67	3.71	3.40	3.82	3.40	3.67
q23.32.1 良い結果も良くない結果も上司に素直に報告することを求める	4.05	4.14	3.90	4.00	3.80	4.00
q23.33.1 業務上の問題点があれば徹底的に追求し解決方法を探し出す	3.88	3.83	4.00	3.94	4.00	4.00
q23.34.1 この会社の日本人とは中国語で意思疎通をはかる	3.52	3.49	3.10	4.31	3.10	2.67
q23.35.1 日本人は中国人が自主的に仕事を探してすることを求める	3.42	3.59	3.40	3.00	2.50	4.33
q23.36.1 この会社の日本人は中国人と日本語で意思疎通をはかる	3.88	4.06	4.10	3.50	3.00	3.67
q23.37.1 日本人は中国人と仕事や会社についての情報を共有しない	3.45	3.60	3.20	2.75	3.11	3.67

r（順 位 相 関 −上海全非製造業 vs. 上海全貿易、上海建設業30、上海運輸25、上海銀行・金融31、上海非製造業その他23・28）	0.972	0.711	0.818	0.760	0.278
p（有意水準）	0.000	0.000	0.000	0.000	0.095

注：表中の数値は 5 段階尺度（「1．全く感じない」〜「5．常に感じる」）の平均値。分析の際には順位に変換。「上海建設業30」、「上海運輸25」、「上海銀行・金融31」、「上海非製造業その他23」、「上海非製造業その他28」は本調査の協力企業である。調査時期により、ランダムに番号をつけたため、「30」、「25」、「31」、「23」、「28」と番号が順不同である。なお、質問項目「q23.1」は、「問23の 1 」を意味し、最後の「1」は「文化の相違への回答」という意味である。

表45　上海日系企業における中国人の回答：「文化の相違」
（上海全製造業 vs. 上海修正非製造業）

質問項目	上海全製造業 ($n＝59$)	上海修正非製造業 ($n＝129$)
q23.1.1　日本人管理職は有給休暇を全て消化しない	3.66	3.29
q23.2.1　日本人管理職は中国人に品質管理を徹底して行うことを求める	4.12	4.12
q23.3.1　日本人は上司の指示に対したとえ良くないと思っても言わない	3.98	4.02
q23.4.1　日本人は中国人部下に仕事の報告連絡相談するよう要求する	4.33	4.13
q23.5.1　日本人上司は部下の仕事がうまくいった際に褒めない	2.95	3.18
q23.6.1　日本人は中国人部下が仕事の評価の説明を求めても説明しない	3.14	3.40
q23.7.1　日本人はたとえ些細な事柄でも会社の規則に従うよう求める	3.91	4.06

q23.8.1 日本人は中国人が仕事内容についてわかるまで尋ねるよう求める	3.37	3.48
q23.9.1 中国人部下が物品を渡そうとするが日本人上司は受け取らない	2.47	2.34
q23.10.1 この会社では上司も部下も同じ部屋で仕事をする	3.91	4.08
q23.11.1 物事の決定までかなりの時間がかかる	3.82	4.16
q23.12.1 能力も加味されるが基本的には年功序列で昇進する	3.74	3.95
q23.13.1 部下が給与の額を交渉しても上司はうまく説明しない	3.67	3.89
q23.14.1 チームワークを重視する	3.88	3.70
q23.15.1 中国人にたとえ私的な先約があっても残業することを求める	3.22	3.16
q23.16.1 日本人は中国人に職務範囲以外の事柄でも仕事を行うよう求める	3.52	3.39
q23.17.1 日本人は中国人が家族と過ごす予定があっても休日出勤を求める	2.52	2.40
q23.18.1 日本人は中国人部下に対して礼儀正しく接している	3.79	3.77
q23.19.1 仕事の始業時間や会議が始まる前には必ず到着するのを求める	4.07	3.87
q23.20.1 日本人は中国人部下に常に仕事の納期を守るよう求める	4.16	4.13
q23.21.1 会社では男性従業員と女性従業員の給与や昇進等に差がある	2.90	3.09
q23.22.1 終業後日本人上司は中国人部下と酒を飲みに行ったりするのを求める	2.57	2.37
q23.23.1 会議は議論の場ではなく承認の場である. 会議中に議論しない	3.19	3.15
q23.24.1 日本人に対して反対意見を言うことは極力避ける	3.05	3.16
q23.25.1 日本人上司は周りに人々がいる所で部下を叱責する	2.57	2.92
q23.26.1 日本人上司の指示内容は曖昧で分かりにくい	3.14	2.92

q23.27.1 日本人は中国人が転職することを理解しない	3.38	3.13
q23.28.1 能力も加味されるが基本的には年功序列型給与を受け取る	3.37	3.40
q23.29.1 日本人は中国人が家族事情で早退や欠勤することを理解しない	2.65	2.47
q23.30.1 配置転換や人事異動する	3.28	3.18
q23.31.1 問題が発生した場合何が原因で問題が発生したのかを明確にする	3.95	3.67
q23.32.1 良い結果も良くない結果も上司に素直に報告することを求める	4.29	4.05
q23.33.1 業務上の問題点があれば徹底的に追求し解決方法を探し出す	4.16	3.87
q23.34.1 この会社の日本人とは中国語で意思疎通をはかる	3.60	3.54
q23.35.1 日本人は中国人が自主的に仕事を探してすることを求める	3.59	3.40
q23.36.1 この会社の日本人は中国人と日本語で意思疎通をはかる	4.00	3.89
q23.37.1 日本人は中国人と仕事や会社についての情報を共有しない	3.33	3.44
r（順位相関－上海全製造業 vs. 上海修正非製造業）		0.905
p（有意水準）		0.000

注：表中の数値は5段階尺度（「1．全く感じない」～「5．常に感じる」）の平均値。分析の際には順位に変換。なお、質問項目「q23.1」は、「問23の1」を意味し、最後の「1」は「文化の相違への回答」という意味である。

表46　上海日系企業における中国人の回答：「見かける」
（上海全製造業 vs. 上海全電気・電子製品、上海鉄鋼・非鉄金属29、
上海輸送機械・機器36、上海化学工業32）

質問項目	上海全製造業 ($n=59$)	上海全電気・電子製品 ($n=24$)	上海鉄鋼・非鉄金属29 ($n=3$)	上海輸送機械・機器36 ($n=10$)	上海化学工業32 ($n=22$)
q23.1.2 日本人管理職は有給休暇を全て消化しない	3.41	3.43	3.00	2.40	3.91

q23.2.2 日本人管理職は中国人に品質管理を徹底して行うことを求める	4.11	4.18	3.00	3.30	4.55
q23.3.2 日本人は上司の指示に対したとえ良くないと思っても言わない	3.53	3.61	3.33	3.80	3.33
q23.4.2 日本人は中国人部下に仕事の報告連絡相談するよう要求する	4.26	4.00	4.33	4.50	4.43
q23.5.2 日本人上司は部下の仕事がうまくいった際に褒めない	3.04	3.17	2.33	3.40	2.80
q23.6.2 日本人は中国人部下が仕事の評価の説明を求めても説明しない	2.91	2.96	2.67	3.10	2.81
q23.7.2 日本人はたとえ些細な事柄でも会社の規則に従うよう求める	4.02	3.74	2.33	4.40	4.36
q23.8.2 日本人は中国人が仕事内容についてわかるまで尋ねるよう求める	3.30	3.04	2.33	2.90	3.90
q23.9.2 中国人部下が物品を渡そうとするが日本人上司は受け取らない	2.29	1.83	3.33	1.70	2.91
q23.10.2 この会社では上司も部下も同じ部屋で仕事をする	3.89	4.23	2.00	3.10	4.18
q23.11.2 物事の決定までかなりの時間がかかる	3.77	3.65	2.67	4.00	3.95
q23.12.2 能力も加味されるが基本的には年功序列で昇進する	3.56	3.78	2.00	3.80	3.43
q23.13.2 部下が給与の額を交渉しても上司はうまく説明しない	3.46	3.26	2.00	3.50	3.86
q23.14.2 チームワークを重視する	3.54	3.13	3.67	3.00	4.24

q23.15.2 中国人にたとえ私的な先約があっても残業することを求める	2.74	2.52	2.33	2.50	3.14
q23.16.2 日本人は中国人に職務範囲以外の事柄でも仕事を行うよう求める	3.11	2.96	2.67	3.10	3.33
q23.17.2 日本人は中国人が家族と過ごす予定があっても休日出勤を求める	2.18	1.87	1.67	2.00	2.67
q23.18.2 日本人は中国人部下に対して礼儀正しく接している	3.86	3.43	4.67	3.80	4.33
q23.19.2 仕事の始業時間や会議が始まる前には必ず到着するのを求める	4.18	3.91	3.00	4.30	4.60
q23.20.2 日本人は中国人部下に常に仕事の納期を守るよう求める	4.45	4.32	3.67	4.60	4.62
q23.21.2 会社では男性従業員と女性従業員の給与や昇進等に差がある	2.50	2.91	2.00	2.10	2.32
q23.22.2 終業後日本人上司は中国人部下と酒を飲みに行ったりするのを求める	2.16	1.87	2.00	2.30	2.41
q23.23.2 会議は議論の場ではなく承認の場である. 会議中に議論しない	2.86	2.96	2.00	2.90	2.86
q23.24.2 日本人に対して反対意見を言うことは極力避ける	2.79	2.78	2.67	3.30	2.59
q23.25.2 日本人上司は周りに人々がいる所で部下を叱責する	2.19	2.17	2.33	1.90	2.32
q23.26.2 日本人上司の指示内容は曖昧で分かりにくい	2.74	2.57	1.67	3.50	2.73
q23.27.2 日本人は中国人が転職することを理解しない	3.07	3.14	2.33	3.20	3.05

q23.28.2 能力も加味されるが基本的には年功序列型給与を受け取る	3.25	3.61	2.33	3.40	2.90
q23.29.2 日本人は中国人が家族事情で早退や欠勤することを理解しない	2.28	2.09	1.67	2.00	2.71
q23.30.2 配置転換や人事異動する	3.12	3.22	1.67	3.30	3.14
q23.31.2 問題が発生した場合何が原因で問題が発生したのかを明確にする	3.83	3.17	4.33	3.90	4.41
q23.32.2 良い結果も良くない結果も上司に素直に報告することを求める	4.33	3.91	3.33	4.50	4.82
q23.33.2 業務上の問題点があれば徹底的に追求し解決方法を探し出す	4.21	3.91	3.67	4.00	4.68
q23.34.2 この会社の日本人とは中国語で意思疎通をはかる	3.14	3.13	4.00	1.90	3.59
q23.35.2 日本人は中国人が自主的に仕事を探してすることを求める	3.34	3.09	3.33	3.50	3.55
q23.36.2 この会社の日本人は中国人と日本語で意思疎通をはかる	3.81	3.35	4.00	4.30	4.05
q23.37.2 日本人は中国人と仕事や会社についての情報を共有しない	3.09	3.26	1.67	4.00	2.67
r（順位相関－上海全製造業 vs.上海全電気・電子製品、上海鉄鋼・非鉄金属29、上海輸送機械・機器36、上海化学工業32）		0.923	0.592	0.776	0.942
p（有意水準）		0.000	0.000	0.000	0.000

注：表中の数値は5段階尺度（「1．全く見かけない」、「2．見かけるのは30％未満」、「3．見かけるのは50％程」、「4．見かけるのは60-70％」、「5．見かけるのは80％以上」）の平均値。分析の際には順位に変換。「上海鉄鋼・非鉄金属29」、「上海輸送機械・機器36」、「上海化学工業32」は本調査の協力企業である。調査時期により、ランダムに番号をつけたため、「29」、「36」、「32」、と番号が順不同である。なお、質問項目「q23.1」は、「問23の1」を意味し、最後の

「2」は「見かけるへの回答」という意味である。

表47　上海日系企業における中国人の回答：「見かける」
（上海全非製造業 vs. 上海全貿易、上海建設業30、上海運輸25、
上海銀行・金融31、上海全非製造業その他）

質問項目	上海全非製造業 (*n* = 133)	上海全貿易 (*n* = 92)	上海建設業30 (*n* = 10)	上海運輸25 (*n* = 17)	上海銀行・金融31 (*n* = 10)	上海全非製造業その他 (*n* = 4)
q23.1.2 日本人管理職は有給休暇を全て消化しない	3.20	3.22	2.20	3.35	3.60	3.50
q23.2.2 日本人管理職は中国人に品質管理を徹底して行うことを求める	4.09	4.18	3.60	3.82	4.50	3.25
q23.3.2 日本人は上司の指示に対したとえ良くないと思っても言わない	3.89	4.03	3.70	3.35	3.70	4.00
q23.4.2 日本人は中国人部下に仕事の報告連絡相談するよう要求する	4.18	4.24	4.10	3.76	4.20	4.50
q23.5.2 日本人上司は部下の仕事がうまくいった際に褒めない	3.16	3.28	3.20	2.63	3.20	1.50
q23.6.2 日本人は中国人部下が仕事の評価の説明を求めても説明しない	3.26	3.29	3.60	2.82	3.10	4.33
q23.7.2 日本人はたとえ些細な事柄でも会社の規則に従うよう求める	4.25	4.32	3.70	3.94	4.60	4.50
q23.8.2 日本人は中国人が仕事内容についてわかるまで尋ねるよう求める	3.45	3.50	2.80	3.41	3.50	4.00
q23.9.2 中国人部下が物品を渡そうとするが日本人上司は受け取らない	2.13	2.13	1.90	2.31	2.00	2.00

q23.10.2 この会社では上司も部下も同じ部屋で仕事をする	4.14	4.38	3.20	3.47	3.90	4.50
q23.11.2 物事の決定までかなりの時間がかかる	4.05	4.17	4.22	2.94	4.70	4.00
q23.12.2 能力も加味されるが基本的には年功序列で昇進する	3.92	4.07	4.40	3.29	3.33	3.50
q23.13.2 部下が給与の額を交渉しても上司はうまく説明しない	3.72	3.79	4.10	3.41	3.20	3.75
q23.14.2 チームワークを重視する	3.69	3.62	3.30	4.06	3.90	4.00
q23.15.2 中国人にたとえ私的な先約があっても残業することを求める	2.98	2.99	3.00	2.65	3.40	3.25
q23.16.2 日本人は中国人に職務範囲以外の事柄でも仕事を行うよう求める	3.05	3.13	3.10	2.35	3.00	4.00
q23.17.2 日本人は中国人が家族と過ごす予定があっても休日出勤を求める	2.19	2.11	2.70	1.94	2.20	3.75
q23.18.2 日本人は中国人部下に対して礼儀正しく接している	3.88	3.80	4.10	4.06	3.90	4.25
q23.19.2 仕事の始業時間や会議が始まる前には必ず到着するのを求める	4.16	4.20	4.11	3.88	3.90	5.00
q23.20.2 日本人は中国人部下に常に仕事の納期を守るよう求める	4.41	4.44	4.44	4.06	4.50	5.00
q23.21.2 会社では男性従業員と女性従業員の給与や昇進等に差がある	2.92	3.17	3.00	2.29	1.70	3.00

q23.22.2 終業後日本人上司は中国人部下と酒を飲みに行ったりするのを求める	2.18	2.10	3.20	1.82	1.80	4.00
q23.23.2 会議は議論の場ではなく承認の場である.会議中に議論しない	3.01	3.17	2.78	2.41	2.44	3.75
q23.24.2 日本人に対して反対意見を言うことは極力避ける	3.02	3.14	3.00	2.24	2.90	3.75
q23.25.2 日本人上司は周りに人々がいる所で部下を叱責する	2.74	2.93	2.90	2.18	2.10	2.00
q23.26.2 日本人上司の指示内容は曖昧で分かりにくい	2.62	2.70	3.20	1.82	2.80	2.25
q23.27.2 日本人は中国人が転職することを理解しない	2.79	2.77	3.00	2.94	2.90	1.33
q23.28.2 能力も加味されるが基本的には年功序列型給与を受け取る	3.27	3.40	3.70	2.71	2.80	2.67
q23.29.2 日本人は中国人が家族事情で早退や欠勤することを理解しない	2.17	3.18	2.00	2.06	2.20	3.00
q23.30.2 配置転換や人事異動する	3.02	3.21	3.00	2.59	1.90	3.67
q23.31.2 問題が発生した場合何が原因で問題が発生したのかを明確する	3.72	3.78	3.40	3.71	3.40	4.00
q23.32.2 良い結果も良くない結果も上司に素直に報告することを求める	4.27	4.37	3.90	4.00	3.90	5.00
q23.33.2 業務上の問題点があれば徹底的に追求し解決方法を探し出す	4.02	4.04	3.90	3.88	3.90	4.50

付録 I   687

質問項目						
q23.34.2 この会社の日本人とは中国語で意思疎通をはかる	3.32	3.36	2.60	4.13	2.80	2.25
q23.35.2 日本人は中国人が自主的に仕事を探してすることを求める	3.44	3.70	2.89	2.94	2.20	4.00
q23.36.2 この会社の日本人は中国人と日本語で意思疎通をはかる	3.97	4.13	4.20	3.25	3.11	4.50
q23.37.2 日本人は中国人と仕事や会社についての情報を共有しない	3.19	3.38	2.60	2.56	3.00	3.50
r （順位相関−上海全非製造業 vs. 上海全貿易、上海建設業30、上海運輸25、上海銀行・金融31、上海全非製造業その他）		0.975	0.754	0.844	0.857	0.726
p （有意水準）		0.000	0.000	0.000	0.000	0.000

注：表中の数値は5段階尺度（「1．全く見かけない」、「2．見かけるのは30％未満」、「3．見か
けるのは50％程」、「4．見かけるのは60-70％」、「5．見かけるのは80％以上」）の平均値。分
析の際には順位に変換。「上海建設業30」、「上海運輸25」、「上海銀行・金融31」は本調査の協
力企業である。調査時期により、ランダムに番号をつけたため、「30」、「25」、「31」と番号が
順不同である。なお、質問項目「q23.1」は、「問23の1」を意味し、最後の「2」は「見かけ
るへの回答」という意味である。

表48　上海日系企業における中国人の回答：「見かける」
（上海全製造業 vs. 上海全非製造業）

質問項目	上海全製造業 （$n=59$）	上海全非製造業 （$n=133$）
q23.1.2 日本人管理職は有給休暇を全て消化しない	3.41	3.20
q23.2.2 日本人管理職は中国人に品質管理を徹底して行うことを求める	4.11	4.09
q23.3.2 日本人は上司の指示に対したとえ良くないと思っても言わない	3.53	3.89

q23.4.2 日本人は中国人部下に仕事の報告連絡相談するよう要求する	4.26	4.18
q23.5.2 日本人上司は部下の仕事がうまくいった際に褒めない	3.04	3.16
q23.6.2 日本人は中国人部下が仕事の評価の説明を求めても説明しない	2.91	3.26
q23.7.2 日本人はたとえ些細な事柄でも会社の規則に従うよう求める	4.02	4.25
q23.8.2 日本人は中国人が仕事内容についてわかるまで尋ねるよう求める	3.30	3.45
q23.9.2 中国人部下が物品を渡そうとするが日本人上司は受け取らない	2.29	2.13
q23.10.2 この会社では上司も部下も同じ部屋で仕事をする	3.89	4.14
q23.11.2 物事の決定までかなりの時間がかかる	3.77	4.05
q23.12.2 能力も加味されるが基本的には年功序列で昇進する	3.56	3.92
q23.13.2 部下が給与の額を交渉しても上司はうまく説明しない	3.46	3.72
q23.14.2 チームワークを重視する	3.54	3.69
q23.15.2 中国人にたとえ私的な先約があっても残業することを求める	2.74	2.98
q23.16.2 日本人は中国人に職務範囲以外の事柄でも仕事を行うよう求める	3.11	3.05
q23.17.2 日本人は中国人が家族と過ごす予定があっても休日出勤を求める	2.18	2.19
q23.18.2 日本人は中国人部下に対して礼儀正しく接している	3.86	3.88
q23.19.2 仕事の始業時間や会議が始まる前には必ず到着するのを求める	4.18	4.16
q23.20.2 日本人は中国人部下に常に仕事の納期を守るよう求める	4.45	4.41
q23.21.2 会社では男性従業員と女性従業員の給与や昇進等に差がある	2.50	2.92
q23.22.2 終業後日本人上司は中国人部下と酒を飲みに行ったりするのを求める	2.16	2.18
q23.23.2 会議は議論の場ではなく承認の場である。会議中に議論しない	2.86	3.01

q23.24.2 日本人に対して反対意見を言うことは極力避ける	2.79	3.02
q23.25.2 日本人上司は周りに人々がいる所で部下を叱責する	2.19	2.74
q23.26.2 日本人上司の指示内容は曖昧で分かりにくい	2.74	2.62
q23.27.2 日本人は中国人が転職することを理解しない	3.07	2.79
q23.28.2 能力も加味されるが基本的には年功序列型給与を受け取る	3.25	3.27
q23.29.2 日本人は中国人が家族事情で早退や欠勤することを理解しない	2.28	2.17
q23.30.2 配置転換や人事異動する	3.12	3.02
q23.31.2 問題が発生した場合何が原因で問題が発生したのかを明確にする	3.83	3.72
q23.32.2 良い結果も良くない結果も上司に素直に報告することを求める	4.33	4.27
q23.33.2 業務上の問題点があれば徹底的に追求し解決方法を探し出す	4.21	4.02
q23.34.2 この会社の日本人とは中国語で意思疎通をはかる	3.14	3.32
q23.35.2 日本人は中国人が自主的に仕事を探してすることを求める	3.34	3.44
q23.36.2 この会社の日本人は中国人と日本語で意思疎通をはかる	3.81	3.97
q23.37.2 日本人は中国人と仕事や会社についての情報を共有しない	3.09	3.19
r（順位相関－製造業 vs. 非製造業）		0.963
p（有意水準）		0.000

注：表中の数値は5段階尺度（「1．全く見かけない」、「2．見かけるのは30％未満」、「3．見かけるのは50％程」、「4．見かけるのは60-70％」、「5．見かけるのは80％以上」）の平均値。分析の際には順位に変換。なお、質問項目「q23.1」は、「問23の1」を意味し、最後の「2」は「見かけるへの回答」という意味である。

表49 中国進出日系企業における日本人の回答：「文化の相違」（全上海 vs. 全広州）

質問項目	全上海 ($n=85$)	全広州 ($n=112$)
q23.1.1 中国人は有給休暇を全て消化する	3.83	3.09
q23.2.1 中国人は品質管理や事務管理を徹底して行わない	2.98	2.96
q23.3.1 中国人は上司の指示が良くない方策だと思ったらはっきり言う	3.21	2.79
q23.4.1 中国人は仕事の途中で何度も上司に報告相談したりしない	3.63	3.51
q23.5.1 中国人は部下の仕事がうまくいった際は必ず褒める	2.71	3.21
q23.6.1 中国人は日本人上司の評価内容の説明を求める	3.21	3.47
q23.7.1 中国人は会社の規則に従わない場合がある	3.22	2.93
q23.8.1 中国人は仕事のわからない点があっても分かるまで尋ねない	3.29	3.33
q23.9.1 中国人は上司との関係をよくするために上司に品物を渡す	2.16	2.50
q23.10.1 中国人の間では管理職には個室が与えられるべきだと考える	2.24	2.26
q23.11.1 中国人は物事を決定するのにあまり時間がかからない	3.58	3.82
q23.12.1 中国人は能力型で昇進し年功序列に大きく影響することはない	3.07	3.25
q23.13.1 中国人は給与の額に不満があれば上司と交渉する	3.68	3.50
q23.14.1 中国人は各自が自分の分担仕事をこなす. チームワークがない	3.87	3.70
q23.15.1 中国人は残業を頼まれても私的な先約があれば仕事の方を断る	3.40	3.21
q23.16.1 中国人は自分の職務範囲外の業務は行わない	3.93	3.83
q23.17.1 中国人は家族と過ごす予定があれば休日出勤を頼まれても断る	3.37	3.15
q23.18.1 中国人は日本人上司には敬語を使い目上の者として接する	3.32	3.59

q23.19.1 中国人は仕事の始業時間や会議を遅れて始めることが多い	3.38	3.50
q23.20.1 中国人は仕事の納期を守らない	2.80	3.27
q23.21.1 中国人は男性従業員と女性従業員を平等に扱う	3.76	3.59
q23.22.1 中国人は日本人と夕食を食べたり酒を飲みに行ったりしない	3.10	2.43
q23.23.1 中国人は会議を議論の場ととらえる. 反対意見も多く飛び交う	3.29	3.27
q23.24.1 中国人は日本人上司へ反対意見をはっきりと言う	3.23	3.31
q23.25.1 中国人は1対1になれる個室で部下を叱責する	3.37	3.41
q23.26.1 中国人部下には日本人部下より仕事内容を明確に指示する	4.12	4.33
q23.27.1 中国人は現在より良い給与地位が得られる会社に転職する	4.01	4.08
q23.28.1 中国人は能力給を受け取る. 年功序列が給与に影響しない	3.40	3.41
q23.29.1 中国人は妻が出産した時や子供が入院した時には早退欠勤する	3.74	3.82
q23.30.1 中国人は配置転換や人事異動を嫌う	3.38	3.27
q23.31.1 問題が発生した場合中国人は誰に責任があるかを明確にする	3.73	3.72
q23.32.1 中国人は良くない結果や問題が生じた場合は報告しない	3.37	3.69
q23.33.1 中国人は業務上の問題点について徹底的に解明をしない	3.55	3.57
q23.34.1 中国人とは中国語で意思疎通をはかる	3.10	2.81
q23.35.1 中国人は自主的に仕事を探して自ら積極的に仕事をしない	3.72	3.52
q23.36.1 中国人は日本人と日本語で意思疎通をはかる	3.34	2.95
q23.37.1 中国人は日本人と仕事や会社の情報共有することを要求する	3.02	3.23
r（順位相関 – 全上海 vs. 全広州）		0.764

		0.000
p（有意水準）		0.000

注：表中の数値は5段階尺度（「1. 全く感じない」～「5. 常に感じる」）の平均値。分析の際には順位に変換。なお、質問項目「q23.1」は、「問23の1」を意味し、最後の「1」は「文化の相違への回答」という意味である。

表50 中国進出日系企業における日本人の回答：「見かける」（全上海 vs. 修正全広州）

質問項目	全上海 （$n=85$）	修正全広州 （$n=107$）
q23.1.2 中国人は有給休暇を全て消化する	3.70	3.15
q23.2.2 中国人は品質管理や事務管理を徹底して行わない	2.71	2.65
q23.3.2 中国人は上司の指示が良くない方策だと思ったらはっきり言う	3.28	2.97
q23.4.2 中国人は仕事の途中で何度も上司に報告相談したりしない	3.33	3.30
q23.5.2 中国人は部下の仕事がうまくいった際は必ず褒める	2.68	3.33
q23.6.2 中国人は日本人上司の評価内容の説明を求める	3.32	3.34
q23.7.2 中国人は会社の規則に従わない場合がある	2.57	2.54
q23.8.2 中国人は仕事のわからない点があっても分かるまで尋ねない	2.95	2.92
q23.9.2 中国人は上司との関係をよくするために上司に品物を渡す	1.59	1.83
q23.10.2 中国人の間では管理職には個室が与えられるべきだと考える	1.56	1.73
q23.11.2 中国人は物事を決定するのにあまり時間がかからない	3.26	3.64
q23.12.2 中国人は能力型で昇進し年功序列に大きく影響することはない	2.98	3.41
q23.13.2 中国人は給与の額に不満があれば上司と交渉する	3.38	3.02
q23.14.2 中国人は各自が自分の分担仕事をこなす. チームワークがない	3.69	3.49
q23.15.2 中国人は残業を頼まれても私的な先約があれば仕事の方を断る	2.99	2.86

q23.16.2 中国人は自分の職務範囲外の業務は行わない	3.48	3.65
q23.17.2 中国人は家族と過ごす予定があれば休日出勤を頼まれても断る	3.09	2.88
q23.18.2 中国人は日本人上司には敬語を使い目上の者として接する	3.91	3.88
q23.19.2 中国人は仕事の始業時間や会議を遅れて始めることが多い	2.97	3.14
q23.20.2 中国人は仕事の納期を守らない	2.56	2.85
q23.21.2 中国人は男性従業員と女性従業員を平等に扱う	3.96	3.94
q23.22.2 中国人は日本人と夕食を食べたり酒を飲みに行ったりしない	3.08	2.49
q23.23.2 中国人は会議を議論の場ととらえる.反対意見も多く飛び交う	3.23	3.17
q23.24.2 中国人は日本人上司へ反対意見をはっきりと言う	3.11	3.22
q23.25.2 中国人は1対1になれる個室で部下を叱責する	3.35	3.44
q23.26.2 中国人部下には日本人部下より仕事内容を明確に指示する	4.14	4.15
q23.27.2 中国人は現在より良い給与地位が得られる会社に転職する	3.58	3.69
q23.28.2 中国人は能力給を受け取る.年功序列が給与に影響しない	3.22	3.36
q23.29.2 中国人は妻が出産した時や子供が入院した時には早退欠勤する	3.95	3.87
q23.30.2 中国人は配置転換や人事異動を嫌う	3.24	3.12
q23.31.2 問題が発生した場合中国人は誰に責任があるかを明確にする	3.46	3.60
q23.32.2 中国人は良くない結果や問題が生じた場合は報告しない	3.06	3.36
q23.33.2 中国人は業務上の問題点について徹底的に解明をしない	3.09	3.30
q23.34.2 中国人とは中国語で意思疎通をはかる	3.46	3.01
q23.35.2 中国人は自主的に仕事を探して自ら積極的に仕事をしない	3.39	3.32

q23.36.2 中国人は日本人と日本語で意思疎通をはかる	3.56	3.10
q23.37.2 中国人は日本人と仕事や会社の情報共有することを要求する	3.08	3.26
r（順位相関 – 全上海 vs. 修正全広州）		0.694
p（有意水準）		0.000

注：表中の数値は5段階尺度（「1．全く見かけない」、「2．見かけるのは30％未満」、「3．見かけるのは50％程」、「4．見かけるのは60-70％」、「5．見かけるのは80％以上」）の平均値。分析の際には順位に変換。なお、質問項目「q23.1」は、「問23の1」を意味し、最後の「2」は「見かけるへの回答」という意味である。

表51　中国進出日系企業における中国人の回答：「文化の相違」
（修正全上海 vs. 全広州）

質問項目	修正全上海 （$n = 189$）	全広州 （$n = 215$）
q23.1.1 日本人管理職は有給休暇を全て消化しない	3.41	3.49
q23.2.1 日本人管理職は中国人に品質管理を徹底して行うことを求める	4.12	4.26
q23.3.1 日本人は上司の指示に対したとえ良くないと思っても言わない	4.01	3.72
q23.4.1 日本人は中国人部下に仕事の報告連絡相談するよう要求する	4.19	4.02
q23.5.1 日本人上司は部下の仕事がうまくいった際に褒めない	3.11	3.11
q23.6.1 日本人は中国人部下が仕事の評価の説明を求めても説明しない	3.32	3.26
q23.7.1 日本人はたとえ些細な事柄でも会社の規則に従うよう求める	4.02	4.31
q23.8.1 日本人は中国人が仕事内容についてわかるまで尋ねるよう求める	3.45	3.80
q23.9.1 中国人部下が物品を渡そうとするが日本人上司は受け取らない	2.38	2.63

q23.10.1 この会社では上司も部下も同じ部屋で仕事をする	4.03	3.85
q23.11.1 物事の決定までかなりの時間がかかる	4.05	3.81
q23.12.1 能力も加味されるが基本的には年功序列で昇進する	3.88	3.60
q23.13.1 部下が給与の額を交渉しても上司はうまく説明しない	3.82	3.19
q23.14.1 チームワークを重視する	3.75	3.66
q23.15.1 中国人にたとえ私的な先約があっても残業することを求める	3.18	3.28
q23.16.1 日本人は中国人に職務範囲以外の事柄でも仕事を行うよう求める	3.43	3.40
q23.17.1 日本人は中国人が家族と過ごす予定があっても休日出勤を求める	2.44	2.83
q23.18.1 日本人は中国人部下に対して礼儀正しく接している	3.78	3.74
q23.19.1 仕事の始業時間や会議が始まる前には必ず到着するのを求める	3.93	3.97
q23.20.1 日本人は中国人部下に常に仕事の納期を守るよう求める	4.14	4.21
q23.21.1 会社では男性従業員と女性従業員の給与や昇進等に差がある	3.03	2.51
q23.22.1 終業後日本人上司は中国人部下と酒を飲みに行ったりするのを求める	2.43	2.34
q23.23.1 会議は議論の場ではなく承認の場である.会議中に議論しない	3.16	2.87
q23.24.1 日本人に対して反対意見を言うことは極力避ける	3.13	3.01
q23.25.1 日本人上司は周りに人々がいる所で部下を叱責する	2.81	3.34
q23.26.1 日本人上司の指示内容は曖昧で分かりにくい	2.99	3.08
q23.27.1 日本人は中国人が転職することを理解しない	3.21	3.44
q23.28.1 能力も加味されるが基本的には年功序列型給与を受け取る	3.39	3.09
q23.29.1 日本人は中国人が家族事情で早退や欠勤することを理解しない	2.52	2.81
q23.30.1 配置転換や人事異動する	3.21	3.22

質問項目		
q23.31.1 問題が発生した場合何が原因で問題が発生したのかを明確にする	3.75	3.93
q23.32.1 良い結果も良くない結果も上司に素直に報告することを求める	4.13	4.05
q23.33.1 業務上の問題点があれば徹底的に追求し解決方法を探し出す	3.96	4.08
q23.34.1 この会社の日本人とは中国語で意思疎通をはかる	3.56	3.18
q23.35.1 日本人は中国人が自主的に仕事を探してすることを求める	3.46	3.48
q23.36.1 この会社の日本人は中国人と日本語で意思疎通をはかる	3.92	3.90
q23.37.1 日本人は中国人と仕事や会社についての情報を共有しない	3.41	3.20
r（順位相関－修正全上海 vs. 全広州）		0.889
p（有意水準）		0.000

注：表中の数値は5段階尺度（「1．全く感じない」～「5．常に感じる」）の平均値。分析の際には順位に変換。なお、質問項目「q23.1」は、「問23の1」を意味し、最後の「1」は「文化の相違への回答」という意味である。

表52　中国進出日系企業における中国人の回答：「見かける」（全上海 vs. 全広州）

質問項目	全上海 （$n=192$）	全広州 （$n=215$）
q23.1.2 日本人管理職は有給休暇を全て消化しない	3.26	3.21
q23.2.2 日本人管理職は中国人に品質管理を徹底して行うことを求める	4.09	4.20
q23.3.2 日本人は上司の指示に対したとえ良くないと思っても言わない	3.78	3.47
q23.4.2 日本人は中国人部下に仕事の報告連絡相談するよう要求する	4.20	4.01
q23.5.2 日本人上司は部下の仕事がうまくいった際に褒めない	3.12	2.90
q23.6.2 日本人は中国人部下が仕事の評価の説明を求めても説明しない	3.16	2.81

q23.7.2 日本人はたとえ些細な事柄でも会社の規則に従うよう求める	4.18	4.37
q23.8.2 日本人は中国人が仕事内容についてわかるまで尋ねるよう求める	3.40	3.81
q23.9.2 中国人部下が物品を渡そうとするが日本人上司は受け取らない	2.18	2.20
q23.10.2 この会社では上司も部下も同じ部屋で仕事をする	4.06	4.01
q23.11.2 物事の決定までかなりの時間がかかる	3.96	3.77
q23.12.2 能力も加味されるが基本的には年功序列で昇進する	3.81	3.49
q23.13.2 部下が給与の額を交渉しても上司はうまく説明しない	3.64	2.89
q23.14.2 チームワークを重視する	3.64	3.53
q23.15.2 中国人にたとえ私的な先約があっても残業することを求める	2.91	2.88
q23.16.2 日本人は中国人に職務範囲以外の事柄でも仕事を行うよう求める	3.06	2.99
q23.17.2 日本人は中国人が家族と過ごす予定があっても休日出勤を求める	2.19	2.31
q23.18.2 日本人は中国人部下に対して礼儀正しく接している	3.87	3.76
q23.19.2 仕事の始業時間や会議が始まる前には必ず到着するのを求める	4.16	4.03
q23.20.2 日本人は中国人部下に常に仕事の納期を守るよう求める	4.42	4.31
q23.21.2 会社では男性従業員と女性従業員の給与や昇進等に差がある	2.79	2.21
q23.22.2 終業後日本人上司は中国人部下と酒を飲みに行ったりするのを求める	2.17	2.03
q23.23.2 会議は議論の場ではなく承認の場である. 会議中に議論しない	2.96	2.57
q23.24.2 日本人に対して反対意見を言うことは極力避ける	2.95	2.72
q23.25.2 日本人上司は周りに人々がいる所で部下を叱責する	2.57	2.89
q23.26.2 日本人上司の指示内容は曖昧で分かりにくい	2.66	2.66
q23.27.2 日本人は中国人が転職することを理解しない	2.87	2.94

q23.28.2 能力も加味されるが基本的には年功序列型給与を受け取る	3.26	2.83
q23.29.2 日本人は中国人が家族事情で早退や欠勤することを理解しない	2.20	2.19
q23.30.2 配置転換や人事異動する	3.05	2.83
q23.31.2 問題が発生した場合何が原因で問題が発生したのかを明確にする	3.75	4.06
q23.32.2 良い結果も良くない結果も上司に素直に報告することを求める	4.29	4.28
q23.33.2 業務上の問題点があれば徹底的に追求し解決方法を探し出す	4.07	4.30
q23.34.2 この会社の日本人とは中国語で意思疎通をはかる	3.26	2.93
q23.35.2 日本人は中国人が自主的に仕事を探してすることを求める	3.41	3.53
q23.36.2 この会社の日本人は中国人と日本語で意思疎通をはかる	3.92	3.94
q23.37.2 日本人は中国人と仕事や会社についての情報を共有しない	3.16	3.00
r（順位相関－全上海 vs. 全広州）		0.921
p（有意水準）		0.000

注：表中の数値は5段階尺度（「1．全く見かけない」、「2．見かけるのは30％未満」、「3．見かけるのは50％程」、「4．見かけるのは60-70％」、「5．見かけるのは80％以上」）の平均値。分析の際には順位に変換。なお、質問項目「q23.1」は、「問23の1」を意味し、最後の「2」は「見かけるへの回答」という意味である。

付録Ⅱ

ベトナムにおける認知摩擦調査の信頼性検証（スピアマン順位相関係数）資料

表1　ハノイ日系企業における日本人の回答：「文化の相違」
（全電気・電子製品 vs. 各電気・電子製品企業21、22、25、26、27）

質問項目	全電気・電子製品 ($n=43$)	電気・電子製品21 ($n=11$)	電気・電子製品22 ($n=3$)	電気・電子製品25 ($n=20$)	電気・電子製品26 ($n=3$)	電気・電子製品27 ($n=6$)
q23.1.1 ベトナム人は有給休暇を全て消化する	3.18	3.73	2.50	3.09	2.67	3.00
q23.2.1 ベトナム人は品質管理や事務管理を徹底して行わない	3.04	3.27	4.00	2.87	3.00	3.00
q23.3.1 ベトナム人は上司の指示が良くない方策だと思ったらはっきり言う	2.80	2.82	2.00	2.65	3.33	3.33
q23.4.1 ベトナム人は仕事の途中で何度も上司に報告相談したりしない	3.51	3.27	4.00	3.61	2.00	4.17
q23.5.1 ベトナム人は部下の仕事がうまくいった際は必ず褒める	2.69	2.73	3.50	2.61	2.67	2.67
q23.6.1 ベトナム人は日本人上司の評価内容の説明を求める	3.66	3.73	2.33	3.62	5.00	3.67
q23.7.1 ベトナム人は会社の規則に従わない場合がある	3.07	2.64	3.67	3.27	2.33	3.17
q23.8.1 ベトナム人は仕事のわからない点があっても分かるまで尋ねない	3.60	3.55	4.67	3.55	3.00	3.67
q23.9.1 ベトナム人は上司との関係をよくするために上司に品物を渡す	2.16	1.91	1.67	2.36	2.33	2.00
q23.10.1 ベトナム人の間では管理職には個室が与えられるべきだと考える	1.91	1.73	1.00	2.05	2.67	1.83

q23.11.1 ベトナム人は物事を決定するのにあまり時間がかからない	3.20	3.45	4.00	3.14	3.33	2.50
q23.12.1 ベトナム人は能力型で昇進し年功序列に大きく影響することはない	3.07	2.73	3.33	2.95	3.33	3.83
q23.13.1 ベトナム人は給与の額に不満があれば上司と交渉する	3.56	3.55	2.33	3.36	4.67	4.33
q23.14.1 ベトナム人は各自が自分の分担仕事をこなす. チームワークがない	3.89	4.27	3.67	3.82	3.67	3.67
q23.15.1 ベトナム人は残業を頼まれても私的な先約があれば仕事の方を断る	3.78	3.91	3.67	3.77	4.00	3.50
q23.16.1 ベトナム人は自分の職務範囲外の業務は行わない	3.50	3.73	3.67	3.52	4.00	2.67
q23.17.1 ベトナム人は家族と過ごす予定があれば休日出勤を頼まれても断る	3.57	3.55	3.00	3.61	4.33	3.33
q23.18.1 ベトナム人は日本人上司には敬語を使い目上の者として接する	3.36	3.36	3.67	3.43	1.33	4.00
q23.19.1 ベトナム人は仕事の始業時間や会議を遅れて始めることが多い	3.76	3.82	3.67	3.74	3.67	3.83
q23.20.1 ベトナム人は仕事の納期を守らない	3.32	3.00	3.67	3.41	3.33	3.33
q23.21.1 ベトナム人は男性従業員と女性従業員を平等に扱う	3.26	3.55	3.33	3.22	3.00	3.00
q23.22.1 ベトナム人は日本人と夕食を食べたり酒を飲みに行ったりしない	2.50	2.27	2.00	2.64	3.00	2.50
q23.23.1 ベトナム人は会議を議論の場ととらえる. 反対意見も多く飛び交う	3.24	2.91	1.67	3.52	3.33	3.50

q23.24.1 ベトナム人は日本人上司へ反対意見をはっきりと言う	2.80	2.82	1.67	2.78	3.00	3.33
q23.25.1 ベトナム人は1対1になれる個室で部下を叱責する	2.93	2.36	3.00	2.96	4.00	3.33
q23.26.1 ベトナム人部下には日本人部下より仕事内容を明確に指示する	4.35	4.45	4.67	4.17	4.67	4.50
q23.27.1 ベトナム人は現在より良い給与地位が得られる会社に転職する	4.22	4.36	4.00	4.09	5.00	4.17
q23.28.1 ベトナム人は能力給を受け取る. 年功序列が給与に影響しない	3.13	3.27	4.00	2.91	2.33	3.67
q23.29.1 ベトナム人は妻が出産した時や子供が入院した時には早退欠勤する	3.93	4.27	4.33	3.87	3.00	3.83
q23.30.1 ベトナム人は配置転換や人事異動を嫌う	3.22	3.18	2.67	3.36	2.67	3.33
q23.31.1 問題が発生した場合ベトナム人は誰に責任があるかを明確にする	3.87	4.27	3.00	3.91	3.67	3.50
q23.32.1 ベトナム人は良くない結果や問題が生じた場合は報告しない	3.47	3.45	4.00	3.50	2.67	3.50
q23.33.1 ベトナム人は業務上の問題点について徹底的に解明をしない	3.74	3.45	4.67	3.61	4.67	3.83
q23.34.1 ベトナム人とはベトナム語で意思疎通をはかる	2.33	2.45	2.50	2.22	2.33	2.50
q23.35.1 ベトナム人は自主的に仕事を探して自ら積極的に仕事をしない	3.85	4.00	3.67	3.91	4.33	3.17
q23.36.1 ベトナム人は日本人と日本語で意思疎通をはかる	3.44	3.64	4.00	3.35	2.00	4.00

702　　　　　　　　　　　　　　　　　　　付録 II

質問項目						
q23.37.1 ベトナム人は日本人と仕事や会社の情報共有することを要求する	3.15	3.09	2.33	3.26	3.33	3.17
r（順位相関－全電気・電子製品 vs. 各電気・電子製品21、22、25、26、27）		0.916	0.568	0.973	0.565	0.679
p（有意水準）		0.000	0.000	0.000	0.000	0.000

注：表中の数値は 5 段階尺度（「1．全く感じない」～「5．常に感じる」）の平均値。分析の際には順位に変換。「電気・電子製品21」、「電気・電子製品22」、「電気・電子製品25」、「電気・電子製品26」、「電気・電子製品27」は本調査の協力企業である。調査時期により、ランダムに番号をつけたため、「21」、「22」、「25」、「26」、「27」と番号が順不同である。なお、質問項目「q23.1」は、「問23の1」を意味し、最後の「1」は「文化の相違への回答」という意味である。

表2　ハノイ日系企業における日本人の回答：「見かける」
（全電気・電子製品 vs. 各電気・電子製品21、22、25、26、27）

質問項目	全電気・電子製品 ($n＝43$)	電気・電子製品21 ($n＝11$)	電気・電子製品22 ($n＝3$)	電気・電子製品25 ($n＝20$)	電気・電子製品26 ($n＝3$)	電気・電子製品27 ($n＝6$)
q23.1.2 ベトナム人は有給休暇を全て消化する	3.20	3.73	2.00	3.35	2.67	2.33
q23.2.2 ベトナム人は品質管理や事務管理を徹底して行わない	2.50	3.00	2.00	2.45	2.33	2.00
q23.3.2 ベトナム人は上司の指示が良くない方策だと思ったらはっきり言う	3.07	2.64	2.00	3.22	4.67	2.83
q23.4.2 ベトナム人は仕事の途中で何度も上司に報告相談したりしない	3.27	3.00	2.00	3.30	3.33	3.83
q23.5.2 ベトナム人は部下の仕事がうまくいった際は必ず褒める	2.69	2.45	2.50	2.83	3.33	2.50
q23.6.2 ベトナム人は日本人上司の評価内容の説明を求める	3.51	3.36	2.00	3.67	4.67	3.17
q23.7.2 ベトナム人は会社の規則に従わない場合がある	2.57	2.36	2.00	2.64	2.67	2.33

q23.8.2 ベトナム人は仕事のわからない点があっても分かるまで尋ねない	3.07	3.00	3.50	3.09	3.00	2.83
q23.9.2 ベトナム人は上司との関係をよくするために上司に品物を渡す	1.47	1.00	4.00	1.82	1.33	1.17
q23.10.2 ベトナム人の間では管理職には個室が与えられるべきだと考える	1.33	1.00	1.33	1.50	2.00	1.17
q23.11.2 ベトナム人は物事を決定するのにあまり時間がかからない	3.09	3.45	1.00	3.05	3.67	1.83
q23.12.2 ベトナム人は能力型で昇進し年功序列に大きく影響することはない	3.02	2.82	4.00	2.90	4.00	3.00
q23.13.2 ベトナム人は給与の額に不満があれば上司と交渉する	3.24	3.45	3.67	3.14	4.67	3.33
q23.14.2 ベトナム人は各自が自分の分担仕事をこなす. チームワークがない	3.71	4.18	1.67	3.50	4.33	2.83
q23.15.2 ベトナム人は残業を頼まれても私的な先約があれば仕事の方を断る	3.48	3.45	4.67	3.33	4.33	3.00
q23.16.2 ベトナム人は自分の職務範囲外の業務は行わない	3.26	3.73	3.33	3.17	3.67	2.50
q23.17.2 ベトナム人は家族と過ごす予定があれば休日出勤を頼まれても断る	3.33	3.27	2.67	3.45	4.67	2.67
q23.18.2 ベトナム人は日本人上司には敬語を使い目上の者として接する	3.93	3.91	2.67	4.19	3.67	3.83
q23.19.2 ベトナム人は仕事の始業時間や会議を遅れて始めることが多い	3.50	3.27	3.00	3.74	3.00	3.50
q23.20.2 ベトナム人は仕事の納期を守らない	3.12	2.70	3.67	3.23	3.50	3.00

q23.21.2 ベトナム人は男性従業員と女性従業員を平等に扱う	3.51	3.73	2.00	3.65	4.00	2.83
q23.22.2 ベトナム人は日本人と夕食を食べたり酒を飲みに行ったりしない	2.57	2.55	1.67	2.48	3.67	2.83
q23.23.2 ベトナム人は会議を議論の場ととらえる.反対意見も多く飛び交う	3.31	3.36	3.00	3.43	3.00	3.00
q23.24.2 ベトナム人は日本人上司へ反対意見をはっきりと言う	2.85	3.00	2.67	2.78	3.33	2.67
q23.25.2 ベトナム人は1対1になれる個室で部下を叱責する	2.96	2.00	2.67	3.35	4.67	2.50
q23.26.2 ベトナム人部下には日本人部下より仕事内容を明確に指示する	4.40	4.45	5.00	4.30	4.67	4.33
q23.27.2 ベトナム人は現在より良い給与地位が得られる会社に転職する	3.70	4.00	3.67	3.70	3.67	3.17
q23.28.2 ベトナム人は能力給を受け取る.年功序列が給与に影響しない	3.02	3.09	3.50	2.91	2.67	3.33
q23.29.2 ベトナム人は妻が出産した時や子供が入院した時には早退欠勤する	4.04	4.55	4.00	4.17	3.33	3.00
q23.30.2 ベトナム人は配置転換や人事異動を嫌う	2.98	3.09	2.33	2.90	3.00	3.33
q23.31.2 問題が発生した場合ベトナム人は誰に責任があるかを明確にする	3.50	3.64	2.33	3.70	3.33	3.17
q23.32.2 ベトナム人は良くない結果や問題が生じた場合は報告しない	3.00	2.64	3.33	3.23	2.67	2.83
q23.33.2 ベトナム人は業務上の問題点について徹底的に解明をしない	3.35	3.27	3.33	3.22	4.67	3.33

付録Ⅱ　　　　705

質問項目						
q23.34.2 ベトナム人とはベトナム語で意思疎通をはかる	2.27	1.73	2.00	2.57	1.00	2.83
q23.35.2 ベトナム人は自主的に仕事を探して自ら積極的に仕事をしない	3.50	3.91	3.33	3.43	4.33	2.67
q23.36.2 ベトナム人は日本人と日本語で意思疎通をはかる	3.73	3.64	3.50	3.96	2.00	4.00
q23.37.2 ベトナム人は日本人と仕事や会社の情報共有することを要求する	3.09	2.36	3.00	3.48	3.00	3.00
r（順位相関－全電気・電子製品 vs. 各電気・電子製品企業21、22、25、26、27）		0.873	0.464	0.907	0.470	0.609
p（有意水準）		0.000	0.004	0.000	0.003	0.000

注：表中の数値は5段階尺度（「1．全く見かけない」、「2．見かけるのは30％未満」、「3．見かけるのは50％程」、「4．見かけるのは60-70％」、「5．見かけるのは80％以上」）の平均値。分析の際には順位に変換。「電気・電子製品21」、「電気・電子製品22」、「電気・電子製品25」、「電気・電子製品26」、「電気・電子製品27」は本調査の協力企業である。調査時期により、ランダムに番号をつけたため、「21」、「22」、「25」、「26」、「27」と番号が順不同である。なお、質問項目「q23.1」は、「問23の1」を意味し、最後の「2」は「見かけるへの回答」という意味である。

表3　ハノイ日系企業におけるベトナム人の回答：「文化の相違」
（全電気・電子製品 vs. 各電気・電子製品企業21、22、25、26、27）

質問項目	全電気・電子製品（$n=60$）	電気・電子製品21（$n=10$）	電気・電子製品22（$n=10$）	電気・電子製品25（$n=26$）	電気・電子製品26（$n=4$）	電気・電子製品27（$n=10$）
q23.1.1 日本人管理職は有給休暇を全て消化しない	3.71	3.65	3.30	3.68	4.33	4.50
q23.2.1 日本人管理職はベトナム人に品質管理を徹底して行うことを求める	4.53	4.30	4.25	4.92	4.25	4.70
q23.3.1 日本人は上司の指示に対したとえ良くないと思っても言わない	3.66	3.90	2.90	4.04	3.75	3.70

q23.4.1 日本人はベトナム人部下に仕事の報告連絡相談するよう要求する	4.46	4.30	4.00	4.83	4.75	4.70
q23.5.1 日本人上司は部下の仕事がうまくいった際に褒めない	2.85	2.95	2.75	2.68	3.00	3.20
q23.6.1 日本人はベトナム人部下が仕事の評価の説明を求めても説明しない	3.06	2.84	2.70	3.60	2.75	3.00
q23.7.1 日本人はたとえ些細な事柄でも会社の規則に従うよう求める	4.44	4.20	3.95	4.80	5.00	4.80
q23.8.1 日本人はベトナム人が仕事内容についてわかるまで尋ねるよう求める	4.34	4.10	3.65	4.80	5.00	4.80
q23.9.1 ベトナム人部下が物品を渡そうとするが日本人上司は受け取らない	2.96	2.90	2.95	3.52	2.25	2.00
q23.10.1 この会社では上司も部下も同じ部屋で仕事をする	4.05	4.25	3.40	4.54	4.50	3.60
q23.11.1 物事の決定までかなりの時間がかかる	3.00	2.80	2.35	3.64	3.00	3.10
q23.12.1 能力も加味されるが基本的には年功序列で昇進する	3.67	3.80	3.20	3.88	4.25	3.60
q23.13.1 部下が給与の額を交渉しても上司はうまく説明しない	3.10	3.25	2.75	3.68	4.00	1.70
q23.14.1 チームワークを重視する	4.34	4.05	4.05	4.72	4.50	4.50
q23.15.1 ベトナム人にたとえ私的な先約があっても残業することを求める	3.38	3.70	3.21	3.44	3.00	3.10
q23.16.1 日本人はベトナム人に職務範囲以外の事柄でも仕事を行うよう求める	2.85	2.50	2.47	3.40	2.25	3.10

q23.17.1 日本人はベトナム人が家族と過ごす予定があっても休日出勤を求める	2.76	2.85	2.50	2.96	2.75	2.60
q23.18.1 日本人はベトナム人部下に対して礼儀正しく接している	4.08	4.05	3.60	4.44	4.50	4.00
q23.19.1 仕事の始業時間や会議が始まる前には必ず到着するのを求める	4.35	4.20	3.63	4.84	4.75	4.60
q23.20.1 日本人はベトナム人部下に常に仕事の納期を守るよう求める	4.54	4.42	4.10	4.84	5.00	4.70
q23.21.1 会社では男性従業員と女性従業員の給与や昇進等に差がある	2.04	2.05	2.00	1.88	2.25	2.44
q23.22.1 終業後日本人上司はベトナム人部下と酒を飲みに行ったりするのを求める	2.53	2.70	2.63	2.63	1.75	2.10
q23.23.1 会議は議論の場ではなく承認の場である. 会議中に議論しない	2.40	2.15	2.26	2.56	2.25	2.80
q23.24.1 日本人に対して反対意見を言うことは極力避ける	2.49	2.45	2.47	2.71	2.75	2.00
q23.25.1 日本人上司は周りに人々がいる所で部下を叱責する	3.30	3.50	2.53	3.36	1.50	2.80
q23.26.1 日本人上司の指示内容は曖昧で分かりにくい	2.51	2.35	2.45	2.84	2.25	2.50
q23.27.1 日本人はベトナム人が転職することを理解しない	2.96	3.40	3.05	2.88	2.50	2.30
q23.28.1 能力も加味されるが基本的には年功序列型給与を受け取る	3.42	3.55	3.17	3.67	3.00	3.20
q23.29.1 日本人はベトナム人が家族事情で早退や欠勤することを理解しない	3.07	3.26	3.06	3.28	3.00	2.20

q23.30.1 配置転換や人事異動する	3.26	3.65	2.58	3.72	1.75	3.20
q23.31.1 問題が発生した場合何が原因で問題が発生したのかを明確にする	4.23	4.20	3.68	4.52	4.50	4.50
q23.32.1 良い結果も良くない結果も上司に素直に報告することを求める	4.54	4.50	3.95	4.84	5.00	4.80
q23.33.1 業務上の問題点があれば徹底的に追求し解決方法を探し出す	4.40	4.20	3.78	4.88	4.00	4.90
q23.34.1 この会社の日本人とはベトナム語で意思疎通をはかる	2.16	2.65	2.75	1.60	1.50	1.90
q23.35.1 日本人はベトナム人が自主的に仕事を探してすることを求める	4.13	3.89	3.72	4.64	3.75	4.22
q23.36.1 この会社の日本人はベトナム人と日本語で意思疎通をはかる	4.30	4.26	3.67	4.80	2.75	4.90
q23.37.1 日本人はベトナム人と仕事や会社についての情報を共有しない	2.91	2.95	2.28	3.21	3.00	3.22
r（順位相関 – 全電気・電子製品 vs. 各電気・電子製品企業21、22、25、26、27）		0.961	0.917	0.966	0.829	0.875
p（有意水準）		0.000	0.000	0.000	0.000	0.000

注：表中の数値は5段階尺度（「1．全く感じない」～「5．常に感じる」）の平均値。分析の際には順位に変換。「電気・電子製品21」、「電気・電子製品22」、「電気・電子製品25」、「電気・電子製品26」、「電気・電子製品27」は本調査の協力企業である。調査時期により、ランダムに番号をつけたため、「21」、「22」、「25」、「26」、「27」と番号が順不同である。なお、質問項目「q23.1」は、「問23の1」を意味し、最後の「1」は「文化の相違への回答」という意味である。

表4　ハノイ日系企業におけるベトナム人の回答：「見かける」
（全電気・電子製品 vs. 各電気・電子製品企業21、22、25、26、27）

質問項目	全電気・電子製品 ($n=60$)	電気・電子製品21 ($n=10$)	電気・電子製品22 ($n=10$)	電気・電子製品25 ($n=26$)	電気・電子製品26 ($n=4$)	電気・電子製品27 ($n=10$)
q23.1.2 日本人管理職は有給休暇を全て消化しない	3.82	3.68	3.71	3.45	4.33	4.90
q23.2.2 日本人管理職はベトナム人に品質管理を徹底して行うことを求める	4.45	3.45	4.58	4.88	5.00	4.90
q23.3.2 日本人は上司の指示に対したとえ良くないと思っても言わない	3.32	3.55	2.29	3.75	3.50	3.50
q23.4.2 日本人はベトナム人部下に仕事の報告連絡相談するよう要求する	4.25	3.47	4.47	4.71	4.25	4.22
q23.5.2 日本人上司は部下の仕事がうまくいった際に褒めない	2.64	2.24	2.63	2.71	4.00	2.60
q23.6.2 日本人はベトナム人部下が仕事の評価の説明を求めても説明しない	2.56	2.29	2.47	3.17	2.33	1.80
q23.7.2 日本人はたとえ些細な事柄でも会社の規則に従うよう求める	4.44	3.75	4.50	4.83	5.00	4.60
q23.8.2 日本人はベトナム人が仕事内容についてわかるまで尋ねるよう求める	4.11	2.80	4.39	4.71	4.75	4.50
q23.9.2 ベトナム人部下が物品を渡そうとするが日本人上司は受け取らない	3.01	3.13	3.11	3.48	2.50	1.67
q23.10.2 この会社では上司も部下も同じ部屋で仕事をする	4.25	3.84	4.33	4.72	3.75	3.90
q23.11.2 物事の決定までかなりの時間がかかる	2.93	2.41	2.76	3.35	2.50	3.50

q23.12.2 能力も加味されるが基本的には年功序列で昇進する	3.58	3.35	3.41	3.71	3.75	4.14
q23.13.2 部下が給与の額を交渉しても上司はうまく説明しない	2.90	2.42	2.81	3.62	3.00	2.00
q23.14.2 チームワークを重視する	4.08	2.84	4.31	4.83	4.00	4.30
q23.15.2 ベトナム人にたとえ私的な先約があっても残業することを求める	2.88	2.95	2.71	3.17	2.67	2.40
q23.16.2 日本人はベトナム人に職務範囲以外の事柄でも仕事を行うよう求める	2.45	2.16	2.18	3.04	1.25	2.50
q23.17.2 日本人はベトナム人が家族と過ごす予定があっても休日出勤を求める	2.03	2.11	1.88	2.26	1.50	1.80
q23.18.2 日本人はベトナム人部下に対して礼儀正しく接している	3.92	2.70	4.41	4.52	3.75	4.25
q23.19.2 仕事の始業時間や会議が始まる前には必ず到着するのを求める	4.32	3.50	3.94	4.96	4.75	5.00
q23.20.2 日本人はベトナム人部下に常に仕事の納期を守るよう求める	4.30	2.79	4.59	5.00	5.00	4.80
q23.21.2 会社では男性従業員と女性従業員の給与や昇進等に差がある	1.61	1.63	1.35	1.65	1.50	2.00
q23.22.2 終業後日本人上司はベトナム人部下と酒を飲みに行ったりするのを求める	1.89	2.30	1.88	1.78	1.50	1.44
q23.23.2 会議は議論の場ではなく承認の場である.会議中に議論しない	2.19	2.21	2.06	2.29	1.50	2.50
q23.24.2 日本人に対して反対意見を言うことは極力避ける	2.17	2.05	2.35	2.25	1.50	2.14

q23.25.2 日本人上司は周りに人々がいる所で部下を叱責する	2.34	2.30	2.17	2.63	1.50	2.38
q23.26.2 日本人上司の指示内容は曖昧で分かりにくい	2.04	2.05	2.06	2.25	1.50	1.63
q23.27.2 日本人はベトナム人が転職することを理解しない	2.76	3.24	3.00	2.58	2.50	1.88
q23.28.2 能力も加味されるが基本的には年功序列型給与を受け取る	3.25	2.95	3.22	3.61	2.50	3.38
q23.29.2 日本人はベトナム人が家族事情で早退や欠勤することを理解しない	2.85	3.18	2.74	3.09	3.00	1.63
q23.30.2 配置転換や人事異動する	2.92	2.89	2.72	3.42	1.50	2.70
q23.31.2 問題が発生した場合何が原因で問題が発生したのかを明確にする	4.25	3.85	4.22	4.46	4.25	4.60
q23.32.2 良い結果も良くない結果も上司に素直に報告することを求める	4.17	2.85	4.22	4.88	5.00	4.70
q23.33.2 業務上の問題点があれば徹底的に追求し解決方法を探し出す	4.11	2.95	4.00	4.87	3.75	4.80
q23.34.2 この会社の日本人とはベトナム語で意思疎通をはかる	2.03	2.63	2.65	1.52	1.25	1.13
q23.35.2 日本人はベトナム人が自主的に仕事を探してすることを求める	3.99	3.16	4.35	4.38	3.50	4.29
q23.36.2 この会社の日本人はベトナム人と日本語で意思疎通をはかる	4.10	3.50	4.06	4.71	1.50	4.80
q23.37.2 日本人はベトナム人と仕事や会社についての情報を共有しない	2.76	2.59	2.41	2.87	2.75	3.71

r（順位相関－全電気・電子製品 vs. 各電気・電子製品企業21、22、25、26、27）	0.767	0.921	0.964	0.846	0.864
p（有意水準）	0.000	0.000	0.000	0.000	0.000

注：表中の数値は5段階尺度（「1．全く見かけない」、「2．見かけるのは30％未満」、「3．見かけるのは50％程」、「4．見かけるのは60-70％」、「5．見かけるのは80％以上」）の平均値。分析の際には順位に変換。「電気・電子製品21」、「電気・電子製品22」、「電気・電子製品25」、「電気・電子製品26」、「電気・電子製品27」は本調査の協力企業である。調査時期により、ランダムに番号をつけたため、「21」、「22」、「25」、「26」、「27」と番号が順不同である。なお、質問項目「q23.1」は、「問23の1」を意味し、最後の「2」は「見かけるへの回答」という意味である。

表5　ホーチミン日系企業における日本人の回答：「文化の相違」
（全電気・電子製品 vs. 各電気・電子製品企業2、3、4、5、7）

質問項目	全電気・電子製品 ($n=36$)	電気・電子製品2 ($n=5$)	電気・電子製品3 ($n=5$)	電気・電子製品4 ($n=5$)	電気・電子製品5 ($n=16$)	電気・電子製品7 ($n=5$)
q23.1.1 ベトナム人は有給休暇を全て消化する	3.19	3.40	3.80	2.80	3.31	2.40
q23.2.1 ベトナム人は品質管理や事務管理を徹底して行わない	2.92	3.20	2.60	2.60	3.13	2.60
q23.3.1 ベトナム人は上司の指示が良くない方策だと思ったらはっきり言う	3.11	3.20	3.20	3.40	2.81	3.60
q23.4.1 ベトナム人は仕事の途中で何度も上司に報告相談したりしない	3.67	3.80	3.40	3.20	3.81	3.80
q23.5.1 ベトナム人は部下の仕事がうまくいった際は必ず褒める	2.72	2.20	2.00	3.20	2.81	3.20
q23.6.1 ベトナム人は日本人上司の評価内容の説明を求める	3.33	2.80	3.40	2.80	3.38	4.20
q23.7.1 ベトナム人は会社の規則に従わない場合がある	2.92	2.40	2.20	2.20	3.69	2.40

q23.8.1 ベトナム人は仕事のわからない点があっても分かるまで尋ねない	3.36	3.00	3.20	3.20	3.63	3.20
q23.9.1 ベトナム人は上司との関係をよくするために上司に品物を渡す	1.89	2.60	1.80	2.00	1.75	1.60
q23.10.1 ベトナム人の間では管理職には個室が与えられるべきだと考える	1.61	2.80	1.20	1.00	1.50	1.80
q23.11.1 ベトナム人は物事を決定するのにあまり時間がかからない	3.33	3.20	4.60	3.20	3.19	2.80
q23.12.1 ベトナム人は能力型で昇進し年功序列に大きく影響することはない	2.94	2.20	2.80	3.60	3.00	3.00
q23.13.1 ベトナム人は給与の額に不満があれば上司と交渉する	3.42	3.60	3.00	3.00	3.63	3.40
q23.14.1 ベトナム人は各自が自分の分担仕事をこなす. チームワークがない	3.72	4.00	3.80	3.40	3.75	3.60
q23.15.1 ベトナム人は残業を頼まれても私的な先約があれば仕事の方を断る	3.36	3.20	3.00	3.20	3.63	3.20
q23.16.1 ベトナム人は自分の職務範囲外の業務は行わない	3.67	4.20	3.40	3.20	3.81	3.40
q23.17.1 ベトナム人は家族と過ごす予定があれば休日出勤を頼まれても断る	3.28	4.00	2.40	2.80	3.56	3.00
q23.18.1 ベトナム人は日本人上司には敬語を使い目上の者として接する	3.97	4.20	4.20	4.60	3.75	3.60
q23.19.1 ベトナム人は仕事の始業時間や会議を遅れて始めることが多い	3.61	3.40	3.40	3.20	4.19	2.60
q23.20.1 ベトナム人は仕事の納期を守らない	3.33	3.00	2.40	3.80	3.88	2.40

q23.21.1 ベトナム人は男性従業員と女性従業員を平等に扱う	3.44	3.40	3.20	3.80	3.44	3.40
q23.22.1 ベトナム人は日本人と夕食を食べたり酒を飲みに行ったりしない	2.42	2.20	2.80	2.00	2.50	2.40
q23.23.1 ベトナム人は会議を議論の場ととらえる.反対意見も多く飛び交う	3.25	2.80	3.00	3.40	3.25	3.80
q23.24.1 ベトナム人は日本人上司へ反対意見をはっきりと言う	3.14	3.40	3.40	3.00	2.81	3.80
q23.25.1 ベトナム人は1対1になれる個室で部下を叱責する	3.22	2.80	3.40	3.40	3.19	3.40
q23.26.1 ベトナム人部下には日本人部下より仕事内容を明確に指示する	4.31	4.80	5.00	4.40	4.06	3.80
q23.27.1 ベトナム人は現在より良い給与・地位が得られる会社に転職する	4.50	4.60	4.40	4.40	4.56	4.40
q23.28.1 ベトナム人は能力給を受け取る.年功序列が給与に影響しない	3.19	3.40	3.00	2.40	3.44	3.20
q23.29.1 ベトナム人は妻が出産した時や子供が入院した時には早退欠勤する	3.97	4.00	3.20	4.40	4.31	3.20
q23.30.1 ベトナム人は配置転換や人事異動を嫌う	3.61	3.20	4.20	3.20	3.63	3.80
q23.31.1 問題が発生した場合ベトナム人は誰に責任があるかを明確にする	3.53	3.80	3.80	3.40	3.56	3.00
q23.32.1 ベトナム人は良くない結果や問題が生じた場合は報告しない	3.58	3.80	3.40	3.00	3.81	3.40
q23.33.1 ベトナム人は業務上の問題点について徹底的に解明をしない	3.61	3.80	3.60	3.40	3.75	3.20

付録 II   715

質問項目	全電気・ 電子製品	電気・電 子製品2	電気・電 子製品3	電気・電 子製品4	電気・電 子製品5	電気・電 子製品7
q23.34.1 ベトナム人とはベトナム語で意思疎通をはかる	2.36	2.20	3.40	1.00	2.56	2.20
q23.35.1 ベトナム人は自主的に仕事を探して自ら積極的に仕事をしない	3.81	4.00	3.80	3.80	3.88	3.40
q23.36.1 ベトナム人は日本人と日本語で意思疎通をはかる	3.47	3.40	3.80	4.80	3.50	1.80
q23.37.1 ベトナム人は日本人と仕事や会社の情報共有することを要求する	3.06	3.00	3.20	3.40	3.00	2.80
r（順位相関－全電気・電子製品vs. 各電気・電子製品企業2、3、4、5、7）		0.843	0.700	0.659	0.881	0.573
p（有意水準）		0.000	0.000	0.000	0.000	0.000

注：表中の数値は5段階尺度（「1. 全く感じない」～「5. 常に感じる」）の平均値。分析の際には順位に変換。「電気・電子製品2」、「電気・電子製品3」、「電気・電子製品4」、「電気・電子製品5」、「電気・電子製品7」は本調査の協力企業である。調査時期により、ランダムに番号をつけたため、「2」、「3」、「4」、「5」、「7」と番号が順不同である。なお、質問項目「q23.1」は、「問23の1」を意味し、最後の「1」は「文化の相違への回答」という意味である。

表6　ホーチミン日系企業における日本人の回答：「見かける」
（全電気・電子製品 vs. 各電気・電子製品企業2、3、4、5、7）

質問項目	全電気・ 電子製品 ($n=36$)	電気・電 子製品2 ($n=5$)	電気・電 子製品3 ($n=5$)	電気・電 子製品4 ($n=5$)	電気・電 子製品5 ($n=16$)	電気・電 子製品7 ($n=5$)
q23.1.2 ベトナム人は有給休暇を全て消化する	3.14	3.40	3.00	2.40	3.63	2.20
q23.2.2 ベトナム人は品質管理や事務管理を徹底して行わない	2.67	2.20	2.20	2.40	3.31	1.80
q23.3.2 ベトナム人は上司の指示が良くない方策だと思ったらはっきり言う	2.97	2.60	3.00	3.60	3.00	2.60
q23.4.2 ベトナム人は仕事の途中で何度も上司に報告相談したりしない	3.44	3.60	3.40	3.00	3.50	3.60

q23.5.2 ベトナム人は部下の仕事がうまくいった際は必ず褒める	2.58	2.40	2.20	3.00	2.50	3.00
q23.6.2 ベトナム人は日本人上司の評価内容の説明を求める	2.97	2.80	2.40	2.80	3.13	3.40
q23.7.2 ベトナム人は会社の規則に従わない場合がある	2.58	2.40	1.80	2.00	3.25	2.00
q23.8.2 ベトナム人は仕事のわからない点があっても分かるまで尋ねない	3.00	2.80	3.20	2.80	3.00	3.20
q23.9.2 ベトナム人は上司との関係をよくするために上司に品物を渡す	1.44	1.60	1.00	1.60	1.62	1.00
q23.10.2 ベトナム人は管理職には個室が与えられるべきだと考える	1.26	1.40	1.00	1.20	1.38	1.00
q23.11.2 ベトナム人は物事を決定するのにあまり時間がかからない	3.14	2.40	4.40	3.20	3.00	3.00
q23.12.2 ベトナム人は能力型で昇進し年功序列に大きく影響することはない	2.83	2.80	2.60	3.20	2.75	3.00
q23.13.2 ベトナム人は給与の額に不満があれば上司と交渉する	2.89	3.40	1.60	2.40	3.38	2.50
q23.14.2 ベトナム人は各自が自分の分担仕事をこなす. チームワークがない	3.36	3.00	3.40	2.80	3.62	3.40
q23.15.2 ベトナム人は残業を頼まれても私的な先約があれば仕事の方を断る	2.94	2.80	2.60	2.20	3.38	2.80
q23.16.2 ベトナム人は自分の職務範囲外の業務は行わない	3.31	3.20	3.00	3.00	3.50	3.40
q23.17.2 ベトナム人は家族と過ごす予定があれば休日出勤を頼まれても断る	2.86	3.60	2.00	2.20	3.12	2.80

q23.18.2 ベトナム人は日本人上司には敬語を使い目上の者として接する	3.92	3.60	4.40	4.40	3.88	3.40
q23.19.2 ベトナム人は仕事の始業時間や会議を遅れて始めることが多い	3.31	3.00	3.20	2.40	3.94	2.60
q23.20.2 ベトナム人は仕事の納期を守らない	3.14	3.00	2.00	3.60	3.75	2.00
q23.21.2 ベトナム人は男性従業員と女性従業員を平等に扱う	3.42	3.40	3.00	3.40	3.69	3.00
q23.22.2 ベトナム人は日本人と夕食を食べたり酒を飲みに行ったりしない	2.31	2.40	2.40	2.00	2.31	2.40
q23.23.2 ベトナム人は会議を議論の場ととらえる.反対意見も多く飛び交う	3.11	2.80	3.00	3.40	3.06	3.40
q23.24.2 ベトナム人は日本人上司へ反対意見をはっきりと言う	2.81	2.80	2.80	3.00	2.56	3.40
q23.25.2 ベトナム人は1対1になれる個室で部下を叱責する	2.92	3.00	2.80	3.20	2.87	2.80
q23.26.2 ベトナム人部下には日本人部下より仕事内容を明確に指示する	4.17	4.40	4.80	4.20	4.06	3.60
q23.27.2 ベトナム人は現在より良い給与地位が得られる会社に転職する	3.89	4.40	3.20	3.80	4.06	3.60
q23.28.2 ベトナム人は能力給を受け取る.年功序列が給与に影響しない	3.14	3.40	3.20	2.40	3.31	3.00
q23.29.2 ベトナム人は妻が出産した時や子供が入院した時には早退欠勤	4.03	3.80	3.80	4.20	4.44	3.00
q23.30.2 ベトナム人は配置転換や人事異動を嫌う	3.36	3.20	3.60	2.80	3.44	3.60

q23.31.2 問題が発生した場合ベトナム人は誰に責任があるかを明確にする	3.42	4.00	3.40	3.40	3.37	3.00
q23.32.2 ベトナム人は良くない結果や問題が生じた場合は報告しない	3.33	3.60	2.60	2.80	3.69	3.20
q23.33.2 ベトナム人は業務上の問題点について徹底的に解明をしない	3.26	3.50	3.20	3.20	3.37	2.80
q23.34.2 ベトナム人とはベトナム語で意思疎通をはかる	2.64	2.80	4.00	1.40	2.69	2.20
q23.35.2 ベトナム人は自主的に仕事を探して自ら積極的に仕事をしない	3.67	3.60	3.40	3.80	3.94	3.00
q23.36.2 ベトナム人は日本人と日本語で意思疎通をはかる	3.36	2.80	4.60	4.60	3.37	1.40
q23.37.2 ベトナム人は日本人と仕事や会社の情報共有することを要求する	2.89	3.00	3.20	3.40	2.81	2.20
r（順位相関－全電気・電子製品 vs. 各電気・電子製品企業 2、3、4、5、7）		0.795	0.734	0.685	0.858	0.603
p（有意水準）		0.000	0.000	0.000	0.000	0.000

注：表中の数値は 5 段階尺度（「 1 ．全く見かけない」、「 2 ．見かけるのは30％未満」、「 3 ．見かけるのは50％程」、「 4 ．見かけるのは60-70％」、「 5 ．見かけるのは80％以上」）の平均値。分析の際には順位に変換。「電気・電子製品 2 」、「電気・電子製品 3 」、「電気・電子製品 4 」、「電気・電子製品 5 」、「電気・電子製品 7 」は本調査の協力企業である。調査時期により、ランダムに番号をつけたため、「 2 」、「 3 」、「 4 」、「 5 」、「 7 」と番号が順不同である。なお、質問項目「q23.1」は、「問23の 1 」を意味し、最後の「 2 」は「見かけるへの回答」という意味である。

表7 ホーチミン日系企業におけるベトナム人の回答：「文化の相違」
（全電気・電子製品 vs. 各電気・電子製品企業 2、3、4、5、7）

質問項目	全電気・電子製品 ($n=68$)	電気・電子製品2 ($n=5$)	電気・電子製品3 ($n=10$)	電気・電子製品4 ($n=5$)	電気・電子製品5 ($n=33$)	電気・電子製品7 ($n=15$)
q23.1.1 日本人管理職は有給休暇を全て消化しない	3.15	2.80	3.20	4.00	3.03	3.20
q23.2.1 日本人管理職はベトナム人に品質管理を徹底して行うことを求める	4.10	4.40	3.90	3.80	4.03	4.40
q23.3.1 日本人は上司の指示に対したとえ良くないと思っても言わない	3.06	3.20	3.40	3.60	2.85	3.07
q23.4.1 日本人はベトナム人部下に仕事の報告連絡相談するよう要求する	3.71	4.00	3.80	3.20	3.76	3.60
q23.5.1 日本人上司は部下の仕事がうまくいった際に褒めない	2.76	3.00	2.20	3.00	2.94	2.60
q23.6.1 日本人はベトナム人部下が仕事の評価の説明を求めても説明しない	2.68	2.80	2.60	2.40	2.73	2.67
q23.7.1 日本人はたとえ些細な事柄でも会社の規則に従うよう求める	4.07	4.00	4.00	4.40	4.09	4.00
q23.8.1 日本人はベトナム人が仕事内容についてわかるまで尋ねるよう求める	4.06	3.80	4.20	4.60	4.00	4.00
q23.9.1 ベトナム人部下が物品を渡そうとするが日本人上司は受け取らない	3.00	2.80	2.70	3.60	3.03	3.00
q23.10.1 この会社では上司も部下も同じ部屋で仕事をする	4.06	4.00	3.90	4.80	3.84	4.40
q23.11.1 物事の決定までかなりの時間がかかる	2.96	3.00	2.70	3.80	2.97	2.80

q23.12.1 能力も加味されるが基本的には年功序列で昇進する	3.30	3.00	3.20	3.00	3.00	3.00
q23.13.1 部下が給与の額を交渉しても上司はうまく説明しない	3.13	3.00	3.90	2.60	3.03	3.07
q23.14.1 チームワークを重視する	3.54	4.20	4.00	4.40	2.97	3.93
q23.15.1 ベトナム人にたとえ私的な先約があっても残業することを求める	3.00	2.40	3.00	2.80	3.41	2.40
q23.16.1 日本人はベトナム人に職務範囲以外の事柄でも仕事を行うよう求める	2.61	2.80	2.00	1.80	3.00	2.40
q23.17.1 日本人はベトナム人が家族と過ごす予定があっても休日出勤を求める	2.70	2.40	2.60	2.80	2.84	2.53
q23.18.1 日本人はベトナム人部下に対して礼儀正しく接している	3.72	3.80	3.60	4.20	3.59	3.87
q23.19.1 仕事の始業時間や会議が始まる前には必ず到着するのを求める	4.06	3.40	4.50	4.40	4.22	3.53
q23.20.1 日本人はベトナム人部下に常に仕事の納期を守るよう求める	4.18	4.20	4.80	4.60	4.03	3.93
q23.21.1 会社では男性従業員と女性従業員の給与や昇進等に差がある	2.70	2.40	2.40	3.00	3.09	2.07
q23.22.1 終業後日本人上司はベトナム人部下と酒を飲みに行ったりするのを求める	2.52	2.40	2.20	3.20	2.75	2.07
q23.23.1 会議は議論の場ではなく承認の場である. 会議中に議論しない	2.84	2.60	3.10	2.40	3.13	2.27
q23.24.1 日本人に対して反対意見を言うことは極力避ける	2.88	2.60	2.70	2.20	3.16	2.73

q23.25.1 日本人上司は周りに人々がいる所で部下を叱責する	2.76	2.40	2.60	3.40	3.06	2.13
q23.26.1 日本人上司の指示内容は曖昧で分かりにくい	2.57	2.00	2.40	2.40	2.88	2.27
q23.27.1 日本人はベトナム人が転職することを理解しない	3.32	3.00	3.70	3.00	3.44	3.00
q23.28.1 能力も加味されるが基本的には年功序列型給与を受け取る	3.20	3.20	3.60	2.80	3.25	2.93
q23.29.1 日本人はベトナム人が家族事情で早退や欠勤することを理解しない	2.93	2.80	2.90	2.80	3.13	2.60
q23.30.1 配置転換や人事異動する	3.51	2.80	3.90	3.00	3.78	3.07
q23.31.1 問題が発生した場合何が原因で問題が発生したのかを明確にする	4.01	4.00	4.30	4.40	3.81	4.13
q23.32.1 良い結果も良くない結果も上司に素直に報告することを求める	4.16	4.40	4.30	4.40	4.06	4.13
q23.33.1 業務上の問題点があれば徹底的に追求し解決方法を探し出す	4.13	4.40	4.50	4.40	3.88	4.27
q23.34.1 この会社の日本人とはベトナム語で意思疎通をはかる	2.43	2.60	2.20	3.60	2.31	2.40
q23.35.1 日本人はベトナム人が自主的に仕事を探してすることを求める	3.72	2.40	4.20	4.60	3.59	3.80
q23.36.1 この会社の日本人はベトナム人と日本語で意思疎通をはかる	3.81	4.00	4.50	5.00	4.00	2.47
q23.37.1 日本人はベトナム人と仕事や会社についての情報を共有しない	2.67	2.20	2.70	3.20	2.66	2.67

r（順位相関−全電気・電子製品 vs. 各電気・電子製品企業2、3、4、5、7）		0.837	0.937	0.726	0.876	0.876
p（有意水準）		0.000	0.000	0.000	0.000	0.000

注：表中の数値は5段階尺度（「1．全く感じない」～「5．常に感じる」）の平均値。分析の際には順位に変換。「電気・電子製品2」、「電気・電子製品3」、「電気・電子製品4」、「電気・電子製品5」、「電気・電子製品7」は本調査の協力企業である。調査時期により、ランダムに番号をつけたため、「2」、「3」、「4」、「5」、「7」と番号が順不同である。なお、質問項目「q23.1」は、「問23の1」を意味し、最後の「1」は「文化の相違への回答」という意味である。

表8　ホーチミン日系企業におけるベトナム人の回答：「見かける」
（全電気・電子製品 vs. 各電気・電子製品企業2、3、4、5、7）

質問項目	全電気・電子製品 ($n=68$)	電気・電子製品2 ($n=5$)	電気・電子製品3 ($n=10$)	電気・電子製品4 ($n=5$)	電気・電子製品5 ($n=33$)	電気・電子製品7 ($n=15$)
q23.1.2 日本人管理職は有給休暇を全て消化しない	2.52	2.50	2.88	2.60	2.45	2.42
q23.2.2 日本人管理職はベトナム人に品質管理を徹底して行うことを求める	2.77	2.60	2.60	2.25	3.09	2.36
q23.3.2 日本人は上司の指示に対したとえ良くないと思っても言わない	2.61	4.33	3.00	1.80	2.42	2.67
q23.4.2 日本人はベトナム人部下に仕事の報告連絡相談するよう要求する	2.65	3.00	3.00	2.00	2.97	1.80
q23.5.2 日本人上司は部下の仕事がうまくいった際に褒めない	2.41	3.00	2.30	2.20	2.61	1.93
q23.6.2 日本人はベトナム人部下が仕事の評価の説明を求めても説明しない	2.18	2.40	2.40	1.40	2.30	1.93
q23.7.2 日本人はたとえ些細な事柄でも会社の規則に従うよう求める	3.04	3.80	3.10	2.60	3.03	2.93

q23.8.2 日本人はベトナム人が仕事内容についてわかるまで尋ねるよう求める	2.42	1.80	2.20	2.60	2.47	2.60
q23.9.2 ベトナム人部下が物品を渡そうとするが日本人上司は受け取らない	2.45	3.00	2.10	3.20	2.47	2.21
q23.10.2 この会社では上司も部下も同じ部屋で仕事をする	2.87	3.00	2.20	4.20	2.66	3.27
q23.11.2 物事の決定までかなりの時間がかかる	2.49	2.60	2.30	3.20	2.31	2.73
q23.12.2 能力も加味されるが基本的には年功序列で昇進する	2.32	3.67	1.90	1.00	2.59	2.20
q23.13.2 部下が給与の額を交渉しても上司はうまく説明しない	2.35	3.00	2.40	2.80	2.41	1.85
q23.14.2 チームワークを重視する	2.55	2.40	2.89	2.60	2.31	2.93
q23.15.2 ベトナム人にたとえ私的な先約があっても残業することを求める	2.20	1.33	1.70	2.40	2.44	2.13
q23.16.2 日本人はベトナム人に職務範囲以外の事柄でも仕事を行うよう求める	1.89	2.00	1.60	1.20	2.16	1.73
q23.17.2 日本人はベトナム人が家族と過ごす予定があっても休日出勤を求める	2.06	2.20	1.10	1.80	2.34	2.13
q23.18.2 日本人はベトナム人部下に対して礼儀正しく接している	2.41	2.00	2.10	2.60	2.41	2.67
q23.19.2 仕事の始業時間や会議が始まる前には必ず到着するのを求める	2.72	2.00	3.20	3.00	2.81	2.33
q23.20.2 日本人はベトナム人部下に常に仕事の納期を守るよう求める	2.52	2.60	2.40	2.40	2.69	2.27

q23.21.2 会社では男性従業員と女性従業員の給与や昇進等に差がある	1.79	1.00	1.20	1.60	2.28	1.40
q23.22.2 終業後日本人上司はベトナム人部下と酒を飲みに行ったりするのを求める	2.24	3.00	1.70	1.60	2.50	2.07
q23.23.2 会議は議論の場ではなく承認の場である.会議中に議論しない	2.19	1.80	2.40	1.80	2.38	1.93
q23.24.2 日本人に対して反対意見を言うことは極力避ける	2.26	3.00	2.00	1.40	2.41	2.13
q23.25.2 日本人上司は周りに人々がいる所で部下を叱責する	2.20	2.40	1.56	2.00	2.37	2.20
q23.26.2 日本人上司の指示内容は曖昧で分かりにくい	1.86	1.80	1.67	1.60	1.97	1.87
q23.27.2 日本人はベトナム人が転職することを理解しない	2.42	3.00	2.89	2.00	2.25	2.50
q23.28.2 能力も加味されるが基本的には年功序列型給与を受け取る	2.42	2.00	2.60	1.60	2.50	2.53
q23.29.2 日本人はベトナム人が家族事情で早退や欠勤することを理解しない	2.28	2.33	1.56	2.20	2.50	2.27
q23.30.2 配置転換や人事異動する	2.58	2.25	3.00	1.60	2.72	2.40
q23.31.2 問題が発生した場合何が原因で問題が発生したのかを明確にする	2.97	4.00	2.90	3.00	2.66	3.40
q23.32.2 良い結果も良くない結果も上司に素直に報告することを求める	2.70	3.00	2.40	2.80	2.56	3.07
q23.33.2 業務上の問題点があれば徹底的に追求し解決方法を探し出す	2.60	3.00	2.90	2.80	2.25	2.93

付録Ⅱ　　　　725

質問項目						
q23.34.2 この会社の日本人とはベトナム語で意思疎通をはかる	2.30	3.20	1.50	1.60	2.63	2.07
q23.35.2 日本人はベトナム人が自主的に仕事を探してすることを求める	2.28	1.40	2.50	2.40	2.25	2.47
q23.36.2 この会社の日本人はベトナム人と日本語で意思疎通をはかる	2.43	2.40	2.40	2.40	2.75	1.80
q23.37.2 日本人はベトナム人と仕事や会社についての情報を共有しない	2.27	3.25	2.00	1.60	2.50	1.93
r（順位相関－全電気・電子製品 vs. 各電気・電子製品企業2、3、4、5、7）		0.481	0.768	0.644	0.622	0.691
p（有意水準）		0.003	0.000	0.000	0.000	0.000

注：表中の数値は5段階尺度（「1．絶対ない」、「2．見かけるのは30％未満」、「3．見かけるのは50％程度」、「4．見かけるのは60-70％」、「5．見かけるのは80％以上」）の平均値。分析の際には順位に変換。「電気・電子製品2」、「電気・電子製品3」、「電気・電子製品4」、「電気・電子製品5」、「電気・電子製品7」は本調査の協力企業である。調査時期により、ランダムに番号をつけたため、「2」、「3」、「4」、「5」、「7」と番号が順不同である。なお、質問項目「q23.1」は、「問23の1」を意味し、最後の「2」は「見かけるへの回答」という意味である。

表9　ハノイ日系企業における日本人の回答：「文化の相違」
（全製造業 vs. 全電気・電子製品、鉄鋼・非鉄金属29、製造業その他24）

質問項目	全製造業 （$n=54$）	全電気・電子製品 （$n=43$）	鉄鋼・非鉄金属29 （$n=6$）	製造業その他24 （$n=5$）
q23.1.1 ベトナム人は有給休暇を全て消化する	3.21	3.18	3.33	3.40
q23.2.1 ベトナム人は品質管理や事務管理を徹底して行わない	3.02	3.04	3.17	2.60
q23.3.1 ベトナム人は上司の指示が良くない方策だと思ったらはっきり言う	2.84	2.80	3.00	3.00
q23.4.1 ベトナム人は仕事の途中で何度も上司に報告相談したりしない	3.45	3.51	3.00	3.40

q23.5.1 ベトナム人は部下の仕事がうまくいった際は必ず褒める	2.68	2.69	3.33	1.80
q23.6.1 ベトナム人は日本人上司の評価内容の説明を求める	3.56	3.66	3.00	3.40
q23.7.1 ベトナム人は会社の規則に従わない場合がある	3.00	3.07	2.83	2.60
q23.8.1 ベトナム人は仕事のわからない点があっても分かるまで尋ねない	3.59	3.60	4.00	3.00
q23.9.1 ベトナム人は上司との関係をよくするために上司に品物を渡す	2.11	2.16	1.33	2.60
q23.10.1 ベトナム人の間では管理職には個室が与えられるべきだと考える	1.82	1.91	1.33	1.60
q23.11.1 ベトナム人は物事を決定するのにあまり時間がかからない	3.14	3.20	3.00	2.80
q23.12.1 ベトナム人は能力型で昇進し年功序列に大きく影響することはない	3.07	3.07	3.33	2.80
q23.13.1 ベトナム人は給与の額に不満があれば上司と交渉する	3.51	3.56	3.80	2.80
q23.14.1 ベトナム人は各自が自分の分担仕事をこなす．チームワークがない	3.75	3.89	3.00	3.40
q23.15.1 ベトナム人は残業を頼まれても私的な先約があれば仕事の方を断る	3.66	3.78	3.33	3.00
q23.16.1 ベトナム人は自分の職務範囲外の業務は行わない	3.40	3.50	2.50	3.60
q23.17.1 ベトナム人は家族と過ごす予定があれば休日出勤を頼まれても断る	3.53	3.57	3.67	3.00
q23.18.1 ベトナム人は日本人上司には敬語を使い目上の者として接する	3.36	3.36	3.83	2.80
q23.19.1 ベトナム人は仕事の始業時間や会議を遅れて始めることが多い	3.70	3.76	3.00	4.00
q23.20.1 ベトナム人は仕事の納期を守らない	3.27	3.32	3.17	3.00
q23.21.1 ベトナム人は男性従業員と女性従業員を平等に扱う	3.26	3.26	3.33	3.20

q23.22.1 ベトナム人は日本人と夕食を食べたり酒を飲みに行ったりしない	2.62	2.50	2.83	3.40
q23.23.1 ベトナム人は会議を議論の場ととらえる.反対意見も多く飛び交う	3.21	3.24	3.33	2.80
q23.24.1 ベトナム人は日本人上司へ反対意見をはっきりと言う	2.86	2.80	3.17	3.00
q23.25.1 ベトナム人は1対1になれる個室で部下を叱責する	3.00	2.93	3.00	3.60
q23.26.1 ベトナム人部下には日本人部下より仕事内容を明確に指示する	4.32	4.35	4.33	4.00
q23.27.1 ベトナム人は現在より良い給与地位が得られる会社に転職する	4.21	4.22	4.50	3.80
q23.28.1 ベトナム人は能力給を受け取る.年功序列が給与に影響しない	3.18	3.13	3.00	3.80
q23.29.1 ベトナム人は妻が出産した時や子供が入院した時には早退欠勤する	3.96	3.93	4.00	4.20
q23.30.1 ベトナム人は配置転換や人事異動を嫌う	3.23	3.22	2.83	3.80
q23.31.1 問題が発生した場合ベトナム人は誰に責任があるかを明確にする	3.82	3.87	3.33	4.00
q23.32.1 ベトナム人は良くない結果や問題が生じた場合は報告しない	3.39	3.47	3.17	3.00
q23.33.1 ベトナム人は業務上の問題点について徹底的に解明をしない	3.63	3.74	3.33	3.00
q23.34.1 ベトナム人とはベトナム語で意思疎通をはかる	2.48	2.33	3.33	2.80
q23.35.1 ベトナム人は自主的に仕事を探して自ら積極的に仕事をしない	3.82	3.85	3.67	3.80
q23.36.1 ベトナム人は日本人と日本語で意思疎通をはかる	3.45	3.44	4.50	2.20
q23.37.1 ベトナム人は日本人と仕事や会社の情報共有することを要求する	3.16	3.15	3.17	3.20
r（順位相関−全製造業 vs. 全電気・電子製品、鉄鋼・非鉄金属29、製造業その他24）		0.995	0.545	0.595

p（有意水準）		0.000	0.000	0.000

注：表中の数値は5段階尺度（「1．全く感じない」～「5．常に感じる」）の平均値。分析の際には順位に変換。「鉄鋼・非鉄金属29」、「製造業その他24」は本調査の協力企業である。調査時期により、ランダムに番号をつけたため、「29」、「24」と番号が順不同である。なお、質問項目「q23.1」は、「問23の1」を意味し、最後の「1」は「文化の相違への回答」という意味である。

表10　ハノイ日系企業における日本人の回答：「文化の相違」
（非製造業その他23vs.銀行・金融・保険28・貿易22）

質問項目	非製造業その他23 （$n=2$）	銀行・金融・保険28・貿易22 （$n=10$）
q23.1.1 ベトナム人は有給休暇を全て消化する	2.00	3.67
q23.2.1 ベトナム人は品質管理や事務管理を徹底して行わない	4.00	3.33
q23.3.1 ベトナム人は上司の指示が良くない方策だと思ったらはっきり言う	2.00	3.25
q23.4.1 ベトナム人は仕事の途中で何度も上司に報告相談したりしない	4.00	3.00
q23.5.1 ベトナム人は部下の仕事がうまくいった際は必ず褒める	3.00	2.67
q23.6.1 ベトナム人は日本人上司の評価内容の説明を求める	3.00	2.67
q23.7.1 ベトナム人は会社の規則に従わない場合がある	3.00	3.00
q23.8.1 ベトナム人は仕事のわからない点があっても分かるまで尋ねない	3.00	3.33
q23.9.1 ベトナム人は上司との関係をよくするために上司に品物を渡す	4.00	2.67
q23.10.1 ベトナム人の間では管理職には個室が与えられるべきだと考える	2.00	2.33
q23.11.1 ベトナム人は物事を決定するのにあまり時間がかからない	4.00	3.33

付録 II

q23.12.1 ベトナム人は能力型で昇進し年功序列に大きく影響することはない	3.00	2.67
q23.13.1 ベトナム人は給与の額に不満があれば上司と交渉する	4.00	3.50
q23.14.1 ベトナム人は各自が自分の分担仕事をこなす.チームワークがない	2.00	3.67
q23.15.1 ベトナム人は残業を頼まれても私的な先約があれば仕事の方を断る	2.00	3.00
q23.16.1 ベトナム人は自分の職務範囲外の業務は行わない	3.00	3.67
q23.17.1 ベトナム人は家族と過ごす予定があれば休日出勤を頼まれても断る	0.00	3.00
q23.18.1 ベトナム人は日本人上司には敬語を使い目上の者として接する	5.00	3.33
q23.19.1 ベトナム人は仕事の始業時間や会議を遅れて始めることが多い	2.00	3.33
q23.20.1 ベトナム人は仕事の納期を守らない	2.00	3.00
q23.21.1 ベトナム人は男性従業員と女性従業員を平等に扱う	4.00	2.33
q23.22.1 ベトナム人は日本人と夕食を食べたり酒を飲みに行ったりしない	2.00	3.33
q23.23.1 ベトナム人は会議を議論の場ととらえる.反対意見も多く飛び交う	3.00	3.67
q23.24.1 ベトナム人は日本人上司へ反対意見をはっきりと言う	1.00	3.00
q23.25.1 ベトナム人は1対1になれる個室で部下を叱責する	1.00	2.67
q23.26.1 ベトナム人部下には日本人部下より仕事内容を明確に指示する	4.00	3.33
q23.27.1 ベトナム人は現在より良い給与地位が得られる会社に転職する	3.00	2.67
q23.28.1 ベトナム人は能力給を受け取る.年功序列が給与に影響しない	3.00	3.00

質問項目		
q23.29.1 ベトナム人は妻が出産した時や子供が入院した時には早退欠勤する	2.00	3.00
q23.30.1 ベトナム人は配置転換や人事異動を嫌う	3.00	2.67
q23.31.1 問題が発生した場合ベトナム人は誰に責任があるかを明確にする	3.00	2.67
q23.32.1 ベトナム人は良くない結果や問題が生じた場合は報告しない	2.00	2.33
q23.33.1 ベトナム人は業務上の問題点について徹底的に解明をしない	3.00	3.33
q23.34.1 ベトナム人とはベトナム語で意思疎通をはかる	2.00	2.33
q23.35.1 ベトナム人は自主的に仕事を探して自ら積極的に仕事をしない	2.00	3.25
q23.36.1 ベトナム人は日本人と日本語で意思疎通をはかる	2.00	2.50
q23.37.1 ベトナム人は日本人と仕事や会社の情報共有することを要求する	2.00	2.67
r（順位相関－非製造業その他23vs. 銀行・金融・保険28・貿易22）		0.169
p（有意水準）		0.318

注：表中の数値は5段階尺度（「1．全く感じない」～「5．常に感じる」）の平均値。分析の際には順位に変換。「非製造業その他23」、「銀行・金融・保険28・貿易22」は本調査の協力企業である。調査時期により、ランダムに番号をつけたため、「23」、「28」と番号が順不同である。なお、質問項目「q23.1」は、「問23の1」を意味し、最後の「1」は「文化の相違への回答」という意味である。

表11 ハノイ日系企業における日本人の回答：「文化の相違」
（全製造業 vs. 銀行・金融・保険28・貿易22、非製造業その他23）

質問項目	全製造業 （$n=54$）	銀行・金融・保険28・貿易22 （$n=10$）	非製造業その他23 （$n=2$）
q23.1.1 ベトナム人は有給休暇を全て消化する	3.21	3.67	2.00

q23.2.1 ベトナム人は品質管理や事務管理を徹底して行わない	3.02	3.33	4.00
q23.3.1 ベトナム人は上司の指示が良くない方策だと思ったらはっきり言う	2.84	3.25	2.00
q23.4.1 ベトナム人は仕事の途中で何度も上司に報告相談したりしない	3.45	3.00	4.00
q23.5.1 ベトナム人は部下の仕事がうまくいった際は必ず褒める	2.68	2.67	3.00
q23.6.1 ベトナム人は日本人上司の評価内容の説明を求める	3.56	2.67	3.00
q23.7.1 ベトナム人は会社の規則に従わない場合がある	3.00	3.00	3.00
q23.8.1 ベトナム人は仕事のわからない点があっても分かるまで尋ねない	3.59	3.33	3.00
q23.9.1 ベトナム人は上司との関係をよくするために上司に品物を渡す	2.11	2.67	4.00
q23.10.1 ベトナム人の間では管理職には個室が与えられるべきだと考える	1.82	2.33	2.00
q23.11.1 ベトナム人は物事を決定するのにあまり時間がかからない	3.14	3.33	4.00
q23.12.1 ベトナム人は能力型で昇進し年功序列に大きく影響することはない	3.07	2.67	3.00
q23.13.1 ベトナム人は給与の額に不満があれば上司と交渉する	3.51	3.50	4.00
q23.14.1 ベトナム人は各自が自分の分担仕事をこなす. チームワークがない	3.75	3.67	2.00
q23.15.1 ベトナム人は残業を頼まれても私的な先約があれば仕事の方を断る	3.66	3.00	2.00
q23.16.1 ベトナム人は自分の職務範囲外の業務は行わない	3.40	3.67	3.00
q23.17.1 ベトナム人は家族と過ごす予定があれば休日出勤を頼まれても断る	3.53	3.00	0.00
q23.18.1 ベトナム人は日本人上司には敬語を使い目上の者として接する	3.36	3.33	5.00

q23.19.1 ベトナム人は仕事の始業時間や会議を遅れて始めることが多い	3.70	3.33	2.00
q23.20.1 ベトナム人は仕事の納期を守らない	3.27	3.00	2.00
q23.21.1 ベトナム人は男性従業員と女性従業員を平等に扱う	3.26	2.33	4.00
q23.22.1 ベトナム人は日本人と夕食を食べたり酒を飲みに行ったりしない	2.62	3.33	2.00
q23.23.1 ベトナム人は会議を議論の場ととらえる.反対意見も多く飛び交う	3.21	3.67	3.00
q23.24.1 ベトナム人は日本人上司へ反対意見をはっきりと言う	2.86	3.00	1.00
q23.25.1 ベトナム人は1対1になれる個室で部下を叱責する	3.00	2.67	1.00
q23.26.1 ベトナム人部下には日本人部下より仕事内容を明確に指示する	4.32	3.33	4.00
q23.27.1 ベトナム人は現在より良い給与地位が得られる会社に転職する	4.21	2.67	3.00
q23.28.1 ベトナム人は能力給を受け取る.年功序列が給与に影響しない	3.18	3.00	3.00
q23.29.1 ベトナム人は妻が出産した時や子供が入院した時には早退欠勤する	3.96	3.00	2.00
q23.30.1 ベトナム人は配置転換や人事異動を嫌う	3.23	2.67	3.00
q23.31.1 問題が発生した場合ベトナム人は誰に責任があるかを明確にする	3.82	2.67	3.00
q23.32.1 ベトナム人は良くない結果や問題が生じた場合は報告しない	3.39	2.33	2.00
q23.33.1 ベトナム人は業務上の問題点について徹底的に解明をしない	3.63	3.33	3.00
q23.34.1 ベトナム人とはベトナム語で意思疎通をはかる	2.48	2.33	2.00
q23.35.1 ベトナム人は自主的に仕事を探して自ら積極的に仕事をしない	3.82	3.25	2.00

付録Ⅱ   733

q23.36.1 ベトナム人は日本人と日本語で意思疎通をはかる	3.45	2.50	2.00
q23.37.1 ベトナム人は日本人と仕事や会社の情報共有することを要求する	3.16	2.67	2.00
r（順位相関−全製造業 vs. 銀行・金融・保険28・貿易22、非製造業その他23）		0.256	0.064
p（有意水準）		0.127	0.707

注：表中の数値は5段階尺度（「1．全く感じない」〜「5．常に感じる」）の平均値。分析の際には順位に変換。「非製造業その他23」、「銀行・金融・保険28・貿易22」は本調査の協力企業である。調査時期により、ランダムに番号をつけたため、「23」、「28」と番号が順不同である。なお、質問項目「q23.1」は、「問23の1」を意味し、最後の「1」は「文化の相違への回答」という意味である。

表12　ハノイ日系企業における日本人の回答：「見かける」
（全製造業 vs. 全電気・電子製品、鉄鋼・非鉄金属29、製造業その他24）

質問項目	全製造業 （$n=54$）	全電気・ 電子製品 （$n=43$）	鉄鋼・非 鉄金属29 （$n=6$）	製造業 その他24 （$n=5$）
q23.1.2 ベトナム人は有給休暇を全て消化する	3.20	3.20	3.17	3.20
q23.2.2 ベトナム人は品質管理や事務管理を徹底して行わない	2.58	2.50	3.17	2.60
q23.3.2 ベトナム人は上司の指示が良くない方策だと思ったらはっきり言う	3.04	3.07	2.83	3.00
q23.4.2 ベトナム人は仕事の途中で何度も上司に報告相談したりしない	3.23	3.27	3.00	3.20
q23.5.2 ベトナム人は部下の仕事がうまくいった際は必ず褒める	2.61	2.69	2.33	2.20
q23.6.2 ベトナム人は日本人上司の評価内容の説明を求める	3.33	3.51	2.33	3.00
q23.7.2 ベトナム人は会社の規則に従わない場合がある	2.51	2.57	2.50	2.00
q23.8.2 ベトナム人は仕事のわからない点があっても分かるまで尋ねない	3.11	3.07	3.83	2.50

q23.9.2 ベトナム人は上司との関係をよくするために上司に品物を渡す	1.45	1.47	1.17	1.75
q23.10.2 ベトナム人の間では管理職には個室が与えられるべきだと考える	1.29	1.33	1.00	1.25
q23.11.2 ベトナム人は物事を決定するのにあまり時間がかからない	3.02	3.09	2.50	3.00
q23.12.2 ベトナム人は能力型で昇進し年功序列に大きく影響することはない	3.00	3.02	2.83	3.00
q23.13.2 ベトナム人は給与の額に不満があれば上司と交渉する	3.20	3.24	4.00	2.00
q23.14.2 ベトナム人は各自が自分の分担仕事をこなす. チームワークがない	3.64	3.71	3.00	3.80
q23.15.2 ベトナム人は残業を頼まれても私的な先約があれば仕事の方を断る	3.44	3.48	3.50	3.00
q23.16.2 ベトナム人は自分の職務範囲外の業務は行わない	3.19	3.26	2.17	3.80
q23.17.2 ベトナム人は家族と過ごす予定があれば休日出勤を頼まれても断る	3.39	3.33	3.50	3.80
q23.18.2 ベトナム人は日本人上司には敬語を使い目上の者として接する	4.02	3.93	4.00	4.80
q23.19.2 ベトナム人は仕事の始業時間や会議を遅れて始めることが多い	3.44	3.50	2.50	4.00
q23.20.2 ベトナム人は仕事の納期を守らない	3.07	3.12	2.83	3.00
q23.21.2 ベトナム人は男性従業員と女性従業員を平等に扱う	3.49	3.51	2.83	4.25
q23.22.2 ベトナム人は日本人と夕食を食べたり酒を飲みに行ったりしない	2.62	2.57	2.67	3.00
q23.23.2 ベトナム人は会議を議論の場ととらえる. 反対意見も多く飛び交う	3.27	3.31	3.17	3.00
q23.24.2 ベトナム人は日本人上司へ反対意見をはっきりと言う	2.88	2.85	2.83	3.20
q23.25.2 ベトナム人は1対1になれる個室で部下を叱責する	2.93	2.96	2.50	3.20

q23.26.2 ベトナム人部下には日本人部下より仕事内容を明確に指示する	4.35	4.40	4.00	4.25
q23.27.2 ベトナム人は現在より良い給与地位が得られる会社に転職する	3.75	3.70	4.33	3.60
q23.28.2 ベトナム人は能力給を受け取る.年功序列が給与に影響しない	3.00	3.02	2.83	3.00
q23.29.2 ベトナム人は妻が出産した時や子供が入院した時には早退欠勤する	4.05	4.04	4.00	4.20
q23.30.2 ベトナム人は配置転換や人事異動を嫌う	3.00	2.98	2.33	4.00
q23.31.2 問題が発生した場合ベトナム人は誰に責任があるかを明確にする	3.46	3.50	2.83	3.80
q23.32.2 ベトナム人は良くない結果や問題が生じた場合は報告しない	2.96	3.00	2.67	3.00
q23.33.2 ベトナム人は業務上の問題点について徹底的に解明をしない	3.28	3.35	3.17	2.80
q23.34.2 ベトナム人とはベトナム語で意思疎通をはかる	2.48	2.27	3.33	3.40
q23.35.2 ベトナム人は自主的に仕事を探して自ら積極的に仕事をしない	3.47	3.50	3.33	3.40
q23.36.2 ベトナム人は日本人と日本語で意思疎通をはかる	3.61	3.73	4.67	1.20
q23.37.2 ベトナム人は日本人と仕事や会社の情報共有することを要求する	3.09	3.09	3.17	3.00
r（順位相関－全製造業 vs. 全電気・電子製品、鉄鋼・非鉄金属29、製造業その他24）		0.989	0.615	0.568
p（有意水準）		0.000	0.000	0.000

注：表中の数値は5段階尺度（「1．全く見かけない」、「2．見かけるのは30％未満」、「3．見かけるのは50％程」、「4．見かけるのは60-70％」、「5．見かけるのは80％以上」）の平均値。分析の際には順位に変換。「鉄鋼・非鉄金属29」、「製造業その他24」は本調査の協力企業である。調査時期により、ランダムに番号をつけたため、「29」、「24」と番号が順不同である。なお、質問項目「q23.1」は、「問23の1」を意味し、最後の「2」は「見かけるへの回答」という意味である。

表13　ハノイ日系企業における日本人の回答：「見かける」
（非製造業その他23vs. 銀行・金融・保険28・貿易22）

質問項目	非製造業 その他23 （$n=2$）	銀行・金融・ 保険28・貿易22 （$n=10$）
q23.1.2 ベトナム人は有給休暇を全て消化する	3.00	3.67
q23.2.2 ベトナム人は品質管理や事務管理を徹底して行わない	3.00	3.33
q23.3.2 ベトナム人は上司の指示が良くない方策だと思ったらはっきり言う	5.00	3.25
q23.4.2 ベトナム人は仕事の途中で何度も上司に報告相談したりしない	4.00	3.50
q23.5.2 ベトナム人は部下の仕事がうまくいった際は必ず褒める	3.00	2.00
q23.6.2 ベトナム人は日本人上司の評価内容の説明を求める	3.00	3.00
q23.7.2 ベトナム人は会社の規則に従わない場合がある	3.00	3.00
q23.8.2 ベトナム人は仕事のわからない点があっても分かるまで尋ねない	3.00	3.67
q23.9.2 ベトナム人は上司との関係をよくするために上司に品物を渡す	2.00	2.67
q23.10.2 ベトナム人の間では管理職には個室が与えられるべきだと考える	2.00	2.33
q23.11.2 ベトナム人は物事を決定するのにあまり時間がかからない	4.00	3.00
q23.12.2 ベトナム人は能力型で昇進し年功序列に大きく影響することはない	2.00	2.33
q23.13.2 ベトナム人は給与の額に不満があれば上司と交渉する	3.00	3.25
q23.14.2 ベトナム人は各自が自分の分担仕事をこなす．チームワークがない	2.00	3.33
q23.15.2 ベトナム人は残業を頼まれても私的な先約があれば仕事の方を断る	2.00	3.00

q23.16.2 ベトナム人は自分の職務範囲外の業務は行わない	2.00	3.33
q23.17.2 ベトナム人は家族と過ごす予定があれば休日出勤を頼まれても断る	0.00	3.00
q23.18.2 ベトナム人は日本人上司には敬語を使い目上の者として接する	5.00	3.33
q23.19.2 ベトナム人は仕事の始業時間や会議を遅れて始めることが多い	2.00	3.33
q23.20.2 ベトナム人は仕事の納期を守らない	2.00	3.67
q23.21.2 ベトナム人は男性従業員と女性従業員を平等に扱う	0.00	2.67
q23.22.2 ベトナム人は日本人と夕食を食べたり酒を飲みに行ったりしない	2.00	2.67
q23.23.2 ベトナム人は会議を議論の場ととらえる. 反対意見も多く飛び交う	2.00	3.33
q23.24.2 ベトナム人は日本人上司へ反対意見をはっきりと言う	2.00	3.67
q23.25.2 ベトナム人は1対1になれる個室で部下を叱責する	2.00	3.00
q23.26.2 ベトナム人部下には日本人部下より仕事内容を明確に指示する	2.00	2.50
q23.27.2 ベトナム人は現在より良い給与地位が得られる会社に転職する	2.00	3.33
q23.28.2 ベトナム人は能力給を受け取る. 年功序列が給与に影響しない	3.00	2.33
q23.29.2 ベトナム人は妻が出産した時や子供が入院した時には早退欠勤する	3.00	4.00
q23.30.2 ベトナム人は配置転換や人事異動を嫌う	2.00	2.33
q23.31.2 問題が発生した場合ベトナム人は誰に責任があるかを明確にする	2.00	2.67
q23.32.2 ベトナム人は良くない結果や問題が生じた場合は報告しない	2.00	3.00
q23.33.2 ベトナム人は業務上の問題点について徹底的に解明をしない	3.00	3.33

q23.34.2 ベトナム人とはベトナム語で意思疎通をはかる	5.00	3.00
q23.35.2 ベトナム人は自主的に仕事を探して自ら積極的に仕事をしない	2.00	3.50
q23.36.2 ベトナム人は日本人と日本語で意思疎通をはかる	2.00	3.25
q23.37.2 ベトナム人は日本人と仕事や会社の情報共有することを要求する	2.00	3.67
r（順位相関−非製造業その他23vs. 銀行・金融・保険28・貿易22）		0.177
p（有意水準）		0.293

注：表中の数値は5段階尺度（「1．全く見かけない」、「2．見かけるのは30％未満」、「3．見かけるのは50％程」、「4．見かけるのは60-70％」、「5．見かけるのは80％以上」）の平均値。分析の際には順位に変換。「非製造業その他23」、「銀行・金融・保険28・貿易22」は本調査の協力企業である。調査時期により、ランダムに番号をつけたため、「23」、「28」と番号が順不同である。なお、質問項目「q23.1」は、「問23の1」を意味し、最後の「2」は「見かけるへの回答」という意味である。

表14　ハノイ日系企業における日本人の回答：「見かける」
（ハノイ全製造業 vs. 銀行・金融・保険28・貿易22、非製造業その他23）

質問項目	ハノイ全製造業（$n=54$）	銀行・金融・保険28・貿易22（$n=10$）	非製造業その他23（$n=2$）
q23.1.2 ベトナム人は有給休暇を全て消化する	3.20	3.67	3.00
q23.2.2 ベトナム人は品質管理や事務管理を徹底して行わない	2.58	3.33	3.00
q23.3.2 ベトナム人は上司の指示が良くない方策だと思ったらはっきり言う	3.04	3.25	5.00
q23.4.2 ベトナム人は仕事の途中で何度も上司に報告相談したりしない	3.23	3.50	4.00
q23.5.2 ベトナム人は部下の仕事がうまくいった際は必ず褒める	2.61	2.00	3.00

q23.6.2 ベトナム人は日本人上司の評価内容の説明を求める	3.33	3.00	3.00
q23.7.2 ベトナム人は会社の規則に従わない場合がある	2.51	3.00	3.00
q23.8.2 ベトナム人は仕事のわからない点があっても分かるまで尋ねない	3.11	3.67	3.00
q23.9.2 ベトナム人は上司との関係をよくするために上司に品物を渡す	1.45	2.67	2.00
q23.10.2 ベトナム人の間では管理職には個室が与えられるべきだと考える	1.29	2.33	2.00
q23.11.2 ベトナム人は物事を決定するのにあまり時間がかからない	3.02	3.00	4.00
q23.12.2 ベトナム人は能力型で昇進し年功序列に大きく影響することはない	3.00	2.33	2.00
q23.13.2 ベトナム人は給与の額に不満があれば上司と交渉する	3.20	3.25	3.00
q23.14.2 ベトナム人は各自が自分の分担仕事をこなす. チームワークがない	3.64	3.33	2.00
q23.15.2 ベトナム人は残業を頼まれても私的な先約があれば仕事の方を断る	3.44	3.00	2.00
q23.16.2 ベトナム人は自分の職務範囲外の業務は行わない	3.19	3.33	2.00
q23.17.2 ベトナム人は家族と過ごす予定があれば休日出勤を頼まれても断る	3.39	3.00	0.00
q23.18.2 ベトナム人は日本人上司には敬語を使い目上の者として接する	4.02	3.33	5.00
q23.19.2 ベトナム人は仕事の始業時間や会議を遅れて始めることが多い	3.44	3.33	2.00

q23.20.2 ベトナム人は仕事の納期を守らない	3.07	3.67	2.00
q23.21.2 ベトナム人は男性従業員と女性従業員を平等に扱う	3.49	2.67	0.00
q23.22.2 ベトナム人は日本人と夕食を食べたり酒を飲みに行ったりしない	2.62	2.67	2.00
q23.23.2 ベトナム人は会議を議論の場ととらえる. 反対意見も多く飛び交う	3.27	3.33	2.00
q23.24.2 ベトナム人は日本人上司へ反対意見をはっきりと言う	2.88	3.67	2.00
q23.25.2 ベトナム人は1対1になれる個室で部下を叱責する	2.93	3.00	2.00
q23.26.2 ベトナム人部下には日本人部下より仕事内容を明確に指示する	4.35	2.50	2.00
q23.27.2 ベトナム人は現在より良い給与地位が得られる会社に転職する	3.75	3.33	2.00
q23.28.2 ベトナム人は能力給を受け取る. 年功序列が給与に影響しない	3.00	2.33	3.00
q23.29.2 ベトナム人は妻が出産した時や子供が入院した時には早退欠勤する	4.05	4.00	3.00
q23.30.2 ベトナム人は配置転換や人事異動を嫌う	3.00	2.33	2.00
q23.31.2 問題が発生した場合ベトナム人は誰に責任があるかを明確にする	3.46	2.67	2.00
q23.32.2 ベトナム人は良くない結果や問題が生じた場合は報告しない	2.96	3.00	2.00
q23.33.2 ベトナム人は業務上の問題点について徹底的に解明をしない	3.28	3.33	3.00
q23.34.2 ベトナム人とはベトナム語で意思疎通をはかる	2.48	3.00	5.00

付録Ⅱ

質問項目			
q23.35.2 ベトナム人は自主的に仕事を探して自ら積極的に仕事をしない	3.47	3.50	2.00
q23.36.2 ベトナム人は日本人と日本語で意思疎通をはかる	3.61	3.25	2.00
q23.37.2 ベトナム人は日本人と仕事や会社の情報共有することを要求する	3.09	3.67	2.00
r（順位相関－全製造業 vs. 銀行・金融・保険28・貿易22、非製造業その他23）		0.334	-0.165
p（有意水準）		0.044	0.330

注：表中の数値は5段階尺度（「1．全く見かけない」、「2．見かけるのは30％未満」、「3．見かけるのは50％程」、「4．見かけるのは60-70％」、「5．見かけるのは80％以上」）の平均値。分析の際には順位に変換。「銀行・金融・保険28・貿易22」、「非製造業その他23」は本調査の協力企業である。調査時期により、ランダムに番号をつけたため、「23」、「28」と番号が順不同である。なお、質問項目「q23.1」は、「問23の1」を意味し、最後の「2」は「見かけるへの回答」という意味である。

表15　ハノイ日系企業におけるベトナム人の回答：「文化の相違」
（全製造業 vs. 全電気・電子製品、鉄鋼・非鉄金属29、製造業その他24）

質問項目	全製造業 （n＝75）	全電気・ 電子製品 （n＝60）	鉄鋼・非 鉄金属29 （n＝10）	製造業 その他24 （n＝5）
q23.1.1 日本人管理職は有給休暇を全て消化しない	3.59	3.71	2.80	3.25
q23.2.1 日本人管理職はベトナム人に品質管理を徹底して行うことを求める	4.49	4.53	4.00	4.80
q23.3.1 日本人は上司の指示に対したとえ良くないと思っても言わない	3.67	3.66	3.78	3.60
q23.4.1 日本人はベトナム人部下に仕事の報告連絡相談するよう要求する	4.32	4.46	3.70	3.40
q23.5.1 日本人上司は部下の仕事がうまくいった際に褒めない	2.86	2.85	3.00	2.80
q23.6.1 日本人はベトナム人部下が仕事の評価の説明を求めても説明しない	3.00	3.06	3.00	2.00

q23.7.1 日本人はたとえ些細な事柄でも会社の規則に従うよう求める	4.46	4.44	4.60	4.40
q23.8.1 日本人はベトナム人が仕事内容についてわかるまで尋ねるよう求める	4.31	4.34	4.40	3.60
q23.9.1 ベトナム人部下が物品を渡そうとするが日本人上司は受け取らない	3.06	2.96	3.70	3.40
q23.10.1 この会社では上司も部下も同じ部屋で仕事をする	4.08	4.05	3.90	4.80
q23.11.1 物事の決定までかなりの時間がかかる	3.09	3.00	3.50	3.60
q23.12.1 能力も加味されるが基本的には年功序列で昇進する	3.64	3.67	3.70	3.00
q23.13.1 部下が給与の額を交渉しても上司はうまく説明しない	3.03	3.10	2.70	2.60
q23.14.1 チームワークを重視する	4.29	4.34	4.10	3.80
q23.15.1 ベトナム人にたとえ私的な先約があっても残業することを求める	3.27	3.38	3.10	1.80
q23.16.1 日本人はベトナム人に職務範囲以外の事柄でも仕事を行うよう求める	2.85	2.85	3.30	2.00
q23.17.1 日本人はベトナム人が家族と過ごす予定があっても休日出勤を求める	2.66	2.76	2.40	1.60
q23.18.1 日本人はベトナム人部下に対して礼儀正しく接している	4.06	4.08	4.10	3.80
q23.19.1 仕事の始業時間や会議が始まる前には必ず到着するのを求める	4.26	4.35	4.20	3.00
q23.20.1 日本人はベトナム人部下に常に仕事の納期を守るよう求める	4.47	4.54	4.30	3.80
q23.21.1 会社では男性従業員と女性従業員の給与や昇進等に差がある	2.14	2.04	2.70	2.60
q23.22.1 終業後日本人上司はベトナム人部下と酒を飲みに行ったりするのを求める	2.51	2.53	2.50	2.20
q23.23.1 会議は議論の場ではなく承認の場である. 会議中に議論しない	2.46	2.40	2.90	2.60

付録Ⅱ

q23.24.1 日本人に対して反対意見を言うことは極力避ける	2.47	2.49	2.40	2.20
q23.25.1 日本人上司は周りに人々がいる所で部下を叱責する	2.95	3.30	3.10	1.40
q23.26.1 日本人上司の指示内容は曖昧で分かりにくい	2.46	2.58	2.20	1.20
q23.27.1 日本人はベトナム人が転職することを理解しない	2.99	2.96	3.50	2.40
q23.28.1 能力も加味されるが基本的には年功序列型給与を受け取る	3.47	3.42	3.70	3.80
q23.29.1 日本人はベトナム人が家族事情で早退や欠勤することを理解しない	2.96	3.07	2.20	2.80
q23.30.1 配置転換や人事異動する	3.16	3.26	3.10	1.80
q23.31.1 問題が発生した場合何が原因で問題が発生したのかを明確にする	4.17	4.23	4.00	3.60
q23.32.1 良い結果も良くない結果も上司に素直に報告することを求める	4.44	4.54	4.20	3.40
q23.33.1 業務上の問題点があれば徹底的に追求し解決方法を探し出す	4.35	4.40	4.30	3.60
q23.34.1 この会社の日本人とはベトナム語で意思疎通をはかる	2.26	2.25	2.50	2.00
q23.35.1 日本人はベトナム人が自主的に仕事を探してすることを求める	4.06	4.13	4.00	3.00
q23.36.1 この会社の日本人はベトナム人と日本語で意思疎通をはかる	4.14	4.30	4.40	1.20
q23.37.1 日本人はベトナム人と仕事や会社についての情報を共有しない	2.91	2.91	3.30	2.20
r（順位相関−全製造業 vs. 全電気・電子製品、鉄鋼・非鉄金属29、製造業その他24）		0.982	0.878	0.703
p（有意水準）		0.000	0.000	0.000

注：表中の数値は5段階尺度（「1．全く感じない」～「5．常に感じる」）の平均値。分析の際には順位に変換。「鉄鋼・非鉄金属29」、「製造業その他24」は本調査の協力企業である。調査時期により、ランダムに番号をつけたため、「29」、「24」と番号が順不同である。なお、質問項目「q23.1」は、「問23の1」を意味し、最後の「1」は「文化の相違への回答」という意味である。

表16 ハノイ日系企業におけるベトナム人の回答:「文化の相違」
(非製造業その他23vs. 銀行・金融・保険28・貿易22)

質問項目	非製造業 その他23 ($n=38$)	銀行・金融・ 保険28・貿易22 ($n=25$)
q23.1.1 日本人管理職は有給休暇を全て消化しない	2.62	3.20
q23.2.1 日本人管理職はベトナム人に品質管理を徹底して行うことを求める	3.84	3.20
q23.3.1 日本人は上司の指示に対したとえ良くないと思っても言わない	2.43	3.00
q23.4.1 日本人はベトナム人部下に仕事の報告連絡相談するよう要求する	4.04	4.20
q23.5.1 日本人上司は部下の仕事がうまくいった際に褒めない	1.97	1.20
q23.6.1 日本人はベトナム人部下が仕事の評価の説明を求めても説明しない	1.50	1.80
q23.7.1 日本人はたとえ些細な事柄でも会社の規則に従うよう求める	3.62	4.60
q23.8.1 日本人はベトナム人が仕事内容についてわかるまで尋ねるよう求める	4.04	5.00
q23.9.1 ベトナム人部下が物品を渡そうとするが日本人上司は受け取らない	2.04	2.20
q23.10.1 この会社では上司も部下も同じ部屋で仕事をする	2.89	2.20
q23.11.1 物事の決定までかなりの時間がかかる	2.08	3.00
q23.12.1 能力も加味されるが基本的には年功序列で昇進する	2.77	2.20
q23.13.1 部下が給与の額を交渉しても上司はうまく説明しない	1.92	2.60
q23.14.1 チームワークを重視する	3.78	3.00
q23.15.1 ベトナム人にたとえ私的な先約があっても残業することを求める	1.81	1.60
q23.16.1 日本人はベトナム人に職務範囲以外の事柄でも仕事を行うよう求める	1.64	1.80

q23.17.1 日本人はベトナム人が家族と過ごす予定があっても休日出勤を求める	1.69	1.60
q23.18.1 日本人はベトナム人部下に対して礼儀正しく接している	3.82	5.00
q23.19.1 仕事の始業時間や会議が始まる前には必ず到着するのを求める	3.48	3.00
q23.20.1 日本人はベトナム人部下に常に仕事の納期を守るよう求める	4.26	5.00
q23.21.1 会社では男性従業員と女性従業員の給与や昇進等に差がある	2.31	2.40
q23.22.1 終業後日本人上司はベトナム人部下と酒を飲みに行ったりするのを求める	2.03	1.40
q23.23.1 会議は議論の場ではなく承認の場である. 会議中に議論しない	1.96	1.40
q23.24.1 日本人に対して反対意見を言うことは極力避ける	1.85	1.80
q23.25.1 日本人上司は周りに人々がいる所で部下を叱責する	2.25	1.60
q23.26.1 日本人上司の指示内容は曖昧で分かりにくい	1.64	1.00
q23.27.1 日本人はベトナム人が転職することを理解しない	2.20	3.20
q23.28.1 能力も加味されるが基本的には年功序列型給与を受け取る	2.75	2.40
q23.29.1 日本人はベトナム人が家族事情で早退や欠勤することを理解しない	2.04	3.00
q23.30.1 配置転換や人事異動する	1.88	2.00
q23.31.1 問題が発生した場合何が原因で問題が発生したのかを明確にする	3.50	4.40
q23.32.1 良い結果も良くない結果も上司に素直に報告することを求める	4.16	4.60
q23.33.1 業務上の問題点があれば徹底的に追求し解決方法を探し出す	4.46	5.00

746 付録Ⅱ

質問項目		
q23.34.1　この会社の日本人とはベトナム語で意思疎通をはかる	2.64	1.00
q23.35.1　日本人はベトナム人が自主的に仕事を探してすることを求める	3.81	4.00
q23.36.1　この会社の日本人はベトナム人と日本語で意思疎通をはかる	3.71	2.40
q23.37.1　日本人はベトナム人と仕事や会社についての情報を共有しない	2.54	2.60
r（順位相関－非製造その他23vs. 銀行・金融・保険28・貿易22）		0.781
p（有意水準）		0.000

注：表中の数値は5段階尺度（「1．全く感じない」～「5．常に感じる」）の平均値。分析の際には順位に変換。「非製造業その他23」、「銀行・金融・保険28・貿易22」は本調査の協力企業である。調査時期により、ランダムに番号をつけたため、「23」、「28」、「22」と番号が順不同である。なお、質問項目「q23.1」は、「問23の1」を意味し、最後の「1」は「文化の相違への回答」という意味である。

表17　ハノイ日系企業におけるベトナム人の回答：「文化の相違」
（全製造業 vs. 全非製造業）

質問項目	全製造業 （$n=75$）	全非製造業 （$n=63$）
q23.1.1　日本人管理職は有給休暇を全て消化しない	3.59	2.71
q23.2.1　日本人管理職はベトナム人に品質管理を徹底して行うことを求める	4.49	3.73
q23.3.1　日本人は上司の指示に対したとえ良くないと思っても言わない	3.67	2.54
q23.4.1　日本人はベトナム人部下に仕事の報告連絡相談するよう要求する	4.32	4.06
q23.5.1　日本人上司は部下の仕事がうまくいった際に褒めない	2.86	1.85
q23.6.1　日本人はベトナム人部下が仕事の評価の説明を求めても説明しない	3.00	1.55
q23.7.1　日本人はたとえ些細な事柄でも会社の規則に従うよう求める	4.46	3.77

q23.8.1 日本人はベトナム人が仕事内容についてわかるまで尋ねるよう求める	4.31	4.19
q23.9.1 ベトナム人部下が物品を渡そうとするが日本人上司は受け取らない	3.06	2.06
q23.10.1 この会社では上司も部下も同じ部屋で仕事をする	4.08	2.79
q23.11.1 物事の決定までかなりの時間がかかる	3.09	2.23
q23.12.1 能力も加味されるが基本的には年功序列で昇進する	3.64	2.68
q23.13.1 部下が給与の額を交渉しても上司はうまく説明しない	3.03	2.03
q23.14.1 チームワークを重視する	4.29	3.66
q23.15.1 ベトナム人にたとえ私的な先約があっても残業することを求める	3.27	1.78
q23.16.1 日本人はベトナム人に職務範囲以外の事柄でも仕事を行うよう求める	2.85	1.67
q23.17.1 日本人はベトナム人が家族と過ごす予定があっても休日出勤を求める	2.66	1.68
q23.18.1 日本人はベトナム人部下に対して礼儀正しく接している	4.06	4.00
q23.19.1 仕事の始業時間や会議が始まる前には必ず到着するのを求める	4.26	3.41
q23.20.1 日本人はベトナム人部下に常に仕事の納期を守るよう求める	4.47	4.37
q23.21.1 会社では男性従業員と女性従業員の給与や昇進等に差がある	2.14	2.32
q23.22.1 終業後日本人上司はベトナム人部下と酒を飲みに行ったりするのを求める	2.51	1.94
q23.23.1 会議は議論の場ではなく承認の場である. 会議中に議論しない	2.46	1.88
q23.24.1 日本人に対して反対意見を言うことは極力避ける	2.47	1.84
q23.25.1 日本人上司は周りに人々がいる所で部下を叱責する	2.95	2.15
q23.26.1 日本人上司の指示内容は曖昧で分かりにくい	2.46	1.07
q23.27.1 日本人はベトナム人が転職することを理解しない	2.99	2.37

質問項目		
q23.28.1 能力も加味されるが基本的には年功序列型給与を受け取る	3.47	2.69
q23.29.1 日本人はベトナム人が家族事情で早退や欠勤することを理解しない	2.96	2.18
q23.30.1 配置転換や人事異動する	3.16	1.90
q23.31.1 問題が発生した場合何が原因で問題が発生したのかを明確にする	4.17	3.65
q23.32.1 良い結果も良くない結果も上司に素直に報告することを求める	4.44	4.23
q23.33.1 業務上の問題点があれば徹底的に追求し解決方法を探し出す	4.35	4.55
q23.34.1 この会社の日本人とはベトナム語で意思疎通をはかる	2.26	1.84
q23.35.1 日本人はベトナム人が自主的に仕事を探してすることを求める	4.06	3.84
q23.36.1 この会社の日本人はベトナム人と日本語で意思疎通をはかる	4.14	3.52
q23.37.1 日本人はベトナム人と仕事や会社についての情報を共有しない	2.91	2.55
r（順位相関－全製造業 vs. 全非製造業）		0.857
p（有意水準）		0.000

注：表中の数値は5段階尺度（「1．全く感じない」～「5．常に感じる」）の平均値。分析の際には順位に変換。なお、質問項目「q23.1」は、「問23の1」を意味し、最後の「1」は「文化の相違への回答」という意味である。

表18　ハノイ日系企業におけるベトナム人の回答：「見かける」
（全製造業 vs. 全電気・電子製品、鉄鋼・非鉄金属29、製造業その他24）

質問項目	全製造業 （$n=75$）	全電気・ 電子製品 （$n=60$）	鉄鋼・非 鉄金属29 （$n=10$）	製造業 その他24 （$n=5$）
q23.1.2 日本人管理職は有給休暇を全て消化しない	3.68	3.82	3.38	2.20
q23.2.2 日本人管理職はベトナム人に品質管理を徹底して行うことを求める	4.45	4.45	4.37	4.60

q23.3.2 日本人は上司の指示に対したとえ良くないと思っても言わない	3.36	3.32	4.00	3.00
q23.4.2 日本人はベトナム人部下に仕事の報告連絡相談するよう要求する	4.22	4.25	4.56	3.20
q23.5.2 日本人上司は部下の仕事がうまくいった際に褒めない	2.66	2.64	2.89	2.60
q23.6.2 日本人はベトナム人部下が仕事の評価の説明を求めても説明しない	2.56	2.56	3.00	1.80
q23.7.2 日本人はたとえ些細な事柄でも会社の規則に従うよう求める	4.46	4.44	4.56	4.60
q23.8.2 日本人はベトナム人が仕事内容についてわかるまで尋ねるよう求める	4.16	4.11	4.56	4.20
q23.9.2 ベトナム人部下が物品を渡そうとするが日本人上司は受け取らない	3.10	3.01	3.50	3.60
q23.10.2 この会社では上司も部下も同じ部屋で仕事をする	4.19	4.25	3.56	4.40
q23.11.2 物事の決定までかなりの時間がかかる	2.99	2.93	3.22	3.40
q23.12.2 能力も加味されるが基本的には年功序列で昇進する	3.47	3.58	3.00	2.60
q23.13.2 部下が給与の額を交渉しても上司はうまく説明しない	2.82	2.90	2.50	2.20
q23.14.2 チームワークを重視する	4.10	4.08	4.25	4.20
q23.15.2 ベトナム人にたとえ私的な先約があっても残業することを求める	2.80	2.88	2.88	1.60
q23.16.2 日本人はベトナム人に職務範囲以外の事柄でも仕事を行うよう求める	2.46	2.45	3.13	1.60
q23.17.2 日本人はベトナム人が家族と過ごす予定があっても休日出勤を求める	2.00	2.03	2.25	1.20
q23.18.2 日本人はベトナム人部下に対して礼儀正しく接している	3.98	3.92	4.22	4.40
q23.19.2 仕事の始業時間や会議が始まる前には必ず到着するのを求める	4.30	4.32	4.40	3.80

q23.20.2 日本人はベトナム人部下に常に仕事の納期を守るよう求める	4.34	4.30	4.38	4.80
q23.21.2 会社では男性従業員と女性従業員の給与や昇進等に差がある	1.74	1.61	2.63	2.20
q23.22.2 終業後日本人上司はベトナム人部下と酒を飲みに行ったりするのを求める	1.92	1.89	2.13	2.00
q23.23.2 会議は議論の場ではなく承認の場である.会議中に議論しない	2.30	2.19	2.67	3.20
q23.24.2 日本人に対して反対意見を言うことは極力避ける	2.20	2.17	2.67	1.80
q23.25.2 日本人上司は周りに人々がいる所で部下を叱責する	2.35	2.34	3.00	1.40
q23.26.2 日本人上司の指示内容は曖昧で分かりにくい	2.03	2.04	2.44	1.20
q23.27.2 日本人はベトナム人が転職することを理解しない	2.80	2.76	3.33	2.40
q23.28.2 能力も加味されるが基本的には年功序列型給与を受け取る	3.33	3.25	3.33	4.60
q23.29.2 日本人はベトナム人が家族事情で早退や欠勤することを理解しない	2.81	2.85	2.75	2.40
q23.30.2 配置転換や人事異動する	2.85	2.92	3.00	1.60
q23.31.2 問題が発生した場合何が原因で問題が発生したのかを明確にする	4.20	4.25	3.67	4.40
q23.32.2 良い結果も良くない結果も上司に素直に報告することを求める	4.20	4.17	4.33	4.40
q23.33.2 業務上の問題点があれば徹底的に追求し解決方法を探し出す	4.16	4.11	4.40	4.40
q23.34.2 この会社の日本人とはベトナム語で意思疎通をはかる	1.94	2.03	1.56	1.40
q23.35.2 日本人はベトナム人が自主的に仕事を探してすることを求める	3.88	3.99	3.67	2.80
q23.36.2 この会社の日本人はベトナム人と日本語で意思疎通をはかる	3.99	4.10	4.60	1.20

付録Ⅱ

q23.37.2 日本人はベトナム人と仕事や会社についての情報を共有しない	2.76	2.76	3.00	2.20
r（順位相関－全製造業 vs. 全電気・電子製品、鉄鋼・非鉄金属29、製造業その他24）		0.998	0.903	0.767
p（有意水準）		0.000	0.000	0.000

注：表中の数値は5段階尺度（「1．全く見かけない」、「2．見かけるのは30％未満」、「3．見かけるのは50％程」、「4．見かけるのは60-70％」、「5．見かけるのは80％以上」）の平均値。分析の際には順位に変換。「鉄鋼・非鉄金属29」、「製造業その他24」は本調査の協力企業である。調査時期により、ランダムに番号をつけたため、「29」、「24」と番号が順不同である。なお、質問項目「q23.1」は、「問23の1」を意味し、最後の「2」は「見かけるへの回答」という意味である。

表19　ハノイ日系企業におけるベトナム人の回答：「見かける」
（非製造業その他23 vs. 銀行・金融・保険・貿易）

質問項目	非製造業その他23 （$n = 38$）	銀行・金融・保険・貿易 （$n = 25$）
q23.1.2 日本人管理職は有給休暇を全て消化しない	3.79	3.00
q23.2.2 日本人管理職はベトナム人に品質管理を徹底して行うことを求める	3.86	3.50
q23.3.2 日本人は上司の指示に対したとえ良くないと思っても言わない	2.83	1.00
q23.4.2 日本人はベトナム人部下に仕事の報告連絡相談するよう要求する	4.07	5.00
q23.5.2 日本人上司は部下の仕事がうまくいった際に褒めない	2.86	3.50
q23.6.2 日本人はベトナム人部下が仕事の評価の説明を求めても説明しない	2.85	1.00
q23.7.2 日本人はたとえ些細な事柄でも会社の規則に従うよう求める	4.00	4.50
q23.8.2 日本人はベトナム人が仕事内容についてわかるまで尋ねるよう求める	3.86	5.00
q23.9.2 ベトナム人部下が物品を渡そうとするが日本人上司は受け取らない	2.43	4.00

q23.10.2 この会社では上司も部下も同じ部屋で仕事をする	3.71	3.50
q23.11.2 物事の決定までかなりの時間がかかる	2.92	5.00
q23.12.2 能力も加味されるが基本的には年功序列で昇進する	3.57	3.00
q23.13.2 部下が給与の額を交渉しても上司はうまく説明しない	2.38	1.00
q23.14.2 チームワークを重視する	3.85	4.50
q23.15.2 ベトナム人にたとえ私的な先約があっても残業することを求める	2.50	1.50
q23.16.2 日本人はベトナム人に職務範囲以外の事柄でも仕事を行うよう求める	2.38	1.50
q23.17.2 日本人はベトナム人が家族と過ごす予定があっても休日出勤を求める	2.50	1.00
q23.18.2 日本人はベトナム人部下に対して礼儀正しく接している	4.21	5.00
q23.19.2 仕事の始業時間や会議が始まる前には必ず到着するのを求める	4.21	5.00
q23.20.2 日本人はベトナム人部下に常に仕事の納期を守るよう求める	4.33	5.00
q23.21.2 会社では男性従業員と女性従業員の給与や昇進等に差がある	3.13	2.00
q23.22.2 終業後日本人上司はベトナム人部下と酒を飲みに行ったりするのを求める	2.54	1.50
q23.23.2 会議は議論の場ではなく承認の場である.会議中に議論しない	2.62	1.00
q23.24.2 日本人に対して反対意見を言うことは極力避ける	2.50	1.00
q23.25.2 日本人上司は周りに人々がいる所で部下を叱責する	2.92	1.00
q23.26.2 日本人上司の指示内容は曖昧で分かりにくい	2.46	1.00
q23.27.2 日本人はベトナム人が転職することを理解しない	2.46	3.00

付録 II
753

質問項目		
q23.28.2 能力も加味されるが基本的には年功序列型給与を受け取る	3.80	3.00
q23.29.2 日本人はベトナム人が家族事情で早退や欠勤することを理解しない	2.64	2.00
q23.30.2 配置転換や人事異動する	2.83	2.50
q23.31.2 問題が発生した場合何が原因で問題が発生したのかを明確にする	3.50	4.00
q23.32.2 良い結果も良くない結果も上司に素直に報告することを求める	4.23	5.00
q23.33.2 業務上の問題点があれば徹底的に追求し解決方法を探し出す	4.43	5.00
q23.34.2 この会社の日本人とはベトナム語で意思疎通をはかる	3.07	1.50
q23.35.2 日本人はベトナム人が自主的に仕事を探してすることを求める	4.45	4.00
q23.36.2 この会社の日本人はベトナム人と日本語で意思疎通をはかる	4.08	2.50
q23.37.2 日本人はベトナム人と仕事や会社についての情報を共有しない	3.23	1.00
r（順位相関－非製造業その他23vs. 銀行・金融・保険・貿易）		0.716
p（有意水準）		0.000

注：表中の数値は 5 段階尺度（「 1 ．全く見かけない」、「 2 ．見かけるのは30％未満」、「 3 ．見かけるのは50％程」、「 4 ．見かけるのは60-70％」、「 5 ．見かけるのは80％以上」）の平均値。分析の際には順位に変換。「非製造業その他23」、「銀行・金融・保険・貿易」は本調査の協力企業である。なお、質問項目「q23.1」は、「問23の 1 」を意味し、最後の「 2 」は「見かけるへの回答」という意味である。

表20　ハノイ日系企業におけるベトナム人の回答：「見かける」
（全製造業 vs. 全非製造業）

質問項目	全製造業 （$n = 75$）	全非製造業 （$n = 63$）
q23.1.2 日本人管理職は有給休暇を全て消化しない	3.68	3.73

q23.2.2 日本人管理職はベトナム人に品質管理を徹底して行うことを求める	4.45	3.81
q23.3.2 日本人は上司の指示に対したとえ良くないと思っても言わない	3.36	2.69
q23.4.2 日本人はベトナム人部下に仕事の報告連絡相談するよう要求する	4.22	4.18
q23.5.2 日本人上司は部下の仕事がうまくいった際に褒めない	2.66	2.94
q23.6.2 日本人はベトナム人部下が仕事の評価の説明を求めても説明しない	2.56	2.71
q23.7.2 日本人はたとえ些細な事柄でも会社の規則に従うよう求める	4.46	4.06
q23.8.2 日本人はベトナム人が仕事内容についてわかるまで尋ねるよう求める	4.16	4.00
q23.9.2 ベトナム人部下が物品を渡そうとするが日本人上司は受け取らない	3.10	2.53
q23.10.2 この会社では上司も部下も同じ部屋で仕事をする	4.19	3.69
q23.11.2 物事の決定までかなりの時間がかかる	2.99	3.07
q23.12.2 能力も加味されるが基本的には年功序列で昇進する	3.47	3.50
q23.13.2 部下が給与の額を交渉しても上司はうまく説明しない	2.82	2.29
q23.14.2 チームワークを重視する	4.10	3.93
q23.15.2 ベトナム人にたとえ私的な先約があっても残業することを求める	2.80	2.36
q23.16.2 日本人はベトナム人に職務範囲以外の事柄でも仕事を行うよう求める	2.46	2.27
q23.17.2 日本人はベトナム人が家族と過ごす予定があっても休日出勤を求める	2.00	2.31
q23.18.2 日本人はベトナム人部下に対して礼儀正しく接している	3.98	4.31
q23.19.2 仕事の始業時間や会議が始まる前には必ず到着するのを求める	4.30	4.31
q23.20.2 日本人はベトナム人部下に常に仕事の納期を守るよう求める	4.34	4.41

q23.21.2 会社では男性従業員と女性従業員の給与や昇進等に差がある	1.74	3.06
q23.22.2 終業後日本人上司はベトナム人部下と酒を飲みに行ったりするのを求める	1.92	2.40
q23.23.2 会議は議論の場ではなく承認の場である. 会議中に議論しない	2.30	2.50
q23.24.2 日本人に対して反対意見を言うことは極力避ける	2.20	2.40
q23.25.2 日本人上司は周りに人々がいる所で部下を叱責する	2.35	2.67
q23.26.2 日本人上司の指示内容は曖昧で分かりにくい	2.03	2.27
q23.27.2 日本人はベトナム人が転職することを理解しない	2.80	2.53
q23.28.2 能力も加味されるが基本的には年功序列型給与を受け取る	3.33	3.75
q23.29.2 日本人はベトナム人が家族事情で早退や欠勤することを理解しない	2.81	2.60
q23.30.2 配置転換や人事異動する	2.85	2.79
q23.31.2 問題が発生した場合何が原因で問題が発生したのかを明確にする	4.20	3.56
q23.32.2 良い結果も良くない結果も上司に素直に報告することを求める	4.20	4.33
q23.33.2 業務上の問題点があれば徹底的に追求し解決方法を探し出す	4.16	4.50
q23.34.2 この会社の日本人とはベトナム語で意思疎通をはかる	1.94	2.88
q23.35.2 日本人はベトナム人が自主的に仕事を探してすることを求める	3.88	4.38
q23.36.2 この会社の日本人はベトナム人と日本語で意思疎通をはかる	3.99	3.87
q23.37.2 日本人はベトナム人と仕事や会社についての情報を共有しない	2.76	2.93
r（順位相関 − 全製造業 vs. 全非製造業）		0.792
p（有意水準）		0.000

注：表中の数値は5段階尺度（「1．全く見かけない」、「2．見かけるのは30％未満」、「3．見かけるのは50％程」、「4．見かけるのは60-70％」、「5．見かけるのは80％以上」）の平均値。分析の際には順位に変換。なお、質問項目「q23.1」は、「問23の1」を意味し、最後の「2」は

「見かけるへの回答」という意味である。

表21　ホーチミン日系企業における日本人の回答：「文化の相違」
（全製造業 vs. 全電気・電子製品、石油・ガス 1 、化学工業 9 、全製造業その他）

質問項目	全製造業 ($n=62$)	全電気・ 電子製品 ($n=36$)	石油・ ガス 1 ($n=11$)	化学工業 9 ($n=4$)	全製造業 その他 ($n=11$)
q23.1.1 ベトナム人は有給休暇を全て消化する	3.06	3.19	2.45	3.50	3.09
q23.2.1 ベトナム人は品質管理や事務管理を徹底して行わない	2.92	2.92	2.82	2.50	3.18
q23.3.1 ベトナム人は上司の指示が良くない方策だと思ったらはっきり言う	3.05	3.11	3.00	2.50	3.09
q23.4.1 ベトナム人は仕事の途中で何度も上司に報告相談したりしない	3.53	3.67	3.27	3.75	3.27
q23.5.1 ベトナム人は部下の仕事がうまくいった際は必ず褒める	2.79	2.72	3.09	3.00	2.64
q23.6.1 ベトナム人は日本人上司の評価内容の説明を求める	3.18	3.33	3.00	3.25	2.82
q23.7.1 ベトナム人は会社の規則に従わない場合がある	2.84	2.92	3.09	2.75	2.36
q23.8.1 ベトナム人は仕事のわからない点があっても分かるまで尋ねない	3.27	3.36	3.27	3.00	3.09
q23.9.1 ベトナム人は上司との関係をよくするために上司に品物を渡す	2.11	1.89	3.36	1.75	1.73
q23.10.1 ベトナム人の間では管理職には個室が与えられるべきだと考える	1.76	1.61	2.36	1.50	1.73
q23.11.1 ベトナム人は物事を決定するのにあまり時間がかからない	3.21	3.33	2.73	4.00	3.00
q23.12.1 ベトナム人は能力型で昇進し年功序列に大きく影響することはない	3.06	2.94	3.45	4.00	2.73

q23.13.1 ベトナム人は給与の額に不満があれば上司と交渉する	3.40	3.42	3.73	3.75	2.91
q23.14.1 ベトナム人は各自が自分の分担仕事をこなす. チームワークがない	3.65	3.72	3.36	3.25	3.82
q23.15.1 ベトナム人は残業を頼まれても私的な先約があれば仕事の方を断る	3.23	3.36	3.09	2.75	3.09
q23.16.1 ベトナム人は自分の職務範囲外の業務は行わない	3.56	3.67	3.36	3.50	3.45
q23.17.1 ベトナム人は家族と過ごす予定があれば休日出勤を頼まれても断る	3.21	3.28	3.09	3.00	3.18
q23.18.1 ベトナム人は日本人上司には敬語を使い目上の者として接する	3.69	3.97	2.91	3.75	3.55
q23.19.1 ベトナム人は仕事の始業時間や会議を遅れて始めることが多い	3.68	3.61	3.82	4.00	3.64
q23.20.1 ベトナム人は仕事の納期を守らない	3.21	3.33	2.82	3.25	3.18
q23.21.1 ベトナム人は男性従業員と女性従業員を平等に扱う	3.32	3.44	3.27	3.50	2.91
q23.22.1 ベトナム人は日本人と夕食を食べたり酒を飲みに行ったりしない	2.60	2.42	2.82	3.75	2.55
q23.23.1 ベトナム人は会議を議論の場ととらえる. 反対意見も多く飛び交う	3.18	3.25	3.36	2.50	3.00
q23.24.1 ベトナム人は日本人上司へ反対意見をはっきりと言う	3.08	3.14	3.09	3.00	2.91
q23.25.1 ベトナム人は1対1になれる個室で部下を叱責する	3.37	3.22	3.82	3.00	3.55

q23.26.1 ベトナム人部下には日本人部下より仕事内容を明確に指示する	4.32	4.31	4.27	4.50	4.36
q23.27.1 ベトナム人は現在より良い給与地位が得られる会社に転職する	4.39	4.50	4.00	4.50	4.36
q23.28.1 ベトナム人は能力給を受け取る.年功序列が給与に影響しない	3.15	3.19	3.00	3.75	2.91
q23.29.1 ベトナム人は妻が出産した時や子供が入院した時には早退欠勤する	3.85	3.97	3.73	3.50	3.73
q23.30.1 ベトナム人は配置転換や人事異動を嫌う	3.50	3.61	3.27	3.50	3.36
q23.31.1 問題が発生した場合ベトナム人は誰に責任があるかを明確にする	3.42	3.53	3.27	3.50	3.18
q23.32.1 ベトナム人は良くない結果や問題が生じた場合は報告しない	3.37	3.58	3.00	3.50	3.00
q23.33.1 ベトナム人は業務上の問題点について徹底的に解明をしない	3.50	3.61	3.36	2.75	3.55
q23.34.1 ベトナム人とはベトナム語で意思疎通をはかる	2.52	2.36	3.09	1.50	2.82
q23.35.1 ベトナム人は自主的に仕事を探して自ら積極的に仕事をしない	3.69	3.81	3.82	2.75	3.55
q23.36.1 ベトナム人は日本人と日本語で意思疎通をはかる	2.98	3.47	2.27	1.75	2.55
q23.37.1 ベトナム人は日本人と仕事や会社の情報共有することを要求する	3.00	3.06	2.82	2.75	3.09
r（順位相関－全製造業 vs. 全電気・電子製品、石油・ガス 1、化学工業 9、全製造業その他）		0.950	0.634	0.582	0.856
p（有意水準）		0.000	0.000	0.000	0.000

付録Ⅱ

注：表中の数値は5段階尺度（「1．全く感じない」～「5．常に感じる」）の平均値。分析の際には順位に変換。「石油・ガス1」、「化学工業9」は本調査の協力企業である。調査時期により、ランダムに番号をつけたため、「1」、「9」と番号が順不同である。なお、質問項目「q23.1」は、「問23の1」を意味し、最後の「1」は「文化の相違への回答」という意味である。

表22　ホーチミン日系企業における日本人の回答：「文化の相違」
（製造業 vs. 非製造業）

質問項目	製造業 （$n=62$）	非製造業 （$n=8$）
q23.1.1 ベトナム人は有給休暇を全て消化する	3.06	5.00
q23.2.1 ベトナム人は品質管理や事務管理を徹底して行わない	2.92	3.00
q23.3.1 ベトナム人は上司の指示が良くない方策だと思ったらはっきり言う	3.05	3.00
q23.4.1 ベトナム人は仕事の途中で何度も上司に報告相談したりしない	3.53	2.50
q23.5.1 ベトナム人は部下の仕事がうまくいった際は必ず褒める	2.79	3.50
q23.6.1 ベトナム人は日本人上司の評価内容の説明を求める	3.18	2.50
q23.7.1 ベトナム人は会社の規則に従わない場合がある	2.84	4.00
q23.8.1 ベトナム人は仕事のわからない点があっても分かるまで尋ねない	3.27	3.50
q23.9.1 ベトナム人は上司との関係をよくするために上司に品物を渡す	2.11	3.00
q23.10.1 ベトナム人の間では管理職には個室が与えられるべきだと考える	1.76	1.00
q23.11.1 ベトナム人は物事を決定するのにあまり時間がかからない	3.21	2.00
q23.12.1 ベトナム人は能力型で昇進し年功序列に大きく影響することはない	3.06	1.50
q23.13.1 ベトナム人は給与の額に不満があれば上司と交渉する	3.40	5.00
q23.14.1 ベトナム人は各自が自分の分担仕事をこなす．チームワークがない	3.65	5.00
q23.15.1 ベトナム人は残業を頼まれても私的な先約があれば仕事の方を断る	3.23	4.50

q23.16.1 ベトナム人は自分の職務範囲外の業務は行わない	3.56	4.50
q23.17.1 ベトナム人は家族と過ごす予定があれば休日出勤を頼まれても断る	3.21	5.00
q23.18.1 ベトナム人は日本人上司には敬語を使い目上の者として接する	3.69	3.00
q23.19.1 ベトナム人は仕事の始業時間や会議を遅れて始めることが多い	3.68	5.00
q23.20.1 ベトナム人は仕事の納期を守らない	3.21	3.50
q23.21.1 ベトナム人は男性従業員と女性従業員を平等に扱う	3.32	4.50
q23.22.1 ベトナム人は日本人と夕食を食べたり酒を飲みに行ったりしない	2.60	1.00
q23.23.1 ベトナム人は会議を議論の場ととらえる. 反対意見も多く飛び交う	3.18	4.00
q23.24.1 ベトナム人は日本人上司へ反対意見をはっきりと言う	3.08	5.00
q23.25.1 ベトナム人は1対1になれる個室で部下を叱責する	3.37	2.50
q23.26.1 ベトナム人部下には日本人部下より仕事内容を明確に指示する	4.32	4.50
q23.27.1 ベトナム人は現在より良い給与地位が得られる会社に転職する	4.39	5.00
q23.28.1 ベトナム人は能力給を受け取る. 年功序列が給与に影響しない	3.15	2.50
q23.29.1 ベトナム人は妻が出産した時や子供が入院した時には早退欠勤する	3.85	4.00
q23.30.1 ベトナム人は配置転換や人事異動を嫌う	3.50	4.00
q23.31.1 問題が発生した場合ベトナム人は誰に責任があるかを明確にする	3.42	3.00
q23.32.1 ベトナム人は良くない結果や問題が生じた場合は報告しない	3.37	5.00
q23.33.1 ベトナム人は業務上の問題点について徹底的に解明をしない	3.50	4.50
q23.34.1 ベトナム人とはベトナム語で意思疎通をはかる	2.52	2.00
q23.35.1 ベトナム人は自主的に仕事を探して自ら積極的に仕事をしない	3.69	3.00

付録Ⅱ

q23.36.1 ベトナム人は日本人と日本語で意思疎通をはかる	2.98	4.00
q23.37.1 ベトナム人は日本人と仕事や会社の情報共有することを要求する	3.00	4.00
r（順位相関−製造業 vs. 非製造業）		0.426
p（有意水準）		0.009

注：表中の数値は5段階尺度（「1．全く感じない」〜「5．常に感じる」）の平均値。分析の際には順位に変換。なお、質問項目「q23.1」は、「問23の1」を意味し、最後の「1」は「文化の相違への回答」という意味である。

表23　ホーチミン日系企業における日本人の回答：「見かける」
（全製造業 vs. 全電気・電子製品、石油・ガス1、化学工業9、全製造業その他）

質問項目	全製造業 （*n*=62）	全電気・電子製品 （*n*=36）	石油・ガス1 （*n*=11）	化学工業9 （*n*=4）	全製造業その他 （*n*=11）
q23.1.2 ベトナム人は有給休暇を全て消化する	2.98	3.14	2.00	3.25	3.36
q23.2.2 ベトナム人は品質管理や事務管理を徹底して行わない	2.60	2.67	2.45	2.25	2.64
q23.3.2 ベトナム人は上司の指示が良くない方策だと思ったらはっきり言う	2.89	2.97	2.82	2.75	2.73
q23.4.2 ベトナム人は仕事の途中で何度も上司に報告相談したりしない	3.27	3.44	3.00	3.25	3.00
q23.5.2 ベトナム人は部下の仕事がうまくいった際は必ず褒める	2.73	2.58	3.18	3.00	2.64
q23.6.2 ベトナム人は日本人上司の評価内容の説明を求める	2.77	2.97	2.36	3.00	2.45
q23.7.2 ベトナム人は会社の規則に従わない場合がある	2.48	2.58	2.36	2.25	2.36
q23.8.2 ベトナム人は仕事のわからない点があっても分かるまで尋ねない	2.90	3.00	3.00	2.00	2.82
q23.9.2 ベトナム人は上司との関係をよくするために上司に品物を渡す	1.55	1.44	2.18	1.25	1.36

q23.10.2 ベトナム人の間では管理職には個室が与えられるべきだと考える	1.34	1.26	1.64	1.25	1.36
q23.11.2 ベトナム人は物事を決定するのにあまり時間がかからない	3.02	3.14	3.09	3.25	2.45
q23.12.2 ベトナム人は能力型で昇進し年功序列に大きく影響することはない	2.98	2.83	3.45	4.50	2.45
q23.13.2 ベトナム人は給与の額に不満があれば上司と交渉する	2.93	2.89	3.27	3.50	2.55
q23.14.2 ベトナム人は各自が自分の分担仕事をこなす. チームワークがない	3.24	3.36	2.82	2.75	3.45
q23.15.2 ベトナム人は残業を頼まれても私的な先約があれば仕事の方を断る	2.73	2.94	2.45	2.25	2.45
q23.16.2 ベトナム人は自分の職務範囲外の業務は行わない	3.26	3.31	3.45	3.50	2.82
q23.17.2 ベトナム人は家族と過ごす予定があれば休日出勤を頼まれても断る	2.69	2.86	2.45	2.75	2.36
q23.18.2 ベトナム人は日本人上司には敬語を使い目上の者として接する	3.89	3.92	3.55	4.75	3.82
q23.19.2 ベトナム人は仕事の始業時間や会議を遅れて始めることが多い	3.27	3.31	3.27	3.75	3.00
q23.20.2 ベトナム人は仕事の納期を守らない	2.87	3.14	2.09	3.00	2.73
q23.21.2 ベトナム人は男性従業員と女性従業員を平等に扱う	3.47	3.42	3.55	4.50	3.18
q23.22.2 ベトナム人は日本人と夕食を食べたり酒を飲みに行ったりしない	2.40	2.31	2.36	3.50	2.36

q23.23.2 ベトナム人は会議を議論の場ととらえる. 反対意見も多く飛び交う	3.15	3.11	3.64	3.25	2.73
q23.24.2 ベトナム人は日本人上司へ反対意見をはっきりと言う	2.81	2.81	2.91	3.00	2.64
q23.25.2 ベトナム人は1対1になれる個室で部下を叱責する	3.10	2.92	3.55	3.50	3.09
q23.26.2 ベトナム人部下には日本人部下より仕事内容を明確に指示する	4.06	4.17	4.09	4.50	3.55
q23.27.2 ベトナム人は現在より良い給与地位が得られる会社に転職する	3.76	3.89	3.27	4.25	3.64
q23.28.2 ベトナム人は能力給を受け取る. 年功序列が給与に影響しない	3.24	3.14	3.09	4.75	3.18
q23.29.2 ベトナム人は妻が出産した時や子供が入院した時には早退欠勤する	3.94	4.03	3.91	4.25	3.55
q23.30.2 ベトナム人は配置転換や人事異動を嫌う	3.27	3.36	3.18	3.25	3.09
q23.31.2 問題が発生した場合ベトナム人は誰に責任があるかを明確にする	3.21	3.42	2.82	3.50	2.82
q23.32.2 ベトナム人は良くない結果や問題が生じた場合は報告しない	3.00	3.33	2.55	2.75	2.45
q23.33.2 ベトナム人は業務上の問題点について徹底的に解明をしない	3.18	3.26	3.00	3.25	3.09
q23.34.2 ベトナム人とはベトナム語で意思疎通をはかる	2.63	2.64	2.73	1.25	3.00
q23.35.2 ベトナム人は自主的に仕事を探して自ら積極的に仕事をしない	3.48	3.67	3.55	2.25	3.27
q23.36.2 ベトナム人は日本人と日本語で意思疎通をはかる	2.81	3.36	1.55	1.25	2.82

764 付録Ⅱ

質問項目					
q23.37.2 ベトナム人は日本人と仕事や会社の情報共有することを要求す	2.82	2.89	2.82	3.00	2.55
r（順位相関－全製造業 vs. 全電気・電子製品、石油・ガス1、化学工業9、全製造業その他）		0.904	0.776	0.691	0.820
p（有意水準）		0.000	0.000	0.000	0.000

注：表中の数値は5段階尺度（「1．全く見かけない」、「2．見かけるのは30％未満」、「3．見かけるのは50％程」、「4．見かけるのは60-70％」、「5．見かけるのは80％以上」）の平均値。分析の際には順位に変換。「石油・ガス1」、「化学工業9」は本調査の協力企業である。調査時期により、ランダムに番号をつけたため、「1」、「9」と番号が順不同である。なお、質問項目「q23.1」は、「問23の1」を意味し、最後の「2」は「見かけるへの回答」という意味である。

表24 ホーチミン日系企業における日本人の回答：「見かける」（全製造業 vs. 全非製造業）

質問項目	全製造業 （n = 62）	全非製造業 （n = 8）
q23.1.2 ベトナム人は有給休暇を全て消化する	2.98	4.50
q23.2.2 ベトナム人は品質管理や事務管理を徹底して行わない	2.60	3.00
q23.3.2 ベトナム人は上司の指示が良くない方策だと思ったらはっきり言う	2.89	3.00
q23.4.2 ベトナム人は仕事の途中で何度も上司に報告相談したりしない	3.27	2.50
q23.5.2 ベトナム人は部下の仕事がうまくいった際は必ず褒める	2.73	3.50
q23.6.2 ベトナム人は日本人上司の評価内容の説明を求める	2.77	2.00
q23.7.2 ベトナム人は会社の規則に従わない場合がある	2.48	4.50
q23.8.2 ベトナム人は仕事のわからない点があっても分かるまで尋ねない	2.90	4.00
q23.9.2 ベトナム人は上司との関係をよくするために上司に品物を渡す	1.55	1.00
q23.10.2 ベトナム人の間では管理職には個室が与えられるべきだと考える	1.34	1.00
q23.11.2 ベトナム人は物事を決定するのにあまり時間がかからない	3.02	3.00

q23.12.2 ベトナム人は能力型で昇進し年功序列に大きく影響することはない	2.98	1.50
q23.13.2 ベトナム人は給与の額に不満があれば上司と交渉する	2.93	5.00
q23.14.2 ベトナム人は各自が自分の分担仕事をこなす. チームワークがない	3.24	5.00
q23.15.2 ベトナム人は残業を頼まれても私的な先約があれば仕事の方を断る	2.73	2.00
q23.16.2 ベトナム人は自分の職務範囲外の業務は行わない	3.26	3.50
q23.17.2 ベトナム人は家族と過ごす予定があれば休日出勤を頼まれても断る	2.69	3.00
q23.18.2 ベトナム人は日本人上司には敬語を使い目上の者として接する	3.89	5.00
q23.19.2 ベトナム人は仕事の始業時間や会議を遅れて始めることが多い	3.27	4.50
q23.20.2 ベトナム人は仕事の納期を守らない	2.87	3.50
q23.21.2 ベトナム人は男性従業員と女性従業員を平等に扱う	3.47	4.50
q23.22.2 ベトナム人は日本人と夕食を食べたり酒を飲みに行ったりしない	2.40	2.50
q23.23.2 ベトナム人は会議を議論の場ととらえる. 反対意見も多く飛び交う	3.15	3.50
q23.24.2 ベトナム人は日本人上司へ反対意見をはっきりと言う	2.81	5.00
q23.25.2 ベトナム人は1対1になれる個室で部下を叱責する	3.10	2.00
q23.26.2 ベトナム人部下には日本人部下より仕事内容を明確に指示する	4.06	5.00
q23.27.2 ベトナム人は現在より良い給与地位が得られる会社に転職する	3.76	5.00
q23.28.2 ベトナム人は能力給を受け取る. 年功序列が給与に影響しない	3.24	2.00
q23.29.2 ベトナム人は妻が出産した時や子供が入院した時には早退欠勤する	3.94	4.00
q23.30.2 ベトナム人は配置転換や人事異動を嫌う	3.27	3.50
q23.31.2 問題が発生した場合ベトナム人は誰に責任があるかを明確にする	3.21	3.00

質問項目		
q23.32.2 ベトナム人は良くない結果や問題が生じた場合は報告しない	3.00	5.00
q23.33.2 ベトナム人は業務上の問題点について徹底的に解明をしない	3.18	4.50
q23.34.2 ベトナム人とはベトナム語で意思疎通をはかる	2.63	1.00
q23.35.2 ベトナム人は自主的に仕事を探して自ら積極的に仕事をしない	3.48	3.50
q23.36.2 ベトナム人は日本人と日本語で意思疎通をはかる	2.81	3.00
q23.37.2 ベトナム人は日本人と仕事や会社の情報共有することを要求する	2.82	3.50
r（順位相関 – 全製造業 vs. 全非製造業）		0.499
p（有意水準）		0.002

注：表中の数値は5段階尺度（「1．全く見かけない」、「2．見かけるのは30％未満」、「3．見かけるのは50％程」、「4．見かけるのは60-70％」、「5．見かけるのは80％以上」）の平均値。分析の際には順位に変換。なお、質問項目「q23.1」は、「問23の1」を意味し、最後の「2」は「見かけるへの回答」という意味である。

表25　ホーチミン日系企業におけるベトナム人の回答：「文化の相違」
（全製造業 vs. 全電気・電子製品、石油・ガス1、化学工業9、全製造業その他）

質問項目	全製造業 ($n=111$)	全電気・ 電子製品 ($n=68$)	石油・ ガス1 ($n=23$)	化学工業 9 ($n=7$)	全製造業 その他 ($n=13$)
q23.1.1 日本人管理職は有給休暇を全て消化しない	3.23	3.15	3.48	2.71	3.46
q23.2.1 日本人管理職はベトナム人に品質管理を徹底して行うことを求める	3.98	4.10	4.09	2.43	4.00
q23.3.1 日本人は上司の指示に対したとえ良くないと思っても言わない	3.13	3.06	3.17	3.43	3.23
q23.4.1 日本人はベトナム人部下に仕事の報告連絡相談するよう要求する	3.80	3.71	4.09	3.86	3.77

q23.5.1 日本人上司は部下の仕事がうまくいった際に褒めない	2.69	2.76	2.48	3.00	2.54
q23.6.1 日本人はベトナム人部下が仕事の評価の説明を求めても説明しない	2.64	2.68	2.17	3.14	3.00
q23.7.1 日本人はたとえ些細な事柄でも会社の規則に従うよう求める	3.95	4.07	4.09	2.71	3.77
q23.8.1 日本人はベトナム人が仕事内容についてわかるまで尋ねるよう求める	3.94	4.06	3.96	3.57	3.46
q23.9.1 ベトナム人部下が物品を渡そうとするが日本人上司は受け取らない	3.05	3.00	3.13	3.71	2.77
q23.10.1 この会社では上司も部下も同じ部屋で仕事をする	3.84	4.06	3.30	3.29	3.92
q23.11.1 物事の決定までかなりの時間がかかる	3.02	2.96	2.78	3.17	3.69
q23.12.1 能力も加味されるが基本的には年功序列で昇進する	3.17	3.30	3.22	3.57	3.62
q23.13.1 部下が給与の額を交渉しても上司はうまく説明しない	3.07	3.13	2.91	2.83	3.15
q23.14.1 チームワークを重視する	3.69	3.54	4.09	3.29	4.00
q23.15.1 ベトナム人にたとえ私的な先約があっても残業することを求める	2.85	3.00	2.43	3.14	2.62
q23.16.1 日本人はベトナム人に職務範囲以外の事柄でも仕事を行うよう求める	2.62	2.61	2.52	2.57	2.85

q23.17.1 日本人はベトナム人が家族と過ごす予定があっても休日出勤を求める	2.57	2.70	2.30	2.57	2.38
q23.18.1 日本人はベトナム人部下に対して礼儀正しく接している	3.77	3.72	4.00	4.14	3.46
q23.19.1 仕事の始業時間や会議が始まる前には必ず到着するのを求める	3.85	4.06	3.26	4.14	3.62
q23.20.1 日本人はベトナム人部下に常に仕事の納期を守るよう求める	4.02	4.18	4.04	3.14	3.62
q23.21.1 会社では男性従業員と女性従業員の給与や昇進等に差がある	2.67	2.70	2.61	2.14	2.92
q23.22.1 終業後日本人上司はベトナム人部下と酒を飲みに行ったりするのを求める	2.78	2.52	3.04	3.71	3.15
q23.23.1 会議は議論の場ではなく承認の場である. 会議中に議論しない	2.69	2.84	2.35	2.29	2.77
q23.24.1 日本人に対して反対意見を言うことは極力避ける	2.74	2.88	2.52	2.57	2.46
q23.25.1 日本人上司は周りに人々がいる所で部下を叱責する	2.55	2.76	2.09	3.00	2.00
q23.26.1 日本人上司の指示内容は曖昧で分かりにくい	2.43	2.57	2.09	2.43	2.31
q23.27.1 日本人はベトナム人が転職することを理解しない	3.24	3.32	3.04	3.29	3.15
q23.28.1 能力も加味されるが基本的には年功序列型給与を受け取る	3.18	3.20	3.17	2.71	3.38

q23.29.1 日本人はベトナム人が家族事情で早退や欠勤することを理解しない	2.81	2.93	2.52	2.86	2.69
q23.30.1 配置転換や人事異動する	3.21	3.51	2.43	3.43	2.92
q23.31.1 問題が発生した場合何が原因で問題が発生したのかを明確にする	3.90	4.01	3.87	3.86	3.38
q23.32.1 良い結果も良くない結果も上司に素直に報告することを求める	4.05	4.16	4.09	3.86	3.54
q23.33.1 業務上の問題点があれば徹底的に追求し解決方法を探し出す	3.96	4.13	3.91	3.14	3.62
q23.34.1 この会社の日本人とはベトナム語で意思疎通をはかる	2.42	2.43	2.22	2.29	2.77
q23.35.1 日本人はベトナム人が自主的に仕事を探してすることを求める	3.68	3.72	3.91	3.14	3.38
q23.36.1 この会社の日本人はベトナム人と日本語で意思疎通をはかる	3.29	3.81	2.17	3.14	2.69
q23.37.1 日本人はベトナム人と仕事や会社についての情報を共有しない	2.62	2.67	2.52	2.43	2.62
r（順位相関－全製造業 vs. 全電気・電子製品、石油・ガス1、化学工業9、全製造業その他）		0.972	0.857	0.550	0.797
p（有意水準）		0.000	0.000	0.000	0.000

注：表中の数値は5段階尺度（「1．全く感じない」～「5．常に感じる」）の平均値。分析の際には順位に変換。「石油・ガス1」、「化学工業9」は本調査の協力企業である。調査時期により、ランダムに番号をつけたため、「1」、「9」と番号が順不同である。なお、質問項目「q23.1」は、「問23の1」を意味し、最後の「1」は「文化の相違への回答」という意味である。

表26　ホーチミン日系企業におけるベトナム人の回答：「文化の相違」
（製造業 vs. 非製造業）

質問項目	全製造業 ($n = 111$)	全非製造業 ($n = 29$)
q23.1.1 日本人管理職は有給休暇を全て消化しない	3.23	2.85
q23.2.1 日本人管理職はベトナム人に品質管理を徹底して行うことを求める	3.98	3.37
q23.3.1 日本人は上司の指示に対したとえ良くないと思っても言わない	3.13	2.70
q23.4.1 日本人はベトナム人部下に仕事の報告連絡相談するよう要求する	3.80	3.25
q23.5.1 日本人上司は部下の仕事がうまくいった際に褒めない	2.69	2.70
q23.6.1 日本人はベトナム人部下が仕事の評価の説明を求めても説明しない	2.64	3.10
q23.7.1 日本人はたとえ些細な事柄でも会社の規則に従うよう求める	3.95	3.35
q23.8.1 日本人はベトナム人が仕事内容についてわかるまで尋ねるよう求める	3.94	3.20
q23.9.1 ベトナム人部下が物品を渡そうとするが日本人上司は受け取らない	3.05	2.95
q23.10.1 この会社では上司も部下も同じ部屋で仕事をする	3.84	2.00
q23.11.1 物事の決定までかなりの時間がかかる	3.02	2.25
q23.12.1 能力も加味されるが基本的には年功序列で昇進する	3.17	2.86
q23.13.1 部下が給与の額を交渉しても上司はうまく説明しない	3.07	2.95
q23.14.1 チームワークを重視する	3.69	3.15
q23.15.1 ベトナム人にたとえ私的な先約があっても残業することを求める	2.85	3.00
q23.16.1 日本人はベトナム人に職務範囲以外の事柄でも仕事を行うよう求める	2.62	2.25
q23.17.1 日本人はベトナム人が家族と過ごす予定があっても休日出勤を求める	2.57	2.74
q23.18.1 日本人はベトナム人部下に対して礼儀正しく接している	3.77	3.45

q23.19.1 仕事の始業時間や会議が始まる前には必ず到着するのを求める	3.85	2.84
q23.20.1 日本人はベトナム人部下に常に仕事の納期を守るよう求める	4.02	3.40
q23.21.1 会社では男性従業員と女性従業員の給与や昇進等に差がある	2.67	2.70
q23.22.1 終業後日本人上司はベトナム人部下と酒を飲みに行ったりするのを求める	2.78	1.95
q23.23.1 会議は議論の場ではなく承認の場である.会議中に議論しない	2.69	2.60
q23.24.1 日本人に対して反対意見を言うことは極力避ける	2.74	1.95
q23.25.1 日本人上司は周りに人々がいる所で部下を叱責する	2.55	2.26
q23.26.1 日本人上司の指示内容は曖昧で分かりにくい	2.43	2.22
q23.27.1 日本人はベトナム人が転職することを理解しない	3.24	2.85
q23.28.1 能力も加味されるが基本的には年功序列型給与を受け取る	3.18	2.80
q23.29.1 日本人はベトナム人が家族事情で早退や欠勤することを理解しない	2.81	2.45
q23.30.1 配置転換や人事異動する	3.21	2.35
q23.31.1 問題が発生した場合何が原因で問題が発生したのかを明確にする	3.90	2.95
q23.32.1 良い結果も良くない結果も上司に素直に報告することを求める	4.05	3.37
q23.33.1 業務上の問題点があれば徹底的に追求し解決方法を探し出す	3.96	2.90
q23.34.1 この会社の日本人とはベトナム語で意思疎通をはかる	2.42	1.58
q23.35.1 日本人はベトナム人が自主的に仕事を探してすることを求める	3.68	2.95
q23.36.1 この会社の日本人はベトナム人と日本語で意思疎通をはかる	3.29	2.25
q23.37.1 日本人はベトナム人と仕事や会社についての情報を共有しない	2.62	2.57
r (順位相関－製造業 vs. 非製造業)		0.655

			0.000
p（有意水準）			0.000

注：表中の数値は5段階尺度（「1．全く感じない」～「5．常に感じる」）の平均値。分析の際には順位に変換。なお、質問項目「q23.1」は、「問23の1」を意味し、最後の「1」は「文化の相違への回答」という意味である。

表27　ホーチミン日系企業におけるベトナム人の回答：「見かける」
（全製造業 vs. 全電気・電子製品、石油・ガス1、化学工業9、製造業その他6、製造業その他8）

質問項目	全製造業 （$n=111$）	全電気・ 電子製品 （$n=68$）	石油・ ガス1 （$n=23$）	化学工業 9 （$n=7$）	製造業そ の他6 （$n=8$）	製造業 その他8 （$n=5$）
q23.1.2 日本人管理職は有給休暇を全て消化しない	2.53	2.52	2.35	2.80	2.14	3.80
q23.2.2 日本人管理職はベトナム人に品質管理を徹底して行うことを求める	2.94	2.77	3.26	3.17	2.63	4.00
q23.3.2 日本人は上司の指示に対したとえ良くないと思っても言わない	2.68	2.61	2.61	3.33	3.13	2.40
q23.4.2 日本人はベトナム人部下に仕事の報告連絡相談するよう要求する	2.70	2.65	3.04	2.83	2.25	2.40
q23.5.2 日本人上司は部下の仕事がうまくいった際に褒めない	2.24	2.41	2.04	1.83	1.75	2.00
q23.6.2 日本人はベトナム人部下が仕事の評価の説明を求めても説明しない	2.12	2.18	1.74	2.80	1.75	3.00

q23.7.2 日本人はたとえ些細な事柄でも会社の規則に従うよう求める	3.09	3.04	3.35	3.17	3.13	2.40
q23.8.2 日本人はベトナム人が仕事内容についてわかるまで尋ねるよう求める	2.59	2.42	3.00	3.33	2.63	2.00
q23.9.2 ベトナム人部下が物品を渡そうとするが日本人上司は受け取らない	2.60	2.45	2.96	3.50	1.71	3.20
q23.10.2 この会社では上司も部下も同じ部屋で仕事をする	3.06	2.87	2.70	4.67	3.75	4.40
q23.11.2 物事の決定までかなりの時間がかかる	2.54	2.49	2.26	3.80	2.75	2.80
q23.12.2 能力も加味されるが基本的には年功序列で昇進する	2.52	2.32	2.78	3.33	2.75	2.60
q23.13.2 部下が給与の額を交渉しても上司はうまく説明しない	2.32	2.35	2.22	2.20	2.13	2.80
q23.14.2 チームワークを重視する	2.83	2.55	3.30	3.33	3.38	2.80
q23.15.2 ベトナム人にたとえ私的な先約があっても残業することを求める	2.09	2.20	1.65	2.40	2.13	2.40
q23.16.2 日本人はベトナム人に職務範囲以外の事柄でも仕事を行うよう求める	1.91	1.89	1.78	1.75	1.88	2.80

q23.17.2 日本人はベトナム人が家族と過ごす予定があっても休日出勤を求める	1.92	2.06	1.74	1.20	1.63	2.00
q23.18.2 日本人はベトナム人部下に対して礼儀正しく接している	2.46	2.41	2.57	2.50	2.50	2.60
q23.19.2 仕事の始業時間や会議が始まる前には必ず到着するのを求める	2.80	2.72	2.52	3.17	3.63	3.40
q23.20.2 日本人はベトナム人部下に常に仕事の納期を守るよう求める	2.60	2.52	2.87	2.50	3.13	1.60
q23.21.2 会社では男性従業員と女性従業員の給与や昇進等に差がある	1.87	1.79	1.78	1.60	2.50	2.60
q23.22.2 終業後日本人上司はベトナム人部下と酒を飲みに行ったりするのを求める	2.21	2.24	1.96	2.00	2.13	3.40
q23.23.2 会議は議論の場ではなく承認の場である.会議中に議論しない	2.17	2.19	2.04	2.17	2.50	2.00
q23.24.2 日本人に対して反対意見を言うことは極力避ける	2.18	2.26	2.04	1.83	1.75	2.80
q23.25.2 日本人上司は周りに人々がいる所で部下を叱責する	2.24	2.20	2.13	2.50	2.13	3.20
q23.26.2 日本人上司の指示内容は曖昧で分かりにくい	1.95	1.86	2.00	1.67	1.88	3.40

q23.27.2 日本人はベトナム人が転職することを理解しない	2.42	2.42	2.26	2.00	2.50	3.40
q23.28.2 能力も加味されるが基本的には年功序列型給与を受け取る	2.45	2.42	2.26	2.33	3.00	3.00
q23.29.2 日本人はベトナム人が家族事情で早退や欠勤することを理解しない	2.27	2.28	2.13	2.17	2.38	2.80
q23.30.2 配置転換や人事異動する	2.37	2.58	1.70	2.50	2.75	2.00
q23.31.2 問題が発生した場合何が原因で問題が発生したのかを明確にする	3.04	2.97	2.96	3.83	3.25	3.00
q23.32.2 良い結果も良くない結果も上司に素直に報告することを求める	2.81	2.70	3.04	2.83	3.13	2.60
q23.33.2 業務上の問題点があれば徹底的に追求し解決方法を探し出す	2.73	2.60	3.13	2.50	2.75	3.00
q23.34.2 この会社の日本人とはベトナム語で意思疎通をはかる	2.18	2.30	1.83	1.67	1.88	3.40
q23.35.2 日本人はベトナム人が自主的に仕事を探してすることを求める	2.55	2.28	3.17	2.83	2.88	2.40
q23.36.2 この会社の日本人はベトナム人と日本語で意思疎通をはかる	2.15	2.43	1.30	1.50	2.13	3.00

q23.37.2 日本人はベトナム人と仕事や会社についての情報を共有しない	2.19	2.27	1.91	1.67	2.25	3.00
r（順位相関－全製造業 vs. 全電気・電子製品、石油・ガス1、化学工業9、製造業その他6、製造業その他8）		0.913	0.897	0.832	0.753	0.086
p（有意水準）		0.000	0.000	0.000	0.000	0.613

注：表中の数値は5段階尺度（「1．全く見かけない」、「2．見かけるのは30％未満」、「3．見かけるのは50％程」、「4．見かけるのは60-70％」、「5．見かけるのは80％以上」）の平均値。分析の際には順位に変換。「石油・ガス1」、「化学工業9」、「製造業その他6」、「製造業その他8」は本調査の協力企業である。調査時期により、ランダムに番号をつけたため、「1」、「9」、「6」、「8」と番号が順不同である。なお、質問項目「q23.1」は、「問23の1」を意味し、最後の「2」は「見かけるへの回答」という意味である。

表28　ホーチミン日系企業におけるベトナム人の回答：「見かける」
（修正製造業 vs. 全非製造業）

質問項目	修正製造業 （$n=106$）	全非製造業 （$n=29$）
q23.1.2 日本人管理職は有給休暇を全て消化しない	2.46	3.00
q23.2.2 日本人管理職はベトナム人に品質管理を徹底して行うことを求める	2.89	3.25
q23.3.2 日本人は上司の指示に対したとえ良くないと思っても言わない	2.69	2.00
q23.4.2 日本人はベトナム人部下に仕事の報告連絡相談するよう要求する	2.71	3.12
q23.5.2 日本人上司は部下の仕事がうまくいった際に褒めない	2.25	1.88
q23.6.2 日本人はベトナム人部下が仕事の評価の説明を求めても説明しない	2.08	2.24
q23.7.2 日本人はたとえ些細な事柄でも会社の規則に従うよう求める	3.12	3.18

付録Ⅱ

q23.8.2 日本人はベトナム人が仕事内容についてわかるまで尋ねるよう求める	2.62	3.74
q23.9.2 ベトナム人部下が物品を渡そうとするが日本人上司は受け取らない	2.57	2.24
q23.10.2 この会社では上司も部下も同じ部屋で仕事をする	3.00	2.05
q23.11.2 物事の決定までかなりの時間がかかる	2.52	1.89
q23.12.2 能力も加味されるが基本的には年功序列で昇進する	2.52	2.35
q23.13.2 部下が給与の額を交渉しても上司はうまく説明しない	2.29	2.06
q23.14.2 チームワークを重視する	2.83	3.53
q23.15.2 ベトナム人にたとえ私的な先約があっても残業することを求める	2.08	2.44
q23.16.2 日本人はベトナム人に職務範囲以外の事柄でも仕事を行うよう求める	1.86	1.19
q23.17.2 日本人はベトナム人が家族と過ごす予定があっても休日出勤を求める	1.91	1.41
q23.18.2 日本人はベトナム人部下に対して礼儀正しく接している	2.46	3.87
q23.19.2 仕事の始業時間や会議が始まる前には必ず到着するのを求める	2.77	2.59
q23.20.2 日本人はベトナム人部下に常に仕事の納期を守るよう求める	2.64	4.19
q23.21.2 会社では男性従業員と女性従業員の給与や昇進等に差がある	1.83	1.50
q23.22.2 終業後日本人上司はベトナム人部下と酒を飲みに行ったりするのを求める	2.16	2.13
q23.23.2 会議は議論の場ではなく承認の場である.会議中に議論しない	2.18	1.75
q23.24.2 日本人に対して反対意見を言うことは極力避ける	2.15	1.12
q23.25.2 日本人上司は周りに人々がいる所で部下を叱責する	2.19	1.44
q23.26.2 日本人上司の指示内容は曖昧で分かりにくい	1.88	1.65

質問項目		
q23.27.2 日本人はベトナム人が転職することを理解しない	2.37	1.76
q23.28.2 能力も加味されるが基本的には年功序列型給与を受け取る	2.43	2.29
q23.29.2 日本人はベトナム人が家族事情で早退や欠勤することを理解しない	2.25	1.59
q23.30.2 配置転換や人事異動する	2.39	1.59
q23.31.2 問題が発生した場合何が原因で問題が発生したのかを明確にする	3.04	3.24
q23.32.2 良い結果も良くない結果も上司に素直に報告することを求める	2.82	3.89
q23.33.2 業務上の問題点があれば徹底的に追求し解決方法を探し出す	2.72	3.37
q23.34.2 この会社の日本人とはベトナム語で意思疎通をはかる	2.12	1.44
q23.35.2 日本人はベトナム人が自主的に仕事を探してすることを求める	2.56	3.41
q23.36.2 この会社の日本人はベトナム人と日本語で意思疎通をはかる	2.11	2.11
q23.37.2 日本人はベトナム人と仕事や会社についての情報を共有しない	2.16	2.22
r（順位相関−修正製造業 vs. 非製造業）		0.692
p（有意水準）		0.000

注：表中の数値は 5 段階尺度（「1. 全く見かけない」、「2. 見かけるのは30％未満」、「3. 見かけるのは50％程」、「4. 見かけるのは60-70％」、「5. 見かけるのは80％以上」）の平均値。分析の際には順位に変換。なお、質問項目「q23.1」は、「問23の1」を意味し、最後の「2」は「見かけるへの回答」という意味である。

表29　ベトナム日系企業における日本人の回答：「文化の相違」
（ハノイ修正全企業 vs. ホーチミン全企業）

質問項目	ハノイ修正 全企業 （$n=54$）	ホーチミン 全企業 （$n=70$）
q23.1.1 ベトナム人は有給休暇を全て消化する	3.21	3.12

q23.2.1 ベトナム人は品質管理や事務管理を徹底して行わない	3.02	2.92
q23.3.1 ベトナム人は上司の指示が良くない方策だと思ったらはっきり言う	2.84	3.05
q23.4.1 ベトナム人は仕事の途中で何度も上司に報告相談したりしない	3.45	3.50
q23.5.1 ベトナム人は部下の仕事がうまくいった際は必ず褒める	2.68	2.81
q23.6.1 ベトナム人は日本人上司の評価内容の説明を求める	3.56	3.16
q23.7.1 ベトナム人は会社の規則に従わない場合がある	3.00	2.88
q23.8.1 ベトナム人は仕事のわからない点があっても分かるまで尋ねない	3.59	3.28
q23.9.1 ベトナム人は上司との関係をよくするために上司に品物を渡す	2.11	2.14
q23.10.1 ベトナム人の間では管理職には個室が与えられるべきだと考える	1.82	1.73
q23.11.1 ベトナム人は物事を決定するのにあまり時間がかからない	3.14	3.17
q23.12.1 ベトナム人は能力型で昇進し年功序列に大きく影響することはない	3.07	3.02
q23.13.1 ベトナム人は給与の額に不満があれば上司と交渉する	3.51	3.45
q23.14.1 ベトナム人は各自が自分の分担仕事をこなす.チームワークがない	3.75	3.69
q23.15.1 ベトナム人は残業を頼まれても私的な先約があれば仕事の方を断る	3.66	3.27
q23.16.1 ベトナム人は自分の職務範囲外の業務は行わない	3.40	3.59
q23.17.1 ベトナム人は家族と過ごす予定があれば休日出勤を頼まれても断る	3.53	3.27
q23.18.1 ベトナム人は日本人上司には敬語を使い目上の者として接する	3.36	3.67

q23.19.1 ベトナム人は仕事の始業時間や会議を遅れて始めることが多い	3.70	3.72
q23.20.1 ベトナム人は仕事の納期を守らない	3.27	3.22
q23.21.1 ベトナム人は男性従業員と女性従業員を平等に扱う	3.26	3.36
q23.22.1 ベトナム人は日本人と夕食を食べたり酒を飲みに行ったりしない	2.62	2.55
q23.23.1 ベトナム人は会議を議論の場ととらえる. 反対意見も多く飛び交う	3.21	3.20
q23.24.1 ベトナム人は日本人上司へ反対意見をはっきりと言う	2.86	3.14
q23.25.1 ベトナム人は1対1になれる個室で部下を叱責する	3.00	3.34
q23.26.1 ベトナム人部下には日本人部下より仕事内容を明確に指示する	4.32	4.33
q23.27.1 ベトナム人は現在より良い給与地位が得られる会社に転職する	4.21	4.41
q23.28.1 ベトナム人は能力給を受け取る. 年功序列が給与に影響しない	3.18	3.13
q23.29.1 ベトナム人は妻が出産した時や子供が入院した時には早退欠勤する	3.96	3.86
q23.30.1 ベトナム人は配置転換や人事異動を嫌う	3.23	3.52
q23.31.1 問題が発生した場合ベトナム人は誰に責任があるかを明確にする	3.82	3.41
q23.32.1 ベトナム人は良くない結果や問題が生じた場合は報告しない	3.39	3.42
q23.33.1 ベトナム人は業務上の問題点について徹底的に解明をしない	3.63	3.53
q23.34.1 ベトナム人とはベトナム語で意思疎通をはかる	2.48	2.50
q23.35.1 ベトナム人は自主的に仕事を探して自ら積極的に仕事をしない	3.82	3.67
q23.36.1 ベトナム人は日本人と日本語で意思疎通をはかる	3.45	3.02

付録Ⅱ 781

q23.37.1 ベトナム人は日本人と仕事や会社の情報共有することを要求する	3.16	3.03
r（順位相関－ハノイ修正全企業 vs. ホーチミン全企業）		0.838
p（有意水準）		0.000

注：表中の数値は5段階尺度（「1．全く感じない」〜「5．常に感じる」）の平均値。分析の際には順位に変換。なお、質問項目「q23.1」は、「問23の1」を意味し、最後の「1」は「文化の相違への回答」という意味である。

表30　ベトナム日系企業における日本人の回答：「見かける」
（ハノイ修正全企業 vs. ホーチミン全企業）

質問項目	ハノイ修正全企業（$n=64$）	ホーチミン全企業（$n=70$）
q23.1.2 ベトナム人は有給休暇を全て消化する	3.22	3.03
q23.2.2 ベトナム人は品質管理や事務管理を徹底して行わない	2.62	2.61
q23.3.2 ベトナム人は上司の指示が良くない方策だと思ったらはっきり言う	3.05	2.89
q23.4.2 ベトナム人は仕事の途中で何度も上司に報告相談したりしない	3.24	3.25
q23.5.2 ベトナム人は部下の仕事がうまくいった際は必ず褒める	2.59	2.75
q23.6.2 ベトナム人は日本人上司の評価内容の説明を求める	3.31	2.75
q23.7.2 ベトナム人は会社の規則に従わない場合がある	2.53	2.55
q23.8.2 ベトナム人は仕事のわからない点があっても分かるまで尋ねない	3.14	2.94
q23.9.2 ベトナム人は上司との関係をよくするために上司に品物を渡す	1.52	1.53
q23.10.2 ベトナム人の間では管理職には個室が与えられるべきだと考える	1.34	1.33
q23.11.2 ベトナム人は物事を決定するのにあまり時間がかからない	3.02	3.02

q23.12.2 ベトナム人は能力型で昇進し年功序列に大きく影響することはない	2.96	2.94
q23.13.2 ベトナム人は給与の額に不満があれば上司と交渉する	3.20	3.00
q23.14.2 ベトナム人は各自が自分の分担仕事をこなす.チームワークがない	3.63	3.30
q23.15.2 ベトナム人は残業を頼まれても私的な先約があれば仕事の方を断る	3.42	2.70
q23.16.2 ベトナム人は自分の職務範囲外の業務は行わない	3.20	3.27
q23.17.2 ベトナム人は家族と過ごす予定があれば休日出勤を頼まれても断る	3.37	2.70
q23.18.2 ベトナム人は日本人上司には敬語を使い目上の者として接する	3.98	3.92
q23.19.2 ベトナム人は仕事の始業時間や会議を遅れて始めることが多い	3.43	3.31
q23.20.2 ベトナム人は仕事の納期を守らない	3.11	2.89
q23.21.2 ベトナム人は男性従業員と女性従業員を平等に扱う	3.45	3.50
q23.22.2 ベトナム人は日本人と夕食を食べたり酒を飲みに行ったりしない	2.62	2.41
q23.23.2 ベトナム人は会議を議論の場ととらえる.反対意見も多く飛び交う	3.27	3.16
q23.24.2 ベトナム人は日本人上司へ反対意見をはっきりと言う	2.92	2.88
q23.25.2 ベトナム人は1対1になれる個室で部下を叱責する	2.93	3.06
q23.26.2 ベトナム人部下には日本人部下より仕事内容を明確に指示する	4.28	4.09
q23.27.2 ベトナム人は現在より良い給与地位が得られる会社に転職する	3.73	3.80
q23.28.2 ベトナム人は能力給を受け取る.年功序列が給与に影響しない	2.97	3.20

付録 Ⅱ

q23.29.2 ベトナム人は妻が出産した時や子供が入院した時には早退欠勤する	4.05	3.94
q23.30.2 ベトナム人は配置転換や人事異動を嫌う	2.97	3.28
q23.31.2 問題が発生した場合ベトナム人は誰に責任があるかを明確にする	3.42	3.20
q23.32.2 ベトナム人は良くない結果や問題が生じた場合は報告しない	2.97	3.06
q23.33.2 ベトナム人は業務上の問題点について徹底的に解明をしない	3.28	3.22
q23.34.2 ベトナム人とはベトナム語で意思疎通をはかる	2.51	2.58
q23.35.2 ベトナム人は自主的に仕事を探して自ら積極的に仕事をしない	3.48	3.48
q23.36.2 ベトナム人は日本人と日本語で意思疎通をはかる	3.58	2.81
q23.37.2 ベトナム人は日本人と仕事や会社の情報共有することを要求する	3.12	2.84
r（順位相関－ハノイ修正全企業 vs. ホーチミン全企業）		0.714
p（有意水準）		0.000

注：表中の数値は５段階尺度（「１．全く見かけない」、「２．見かけるのは30％未満」、「３．見かけるのは50％程」、「４．見かけるのは60-70％」、「５．見かけるのは80％以上」）の平均値。分析の際には順位に変換。なお、質問項目「q23.1」は、「問23の１」を意味し、最後の「２」は「見かけるへの回答」という意味である。

表31　ベトナム日系企業におけるベトナム人の回答：「文化の相違」
（ハノイ全企業 vs. ホーチミン全企業）

質問項目	ハノイ全企業 （$n=138$）	ホーチミン全企業 （$n=140$）
q23.1.1 日本人管理職は有給休暇を全て消化しない	3.35	3.17
q23.2.1 日本人管理職はベトナム人に品質管理を徹底して行うことを求める	4.30	3.89
q23.3.1 日本人は上司の指示に対したとえ良くないと思っても言わない	3.40	3.06

q23.4.1 日本人はベトナム人部下に仕事の報告連絡相談するよう要求する	4.26	3.72
q23.5.1 日本人上司は部下の仕事がうまくいった際に褒めない	2.59	2.69
q23.6.1 日本人はベトナム人部下が仕事の評価の説明を求めても説明しない	2.63	2.71
q23.7.1 日本人はたとえ些細な事柄でも会社の規則に従うよう求める	4.29	3.86
q23.8.1 日本人はベトナム人が仕事内容についてわかるまで尋ねるよう求める	4.28	3.82
q23.9.1 ベトナム人部下が物品を渡そうとするが日本人上司は受け取らない	2.81	3.03
q23.10.1 この会社では上司も部下も同じ部屋で仕事をする	3.74	3.55
q23.11.1 物事の決定までかなりの時間がかかる	2.88	2.90
q23.12.1 能力も加味されるが基本的には年功序列で昇進する	3.40	3.12
q23.13.1 部下が給与の額を交渉しても上司はうまく説明しない	2.78	3.05
q23.14.1 チームワークを重視する	4.13	3.61
q23.15.1 ベトナム人にたとえ私的な先約があっても残業することを求める	2.89	2.87
q23.16.1 日本人はベトナム人に職務範囲以外の事柄でも仕事を行うよう求める	2.54	2.56
q23.17.1 日本人はベトナム人が家族と過ごす予定があっても休日出勤を求める	2.40	2.60
q23.18.1 日本人はベトナム人部下に対して礼儀正しく接している	4.05	3.72
q23.19.1 仕事の始業時間や会議が始まる前には必ず到着するのを求める	4.04	3.70
q23.20.1 日本人はベトナム人部下に常に仕事の納期を守るよう求める	4.45	3.92
q23.21.1 会社では男性従業員と女性従業員の給与や昇進等に差がある	2.19	2.68

q23.22.1 終業後日本人上司はベトナム人部下と酒を飲みに行ったりするのを求める	2.36	2.65
q23.23.1 会議は議論の場ではなく承認の場である.会議中に議論しない	2.31	2.68
q23.24.1 日本人に対して反対意見を言うことは極力避ける	2.31	2.62
q23.25.1 日本人上司は周りに人々がいる所で部下を叱責する	2.74	2.50
q23.26.1 日本人上司の指示内容は曖昧で分かりにくい	2.24	2.40
q23.27.1 日本人はベトナム人が転職することを理解しない	2.84	3.18
q23.28.1 能力も加味されるが基本的には年功序列型給与を受け取る	3.28	3.12
q23.29.1 日本人はベトナム人が家族事情で早退や欠勤することを理解しない	2.75	2.75
q23.30.1 配置転換や人事異動する	2.85	3.08
q23.31.1 問題が発生した場合何が原因で問題が発生したのかを明確にする	4.40	3.75
q23.32.1 良い結果も良くない結果も上司に素直に報告することを求める	4.39	3.95
q23.33.1 業務上の問題点があれば徹底的に追求し解決方法を探し出す	4.40	3.80
q23.34.1 この会社の日本人とはベトナム語で意思疎通をはかる	2.30	2.29
q23.35.1 日本人はベトナム人が自主的に仕事を探してすることを求める	4.00	3.56
q23.36.1 この会社の日本人はベトナム人と日本語で意思疎通をはかる	3.98	3.13
q23.37.1 日本人はベトナム人と仕事や会社についての情報を共有しない	2.81	2.61
r（順位相関－ハノイ全企業 vs. ホーチミン全企業）		0.941
p（有意水準）		0.000

注：表中の数値は5段階尺度（「1．全く感じない」～「5．常に感じる」）の平均値。分析の際には順位に変換。なお、質問項目「q23.1」は、「問23の1」を意味し、最後の「1」は「文化の

相違への回答」という意味である。

表32　ベトナム日系企業におけるベトナム人の回答：「見かける」
（ハノイ全企業 vs. ホーチミン修正全企業）

質問項目	ハノイ全企業 （$n = 138$）	ホーチミン修正全企業 （$n = 135$）
q23.1.2　日本人管理職は有給休暇を全て消化しない	3.69	2.54
q23.2.2　日本人管理職はベトナム人に品質管理を徹底して行うことを求める	4.36	2.94
q23.3.2　日本人は上司の指示に対したとえ良くないと思っても言わない	3.27	2.60
q23.4.2　日本人はベトナム人部下に仕事の報告連絡相談するよう要求する	4.22	2.77
q23.5.2　日本人上司は部下の仕事がうまくいった際に褒めない	2.70	2.20
q23.6.2　日本人はベトナム人部下が仕事の評価の説明を求めても説明しない	2.58	2.10
q23.7.2　日本人はたとえ些細な事柄でも会社の規則に従うよう求める	4.40	3.13
q23.8.2　日本人はベトナム人が仕事内容についてわかるまで尋ねるよう求める	4.13	2.79
q23.9.2　ベトナム人部下が物品を渡そうとするが日本人上司は受け取らない	3.01	2.53
q23.10.2　この会社では上司も部下も同じ部屋で仕事をする	4.11	2.85
q23.11.2　物事の決定までかなりの時間がかかる	3.00	2.43
q23.12.2　能力も加味されるが基本的には年功序列で昇進する	3.48	2.50
q23.13.2　部下が給与の額を交渉しても上司はうまく説明しない	2.74	2.26
q23.14.2　チームワークを重視する	4.08	2.93
q23.15.2　ベトナム人にたとえ私的な先約があっても残業することを求める	2.74	2.13

q23.16.2 日本人はベトナム人に職務範囲以外の事柄でも仕事を行うよう求める	2.43	1.77
q23.17.2 日本人はベトナム人が家族と過ごす予定があっても休日出勤を求める	2.05	1.84
q23.18.2 日本人はベトナム人部下に対して礼儀正しく接している	4.03	2.66
q23.19.2 仕事の始業時間や会議が始まる前には必ず到着するのを求める	4.30	2.74
q23.20.2 日本人はベトナム人部下に常に仕事の納期を守るよう求める	4.35	2.85
q23.21.2 会社では男性従業員と女性従業員の給与や昇進等に差がある	1.95	1.79
q23.22.2 終業後日本人上司はベトナム人部下と酒を飲みに行ったりするのを求める	1.99	2.15
q23.23.2 会議は議論の場ではなく承認の場である. 会議中に議論しない	2.33	2.13
q23.24.2 日本人に対して反対意見を言うことは極力避ける	2.23	2.00
q23.25.2 日本人上司は周りに人々がいる所で部下を叱責する	2.40	2.08
q23.26.2 日本人上司の指示内容は曖昧で分かりにくい	2.07	1.85
q23.27.2 日本人はベトナム人が転職することを理解しない	2.76	2.28
q23.28.2 能力も加味されるが基本的には年功序列型給与を受け取る	3.40	2.41
q23.29.2 日本人はベトナム人が家族事情で早退や欠勤することを理解しない	2.78	2.15
q23.30.2 配置転換や人事異動する	2.84	2.28
q23.31.2 問題が発生した場合何が原因で問題が発生したのかを明確にする	4.10	3.07
q23.32.2 良い結果も良くない結果も上司に素直に報告することを求める	4.22	2.98
q23.33.2 業務上の問題点があれば徹底的に追求し解決方法を探し出す	4.21	2.82

q23.34.2 この会社の日本人とはベトナム語で意思疎通をはかる	2.09	2.02
q23.35.2 日本人はベトナム人が自主的に仕事を探してすることを求める	3.95	2.68
q23.36.2 この会社の日本人はベトナム人と日本語で意思疎通をはかる	3.97	2.11
q23.37.2 日本人はベトナム人と仕事や会社についての情報を共有しない	2.78	2.17
r（順位相関－ハノイ全企業 vs. ホーチミン修正全企業）		0.912
p（有意水準）		0.000

注：表中の数値は5段階尺度（「1．全く見かけない」、「2．見かけるのは30％未満」、「3．見かけるのは50％程」、「4．見かけるのは60-70％」、「5．見かけるのは80％以上」）の平均値。分析の際には順位に変換。なお、質問項目「q23.1」は、「問23の1」を意味し、最後の「2」は「見かけるへの回答」という意味である。

［編者略歴］

西田　ひろ子（にしだ　ひろこ）

米国ミネソタ大学大学院コミュニケーション研究科博士課程修了。コミュニケーション学博士（Ph.D.）。その後、東京大学大学院社会学研究科（社会心理学専攻）博士課程満了。静岡県立大学国際関係学部教授、福岡女子大学文学部教授、同大学国際文理学部長を歴任。現在、人間コミュニケーション科学研究所長。専門は異文化間コミュニケーション学。主要著書：『人間の行動原理に基づいた異文化間コミュニケーション』（2000）（単著）創元社、『マレーシア、フィリピン進出日系企業における異文化間コミュニケーション摩擦』（2002）（編著）多賀出版、『米国、中国進出日系企業における異文化間コミュニケーション摩擦』（2007）（編著）風間書房、『グローバル社会における異文化間コミュニケーション』（2008）（編著）風間書房、『ブラジル人生徒と日本人教員の異文化間コミュニケーション』（2011）（編著）、Nishida, H. (2005). Cultural schema theory. In W. Gudykunst (Ed.) *Theorizing about intercultural communication* (pp. 401-428). Sage; Nishida, H., Hammer, M. R., & Wiseman, R. L. (1998). Cognitive differences between Japanese and Americans in their perception of difficult social situations. *Journal of Cross-Cultural Psychology, 29*（4）, 499-524, 他。

［著者略歴］（50音順）

小川　直人（おがわ　なおと）

2007年米国オクラホマ大学大学院コミュニケーション学研究科博士課程修了。コミュニケーション学博士（Ph.D.）。関西大学人間活動理論研究センター特別任用研究員や福岡国際大学国際コミュニケーション学部准教授を経て、現在日本大学国際関係学部准教授。日本比較生活文化学会理事兼事務局長。専門は異文化間コミュニケーション及び対人コミュニケーション、並びに文化間比較研究の方法論。主要論文：「Stress, Coping Behavior, and Social Support in Japan and the United States」『福岡国際大学紀要』（単著）（2011）25、1-14; Ogawa, N. (2010). Intercultural collaborative learning: Using role-play as a tool *ACTIO: An International Journal of Human Activity Theory 3*, 61-72;「スキーマ理論に基づいた異文化トレーニング・プログラムの作成への試み」『国際行動学研究』（単著）（2008）第3巻、37-48; Ogawa, N., & Gudykunst, W. (1999). Politeness Rules in Japan and the United States（W. グディカンストと共著）*Intercultural Communication Studies IX*（1）、47-68、他。

香川　奈緒美（かがわ　なおみ）

2008年米国ミネソタ大学大学院コミュニケーション研究科博士課程修了。コミュニケーション学博士（Ph.D.）。米国テキサス大学コミュニケーション学部で准教授を務めた後、現在、島根大学教育学部准教授。専門は、対人・家族間・異文化間コミュニケーション学。特に、身近な他者とのコミュニケーションが子どもたちの学びの質や方法に及ぼす影響を研究。主要著書：Shearman, S. M., Dumlao, R., & Kagawa, N. (2010). Cultural Variations in Accounts by Japanese and American Young Adults: Recalling a Major Conflict with Parents. *Journal of Family Communication, 11*, 105-125. 百合田真樹人・香川奈緒美（2016）「教員養成課程のグローバル化の実践と評価：国外大学との協働学修プログラム」日本教育大学協会研究年報、他。

佐々木　由美（ささき　ゆみ）

2003年人文科学博士号（Communication Studies）取得（お茶の水女子大学大学院人間文化研究科）。専門は異文化コミュニケーション学。近年は、文化と情動に関する研究に取り組む。現在、慶應義塾大学経済学部教授。主要著書：『異文化間コミュニケーションにおける相互作用管理方略―文化スキーマ分析的アプローチ―』（2006）（単著）風間書房。主要論文：「公立小学校とブラジル人学校のブラジル人保護者が抱える問題」（共著）西田ひろ子編（2011）『ブラジル人生徒と日本人教員の異文化間コミュニケーション』(pp.103-144) 風間書房、「米国進出日系企業において従業員が困難を感じていた行動：面接調査の自由回答分析から」（単著）西田ひろ子編（2007）『米国・中国進出日系企業における異文化間コミュニケーション摩擦』(pp.407-437) 風間書房、他。

土居　繭子（どい　まゆこ）

2004年静岡県立大学国際関係学研究科修士課程修了。国際関係学修士。台湾何嘉仁国際教育学院日語課、中国大連外国語大学で日本語講師を務めた後、現在、静岡産業大学情報学部日本語リテラシー研究センター研究員及び日本語講師。『老外最想与你聊的100日语话题』（共著）中国宇航出版社、他。

NGUYEN THI BICH HA（グェン・ティ・ビック・ハー）

2001年3月ベトナムのハノイ国家大学人文社会大学言語文学研究科博士課程修了。言語学博士。1997年よりハノイ貿易大学日本語学部長を経て、2005年国家教授委員会に準教授を承認され、2010年4月−2011年名古屋大学大学院経済学研究科付属国際経済政策研究センター客員教授、2011年4月よりハノイ貿易大学日本語学部言語学課長を務めている。主要著書（ベトナム語）：『日本語及びベトナム語商業用語の語構成の特質』（単著）社会科学出版社、『日本語音声学』（編著）ハノイ百科出版社。主要論文：*Industrial Upgrading and Human Resource Development in the Vietnamese Economy: Foreign Direct Investment and the Role of Domestic Manufacturing Sector*（共著）Suitainable Employment Relationships Book 2（ISBN:978-971-011-527-3）（2012）; Philippine Industrial Relation Society, Inc、*The "Middle Income Trap" and Vietnam's Economic Development: With Special Reference to the Role of Local Firms in Vietnam*（共著）Bulletin of Asian Studies（ISSN:2186-3709）（3/2014）、他。

藤原 弘（ふじわら ひろし）

1970年関西大学法学部法律学科卒業。同年日本貿易振興会（JETRO）に入社し、ロンドン、香港、大連に駐在。ジェトロ勤務期間中は日中経済協会、（財）交流協会にも出向し、中国経済、産業調査、日中経済関係支援活動、日台ビジネスアライアンスの促進活動に従事。さらにNPO法人アジア起業家村推進機構アジアテクノセンター、特定非営利法人（NPO法人）アジアITビジネス研究会理事長、アジア企業経営研究会会長、日本・雲南聯誼協会の活動を通じてアジアでビジネスを展開する日本企業の情報収集を行い「華南への企業進出−昨日、今日、明日−」（1995年10月）ジェトロ、「アジアにおける企業経営の秘訣」（2011年9月）リブロ社など日本企業のアジアにおける企業経営の実態に関する本を単著、共著あわせて32冊出版。

中国、ベトナム進出日系企業における異文化間
コミュニケーション考察

2016年6月30日　初版第1刷発行

編著者　　西田ひろ子

発行者　　風間敬子

発行所　　株式会社風間書房
〒101-0051　東京都千代田区神田神保町1-34
電話 03(3291)5729　FAX 03(3291)5757
振替 00110-5-1853

印刷　太平印刷社　　製本　高地製本所

©2016　Hiroko Nishida　　　　　　NDC 分類：360

ISBN978-4-7599-2138-0　　Printed in Japan

JCOPY 〈㈳出版者著作権管理機構　委託出版物〉
本書の無断複製は、著作権法上での例外を除き禁じられています。複製される
場合はそのつど事前に㈳出版者著作権管理機構（電話 03-3513-6969，FAX 03-
3513-6979，e-mail: info＠jcopy.or.jp）の許諾を得て下さい。